U0679380

浙江文化研究工程成果文库

浙江文献集成

张天星 辑注

浙江天台山游记辑注 近代卷

浙江大学出版社
ZHEJIANG UNIVERSITY PRESS
·杭州

图书在版编目(CIP)数据

浙江天台山游记辑注. 近代卷 / 张天星辑注. —杭
州：浙江大学出版社，2022.12
ISBN 978-7-308-22689-9

Ⅰ.①浙… Ⅱ.①张… Ⅲ.①天台山－游记－浙江－
近代 Ⅳ.①K928.3

中国版本图书馆 CIP 数据核字(2022)第 094680 号

浙江天台山游记辑注(近代卷)

张天星　辑注

责任编辑	韦丽娟	
责任校对	周烨楠	
封面设计	项梦怡	
出版发行	浙江大学出版社	
	（杭州市天目山路 148 号　邮政编码 310007）	
	（网址：http://www.zjupress.com）	
排　版	浙江时代出版服务有限公司	
印　刷	杭州宏雅印刷有限公司	
开　本	710mm×1000mm　1/16	
印　张	42.5	
字　数	740 千	
版 印 次	2022 年 12 月第 1 版　2022 年 12 月第 1 次印刷	
书　号	ISBN 978-7-308-22689-9	
定　价	188.00 元	

版权所有　翻印必究　印装差错　负责调换

浙江大学出版社市场运营中心联系方式　（0571)88925591；http://zjdxcbs.tmall.com

浙江省文化研究工程指导委员会

主　任　袁家军

副主任　黄建发　　王　纲　　刘　捷　　彭佳学

　　　　陈奕君　　刘小涛　　成岳冲　　任少波

成　员　胡庆国　　朱卫江　　陈广胜　　来颖杰

　　　　盛世豪　　徐明华　　孟　刚　　毛宏芳

　　　　尹学群　　吴伟斌　　褚子育　　沈铭权

　　　　俞世裕　　郭华巍　　鲍洪俊　　高世名

　　　　蔡袁强　　蒋国俊　　张　兵　　盛阅春

　　　　凌志峰　　汤飞帆　　何中伟　　李跃旗

　　　　胡海峰

浙江文化研究工程成果文库总序

有人将文化比作一条来自老祖宗而又流向未来的河,这是说文化的传统,通过纵向传承和横向传递,生生不息地影响和引领着人们的生存与发展;有人说文化是人类的思想、智慧、信仰、情感和生活的载体、方式和方法,这是将文化作为人们代代相传的生活方式的整体。我们说,文化为群体生活提供规范、方式与环境,文化通过传承为社会进步发挥基础作用,文化会促进或制约经济乃至整个社会的发展。文化的力量,已经深深熔铸在民族的生命力、创造力和凝聚力之中。

在人类文化演化的进程中,各种文化都在其内部生成众多的元素、层次与类型,由此决定了文化的多样性与复杂性。

中国文化的博大精深,来源于其内部生成的多姿多彩;中国文化的历久弥新,取决于其变迁过程中各种元素、层次、类型在内容和结构上通过碰撞、解构、融合而产生的革故鼎新的强大动力。

中国土地广袤、疆域辽阔,不同区域间因自然环境、经济环境、社会环境等诸多方面的差异,建构了不同的区域文化。区域文化如同百川归海,共同汇聚成中国文化的大传统,这种大传统如同春风化雨,渗透于各种区域文化之中。在这个过程中,区域文化如同清溪山泉潺潺不息,在中国文化的共同价值取向下,以自己的独特个性支撑着、引领着本地经济社会的发展。

从区域文化入手,对一地文化的历史与现状展开全面、系统、扎实、有序的研究,一方面可以藉此梳理和弘扬当地的历史传统和文化资源,繁荣和丰富当代的先进文化建设活动,规划和指导未来的文化发展蓝图,增强文化软实力,为全面建设小康社会、加快推进社会主义现代化提供思想保证、精神动力、智力支持和舆论力量;另一方面,这也是深入了解中国文化、研究中国文化、发展中国文化、创新中国文化的重要途径之一。如今,区域文化研究日益受到各地重视,成为我国文化研究走向深入的一个重要标志。我们今天实施浙江文化研究工程,其目的和意义也在于此。

千百年来，浙江人民积淀和传承了一个底蕴深厚的文化传统。这种文化传统的独特性，正在于它令人惊叹的富于创造力的智慧和力量。

浙江文化中富于创造力的基因，早早地出现在其历史的源头。在浙江新石器时代最为著名的跨湖桥、河姆渡、马家浜和良渚的考古文化中，浙江先民们都以不同凡响的作为，在中华民族的文明之源留下了创造和进步的印记。

浙江人民在与时俱进的历史轨迹上一路走来，秉承富于创造力的文化传统，这深深地融汇在一代代浙江人民的血液中，体现在浙江人民的行为上，也在浙江历史上众多杰出人物身上得到充分展示。从大禹的因势利导、敬业治水，到勾践的卧薪尝胆、励精图治；从钱氏的保境安民、纳土归宋，到胡则的为官一任、造福一方；从岳飞、于谦的精忠报国、清白一生，到方孝孺、张苍水的刚正不阿、以身殉国；从沈括的博学多识、精研深究，到竺可桢的科学救国、求是一生；无论是陈亮、叶适的经世致用，还是黄宗羲的工商皆本；无论是王充、王阳明的批判、自觉，还是龚自珍、蔡元培的开明、开放，等等，都展示了浙江深厚的文化底蕴，凝聚了浙江人民求真务实的创造精神。

代代相传的文化创造的作为和精神，从观念、态度、行为方式和价值取向上，孕育、形成和发展了渊源有自的浙江地域文化传统和与时俱进的浙江文化精神，她滋育着浙江的生命力、催生着浙江的凝聚力、激发着浙江的创造力、培植着浙江的竞争力，激励着浙江人民永不自满、永不停息，在各个不同的历史时期不断地超越自我、创业奋进。

悠久深厚、意韵丰富的浙江文化传统，是历史赐予我们的宝贵财富，也是我们开拓未来的丰富资源和不竭动力。党的十六大以来推进浙江新发展的实践，使我们越来越深刻地认识到，与国家实施改革开放大政方针相伴随的浙江经济社会持续快速健康发展的深层原因，就在于浙江深厚的文化底蕴和文化传统与当今时代精神的有机结合，就在于发展先进生产力与发展先进文化的有机结合。今后一个时期浙江能否在全面建设小康社会、加快社会主义现代化建设进程中继续走在前列，很大程度上取决于我们对文化力量的深刻认识、对发展先进文化的高度自觉和对加快建设文化大省的工作力度。我们应该看到，文化的力量最终可以转化为物质的力量，文化的软实力最终可以转化为经济的硬实力。文化要素是综合竞争力的核心要素，文化资源是经济社会发展的重要资源，文化素质是领导者和劳动者的首要素质。因此，研究浙江文化的历史与现状，增强文化软实力，为浙江的现代化建设服务，是浙江人民的共同事业，也是浙江各级党委、政府的重要使命和责任。

2005年7月召开的中共浙江省委十一届八次全会,作出《关于加快建设文化大省的决定》,提出要从增强先进文化凝聚力、解放和发展生产力、增强社会公共服务能力入手,大力实施文明素质工程、文化精品工程、文化研究工程、文化保护工程、文化产业促进工程、文化阵地工程、文化传播工程、文化人才工程等"八项工程",实施科教兴国和人才强国战略,加快建设教育、科技、卫生、体育等"四个强省"。作为文化建设"八项工程"之一的文化研究工程,其任务就是系统研究浙江文化的历史成就和当代发展,深入挖掘浙江文化底蕴、研究浙江现象、总结浙江经验、指导浙江未来的发展。

浙江文化研究工程将重点研究"今、古、人、文"四个方面,即围绕浙江当代发展问题研究、浙江历史文化专题研究、浙江名人研究、浙江历史文献整理四大板块,开展系统研究,出版系列丛书。在研究内容上,深入挖掘浙江文化底蕴,系统梳理和分析浙江历史文化的内部结构、变化规律和地域特色,坚持和发展浙江精神;研究浙江文化与其他地域文化的异同,厘清浙江文化在中国文化中的地位和相互影响的关系;围绕浙江生动的当代实践,深入解读浙江现象,总结浙江经验,指导浙江发展。在研究力量上,通过课题组织、出版资助、重点研究基地建设、加强省内外大院名校合作、整合各地各部门力量等途径,形成上下联动、学界互动的整体合力。在成果运用上,注重研究成果的学术价值和应用价值,充分发挥其认识世界、传承文明、创新理论、咨政育人、服务社会的重要作用。

我们希望通过实施浙江文化研究工程,努力用浙江历史教育浙江人民、用浙江文化熏陶浙江人民、用浙江精神鼓舞浙江人民、用浙江经验引领浙江人民,进一步激发浙江人民的无穷智慧和伟大创造能力,推动浙江实现又快又好发展。

今天,我们踏着来自历史的河流,受着一方百姓的期许,理应负起使命,至诚奉献,让我们的文化绵延不绝,让我们的创造生生不息。

2006年5月30日于杭州

浙江文化研究工程成果文库序言

袁家军

浙江是中华文明的发祥地之一，历史悠久、人文荟萃，素称"文物之邦""人文渊薮"，从河姆渡的陶灶炊烟到良渚的文明星火，从吴越争霸的千古传奇到宋韵文化的风雅气度，从革命红船的扬帆起航到新中国成立初期的筚路蓝缕，从改革开放的敢为人先到新时代的变革创新，都留下了弥足珍贵的历史文化财富。纵览浙江发展的历史，文化是软实力、也是硬实力，是支撑力、也是变革力，为浙江干在实处、走在前列、勇立潮头提供了独特的精神激励和智力支持。

2003年，习近平同志在浙江工作时作出"八八战略"重大决策部署，明确提出要进一步发挥浙江的人文优势，积极推进科教兴省、人才强省，加快建设文化大省。2005年7月，习近平同志主持召开省委十一届八次全会，亲自擘画加快建设文化大省的宏伟蓝图。在习近平同志的亲自谋划、亲自布局下，浙江形成了文化建设"3＋8＋4"的总体框架思路，即全面把握增强先进文化的凝聚力、解放和发展文化生产力、提高社会公共服务力等"三个着力点"，启动实施文明素质工程、文化精品工程、文化研究工程、文化保护工程、文化产业促进工程、文化阵地工程、文化传播工程、文化人才工程等"八项工程"，加快建设教育、科技、卫生、体育等"四个强省"，构建起浙江文化建设的"四梁八柱"。这些年来，我们按照习近平同志当年作出的战略部署，坚持一张蓝图绘到底、一任接着一任干，不断推进以文铸魂、以文育德、以文图强、以文传道、以文兴业、以文惠民、以文塑韵，走出了一条具有中国特色、时代特征、浙江特点的文化发展之路。

文化研究工程是浙江文化建设最具标志性的成果之一。随着第一期和第二期文化研究工程的成功实施，产生了一批重点研究项目和重大研究成果，培育了一批具有浙江特色和全国影响的优势学科，打造了一批高水平的学术团队和在全国有影响力的学术名师、学科骨干。2015年结束的第一批浙江文化研究工程共立研究项目811项，出版学术著作千余部。2017年3月启动的第二期浙江文化研究工程，已开展了52个系列研究，立重大课题65项、重点课题284项，出版学术著作1000多部。特别是形成了《宋画全集》等中国历代绘画大系、《共和国命运的抉择与思考——毛泽东在浙江的785个日日夜夜》等领袖与浙江研究系列、《红船逐浪：浙江"站起来"的革命历程与精神传承》等"浙100年"研究系列、《浙江通史》《南宋史研究丛书》等浙江历史专题史研究系列、《良渚文化研究丛书》等浙江史前文化研究系列、《儒学正脉——王守仁传》等浙江历史名人研究系列、《吕祖谦全集》等浙江文献集成系列。可以说，浙江文化研究工程，赓续了浙江悠久深厚的文化血脉，挖掘了浙江深层次的文化基因，提升了浙江的文化软实力，彰显了浙江在海内外的学术影响力，为浙江当代发展提供了坚实的理论支撑和智力支持，为坚定文化自信提供了浙江素材。

当前，浙江已经踏上了实现第二个百年奋斗目标的新征程，正在奋力打造"重要窗口"，争创社会主义现代化先行省，高质量发展建设共同富裕示范区。文化工作在浙江高质量发展建设共同富裕示范区中具有决定性作用，是关键变量；展现共同富裕美好社会的图景，文化是最富魅力、最吸引人、最具辨识度的标识。我们要发挥文化铸魂塑形赋能功能，为高质量发展建设共同富裕示范区注入强大文化力量，特别是要坚持把深化文化研究工程作为打造新时代文化高地的重要抓手，努力使其成为研究阐释习近平新时代中国特色社会主义思想的重要阵地、传承创新浙江优秀传统文化革命文化社会主义先进文化的重要平台、构建中国特色哲学社会科学的重要载体、推广展示浙江文化独特魅力的重要窗口。

新时代浙江文化研究工程将延续"今、古、人、文"主题，重点突出当代发展研究、历史文化研究、"新时代浙学"建构，努力把浙江的历史与未来贯通起来，使浙学品牌更加彰显、浙江文化形象更加鲜明、中国特色哲学社会科学的浙江元素更加丰富。新时代浙江文化研究工程将坚守"红色根脉"，更加注重深入挖掘浙江红色资源，持续深化"习近平新时代中国特色社会主义思想在浙江的探索与实践"课题研究，努力让浙江成为践行创新理论的标杆之地、传播中华文明的思想之窗；擦亮以宋韵文化为代表的浙江历史文化金名片，从思想、制度、经济、社会、百姓生活、文学艺术、建筑、宗教等方面全方位立体化系统性研究阐述宋韵文化，努力让千年宋韵更好地在新时代"流动"起来、"传承"下去；科学解读浙江历史文化的丰富内涵和时代价值，更加注重学术成果的创造性转化，探索拓展浙学成果推广与普及的机制、形式、载体、平台，努力让浙学成果成为有世界影响的东方思想标识；充分动员省内外高水平专家学者参与工程研究，坚持以项目引育高端社科人才，努力打造一支走在全国前列的哲学社会科学领军人才队伍；系统推进文化研究数智创新,努力提升社科研究的科学化水平,提供更多高质量文化成果供给。

伟大的时代,需要伟大作品、伟大精神、伟大力量。期待新时代浙江文化研究工程有更多的优秀成果问世,以浙江文化之窗更好地展现中华文化的生命力、影响力、凝聚力、创造力,为忠实践行"八八战略"、奋力打造"重要窗口",争创社会主义现代化先行省,高质量发展建设共同富裕示范区,提供强大思想保证、舆论支持、精神动力和文化条件。

前　言

一

位于浙江省东中部、台州西北部的天台山，素以"山水神秀，佛宗道源"著称海内外。千百年来，天台山吸引着无数游客、信徒不辞劳苦，登临游览。自东晋孙绰，南朝谢灵运，唐代孟浩然、李白、刘长卿、刘禹锡、元稹、柳公权，宋代苏轼、司马光、米芾、陆游、朱熹，明代董其昌、徐霞客，到清代袁枚、魏源、潘耒、俞樾等都曾留下歌咏天台山的名篇佳什。诗歌之外，天台山游记亦数量不菲。游记是记述游览活动见闻感受的文章，中国游记文体滥觞于魏晋南北朝，成熟于唐宋，而极盛于明清。天台山游记的发展与中国游记文体的这一发展历程不谋而合。滥觞期有东晋孙绰《游天台山赋》，成熟期有唐代徐灵府、沈懂，宋代郑至道等，极盛期明代主要有薛应旗、张存、夏鍭、王士性、徐霞客、王思任、邹迪光，清代主要有黄宗羲、金玉冈、戴名世、潘耒、洪亮吉、齐召南、袁枚、蒋薰、俞蛟、麟庆等，可谓名家璀璨、佳作毕呈。

"山川之美，古来共谈。"[1]游记的整理与研究对旅游景点的传播、开发、建设与研究具有重要意义。多年以来，学界，尤其是台州学者在天台山游记整理方面，取得了可喜成绩。如许尚枢主编、徐永恩选注的《天台山游记选注》(世界地图出版社 2004 年版)共收天台山游记 91 篇，《天台文史资料汇编·文教旅游卷》(香港百通出版社 2005 年版)收录自古迄今的天台山游记 39 篇，张乐之《台山陈迹：民国天台山游记集》[2]收录民国文化名人所作天台山游记 16 篇。其余张成德等编《中国游记散文大系·浙江卷》(书海出

---

[1]　(南朝)陶弘景《答谢中书书》，见崔乃瑜主编《中国旅游文学作品选》，吉林大学出版社 2010 年版，第 67 页。

[2]　该书既无书号，亦未标明出版机构，属于内部印刷物。

版社 2004 年版）、王稼句编《风日晴和：民国浙江游记》（南京师范大学出版社 2018 年版）等，对天台山游记亦皆收录数篇不等。但天台山游记的整理与研究也留下遗憾，主要表现在：重视古代轻视近代之倾向明显。

研究者在总结 1949 年以来学界的古今游记整理情况时说：多数游记的再版、整理是零散的、无序的，"很少有针对性地去进行全面、系统的网罗、蒐集。""少数知名游记一版再版，重复整理，同时大量游记却无人问津。"[1]这种情况在天台山游记的整理与研究上同样存在，即目前有关天台山游记的整理与研究基本集中在古代，而近代相当数量的天台山游记尚未进入读者和研究者的视域。

降及近代，尽管国势羸弱，内忧外患，但浙江地区社会相对稳定，加上交通较便利，天台距离上海、南京、杭州等政治文化中心较近，特别民国二十三年（1934）新（昌）、天（台）、临（海）公路建成，从前因"惮舆行之劳，遂久久不往"[2]者，决计游观，于是一大批政界名流、文人墨客、宗教信徒乘舟车慕名而来，揽胜之余，写下数量可观的游记。从载体上看，近代天台山游记与古代天台山游记的最大不同是：近代天台山游记主要刊载于报刊。报刊浩繁、查阅不便，这是近代天台山游记未能较多地进入今天的研究者和读者视域的原因。

二

笔者十余年来一直从事近代报刊的阅读和研究，其间于报载天台山游记偶有所见，见辄辑录。鉴于近代报载天台山游记尚缺少关注，遂决定普查近代报刊，并旁及文集、专集、选本，力求细大不捐，积累成这部《浙江天台山游记辑注（近代卷）》（以下简称《辑注》）。《辑注》收录天台山游记共 105 篇，源自近代报刊所载者 88 篇，占 84%，源于近代文集、专集和选本者 17 篇，占 16%。从时间分布上看，以 1934 年至 1937 年居多，共计 48 篇，平均每年 12 篇。此一时期既是新（昌）、天（台）、临（海）公路建成之后，也是民国经济发展的第二个"黄金时期"（1927—1936），可见交通便则旅游畅、国势兴则旅游盛。此后，民族危机，抗战全面爆发，天台山旅游及游记创作亦进入低潮。

---

〔1〕 贾鸿雁《中国游记文献研究》，东南大学出版社 2005 年版，第 122 页。

〔2〕 切庵《宁绍台十日旅行记》，《游行杂志》1937 年第 11 卷 1 号。

从作者身份上看,文化界名流居多,如蒋维乔、黄炎培、郁达夫、俞剑华、姜丹书、李书华、邓春澍等,皆是民国文化界的一时之选,其次还有许允中、巢维伦、毛夏初、郁振声等多位学生作品,游记所述,颇有青春朝气;另外还有桥本关雪、常盘大定、大森亮顺、纲野宥俊等多位日本作者,桥本关雪时为日本画界的领袖人物,后三者则为日本著名僧侣。这些游记对了解近代中日那段特殊交流史不乏裨益。游记在文学、美学、历史、科学、民俗等方面具有特殊价值。现择其要者,将《辑注》主要价值分述如下:

(一)文学审美价值

如上文言,近代天台山游记的作者基本为文学素养甚高的文化名流,而且报刊登载、选本收录,稿件经过编辑的遴选或润色,近代天台山游记整体文学艺术水平较高,为我们展现了一幅幅天台山水画卷,阅读之际,尽享卧游之乐。如傅增湘笔下的石梁飞瀑:

> 石梁之内,千涧之水汇为双流,东向奔驰,驶过寺门,戢戢然如群龙赴壑,鳞甲森张。而涧谷纡回,随崖折落,乃分为四级,或舒如悬布,或迅若转车,或肆若怒蛟,或锐如奔马,合为万斛泉源,遂望石梁而倾注。然双岩对峙,屹若严关,虹梁上横,扃以管钥,虽挟摧坚陷阵之雄,至此亦帖然循轨而不敢恣。及其越梁而下也,一落千丈,势拟奔云,横鹜四驰,散为飞霏,向之萦洄于幽壑、容裔于深溪者,至此崩腾跳荡,一泄其雄姿。或挂于林杪,如缟鹤之翔天,或跃入渊潭,如群鸿之戏海,而引视石梁,正高倚天半,虹桥曲影,隐约于萝阴松翠之中,风光伟丽,恐荆、关之笔未必能极绘声绘影之奇观也。[1]

石梁飞瀑号称天台第一胜境,徐霞客曾为之震撼:"几不欲卧""不暇晨餐"[2]。但细致描绘石梁雄伟绮丽乃属不易,傅增湘将地势和水势穿插描写,突出石梁地势之险要高峻,用了一系列比喻来描写溪水奔驰而下、随势赋形,将其比作平舒伸展的布匹、飞快转动的车轮、鳞片怒张的蛟龙、一往无前的骏马,将跃梁而下、凌空飞散的水花比作空中翱翔的白鹤、海中嬉戏的鸿雁。这些比喻描绘出石梁的奇势、奇水和奇景,生动传神,如同目见。如邓春澍记录的华顶观日:

---

〔1〕 傅增湘《藏园游记》,印刷工业出版社1995年版,第224—225页。
〔2〕 (明)徐宏祖《徐霞客游记》,上海古籍出版社2016年版,第2页。

初八子刻，寺钟惊醒，仰视明星有烂，狂喜。拟登拜经台观出日，中复亦跃然起。于是裹衣执灯，持杖出寺，夜沈黑，露渍磴湿，寺右觅径直上。林木深处，茅蓬中隐现一二星火。三里过太白书堂，二里过药师庵。天渐作鱼肚微白色，仰望犹高峰当前，鼓勇跻巅，袜履尽湿。倚壁坐石，遥见东方一抹白光，渐现绯色。四山沉沉，曙风拂拂，未几一光直射西北，似探海灯光，而左右曙云，青绀五色，变幻俄顷，四方平视，目不多瞬。西北则如湖光接天，三五峰尖，浮如邱笠者，即云海也。东南又如叠三尺轻棉，浮动无际。而金乌终为蒙气所掩。惟北一峰，渐见日光映射矣。[1]

华顶观日，旧为天台十景之一。但华顶气候变幻不定，冷暖无常，少晴多晦，常年云雾氤氲、湿气较重，理想的观日天气殊难遇见，"非天假之缘，虽裹粮坐守，亦不得一面"[2]。这段文字描写了恰遇观日时机的欣喜、黑夜里冒着云雾湿气攀登华顶的艰难、阳光渐渐穿透云霞时的斑斓、天空渐明之后云层和山峦的变幻，这些都是华顶观日特有的感受和景象，与泰山、黄山观日迥异，读之如置身其境，有神游梦幻之感。

近代天台山游记描写的神秀山水和深厚文化，带给我们的不仅是祖国山河壮丽和悠久历史的自豪感，还有沉重的时代感。近代天台山游记产生于中国积贫积弱之秋，"文变染乎世情"，一些游记没有仅仅停留在访古探胜、欣赏山水的愉悦上，它们还抒写了近代中国人民的纯朴、艰辛、贫困、愚昧、落后，以及游者忧国报国的情怀。例如，游者所见，天台佃农受军队和寺院的层层剥削，"一般农民竟有亲自种田刈稻，而不能自己吃到一颗米之怪象"。"甚有以树皮草根以果腹者。"[3]青年学子在旅游途中也不无忧国忧民之情："我们更想起我们衰颓的祖国了，大家心里感着非常的不快"[4]等。这些游记深深地打上了中国近代史的苍凉印记，近代天台山游记在审美特征表现出较强的文学性、时代性和现代性。

（二）文献史料价值

近代天台山游记是近代游记文学文献的重要组成部分，它们广泛地反

---

〔1〕 邓春澍《游天台山记》，《金刚钻月刊》1934年第1卷第10期。

〔2〕 蒋叔南《天台山游记》，见《蒋叔南集》，黄山书社2009年版，第19页。

〔3〕 则文《天台纪游》，《铁路协会会报》1928年第186期。

〔4〕 许允中《天台道中——天台游记之一》，《学校生活》1933年第26期。

映了近代台州、浙江乃至中国的政治、经济、文化、地理、民俗、宗教、交通、物产、古迹、人物等丰富多样的情况，是了解和研究近代台州、浙江自然人文景观和社会历史的珍贵资料。以下就近代天台山游记的文学和宗教文献价值举例说明一二。

就文学文献价值而言，由于近代天台山游记大多是先由报刊刊载，而后结集出版，大多则仅以报载形式存在。仅以报载形式存在的天台山游记，属于近代游记文学资料的重要组成部分，它们尚未进入研究者或读者的视域，其本身即为近代游记文学、近代文学研究的内容，文献补充作用自不待言。先刊登于报刊尔后结集出版的游记，对了解游记文本的不同形态亦具有一定价值。例如，著名作家、记者、文学翻译家萧乾的游记《雁荡山》，最初连载于《大公报》，题目为"雁荡天台探胜记"〔1〕，1937 年 6 月良友印刷出版公司出版萧乾散文集《落日》时，改名"雁荡山"。目前对于《雁荡山》《雁荡天台探胜记》的介绍，有两个错误认识：其一，弄错了刊登于《大公报》的时间。其二，弄错了刊登该文《大公报》的地点。陈鸣树主编《二十世纪中国文学大典（1930—1965 年）》于 1937 年 5 月之条目介绍《雁荡天台探胜记》说："（又名《雁荡山》）（散文）萧乾，香港《大公报》连载至 30 日。"〔2〕范培松等编《中国文学通典：散文通典》则言："【雁荡山】 现代散文。18 千字。萧乾著。载 1937 年 5 月 20 日—30 日《大公报》，原题为《雁荡天台探胜记》，后收入散文集《落日》改此名。"〔3〕后来研究者在涉及《雁荡天台探胜记》时，皆沿袭了这两部工具书的说法，如傅光明著《未带地图 行旅人生（萧乾卷）》："《雁荡山》山水通讯 最早题为《雁荡天台探胜记》连载于 1937 年 5 月 20 日至 30 日香港《大公报》。"〔4〕实际上，《雁荡天台探胜记》首次刊登《大公报》的报头文字依次是"（第一张）""中华民国二十六年五月二十二日""大公报""（星期六）""第四版""津"。据此可知，《雁荡天台探胜记》首次刊登于 1937 年 5 月 22 日天津《大公报》第一张第四版，而不是 1937 年 5 月 20 日，也不是香港《大公报》。其终载时间署"中华民国二十六年六月四日"，即 1937 年 6 月 4 日，也

〔1〕 因《雁荡天台探胜记》没有涉及游览天台山的内容，本《辑注》未收入。

〔2〕 陈鸣树主编《二十世纪中国文学大典（1930—1965 年）》，上海教育出版社 1996 年版，第 250 页。

〔3〕 范培松等编《中国文学通典：散文通典》，解放军文艺出版社 1999 年版，第 704 页。

〔4〕 傅光明《未带地图 行旅人生（萧乾卷）》，海天出版社 2001 年版，第 244 页。

不是通常认为的 5 月 30 日。另外，《雁荡天台探胜记》收入《落日》时，文本作了不少删改，对了解《雁荡山》的不同文本形态也有一定价值。又如，项士元的天台山游记也有两个不同的版本，一是 1920 年《时报》刊本，名曰"天台山游草"；一是 1928 年中华书局出版《新游记汇刊》选刊本，名曰"台山爪印"，二者文字有一些不同，其最大的不同是：《天台山游草》原文附有游览所咏诗歌46 首，而《台山爪印》悉数不载。其他不少游记在字句校对方面，也有不少文献参考之处，如郁达夫《南游日记》"相传大师于隋开皇十七年示寂于新昌大佛寺后，他的徒众搬遗蜕来葬于此地的"一句，"示寂"在当代整理的《郁达夫散文全集》等著作中被改为"圆寂"[1]。"示寂"意指佛、菩萨或高僧死去，似不必改。此类报载文本和整理本之间的细枝末节之别，不一而足。目前近代报载游记尚未进行全面整理与研究，《辑注》所收也仅是近代报载游记之冰山一角，管中窥豹，说明数量巨大的近代报载游记是值得我们深入挖掘和研究的文献资源。

就宗教文献价值而言，近代天台山游记记载了许多晋唐以迄明清的宗教遗迹，如摩崖、碑刻、楹联、题壁等甚多，因天灾人祸、风雨侵蚀，不少景观连同其上的文字图案皆化作乌有，难以复制。游记中关于这些景观及其文字的记载具有一定文献价值。又者，近代天台山游记还记录了不少近代宗教人物的活动情况和宗教景观变迁，如融镜、虚云、敏曦、兴慈、谛闲、蕴光等都是近代中国宗教史上颇有影响的高僧，一些游记对这些高僧的行止有所记录，对了解这些宗教人物和天台宗教景观颇有文献价值。如华顶寺是天台宗名刹，在中外佛教交流史上具有重要地位。关于近代华顶寺变迁，通常认为："寺宇几经兴废，一九二八年由兴慈大师重建，现大部分建筑都是这一时期建造的。"[2]"今存大殿为 1928 年所建。"[3]"1928 年由兴慈大师重建，现大部分建筑都是这一时期建造的。"[4]不一而足。据近代天台山游记关于华顶寺的记载，这种说法不准确。1916 年，傅增湘游天台，在华顶寺住了三天，他询问寺僧，寺僧回答说华顶寺于光绪九年（1883）、光绪二十七年

---

〔1〕 郁达夫《郁达夫散文全集》，哈尔滨出版社 2013 年版，第 154 页。

〔2〕 陈荣富《浙江佛教史》，华夏出版社 2001 年版，第 666 页。

〔3〕 国家文物局主编《中国名胜辞典（精编本）》，上海辞书出版社 2001 年版，第453 页。

〔4〕 林正秋主编《浙江旅游文化大辞典》，中国旅游出版社 2012 年版，第 789 页。

(1901)、民国二年(1913)曾三遭火灾焚毁[1]。徐玮于1933年5月游览华顶寺,询知华顶寺于"民国十七年十一月十八日"即1928年11月18日又遭火焚毁,该时间与1936年陈国章游华顶询问该寺最近被焚时间也基本吻合。徐玮还记载:"寺为民国二十一年重建,厅堂三座,均高大,系新式建筑。大殿行将兴工。"[2]说明1928年11月华顶寺被火焚毁之后,于1932年重新开工建造,至1933年5月,大殿还未兴建。1934年,罗翰章看到华顶寺灾后重建,"工程浩大,尚未及半"。兴慈法师正在上海募集檀施[3]。1935年傅增湘再至华顶游览时,兴慈法师仍在奔走筹款,但正在修建的崇栖楼"列屋百楹,巍然大厦,窗户轩明,帷帐华焕,几榻御服,新异改观,耗金至二十余万,其他佛殿僧庐,亦将次兴举"[4]。1936年9月20日,讱庵游览华顶寺,其闻见是:"(华顶)寺为晋天福时建,十七年甫毁于火,近始建佛堂客堂,其大殿及方丈,尚未动工。"[5]通过这些游者的目击、采访,我们知道华顶寺于20世纪20年代焚毁的准确时间是1928年11月18日,兴慈法师开始重建华顶寺的时间不是1928年,而是1932年,且持续多年,至1936年底,大殿及方丈楼等主要建筑还未动工。华顶寺现存大部分建筑为1928年"这一时期建造的"的说法乃系误说。据游记所记辨正几个常见说法说明:近代天台山游记具有丰富的文献史料价值,值得我们深入地研究发现。

(三)旅游开发价值

2016年,天台山旅游风景区被评为国家5A级景区。2017年,天台的旅游总人次1716.01万,同比增长18.2%,旅游总收入186.26亿元,同比增长21.1%[6]。2021年,天台县入选全国县域旅游综合实力百强县。天台山旅游正进入快速发展时期,旅游资源进一步开发的潜力巨大。俗云:"无旅不文,无文不旅。"文化是旅游的灵魂,旅游是文化的载体。天台山最吸引游客之处,是其独特的自然人文景观和深厚的历史文化内涵。近代天台山游记

---

[1] 傅增湘《天台游记》,见《藏园游记》,印刷工业出版社1995年版,第227页。

[2] 徐玮《游天台山记》,《旅行杂志》1933年第7卷第8、9、10期。

[3] 罗翰章《天台山游记》,《佛学半月刊》1934年第72、73、74期。

[4] 傅增湘《天台游记》,见《藏园游记》,印刷工业出版社1995年版,第227页。

[5] 讱庵《宁绍台十日旅行记》,《游行杂志》1937年第11卷1号。

[6] 金晨、崔旭川《全领域建强 全区域提升 天台:激活"名县美城"内动力》,《浙江日报》2018年3月26日,第12版。

是天台山厚重的历史文化优势和丰富的文化旅游资源的重要组成部分，可以由文化软实力转化为旅游经济发展的硬实力。

1.增加天台山旅游资源的文化内涵。中国旅游自古就有重文传统，俗云："山川景物，因文章而传。"这一规律为众多风景名胜所印证，如张籍《枫桥夜泊》之于苏州寒山寺、范仲淹《岳阳楼记》之于岳阳楼、苏轼《赤壁赋》《念奴娇·赤壁怀古》之于黄州赤壁等。被誉为佛宗道源、山水神秀的天台山，并不缺少"景因文显"的证明，如孙绰《游天台山赋》让天台山进入了文人墨客的视野，明人曾感叹云："嗟乎！地以人胜，从昔则然。兰渚以羲之而著，天台以孙绰而传。"[1]唐宋元明清，吟咏天台山的名篇佳什不可胜计，天台山文学意象群分布于古代诗词小说戏曲之中，对提升天台山的文化底蕴亦功莫大焉[2]。如上文言，目前天台山文学文献整理与研究存在重视古代轻视近代的倾向。相比古代诗歌和游记，近代天台山游记在增加天台山文化内涵和知名度上，自有优势：其一，近代天台山游记的作者去今未远，基本皆为近代文化名流，与许多古人尚需考索的天台游踪比较，他们的天台游迹布在篇什，作家、路线、景点、情怀皆清晰可见，无需较多地索隐、考证，且可避免牵强附会之嫌。其二，古人所记天台景物，去今较远，物转星移，沧海桑田，许多或化为乌有，或不复旧观。近人所记，去今未遐，游记所载，相对详细，一篇在胸，指点胜迹，则有按图索骥之便。其三，近代天台山游记许多用白话文创作，语言通俗易懂，童叟能诵，较易传播，其中美文，可作游记范本。其四，近代天台山游记在陶情山水之外，还有一个突出的特点，即导游意识普遍较强。主要表现在对交通、里程、路线、日程、食宿、开支、景点特色等细致地记录总结、以示来者，甚至可以当作导游手册来读，如《与君约略说天台》《宁绍台十日游记》等。造成这种现象的要因是：伴随旅游的近代化进程，特别是1930年前后出现了民国旅游热，读者和旅游者对旅游景点信息有较大需求，游者、报馆、出版社、旅行社皆热心推介"藉佐后游者之参考焉"[3]。中国旅行社创办的《旅行杂志》就刊载了多篇具有导游性质的天台

---

[1] （明）郭棐编撰，王元林校注《岭海名胜记校注》，三秦出版社2012年版，第944页。

[2] 参见：张天星《天台山文学意向群刍议》，《台学研究》，中华书局2012年版；张天星《天台桃源意象与古代小说戏曲中的性描写》，《华南农业大学学报》（哲社版），2014年第2期。

[3] 缪镛楼《宁台七日游记》，《旅行杂志》1935年第9卷第7号。

山游记。总之,《辑注》所收游记涉及天台山所有主要景点,它们既是景点的"名片",也是一篇篇情景交融的解说词,可以满足人们的审美享受和文化需求,为游客增兴,为景观增色。

2. 游记中的珍贵史料,可作为旅游开发和保护的重要依据。旅游开发的重点是景点与风景区的规划与设计、旅游资源的保护和整修,近代天台山游记皆能为此提供借鉴。特别是近代天台山游记记录了大量天台山人文景观诸如摩崖、楹联、题壁、匾额等,许多或化为乌有,或早已湮没无迹,如项士元《天台山游草》记录楹联 26 副、题壁诗 2 首、匾额 6 块,今天大多已不可见。近代天台山游记所记此类史料,对我们了解昔日人文遗迹和景观修护,尤其重要。当前,天台山诸多景观,如桐柏宫、桃源、铜壶滴漏、唐诗之路等,皆在规划、修建之中。以桐柏宫为例,桐柏宫作为道教南宗祖庭,鼎盛于唐宋,那时,"楼台争耸的宫观有三十六处,有千僧万道的规模"[1]。后几经兴废,到了清代后期,"观基虽宏壮,"但不过原来"十之二三矣"[2]。到了民国,桐柏宫已毁塌殆尽,断壁残垣,仅存无几。1973 年,桐柏水库建成蓄水,桐柏宫址沉入水底,部分建筑和文物移往鸣鹤观。近代游览天台山的名人中几乎都慕名瞻仰了桐柏宫,感叹唏嘘之余,留下了许多沧桑文字,项士元于 1920 年所见是:

> 今仅余灵光殿一间,后院及东西道院十余间,清圣祠三间,余皆为颓垣破瓦。雍正御碑一片,兀立瓦砾堆中。清圣祠奉夷、齐石像,夷像背镌篆书"伯夷"二字,齐像背镌篆书"叔齐"二字。左右墙壁,有齐一峰书"首阳片石"四字,字大二尺许;又有朱伦瀚"百世兴起"额;许琛联,联云:"举世尽榛荞,茫茫尘海人皆浊;飞身来桐柏,渺渺仙山此独清。"[3]

1945 年吕甲初所记:

> 上有紫阳楼,奉紫阳真人像,下奉三清,左右分供吕祖、邱长春像,宫西为清圣祠,供夷、齐石像各一,石炉一,呈灰褐色,沉静古雅,光耀炫

〔1〕 朱丽东、张建珍主编《简明浙江地理教程》,武汉大学出版社 2012 年版,第97 页。

〔2〕 (清)钱泳撰,孟裴校点《履园丛话》(下),上海古籍出版社 2012 年版,第329 页。

〔3〕 项元勋《台山爪印》,见《新游记汇刊》(卷之二十七),上海中华书局 1928 年版,第 13 页。

人，据考为唐以前物。传系本宫王道人（灵宝）治愈后疾得之而归，右龛供司马祖师，左龛供十八木制牌位，皆系台郡贤者，表从祀焉。观东首有东道院，上悬横额"道不远人"四字，现作客室，壁悬近人阮毅成、李立民、孙多慈诸氏字画多幅，颇觉清幽可寓。[1]

根据以上两段引文，可以对近代桐柏宫的残余建筑布局及其中所祀神像和牌位、文物、匾额、字画等有大致了解。今天，新的桐柏宫将次建成，恢复民国以前的旧观已不可能，但不少游记中有关桐柏宫的雕像、匾额、楹联、题壁等可古为今用，以提升新建道观的历史文化和宗教文化底蕴。

再以"浙东唐诗之路"的开发为例。从交通方式看，近代旅游者通过乘车、坐船、坐轿或徒步至天台之后，游览天台山，则只能二选一：要么自己徒步跋涉至景点，要么雇轿抬至景点，这两种方式皆依赖步行。当时步行周游天台山主要景点，得"费时十余日，行路数百里"[2]。山高岭峻、交通不便，旅游者一边艰难前行，一边领略奇峰秀水，感受非同一般。因此，近代天台山游记一般皆用较多文字细致地记录了行进路线、地点和里程。尤可贵的是，不少游记还配有天台山游览路线图和照片，非常珍贵。当前，"浙东唐诗之路"旅游开发正在全面规划和实施中，诗路步道也在规划和落实中，但唐诗所描述的天台山旅行路径属诗性语言、跳跃模糊，路线凿实困难。近代天台山游记所记天台山徒步旅行线路则不然，线路不但记载详尽、交代清楚，而且还有地图可资印证参考。近代天台山游记中记录的天台山徒步路线和地图对"浙东唐诗之路"旅游开发具有一定参考价值，值得学界和相关部门予以重视。

《辑注》所收一百余篇近代天台山游记的价值非尽上述，其中还包含历史、地理、考古、民俗、传说等方面的价值，都值得我们进一步探讨。笔者曾多次游览天台山，对天台山主要景点的历史和形貌略有所知，在搜集和整理近代天台山游记的岁月里，伴随键盘鼠标的哒咔声，一幅幅山水画卷和人物游踪常浮现脑际，体验着神与之往的快乐，感谢造化赐予我们如此丰厚的自然人文遗产。希望本书的出版，对游记文学爱好者和研究者有所裨益，对天台山旅游者有所助兴，对"浙东唐诗之路"和天台山旅游开发有所参考。

近代浙江天台山游记散见于报刊，编者虽已竭尽驽钝，广为搜罗，学友

〔1〕 吕甲初《天台山纪游》，《胜流》1946年第3卷第6期。
〔2〕 徐玮《游天台山记》，《旅行杂志》1933年第7卷第10期。

同好，间有匡助，但报刊浩繁，甚至有藏匿于未刊文集、选本者，如有疏漏，诚望读者诸君有以教我。在整理过程中，参考了时贤的一些成果，在此一并表示诚挚的谢忱。

张天星

2020 年 6 月 7 日

凡　例

　　一、本书是近代浙江天台山游记集。游记是记述游览活动见闻感受的文章,近代天台山游记主要散见于近代报刊,汇集成书,可为游记欣赏与研究、旅游资源保护与开发提供参考。

　　二、本书所收游记,时间段限始于1886年《申报》刊载的杨葆光《天台揽胜图记》,它是近代第一篇报载天台山游记,终于1947年曹希彦在《小朋友》上发表的《游国清寺记》。

　　三、本书在每篇游记之前皆有简明扼要的叙录,说明出处、作者、旅游背景、主要内容和价值等,有话则长,无话则短。

　　四、本书以公元计时,篇目大致按照作者旅游天台山的时间先后为序,不能确定具体时间者则以游记发表的时间为参照。

　　五、本书游记于近代报刊之外,并旁及文集、选本,皆力求搜罗。如果游记被收录专集,则以报载游记与之校对。在存真的前提下,佚缺字以"□"代替;无法辨认的字以"■"替代;确定是错讹字者将正确字置于后面的"〔〕"内;将认为是脱漏的字置于该位置的"（ ）"内;标点符号则统一采用现行标点符号,文中出现的人名择要出注。

　　六、本书所收游记,不少附有摄影照片或绘图,因清晰度和技术原因,移录困难,仅选择部分呈现给读者,原文照片或绘图数量在叙录中说明。

　　七、本书所收游记援引的诗文、碑刻和楹联,不论其依据何种版本或是否讹误,一律照旧,不作校改、增删。

　　八、本书所收游记,文中原有注释,皆移为脚注,标明"原注"字样。

　　九、搜集齐全是本书初衷之一,但少数篇目如黄秉义、李提摩太、吴稚晖等〔1〕所撰天台山游记因今人已有整理出版，为遵守知识产权，本书未收录，在此列出供读者参考。

　　十、为便于查阅，本书附有"本书人名、书名、碑名索引""摘录原文所附照片、图画索引"。前者是对本书出现的人名等索引排列，后者是对选取原文照片等索引排列。

---

　　〔1〕　黄秉义著，周兴禄整理《黄秉义日记》，凤凰出版社 2017 年版，第 1548—1554 页；李提摩太著，李宪堂、侯林莉译《亲历晚清四十五年 李提摩太在华回忆录》，天津人民出版社 2011 年版，第 251—266 页；吴稚晖《吴稚晖全集》（卷 12），九州出版社 2013 年版，第 99—101 页。

目　录

天台揽胜图记

杨葆光

　　载于《申报》1886 年 11 月 17、18 日，第 1 版，为近代报刊所载第一篇天台山游记。《申报》于 1872 年 4 月 30 日由英商美查等创办于上海，1949 年 5 月 27 日上海解放时因历史原因停刊。《申报》记录了从晚清到民国这 78 年间的政治、军事、经济、文化、社会各方面的情况，被誉为"近现代史的百科全书"，具有重要的文献价值。杨葆光（1830—1912），字古酝，号苏庵，又号红豆词人，江苏华亭人。曾任浙江龙游、新昌知县。著有《苏庵文录》等。光绪十二年（1886）三月，台州知府陈璚去任，杨葆光不忍与之遽别，相送至天台。杨葆光旧交刘颂年时任天台知县，刘颂年与杨葆光曾有游览天台山之约。刘颂年、杨葆光等遂相携游览天台山。游览时间自三月二十三日至二十六日，共计四天。这篇游记于四月十二日动笔，四月十三日完成，原题曰"天台游记"，因刘颂年命工画者将所游胜迹绘图记之，陈璚名之曰"览胜"，并属杨葆光为之记，故曰"天台揽胜图记"。除这篇游记之外，杨葆光尚有游览诗作八题。另外，本游记又载于《台湾日日新报》1911 年 6 月 9、14、15 日，第 1 版，作者署"杨苏庵"。再，杨葆光对游览天台山的行程、开支等在日记中亦有记录，参见杨葆光《订顽日程》（3），上海古籍出版社 2010 年版，第 1643—1651 页。

游天台者，上穷万八千丈，周历八百里，裹数月之粮，往往以为未足；若勾留不数日，阅历不百里，而已有慊然自足之态，意概之广狭，胸次之欣戚，固有系乎其人，而不为地限者，此天台揽胜图所为作也。予之来台州，梦想天台者屡矣。去年夏，故人刘鹤笙[1]太守来宰天台，访予于郡，卒〔猝〕然问曰："子识屯司马阮君玉堂[2]其人乎？"予曰："风雅人也。"曰："然则将与之重到天台矣。"予恍然悟，欣然为之介，将从两君于桃源。人事间阻，一年于兹。会郁平陈鹿生[3]观察去台州任，同人皆祖帐为别，予与阮君谊不忍舍，以光绪十有二年[4]春三月，送之至天台。刘君郊迎，于是群议为入山之游。刘、阮而外，陈公及予，公之甥黄辅之[5]少尹，而以邑人王厥堂[6]学博为向导，从者塞途。

出北郭十里，入国清寺，竹树渐幽，梵境深窈，香积精洁，洒然出尘。寺有三贤堂，盖指丰干[7]与寒山[8]、拾得[9]也。寺前七塔环峙，塔旁有桥，桥下有涧。山水循涧而下，与石争路，喧声若雷。

午餐既罢，遂由金地岭访智者大师[10]蜕骨处，则真觉塔寺在焉。四山围合，曲折十余里，向之矗立云际者，至是俱罗列下方矣。寺屡经兴废，时方新建僧寮，土木未竟。取观高明寺所藏大师紫金钵，口有微缺，而五色斑斓，铜质轻古。又有《贝叶经》、龙绣袈裟。经仅存二十叶，皆西域字，每叶横行

---

〔1〕 刘颂年：字鹤笙，江苏金匮（今无锡）人。曾任浙江定海厅同知，嘉兴、秀水、天台知县等。按，以下注释，凡生卒年不详者，不再注明生卒年。

〔2〕 阮秉瓒：字玉堂，合肥人。曾任大河卫守备。屯司马，清代同知的别称。

〔3〕 陈璩（1827—1906）：字鹿笙，又作六笙，广西贵县人。咸丰十一年（1861）廪贡，入曾国荃军，以军功简任浙江杭嘉湖道，累任处州、台州、嘉兴、杭州等知府，后官至四川布政使，护理总督印信。其书法为一代名家，有《陈六笙督部训子书并诗》等。

〔4〕 光绪十有二年：即 1886 年。

〔5〕 黄作梅：字辅之，广西贵县人。

〔6〕 王梦龄：字厥堂，浙江天台人。

〔7〕 丰干：唐代诗僧。一作封干，或谓为邑人丰尚书之子。传说唐贞观初，居天台山国清寺，与寒山、拾得相亲，俱豪放不羁，行事乖张。《全唐诗》存其诗 2 首。

〔8〕 寒山：唐代僧人，亦称寒山子、贫子，住天台山寒岩，布襦零落，面貌枯瘁，言行若疯狂，与国清寺僧拾得交游，好吟诗偈。后人辑有《寒山子诗集》。

〔9〕 拾得：唐代僧人，本为孤儿，相传丰干行脚至赤城，听见路旁有小儿啼哭，遂收养而取名"拾得"，并带回国清寺为僧，从事厨房杂役。与寒山交游，好吟诗偈，二人合称"寒山拾得"。后人将其诗附于《寒山子诗集》中。

〔10〕 智顗（538—597）：天台宗四祖，天台宗的实际创始人。俗姓陈，字德安，祖籍河南颍川（今河南许昌）人，后迁入湖北潜江，父亲为陈朝高官。18 岁出家，20 岁受具足戒，23 岁至河南光州大苏山拜慧思为师，学习禅法，修行法华三昧。隋开皇十一年（591），应晋王杨广之请，到扬州为其授菩萨戒，并受"智者"之号，故又称智者大师。

五行，行约字三十余。袈裟四围龙绣，金碧灿然，中幅亦俱织龙，制作甚古。《志》称真觉寺藏所赐方袍，岂即此耶？予独步至高明寺，在塔寺下五里许，古刹荒凉，僧徒陋俗，无可语者，废然返卧。夜闻雨声，闷不成寐。

质明，雨犹未已，陈公悯从者劳苦，欲还，众皆不欲，公乃遣去其半。刘君复遣人至县，为持戟者取寒衣，贾勇前行。但见云雾四塞，肩舆外茫无所睹。磴道泥滑，愈上愈峻，道亦愈仄。罡风逢逢然，山石欲舞。俯视云海，且喜且悸。越两时许，过二深池，松杉森立，内藏寺门，则已达华顶矣，雨亦渐止。山寺宏敞，冬夏常寒。刘君分披羊裘，出行厨，珍错杂进，滕以旨酒，始免战栗。

上拜经台，其地雨多晴少，晴时可观日出，钱唐〔塘〕、四明之远，千里在目。过龙爪井二，相去不数武，浅而不涸，上常有云气。三爪龙长二尺许，或出游水面。中有如科斗形者，相传皆龙子，取下山辄逸去。陈公知其异，命从人淘数头置深盎中，夜半启视，则无之矣。

华顶下东西歧皆有茅篷，各数十处，僧建佛屋于内，束茅于外，厚辄逾尺，以防雨雪。每冬令积雪，则蓄粮不出。其中苦行清修，年皆耄耋。小憩数处，颇旷人意。碧云庵一僧名融镜[1]，与刘君谈禅理甚契。访太白[2]读书堂，但一荒庵，虚存其址。惟右军[3]墨池在华顶寺中，方沿广不盈丈，水作黑色。或曰：池当在书堂之侧，此不免傅会。上有山泉，从石罅怒涌，僧縻〔縻〕竹绠引之以供用，其溢者，亦奔入池。陈公重书石碣，列同游者姓名于侧。老僧出藤杖为酬，大者附枝虬攫，小者瘦劲直立，亦山中之奇也。

是日颇惫，就枕未几，从者报放晴，取道上方广寺。竹柏迎人，山径曲

[1] 融镜：是近代天台山有名望的禅宗大德，隐居天台山华顶龙泉庵，苦修数十年，直到1870年著名禅宗大德虚云禅师前来求教，其名才渐为世人所知。

[2] 李白（701—762）：字太白，号青莲居士。祖籍陇西成纪（今甘肃秦安），生于碎叶（今吉尔吉斯斯坦境内），迁居绵州昌隆（今四川江油），盛唐大诗人。据说，李白降临人世的时候，其母亲梦见太白金星入怀，故名李白，字太白。

[3] 王羲之（约303—361）：字逸少，东晋琅琊临沂（今山东临沂北）人，出身高门士族，著名书法家。官至右军将军、会稽内史，世称"王右军"。

浙江文献集成地方史料系列·浙江天台山游记辑注（近代卷）

折，千岩环抱，深藏梵宇。寺多名人词翰，阮文达[1]、钱宫詹[2]皆有题墨，又有徐恕[3]、沈坚[4]、徐良[5]，则皆吾郡人也。涧瀑远接，水声杂遝，竹径幽密，直达石梁。出寺不半里，已至昙华亭下。三瀑相去各数十丈，最上一瀑水急石悬，如雪毯涌出，团团不已；中如悬布，再登势已稍缓；下一瀑则逼近石梁。两崖悬险，梁跨其中，正如一锁，题曰"万山关键"。梁长二丈余，广不及咫。梁背上高，稍作弓势。石壁当面，陡绝无路。石座上一铜殿，中有五百应真[6]象，云是明时奄寺[7]所铸，游僧皆过龛膜拜。泉声澒洞[8]，足为之讋[9]，阮君独信步过梁，揖龛下。及登亭俯瞰，涧既遥深，梁愈窄细，更益神骇。表石梁之奇者，曰"第一奇观"，曰"滚雪昙华"，曰"喷云飞雪"，皆摩崖深刻。陈公亦题曰"神龙掉尾"，言其变化莫测也。

　　予又从仄径循级而下，抵下方广寺。牡丹正盛，见一老瞿昙[10]，白须玄发，不自言其名。旁有僧云："殆百余岁矣。"是夕宿万年寺。宋仁宗[11]赐衣

〔1〕　阮元（1764—1849）：字伯元，号芸台，赐谥文达，江苏仪征人，清代著名学者。乾隆五十四年（1789）进士，官至湖广、两广、云贵总督，体仁阁大学士。著有《揅经堂集》《揅经堂诗集》等。

〔2〕　钱大昕（1728—1804）：字晓徵，一字及之，号辛楣，又号竹汀居士，嘉定（今属上海）人。乾隆十九年（1754）进士，选为庶吉士，历官詹事府少詹事、广东学政等职。有《潜研堂集》《二十二史考异》《十驾斋养新录》等。

〔3〕　徐恕（？—1779）：字心如，江苏青浦县白鹤蒋浦人。乾隆十六年（1751）进士。任宁海、平阳知县，太常寺博士、宗人府主事、杭州知府、浙江按察使等。

〔4〕　沈坚，其人不详。

〔5〕　徐良（1704—1774）：字邻哉，号间存，又号又次居士，江苏华亭（今属上海）人，官夔州知府，工书。

〔6〕　应真：佛教语，罗汉的意译，意谓得真道的人，佛教罗汉之别名。

〔7〕　奄寺：一作阉寺、寺阉。寺，寺人，古代宫中供使令的人臣。后以寺阉、阉寺指太监。

〔8〕　澒（hòng）洞：水势汹涌。

〔9〕　讋（zhé）：丧胆、惧怕。

〔10〕　瞿昙：为印度刹帝利种中之一姓，瞿昙仙人之苗裔，即释尊所属之本姓。又作裘昙、乔达摩、瞿答摩、俱谭、具谭。亦用作和尚之别称。

〔11〕　赵祯（1010—1063）：初名受益，1018 年被立为皇太子，赐名赵祯，北宋的第四位皇帝，1023—1063 年在位，是两宋时期在位时间最长的皇帝，庙号仁宗。

时,有"如朕亲到"之语,故有亲到堂。明李太后[1]赐藏经,故有藏经阁。然寺颇颓废,经亦散阙。

陈公词翰重海内,缁流亦俱景慕,自国清至万年无不奢墨以待,山僧手楹帖者,鹭立而鹤望。公就山中语点缀,顷刻挥洒,或出数字,命予属之;或先书下联,属补上句,或予有数字未续,公即足成之。一时风发泉涌,机趣横流,同游者以为笑乐。

宿万年之明日,陈公将由斑竹至剡,偕黄君为别,王君亦辞去。

予笑调两君:"君之来为桃源来也,今入山不见桃源,可乎?"问途,尚二十里,山径险绝,舆人有难色。予促之行,离寺数里,山嶂陡峻,深坑无底,仄路沙积,下舆而步,所过樵径无不出奇。

至一处,石壁插天,半空有水激注,土人曰:"此龙穿潭也。尝有龙飞越入山,穿穴出水。至今高崖悬瀑,虽旱不竭。"及路渐平旷,已至护国寺。寺为钱太师忱[2]香灯院。邀僧为导,东北二里许,至桃源坑。绣壁夹涧而立,水流乱石间。缘溪行复半里许,不复得路,刘君方病足不能前,予亦为之却步。僧曰:"昔有李公[3]、黄公[4]皆至此而止。"李公者辅堂中丞,黄公者恕,皆学使也。阮君乃解衣,扪石而进,山腰回转处犹回顾招手,渐不见影。予谓刘君:"倘遇玉真,阮郎不返矣。"遂共坐山石间待之。逾时始还,云:"路益险,山益奇。更三里许,有岩倚天,上有斫痕,横亘山巅,形同悬匾,隐隐有'源洞'不全字,计即是当时老祖遇仙处。下皆崩石,无洞可迹。山上桃花亦为樵夫砍尽。过此以往,深涧危石,石尖如棘,一失足即堕底,不可复步。去路既渺,仙子不来,恐君等久候,循故道而返。"相与抚掌大笑,然非阮郎,几

〔1〕 李太后:明神宗朱翊钧生母,李太后为宫女出身,是一位虔诚的佛教徒,经常遣使前往各处寺院施舍,或者赠送佛经和佛像。

〔2〕 钱忱(1080—1161):字伯诚,吴越王俶五世孙,开封府(今河南开封)人,祖籍杭州钱塘人(今浙江杭州)。绍兴三十年(1160),以少师、泸川军节度使致仕,卒后赠太师。

〔3〕 李公:李桓(1827—1892),字叔虎,号黻堂,湖南湘阴(今湖南汨罗)人。李星沅三子。历任按察使、督粮道、布政使,署江西巡抚等。有《国朝耆献类征》《国朝贤媛类征》《宝韦斋类稿》等。

〔4〕 黄公:黄倬(?—1885),字恕阶,善化人(今湖南长沙人)。道光庚子(1840)进士,改庶吉士,授编修,历任四川学政、浙江学政,官至吏部左侍郎,与曾国藩交好,为近代湖南名士,著有《介园遗集》。

叹"不辨仙源何处寻"也。世传刘金门[1]、阮芸台[2]二公秉节浙江，尝相约入天台，椠"刘阮重来"字于石，今不知在何处，岂传闻之误欤？抑所题之石崩坠欤？予谓天台以桃源名，而幽僻几不可得，宜于桃源坑凿"桃源进境"四字，而复新桃源洞，刻"刘阮重来"字于其下，俾两君题名焉，则仙境复显矣。

刘君将属工画者为图，陈公名之曰"揽胜"，俱有题咏，而属予为之记，欲遍征诗文，寿之贞珉[3]，以广胜概。

夫游天台者众矣，焉得刘、阮之华胄而与之偕？彼金门、芸台二公游迹艳称矣，不闻复有游客厕二公之间。即有之矣，而二公题字已湮没不传，彼客亦乌能传乎？以陈公为守之贤，未尝以行部之隙至此；刘君领神仙之窟宅，勤于政事，亦未亲历其地。予以奔走之身，幸逢其适，引援仙裔，邂逅名山，睹兰若之留题，则翰墨缘足也；契天龙之旨趣，则菩提缘足也；探仙源之扃奥，则云水缘足也。阅时仅四日之久，揽景止百里而遥，各有所得，快然自足，而予更得集其成焉。天台之胜虽不尽于是，揽其胜者，且与一邱〔丘〕一壑并传矣。

陈公名璿，黄君名作梅，皆贵县人。刘君名颂年，金匮人。阮君名秉瓒，合肥人。王君名梦龄。作记者云间杨葆光也。

---

〔1〕 刘凤诰（1760—1830）：字丞牧，号金门，江西萍乡人。乾隆五十四年（1789）探花，授编修，侍读学士，参与修起居注和乾隆实录，先后任过广西、湖北、山东、浙江等地学政和考官。累官至吏部侍郎。著有《存悔斋集》等。

〔2〕 阮芸台：即阮元。

〔3〕 贞珉：石刻碑铭的美称。

由杭州经雁荡转天台各游访记

高鹤年

载于高鹤年《名山游访记》，上海佛学书局 1936 年版，卷一第 15—26 页。高鹤年(1872—1962)，名恒松，字鹤年，号隐尘，别号终南侍者等。祖籍安徽贵池，后世迁居江苏兴化，有《高鹤年大德文汇》。高鹤年系近代著名佛教居士、佛教学者、旅行家。其行脚天涯，前后达 35 年，国内名山大川，多有涉足，所游多有记述，时人称之为"徐霞客第二"。光绪二十一年(1895)三月初一日，高鹤年从杭州出发，经绍兴、嵊县、天台至雁荡山游览，初八日到达雁荡山，十二日游毕离开雁荡，十五日抵达天台，至四月十二日游览结束，在天台山游览、参拜历时将近一个月。

乙未[1]三月初一日，天气晴和，风平浪静。出凤山门，过钱塘江，由西兴镇，三十里萧山县，五十里钱清，宿。

初二日，二十里河桥，三十里绍兴府。山阴、会稽二县山清水秀，风景绝佳。出东门，礼禹王陵，看蝌蚪碑。乘夜航船，同舟有孙慧清先生，道学颇高，谈及万言万当，不如一默；百战百胜，不如一忍。八十里，天明，至蒿坝。陆行百里，仙岩公馆，住。

初四日，四十里嵊县，三十里新昌县。五里大佛寺，住。大佛就山雕成，外罩数层大楼，相传发愿三世造成。由此通天台后山。

初五日，先去雁山。六十里关岭，四十里天台县，宿。

初六日，九十里台州府，宿。

初七日，搭船，九十里黄岩县，住。

初八日，五十里盘山岭，三十里大荆镇，雁山诸峰在望矣。七里老僧岩，如老僧兀立岩上。里许抵石梁，宿。梁悬洞口，曲折而入，左右清泉不竭。

---

[1] 乙未：即光绪二十一年(1895)。

洞有石窗，洞下石梁寺故址。

初九日，五里谢公岭。过涧三里，寓灵峰寺，左有北斗洞，右有观音、碧霄诸洞。雁荡山，简称雁山，有南北中之分，以北雁为最高，在温州乐清县，高四十里，顶有一湖，浅草丛生如荡，雁多宿之，故称雁荡。周百余里，其中群峰争奇，万壑竞秀，飞瀑挂壁，峻岭回云，千奇百怪，莫可言喻。开山于晋永和时，十八罗汉内第五尊者诺讵那[1]，为开山祖师。诺讵那于龙湫观瀑坐化。唐一行禅师[2]赞曰："雁荡经行云漠漠，龙湫晏坐雨濛濛。"盖纪实也。其弟子东来，以五百住天台，三百住雁荡。

太平兴国元年，僧全了游方，至荆门州，遇一梵僧，谓之曰："汝缘在浙东，有一花名村，鸟名山者，系诺讵那尊者道场，适当兴焉。"师从之，行至芙蓉村，询知前面高山，名雁荡，了感悟，至山结庵于芙蓉峰下，后兴十八寺。杨友龙[3]曰："雁荡千形万状，莫可定名。奇不足言，几于怪；怪不足言，几于诞。"信哉！诸景之名，相传为谢惠连[4]手定。亦有前人所未及见，而至今始发现者。不动之体，亦时有变更。年来山间人事日衰，寺院楼阁名存实亡者多，可慨也。

初十日，五里许双峰寺，寺北双峰并峙，高插云表。十余里穿明洞，又名仙姑洞，是为雁山北境，北山之景，会〔荟〕萃于此。洞南向，深四五丈，阔倍之，傍〔旁〕有一门，高数十丈，梯而升。转南山，十里塞潭，潭水澄碧，风景幽绝，其上瀑布悬垂入潭。经龙虎门，缘山径行，回灵峰寺，沿路奇峰怪石，莫能殚述。

十一日，往观音洞。洞门狭而高数丈。入门上三四层，至石洞大殿礼佛。经响岩，循溪往净名寺，风景最幽。经翠微连云障，时有北京僧妙明朝山，由灵岩来，言："我第〔等〕参访，为生死大事，无常迅速，万万不可以游山玩景为道，此是认妄为真，迷头认影。如是行者，与道远矣。"邀余同返天台，

---

[1] 诺讵那：西域僧人。相传诺讵那在大龙湫下宴坐观化。

[2] 一行禅师（673—727）：俗姓张，名遂，巨鹿（今河北巨鹿）人，唐代高僧，著名天文学家，著有《大衍论》《七政长历》等。

[3] 杨文骢（1597—1646）：字龙友，贵阳（今贵州）人。万历四十七年（1619）举人，崇祯七年（1634）选为华亭县教谕，后迁青田、江宁、永嘉等知县，为御史詹兆恒参劾被夺官。杨文骢博学好古，善画山水，为"画中九友"之一。

[4] 谢惠连（407—433）：南朝宋文学家，陈郡阳夏（今河南太康）人。年少有文才，仕途不顺。曾为彭城王刘义康法曹参军。其诗时有怨愤情绪。与族兄谢灵运并称"大小谢"。明人辑有《谢法曹集》。

亲近善知识。所言有理,同回灵峰。

十二日,同妙明师行。十三日,宿黄崖〔岩〕。十四日,宿台州。

十五日,至天台县城。天台山高万八千丈,周回八百里。山有八重,九峰环抱,若莲花形,其中神峰秀岭、幽溪绝壑、宝刹精蓝、琳宫道院、嘉树修竹、灵药瑶草、石梁飞瀑、赤城栖霞、琼台夜月、华峰观日、寒崖〔岩〕夕照、桃源春晓等境,为东南一大名胜也。

自隋智者大师亲证法华三昧,纂《法华玄义》《法华文句》《摩诃止观》,确立法华一宗,因居天台山,故亦名天台宗,传之章安〔1〕、左溪〔2〕、荆溪〔3〕、螺溪〔4〕,至四明〔5〕而中兴。幽溪〔6〕复大振之,名曰教观。大师更于台宗之外,提倡净土,作《十疑论》以释群疑。临终西向称佛号,光明满山,天乐叠奏,谓众曰:"四十八愿,庄严净土,华池宝树,易往无人,火车相现,一念改悔者,尚得往生,况戒定熏修者乎? 吾诸师友,皆从观音势至来迎我。"言讫,如

---

〔1〕 章安:灌顶(561—632),天台宗五祖。俗姓吴,字法云,原籍常州义兴(今江苏宜兴),后迁临海章安,故又称"章安大师""章安尊者"。自陈后主至德元年(583),至天台山拜智顗为师,直到智顗去世,未离左右,智顗所讲《法华玄义》《法华文句》《摩诃止观》等,皆由其辑录成书。另著有《涅槃玄义》《涅槃经疏》《国清百录》等。

〔2〕 左溪:玄朗(673—754),唐代僧。婺州乌伤县(今浙江义乌)人,俗姓傅,字慧明,号左溪。善慧大士傅翕六世孙,天台宗八祖。吴越王谥号明觉尊者,世称左溪尊者。著有《法华经科文》等。

〔3〕 荆溪:湛然(711—782),天台宗九祖。俗姓戚,常州人,世居晋陵荆溪(今江苏宜兴南),世称"荆溪大师",又称"妙乐大师"。年 20,从左溪玄朗习天台教观,天宝七年(748)出家,晚年入天台国清寺,以复兴天台教义为己任,主"无情有性"说,发展了天台宗教义,弟子有道邃、行满、元浩等 39 人,被誉为中兴天台的大师。著作甚丰,主要有《法华玄义释签》《法华文句记》《摩诃止观辅行传弘决》等。

〔4〕 螺溪:义寂(919—987),一说羲寂,俗姓胡,字常照,浙江永嘉(今温州)人。宋代天台宗高僧,被尊为天台宗十五祖,世称净光大师、螺溪义寂、螺溪尊者。12 岁出家于温州开元寺,19 岁受具足戒。入天台山,从清竦研学止观。

〔5〕 四明:四明知礼(960—1028),天台宗高僧,俗姓金,宁波人,人称四明尊者。7 岁出家,15 岁受具足戒。20 岁从天台螺溪传教院高丽僧人义通学天台教规,天台宗僧众尊为十七祖。撰有《观经疏妙宗钞》《观无量寿佛经融心解》等。

〔6〕 幽溪:传灯(1554—1628),号无尽,俗姓叶,衢州人。少年时从进贤映庵禅师出家,后随百松法师习天台教理,得传法衣,通熟天台止观。1587 年入天台山,住幽溪高明寺,立天台宗祖庭,弘传天台教,被誉为"中兴天台"之人,世称"幽溪大师"。著述甚丰,主要有《性善恶论》《生无生论》《天台山方外志》等。

入三昧，金光照数百里。故四明知礼、慈云遵式[1]、有严[2]、幽溪诸大师，皆有著述，劝修净土。

禅宗自德韶[3]国师，以秘密心印，授永明寿禅师[4]，举一心为宗，照万法如镜，是为宗门。而寿禅师大悟之后，更专修净土，作《四料简》，谓"有禅无净土，十人九差路。阴境若现前，瞥尔随他去。无禅有净土，万修万人去。但得见弥陀，何愁不开悟。"故后人尊为净宗六祖。又五百应真，行化此山。土人时闻钟声梵音，隐隐从地中出。相传高僧昙猷[5]至其处，山神嫌其肠秽不留，出而洗肠于涧，至今昙华亭，在石梁傍〔旁〕，为应真旧迹。而弥陀现丰干，文殊、普贤为寒山、拾得，应化无方，圣贤先后托迹其间者甚众，故称"三宝地"。又清凉澄观国师云："《华严经》，天冠菩萨亦住此山。"

在昔丛林林立，今寺院凋零，峰顶仍有茅蓬数十处，诚心修道者尚有其人。又侈谈神仙者，如司马子微[6]、葛玄[7]、张紫阳[8]等，皆于此山悟道。惟《楞严经》云：有十种仙，休止深山海岛，绝于人境，别得生理，寿千万岁。惟不依正觉，修三摩地。斯亦轮回妄想流转，报尽还来，撒入诸趣。可知仙

---

〔1〕慈云遵式(964—1032)：天台宗僧，台州临海人，俗姓叶，字知白。撰有《往生净土决疑行愿二门》《往生西方略传》等。

〔2〕有严：北宋天台宗高僧，胡姓，浙江临海人。6岁师从灵鹫，14岁受戒，学于神照法师，悟一心三观之旨。后隐故山东峰，庐于栌木之旁，因字号栌庵。

〔3〕德韶(891—972)：唐末高僧，俗姓陈，处州龙泉（今浙江龙泉）人，为法眼宗第二祖。被吴越王钱俶尊为国师。著有《传灯录》。

〔4〕永明寿禅师：延寿(904—975)，字仲立，又字冲立，号抱一子，俗姓王，宋代杭州人。弃吏出家，师承天台德韶国师，曾住持永明院，世称永明大师、永明延寿禅师，宋太祖追谥为宗照师、智觉禅师。著有《宗镜录》。

〔5〕昙猷(?—396)：又名白道猷、亦作帛道猷、竺昙猷、法猷，晋末僧人。他属于哪个民族，说法不一，《高僧传》说他为汉人，本姓冯；白居易《沃洲山禅院记》说他是"西天竺人。"东晋兴宁、太元年间，隐居天台山。

〔6〕司马承祯(647—735)：字子微，法号道隐，自号白云子，河南温县（今河南焦作）人。道教上清派第十二代宗师，隐居天台山桐柏观修道，深受唐睿宗、武则天、唐玄宗三代统治者的推崇，屡召入京讲道。他与陈子昂、李白等十人交往甚密，时人称为"仙宗十友"，代表作为《坐忘论》。

〔7〕葛玄(164—244)：字孝先，三国时孙吴著名道士，江苏句容人，人称葛仙翁或太极左仙公。道教灵宝派祖师。

〔8〕张伯端(987—1082)：字平叔，号紫阳仙人，浙江临海人，北宋著名道士，道教内丹派南宗开山祖师。后世称为张紫阳或紫阳真人。著有《悟真篇》等。

道决不足贵。

十六日，出北门，二里许，万松径。里许茶亭，内住女僧三四人。三里，树木参天，国清寺在其中，旧名天台，天下四绝之地，此其一也。前有大塔十三级，隋炀帝[1]遣司马王弘[2]为智者大师建，今呼为无顶罗汉塔。七佛石塔七座，立于护山门外，双涧汇流于寺前，寺有大雄殿、藏经楼、五百罗汉堂、西方殿、念佛堂。智者大师曾于此建金光明道场，大著灵感，又常讲《净名经》，有三道宝阶，从空而降，数十梵僧入堂礼拜，其灵异不可胜述。王右军书"鹅"字尚存。若欲寻丰干骑虎、寒山烧灶、闾丘[3]问道之踪，则悉归梦幻泡影矣。往游各处，寮房休息。

十七（日）早，右去五里，有齐田横[4]五百人墓在焉。按：山东即墨县东北海中有田横岛，江苏海州云台亦有田横岛，何得此地有田横五百人墓？必俗传之讹也。

五里赤城山，土人呼曰红崖。此山孤崖独立，秀出千峰，抟石作梯，上有精舍。崖名曰紫云洞，洞楼三层，阔七间，深三间。赤城有洞十八，此最大也。上二里许，旁有小洞，女尼住。再往华阳洞，玉京洞僧邀余作伴，余允朝毕即来。顶有昙猷洗肠井，井边至今犹生青韭。按《高僧传》：山顶有精舍，惟得道者居之。虽有石桥跨涧，而横石阻人，猷每恨不得度石桥。后洁斋累日，往见横石洞开，猷度桥，睹精舍神僧，因共烧香中食。神僧谓猷曰："后十年当来此，今未得住。"猷辞归，横石还合如初，并无洗肠之说。赤城山石皆霞色，故以为名。

《高僧传》云："僧昙猷，止赤城山，石室中晏坐，有猛虎数十，蹲在猷前，猷诵经如故。一虎独睡，猷以如意扣虎头曰：'何不听经？'俄而群虎皆去。有顷，壮蛇竞出，大十余丈，循环往复，举头向猷，经半日复去。后山神来谢曰：'师威德既重，弟子愿推室相奉。'"

---

[1] 隋炀帝（569—618）：即杨广，隋文帝杨坚次子，隋朝第二代皇帝，604—618年在位，中国历史上著名的荒淫暴君。

[2] 王弘：隋代官员，曾任扬州总管府司马。智顗圆寂后，晋王杨广于开皇十八年（598）遣王弘协助智顗弟子灌顶将五峰山麓的天台寺建成，实现了智顗的宿愿。

[3] 闾丘：即闾丘胤，贞观年间任台州刺史。

[4] 田横：齐国贵族，在陈胜、吴广起义后，田横与兄田儋、田荣也反秦自立，兄弟三人先后占据齐地为王。刘邦统一天下，田横不肯称臣于汉，率五百门客逃往海岛，刘邦派人招抚，田横被迫乘船赴洛，在距洛阳三十里地的首阳山自杀。海岛五百部属闻田横死讯，亦全部自杀。

有金钱池，相传昙猷诵经，神献金钱，弃池中，故名。仙人井，飞流喷沫，冬夏不竭。上有塔七级，高数丈，梁岳王妃建。

《华严经·菩萨住处品》云："东南方有处，名支提山，从昔已来，诸菩萨众于中止住，现有菩萨，名曰天冠，与其眷属诸菩萨众于中止住，常在其中而演说法。"《清凉疏》〔1〕云："支提梵语，即塔之异称。或山形似塔，或彼有支提。既指清凉为东北，则东南影响吴越。然吴越灵山虽众，取其形似，则天台之南赤城山也。"古称清凉为华严菩萨，则指赤城为支提，当可信矣。

仍返国清，知客引余，与朝山者十数人礼拜方丈。示云："入道场而随喜，则修行之念勃兴；登丘墓而徘徊，则名利之心顿尽。"随去禅堂坐香一枝〔支〕，堂内禅师二十余人。

十八日，有香客十数人同行。十里金地岭，右约里许，梁定光〔2〕禅师结茅处，今成荒地。在智者未来之先，梦大海畔，有高岩，一僧伸臂至山下，挽之上。醒述所见，人谓此会稽天台山也。因到天台，见定光，光曰："忆吾在山上垂手相接乎？"盖圣僧也。岭头东南下五里，乔木参天，即高明寺。当家师留住，同往各处拈香。传智者大师手书《陀罗尼经》四卷，失去三卷，四明元通法师〔3〕，习大士书法补完。复恐散失，别书四卷。隆庆间，智者书为释海慧持去，今所存者是元师所书。又《华严经》晋译六十卷，为唐虞世南〔4〕书，传为秦桧〔5〕取去。礼幽溪大士像，看龙衣、宝铁钵、《贝叶经》《陀罗尼经》，后有"福泉"二字，幽栖大师书。方丈述敏曦老法师〔6〕言："性原湛寂，则铁面铜头，化为诸佛；心垢未除，则玉毫金相，亦是群魔。"下午，东访圆

---

〔1〕《清凉疏》：《华严经疏》全名《大方广佛华严经疏》，亦称《新华严经疏》《清凉疏》《华严大疏》。

〔2〕定光：指梵名提洹羯佛，亦译作锭光佛或燃灯佛。因出生时身边一切光明如灯，故名。

〔3〕元通法师：宋代天台僧，元通所补《陀罗尼经》，现保存于国清寺。

〔4〕虞世南（558—638）：字伯施，越州余姚（今浙江慈溪）人。南北朝至隋唐时著名书法家、文学家、诗人、政治家，凌烟阁二十四功臣之一。

〔5〕秦桧（1090—1155）：字会之，江宁（今江苏南京）人。宋徽宗政和五年（1115）进士，曾任礼部尚书，两任宰相，独揽相权十九年。因其力主对金议和，并促使宋高宗杀害抗金将领岳飞等，被民间广泛视为汉奸、卖国贼，元编《宋史》将其列入《奸臣传》。

〔6〕敏曦法师（1827—1899）：字古朗，俗姓安，浙江黄岩人。曾任华顶寺、宁海县广顺寺、苏州报恩寺住持。编有《苏州报恩寺塔志》《重修天台山方外志》《智者大师别传》等，在天台华顶寺刊刻佛经24种161卷。

通洞。

十九日，由高明后，上三里许，幽溪大师墓在焉。师名传灯，卜居高明寺，立天台祖庭，尝著《生无生论》，阐扬净土法门。经太平寺，梁建。又有晏坐崖、石鼓、石床、看经台，皆智者大师经行处也。里许"佛陇"二大字，前岗上有"天台山"三大字，皆指堂[1]书。前有说法台，半里许大慈寺，古名修禅，陈大建七年，为智者大士建。盖师思修十二地，此惟厥初。佛陇有高丽铜铃杆，永乐时尚存，今则片瓦无存矣。半里许，真觉寺，此智者大师说法大教重光之地，隋开皇十七年建，智者大师葬于此。龛前置双石塔，号定慧真身塔院。原有绘像与御赐方袍等，今俱亡矣。现敏曦老法师大力维持，松竹成行。余与香客五六人宿此。

二十日，七里汉阳岭，二里[2]今直上，三里寒风阙，三里龙王堂[3]。今右行，三里察岭，汉隐士高察[4]隐此，故名。三里接佛亭，五里华下亭。五里华顶寺，今名善兴寺，圆觉道场。山门有"莲花净域"四字，华最上人接进，参礼各殿，谈初为晋天福元年僧德韶建，历朝至今，屡毁于火，非昔制也。

二十一日，五里许，上华顶拜经台，隋智者大师拜经处。时华峰顶上，出五色云，日轮渐升，一望无际。东沧海，西括苍，南雁荡，北钱塘，了然在目。九峰崒嵂，犹如莲花，此为花心之顶。有降魔塔，下瞰众山，如龙虎盘踞，旗鼓布列之状。有葛玄丹井、王右军墨池等迹。三里许，地藏庵，太白读书堂。至龙泉庵，访融镜法师，示曰："常想病时，则尘心渐灭；常防死日，则道念自生。"

二十二日，往各茅蓬参礼。

二十三日，复至华顶拜经台，下来仍诣融老处求示，师云："今生根钝，是前世未修；速种莲根，终成胜果。"仍返原寓。

二十四日，五里，分路，向西北行。十里松行幽深，上方广寺、云崖道场，有大雄殿、藏经楼、五百罗汉堂、法堂、大悲楼、念佛堂、禅堂，有僧二三十众。上年文果老人重兴。出门西行，树木蔽天，即石桥山。随流一曲，为中方广寺，古县华亭也，三面临空，背倚崖头，旧传五百应真隐于其中。两山相连，有石梁，架两崖间，龙形龟背，广不盈尺，长约二丈许，甚滑，不易度。桥西有

---

[1] 指堂：宋朝绍熙年间，曾任国清寺住持，善书法。

[2] 原注：左去十里桐柏宫。

[3] 原注：左去十五方广。

[4] 高察：汉末人，相传曾任吴国太常，后隐居天台山华顶麓读书，其地遂名察岭。

小铜殿一坐〔座〕，高三尺，阔二尺，内有铜佛像，明太监供奉，是日有朝山者十余人，唯余与王君等三人度过，拈香而回，众为色战，自不觉惧。

宿方广寺数日，其上双洞合流，泄为瀑布。下临绝涧，飞泉回射。过者目眩心悸。按《赤城旧志》云，此处巨壑乔松，干云翳日。瀑布高泻，神状姝洁，响若奔雷，皎如素雪。此水出新昌也。

二十七日，请照禅上人〔1〕开示，云："对境安心，清净之体小露；止观成熟，真如之理森然。"

二十八日，过东桥，经莲花桥达"栖真金界"，忆王十朋〔2〕诗云："路隔仙凡信已通，天公容我踏长虹。情知方广神游久，不在登临杖履中。"书"第一奇观"，其下题曰"神龙掉尾"，又曰"寿布"。至下方广寺，亦有五百罗汉。寺前云崖天乐，不鼓自鸣，石室金容，无形留影。

二十九日，十五里万年寺。看九曲河、罗汉田。十五里地藏寺。十五里滕公岭，松竹幽秀，天然图尽〔画〕。至清凉寺，宿。

四月初一日，仍回方广寺。

初二日，十五里龙王堂，十里桐柏宫，即金庭洞天，云唐司马承祯建。前有梭溪，古有会仙亭，相传周灵王太子乔〔3〕于此跨鹤登仙，上帝命治桐柏宫，即天台山主神，佛院奉为伽蓝神。又吴越王铜天尊像，瀑布崖宫伯夷、叔齐〔4〕像，洞天宫禹钟，皆古之遗迹也。

初四日，下坡，十八里，桃源庵，荒草一片。数百武，护国寺，即桃源洞口。东北行，约深四五里。东汉刘晨、阮肇〔5〕，入天台采药迷路，粮尽食桃。遇仙女，留住半年。思归返里，无人相识。询问，孙已第七世矣。复去，访桃源洞不见。后二人亦莫知所之。

---

〔1〕 照禅上人：天台中方广下院住持，兴慈法师之师。

〔2〕 王十朋（1112—1171）：字龟龄，号梅溪，温州乐清人。绍兴二十七年（1157）状元，历任绍兴府签判、侍御史、湖州知府等，著有《梅溪集》。按，游记所引诗句出自王十朋《石桥二首》。

〔3〕 子乔：东周人，古代传说中的仙人，名姬晋，字子乔，周灵王的太子，亦称王乔或王子乔，史称太子晋。

〔4〕 伯夷、叔齐：商末孤竹君之子。相传其父遗命要立次子叔齐为继承人，孤竹君死后，叔齐让位给伯夷，伯夷不受，叔齐也不愿登位，先后逃到周国。周武王伐纣，二人叩马谏阻。武王灭商后，他们耻食周粟，采薇而食，饿死于首阳山。古代将他俩作为抱节守志的代表。

〔5〕 刘晨、阮肇二人采药遇仙的传说最早见于南朝刘义庆编撰的《幽明录》。

　　余于谷口遇少年三人，口称此回若不见仙，决不回家。余随之行四五里，至绝壁高岩，无路可登。内一人说："有树可攀，上去就可遇仙。"三人攀上二三丈，两人陆续跌下，皮破血流。近前询问："君欲遇仙何为？"云："遇仙有好酒美女之乐。"余叹曰："修仙已非究竟，况为贪酒色耶！"详思游桃源洞者，多半痴心妄想。《山志》载，昔有僧亦如刘、阮之遇，以佛法断之，乃是魔境。古有道人诗云："赚他刘、阮是何人，毕竟迷楼莫当真。我是天台狂道士，桃花多处急抽身。"此为具正知见，足以唤醒痴迷。谷口名曰秦游岭，里许，宋会稽郡钱吴越王墓。里许，护国寺，住。

　　初五日，行经双塔，残败不堪。五里方洞，羽士居。二十五里平头镇。十五里广严寺，怀容罗汉真身在焉。内有贫婆钟，被人窃去半边。

　　初七日，原路十里，出张家陇。分路，五里寒岩寺，宿。有龙发洞、潜真洞，米芾〔1〕书，昔寒山、拾得修道于此。洞口高数丈，阔数十丈，深亦然，湛然和尚开山。寒山诗曰"重岩我卜居，鸟道绝人迹"是也。

　　初十日，五里明岩寺，旧名暗岩，后唐时高僧全宰〔2〕居二十余年，恶鸟革音，山精让窟，鬼神执役，为扫路汲泉采果等。岩前峭壁，屹立摩空。转北数武，怪石森然。上有双峰倒侧，号曰合掌岩。常有光如月，号石月寺。岩洞中透光，有栖真洞。泉由岩下，东有响岩、日光洞、月光洞、天柱峰、洞中天诸胜，皆寒、拾二大士隐处。此处岩石，足称奇绝。

　　十二日，原路，十五里回平镇，经岩头庙。二十五里洪家山。五里清溪桥，十里仍至赤城山玉京洞。师喜不爽约，相留暂作法侣，常云"念头起处，须急照察。才向欲路去，便挽回理路来。一起即觉，一觉便转。此是转祸为福、起死回生之关头"云云。

---

〔1〕　米芾（1051—1107）：字元章，号鹿门居士、海岳外史等。襄阳（今湖北襄阳）人。著名书画家，与苏轼、黄庭坚、蔡襄并称为宋代四大书法家。曾任礼部员外郎，唐宋时称礼部掌文翰的官员为南宫舍人，故又称米南宫。传世墨迹有《蜀素帖》《苕溪诗帖》等。

〔2〕　全宰：俗姓沈，五代时钱塘（今杭州）人。孩提之时，不喜荤血，其母累睹善征，劝投径山法济大师出家。后入天台山暗岩，终于镇国院。

由普陀至天台游访记

高鹤年

　　载于高鹤年《名山游访记》，上海佛学书局 1936 年版，卷一第 27—36 页。光绪二十四年（1898）正月，高鹤年第二次游览天台山。此行他于正月十八日从杭州出发，经绍兴、余姚、宁波至普陀山游览，于二月二十二日游毕返回宁波；又在宁波周围游览参拜寺庙多日，于三月初六日从宁波出发，经奉化、宁海，于初十日抵达天台国清寺。在游览参拜国清、华顶、万年等名刹后，于二十三日返回至奉化清凉寺，前后历时半月。

　　光绪二十四年戊戌正月十八日，由杭州出城，渡钱塘江，经绍兴，过曹娥江，走余姚慈溪，陆行七日，即廿四日，到宁波府鄞县，市面繁盛，人烟稠密，出产丰富，时小轮尚未通行。

　　廿五日，乘民船至镇海县。两山相对如门，乃出海之口。

　　廿六日，阻风，往游招宝山、总持寺等处，风景极佳。

　　廿七日，早饭毕开船，舟中搭客十八人，舱中以竹杠为界，对面分座。经浑水洋时，风涛汹涌，颠簸之极。众客呕吐，衣履尽污。然人皆虔敬，齐念救苦救难观世音菩萨，闻之一念清净，顿忘污染。海中群岛林立，舟行恐触礁，所以南海不易到也。午后至定海县，为舟山岛，山水幽秀，鱼盐丰富。上年法雨寺方丈化文长老由定海登舟，谈及"佛教振兴不易，佛言国王大臣宰官居士皆能护持我教，惟我徒子不能行道，裨贩如来，犹如狮子身上虫，自食狮子肉，故我到县请示，整理山规，为助道之缘"云云。

　　廿八日，至沈家门，又被风阻。

　　廿九日，出莲花洋，四十里普陀山。上年三日登山，今行五日矣。道头登岸，经妙庄严路，越小岭，入三摩地。对面诸峰排立，互相掩映。前寺左右庵堂林立，此为入山之胜也。住天华堂。

　　三十日,朝普济寺,即前寺,气象宏大,三大丛林之一也。上西天门、圆通庵,往磐陀石。午后至紫竹林,石纹略似丛竹。观潮音洞,以潮水入洞,有如雷音,故名。有云水僧[1]云:"目翳除则空华陡灭,心障撤则妄业全消。"仍返原寓。

　　二月一日,往法华洞,怪石苍松,峻壁环抱,瀑流交映。峡壁上下数层,内有茅蓬数处,皆行道之士。由仙人井入后山大道,两旁松竹林立,庵堂隐现其中。三里入法雨寺,规模宏大,气象肃然,即后寺,三大丛林之一,背倚高峰,面临重洋,林木茂盛,风景清幽。敬礼大雄殿、九龙殿各处,礼毕,闻化文长老西归,往吊。与化鼎方丈谈及"上年与文老同舟抵山,开示颇多,今来即不见,人命在呼吸之间,真可怖也"。遂上经楼,参见印光法师[2],师云:"你用何工?"答云:"静坐。"师曰:"六祖言'于一切时自净其心',可能否?如其不能,不可沉空守寂。即须广学多闻,识自本心,达诸佛理,和光接物,无人无我,直至菩提"云云。师为山中导师,海上慈航,亲近数次,得益颇多。

　　后经千步沙,颇觉难行。礼梵音洞,两山相合,峡下有洞,海水吞吐作音,故曰梵音,小楼跨其上,在此礼拜,可见大士现相。余参拜数小时,未能获睹,心之不诚也,彼见者亦唯心一现而已。老当家留住。

　　初二日,叩礼洛伽、文殊、善财、碧峰诸洞,皆倚崖壁结茅。青峰师留住,云:"学道历千魔而不退,遇辱坚百忍以自持。"半夜方息。

　　初三日,往后山古佛洞,倚崖筑室,内有小洞。老僧留住,述六祖言:"自修自度,名为真度。"

　　初四日,往小山洞。小山如珠,现于海上。有沙路一条,阔数尺,潮来即沉,潮去方可渡过。来三次,始得到。海深路绝处,小山洞有一南京僧,颇奇。其上另有茅蓬两处,皆静修之人。回古佛洞住。

　　初五日,朝佛顶。自峡中盘折而上,经雷祖洞,上慧济寺,三大丛林[3]之一也,道风极胜。各殿礼毕,见方丈源顺上人示云:"若欲参禅学道,切须仔细用心。个中顿悟正因,上报四恩,下济三苦。"留住。

---

　　[1] 云水僧:亦称游方僧、行脚僧、云衲,指到处云游,如"行云流水"的僧人。

　　[2] 印光法师(1861—1940):俗姓赵,名丹桂,号绍伊,法名圣量,字印光,别号常惭愧僧。陕西郃阳(今合阳)人,光绪七年(1881)出家,专修净土,弟子尊为净土十三祖。主要著作有《净土决疑论》《印光法师文钞》正续编等。

　　[3] 丛林:寺院的别称,意指佛教僧尼聚集处,有如树木丛聚为林,源自禅宗对寺庙的称呼,后来道教也沿用。

初六日，告辞，仍往梵音洞敬礼。下午，洛伽洞师畅谈："切实用工，头头有尽善之美，着着有出身之路。"留住。

初七日，仍朝梵音洞，复至碧峰洞青峰大师处。师所行华严字母之功，颇有心得。

初八日，仍返原寓。

初九日至十五日，与王君等仍往前寺、普门庵、南天门等处朝拜。

十六日，风平浪静，海不扬波。与王、孙诸君十余人，朝洛伽山。海道四十里，众心至诚，诵念名号。由至诚而生恐怖者，不善用心也。是日顺风，约一小时即到。惟海浪低昂，不易登岸，危险之至。上山约里许，远眺三面大海，一望无际。岛周约三五里，海风狂大，草木不生。上有茅蓬四处。一师示云："如水投水，似空合空。"一师云："汝等发心，光〔先〕须持戒修福。若心地未明，自力轻微，又不修净土，来生多感富贵之报，亦多为富贵所迷。至造业堕落，轮回受苦，求出无期，悔之晚矣。汝今来此，发心真诚，归去毋忘此念，切记切记。"礼谢，回第一茅蓬，与诸人午餐。下船行，约三小时，仍回普陀。

十七日，王君邀再去梦音洞过夜。

十八日，回寺前街。

十九日，观音菩萨圣诞。昨夜与王君及诸香客三十余人在普济寺礼拜，志心忏悔累生业障，是夜通宵达旦，朝拜者络绎不绝。东方稍明，复朝法雨各殿。礼毕，又至印光法师处，示云："业海茫茫，难断无如色欲；尘寰扰扰，易犯惟有邪淫。拔山盖世之雄，坐此亡身丧国；绣口锦心之士，因兹败节损名。今昔同揆，贤愚其辙。近人欲念愈滋，淫念愈旺，苦哉！《楞严经》云：'淫欲乃生死之根本也。'"礼谢，又至佛顶源老处，示云："尔等初学，务要真实不虚，切不可以口头三昧为是。"敬礼，仍回原寓。山中丛林三处，庵堂约六七十处，茅蓬约四五十处，小有山产，大都靠香火佛事，募化生活也。

二十日，告别出山，仍乘帆船，住定海。

二十一日，住镇海。

二十二日，抵宁波。

二十三日，由三眼桥搭船，四十里至七宝镇，登陆，里许鄮山，诸峰峻秀，穿壁削岩，深树古藤，松竹茂盛，阿育王寺在焉，亦名广利寺。敬礼释迦如来真身舍利宝塔，参拜七昼夜，日日观看舍利。他人所见，五光十色，各有不同。住众约二百余人。方丈普济开示云："万缘皆假，一性惟真。圣人借假以修真，愚夫丧真而逐假。"上人戒行精严，专门净土。寺前有放生池、妙喜泉、佛足迹、放光松等胜。

三月初一日，早卅里，经小白岭，遇雨。十里天童寺，沿途莲花石板，树木深幽，水声潺潺，寺在其中，三面倚山，规模宏大。方丈寄禅，湖南人，幼住衡山济公崖，参禅得悟，监院心静，行解相应。

初二日，参礼各殿，及御书楼廿余处，整洁幽清。至晚，知客引入禅堂坐香。堂师讲云："经言万法唯心，错会者谓无心，则无因无果，故不患有业，唯患有心。有业无心，阎老子其奈我何？遂安心造业，无复顾忌。不知无心有二：如理思维，用心之极，而自然入于无心三昧者，真无心也。起心造业，又起心制心，强制令无，似得无心，心恰成有。心有则业有，阎老子铁棒未放汝在"云云。

初三日，朝密祖塔院，及老天童，游玲珑崖。二师互谈："昏散者凡夫之病根，惺寂者对症之良药。"

初四日，复至塔院求示。师云："染净在心，何关形迹？"后至玲珑崖，仍有二僧谈："外随生死流，内心无动著。"如此工夫，颇不容易做到。亲近高人，涤除许多业障，增长无限道念。

初五日，四十里，回宁波。往七塔寺，门有七塔，故名。访皈依上人，示云："众生本来是佛，因迷自作众生。"

初六晨，八十里奉化县，寓岳林寺。山林清旷，门临大溪，弥勒佛道场。知客引荐方丈文果，形似罗汉，道行颇高。

初七晨，朝中塔渡溪，山势兀突，林木环抱。上封山寺真身塔，相传弥勒佛化身。礼毕，仍回岳林。

初八早，辞行。由此沿麓而上，山谷内行九十里，泗桥镇，住。

初九日，二十里毛竹园，三十里宁海县，四十里梁皇山，宿。

初十日，二十里分路碑，七十里鸡笼石，荒山深谷，少人行踪。十五里，经罗汉塔、七佛塔，至国清寺。群峰围绕，林木参天，山明水秀，风景绝佳，时已入暮，前有双涧合流，南注大溪。古云："双涧水声流不辍，顿觉胸襟万虑空。"溪源出于佛陇山，经丰干桥入寺。

十一日，参礼各殿堂，看漏沙锅，叩礼三贤堂丰干、寒山、拾得像。

十二日早，出谷，遥观赤城，孤岩独立，秀出云表。十里赤城山。复游紫云洞、华阳洞、玉京洞，上年在此度夏，前僧不见，住持留住，谈云："有缘佛出世，无缘佛灭度。随缘化众生，犹如水中月。"经峰顶七级浮图、昙猷洗肠等处，仍返国清。

十三日，与王君八九人，同上十五里，好似天梯，寺落杖底。经金地岭，至真觉寺，礼智者大士真身塔。饭后，五里下高明寺，四面皆山，面临一溪，松竹围绕，寺藏其中。往礼智者幽溪像，看《贝叶经》、宝钵、朝衣等。更上，拜幽溪塔院、幽溪讲肆，纤尘不喧。经佛陇，仍回真觉寺宿。

十四日，经察岭，二十五里直上华顶寺，即兴善寺。峰如华盖，实未到顶，倚山临涧，松竹参天。将至山门，即见华最上人迎来，参礼毕。是晚，谈及永明寿偈云："渴饮半掬水，饥餐一口松。胸中无一事，长日对华峰。"

十五日晨，三里许，经地藏庵、太白堂，师云："会心不在远。"里许拜经台，上有镇魔塔、龙爪井。里许过岭，下坡，二里许龙泉庵，融镜法师，一见深器，留午餐，云："境随心变，地假人兴，古今一也。"王君云："心乱难定奈何？"师曰："日间有事，或处分不定，睡去，四五更坐起，是非可否，忽然自了。古云静见真如性，又云性水澄清，智珠自现。"礼谢而别，往黄经洞，适逢二师谈云："闲中不放过，忙中有受用；静中不落空，动中有受用；暗中不欺隐，明中有受用。此数句现成话，说之最易，行之颇难"云云。仍回原寓。

次早，六七人同往永庆寺，一山抱围，平田数亩，种竹于外，颇幽敞。入定居，即永明禅师入定处，师谈："妄来如沤生大海，想去如影灭长空。"仍回华顶。是晚，华师与王君谈："真发心学道，必须扫除习气，磨炼身心。日久月深，工夫纯熟，自然一尘不染。"山中茅蓬共约五六十处，日日往访亲近善知识，得益良多。

二十日，辞别，同行者九人。十五里上方广寺，背倚罗汉岭，松柏森森，上有铁船。湖水注溪，由寺前西行，汇流入石梁。知客接入，参礼各殿。出寺，溪随山转，人傍溪行。数百武，奇峰插天，长空叠翠，瀑布龙湫，凉风袭袭。随山一湾，中方广寺，即昙华亭，倚山临水，隔断红尘。余等未入方广，直至桥边脱鞋，与王君三人，走过石梁，朝礼铜殿。飞瀑如虹，悬岩飘曳，过时心虑，忘却危险，随后思之，仍觉可怖。有云水僧题石梁壁间云："一条柱〔拄〕杖一腰包，不惮千山万水遥。举目未观方广寺，脱鞋先过石梁桥。亭前瀑布悬空泻，屋后昙花带雨飘。惭愧此生难再到，临行又过二三遭。"亦高人韵事也，仍回原寓。

二十一日，复入中方广寺敬礼。上年来朝，庙宇齐整，今被火劫，重修未竟功。礼师求示，师曰："经云，知恩报恩者有四事：亲近善友，至心听法，思惟其义，如说修行。"告别，往下方广寺，过桥里许，入寺，有老师引《坛经》开示学者云："以无念为宗，无住为本。"仍回上方广。是晚入堂坐禅，挂单者约三四十众，常住十余人，文果老和尚重兴，堂中开示云："佛祖命根，人天眼目。动静闲忙，妙用现前。纵横无碍，出入自由。"是时，方广道风为台山之冠。余欲往寒山度夏，因王君有病欲回，故送伊下山。

二十二日，十五里，古木千章，平田数顷，中有梵宫，幽胜异常，即万年寺。有九曲河、罗汉田。老僧云："荣名厚利，世所同竞，而昔贤谓求之既不可得，却之亦不可免。"此却之不可免一语，最极玄妙，达宿缘之自致，了万境之如空，而成败利钝，兴味萧然矣。

二十三日，由地藏寺下滕公岭，松竹夹路，风景幽绝。清凉寺宿，当家见王君有病，曰："古云病者众生之良药。盖幻妄之身，本无坚牢；无病之时，嬉怡放逸而不觉；唯病苦逼来，始知人命无常，则悔悟之机，而修进之助也。予出家至今，大病垂死者数次，而每病中发悟，道念增长也。"

山中丛林寺院约十数处，茅蓬四五十处，道粮全靠募缘，是一大缺憾。住数日，由天目往黄山度夏矣。

游龙穿潭记

金文田

原载于金文田主编《天台（西门）金氏宗谱》卷十二诗文内编，民国戊辰（1928）年版。本文据《天台金氏宗谱》卷之九诗文内编，1997年重修本，第254—255页。金文田（1851—1924），字子仁，号性山，浙江天台人。光绪二十九年（1903）进士。历任天台蓝州书院、宁海埃城书院山长、三台中学（台州中学前身）总教习，1906年创办天台中学堂。有《国朝天台耆旧传》《謇谔堂诗文集》等。龙穿潭现位于天台县白鹤镇桐坑溪水库，属于龙穿峡风景区。本游记及下一篇游记的游览及创作具体时间不详，根据游记中的探险描写，当在作者青年或壮年之时。

由万年寺西南行十许里，抵龙穿潭。未至潭半里，峰峦骤变，草木葱郁异状，阴森欲逼人，似有神怪往来，毛发陡竖。行渐近，境渐幽渐险。凭北高峰下敢〔瞰〕，遥见潭底澄澈，露其半，面崖间，丹篆纵横，径三五尺，字画错落不可辨。及〔呕〕欲逼视，乃蹑鸟道西出，匐伏蛇行，下跨危桥，东过转侧入溪径。路绝，从石隙中穿穴出。或攀萝扪葛，猱升而上，辗转跳跃，半里许，陡见一潭清碧滉漾，上有瀑泻下，玲珑攒聚，似玉盘盛雪，心以为奇，然不知龙穿潭犹在其东。

潭名青芜，以多芜苔，故云。潭旁怪石麇集，似虎豹狮象突立赑怒〔1〕，绝可怖。石间水落可涉，然不时衣履为沾湿。中聚白沙，沙上平坦，直接岩门。就谂〔2〕壁上丹篆，则皆紫藤缭绕，宛转成字迹。既抵潭，心目骇愕，疑别有天地。少顷，惊定，周视不见瀑下，惟闻水声雷訇〔3〕，自潭底涌出，不审

〔1〕　赑（bì）怒：盛怒。

〔2〕　谂（shěn）：知道。

〔3〕　訇（hōng）：形容声响很大。

其从何来。潭大可亩许，中石势隐起，四围深杳无底，疑有灵物潜焉。

石壁突起千丈，回环屈曲如巨瓮，缺其一面。仰视向所凭处，则峰止在山半，其下正空，潭顶两崖谽谺〔1〕欲合未合状，甚嵚金〔崟〕〔2〕。对面见双峰缥缈插天。稍东有如云一角飞来，层青叠翠，攒簇空际，势倾倒欲动，谛视之，则峰也。盖其上又有双峰，此其南峰突露高尖；其下斜凹处，草树蓊郁，莫测深浅。余皆隐不见，潭外望之，则见双峰翕然对峙，灵气倏倏如乘龙之嵯其首尾，变见万状。又如人冠上插花，并齐不相高下。四围奇峰拔起无数，皆包罗此两峰，如美女比肩，深藏重楼叠阁，惟恐人见，可称奇绝。回视潭中所见，下同侍婢，不足比数。其外则有三峰，连环不断。就侧面望，止一峰正圆。再转，则势成鼎峙，亦微有低昂。东一峰最高，其北二峰并奇特，与东峰角胜不敌，奋怒陡落，与隔岸峰来，如敌之迎距，争占地势为垒壁，溪流蜗旋绕而出。此外重关对锁，不止一处，皆若于是潭乎协力捍卫之。尘容俗状悉屏，绝无由至，宜乎龙之居此，独擅其灵也。土人为予言："曹真人〔3〕与裴活佛〔4〕诣潭求雨，真人下取龙，活佛戏以法，禁之不令上。真人乃骑龙穿岩出，故以之名潭。"其说荒唐不经，无足取信，惟他处瀑皆显而北〔此〕独隐。重岩邃谷不求人知，匿迹埋名，有似乎隐君子之德，而其闳深伟怪无所不有，则又兼乎奇人杰士之所为。窃意天下之奇无逾此者，而独以未探厥〔5〕上源为憾也。

于是复梯隔山而上，山壁立，微有人迹。予蹑之，沙滑足跌，以手并行不一次。未至岭头百步，即闻两水共〔哄〕然，作战斗声，甚剧烈。既出其上，见石壁如墙正立，周围方数百丈，俗名"掌扇岩"。因急于下观，不暇细测。岩旁多枳束〔棘〕塞路，不能前，擘空〔6〕而行，亦时有直下千寻，杂树倒生，踏之而过者，一失足且不救，回顾股为之栗。攀岩握树，倒窥龙穿潭瀑水所自，下岩口裂处挽〔才〕丈许，中空盛水，满溢出，东泻下。外崖内蹙，波浪飞腾。岩久为水所磨，光莹如玉，有作红紫色者，以为星宿海〔7〕之上源穷矣，然不意

---

〔1〕 谽谺(hān xiā)：山石险峻貌。

〔2〕 嵚崟(qīn yín)：形容山高大，险峻。

〔3〕 曹真人：即曹法师，元朝浙江天台溪南人，出家桐柏宫，善正一道术。

〔4〕 裴活佛：俗名清逸，浙江天台溪南人，国清寺僧人，擅长法术。

〔5〕 厥：代词，其。

〔6〕 擘(bò)空：擘，掰开，分开。擘空，此处指分开荆莽。

〔7〕 星宿海：位于黄河源头，东与扎陵湖相邻，西与黄河源流玛曲相接。

绝壁下又有潭。潭不知名，为水隔，深可没胫，土人背予涉。既抵岸，外口平浅。两崖嵌欹[1]，合缝上留一线天，水从内壁下，深黑不可逼视。潭之上流莫能穷，其水自万年山千折，经三井潭南来，至此为外崖陡转，与掌扇岩半合成潭。其大视龙穿潭差小，而境界迥别。

少坐，觉清气袭衣袂，似有仙风道骨，令人作遗世想。予爱之，然以旁〔傍〕晚，不能久留。既出，夕阳西下，急觅来路，循九里坑而返，为清芜潭上流。抵寺记之，夜梦犹在潭中，明晨复出，游三进〔井〕潭。

---

〔1〕 嵌欹（qīn yī）：高峻倾斜的样子。

游三井潭记

金文田

原载于金文田主编《天台（西门）金氏宗谱》卷十二诗文内编，民国戊辰（1928）年版，本文据《天台金氏宗谱》卷之九诗文内编，1997 年重修本，第 256 页。本文描写了游三井潭的险峻和清幽，对其湮没无闻的处境表示不平。

由万年寺东行，未至罗汉岭，折而南，随山水屈曲，中多平田，亦时有水柳沙鸟，步步引人入胜。

行三四里，遇一潭，清澈如镜，中有游鱼数尾，唼[1]聚沙石间，见人惊散。又转百十步，山势陡合，两崖蹙起，如户限[2]横亘，中微凹，为水激汤〔荡〕，光莹成色。飞瀑因风倒卷入空际，如晴天雨雪。潭大可半亩，中空，口微促，石势上聚，圆径如瓮，亦微有凹凸处，水从高泻下入瓮中，噌吰[3]作响，日夜不绝声。潭之深可三四丈，望之杳然。然内壁为日光所薄，倒射空明澄激〔澈〕，时露其底。

陡落一二丈，又一潭，视上潭差少，圆如满月。水从上注入，复泛溢东出，似有白云一片来。过之，四围潮湿化晕，中深黑莫测寻丈，投以巨石，逾时如有水花喷起，土人大惊失色，恐龙骇，雷雨暴作，无所避。

又下丈许，有小潭如缸，深亦不测，水溢如缸面酒，凝而复流。又转，则绝壁一落千丈，势甚雄壮。壁下有潭，深浅莫能知。攀岩望之，水蔓〔漫〕出潭岸，石势隐起，如巨龟鳖蹲伏沙石间而露其背。外崖刀锋剑芒横截，危险可怖。又其外，岩门重叠关锁，深密无缝，而中后闳深奇辟，其为龙之门户堂

---

〔1〕　唼（shà）：形容鱼、鸟吃东西的声音。

〔2〕　户限：门槛。

〔3〕　噌吰（cēng hóng）：象声词，形容钟鼓声、喧闹声。

奥，可无疑义。

　　闻昔尝有人到此小语，辄有龙出，见一缕黑云旋绕空际，顷之，大雨如注。然则今日之游，得无风雨者，山灵呵护之力居多。他予游桐柏观三井，谈者谓下通海，实则不然。此潭之深，其庶几矣。顾桐柏以司马子微[1]得名，而此沈霾隐翳于万山中几千年，而世无有知者，岂山之显晦有其时，抑亦具真识者之辨其人也。此予所以叹也！

---

〔1〕　司马子微：即司马承祯。

赤城餐霞记

云　清

载于《时报》1919 年 8 月 18 日,第 12 版。云清,其人不详。此篇游记和下一篇游记乃抄袭之作,作者"游览"时间署 1913 年暮春。

民国二年三月,余父宦游越省之台州,云清随侍。路经天台山,满拟遍访华顶、琼台、桐柏观诸名胜,因雨未果,时已春暮,终日在层峦叠嶂中行,浓翠欲滴,忽抵赤城山下,遥望天半,耳目一新。盖万山皆雄青雌碧,独此壁立千仞,土色纯赤,颓面横扫,中有两三层,间以淡绿,恍若霞气。又值宿雨初收,朝阳焕采,下舆瞻眺,秀色可餐。始悟孙兴公[1]赋目之为城,又云"霞起建标",真能写难状之景,余亦有记游诗云:"小坐篮舆日向辰,天台佳处绝凡尘。四围翠绕疑无路,一径红深别有春。华顶烟浓迷野鹤,石梁云护隐仙鳞。南来到此休惆怅,曾有桃源旧主人。"闻山上有寺曰朝阳,洞曰玉京,井曰洗肠,亭曰抱翠,均因雨霁石滑,倦于登涉。

东行,抵国清寺,松桧阴森,殿宇宏丽,山环水抱,天台大观。相传为寒山、拾得二僧隐于爨下处。唐闾邱太守[2]将之任,丰干告以二僧为文殊、普贤化身,太守至寺访见,寒山大笑曰:"丰干饶舌。"走入石壁,拾得亦诵偈随行。闾邱子因弃官为僧,涅槃寺中。又东行,过桃源洞口,相传为刘晨、阮肇采药处,今路中小溪之上,有新碑,镌曰"刘阮重来",盖前清时巡抚阮云台[3]、学使刘金门[4]按事同到而题,其韵事也。

---

[1]　孙兴公:孙绰(314—371),字兴公,太原中都(今山西平遥)人。曾任永嘉太守、散骑常侍、廷尉卿等。东晋玄言诗的代表人物之一,明人辑有《孙廷尉集》。

[2]　闾邱太守:即闾丘胤。

[3]　阮云台:即阮元。

[4]　刘金门:即刘凤诰。

石梁观瀑记

云　清

　　载于《时报》1919 年 8 月 18 日，第 12 版。云清的这两篇游记，分别抄袭完颜麟庆（1791—1846）《赤城餐霞》《石梁悬瀑》，略改文字而成，本书仍坚持收录，以见近代版权观念初立之际报载文字的抄袭习气暨游记文字另类传播之一斑。麟庆之作可参见：完颜麟庆撰《鸿雪因缘图记》（一），浙江人民美术出版社 2019 年版，第 62—63、66—67 页。

　　余幼读孙兴公《天台山赋》，至"赤城霞起而建标，瀑布飞流以界道"，心焉慕之。二年春，既游赤城，拟观飞瀑，以雨未果，遂由关岭、百叠岭入郡。秋九月，侍宦回省，道出天台县，从云溪从兄取径万松，望国清寺，临溪跨壑，金碧飞涌。东行逾数岭，山转林深，境益幽僻，并樵踪溪溜所成径，地非峭壁，则皆浓花异草，幔山而生，有两崖相距不接者数尺，是为双阙，俗名断桥。沿山右行，过双溪矴，乃抵石梁，相传为五百应真会修之所。梁龟背龙形，长亘二丈，广不盈咫，脊隆寸许，对壁路绝处，仅一佛殿，有从人鼓勇欲过，闻瀑吼声，股战而仆，余大笑。云溪曰："此间平视未尽其妙，若自下睇上，必有奇观。"应曰："诺！"乃相与循崖而下，坐濯缨亭，仰望梁上，有双溪水合流直注，如练如虹，横飞喷洒，如雨如霰，又若万斛雪从空掷下，银晶夺目。比至潭底，以其余怒，啮山噬石，辄复逆上，有声如雷，真奇观也。因忆王思任[1]游记，谓他山之瀑浑圆条直，不尽布义，独长扁落梁，若机横其上。实觉先获我心。小立时许，阴冷逼人，仰视两崖陡绝，不容寸土，有小红树倒黏石壁，别饶逸趣。会暮烟将合，遂越溪投下方广寺宿焉。

---

　　〔1〕　王思任（1574—1646）：字季重，号遂东，又号谑庵，浙江山阴（今绍兴市）人。明神宗万历二十三年（1595）进士，曾任九江佥事。清兵破南京，鲁王监国，出任礼部右侍郎、尚书。绍兴被清兵攻陷，绝食而死。著有《王季重十种》等。

天台山旅行记

王志辨

载于《学生游艺录》19?? 年第 1 期，出版年月不详。从本游记写作时间署"民国四年四月望"，应该出版在 1915 年。《学生游艺录》为浙江第六中学所编校刊，月刊。浙江第六中学故址即现在的临海市台州初级中学，民国期间，朱自清、陶元庆、钱君匋等曾在第六中学执教。王志辨，字谨夫，浙江黄岩县西乡宁溪镇人，毕业于保定军校步科八期，曾任国民革命军第三十七军联络参谋。1915 年 5 月 16 日（四月初三日），浙江第六中学校师生游览天台山，他们从学校所在地临海出发，历时两天，步行至天台，在天台山游览共计七天。作者王志辨和下一篇作者陈纲皆为第六中学在校学生。

天台秀甲浙东，来游者道不绝迹。余之欲游此山也久矣。己〔乙〕卯[1]夏四月，本校议决旅行天台山，于初三日，束装就道，至仙人庄，日已西，遂留宿焉。翌日行三十里，遥望天台城。至城南，天台县中校暨高等小学分班来迎，予辈则额手礼毕，入城，遂参观高小学校而宿于中校。明日午后一句钟，出自北门，行七里，至天台山麓。麓有寺，曰国清，入方丈，见有"指日高升"四字。盖僧众表欢迎之意也。抵寺前撮全体之影，乃排队入。该寺栋梁高壮，周寺有森林，古木参天，后有五峰拱秀，前有双涧回澜，东有山花争荣，西有清潭可悦，诚天台山四绝名蓝[2]之一也。

初六日，自国清行约五里，所谓金地岭也，岭峻如峭壁，拾级而上，膝几与胸齐。岭之上有地曰塔头，隋智者得道处也。有寺曰真觉，内筑圆塔，塔下有智者墓，上有智者像，观玩移时，日已卓午。饭毕，钟报一句，又集队向

---

〔1〕 乙卯：即 1915 年。
〔2〕 名蓝：有名的伽蓝，即名寺。

华顶，约行三十里，始至善兴寺。寺系新造，盖前遭回禄也。栋梁雕刻，工细精雅，其正屋瓦以铅板代之，余或茅盖，因地高气寒，易冻裂也。旁有流泉，以手探之，寒几彻骨。周寺有胖杉，大者可合抱，后有石罗列，状如八仙，曰八仙石，风景优胜。阅毕，暮钟已报晚矣，遂留宿焉。住持僧指余辈曰："东北有峰为天台山之巅，观日出，看归云，景殊佳，惟破晓登绝顶乃可见。"诸师友心皆好奇，无畏惮色，遂拟翌晨偕往。虽不尽如僧言，然景象万千，霞绮皆表异色。日如火状，白雾横山，别成境界，诚乐观也。未几云霾四布，日色不复见矣。而好风徐来，片云片片，送入襟袖，何快如之。峰顶有寺曰拜经台，为智者诵经处。入其门勒有"天台第一峰"五字，系湘乡成邦干[1]题，此为一小茅芦，窗牖皆玻璃，器具亦精好。所谓败絮其外，金玉其内者欤？从峰之顶，极目四瞩，东穷会稽，北至临安，西尽金衢，南至瓯越。远山近脉，起伏万千，形状各异，龙舞也，狮踞也，虎跃也，小兔被逐于狮虎而奔逃不暇也。奇景累累，几穷于应接叹观止矣。览毕，乃下归善兴寺，路经太白堂，唐李白读书处也。《志》言，白族人李嘉祐守台，其踪迹到此。殆在是时欤？是日下午，自华顶西下，则十五里，而方广在望焉。寺前有金溪，隔溪有林山抱之，后有三峰罗列，左有经台耸峙，右有石梁横卧。石梁之上，当金涧合流之处，有双龙会舌之胜。涧水之上，有神龙掉尾之雄，此真天台之胜也。惜梵宇不甚宏敞耳。

初八日晨，自方广至龙王塘，日已中。午后一句钟，遂抵高明，约行十里许，至时日已残，因与诸师友寄宿焉。寺系智者修道之地，前濯清泉，后峙五峰，竹丛花木，相开掩映，微风鼓浪，万籁有声。娇鸟时鸣，清脆可听，爽我性情，展我志意，当此之际，不复思红尘矣。于是攀虬龙，踞虎豹，而歌曰：

> 天台之山巍巍兮，美景四时。四顾茫茫兮，不知东西。乘白云而摘星晨〔辰〕兮，几欲离红尘而去之。游子度兮下太荒。

歌毕，天阴雨下，遂归梵舍。初十日午后，整队下山，仍宿于天台中校。十一日黎明，乃买棹而归。觉此次吾辈旅行，眼界为之一扩，智识为之一增，于学问之有益，岂浅尠哉？因濡笔而记之。时在民国四年四月望夜七点钟。

---

〔1〕　成邦干（1837—1922）：字梓臣，湖南湘乡人。以军功被左宗棠举荐，以县主簿留浙补用，后升任候补知府，1881年署台州知府，因金满逾期无获，被奉旨摘去翎顶；1884年，又因中法战争操防奋勉，由刘秉璋奏请赏还翎顶。

旅行天台山记

陈　纲

载于《学生游艺录》19?? 年第 1 期。作者陈纲,其人不详,与上一篇
《天台山旅行记》的作者王志辨皆为第六中学校学生,本文写作背景与
王志辨之作相同。

四时之佳境难穷,一生之行乐有限。人之境遇各不相谋,故所感亦不能
一致,上之则关于天下国家,下之则极于饮食游嬉之乐,莫不因时以为消长。
夫四时之景,各有佳处,大块文章,时或极其绚烂,或趋于平淡,无不并臻其
妙,皆足以娱悦吾人之耳目,愉快吾人之性情,皆天然行乐之资,乃造物之独
厚于吾人者也。

民国四年五月十六日,即旧历四月初三日,实本校旅行之佳期也。乘天
气之清和,作舞雩之风咏[1]。天高地回〔迥〕,仰宇宙之无穷,草碧花香,羡
万物之自得,效古人以游为学,愿同朋实地讲求。斯时也,学生二百余人,各
整其衣冠,麕集[2]至操场,列队报数,将平日所授旅行种种之规则及仪制重
加申述,令各记忆。训练毕,即整队出。时正日高风微,路不扬尘,履声索
索,旗影翩翩,进退有序,出伐有章。道旁观者咸啧啧叹曰:"此浙江第六中
学校学生也,其精神之活泼,行列之整齐,俨然具有进取之气象。"是日余等
所经过之茶园岭、八叠岭、七庙岭、小石岭,皆休息片时。不数里至仙人村投
宿焉。

十七日晨五点过千株松,七点抵滩岭、横山岭,十点过响岩,不一刻即至
天台中学校焉。是校开办有年,学生百余,其中任事者多学界名流,富于学
识经验。至该校,学生列队前导,赴各学校参观。一路军乐悠扬,旗帜鲜明,

----

〔1〕　舞雩之风咏:指春天郊游的赏心乐事。典故出自《论语·先进》。
〔2〕　麕(qún)集:聚集。

随而观者途为之塞。呜呼盛矣！

十八日晨起，天阴。但云不成海，林鸟啁啾，中杂以嘤嘤声，若奏金丝意，即所谓山林乐鸟非耶！遂自中学校而上，约七八里，国清寺至矣。盖国清者，乃四绝名蓝之一也。五峰拱秀，双涧环澜。前后之佳木争荣，东西之清泉可悦，寒山执爨于灶下，拾得涤器于云堂。锅形犹在，虎迹未亡。昔智者大师开创七十有二，而尤著名者为七里寺、国清寺。其间奇松环绕，清幽称绝。遥望得一物，即王右军所书"鹅"字碑，其笔画颇残缺，后辟古堂[1]欲全其字，制巨笔围尺许，趁势摹仿，历六七寒暑始成。

十九日天朗气清，微风鼓荡。午膳后，向真觉寺进发。途中多草木，青青葱葱，望之可爱，既近寺，有甘泉井临于前，不数武，入秃行宫，殿宇轩昂，古佛庄严。众和尚皈依诵经，喃喃自得。入宫后，森林茂密，苍翠成云。路旁古木参差，交枝荫庇，似邹山之桐[2]，经前寺至客厅，僧出，颇至殷勤，相与坐谈，叩予辈以时事，闻善则喜，否则忧，此可见新国之气象矣。顷之，时钟已十一点有余，午膳已备，至十二点即食。食毕，指定华顶寺为宿所，床铺咸备，布置略定，即出游至药师庵。庵即古茅蓬也，今则焕然栋宇矣。旁门犹署"华顶一茅蓬"五字。人亦以茅蓬呼之。自此拾级而上，五步一庵，十步一茅蓬，约有百余座。游览至此，身稍疲倦，乃循故道下。回顾山中景色，犹恋恋不忍去也。

二十日天将明，即起，自华顶寺至拜经台四里许，山麓崎岖，诸友皆丧气垂头，恨缩地之无方。既至，静坐远瞩，万象森列，见波涛之浩荡，风帆之上下。东望沧海，白云为岸，北望吴越，如一小圆镜，即钱塘太湖也。未几旭日初升，赤轮荡漾，观之令人骇异，虽泰山日观峰不能与并也。观毕，回至华顶寺，吃膳后，直下方广寺，苍翠之树色，荡漾之波光，互相辉映，是为登山后，初得之胜境。入寺为三王殿，内为玉佛殿，佛之全体，皆玉质，光洁而纯，高约五尺，相传为内廷所赐。更入大雄宝殿、藏经阁，阁下为方丈室，西入为客堂，左右均有屋。是寺因山为屋，渐后渐高，以藏经为最，规制崇宏。寺东偏上，竹箐深密，手拂足蹴，虽非艰险，颇不利行履。其间有石梁桥跨两崖间，铭曰"前渡又来"。俯观之，则飞泉瀑布，肝胆为之战栗。既而夕阳将下，倦

---

〔1〕 辟古堂：即曹抡选的号。曹抡选（1801—1871），字德辉、寿人。浙江天台人。诸生，工书，善作行草、大小篆籀，尤擅擘窠大字。相传国清寺"鹅"字碑为曹抡选补书。

〔2〕 邹山之桐：邹山即峄山，在今山东邹城市，其南坡所生的特异梧桐，古代以为是制琴的上好材料。

鸟归巢,是夜遂寄宿方广。

二十一日清晨,赴高明寺,路程约十五里。山光树色,苍翠宜人。四面环山,其地最洼下,寺为隋唐古刹也,智者创之,幽溪[1]继之,遂为台山禅寺之鼻祖,至今遗迹犹存焉。僧人告余曰:"吾寺自幽溪圆寂后,继起缺如。自前清末造,有济定[2]法师者,百废俱举,井井有条,始规模宏大。"游赏尤可嘉者,悬岩绝壁之中,有洞如屋,可容一人,禅者居之,名曰圆通洞。余亦得休息片刻,殊觉志清气爽,心旷神怡,流连既久,日影将入,是夜遂宿于高明寺。

二十二日,天仍清朗,午膳后转至天台中学校。是日适星期日,与该校学生坐谈,或联句,或饮酒,或臧否古今人物,大有睥睨一世、傲慢王侯之概,笑彼奔走公卿之门,摇尾乞怜,日仆仆于声色货利之场者,为可鄙也。

二十三日,云重天暗,乃雇小舟十数只,此时好风相助,帆饱舟轻,速率骤加。四时至千株松,五时至沙滩,七时许乃瞻本校之衡宇矣。归时记之,恐忘此行之乐也。

---

〔1〕 幽溪:即传灯。

〔2〕 济定:民国初年,任高明寺方丈,修整寺院。

天台山行记

范 铸

　　载于范铸《浙东山水经行记》,民国刻本。范铸(1856—1933),谱名华生,又名文莹,字率夫,号柳堂,晚年更名铸,字寿金,别署野谌氏,浙江宁波镇海杨范村(今属慈溪市龙山镇)人。出身书香门第,幼聪明,少即酷爱诗文。著有《天台山行记》《山水簿叙录》等。范铸出身书香门第,但鄙薄功名仕途,慕徐霞客之为人,热爱旅游,足迹遍两浙。民国四年(1915)五月二十八日,范铸溯剡溪而上,往游天台,遍游国清、石梁、桐柏诸名胜,最后抵寒岩而返,历时四十天,往返一千里,时年六十岁,本文即为此次游览之作,文中对溪流、峰峦、路线等记载甚详。

自 序

　　大凡游而不记,犹之不游也,故游者必记。然游者明白于地难,明白于文字则更难,往往了然于胸中而诘屈于笔下,故游者多而记者少,记者多而记之明白者少。夫记而不明白,犹之不记,即犹之不游也。故若徐霞客[1]之善游,亦其文字之善于明白者欤? 余窭人[2]子,体素多病,今年六十,脚力更弱,然济胜虽无具而饶有胜情,故喜读游记,尤喜读霞客之游记。然霞客两脚行万里,平生所历名山水,无虑数十百计,余何敢望其万一。顾自念一生,一事无成,今老矣,性所好者,惟名山水,远者无论,若并近地之名胜而

---

　　[1] 徐霞客(1587—1641):名弘祖,字振之,号霞客,江苏江阴人。明代著名旅行家、地理学家,著有地理名著《徐霞客游记》。2011 年 3 月 30 日,国务院常务会议决定将《徐霞客游记》中开篇《游天台山日记》撰写之日(5 月 19 日)定为中国旅游日。

　　[2] 窭(jù)人子:是指穷人家的子弟。

不克一游，则暮景如驶，急不能待，非特无以自娱，窃恐属纩[1]时，目不瞑矣。乃决计游山，决计游天台之山，溯剡溪而上，抵寒岩而返，往还一千里，费白日四十，白金亦四十，聊以寿我之六十。此行也，惟琼台、桃源、螺溪石笋三胜为暑雨疾病所阻，余凡峰之名者，若华顶、天柱；岩之名者，若赤城、泗州；岭之名者，若高察、罗汉、金银地；寺之名者，若国清、善兴、天封、万年。又若断桥、石梁之飞瀑，若潜真、栖真之大洞，以及广原如桐柏，畏途如分水岭，一切可惊可喜者，莫不印于目而证于心，以此为了平生之愿而即以庶几霞客之万一云尔。若文字，则早知其难，而不免犹有此记者，非敢自以为明白，盖游而不记，犹之不游。此意也，余既已言之矣。乙卯[2]七月七日野谌父自引。

乙卯五月廿八日，晴。西南风极大。早起束装，为天台之游，由平王庙东登舟[3]。四十里长坝[4]，时霖雨之后，水从坝上流。二十里小越，小越西有小湖，青山四围，中有野屋，夕阳在岭，清风徐来，风景颇清幽。又二十里，至百官，昏黑久矣。是日风水俱逆，又为捐卡留难，致行舟到迟。登岸，饭于谷家过塘行毕，搬行李，登江船，解缆行。里许，泊龙山头，推篷露坐，江风送凉，四鼓，舟复解缆行。

廿九日，晴。晓睡正酣，惊闻舟行已四十余里，亟推篷起看，则两岸送青，一江流碧。昔读崔灏[5]《剡行》诗有"青山行不尽，绿水去何长。地气秋犹湿，江风晚稍凉"云云，今身到乃知崔诗之工。地名霸王山[6]，已过汤浦口五里矣。又五里为王家汇[7]，石壁插水底，灌木蓊之中露小楼，亦江滨佳处也。又三十里章家埠，为上虞属之大镇。舟人泊舟午炊，饭毕复行。七里

---

[1] 属纩（zhǔ kuàng）：古代汉族丧礼仪式之一。即人临终之前，要用新的丝絮（纩）放在其口鼻上，试看是否还有气息。属，放置。此一仪式称为"属纩"，因而"属纩"也用为"临终"的代称。

[2] 乙卯：即1915年。

[3] 原注：属余姚。

[4] 原注：属上虞。

[5] 崔颢（704—754）：盛唐诗人，汴州（今河南开封市）人，开元十一年（723）进士。天宝中，任尚书司勋员外郎。性格放浪不羁，一生漫游四方。早年写诗浮艳轻薄，经历边塞生活之后，诗风变为雄浑有力，描写军旅生活，风骨清劲。《全唐诗》录其诗一卷。

[6] 原注：山在江右岸。

[7] 原注：在江左岸。

石山庙。八里三界，为上虞、山阴、嵊之交界，亦滨江繁镇也。五里钓鱼台，为谢客[1]遗迹。山右麓有小溪入江，溪口有小桥，仿佛双流会江桐梓南楼之胜概。自钓鱼台而上，三石头而下，江山蟠曲，奥衍灵秀，瑰奇甲天下。三里上下马岙，雪湍截岩，烟村夹水。又里许许岙，石山巅有鼍鼋将军庙，红墙朱扉，倒映江水。里许枣树湾，平林带江，小楼倚山[2]。里许，江右眠蚕山，石骨棱棱耸翠。里许，江左清风岭，为王烈妇[3]沉江之所，山半有亭，山麓有庙，皆名清风，山水称其人已。又里许下洋埠，泊舟。四山落日，紫翠满目，柁楼徙倚，朗咏吕衡州[4]"舟移镜里，路入画中"之句，信乎！山水有灵，当惊知己。时沿江多盗，中夜见山径火光闪烁，人声隐隐，同舟俱起，共有戒心。

　　六月初一日，晴。舟拂晓行，西南风紧，凉甚。五里江右画图山，石骨为丛木蔽亏，未见青苍，惟尖峰独秀耳。三里仙岩。又五里三石头[5]。三石头为郦道元[6]所记者，今水石依然而朱碧无存矣。沿江一线即宁绍台温处五属之大道也，百官舟至此止，行李换竹簰上嵊，余同姊夫叶鹤亭雇高轿陆行二十五里，午至嵊城东门外之杜家过塘行饭。午后暑甚，迟至日斜入东门，北行登山，观城隍庙，庙壮丽，左为县署，右为新辟公园，凭高眺远，城内外一览而尽。归寓已曛汗夹背矣。饭毕，坐江滨纳凉，遥望东南三峰高尖，主人云"四明山"也。三更，行李簰到，检点毕，始就寝。

---

〔1〕　谢客：指谢灵运，灵运幼名客儿，故称。钟嵘《诗品》："已输谢客清吟了，未忍山翁烂醉归。"

〔2〕　原注：皆江左岸。

〔3〕　王烈妇：宋末元人进临海，掳民女王氏及其舅姑与丈夫。后舅姑与丈夫皆被害。元军将领见王氏貌美，欲纳为妻。至青枫岭，王氏啮指出血题诗石壁后，投江自尽。见《宋史·烈女传》"王贞妇"条。

〔4〕　吕温（772—811）：字和叔，一说他是河中（今山西永济县）人。贞元十四年（798）进士。与王叔文友善，迁左拾遗。曾出使吐蕃，升任户部员外郎。因与宰相李吉甫有隙，贬道州刺史，又转任衡州刺史。有《吕衡州集》。

〔5〕　原注：皆在江左。

〔6〕　郦道元（466—527）：字善长，范阳涿县（今河北涿州市）人，北魏著名的地理学家和散文家。曾任御史中尉、关右大使，后被反叛的雍州刺史萧宝夤所害。撰有《水经注》四十卷。

初二日，晴。黎明起，粥罢，仍乘高轿而行。过南门，桥石为之[1]。稍折而东，又过木桥而南行[2]，共二十里，至黄泥桥，是为新、嵊分界处。又五里，过一山嘴，路左岩裂，一罅寒泉涓涓从中出，上有塔，是名塔山。又五里，过长板桥，仍南行，有村，是名山溪。又十里，过大佛寺，头门大溪至此曲而东，路亦东折而入新昌城之西门。里许，卸担于五昌钱铺，日尚未中。饭后移寓吴兴公所。晚陈君蕙堂来饭而去。夜中热甚，露坐达旦，始眠。

初三日，晴。早起，周君生义及俞某来，午饭而去。俞生松铨来。晡时闻雷，有风无雨，然天气稍凉。晚饭毕，即眠。

初四日，晴。早起，出东门，沿城北行。折而西，过北门。再折而南，过西门。初出东门时，见大溪自南来，北流折而西，至城西北隅，又折而北去。途中左并城，右循溪，桑园竹径，凉绿阴沉。既过西门，折而西南，至地藏殿、东岳庙，少憩。仍由西门返寓。昨以客中无书，向俞某借《公羊》《小戴》，抵寓而俞氏已遣人送书来。又荷周君赠白鸡一双。夜听茶客潘芝田[3]谈穿岩十九峰之胜，为神往者久之。是日，得张君让三及浚儿信。

初五日，晴。午后，馆人吕某以新邑先进俞秋农[4]先生宦游图见示，计八幅[5]。

初六日，晴。趁早凉，访陈君蕙堂。回途，过烟业公所，访周君生义。坐谈少时，周君赠石二，一佳，遂捧石回寓。

初七日，晴。万年寺方丈妙瑞上人来，期以十三日入山。

初八日，晴。早起，出南门西行，折而南，过大佛寺桥。登小岭，岭上有亭，近为龙尾掀去，瓦石扫地无存。过岭南下，磴道陡甚，游千佛寺，即千佛

[1] 原注：桥下水自西南来者，两头门港即西溪也。过桥东，折北，至东门。桥南而新昌港合澄潭港来会之，过桥而北下。

[2] 原注：此桥下水即新昌港。

[3] 原注：儒吞人。

[4] 俞汝本（1791—1848）：字秋农，号子惺子。浙江新昌人。道光丙申（1836）进士，以知县分发贵州，授镇远县。历任贵定、婺川、天柱知县。著有《惜分阴斋诗文稿》《听秋声馆诗钞》等。

[5] 原注：其目为《穷巷书声》《水帘观瀑》（第一），《东山游屐》《招宝观海》《清浪停桡》（第二），《兰溪花板》《滕阁临江》《湘江夜泊》（第三），《飞云古洞》《苴兰泥爪》《狮山耸翠》（第四），《滹溪登岸》《桃源仙迹》《洞庭秋泛》（第五），《天姥归云》《台山积雪》《沃洲垂钓》（第六），《扬江晨渡》《文德探奇》《七里鱼讴》（第七），《龙洞云深》（第八）。首尾有山阴王兼、遵义郑珍题跋，书画俱可观。

岩也。又折而东，里许，游南明山宝相寺，即大佛寺也。二寺皆嵌岩为殿，琢石为佛，而宝相尤壮伟，金身高六七丈。门前二沼，一大如小湖。少陵云"殿脚插入赤沙湖"，于此仿佛见之。米元章书"南明山"三大字石刻，在寺门左，其南字系后人补者。日渐高，乃返寓。

初九日，晴。

初十日，午后有小雨。得浚儿信。

十一日，晚饭后大雨，旋霁。是日发家书。

十二日，晚又大雷雨。万年寺轿夫来，乃治装为明晨入山计。

十三日，晴。早起，粥毕，乘高轿出旧东门东南行，沿路水石并佳，左溪右岩，竹树阴中，一径逶迤，即走班竹之官道也。五里至平川桥，轿夫忽病，霍乱转筋[1]，势危甚，乃歇轿于凉亭，遣担行李者入城再雇轿夫，迟至日午始到，因留前轿夫之无病者调护病夫于亭中，给以宿饭资，而后始得乘轿前进。又十里黄婆亭，大村也。过黄婆亭，三四里许，路入夹山中。旋过两小岭，自嵊县钓鱼台以上，两山如衢，至三石头而山始开洋，至此而路旁两山又逼，虽同为峡中之水，特彼为江而此则沟耳。又六七里许，攒峰刺天，上下苍苍，渐入佳境矣。又三四里许，过大石桥。桥之东，一峰卓笔。桥之西，山坳有屋，竹树蓊然，是为上下赤土村。村尽而至燕窠村，水蟠山锁，真燕窠也。是处亦有大石桥。又三四里许，过众福庙，庙前诸峰，列笏如朝佛，遥望东南，一纤峰亭亭天际，问知其下即班竹。又五里而后至，地势雄壮，左右高山如墙；前有会墅岭，通台州大道；后有小山口，地名桥头，实为天台山北门之锁钥。又五里而至会墅岭脚。又五里登岭头，即为街口，当在会墅岭北，时东望芭蕉山一带，峰峦皆棱棱直上，竞秀争雄。从街口南行，有歧路；歧而西南者，五里而至儒岙；余从东南歧，里余而至太平庵[2]，止宿。日尚高，庵颇宏敞修整，修竹满山，坐既定而雷雨大作，一时许而霁。主僧灵透出而接谈，遂同晚饭，饭后又少坐而就寝。

十四日，早起。食蕨粉毕，灵师赠寿星杖，遂揖别上轿。东南行三里，横板桥，小市耳。桥乃石，想古以木为之。临桥路歧，歧而西南过桥者，关岭道也；余往万年寺，则由东南歧。二三里许灌园庙。五六里许滕公山村。又里

---

〔1〕 霍乱转筋：病名，又名转筋霍乱，指霍乱吐利后筋脉挛急者。

〔2〕 原注：一名紫竹庵。

余而入清凉寺，饮茶少憩，随喜[1]寺中，瞻眺五百罗汉堂而出。出寺门即上牛牯岭[2]，岭高且长，曲折十数。岭半一支冈东出，中有小坪如掌，碧草如茵，时凉飙骤至，热意全消，乃藉草而憩，坐对堑南诸峰，如展阅五老峰横幅；回首北眺，则会墅岭来路诸山如案上饾饤，罗列满前；及登冈西望，而关岭、燕山、儒岙一带，又烟云在眼，可谓胜观矣。路旁多圩田。冈行十里许而入地藏寺，饭焉。寺基高爽，大殿亦壮伟，惜寺古年深，梁栋已朽蠹，支以白木，岌岌可危。语云，大厦将倾，非一木可支也，此之谓矣。临饭顷而万年轿夫来，盖病者已愈，乃回城夫，而以原夫行。八九里许至大风川，有凉亭，少坐。望前山云似墨，知复有雨。亟过川，下一岭，陡甚且长，五六里而后及平地，未及平地而雨至，既及平地而寺至，既入寺而雨止。盖万年寺在四山之谷底，苏诗所云"寺藏岩底千万仞，路转山腰三百曲"[3]者，俨为万年寺写照。寺宇内外，阔大雄壮，八峰环拱中[4]，古杉参天，水田弥望，信为东南千古名蓝。惜自天王、大雄二殿，亲到、罗汉二堂外，殿堂楼阁，大半倾圮，主僧妙公方谋兴葺之。余既卸担，有明持上人者[5]邀至亲到堂啜茗[6]，遂下榻于堂中。日色尚早，因遍观寺中，天王殿门"万年寺"三大字，弥勒龛前"圣言飞玉相，帝语重金轮"十字，俱无名字，而书法团结疏散、各臻工妙；法堂有王文治[7]书"令法久住"，亲到堂有王掞[8]书"真印独持"，扁榜亦佳[9]；又客座有讲华写赠梅岩和尚墨竹一帧，题云，"王者有至德，甘露降则竹苇受之"。

---

〔1〕　随喜：佛教语。佛教指见人做善事而乐意参加，泛指随着众人参加集体送礼等。

〔2〕　原注：一名滕公岭，盖此山名藤公山，《徐霞客游记》作"腾空山"，而"牛牯岭"作"牯牛岭"。

〔3〕　寺藏岩底千万仞，路转山腰三百曲：出自苏轼《二十七日自阳平至斜谷宿于南山中蟠龙寺》。

〔4〕　原注：《方外志》云，八峰山中有万年寺。八峰者，所谓明月、娑罗、香炉、大含、铜鱼、藏象、烟霞、应泽是也。

〔5〕　原注：华顶宝莲庵常住，与妙公契，暂来此者。

〔6〕　原注：亲到者，宋仁宗赐万年寺珍物，有"如朕亲到"之语。

〔7〕　王文治（1730—1802）：字禹卿，号梦楼，江苏丹徒人。少年时即以书法文章闻名。乾隆二十五年（1760）进士，殿试第三名，授翰林院编修，官云南临安知府，曾随翰林侍读全魁至琉球。以诗文名，与袁枚、赵翼、蒋士铨并称四大家。著有《梦楼诗集》。

〔8〕　王掞（1645—1728）：字藻儒，号颛庵，江苏太仓人，康熙九年（1670）进士，累迁工、兵、礼部尚书，晋文渊阁大学士，有《西田集》《钦定春秋传说汇纂》等。

〔9〕　原注：按扁联书法之工之多，天台山中当以桐柏宫为最。

居然书画词三绝。晚，寺僧具清品供膳。

十五日，早起。礼佛毕，食蕨粉，较胜太平庵。出寺，东行数里，下道人岭[1]。又数里，逾关洋岭[2]。岭西有溪桥，东有凉亭。又数里，逾水壶岭，较高前二岭。自万年来，途径蟠屈，忽东北，忽东南，总之不离东北向；忽升高，忽坠渊，总之不离山缝中。至此而山稍开，复东北行，过石桥南，仍东北经臻福庵，共三里许而上短棒岭。逾岭东南下，忽闻水声潺潺，昙花亭见眼前[3]，则已至中方广寺矣[4]。亟下下方广寺[5]，卸担，不茶不沐，而复上中方广，审视瀑之来处。盖石梁之上有两瀑焉，东南隅之瀑，由上方广寺前下坠而出昙花桥；西南隅之瀑，由短棒岭下出奇观桥而下坠，二瀑合而东北流，其形如"丁"字，乃复坠石梁下而去。余过奇观、昙花二桥，从昙花亭前之右折东下石磴数十级，至梁南端有石柱，乃倚柱而坐观。北端尽处有巨石阻道，石上置五百罗汉铜殿，殿乃一小龛，闻其中罗汉大才如指耳。时水小瀑流不壮，且草树蒙茸，梁下亦未能一览了然，为怅！复沿溪东行，观盖竹洞，返仍过昙花亭，由东南隅盘至西南隅，而西南瀑旁石壁有"第一奇观"四大字，遒古绝伦，当为山中磨崖之第一。草草游览毕，返下方广饭。饭后登寺后上方，平眺一峰，如卓蠹当前；斜瞻昙花亭，已在高处。石桥寺后，岩石玲珑，葱蒨郁郁然。下楼复前行，仍过奇观桥，自此东南行，入上方广寺茗憩，门前水石更幽奇。又东南五里，仰天湖。路右俯视，绝壑万寻，四山团裹，杳冥深沉，仰天湖所由名欤？又五里挈桶档，两山壁削，一冈中接地不丈阔，左右顾，目眩心栗，脚掉不能立，故名。又闻此地有大风雨雪不能行人云。过档有亭，少憩。又四五里许，由小径左入宝莲庵。是日明持上人同来，故迁此茗叙。临行，明师赠野尤一枚，野鸭形，异物也，珍谢而别。半里出大路，又东半里，至善兴寺。寺毁后重建，颇壮丽，然气象不若万年多矣。由寺东侧东北下，曲折二里而至天兴庵卸装，妙公之静庐也。寓余于北楼，窗外竹荫绿沉，蝉声嘒嘒，旅怀为之洒然，是日止行三十里，故到天兴不过未刻耳。因周观内外，庵处善兴之东偏，佛堂东向；余寓楼西南望，天柱峰咫尺耳[6]；

---

〔1〕原注：土音。

〔2〕原注：土音。

〔3〕原注：亭遭火，重建。

〔4〕原注：即古石桥寺。

〔5〕原注：即古石桥庵。

〔6〕原注：疑即俗所称钵盂峰。

庵虽小而清华，土本丹垩，无一不工致，即下至庖厨，亦非草草为之者。

十六日，早起，礼佛。雨时作时止，午后开霁，乃袯被上顶。行近善兴寺而大雨至，亟避于山门。久之，霁。向寺前观万工、右军二池，伏虎亭在池东，方新建未落成。既而由善兴西北过宝莲庵，而向清隐庵。雨又至，亟入门，履袜濡矣。至夜，风雨更甚，遂宿焉。庵枯寂阴森，令人凄然不乐。中夜闻大风雨声，旅枕展转不成寐[1]。

十七日，早起。风雨晦冥，万山混茫，一物不见，一步不行。连日雨，坐穷庵，景况凄清，宛如霞客之在翠峰也。晚晴，散步至宝莲庵路口而回，回至清隐庵路口，不入。又北行数十步，得茅庵二，极小，户俱键，四顾阒无人，方塘中菱花摇风，偏反若有情，乃返。昨冒寒雨，夜遂发热，今日食粥而已。夜窗复无月。

十八日，晨又雨晦，不能上顶，怅然者久之。按天台一山中市场耳，故岭有“金银地”之号。土产山蚂蝗，咂人血，猝不能脱，可畏也。又有蜂蚁，形如蜂，多如蚁，即山蚂蝗亦畏之矣。午霁见日，乃令平头肩杖挑黄绵袄子，离庵至善兴东侧路歧处，一东北下天兴庵道，一东北上拜经台道也。时云日开闭倏忽，阴晴不定，踌躇久之，乃决计向上，拚雨宿绝顶，亦胜连夕枯坐寒茅也。始东北，继西北，过善兴寺后山来龙处，乃正北，上至太白堂，盖三里云。过黄经洞路口不入，又北上里余，始登顶。顶乃一东西行横冈，阔才十余丈。稍折西而南，入小石堡北门，是为拜经台。台北向，门有“隋智者大师拜经台”八字碑。卸包，亟出堡环观，惜乎云日闪烁，众山隐见迷离，而眼前数尺外，云阵纷驰而过，苍黄白黑，有如车骑队伍，旌旛幢盖之形者，真瑰观也。欲寻降魔塔，无觅处。东行冈头，欲登望海尖，荒草茫茫，无径而返。入堡茶坐，欲宿此观海日，僧下逐客之令，乃背包出堡，拟下山，则云日顿开，碧天如洗，八面万山，簇簇如笋，汹汹如波涛，信所谓千岩万壑，应接不暇，而断非笔舌所能拟议形容者。吁！真大观也。余环堡周行，见环顶皆高山，无一罅，何处见海？然则拜经台观日出，亦未必佳胜，而余之所得者已多矣。遂畅然意满，拄杖而下，两脚顿轻，到天兴不过申刻耳。

十九日，晴。午饭毕，为天封之游。拄杖由庵前小路东南下，下陡级里余，而会善兴来之大道。自此东南向，两山如巷，挟溪中流，由巷中曲折行三四里许乃出。过石桥，又东南里许而至天封寺。寺前伫眺，四山如城，形同

---

[1] 原注：是夜，东南沿海数省遭飓灾，生命财产伤损不可数计，而余在华顶，竟不知也。咏白傅“当君白首同归日，是我青山独往时”之句，不胜太息。

万年,霞客所谓台山幽绝处者。入其寺,则败矣坏矣!靡孑遗矣!惟余大殿,支以众木,尚未倒,然亦旦暮间事耳,为之凄然而返。循故道,过天兴庵前小路口不入。走大道,西北上天柱岭。岭半有瀑,亚石梁。山径斗绝处,有瞽者拄杖下,乃知瞎马深池,未是险语。将近岭颠,有小桥,是为善兴前之第二池。善兴道不过桥,余瞻眺桥上,见天柱峰从人面起,乃迂道过桥东南行,又折而西南,蟠峰腰三曲,由天柱背达其面,而至永庆寺。渴甚,少憩,饮凉茶数瓯。适太平庵僧灵透亦在此,遂相与坐谈,继而兴,辞出。过第二池之桥,登岭顶,是为善兴前之第一池,亦有桥焉。自天兴路口至此,约二里许。又折东北数十步,即善兴寺门矣。复息脚力,乃归天兴。余前日由善兴下天兴,曲折数里,以为坠谷底数百丈矣。今由天封回途,绕道天柱峰腰,隔壑望天兴诸庵,迥出高山上。若由天封视之,当更不知若何巍巍,而山外平地无论已。

二十日,晴。早粥毕,乘轿过善兴寺前,西南至挈桶档,有歧路,西北向方广道,即余前日所来者;今向西南行,里余,路左得古华严寺废址。望隔山竹树,云是双溪村里岙。档东凉亭前,则正对其外岙。又西南八九里而登察岭头。又西南五里,下岭脚而至龙王堂。有村店八九家,乃歇轿。向许姓酒家沽饮,承许君导观村外,见四面山坪大开,水田漠漠,宛如郊墅光景,几忘其在万山顶上也。忽闻书声琅琅,疑为高察书堂,询之乃知又有小学堂,入而观之,晤校长陈君子安暨教习某君,礼貌俱殷勤。询陈君知校名习云[1],学额四十,皆近山村童,时教习方对诸生说唐太宗皇帝故事,二者皆为深山中异事。又承陈、许两君口讲指画,乃知龙王堂为山中总汇绾毂之区,村当三岔路口,南向者国清寺道也;北向者[2]方广及罗汉岭道[3];东向者华顶道,即余今日所来者。东北至善兴十五里,正北方广、西北万年如之,而善兴至方广,方广至万年,亦俱十五里云。盖此地形,如北向而展折扇,龙王堂为扇根,善兴、方广、万年乃扇之面也,而国清道则又如折扇之施柄耳。谛审既毕,乃南行,历大寒风、陈田洋、冷水坑、小寒风、水磨坑,共十里而至真觉寺,是为银地岭,于是歇而谋午饭。高明寺通霖上人者适在此,具袈裟相迎,入方丈茗叙,复导观寺宇,智者大师真身塔即在大殿中,故俗又称塔头寺。礼佛而饭,饭毕而出寺东行。过大慈寺门前,寺已废,不入。又东观大字岩两

---

〔1〕 原注:云此地有习云洞。

〔2〕 原注:亦有歧路。

〔3〕 原注:踰岭即向万年寺。

座，"佛陇"两字高妙，惜半已模糊；"天台山"三字，能品而已。再东观智者说法台，乃山顶一石砥，平方数亩。旁有巨石圆如卵，号为飞来，亦可异云。还寺，复出寺，南半里至路歧，南向者国清道也；余则东南下高明寺，五里而至。辟麓为广场，冠岩为重楼处处，高明寺名洵不忝矣。向香积厨后东北行里许，游圆通洞。洞北向，三石磊成，石缝尺阔，为之门。洞前层岩叠嶂，蠡翠横青，恐海岳研山无以过之。日已西，亟循故道，还至金地岭颠，会国清大路。岭上伫眺，见山外黄白一线，云是大溪，过府城出海门者。下岭有新旧二道，余从旧道南下五里，至岭脚，有亭少憩。复屈曲东南行，约五里许，渐觉水石竹树，幽秀异常。过小石桥，又南行，折西而北，则已至丰干桥，而为国清寺门矣。入门，寺僧达智引至方丈后而下榻焉。晚饭毕，亟过寺前桥，审视寺东侧来时路。恐山门闭[1]，复匆匆入寺，周览四天王、雨花、大雄三殿及两廊诸处，壮丽为一山之冠。既又西至三圣殿，观右军"鹅"字碑，系天台辟古堂寿人氏[2]重摹上石者。观未毕，寺僧本扬邀登楼坐谈。坐未定，报方丈显勤法师在寓房坐候，因回，叙谈良久而罢。乃整装为明晨入寒、明两岩计。

　　二十一日，晴。早起，礼佛。饭毕，乘轿出国清西行。日卓午，计五十里而至坪头潭。市中买米，向旅店打火。未到坪头六七里许，十字路口[3]有亭，亭南冈上，有无双岩，突兀异甚，若巨灵高掌捧一桃置案上然。坪头潭市街甚长。饭毕，复西南行。十余里至茅洋，有峰三角形在其南。北望一峰卓如塔，独出众山上，并不知何名也[4]。既而至村西茶亭少坐。念轿夫于两岩之路未熟，终恐误事，乃于村中觅一齐姓老者为导。按茅洋之西有大溪自西南来，由东北向折而东南去，而上流复有方庄溪自西来会之。余随导者初过方庄溪之石桥，继步涸滩，溯大溪而西南行。四五里许，又有西来大溪会之[5]。盖西溪南岸嵌岩置屋者，是曰山头下；而南溪西岸广厂穹窿如飞檐反宇，前复有一圆石屹立溪中，石脉一缕缀著岸，若以丝组系玉坠，又如骊龙颔下珠然，盖岩石谽谺如龙张口也，是曰泗州岩。其间水石奇丽，光景灵异，迥非人世。当余初至双溪口时，西溪中涸成洲，惟两旁各余一沟，乃再度板

---

〔1〕　原注：山中人闭门极早。

〔2〕　辟古堂寿人氏：即曹抡选。

〔3〕　原注：东西者，国清向坪头；南北者，关岭向台府之道也。

〔4〕　原注：如塔者，疑即青山苗。

〔5〕　原注：按此溪疑即霞客所谓有大溪西自东阳来，大若曹娥者。

桥而过之,缘西溪南岸东行,复折而南行,缘南溪西岸至泗州岩下。徘徊眺赏,总之张目缩舌,无可置喙处,惟有"赞之无从、爱而不舍"八字而已。导者以日暮促行,乃忍心舍之而去。复屈曲南行,与南溪遇板桥甚长[1]。过溪南有村曰岭跟。南上孟湖岭,逾岭南下,复有村曰岭脚。当在岭头时,见迎面三岩如三座玉城,飞来天外。既自岭脚村南出,复得大溪[2],浅甚,点石而过。乃沿三玉城之麓东行[3],折而南,于是左漾澄溪,右耸翠壁,景状万千,心惊异境,而八寸关到矣。是为明岩寺,已坏,当年房舍,十存其一。只一老病僧居之,以无米苦拒客,强而后可。日已暮,急于抄游记,遂不及游览,草草饭而寝[4]。

　　二十二日,晴。晨起,亟观后洞及石笋小洞诸胜,大略如前贤所称,盖寺宇有兴废而岩洞终古不变也。佛殿之十八罗汉塑像,尤工妙如生。后洞在佛殿之后正东向。石笋峰在洞外,紧倚右壁,而左壁上二洞,一高者佳,如天生成一间佛屋。至八寸关外,左壁上之洞尤闳深,俨然一座大佛殿矣。左右两壁,厥名狮象峰,右峰麓象鼻之形宛然,而狮口即为左洞之如佛殿者。洞之前右偏,有两石,僧指为寒山、拾得,余视之不类。八寸关者,暗岩所由得名[5]。乃僧嫌其狭,填石高而阔之,又称齐大人[6]有"石怪岩明"四大磨崖,余就视之,乃"明岩怪石"四字耳,类皆可笑者也。亟出八寸关,北行折而西,仍沿三玉城之麓[7],复折而南,则削崖矗天,不见日景,下临深溪,乃又为金城汤池,而非复向者之观矣。沿途左山右溪,凡绕山三面,铲青削紫,如开三十六扇画屏风,令人处处住脚。共八九里而至寒岩。未至一二里许,路右见灵芝石,苗于溪中,及路左龙须洞,前蹲兔石等,亦略如霞客所记者。既

---

〔1〕　原注:按南溪西自寒岩来。

〔2〕　原注:此即明岩之溪。

〔3〕　原注:东城侧看成双峰,尤纤幻,上有小树,恍疑美人之以碧玉簪簪花者。

〔4〕　原注:按自国清西南行,五十里坪头潭;十里江司,又五里茅洋,五里步头;步头南过孟湖岭,即寒明两岩。此为霞客游两岩之道。

〔5〕　原注:暗岩,宋以后改名"明岩"。

〔6〕　原注:次风侍郎曾读书于此。

〔7〕　原注:按《方外志》云,由明岩寺北向扪萝而下,至重岩。寒山子有"重岩我卜居,鸟道绝人迹"之句,其间磐石品列,即三隐啸咏之地。常有光如月,号石月寺。东有响岩,击之铿然云云,此即余所谓三座玉城者。又按,东城侧看成双峰,故寒山诗谓之重岩也。

至寒岩,见寺已废,乃蹑跻其后洞,伟哉!俨如骤入未央、建章[1],广宫大殿,而不禁叹为瑰瑰壮观也。右偏略高,亦如宫殿之有厢序。前复有平台,可以眺远,观止矣。遂下山,循故道还,复寻双溪合流处而观之。盖寒岩溪自南北流,明岩溪亦自南北流,折而西,至三玉城之西北隅[2],而与寒岩溪会。复西北,又东北,屈而盘岭跟村之前,又东北下泗州岩前去,是即茅洋南溪之上流也。从溪口复前行,过孟湖岭,至泗州岩下,徙倚片刻许,乃别之。再至西来溪与南来溪合流处,两度板桥而至西来溪之北岸,复沿南来溪之西岸而东北行,再过方庄溪之石桥而至茅洋,于导者家中午饭[3]。饭毕,暑甚,少留,而入室相访者踵相接,环窥于户外者,男女老幼,更不下数十人,肩磨趾错,雨汗薰蒸,皆视余若异人。然中有姚姓者,与余谈最久,盖业医而设药肆市中,纯然善人也。既而犒导者一金,别而行。十五里而至坪头潭,投陆家原店宿焉。夜热甚,露坐达旦。

二十三日迟明[4],饭。拟绕道天台县城而回国清,计定乃行,路经清溪镇,有石桥甚长,计三十四洞。又三四里许,入城西门。于县前街少憩,周观县廨而出小北门。三里而至凿字岩,"万松径"三字[5]尚在,而松无一存矣。又里许,新路亭,北望两山阙处,后山峨峨高拥,其阙处即金地岭,而峨峨者即银地岭以上诸山也。此阙实为台山之南门,而即国清之北门矣。又里许,见路左小山颠石城周遭,问土人以何处,曰赤城山也。又二里余,见窣堵高尖,则报恩塔至矣[6]。此塔与赤城东西遥对,实为国清寺前之旗鼓。旋至七佛塔下,右折而北入寺午饭焉。夜临睡,显公来,略谈山水而去。

二十四日,晴。早饭毕,出国清寺,向西轿行五里,至赤城山麓。挂杖升,由下岩而中岩而上岩而顶岩。顶岩在上岩寺之上数十步,绝顶之塔,又在其上二三十步,仰见之。有天台贵家妇在此构庐,只身焚修云。降而上岩寺,是为玉京洞。降而中岩,是为飞霞洞,小而幽,惜无人居之。又降而下

---

〔1〕 未央、建章:未央宫是西汉帝国的大朝正殿,建于汉高祖七年(前200),中国古代规模最大的宫殿建筑群之一;建章宫是汉武帝刘彻于太初元年(前104)建造的宫苑,规模宏大,有"千门万户"之称。

〔2〕 原注:村名张家衙。

〔3〕 原注:导者名昌寿,老矣,尚有父,甚壮。

〔4〕 迟明:黎明,天快亮的时候。

〔5〕 原注:与大慈寺前"天台山"三大字,俱为僧指堂书。

〔6〕 原注:隋炀帝建。

岩，是为紫云洞，硕大宏深，且有楼阁。有陈君深山者，名声端，年七十矣，蓄发遁世而为此山主，殷勤款留，大有淮南小山[1]之意。久之乃别，复相送一里外，且虑余桐柏之游，人地生疏，更回洞往返，为修柬介绍于鸣鹤观主。时赤日如火，片刻中奔驰数里而不以为烦，噫！斯游也而有斯人也，亦绝无而仅见者。昨在凿字岩，西望赤城，小山耳，今由麓仰升，陡甚！且盘曲数十而后及顶，脚力为之尽。四顾旷然，东望报恩塔，盖俯视之矣。又五里，落马桥。过坎顶，共十里许，至瀑布山麓[2]。北上二里有石坊，曰桐柏天宫。又北上，折而西南，上二里余而至鸣鹤观歇焉。是日暑甚，待日西，乃直登瀑布山头，左折而曲曲西北行，盘出山缝中，有石坳焉如门，入门北向，则豁然山开大洋，良田千百顷，桑麻竹树，村居历落，烟火相望，鸡犬相闻，宛然一小县治，是何地？盖即桐柏宫之区域也。泱泱乎大观也哉！龙王堂不足言矣[3]。宫正当区域之中央，入宫茶憩。复向右偏祠中拜伯夷、叔齐二石像，传为唐制云。桐柏虽殿宇兵火，十毁其九，而所遗扁联画壁等，题字俱高妙，正不独唐像之可宝耳。穿碑林立，想亦初唐物而于今可宝者，惜乎荆棘蓁蓁，暑气又酷，日暮力尽，不及一梯览之耳。出宫，观印山，山濒女梭溪北岸，直宫之西南。余登顶俯视，宛如身立古铜印钮上，然不觉失笑，盖山皆黑石也。由故道回鸣鹤观，夕阳在岭，周览观之前后，乃知此观当瀑布山头之西南，桐柏宫之正南，西北即印山，而瀑布坳则在其正西，疑即古之福圣观，而或为瀑布寺欤？夜热甚，露坐观前松下，久之而后寝。

　　二十五日，晴。昨雇导者，拟今晨游琼台，而夜来体中不适，兼以天暑，路又险，因念知止之戒，遂决然割爱而返天兴焉。鸣鹤观主洪时练母子者，善良人也。余到观，备承礼貌供给，事事惬心格外，行遍山中，未有情文交至相待如此者。余感激异常，惜乎旅囊有限，未能酬之厚，抱歉亦异常云。临行时有同姓名守申者亦相送，依依订后会之期，而余未能答也。自鸣鹤观东北行，由桐柏麓里呑，共八里而至过街岭头。方上岭半时，路右见招手岩，黑质而白章，逼肖[4]。由岭头二里至陈田洋，与国清大路会。又前行，至龙王

〔1〕　淮南小山：西汉淮南王刘安的一部分门客的共称。东汉王逸《楚辞章句·招隐士序》称：昔淮南王安博雅好古，招怀天下俊伟之士。自八公之徒，咸慕其德而归其仁，各竭才智，著作篇章，分造辞赋，以类相从，故或称"小山"，或称"大山"。

〔2〕　原注：台山之瀑布，以此处为最大且长，由官道东西行则见之。

〔3〕　原注：按天台高山顶上多平原，当以此为第一。

〔4〕　原注：仰天湖亦有招手岩。

堂,歇而复行。自龙王堂过挈桶档,共十五里,至善兴寺[1]。又二里而抵天兴庵,日过中矣。

二十六日,天兴庵养脚力。

二十七日,晴。早起,芒鞋藤杖,为断桥观瀑之游。过挈桶档,西北向,经仰天湖而至上方广。未至一二里许,幽径萦纡,寒溪潺潺,翛然有出尘想。霞客所谓木石森丽,一转一胜,而余前日所云,水石幽奇,较新昌城东更胜者也。旋至昙花亭之隔溪"栖真金界"磨崖下,倚而观瀑。昨夜大雷雨,所谓"山中一夜雨,树杪百重泉",故今日瀑殊壮。但昙花、奇观二桥下之瀑,滚雪飞银,毫无障碍,诚恣我饱观,而石梁下之大瀑,终于草树蔽亏,未能一览了然。既而至下方广寺前之桥上,西南望则一落千丈,始全见石梁瀑布真面目。劈开青玉,飞出白龙,瀑布奇观,诚为第一!再来之兴,良不孤矣。复过桥东北行,逾一岭,折而西北,共八九里许,而至断桥。历观三瀑,至于珠帘水,有石槽滑如脂,传为龙所游者,故珠帘水俗名龙游涧[2]。而所谓铜壶注者,即断桥也。惜乎草树蒙茸,所见者十才二三而已,然陶公不云乎"慰情良胜无"[3]。返至下方广仙筏桥上,再观石梁瀑少时而后行,过奇观桥,乃东南行而返天兴焉。入庵坐未定,而轰雷掣电,大雨如瀑流奔注,幸未在途中霑濡,亦客中之可喜者。

二十八日,大风雨,终夜不休。

二十九日,立秋,晴。早离天兴庵,向宝莲、清隐二庵,别僧明持、本戒,本戒不在,乃行。过挈桶档凉亭,西南再过一亭,右折西行,过粉碓岭、大兴坑,共数里而横贯龙王堂、方广之大路,又数里而会龙王堂、万年之大路。余前论龙王堂之地形,东北往华顶,正北方广,西北万年,谓如展折扇然,龙王堂为扇根,而三处为扇面,今来之路则又腰截扇面而行者。既会大路,乃循之西北行,过铁船湖,逾罗汉岭,共十里许而至万年寺。妙公往上海尚未归,日色尚早,出游山前[4],向王姓家坐谈而回。乃知万年寺前东北方广道,而

---

[1] 原注:按自善兴西行三四里许,将近挈桶档,有亭焉。过档,西北则方广路。其向西南行高冈十里,有两亭焉。过亭再五里,西下冈,为龙王堂。疑此一带高冈,即霞客所谓察岭,而云察岭之高,与华顶为南北两界者。而挈桶档一带,即所谓分水岭,而云分水岭不甚高者。

[2] 原注:即《方外志》之龙拖石。

[3] 陶渊明《和刘柴桑》:"弱女虽非男,慰情良胜无。"

[4] 原注:村名。

东南罗汉岭，正南白猴殿，西北地藏寺道也。

三十日早，离万年寺。万年寺四面皆山，南稍低有阙处，而东西北皆高山如墙。今登西北隅之墙头而下墙外，至一大坪，即为大风川，过来时所憩之亭，再憩而行。十里，过地藏寺，升冈头，西望豁然，此为天台山之西墙，自此下牛牯岭，始出天台山矣，其西北特起者为天姥山。于是由滕公山高冈上行，再过来时小坪如展横幅处，再憩而后下牛牯岭，斗〔陡〕下千余级而及清凉寺，由地藏寺至此十里耳〔1〕。又历滕公山、灌园庙、横板桥而至太平庵，歇焉，尚未午炊。自灌园庙、横板桥之西南一带高山，横板桥人云即天姥也，而余先在灌园庙问村姥，则云此地并无天姥之山名，日处其中而不知，天下事大抵如此姥矣。午饭毕，又十里而至会墅岭头。北行者只有下岭，南行者只有上岭，乃知会墅岭头是一平顶山也。自此南至关岭，有升无降，北至新昌，亦有降无升矣。又四十里而入新昌城之东门，大雨倾盆，轿不能行，避雨街侧，衣履如浆。久之，寓人持雨具来迎，始得归寓，已曛矣。

七月初一日，晴。妹夫沈配笙来。

初二日，晴。配笙遣人馈鱼及点，乃烹鱼沽酒，邀同寓客，共一醉饱云。

初三日，早起，走东城枣树下，访配笙。回途遇雨，旋霁。人定后，配笙来，谈至夜深而去。

初四日，晴。晚，陈君蕙堂来，配笙设席相邀，更余回。

初五日，晴。午后，配笙又遣人来，馈茗及点。夜又来寓话别，至夜深而后去。

初六日，早离新昌城。山溪遇雨，过塔山而霁。午至嵊城，饭于杜家行毕，趁市船北下，北风极大，半日止行三十余里。晚泊仙岩，饭毕，仍解缆行。

初七日，四鼓醒，问何处，舟人云已过王家汇、画图山、钓鱼台，上下诸胜，都在梦中过也。迟明至蒿坝。午前至百官，舍舟登岸。饭于谷家行毕，趁火车，午后至余姚，舍车趁航船。日未晡，至汤家闸，舍船步行。至低塘雨作，向村店避雨，霁而复行。抵平王庙镇，卸装，洗沐毕，西日始衔山也。

---

〔1〕 原注：土人云十五里。

天台山行后记

范　铸

　　载于范铸《浙东山水经行记》，民国刻本。民国五年（1916）年六月十九日，范铸第二次往游天台山。此行是为了弥补第一次游览时未能游览螺溪、琼台、桃源等名胜之憾。他乘轿自新昌出发，经会墅岭、天姥山麓、冷水坑岭、白侯殿等地抵达桐柏宫。因右足受伤，此行未能补偿第一次的游览之憾。二十四日，乘轿经相见岭、城岩、捣白岭等地返回新昌，前后历时五天。

自　序

　　此行也，本为螺溪石笋峰、琼台、桃源诸胜，以补前游之阙，乃因酷暑兼程伤脚，竟乖始愿，仅于瀑布山西，瞪视双阙；而赤城距螺溪十里而近张岙，望桃源亦非辽绝，俱限脚力不能往，若阴有扼之者。夫势位富厚，人生有命，若山水清游，似为樵夫、牧竖、嫠人子之分内所应得者，乃竟亦若此！余此愿不知他日能了邪否邪？蠡孙识。

　　丙辰〔1〕六月十九日，早起，乘高轿出新昌城东门，女夫俞子敬步从。东南行五十五里，过会墅岭，歇太平庵。庵方新建东楼，杰构〔2〕三层，制度闳壮。主僧一见，即以布施为言，殊不知穷措大〔3〕之望人布施，较僧更切也，笑而谢之，僧遂偃蹇。余拟明日徒行游关岭一带，投宿桐柏宫，因嘱僧雇担夫，僧以无觅处谢。顾西日尚未衔山，乃西南五里至儒岙茶客潘芝田家，雇

---

　　〔1〕　丙辰：即 1916 年。
　　〔2〕　杰构：佳作。
　　〔3〕　穷措大：对贫寒读书人的轻慢称谓。此处为自谦之词。

定担夫,返宿于庵。

二十日早,同子敬及担夫出庵门,东南三里,过横板桥,西又折而南,三里过天姥山麓,天姥寺望见之。又南五里过冷水坑岭,乃台、姥两山过脉处。又南五里,过横渡桥,水出地藏寺后,西北流而会于澄潭溪者。又南五里,关岭头,自此下岭至天台城,有降无升矣。又南十里,至山口,少憩于凉亭。地为东西两大山之门户,形势天成,名曰山口,不诬也。亭中先有三四人,箕踞磐石上乘凉,俱体貌丰腴,白白红红,意得气盛,询之,皆税官哨弁等也。盖此处有税局有哨队,取精用宏,吸人脂膏多矣,宜其不类山泽之癯者。又前行,东南十里,至白侯殿[1]。啜冷粥二碗,暑盛,坐久而后起。又东行二十里,历后宅、张呑诸村及小山两重,汗浃背。顾日已西,而右足伤筋,复不良于行,问担夫桐柏宫距此几里,答云近矣。又东十里,复问之,复云无多路。又东五里,则云桐柏即在眼前,又竭蹶[2]五里,至桐柏岭脚,天黑矣。乃暗中摸索牵引,上陟岭三里许,余惫甚不复能行,子敬及担夫亦俱呻吟于磴上。自念此去桐柏宫尚十里许,而深夜露坐荒山,倘有虎狼盗贼,不禁栗栗危惧,然亦无可如何矣。正仿偟间,忽有人上岭,高声问曰:"范先生何以在此?"察之,盖即余去年游黑龙山鸣鹤观时所相识之道士也。乃令道士先上山顶,以炬来迎,及抵观而后,喜可知矣。

二十一日,将息观中,乃引道士问:余昨自西来,将近桐柏岭脚,当大瀑布之西有双岩高耸,紫翠干霄者,何山也?答云不知。余心知是双阙,复问双岩内得无是琼台山乎,复答不知,既而云双岩内有山,山有石窟曰仙人座,可以望月。余于是知为琼台双阙,确然无疑矣。向晚,情人左右扶至瀑布山巅,拟看大瀑,而嵌崖突颡,俯视无所见,惟窅窅[3]冥冥,心目悸眩而返。

二十二日,早起,足仍不良,乃轿行二十里,至赤城下岩,访陈居士深山,留午饭而回。既抵黑龙顶,则四山雷雨,烟云万叠,砰磅砝礚,电火触目,俯视下方,沈沈深黑,精灵神怪,恍惚若接。吁!真破胆骇绝之区也。夜中与子敬议,赤日长征,本为游山,今日坐松下乘凉,不若赋归去来矣,乃决计舍之行。

二十三日,早起,轿行至关岭头,卸轿徒行。当下桐柏岭,西至双阙下时,下轿立眺移时而后前进。又从关岭头,北行三十里,跛鳖而杖,勉强至儒

---

〔1〕 原注:土音。

〔2〕 竭蹶:走路艰难。

〔3〕 窅窅(yǎo yǎo):深邃貌。

呑潘芝田家,宿焉。夜大雷雨。

　二十四日,早起,乘眠轿^[1],踰儒岙村后岭,北历相见岭、城岩、捣臼岭、石溪诸处,共五十里而入新昌城之南门。盖新、台之间,会墅岭为东路,今所历者为中路,而澄潭等处则为西路也。

---

　〔1〕 原注:即古篮舆。

铜壶游记

陈钟祺

　　载于临海博物馆藏《妙山集》稿本。陈钟祺（1875—1945），字敏璘，号一阳，浙江天台人。同盟会员，曾任浙江省议员。有《妙山集》《妙山续集》等。1916年3月中旬，陈钟祺与临海知事陈锡畴等游览天台山，游览石梁之际，陈钟祺提议往游铜壶滴漏，历时半日，夜间饮酒时，陈锡畴等提议由陈钟祺以笔记之。值一提的是，游记中陈钟祺将铜壶滴漏写作"铜壶底漏"，据游记描述看，名曰"铜壶底漏"似乎更形象。

　　孙兴公赋云："瀑布飞流以界道。"孟浩然诗云："天台访石桥。"石梁悬瀑，晋唐之间，其名早已传播于宇内。不知去此不出十里，尚有铜壶一景，天造地设，其奇不在石梁下，惜无诗人摹写，又无寺刹以为息足之所，以致游人逸客踪迹罕至。予幼稚时，先祖母往游其地，归以相告，故耳熟焉，而未能详也。

　　丙辰三月中旬，嘉定陈醉竹[1]，绍兴孙镜人，临海杜蕴藏、张作舟、余吉斋，结队游山，邀予向道。先至华顶山湾，上下结茅成庵，钟磬木鱼，声闻于外。叩扉而入，啜以山茗，其味清冽，真佛境也。娑罗树系此间特产，万花齐放，其色美丽，足供植物家之研究。

　　夜宿药师庵，翌晨缘山而下，至县花亭观石梁瀑布，均叹为天下奇观。予进而言曰："尝闻铜壶一景，去此不远，诸君其能从我游乎？"于是牵衣蹑足，渡窄径，履巉岩，再转一湾，阔开谷口，地层坚硬，其构成为原始岩，与石

────────────────

〔1〕　陈锡畴（1880—1917）：字醉竹，号叙彝，上海嘉定人。1909年毕业于京师大学堂，任内阁中书、宪政筹办处总办、蒙古学堂监督等，同情革命。民国后任临海知事、浙江省政府机要秘书、山东省会警察所总务科科长，著有《诗稿》五卷、《文稿》八卷、《诗话》六卷、《天台山游记》一卷等。

梁同一状态,则有岩成铜壶,半藏于山,而半露于外,其形状似有两铜壶之斜重叠,又有大铜壶、小铜壶之分。底之圆形,大于口之圆形三四倍。中有一潭,其深莫测,其正面经数千年之水蚀风化作用,有垂直线之裂痕。上方之裂痕狭,下方之裂痕颇阔,高约百余尺,水声潺潺,自其口流入,复自其底流出,所谓铜壶底漏是也。立乎其口,悬崖削壁,颇形危险,偶一不慎,即有失足之虞。立乎其底,奇景天生,唤人猛省,又生出无限精神,则铜壶一景,又可与处世之对镜也。

旁有二三农家,错落成村,土人呼谓铜壶村。过此以往,则龙游涧,溪床石滑有光,地理学者谓古代冰河溶解时,磨擦所成。然其长不过数十步,冰河溶解断不只此。揆诸事实,又不尽符。再下,则有水珠帘,日光倾斜,屈折而成七色,惜此时不能一见。

兴尽而返,夜宿方广寺。醉竹系临海县知事,镜人系六区烟酒公卖局长。二人同豪于饮,月下酌酒,品评山水,起而与予曰:"吾辈来游,原访石梁。非吾子一言,铜壶之景安能探其险而睹其奇乎?吾子生长此乡,当必有以表彰之,以慰此行,请各满一觞。"遂珥笔而为之记。

天台游纪

林甄宇

载于《小说新报》第 3 年第 2 期(1917 年)，署"林第一郎"；又见于上海中华书局 1922 年版《新游记汇刊续编》卷之二十，署"永嘉林甄宇"，二者文字稍有不同者。又连载于《神州日报》1917 年 9 月 5、6、7、8、9、10、11、13 日，第 7 版。整理时以《小说新报》本为底本。《小说新报》1915 年 3 月创刊于上海，月刊，李定夷、许指严、贡少芹等先后任主编，小说新报社发行，为新文化运动前后鸳鸯蝴蝶派重要刊物，具体停刊时间不详。林甄宇，浙江永嘉人，1914 年毕业于南洋中学，1917 年自费赴美留学，留学期间病逝于美国。著有《乡国补游记》二卷、《普陀游记》《海外遗稿》等。林甄宇是民国初期较活跃的温州文化人，1909 年开始，他与蒋叔南交游，1917 年自费赴美留学，其间在《留美学生季报》上发表了不少诗词。这篇游记未透露作者游览天台山的具体时间，综合文中"余独以秋来"、该文刊登于《小说新报》的时间以及林甄宇与新闻出版界的关系，林甄宇游览天台山时间是在 1917 年以前的某个秋天。本文记录了作者游览赤城、国清寺、真觉寺、石梁、琼台诸胜迹的经历，描绘赞叹之余，于景观、掌故、物产等记录较详。

浙之东南，高一万八千丈，周八百里，望之蔚然，去天尺咫，云雾中隐隐见芙蓉一簇，当牛女分野，上应台宿，天台山也。名虽不齐于三岳，而神秀所钟，有瑰奇壮丽之观。俯瞰大海，远瞻括苍、雁荡、灵鹫，一登其巅，揽不盈掌，胜一。赤城为其南标，石城为其西麓，东苍为其眉，四明为其目，中有琼台双阙、香炉石梁，骨肉不偏，神形俱肃，胜二。山无背向，处万山中，四面如八轴轮，亦如八叶覆莲，又如大帆高张，胜三。自下眺之，八重若一，不啻万仞。自上临视，峰峦陵谷，以极万类，皆隶其下，胜四。升于高则四通八达，如履平地。虽极其幽邃，举明爽开豁，偶一游骋，廓乎大观，胜五。宫宇竞饰，钟梵相接，气象万千，胜六。山药产材，又多肥蕨、黄精，足供裹粮[1]，胜七。掇幽芳而荫乔木，霜露既降，果蓏[2]竞熟，风雨冰雪，连岭弥天，远近虎啸猿吟，百鸟相将，朝而往，暮而归，此山居四时无穷之乐，胜八。孙兴公一赋，至比于蓬莱、方丈，虽言过其实，而山川之胜，固不可诬也。且无山不峰，无峰不岩，无岩不洞，无洞不水，无水不瀑，以其所藏奇，所出奇，故名流逸客、高僧羽士，何代何地，俱有遗迹。

噫嘻，古人往矣！今岂无其人乎？其始也，从赤城入山，形俨雉堞，土石椵駮[3]，所谓赤城霞起而建标，审矣！顶有窣堵，梁岳阳王妃建，右玉京洞，道书第六洞天。又洗肠井，澄泉一泓，青韭周生。山僧曰："昔智者大师，本应真化现，一日还石桥，将渡，有罗汉拒之曰：'尔托神母胎时，曾过韭畦，犹带荤气，故不容入。'于是尊者茇此，剖腹洗肠。"事虽荒诞，而韭独茂，疑信参半。

东北国清寺，寺为智者开山，示谶云："寺若成，国即清"，故名。今住持者，予同乡显勤也。寺前双涧，自峰顶迸落，合流屈曲而南，为万工池。池上筑七佛塔，即俗谓七如来，旧有大浮图，高入霄汉，可望不可到。五峰苍翠，如莲蕖出水，号四绝之一。正北曰八桂，东北曰灵禽，东南曰祥云，西南曰灵芝，西北曰映霞，而寺据其中，异境也。循殿北行，得泉焉，曰锡杖，寒山、拾得卓锡处。左廊三石错立，说者谓寒拾旧灶石也。他若兜率台、三贤堂、清音亭、更好亭及新罗园，皆芜没烟草间。

出寺左度盘回岭，悬溜倒注如曳练，与石相齿啮，踰金地、银地二岭，访定光庵及汉高察读书堂故址，有摩崖"佛陇"二字。至塔头真觉寺，龛前置定慧真身塔，则知智者之风，山高水长，虽千万世后，莫不瞻仰也。东高明寺，即幽溪道场，殿前有石经幢，刻云天福二年，舍入幽溪禅院，可验也。宋大中祥符元年改净名，不知何时复今额。故老相传，先此惟乔木枒杈，薜萝翳荟，麕麚[4]是居，樵牧罕到。智者居佛陇，讲《净名经》，经忽为风飘飏，翩翩不下，乃杖锡披荆，随经所诣，行五里许，风息，经亦在此，智者睹斯灵异，复爱山峦秀发，清溪鉴心，乃就其地以营净居，后寺称净名，堂名翻经，皆不忘智者遗意。嘉靖间，住僧失守，寺随田废，迹之不可泯者，惟石经幢，神之不可

---

[1] 裹粮：携带粮食。

[2] 果蓏(luǒ)：瓜果的总称。

[3] 椵駮(xiá bó)：指如霞彩一样斑驳陆离。

[4] 麕麚(jūn jiā)：獐与鹿。

欺者，惟玄应君。万历丙戌[1]，传灯[2]因缅智者流风，一履是胜，遂有终焉之志，乃谋于檇李[3]冯太史开之[4]。太史菩萨宰官，不忘佛嘱，即捐俸赎而施焉。寺西南隅妙峰，先师塔也，狮回象顾，宅兆颇吉，太史有塔铭，以示不朽。

益北深入，峰回路转，盘岗陟岭，数十里始造华顶。初，智者开山创寺，曰善兴，屡劫于火，今华再师复鼎新之，华再年五秩，主香火近二十载，迭任兴修，不惮劳瘁，亦云难矣。山门外石道无尘，松柏萧森，碧阴深处，天籁梵音，随时答和，足称婆娑净土。拾级上，绝顶也，凭虚纵览，万象森列，天空海阔，横无际涯。东西则市肆列廛，烟火接连；南北则雁山鹫岭，映带便娟。黎明时，观日初出，如溶银汁，荡漾而上，光线四射，五彩焕发，奇哉观乎！山僧曰，尊者与白云先生[5]藏修于此。某井也，某圃也，为葛玄炼丹种茶者；某池也，为右军涤砚者；某居也，为甘泉栖隐者；某堂也，为太白读书者。数千年相沿如是，而或废或存，辙迹罕及，不禁感慨系之，徘徊不忍去。华顶当天台巅，而此在华顶，又为尤高，九峰崒嵂[6]，犹莲瓣垂垂，此为华心之顶，昔人故以华顶名。山水既幽，林木又复罨蔼[7]，恍若置身于海上神山，不知尘世为何物。然非渊静旷达者，无能效古人之所为，予也劳人，乌堪语此？

其继至也，为石梁桥。溪界山出，路沿涧入，攀萝握葛，经数十盘折，人称鸟道蚕丛[8]，岂虚语哉！济金溪即方广寺，香火不逮国清、善兴，同一物也，冷暖之别若是，又何能求解于人间事欤？上昙华亭，陡见两崖，辟若闬闳[9]，石梁横亘，如龙之卧、虹之悬，天匠创设，工妙绝伦。长二丈，广不盈〔盈〕咫，背多莓苔，势又峭峻。下临巨潭，深不见底，自非平生饶胜情而有胜具者，不能济也。《孙赋》："跨穹窿之悬磴，临万丈之绝冥。"即指此。时有行

----

[1]　万历丙戌：即 1586 年。

[2]　传灯，原文是"春灯"，据实改。

[3]　檇李：嘉兴的古称。

[4]　冯太史开之：即冯梦祯（1548—1605）：字开之，浙江嘉兴人。万历五年（1577）丁丑会试第一，官至南京国子监祭酒。著有《快雪堂集》等。

[5]　白云先生：《天台山方外志》据《洞天福地记》云，天台山灵墟为白云先生隐居处；又据《世说》云，王羲之得笔法于白云先生。

[6]　崒嵂（zú lǜ）：指高峻貌。

[7]　罨（yǎn）蔼：林木茂盛，掩映覆盖的样子。

[8]　鸟道蚕丛：亦作"蚕丛鸟道"，指险绝的山路。出自李白《蜀道难》。

[9]　闬闳（hàn hóng）：大门。

脚僧三,履之无怖,旁观危之。予亦掉臂过,初不觉其险,山北双泉,浼然[1]飞出,合泻为瀑,始亦烟云雾霭,弥漫荡漾无定。至中崖蜿蜒飘曳不下,似风缠雪舞,时散时聚,其妙处不可思议。将至尽处,则霏霏如玉屑洒落,细雨缊缊,沾湿衣袖。其为声也,雷轰电划,钟鼓齐作,响应山岳,振耳欲聋。噫!吾生平所见瀑布之奇,无逾于雁山龙湫,而台山石梁,竟过之矣!左盖竹洞,三十六洞天之一。《志》[2]云:"宋宪使何偁[3],尝梦游其地,访之不得。嘉泰间,邑令丁大荣[4],因祷雨得之。"又云:"石桥方广寺,五百应真隐此洞中。乡人入山樵牧,时闻钟磬声,然皆不得睹。"

前行得断桥,两岩接栋,中界一线,飞流注岩下,如珠如帘,冬夏不辍。又铜壶滴漏,亦以水胜,折回至万年寺,巨杉参天,大者可为梁栋,小亦不失为樵苏。凡供五百大士,必于是取材。前望八峰回抱,秀削如笔,涧水淙淙然,其又至也。

自罗汉岭入,峉嵝崎嵚尤甚。间有屋数处,亦不知为农者家、僧者庐。忽一山中断,相峙若阙门,双阙山也。东为琼台,万壑还绕,如排屏列幛,而台悬处其中,夜间望月最宜。宋山人张无梦[5]结跏[6]焉。徐大受[7]山行摘句云:"大壑之心,琼台突起,岚光破绿,状如削瓜。"此又孙公所谓"双阙云骞而夹道,琼台中天而悬居"者也。更经洞天宫,旧传唐咸通间道士叶藏

---

〔1〕 浼(yuè)然:水势激荡汹涌的样子。

〔2〕 《志》:即《天台山方外志》。

〔3〕 何偁(1121—1178):字德扬,号玉雪,浙江龙泉人。绍兴二十七年(1157)进士,历任太常博士、提举福建常平茶盐公事。著有《玉雪集》。

〔4〕 丁大荣:南宋毗陵(今江苏常州)人,嘉泰二年(1202)知天台县事,任职期间,他主持修纂了《天台图经》五卷。

〔5〕 张无梦:字灵隐,号鸿濛子,凤翔盩至(今陕西周至)人,北宋著名道士。张无梦主要活动于宋真宗时期,师从陈抟。其著有《琼台诗集》《还元集》等。

〔6〕 结跏:盘腿端坐,指修炼。

〔7〕 徐大受:字季可,号竹溪,浙江天台人。宋孝宗淳熙十一年(1184)特科,终监行在草料场。

质〔1〕创道斋，号石门山居，后遇懿宗〔2〕，改名玉霄宫。徐灵府〔3〕《小录》云："道士陈寡言〔4〕隐此，号华琳，有经钟二楼，又禹钟状类铎，上有隐文。"今皆荒烟衰草，乱鸦残照，助人凭吊观感而已。回首玉霄，一峰岑蔚，巍巍独矗云中。再入桐柏仙境，怪石䂵崿。鸟声上下，乃左挹山光，右揽冷渌，有世外仙源之致。岭下一泉，透瓶也，春夏时盛以铜瓶，则津津渗沸，瓶外如汗流者，寒冽故也。东桐柏宫，女梭溪带其前，醴泉浸其后，左右环以九峰，为玉霄、香琳、华琳、莲华、玉玉〔泉〕、翠微、紫霄、卧龙、玉女。峰名玉女者，望之如女子束腰临妆，妩媚可爱也。昔云："吴有勾曲之金陵，越有桐柏之金庭。三灾不至，洪涛不兴，实不死之福乡，养真之灵境。"古人不我欺也。道书云："伯夷、叔齐，死为九天仆射，治桐柏宫。"今遗像俨在。又云："桐柏金庭，子晋所治。"晋王右军与支道林尝往来此山。梁沈休文〔5〕弃官乞为道士居焉。唐睿宗〔6〕敕为司马承祯置观，号桐柏。方置堂时，五色云见，唐史以为祥，禁封内四十里无得樵采。故灵府《小录》又云："炼师所居，黄云常覆其上，因名黄云堂。"更有元晨坛、炼形室、凤轸台、朝真台、龙章阁、众妙台诸胜。呜呼，何其盛也！而今不能无空山流水之感已！

是役也，山谷之外，所见者，草有上寿药品，亦山居者养生之一助。昔刘、阮采药于此，则台山产药尚矣。木有菩提、琪树、罗汉，且多杉松、豫桧；花有婆罗、杜鹃、山矾、兰蕙、玉兰、海棠；禽有金雀、天鸡、画眉、黄莺、杜宇、百舌，及念佛、飞生、捣药诸鸟；兽有仙鹿、仙鼠、青羊、岐尾、麋鹿、金丝猿，虽虎豹豺狼等，多驯善。则是天台之奇，纵未尽历，然其最著者，已得一览，所

---

〔1〕 叶藏质：字含象，处州松阳（今浙江遂昌）人，一说括苍（今浙江丽水）人。晚唐道士，是叶法善的后裔。当初在安和观做道士，后来又到天台山从师冯惟良，受《三洞经箓》。

〔2〕 唐懿宗（833—873）：名李漼，初名温，唐代第 17 位皇帝，在位 14 年（859—873），庙号懿宗。

〔3〕 徐灵府：号默希子，钱塘人，唐朝道士，修炼于天台云盖峰。著有《天台山记》等，《全唐诗》存诗 3 首。

〔4〕 陈寡言：字大初，越州诸暨（今浙江诸暨）人。中唐道士，隐居于天台玉霄峰。常以琴酒自娱，每吟咏则放情自适。卒年 64 岁，有诗 10 卷，已佚。《全唐诗》存诗 3 首。

〔5〕 沈约（441—513）：字休文，吴兴武康（今浙江武康）人，南朝史学家、文学家。现存著作有《宋书》和辑本《沈隐侯集》。

〔6〕 唐睿宗：李旦（662—716），唐高宗李治第八子，武则天幼子，唐中宗李显同母弟。他一生两度登基，三让天下。庙号睿宗。

不忘情者，唯天姥、桃源、寒岩、明岩，未曾到耳。然吾闻老僧言，已恍然亲历。天姥峰在县西北，又名丫髻，天台之来脉也。登者或闻天姥歌谣声，仰望状若鬟女，卓立天表，惟华顶堪与并峙。谢灵运[1]诗："暝投剡中宿，明登天姥岑。"李白《梦游天姥吟》："天姥连天向天横，势拔五岳掩赤城，天台四万八千丈，对此欲倒东南倾。"杜甫诗："恍然坐我天姥下，耳边已似闻青猿。"然则天姥之胜，古人咏叹极矣！

桃源洞在县西北二十里，又名刘阮洞，今属新昌县。新昌古天台分支，故桃源即天台山也。汉永平中，刘晨、阮肇入山失道，见二女方笄，笑迎以归，留半载谢去，洞中古庙，像貌剥落，灵寝萧然。又宋景祐，僧明照亦因采药，见金桥跨水，有二女戏水上，如刘、阮所经。元祐二年，邑令郑至道始凿山开道，夹岸植桃花数百本，即景物之胜，名其洞曰鸣玉，石曰会仙，潭曰金桥，峰曰双女、迎阳、合翠，坞曰桃花、迷仙，亭曰浮杯，所以追遗迹，续故事也。今桃树年深，化为精魅，常出迷人，故数里内人无敢近。

寒岩山在县西七十里，猿梯险仄，绝无人迹，惟虫声鸟语，朝夕哀鸣，别一枯寂境。前有磐石，曰宴坐峰，上有石室，旧名抚石洞，米芾题曰"潜真"。四山如郛郭匮匜，上蠹霄汉，其下嵌空，类狮子呀然张口，中置佛屋，洞左小砖塔，相传寒山灭后，有梵僧驻锡于此求觅，或问其故，曰："吾拾文殊舍利也。"后人遂建塔焉，寒岩以此得名。由宴坐西，有石梁跨两崖间，险峻不可攀。南有泉如屋霤，寺僧架笕引归香积。二里乱石，洒流崖窦间，散若虬髯，号龙须洞。其石室前参差荧煌皆五色，绶带山也，顶有仙石棺，蜕骨尚存。明崖山旧名暗崖，崖前石壁屹立，势摩苍穹，名幽石，其窍穴透邃，日光穿漏，中为全宰修真洞。转北数武，怪石森然，上两峰倒侧，名合掌。西有泉蔽崖而下，涣若垂箔，僧寺亦用竹笕引之。由寺北扪萝至重岩，磐石品列，即三隐啸咏处，常有光如月，故名石月寺。东响岩，扣之声铿锵如环佩。（兹）四胜者，或以夐远，或以久废，或以峻绝而莫跻，虽未曾到，是亦不能已于游也。谚云："天台应春游。"余独以秋来，山灵有知，其不笑予耶？

---

[1] 谢灵运（385—433）：陈郡阳夏县（今河南省周口市太康县），生于始宁（今嵊州、上虞交界），南北朝著名诗人，主要成就在于山水诗。谢灵运小名"客"，人称谢客。又以袭封康乐公，称谢康公、谢康乐、谢公，与同族后辈另一位著名诗人谢朓分别亦被称为"大谢"及"小谢"。有《谢康乐集》。

合观三记〔1〕，如逢三绝，曲折纡徐，各极其妙。东园〔2〕注。

笔大于椽，三复读之，当为浮百〔白〕。定夷〔3〕注。

---

〔1〕　三记：即本期《小说新报》刊载的三篇游记《普陀游纪》《雁荡游纪》《天台游纪》。

〔2〕　吴子恒（1854—？）：又作吴承烜，字伍佑，号东园，安徽歙县人。戏曲作家，著有《绿绮琴》《星剑侠》等。

〔3〕　李定夷（1890—1963）：字健卿，一字健青，别署定夷、墨隐庐主等，江苏武进人。为鸳鸯蝴蝶派作家之一，有《李著十种》《定夷丛刊》等。

天台纪游

蒋维乔

　　载于《东方杂志》1917 年第 6、7 期。又刊载《小说月报》第 8 卷第 3、4 号，随文还刊载有天台山风景照片 18 幅，整理时选取 6 幅。《小说月报》1910 年 8 月 29 日创刊于上海，小说月报社发行，商务印书馆印刷兼总发行所，1931 年 12 月出至第 22 卷第 12 期停刊，乃中国近现代文学史上寿命最长的纯文学刊物。蒋维乔（1873—1958），字竹庄，江苏武进人。中国近代著名教育家、哲学家、佛学家、养生家。1916 年 10 月，蒋维乔、傅增湘、白廷夔、张元济等游览雁荡之后，往游天台山。他们于 24 日乘船至临海，26 日从临海乘轿抵达国清寺，先后游览高明寺、华顶、石梁等名胜，11 月 2 日离开天台，前后 7 天。

　　民国五年十月，余与傅沅叔[1]、白栗斋[2]、张菊生[3]三君，既游雁荡毕，返海门，乃复为天台之游。于二十四日午后四时乘升昌轮船赴临海，舟中遇雷雨，舟由椒江上行，八时到临海。临海旧为台州府首县，然无旅馆，在海门时，先电告华品社书铺，托为预备住处。至则社员朱君联成，已在埠招呼。余等乘肩舆至石林道院住宿，社主人陈君友衡亦来招待，甚为殷勤。道院在城中八仙岩上，故亦曰八仙宫。

　　二十五日，晴。晨起，赴院后山上游览一周，可以遍观全城，颇为畅快。

---

　　〔1〕　傅沅叔：即傅增湘，其人见本书傅增湘《天台游记》作者介绍。

　　〔2〕　白廷夔：字曼殊，号栗斋，满洲京旗人，汉姓白。光绪丙戌（1886）翻译进士，官直隶候补道，北洋武备学堂教习。工诗词，善书画。

　　〔3〕　张元济（1867—1959）：字菊生，号筱斋，浙江海盐人。中国近代杰出的出版家、教育家与爱国实业家。光绪壬辰（1892）进士，曾任总理事务衙门章京。1902 年，张元济进入商务印书馆，历任编译所所长、经理、监理、董事长等职。1949 年后，曾任上海文史馆馆长，继任商务印书馆董事长。

图 1　国清寺正门

殿后石笋林立，所谓石林也。早膳后，偕同伴出外散步，至华品社，与鸿雪馆照相主人约定至天台山摄影。午刻，回八仙宫，陈君友衡送盛馔至，余等辞勿获，乃受之。午后三时，偕陈君参观第六中学校，及县立高等小学校。四时后，回院休息，预备明日就长途。

　　二十六日，阴。晨六时，乘肩舆起行，出临海县西门，七时度茶园岭，一路连山不断，松柏参天，修竹茂密，到处成林；百年古樟，枝柯盘曲，幢幢如伞盖；乌桕之叶，经霜变色，浓者如胭脂，鲜者如血，淡者或赭或黄，果实垂垂，壳脱种露，色白如脂；有此点缀，诚天然图画矣。八时过八叠岭，岭有数脊，低而复高者，共有八处，故名。十时后，度植茂岭，复逾小石岭，岭下有新建铁桥，长约十余丈，名中渡桥，盖在大溪之中段也。十二时度百步岭，上有紫阳道院，岭下有极大松林，长及里余。一时后至杜潭，复逾滩岭，过石塘桥，桥跨始丰溪之上，以石为之，长十余丈。二时半度横山岭，此行度岭甚多，而以小石、横山为最高。过岭后，见路旁又有大松林夹立，风过时声如波涛。自此以至天台，大松林已数不见鲜，即此可见天台之气象不凡矣。四时度大溪桥，桥支木为之，约长三十丈，阔仅五六尺，跨大溪之上，在天台县南门外。四时一刻，进天台县南门，出北门。五时半抵天台山之国清寺（图 1），寺为隋时智者大师所创，清雍正时敕建，在天台山南麓，后有五峰环抱之。寺前有古塔，高九级，为隋时所建（图 2），乃在此度宿，方丈名松隐，出门未归，知客名怀莲，出为招待。复遇华顶寺净土庵宗镜和尚于此，约明日同游。

　　二十七日，阴雨。未能登山。晨九时，出寺前游览，有桥跨双涧上，名双涧桥，今呼为丰干桥（图 3）。度桥左行，至塔前，听溪水流乱石间，声汩汩然。旋返寺，因多日未能息心静坐，此刻得间，乃闭门入坐，坐久，颇觉周身愉快。

图 2　国清寺塔图

午后,宗镜和尚导观寺内一周,并翻阅前人天台山游记。晚九时,即安卧。

图 3　国清寺前丰干桥

　　二十八日,阴,雨稍止。晨九时,往游赤城山,由国清寺出,渡双涧西行,雨后山容如沐,红叶尤鲜,正似美人新妆,高山之顶,处处出云,油然瀚然,一路土石皆赤色,五里抵赤城。远望之,山石骈列如屏,赭黑色相间,层叠而上,故名。山下有栖霞洞,今称紫云洞,余等攀跻至巅,得玉京洞,洞旁有金钱池，绝顶有塔七级，梁岳阳王妃所建。十一时后，回国清寺午膳。膳毕，赴高明寺。由国清寺右，绕五峰东麓行，渡金地岭，岭绝高，两旁皆高峰，路边为深涧，前望峰头，若出云表，然愈上则地势愈高；复有高峰，突现眼前，而前峰已在足底矣。既登岭脊，地甚平旷，已垦之田，随处皆是，顺道至塔头，入真觉寺，内有智者大师肉身宝塔。从岭下至高明寺，已四时半矣。自国清至此十五里。高明寺后倚狮子峰，前临幽溪，寺旁有圆通洞，洞口对狮子峰，峰下大石突兀，上镌有"佛"字，径可二丈余，为石梁比丘兴慈[1]所书，其下有看云石。晚宿寺中，宗镜和尚今日同游，且将导游各处。

二十九日，先晴后阴雨。晨六时起，再往游圆通洞、看云石。寺僧定融[2]出示智者大师紫金钵、龙衣，并《贝叶经》，皆古物也。九时出高明寺，仍折回真觉寺，逾银地岭，十时半，过祖师亭。天台气象雄阔，高山之谷到处有平原，田土肥沃，农民垦殖其间，自成村落。以余足迹所及，除衡山七十二峰外，他山殆未可比拟。然衡山之田皆瘠，则又逊天台一筹也。是时四山云合，人行云雾中，对面几不相见。空气高寒，似仲冬景象，而道旁尚见杜鹃开花。十二时，至龙王堂，银地岭至此为止。以上则华顶道矣。二时过寒风阙。两山脊至此忽然中断，架桥以过，两旁无山遮蔽，故无风之日，亦有大风；若大风起，则人不能立足，乡民之经此者，遇风恒折回。二时半，至华顶山下之善兴寺，云气益浓，雨随之降，不能出门，而寒气彻骨，余等或御棉衣，或御皮裘，围炉取暖。自高明至华顶三十里。善兴寺住持名华最，出游未归，知客净定出招待。善兴寺毁于火两次，华最复振兴之。现正大兴土木，颇有新气象云。

三十日，阴雨。云雾不开，不能出游。上午，宗镜和尚导往华顶山左右，看各处茅篷，天台多有退居僧人，自构茅篷，在内掩关习静。其中高僧不少，不轻见人云。午后，往拜经台，是为智者大师拜经处，上有茅庵，为天台山最高处。庵旁石碑，镌"天台第一峰"五字。自拜经台下，顺道至李太白书堂，为唐李太白读书处，今仅一茅庵而已。归时，云雾稍开，望见山下有日光，而峰顶仍云气弥漫，随风飘荡，上暗下明，颇呈奇观。四时回寺。傅、白二君，先赴方广。余与菊公，仍宿寺中，待明日行。入夜，大雨竟夕不止。

---

〔1〕 兴慈（1881—1950）：法名悟云，字兴慈，别号观月、瞻风子，俗姓陈，浙江新昌人。家世业儒奉佛，14岁从父出家。次年，从天台山国清寺释从镜受具足戒。曾任天台华顶寺住持、上海佛教同仁会会长。著有《二课合解》《金刚经易知疏》《开示录》等。

〔2〕 定融：即迹端定融，生平事迹不详，近代天台宗传人。

　　三十一日，阴雨。拟待雨稍霁，即赴方广。至午后仍不止，乃冒雨而行。三时抵上方广寺，闻傅、白二君言，石梁之胜，为天台冠。乃于四时，偕菊公

图4　天台山石梁瀑布全景

图5　天台山石梁瀑布后面

等冒雨往游。至中方广，而石梁瀑布在前矣（图4、图5）。瀑布自上方广来，分为二支。自石罅冲激而下，至石梁下而合为一。雷轰电击，势极雄大。石梁长约三丈，两端削下，而中央隆起，其狭处仅四五寸。正值降雨，路滑不能著足。下视瀑布，一落千丈，更令人胆栗！宗镜和尚习惯已久，先渡梁而过，以手招我，欲携以俱行；余好奇心陡起，乃谢之，独自侧足渡梁而前，颇觉履险如夷。梁之对面无去处，惟一铜龛，内有五百罗汉像，亦用铜铸。龛下镌："明朝天启年间，太监徐贵[1]，五台山沙门如璧募造"云云。缔观毕，仍携宗镜自石梁折回。余人不能从也。复自石梁畔攀登大石，觅小径至下方广前

――――――――

〔1〕　徐贵：晚明太监，万历年间曾任九门提督。

图 6　天台山万年寺

小桥。从石梁后面观之，见瀑势益大。自梁下迅疾直喷，高可数十丈，声闻数里。更从桥下履高下乱石，逼近石梁观之，瀑势砯訇〔1〕，飞沫溅人，奔流从足底而过，余于是叹观止矣！自登华顶，连日阴雨，人居雾中，举目无所见，令人郁郁；今得石梁之瀑，胸襟为之开豁，虽雨仍不止，登陟过久，袜履尽湿，而意犹未餍也。自石梁折回，时已薄暮，山气昏黑，乃回上方广宿焉。自华顶至方广十五里。凡游天台，如遇阴晦之日，慎勿先至华顶，宜先宿方广。方广风景佳，可以数日盘桓，俟晴霁上华顶至便也。方广寺住持名松真。

十一月一日，雨少霁。晨八时，余等重游石梁。在瀑布旁合摄一影，又各分摄一影。余欲坐石梁摄影，同游者皆尼之，菊生阻之尤力，余徇良友之规，始已。既而三公先行，余独留指挥摄影师，迨摄石梁全景时，乃踞石梁之脊，将我相纳入风景之内，心乃大快。惟人小如豆耳！盖心神若能静定，外界固不足以乱之；余但觉濠梁之乐，"危险"二字，胸中固遍寻不得也。昔徐霞客度石梁时，尚觉毛骨俱悚，余差足自豪矣！十一时后，由方广度大岭峤，道中小瀑布甚多，若在他山，均足称胜。余见岭旁有一三折瀑，其下流亦高十余丈，雁荡之小龙湫，不足比也。而在天台，则为石梁之瀑布所掩，人莫能举其名，余因名之曰三折瀑。一时，至万年寺（图 6）。三公先至，待我久矣。寺前有古桧树八株，大可五六围，高逾百丈。到寺，寺僧善惠招待至殿，余等略坐即行。二时，度观音岭。自岭顶俯视诸山，千峰攒簇，云开处日光射之，重沓如波浪。复度罗汉岭，过地藏寺，后倚危岩，前有大森林环抱之。三时

〔1〕　砯訇（hōng）：象声词，形容声音很大。李白《梁甫吟》："我欲攀龙见明主，雷公砯訇震天鼓。"

度藤公岭，岭道盘旋曲折，势极陡峻。至泗洲堂，已入新昌县界。清凉寺在岭后谷中，面对高山，左右古柏苍松，均百年前物，而竹林茂密，长及数里。四时度冷水岭，土石悉带赤色，两旁皆田塍。过观音庙及福寿庵，皆已荒废。四时半，至横板桥，居民数百家，有市集，颇热闹。五时抵太平庵，住持僧名自游，出为招待。自方广至此六十里。庵前遍植修竹，小径幽深，别是一清凉世界！时则暮色苍茫，晚霞映山，为殷红色，栖鸟归林，喧鸣不已。余等在此度宿，天台之游，至是毕。大抵天台之宏大，实可称岳。其一峰一瀑一森林，若移其一在他山，即可得名。而天台到处皆是，虽有而不名。其名者，乃他山所无也。雁荡之奇，譬则仙境，天台之大，譬则佛国。山中无处非大谷，无处非村落，而风景无处不奇。文字不能形容，图画不能著笔，摄影亦只能得其一斑，大矣哉，莫能尚矣！

二日，晴。晨六时一刻，由太平庵行，过会墅岭。三刻过坑桥，仍为重峦叠岭，岭间瀑布之多，一如昨日。有一大者，长可数十丈，俱无名。七时至斑竹。三十分，过九间郎、燕窝桥。八时，过赤土，土石俱带深赤色，故名。九时半，抵黄婆亭。十时，抵长邱店，过平川桥。三十分，过青林寺，寺虽小，而其旁古木修竹，亦自成林。十一时，到新昌县，进东门，自太平庵至新昌五十里。一路山岭连绵不断，余等坐山轿时，因欲四面眺览，故将轿篷揭去，两足平垂而坐，新昌人聚而观之，相与大笑。盖本地人皆将轿篷悬垂，而仰卧其中，故以为异也。县城颇小，惟洋货铺较整齐，余皆类乡镇，欲觅一稍大之饭馆，不可得，乃就小面馆午餐。十二时，出西门，过鼓山书院，在鼓山之麓，甚为幽静。三刻过三溪。一时，抵黄泥桥村，入嵊县境。二时半，过阮庙村。相传为刘、阮二仙故里，故立庙祀之，庙中正殿塑五像，三男二女，中一老者，为乡主，其旁为刘晨、阮肇，再旁二女像，即刘、阮所遇之仙女也。三时抵五里铺，过马衙衖村。三十分，到嵊县，进南门，至东后街醉墨轩，访其主人宋君。宋君并派人导往城隍山鹿山吟社。本拟在此下榻，后闻有船可连夜开行，直达百官，且因傅君有病，遂决计雇船行。向卢顺记船行雇大篷船一艘，随即登船。船身横阔，舱中亦无桌椅，上盖竹篷，头尾直通，不能蔽风雨，与海门至大溪所乘者相似，惟大逾数倍，可容五六人，能直立耳。余等往船行时，其掌柜既不招呼，站立门槛，诋诋之声音颜色，令人不堪！菊公软语款求之，方得一船，且有醉墨轩熟人介绍，尚如此，则其平日之慢客可知矣。嵊县产茶丝，贸易大，故市肆繁盛，远过新昌。六时船即开行，天忽雨，竟夕不止。

三日，雨。晨七时，过蒿坝。八时抵百官。自嵊县至百官，水程百四十里，泊舟舜江北岸，渡江而南，即曹娥镇也。沪杭甬车站即在江边，不过数十步。余等将行李安置于站前，早车已开，晚车为时尚早，遂至街市游览，饭于临江楼。饮馔佳美，价亦低廉。百官镇尚热闹，有大舜庙，面对舜江。自百官至宁波一百七十里，有甬百铁路，余等乃乘第二次晚车行。十二时登车，三时到宁波。宁波车站办事颇整齐，客到凭单取行李后，站中有雇定挑夫，均著号衣，只须向行李写票处，说明应送之地点，领取运送票，即代为运送，到后给费，既速且妥。余等登江天轮船，人至而行李亦至矣。五时半启碇。在船中洗浴，十时安睡。

四日，阴雨。晨六时半到沪，七时回家。

天台山游记

何病奇

　　载于《新世界日报》1922年2月25日,第2版。《新世界日报》为上海新世界游戏场报纸,1921年创刊,负责人姚伯森,编辑夏小谷,为近代上海第一份游乐场小报,期间曾或间断或改名,1927年3月3日正式停刊。根据《新世界日报》1924年3月28日第2版所载《遂初室随笔》可知,何病奇,浙江新昌人,工诗文,有政声。1920年前后,其人在《新世界日报》《劝业场》等报刊上发表诗话、集序较多。本文是作者回顾他于1916年游览天台诸胜迹的经历,简明扼要,有类提纲。

　　民国五年间,章君维纲邀予作天台山游,予欣然偕之往,历太平、清凉、地藏、方广、万年而至华顶,计程凡百二十里,一路晃即于眼帘者,除山光水色、鸟语花香外,独寺宇僧僚耳。寺之规模宏敞者,推万年。布置庄严者,推上方广及华顶。而鬼斧神工,不可方物,天梯石栈,互相勾连者,惟中方广之石梁桥。桥阔二寸余,长丈许,仿佛鲸鱼背状,极端有亭一,内藏五百罗汉。桥左刊四字,曰:"前度又来。"少下复有数字,字迹模糊,殊难辨识。瀑布斜穿桥畔,狂奔乱落,水花四溅,日光照之,现呈五色。桥下陂陀千寻,澎荡蔚蓝,观者战栗,孙兴公所谓"瀑布飞流而界道者"是。由华顶上,行三四里,有拜经台,为天台第一峰,高矗云汉,虽相去数千里外,如东海者,隐约可见。其他茅庵团瓢,棋布星罗,不胜枚举。东如太白、拈花、药师、长寿,其尤著也。西如龙泉、采云、宝莲、西方、弥陀,均洞天福地,饶有乐趣者也。寓华顶十日,跻高寻壑,殆无暇晷,曾不觉其体之劳,而力之怠也。闻国清、高明两寺,相距不远,其清雅类是,而胜迹且夥,遂往游焉。因绕道天台县治而返,费时半月,屦齿所历,几遍天台。此一游也,亦乐矣哉!

天台游记

蒋希召

见《蒋叔南天台游记》，1917年铅印单行本，未标明出版机构。蒋希召（1885—1934），字叔南，以字行，别号雁荡山人、雁荡亦澹荡人、仰天窝人，浙江乐清人。清末保定陆军速成学堂第一期肄业，光复会、同盟会会员，投身辛亥革命。1915年始，致力于开发家乡名胜雁荡山，有《雁荡新便览》《雁山一览》《蒋叔南游记》《蒋叔南诗存》《雁荡山志》等。蒋叔南酷嗜旅游，梁启超誉其为"徐霞客第二"，《旅行杂志》称其为"中国近代第一旅行家""元老旅行家"，他的游记汇集有《蒋叔南游记》。民国六年（1917）十月初五日，蒋叔南自海门乘小轮船到达临海。初六日，乘轿从临海出发，经横山岭、十里沙洋等地抵达天台县城西门外清溪镇。初七日开始，游览赤城山、国清、高明寺、螺溪钓艇、华顶、石梁、桐柏宫等名胜，十六日游毕离开天台县，前后历时十余天。

弁言

希召游天台，苦未逢详悉风景之人以为导引，又乏明细记载之书可资参考，如瞽无相，举足乱走。途中旬余，经历颇多，双屐所到，随手记录，归途检点，得数十页，自信此行尚少纡回挂漏之处，乃汇为一卷，印成舾部，分邮天台山各寺和尚及友朋之曾游天台及其有志欲游天台者，幸指其误谬而纠正之，奚啻希召之受赐也耶！

丁巳十月下浣[1]，雁荡亦澹荡人叔南蒋希召。

浙东名山盛称天台、雁荡，雁荡去余家咫尺，年来经营，是吾家山，其奇秀灵怪，知之独详，搜之靡遗，每以自喜；而天台未尝寓目，盖梦想迄今近二

---

[1] 丁巳十月下浣：即民国六年（1917）十月下旬。

十年矣。十月初旬，小阳时候，天气晴明，乃往游天台。于海门整装，以月之五日午刻乘小轮抵临海，是为余游台行程之发轫也。

内地交通未便，行旅艰难，游客对于携带物件亦几煞费苦心，日用各物备带则困于搬运，少携尤觉其不便。于海门出发时，整饬卧具、食料、寒衣、盥漱器、文具而外，并携李白诗一部、台州府之《水陆道里记》两本、十二倍远镜一付，携带照相机一架、紫竹箫一支、雨衣一袭、芒鞋三双、白兰地两瓶，皆余之旅行中所必不可缺者。一肩行李，幸尚不觉十分繁重也。

舟抵临海之江下街，台州盐税局长陈君守庸[1]遣价来迓。余在海门曾以天台之行电告守庸，乃寄居守庸寓所，其家人皆出见，儿女环呼伯伯。同乡周汀如、黄叔籛、茅芝生诸君皆来会晤，他乡遇故知，其乐何如！饭后往游东湖。东湖在临海城东，湖虽不大，而仿佛南海之瀛台，背山倚城，形势绝佳。湖侧为乐育堂，湖心为飞丹阁，清太守刘璈[2]所建筑，厅上悬一联云："好水好山，出郭门不半里而至；宜晴宜雨，比西湖第一楼何如？"俞曲园[3]先生手笔也。余联额极多，大概皆刘兰洲作。飞丹阁之中层悬一联云："鸢飞鱼跃，上下察也；霞苍露白，溯洄从之。"余爱诵焉。由东湖回，晤新军团长陈君鲁珍，警察所长张君叔玉，而台友杨梓青先生及王君鲤门皆来相见，挽余在临海徘徊数日，余急欲往天台，且天时难得，毋能久留，殊抱歉也。

六日。早六时，乘肩舆上天台大道，同行者为郴州李君子云、平镇陆君复初。余贪看风景，将舆布撤去，见者皆目笑之。临海距天台约百里程，沿始丰溪行，路旁两山夹峙，下为溪流，溪畔林业颇盛，苍松翠竹，密布两岸，牧童牛背，渔子船头，时出没于林间，益以霜林如染，吾意造化小儿，不知费却几许胭脂，淡描浓抹，著意设色，掩映松竹，美丽无伦，竟日行来，是一绝艳极长之手卷展向眼底也。

行六十里，至百步紫云道院，院住有警备队，在队中午餐。此处向为土

〔1〕 陈权东（1882—1966）：字守庸，浙江永嘉人，1907 年毕业于上海圣约翰大学，1907 年受聘于温州府中学堂任英语主任教员。辛亥后任温州、台州、四川五通桥等地盐税稽核收税官。20 世纪 30 年代初，退职返乡，曾任国营招商局温州分局经理数年。全面抗战前夕，即居家不出。晚年撰述辛亥革命时温州光复史料，颇为珍贵。

〔2〕 刘璈（1829—1887）：字凤翔，号兰洲，湖南湘潭人。以秀才从军，镇压太平军，屡立战功，曾任台州知府、兰州道台、台湾道台等，著有《巡台退思录》等。

〔3〕 俞樾（1821—1907）：字荫甫，号曲园，浙江德清人。清末朴学大师。道光庚戌（1850）科进士。曾担任翰林院编修、国史馆协修、河南学政。有《春在堂全书》等。

浙江文献集成地方史料系列·浙江天台山游记辑注（近代卷）

匪出没之所，光绪中世，天台邑宰某上任，经此为匪所截，乃派兵驻守焉。自此再十五里至杜潭，抵天台县界，经横山岭、十里沙洋达天台县，宿于西门外清溪镇之信行寺警备管带李少云处。少云因公早日下乡，其公子宝康年方十二，应对有序。

天台县警佐为故人屠君馥如，于今不见已及四年，晚饭后访之。余以孑身突来天台，馥如颇讶异，乃以游山告之，并请为我觅《天台山志》及《方外志》，时同座有地绅王君舜生，为余遣人四处寻觅不得，后得一《天台山全图》，陋劣不堪寓目。及访《天台县志》，据云仅有两部，一存县署，一为某君家藏，取携颇费事。旋与馥如侈谈别后事及地方情形。十时回信行寺，闻李世兄言，《天台山志》旧本有无不得而知，昔年曾有人倡议修辑，旋作旋辍，未告厥成也。惟齐息园[1]先生之《天台游记》，自以为极其详尽，而台之人辗转抄传，视为鸿秘，不肯轻易示人。余此行在临海无意得之，以主者之嘱托为守秘密，亦不便发表，然观览一过，并无何等秘事记载在内，且携有《水陆道里记》，两相参照，慰情聊胜。明日入山，以当罗盘，尚不至茫无把握耳。

七日。五更已过，余即披衣起，匆匆出门，沿城西散步数十分时，回房静坐。今日登山，辞舆步行，馥如派一巡警为向导，乃饬行李先至国清寺，余乃向赤城进发。沿赭溪西北折不半里，赤城山在望矣。晓日暄映，如宫墙渥丹，层层整列。其左肩一角，斜坡陡下，绝类危城蜿蜒山阿。顶上浮屠高耸，自山麓仰盼，直干重霄。约七里许，已达山腰之紫云洞，亦曰洞天第六，号称紫玉清平之天，洞阔而浅，洞顶危崖稍突凹，为覆檐之状，其色如赭，其质似石非石，似土非土，且间有小石，大如梅子，若镶嵌然。崖间镌有"赤城霞"三字，真画蛇添足矣。洞内构屋三椽，一庞姓老者居之。展问居址，余告之，彼即转询雁荡洞府情形，略谈即行出洞，自左侧危磴上升，石级皆成梯形，逐级盘旋，颇峻险，约三百余步抵玉京洞，状如紫云而较浅小，其阶前有金钱池碑，莫知池之所在也。其北转侧为洗肠井，相传为昙猷尊者洗肠处。右为岳王庙，寂无人居。更上右侧一洞若斗大，上塑魁星像，额悬"天开文运"四字。其旁有"丹楼如霞"石刻，以白石为之，日光正照，题者姓氏不能明察。赤城虽极挺拔，实似楼而不似城也。更西小径折上百余步而至餐霞洞，甫及洞口，举头即见洞之左壁嵌有"秋霜比洁"石刻，系民国四年大总统奖给节妇孙

---

〔1〕　齐息园：齐召南（1703—1768），字次风，号琼台，晚号息园，浙江天台人。乾隆元年（1736）举博学鸿词，改庶吉士，授检讨，历官至礼部右侍郎。撰有《礼记注疏考证》《前汉书考证》《史汉功臣侯第考》《历代帝王表》等。

天祚之妻齐氏者。孙氏世居城内，二十岁即寡，苦节抚子，既长，子罹神经病，坠于国清寺前之丰干桥以死，乃葬其夫于洞中，坟式怪异，光滑如磨，皆其手作，而厝其子于其旁。自作小楼，静居三十七年，足不出洞门一步，今已七十六岁矣。节妇素能书画，遭变后已绝笔不复作。闻余语声，探首观望，其窗如窦。余乃询其身世，亦历举以告，若不胜今昔之感也。山顶浮屠为梁岳王妃所建，相传藏舍利二十八颗，不可获见，乃折回山下，取便道由山径历西塘山后村而达国清，计程约七里强。

四山环绕，万木葱笼，山麓一浮图高插云表，下有七宝如来整列溪畔。一路亭依溪而建，亭内古木参天，路平如砥，不数十步，一桥如虹，横跨双涧，桥尽处琳宫梵宇，璨璀丛开，是即国清寺之入口也。

进寺，至客堂少坐，昭宣和尚、梅开和尚皆来招待，询别后起居。午饭毕，梅开导余列观莲船室、罗汉堂、藏经阁、大彻堂、香积厨各处，此普通丛林之建筑，大概如斯。莲船室侧壁嵌大"鹅"字碑，云系右军所书，未知然否。方丈堂旁有三贤堂，内塑寒山、拾得、丰干三大师像。香积厨前有漏沙锅，室内贮大铁锅一口，径约丈余，底有一孔。相传释迦牟尼说法，文殊、普贤行台，观音大士执爨，五百罗汉故难大士，以沙和米中，大士乃以杖触破锅底，沙漏米存，水亦不泄，乃留此圣迹，殆未可尽信也。方丈堂前有额曰"晋唐古方丈"，仪征阮文达[1]手笔也。时已亭午，匆匆饭毕，辞梅开，由寺侧渡涧北上金地岭。不数步而李子云、少云昆仲及公子乘马自后赶至，联袂而登，此行为不寂寞矣。

国清寺开始于陈，门额"国清寺"三字，秀劲无两，相传为魏王宏书。寺前一塔厥形六角九级，高十余丈，为隋炀帝建。塔下可通，惟不能上升，自下仰望，顶透一孔，睹天如星点。国清最初名天台寺，后改今名。天台为佛教一宗，创于智𫖮〔顗〕，隋炀帝赐号曰智者大师。盖自北齐慧文禅师悟龙树之旨，以授南岳慧思，思传之智者，其道大显，正宗法华，故又称法华宗。旁及余经，建立三止、三观、六即、十乘等法，为后学津梁。其著述有三大五小等部，展转演畅，不可具述。每春间放戒，清众数常千人。寺之左右，灵禽、祥云、灵芝、八桂、映霞五峰环绕，其形状亦平常尖山，各无异殊之点，惟气象雄厚，深藏不露，所以能广开道场欤？国清之左右多胜迹，余欲赶往高明寺住宿，不及遍观，以俟重来。

---

〔1〕 阮文达：即阮元。

　　金地岭下寒流淙淙，溪底石质光滑，蜿蜒东行，其源从塔头坑而来。岭顶有路亭，系新建尚未落成者。自国清至此，已行十里，步步上升，形若长蛇。自半岭回视国清，浮屠尚高耸有致，远观始丰溪及天台县城，亦一览无余。东冈上两岩突起，有开阖之状，曰招手岩。昔智者大师梦登金地岭，有僧立此岩上招之，觉悟，僧状为定光佛，乃于其下建定光庵，今已毁弃，仅存故址，而岩亦以得名。更东冈上为系船岩，自此东南折五里下岭，渡幽溪，抵高明寺。

　　智者大师居佛垅，讲《净名经》，经忽为风卷，飘飏空中，乃追踪至此，爱其山峦秀发，清溪当前，乃就其地以营净居，号净名寺。不知何时改为今名，以其后倚高明山也。寺亦屡经盛衰，今住持定融和尚极力振作之。右为翻经堂，左为不瞬堂，堂前为西方殿，殿壁嵌有董思白[1]书《楞严海三昧仪坛碑记》，记为虞淳熙[2]撰，玄奥古朴，耐人玩读。万历时无尽灯大师重兴此寺，于天台宗中特起高明一派，可谓高明极盛时代。此碑即为无尽灯楞严道场作也。寺左不数十步，有大石曰般若石，相传智者尝修真于此。石为黑色，顶一圆径约尺余，作白色，云即智者跌〔趺〕坐处。石侧一石壁立，高约二丈，上题"松风阁"及"伏虎"，字大尺余，皆无姓氏。北首石壁上有大"佛"字摩崖，大径二丈，笔亦丰健。右为圆通洞，无尽灯大师曾在此洞注《圆明〔通〕疏》，因以得名。洞系四大石叠成，向北石缝仅可容身，即洞门也。洞大约丈余南向，洞门有二古松，夭矫从石缝挺出，倚松下瞰，深涧千尺，苍翠欲滴。洞内一僧静修于此，法号霞义，系四川人，来自峨眉。余乃与言金顶佛光之胜，霞义能避谷二十余日，日夜不睡，惟静坐片刻耳。询其所持，云系《金刚经》也。洞下仄径，攀扶而上，一石横亘，大可丈余，上镌"看云"二大字，下款"无尽灯"。更上，石壁有"幽溪"摩崖，字大约一尺，结构端劲，据定融所考，云系智者手笔，始于前年发现者也。自此西折，上访笔冢，回视圆通洞，松从石出，石从壁起，绝类黄山清凉台风景。出照相机欲摄一影，惜已暮色苍凉，镜内光线暗晦，拟俟明日补作也。再数十步达笔冢，上竖一塔，高约三尺，题

---

　　〔1〕 董思白：即董其昌（1555—1636），字玄宰，号思白、思翁，别号香光居士，华亭（今上海松江）人，万历十七年（1589）进士，历任翰林院编修、湖广提学副使、太常寺少卿、南京礼部尚书、太子太保等，谥号文敏，明末四大书法家之一。著有《容台集》《容台别集》《画眼》等。

　　〔2〕 虞淳熙（1553—1621）：字长孺，浙江钱塘人。万历十一年（1583）进士，曾任兵部职方事、礼部员外郎等职，与传灯大师友善，著有《虞德园集》等。

曰"明玉大德笔冢",下有残碑,题为"明玉禅师写经笔冢铭"。《齐记》〔1〕云,无尽大师辑《台山方外志》告成,而笔亦老秃就死,以一坏〔抔〕土葬焉。盖亦相传之误,而未见其题记也。自此度清凉桥回寺晚餐,月色当阶,皓洁如水,乃携洞箫至清凉桥,度曲玩月而归。

夜半辗转不能昧〔寐〕,盖梦魂已往螺溪矣。晨钟初鸣,披衣而起,饱看晓色。定融引余至大殿观三世尊像,像系铁铸,高丈余,相传募自广东,沉没于海门海滨者几近百年,后运至国清,以太重不能举,旋经祷祝,乃得搬运来高明。访石经幢,已湮没多代矣。殿下左右二井,深阔二尺,水满其沿,水旱不增减,名龙眼珠。寺左钟楼突立,高约八丈,登其上观塔头,山脉盘蟠包围,苍苍莽莽,气象雄厚。楼中藏经板甚多,半属残佚,皆无尽灯大师作也。无尽大师受法于百松大师〔2〕,为四明大师再传弟子,道力高深,著作极富,多至七十余种,实为高明派鼻祖,智者以后,一人而已。钟铸于万历,下有碑记,为寒山居士陈函辉书,结构秀润〔3〕。旋观智者遗物:紫金钵、龙袈裟并《贝叶经》。钵制平庸,径约尺余,其实铜也。袈裟之绣颇精采,相传为隋炀帝赐物。余观《贝叶经》,此为第二次。昔年在嵊县北乡普安寺,所见《贝叶经》,与此略异〔4〕。彼处贝叶长方整饬,寺僧设案焚香,恭敬捧持,裹以黄缎,夹以紫檀。此贝叶边多残破,每页各以檀木夹之,长约一尺二寸,阔约二寸五分,为数则同为十九,质如竹箸,较为光滑,厥色淡黄,梵文纵横,惜无眼力读之耳。早饭已毕,即出寺,东向过聚龙冈下岭,于崎岖中过砂石一段,无可著足。约三里余,达水堆坑,坑前幽溪与螺溪汇流,乃北折沿螺溪行,始得举足,望西山有髻头岩。溪上乱石参差,或俯如牛,或伏如鱼,或屈如拳,或圆如头。溪行彳亍,并无樵径可寻。两山夹峙,颇类雁荡之南坑。溪尽处觅径上山,鸟道盘屈,下临深溪,幸荆棘丛生,遮蔽眼帘,故虽有悬崖仅容半足,从者亦得勇往直前。自水堆坑至石门坎,约行七里。石门坎危石开辟,仅容

---

〔1〕 《齐记》:即齐周华《天台山游记》。

〔2〕 真觉(1537—1589):俗姓王,字百松,号妙峰,天台宗二十九祖,致力于天台宗三观十乘之学研究,著有《楞严百问》等。

〔3〕 原注:陈公字木叔,台之章安人,官江苏某县,明末殉难,文章气节,彪炳一时,著有文集。本书辑者注:陈函辉(1596—1646),原名炜,字木叔,浙江临海人。崇祯七年(1634)进士。为徐霞客挚友,曾任靖江知县,明亡后反清复明,复国无望,自缢身亡。著有《小寒山诗集》等。

〔4〕 "略异",原文是"异略"。

一人可通。遵此折下，已达钓艇。溪流蜿蜒，削为绝壁，一石约高二十丈，当前矗立，此即八大景之一"螺溪钓艇"是也。

螺溪钓艇，《齐记》极其称许，云可与石梁、琼台齐观者。以余观之，石虽挺拔，而破裂不秀，瀑布来源虽大，而自其瀑口下窥，不能见底，自溪下仰观，又为钓艇所掩而不克全睹，风景极平常。据定融云，昔日瀑布系绕艇而出，今已改观。山川亦有变态，不胜感慨系之。自钓艇左上，有道可通华顶。余评螺溪无可览观，同行子云、定融皆为扫兴。余招一樵夫引导，更上危坡百级。时正路工兴作，掘断多处，不克前进。乃由千尺危崖攀藤俯瞰螺狮〔蛳〕潭，潭可半亩，澄碧鉴人，上有小石梁，亦约略见之。偶一审顾，则余身已临潭心，所持藤葛，粗不指若，乃急返。在石门坎摄一影片，匆匆归高明。时日正亭午，天气融和，两山画眉与水声相和，恍然琴瑟钟鼓一齐并奏，颇增兴趣。抵寺午饭，余偕李子云赴华顶，少云派兵三人为随护，分道珍重而别。

过清凉桥，上岭五里则入银地岭矣。西折入塔头寺，塔头寺即真觉寺，智者大师之塔在焉。智者大师示寂于新昌城南之南明山大佛寺，归葬于此，因名塔头。竹篱曲屈，万绿参天。门口一联云："登峰始识天台寺，入室还寻智者龛"。大殿内筑石塔，供佛像甚多，金碧辉煌，智者肉身即葬其内。殿外一额曰"震旦祖廷"，为陈璂书。前殿有一额曰"妙明圆觉"，为李鸿章〔1〕书。寺门外有甘泉井，左折礼隋慧瑶、唐圆通、总持圆达、全真、明觉、明真稳六大师塔。出寺之东冈，大石嵯峨，名为佛垅。佛垅石壁上有"普贤境界"四大字，相传智者书。又有"佛垅""天台山"诸摩崖，皆指堂所书〔2〕，健劲可观。更东为太平寺址，则无尽大师塔在焉。自此折回北上，山势绵连，五里达寒风阙，有风或天阴时过此，则寒风彻骨，因以得名。阙下有一大石，厥形如蛙，神态生动。过此，山田平旷，冈阜棋布，上列巨石，而天空蔚蓝，净无片云，神怡心旷，俗尘尽脱。更五里至龙王堂村，即汉高察所居处，村中有国民学校，学生二十余人。自此折东华顶，峰顶之拜经台已在眼前。沿山盘屈上升，更十五里而达华顶寺。暮蔼〔霭〕四垂，外间景物不能观览矣。

入寺晚饭，余以天气晴明，且逢月夜，决上拜经台止宿，以便明晨观日。永慧和尚为导，步月五里而达拜经台，即华顶峰之绝顶，智者在此拜经，故

〔1〕 李鸿章（1823—1901）：号少荃（泉），安徽合肥人，淮军创始人和统帅、洋务运动的主要倡导者之一、晚清重臣。曾代表清政府签订了《越南条约》《马关条约》《辛丑条约》等。著有《李文忠公全集》。

〔2〕 原注：案，指堂，宋时名僧，名志南，与朱晦翁颇相善。

名。月光如水，众山俯伏，仰视明月，似已接近，乃以远镜窥之，较在山下明澈数倍。月下久坐，出洞箫度曲，游山得此，虽非天上，亦已不是人间矣。拜经台有茅庵一座，住僧六七，从者叩门许久，闭而不纳。此间向无秉烛夜游者，彼诚诧为奇事也。旋由永慧由门外告以来意，乃开门纳客，其围墙坚厚，俨若城垣，自远望之，如我国古式望台之矗立山顶者。内室清洁，无尘俗气，住持定华，颇静穆可亲，茶水极清冽。定华谓居此已二十余年，从未有客夜登拜经台者，余此行足以自豪矣。坐谈时许，相辞安息，时已钟鸣十一时。书一律并叙大略，留与永慧：

丁巳十月初八之夜，偕郴州李君子云，自华顶上拜经台玩月，永慧和尚为导，从者王文初等，袱被相随，碧天如水，风定月明，下瞰沧溟，约略可见。月下久坐，去天咫尺，隔俗万千，余吹短笛一曲，泠泠然便欲仙去，乃就宿定华和尚茅庵中，诚第一峰头第一快事也。余久疏吟咏，不耐推敲，然此情此境，亦何可无诗以纪之耶？

天台高万八千丈[1]，难得晴空面面开。为欲侵晨观日出，相携踏月上山来。直攀星斗无多路，俯瞰沧溟等一杯。可笑青莲犹是俗，梦魂何不到斯台？

拜经台上居僧六七，皆苦行真修，夜半即礼佛，余闻声惊起，不复安睡。钟鸣四下，披衣出门，罡风刺骨，星河耿耿，几乎举手可扪。视东方已有鱼白，光线从海底浮起，极远处有灯光，乍明乍暗，想系海中过舟也。返室盥沐，并促子云等皆起，时已四时四十分，东方白色渐起微黄，横亘约数百里之长，旋成杏黄而微红而深赤，下方黑暗如墨，而我辈相视已能辨别眉目，时五时二十分矣。须臾，红色渐淡，海面波光乃益分明，岛屿潆回，以远镜窥之甚晰。至四十分，红光之横长渐次缩短，而中心浓度逐增，成为团形光线，瞬息之间，诸色顿灭，海东尽处一极顽艳深红之大琥珀球摇荡上升，余即拍手大叫，众皆惊喜如狂。庵内僧众亦皆闻声奔出，知已一轮日上，然所见尚仅为上弧一线，待上升至半轮之度，上方忽为锯齿形。余正注视间，下方忽为椭圆形，斯时海水皆作金光色，日轮已完全上升，变态万状，忽而下方现一小尖形如桃子然，忽而左右膨胀如南瓜然，忽而下左右方稍削如钵盂然，忽而边沿上下左右倏凹倏凸如橡皮球之受气然，荡心骇目，莫可名状。其轮径以臆度之，约在三四丈以外，收之远镜中，红光触目，不可逼视。时已六时十五

---

[1] 原注：《天台志》称，天台山高一万八千丈，亦未测算，今仍其说。

分,山腰以上皆金光笼罩,自是日轮渐小,赤色渐淡,光焰渐渐射目,而下方之人亦知东方之既白矣。余顾子云曰:"日出之景有如是哉?盖其胜处直不可以言语形容,难为未经目睹者道也。"定华曰:"先生眼福,天作之合。"余颇怪之,定华乃详言其故,云:"拜经台上,每年之间,如此空明天气实所罕见。有时山下清明,而自山上望之,仍为空气或海边云雾所蔽,且现在时在小雪,日之升处渐渐移向东南方,为此山东向最空阔之处,非在此时,尝为海山所掩,虽有其天气而无其出处,亦不能得此奇观也。"伊居山上近三十年,如此现象实为初见。同行之永慧则居华顶寺已二十年,亦是破题第一,诚以近庙欺神,彼辈初未留意耳。余昔逢天台人,皆云天台拜经台于每年之十月初一日拂晓,可见日月并出之奇,因举以询定华。定华云:"传说如是,未之见也。每逢十月一日,因此来者,亦偶有其人,然独日亦往往不得见,安见所谓日月并行哉?"此游也,诚已目空天下矣。回想昨宵月下,不过清旷绝俗,与晓景固不可同日语也。

返茅庵早餐毕,历观降魔塔、黄经洞、龙眼井诸胜,重上拜经台。登其墙顶,用镜远瞭,四明、会稽、金华、括苍诸山皆落脚底,而临海、新昌、嵊县之城如在眼前。冈陵起伏,如波涛绵亘,如蜂窠攒聚,时起时伏,顶礼罗拜,上天下地,惟我独尊,举目四顾,神气一旺。余渐觉手心疼痛,喉音干涩,旋悟观日时拍手大叫,不觉其用力之过猛也。自拜经台东北下岭,七十里而至澄心寺,为天台北路入山第一寺。民国二年,余禁烟绍属,冒雪查勘,曾宿于寺中,题一律云:"澄心寺外碧潺潺,翠竹万竿水一湾。疆界我来穷越国,佛仙路近接台山。烟霞深处便为客,雨雪霏时未放闲。不及老僧清且寂,白云终日锁禅关。"并追志之,以补兹游。

时已九时,乃下岭,经太白书堂,有潘衍桐[1]书"唐李太白读书处"碑,余无可观也。太白在此读书,谅属附会之词。更里许抵药师庵,有卧佛楼、琉璃界诸胜,旋观玉印、金钵。印碧色,三寸正方,上镌双狮钮,文曰:"天台名山药师如来应世宝印";金钵为紫铜制,有龙纹旋回,外方极精致,间有金质,斑驳夺目,腹镌"唐贞观十三年制"七字,口广五寸,余秤之,得三十两,叩之庵僧,不知所自来也,向日深锁佛厨,不肯轻易示人焉。出庵南折约二里入天柱峰,峰固有名无实也。松林中有永庆寺,其入口处风景绝佳,余为摄

---

〔1〕 潘衍桐(1841—1899):字孝廷,一字孝则,号峰琴,广东南海(今广州)人。同治七年(1868)进士,官至侍讲学士,光绪间督浙江学政。著有《两浙輶轩续录》《朱子论语集注训诂考》等。

一影。北有入定禅林，为宋时入定居故址，咸丰时罹于火，僧所勋重兴之，额曰"永明入定"，为西〔四〕明主人张嘉禄[1]书，旁述缘起，书法颇秀劲可爱也。自此东下十里有天封寺，现屋破僧亡，境尚幽寂，乃北转回华顶寺。

华顶开始于晋天福元年，德昭大师所建，亦曰善兴寺，智者大师曾坐禅于此。迭经兴废，光绪九年、二十七年及民国三年三遭火劫，今方丈华载和尚重兴之，其规模壮丽。阶下一井，水色浑浊，为王右军墨池。昔池旁树一碑，今已损毁，仅存其址。寺前有拈花室、伏虎坛，寺之左右，茅蓬甚多，为数八十余处，分东西两类。东茅蓬最佳者为药师庵，西茅蓬最佳者为莲峰庵，大概为退院僧所居，上覆厚茅以避冰雪，其中建设皆极华丽清洁。一茅庵之建筑，每需千元，"茅蓬"二字，特其代名词耳。在寺午饭，即赴上方广寺，途程十五里，不二小时即达。

上方广开始于晋昙猷尊者，寺址沿金溪之畔，众山环绕，流水当门，隔岸枫林渥丹，杂以翠竹，幽静清丽，独擅其胜。入寺少坐，以石梁近在咫尺，急欲前去一晤，以慰相思，偕子云出寺门北行。寺中纠察和尚明恩为导，度溪桥三处，不半里程而名震寰宇之石梁桥已触我眼帘。石梁之瀑即寺前金溪之下流，合大兴坑西来之流，至此汇为一川，向东直奔，流随岩折，分为四级，逐层下降，级各宽丈余，层各高二三尺不等，旋倾斜渐陡，泻为瀑布，而石梁正当其前，其高度与瀑之出口略相齐，相距约二丈，而瀑流其下，此诚天造地设，竭神工鬼斧之能。雁荡东外谷之仙人桥望尘莫及矣。瀑侧为中方广寺，自寺门阶级下降数十步，即达桥之南端。桥脊如弧，上锐下丰，其形如一大鲤，屈身敛尾，横亘崖端，又似大鹅之头，自北伸颈向南崖啄物者然，曾过石梁者当可想象见之也。狭处约五寸，阔亦未逾一尺，长约二丈，厚逾一丈，其下方弧形，宽倍于背，其弧形下沿，距瀑之高未及一丈。桥之北端石坡上一铜殿矗立，高约四尺，广约二尺，中镌五百应尊〔真〕像，其阶下横书"皇明天启元年辛酉中秋吉旦，钦差提督九门太监徐贵等，喜施助成金殿，永远供奉天台胜境石梁桥首，清凉山后学沙门如璧募建"五十二字，书法娟整，其侧壁皆助捐人之题名也。铜殿前石坡宽广，可客〔容〕四人。立桥头内外顾，内方之高，以瀑布下流处石坡倾斜，高不过四五丈，外方则下临深溪，高约五十

---

〔1〕　张嘉禄（1846—1900）：字肖庵，肖荞，受百，浙江鄞县人。光绪三年（1877）丁丑科进士。光绪三年五月，改翰林院庶吉士，光绪六年四月，散馆后，授翰林院编修。曾任山东道、云南道监察御史，兵部给事中等。著有《困学纪闻补注》《寸草庐奏稿》《小谟觞馆集》等。

丈。游石梁者每欲通过石桥，以试胆力，从者掉臂欲行，余与子云不可，非不能行也，可不必行也。石梁有桥之实际，无桥之实用。北端之铜庭，在南端已一览无余，何必再度此桥？不然，若有他种风景，非过此桥不能望见者，则虽下临万丈，亦当前进，冒此无谓之险，诚可不必，此则余欲与后之来石梁者一商榷也。余拟摄一影，而苦无适当架镜之处。江湜叔[1]咏雁荡龙湫云"欲画龙湫难下笔"，可以移赠石梁矣。乃下溪至瀑布之端，跨瀑而坐。明恩言，大水之时，瀑之喷涌直驾桥而出，我辈立足之处皆水深数尺。余忽发遐思，天何不速下大雨，以饱我眼福？继而自忏曰："甚矣，子之贪也！晨间观日，既恐不晴明开朗，至于彻夜不寐，乃相隔十小时，又嫌其未淋漓尽致，难矣哉，为天也！"俄夕阳西下，霜叶乱飞，乃遍观石梁左右摩崖，如"万山关键""神龙掉尾""栖真金界""悬梁飞瀑"，皆为乾隆时人书，岂以前并无文人墨士至此点缀名胜耶？下方广之游，俟以明日。沿溪返寺，寺中之罗汉楼，建筑甚佳，逾于国清等处。略一观览，饭罢即息。

齐巨山[2]足迹遍五岳，其记石梁曰："游天台者，可以不必再游他山；游天台而到石梁者，可以不必再游他处。"其崇拜石梁蔑以加矣。然而各处风景，各有其特殊之况，亦未可一概抹杀也。枕上回思日间所身经目睹者，石梁奇则奇矣，无论何时可以观览，若拜经台之日出及远景，则非天假之缘，虽裹粮坐守，亦不得一面，况其雄伟变幻，诚足以空天下之奇观乎！吾友黄溯初[3]之言曰："雁荡出人意表，不可想象，山之奇侠也；天台至高无上，包罗万有，山之圣人也。"余于今日益信。

南柯梦醒，东方已明，乃披裘出观晓景，随意行来，又到石梁桥畔矣。旋抵下方广寺，山门尚关闭未启，乃由右侧竹林中穿至溪畔，朝露湿袜履，凉风扑衣袖，亦忘其寒凛也。转折至潭侧，一泓深碧，广可亩许，已抵石梁外方，

---

〔1〕 江湜（1818—1866）：字持正，又字弢叔，别署龙湫院行者，长洲（今江苏苏州）人，诸生。屡试不第，咸丰七年（1857）捐官，曾任乐清长林盐大使。一生郁郁不得志。著有《伏敔堂诗录》及《续录》。

〔2〕 齐巨山：齐周华（1698—1767），字漆若，号巨山，浙江天台人。诸生。吕留良文字狱案发，齐周华为其名不平，被逮入狱，乾隆元年（1736），得赦出狱，遂浪迹山水30年。乾隆三十二年（1767），向浙江巡抚熊学鹏呈交《为吕留良事独抒意见奏稿》，旧案复发，被押至杭，同年十二月二十日（1768年1月20日）被凌迟处死。所著书籍悉被烧毁，惟余《名山藏副本》初集传世。

〔3〕 黄溯初（1883—1945）：原名冲，字旭初，后改名群，字溯初，温州郑楼人，近代实业家、教育家。著作今辑为《黄群集》。

仰观梁已悬空,可通天光,瀑布从桥下泻出,其意态类雁荡之梯云瀑。梁侧中方广寺新建一楼,将梁之天空映去大半,殊失玲珑透剔之致,未免煞风景也。回寺饭毕,至中方广寺,登其新楼,下瞰石梁,如已置身瀑上也。自寺东南折不十数步,壁上有篆书"盖竹洞天"四字,嘉泰壬戍〔戌〕春王月知天台县事晋陵丁大荣书,所谓三十六洞天之一。相传为五百应真栖身之所,实则摩崖之壁后仅一石罅,何足称为洞耶? 折回至下方广寺,访王龟龄[1]碑不可得。登罗汉楼,观中方广黄墙一带,缭绕于竹梢,其后山葱翠,扑人眉宇,瀑声震耳,风景如画,余拟踞石梁摄影,而苦无开镜之人,旋至溪下及仙筏桥上摄影数片,乃为铜壶滴漏之行,时尚十一时三十分也。

由盖竹洞天折南上岭,行十里即抵铜壶滴漏。余由崖端观览一周,不知其名义之所在。昔人皆谓铜壶滴漏系潭水自缺泻出,出口之处如一壶嘴喷水之状,故以得名。余初到时,向外骤睹,其说颇似,而孰知此处景状之险怪,竟有出人意想之外者。按此溪发源于华顶之北,自柏树岭蜿蜒而来,至此处溪中大石堆积,余即假定此处为此景之初步,以下逐渐说明,以求免语无伦次之病,诚以一支笔不能说两面话,况此种风景,又非笔墨所能述其真相者乎!

乱石堆中有两大石,夹溪而峙,溪流其下,为出水之第一节。溪流至此,岩门骤束,形如剖玦,宽约六七尺。由玦口折下,则为第二节。敛口广腹,宽约一丈,形如仰钵,又如大水瓢,水由瓢尾形之凹处下泻,削为悬崖,喷为瀑布而落于潭,则为第三节矣。壁之高约四十丈,潭之广二亩,其边直上为荷叶瓣状之直筒状,其向东处显一裂痕,宽约三尺,水又从此下流矣。崖端所见如是,而石质之光滑,更似人工琢磨者然。李君子云至此,止不复行。余乃挈从者王文初,从崖端沿小径向左折下,约里许再出溪口,又有巨岩五六,高五六丈不等,聚于溪中,分溪流为二,旋合为一,溪底色白质滑,亦分三级,小潭盘旋而下,崖端壁立,高可三十丈,略带倾度,乃洒为水珠帘。流水之右方,忽凹下二三尺,宽亦如之,如剖竹节,挂于壁顶,蜒蜿而下,长可二丈,名龙游枧。投大石于其上口,倏忽之间,滑至谷底,发为巨声,亦一快也。更右折小径至于谷底,亦一里程,则可见水珠帘之正面,水由倾崖渐渐下落,诚有珠箔高悬之状。去此南上里许,有断桥坑。断桥积雪原为天台胜处,系两石夹坑而峙,相去丈许。相传昔有老树生于石上,大雪之时,树枝被压,联为桥

---

〔1〕 王龟龄:即王十朋。

形。今树已枯损，即在雪后，无复旧观矣。沿来路而登，余欲一探铜壶滴漏下方之形状是否一嘴突出，其情形究竟何等，乃由龙游枧溯溪而上，为石所阻，不得行，乃从溪边荆棘中攒行，方数十步，面手刺伤数处，下窥溪底略平，乃下溪上行，既抵崖前，怪石当道，仰首探望，孰知此处与自上下窥时所见之第三节当〔尚〕相隔一重也。乃拟登石上一探究竟，乃此石光滑异常，未二三步，手足俱滑下，后鼓勇上登，此石虽高而齐〔离〕崖尚远，第三节之裂痕及出口已能见及，石之右外方澄潭，大可四亩，内方崖壁高可六丈，亘约十丈，其中央又如大圆筒，裂其一方，水从此下，余无以名之，名之曰铜壶滴漏之第四节耳。踞石久坐，目睹悬崖并无可以上升之处，然心殊未餍，下石抵崖下，择其稍倾者，手足俱用，仍无所试，幸崖旁一小树斜出，举手攀之，仅及其下垂之叶，举踵乃及其枝，攀附而上，足既踏于小枝，旋又攀其上方之邻枝，上升二丈许，得倾度渐大，竭力前进，乃抵潭畔。第三节之水自缝中喷出，及此潭面时，高可五丈。缝旁两石壁，高可五十丈，直竖此巨潭之上，欲穷第三节之胜，非飞仙不能再进矣。潭之宽广可四十丈，余所上升之崖端稍立为门阃之状而缺其中央焉。自此石阃渐倾向内，离阃六七丈处，尚可见底。自此至瀑下皆为深绿之色，莫察其深至何处，气象森阴，毛骨悚然。然既已到此，经尽艰辛，不便即行别去。观览一周，由溪左攀附而升。从兵虑余迷路，在山上发声招呼。里许达旧路，至李君所止溪畔，余已汗出如浆，额炙于〔如〕火，倒于石上小憩，饮所携白兰地一杯，精神渐渐舒畅。余思此处风景，绝类雁荡之湖南潭而规模较大。龙游枧之胜，则不及湖南潭之龙溜，而其溪流屈曲，不若湖南潭之立于对山，可以完全观览者。徐霞客亦嫌其未能一望尽收。然何为以铜壶滴漏名之，诚所不解，且向来游客亦未道及。齐息园已抵断桥，于此景并未记载，想亦当面失之，而历来游人甚罕，即有至者，亦不过崖端一立，窥见半面皮毛，早已目眩心骇，筋疲力尽，而漫以铜壶名之欤？余意此处之景可删去龙游枧之名，自第一节之崖端至龙游枧，直可以名之龙游涧，而以水珠帘为附属品。夫石梁桥不过奇耳，龙游涧乃近于怪。世有疑我言者，请问津焉。

　　自龙游涧返，至石梁桥下少坐，招明恩至，余拟题十字于瀑之左壁，曰："是奇书古画，不厌百回读。"嘱为雇匠兴工，并指点其处所。乃返寺信宿，明日早起,遍观寺内匾额,如阮苔〔芸〕台〔1〕之"当作金声"、翁松禅〔2〕之"方丈"、余〔俞〕曲园〔3〕之"禅心自得",皆足录也。寺后三圣殿高踞山半,松竹耸翠,空明轩敞,为文果和尚所建,可谓能善占形势矣。

八时,子云返县城,余欲独身为万年之行。明恩谓欲便游寒明岩,则以兵护从,可防不虞。少云亦坚欲派兵随我,实则呵殿游山,有伤风雅,然亦无可如何耳。余乃揖石梁,珍重道别,过臻福禅院,下大岭,跨至公坪,计十五里而达万年寺。万年寺居万年山之麓,群峰环绕,局度开展,气魄雄迈,以国清、华顶与之较,实有超绝群伦之概。寺前罗汉松,其实桧也,数共七株,大可四五合抱不等,高各十余丈,囷轮盘郁,拔地参天,令人悠然起故园乔木之思。禹陵之柏,西山之松,不尔过也。寺亦创始于昙猷尊者,迭经兴废,殿壁嵌有万历御制《圣母印施佛藏经序》及《敕建万年寺谕》。相传初建之时,寺屋共计有五千另四十八间,现已倾圮过半。寺僧明通、同鉴迎来道故,导余观金沙井、七星桥、罗汉田诸胜,又有九曲湖,已泥土满塞矣。其藏经楼原为万历所赐,惜已残缺不全,楼中供奉四面观音一尊。下有"亲到堂"额,为米万钟〔4〕书。"令法久住"额,为王文治书。七星桥畔有伏虎亭,亭前亦一古松〔杉〕,大与寺前之七株绝相类,一巨根驾桥而过。余顾谓同鉴,若将桥石拆去,仅露此根为一桥,则亦别格之石梁也。

自此南行,度罗汉岭,岭之高约五里,岭上为铁船窝,乃一大谷,凹为船形,因以得名,我辈正从船舷上行也。及窝之半,过种德桥,自此西折一小径,可达桐柏山,以从者皆不识径,乃仍东南走,冈峦重叠,颇似诸暨之琴弦冈。西上里许,有圆通庵。更约十五里而达龙王堂村,前日登华顶亦由此东折焉。更南出寒风阙,五里达陈田垟。西折沿冈行,达公界岭顶,由此直下,约八里而达岭下。溪边村旁有一古柏,大可三抱,询之土人,知为桐柏山里岙村。更二里至桐柏前岙,即至桐柏宫。时正夕阳在山,已四时四十分也。

---

〔1〕 阮芸台:即阮元。

〔2〕 翁同龢(1830—1904):字叔平,号松禅,别署均斋、瓶笙、瓶庐居士、并眉居士等,别号天放闲人,晚号瓶庵居士,江苏常熟人,中国近代史上著名政治家、书法艺术家。咸丰六年(1856)状元,历任户部、工部尚书、军机大臣兼总理各国事务衙门大臣。先后担任同治、光绪两代帝师。卒后追谥文恭。著有《翁文恭公日记》《瓶庐诗文稿》等。

〔3〕 俞曲园:即俞樾。

〔4〕 米万钟(1570—1628):字仲诏,号友石,原籍陕西,年少时随父入京,落户宛平。万历二十三年(1595)进士,历任永宁、铜陵、六合三县知县,江西按察使等。工于书法,与董其昌齐名,时称"南董北米",著有《澄澹堂文集》《篆隶考讹》等。

桐柏宫之气象，不亚于万年寺，而开阔更过之，不知其在山上也。四围九峰，有玉霄、香琳、华琳、莲华、玉泉、紫微、卧龙、翠微、玉女之名。门前溪流曰女梭溪，溪上旧有花桥，右有印岩，左有剑山，在天台之西部，当以此处为最。宫辟于葛仙，或云是即王子晋所居之金庭。余足迹所至，王子晋之居处，未免太多，岂神仙果有分身术耶？一笑。宋熙宁时，台州人张百〔伯〕端，字平〔平〕叔，号紫阳真人，栖真于此，蜕代仙去，旋改名白云观，又曰崇道观。观前田中有碑矗立，刊乾道二年、四年、六年尚书省牒白云昌寿观文。观中有一亭，树敕建崇道观碑文，雍正十三年三月十八日御笔，书法珠圆玉润，文则平平耳。瓦砾堆中之础，厥大逾寻常六七倍，周围镌以龙文，可见当时之盛。现惟紫阳楼尚巍然独存，两旁东西道院，惟东院尚完好，道人居者十余人，袁理仁为之主，院中菊花盛开，红白黄紫各色杂陈，尚多秋意。余即于东院下榻焉。

饭后月色当空，余急欲去琼台一观月色，道人言琼台夜间万不能行，且盛言三井坑龙潭之胜，在女梭溪流下，即福圣观瀑布之上源也。余乃携一道童，踏月往观。约行三里，山坡急峻，而月为云掩，忽暗忽明，乃踏坡而下，坡为水渍，日久生苔，其滑异常，益之以手，忽手足俱滑，幸未下坠谷底也。余乃脱去袜履，赤足而前，道童前导，亦复时踬，蛇行数十步，石壁愈陡，岩门耸夹，不过丈余，幸久晴水源不大。至门，石忽陷下如沟，阔不盈尺，月光黯淡，深浅不得见。余等乃踏沟而过，更右折，重上一石坡，已临第一潭之侧壁。水由石沟两折而下，略似龙游涧之初步。至第三节时，一大石直当其口，阔仅尺余，长可五丈，分此潭为二。余辈所立足处，假定之为内方，厥形如龙游枧，屈为五节而达于溪。其外方之潭宽可二丈，长约十丈，其岩下之深殊不可测。更前行，约四十丈，溪又叠为三节，下为第二潭，又下为第三潭，潭面略小而圆，其下则绝壁千仞，直抵山下，无路可通。由他道下山，约三里可抵福兴观，现已残坏不堪。其旁有餐霞洞，自此外望，平畴甚广，天台县之西门略约可见。道童云，大水之时，此瀑布最为奇观。余察其流水痕迹，一种雄伟澎湃之态，实过石梁数倍。时月色忽明忽暗，阴风袭人，乃从此上山，欲觅较易之路以归桐柏。乃正在披荆攀茅间，余略一举首，觉有二人影出于山冈上，离余约十丈之地。正注视间，忽没其一，余以告道童，童曰树也，余决其为人，乃呼问为谁，许久不应。文初及一随兵踵至赶上，始知为过路之山民，闻人声发于潭畔，甚为惊讶，盖从未有敢夜间来龙井坑者，呼之不应，则其用心良险矣。东折而达山腰，下望前所行处，相去天渊。下岭而归，觉右脚筋痛，想系滑足时所伤，乃以白兰地摩擦之。

西道院有殿三楹,祀伯夷、叔齐像,旁供司马子微像。夷、齐像为文石所制,刻雕颇精,背后腰部篆文横书"伯夷、叔齐"各二字。伯夷昂首向天,有睥睨一世之概,徐霞客称之为唐以前物。上有额曰"百世师"。夷、齐何为而为道者祀奉,余闻见寡陋,不明其故,壁上刊有张廷臣[1]碑记,可资考证,兹录于下:

> 伯夷、叔齐饿于首阳之下,夫子称之曰古之贤人也。司马子长作传,文词宏邃,学者类能诵习。然思见夷、齐而不可得其祠,特祀于孤竹故墟,列郡罕闻。天台县旧有桐柏宫,凤擅神秀,余守台三年始至。崇山峻岭,苍翠环矗,观宇就荒,其中门置二石像,后镌刻"伯夷""叔齐",字甚古,询所由来,无知之者。考《赤城旧志》载,夷、齐没为九天仆射,治天台山,宋绍兴间建祠于兹,或其遗欤?嗟乎!名贤委地,土木神像享丹雘[2]之崇,瞻玩太息,徘徊移时不忍去,乃纵步廊侧,有厅宇轩厂,了无凤设,若有待者。及至县,以语方令惟一[3]。令曰:"是诚不可已也。"遂卜吉庀工,略加修葺,移二贤像而崇祀之。庙貌有翼,气象惟新,虽清风高节,不视此为轻重,然表先贤励末学,实守令事也。嗟乎!琼台双阙,岩壑奇观,孝先、子微,栖息冲举,游桐柏者能道之,岂知夷、齐芳躅凉凉乎高并峻嶒,复出羽化耶?昔记严陵祠云,廉顽立顽[懦],大有功于名教,夷、齐为百世之师,奚但桐江垂纶已哉!镌记岁祀,以昭诸后,或谅余心之不愧夷、齐,当有同风兴起者。隆庆六年五月初吉,前进士番禺张廷臣撰。

呜呼!举世滔滔,谁能无愧于夷、齐?秉烛摹录,蜡泪四倾,予亦涕不可仰[抑],不知所从来也。

次日早起,向观中道士购香烛,礼拜夷、齐像,道童宗庭出扇页索书,余本不善书,念其昨宵引导之劳,乃录拜经台玩月诗付之。观中旧有葛翁[4]炼丹台等胜,皆没瓦砾中,无足观者。乃换短衣持杖,仍以道童前导,往观琼

---

〔1〕 张廷臣(1528—?):字印江,一字伯磷,广东番禺(今广州市)人,嘉靖四十一年(1562)进士,历任户曹、楚雄知府、台州知府、盐运道副使、刑部郎中等。其中,隆庆三年至六年(1569—1572)任台州知府,隆庆六年(1572)五月为桐柏宫清风祠撰写《移祀夷、齐像记》。

〔2〕 雘(huò):红色或青色可作颜料的矿物,泛指好的彩色。

〔3〕 方惟一:隆庆年间任天台知县。

〔4〕 葛翁:即葛洪。

台。出观北折,登一小岭,过藕田塘址,上琼台庙,过一高冈,东折沿崖行,路极窄狭,其下悬崖数百丈,名百丈坑。山限行尽,共约四里许,达一石冈,宽可三丈许,长亘约三十余丈,两面仍是绝壁,而所谓琼台者不远矣。余欲写琼台,笔窘墨干,不得不借一物以状之,自此石冈尽处而抵琼台,绝类一骆驼之伏于谷中,不过其高大太觉不伦耳。石冈尽处,一骆驼之背也。我辈从驼背行来,有石矗立当前,石壁书"秀甲台山"四字,字大七寸,"雍正九年郑世德[1]",又"唐元和十四年九月甲子",其他字迹不可得读矣。此驼之颈倾斜陡下而丑劣异常,幸利用其嵯峨巉岏之点,得容足底。最可虑者,此驼背颈之石质松而不坚,日炙风吹,半为流沙,着足欲滑,间有小松,亦断不可借重,致有危险。此徐霞客所谓削石流沙,趾无所着者也。余乃脱履下降,足不能用,继之以手,手无所施,继之以臀,臀乃为登山之具,闻者勿疑我言。此驼颈之石坡陡下,每逾一足之长,俯身而助之以手,又虑其倾度不易分明,乃转身向外,虽下临深谷,而观察尚便,助以臀部,乃得徐徐下降,如此约三十丈而达驼颈之曲处。更向驼之脑后上升,至此则全用手力,沙砾触之,疼痛异常,又高约二十余丈而达驼额,孰知所谓琼台,乃尚在驼之鼻下也。再下降可十余丈,有二大石竖立,高可丈四五尺,中通一缝,宽可容人,其上有一石,形如马鞍,横驾其上,即为琼台。由琼台左转丈许,有三小石叠立,其下之一石,形如剖桃,其空心处,纵可一尺五寸,横可四尺余,其高可六尺,而左方如椅靠回抱,试坐其上,适容一人;斜倚之,则右侧之凹痕,可容一足,而右肩正着于椅靠上,舒适异常,风韵水声,山光云影,四面奔来,耳目一新,所谓仙人座也。实已不知置身何地矣。惟其下悬崖百仞,深潭澄碧,无可再下,右折数丈,一大石,石上印有足痕,宽可三寸,长可九寸,深约五分,如人足之印于泥涂,指跗宛然,云仙人足迹。相传有仙人来此,自对山冈越过,乃留此痕,故对冈石上亦有足迹,则余不能再观之矣。对冈一坑,两山夹峙,名曰双阙。琼台之下有题名二,曰"天和子",曰"安冲和"。琼台之上欲上不得,乃投一银币于其上,循故道而归。余思琼台之胜,在天台与石梁齐名,以余观于雁荡,则险不如石船坑,秀不如仉月凹,惟仙人座及仙人迹颇为奇异,游琼台者幸勿当面失之。折西下柏树岭,岭高约六里,岭下曰百丈岙,前为百丈溪,沿溪口北折,过万年岭而至宝相村,十里而达桃源坑口,坑内即桃源洞山也。

余在万年寺时,原欲先至桃源,以达护国寺岭,寺僧皆谓桃源无路可入,

---

〔1〕 郑世德:其人不详。

知其路者,惟桐柏宫之老道人为最。故昨夜抵桐柏,即询桃源情形,据一老道云,桃源之胜,尚不及琼台,费尽艰深,不过能窥见壁上半规形之一洞,其他均无所见,且桃源坑形势与百丈坑绝相类者,观琼台可不必再观桃源矣。余抵桃源坑口,拟循桃溪而上,进桃花坞,所谓刘、阮食桃之处,以镜远瞭,知道者昨言为不谬。桃溪亦曰惆怅溪,取刘、阮惜别之义。旧有金潭桥。溪上曰游岭庙,塑一男一女像,中有一额,曰"英艳桃源",为明天启四年工部侍郎张文郁[1]题,而无碑记可考。余思桃源之胜,始于《桃花源记》,原系靖节[2]寓言之作,汉刘、阮之入桃源,事实荒唐,为后人伪造,欲游桃源者,皆艳于刘、阮故事。宋景祐时,僧明照见金桥跨水,光彩眩目,二女未筓,戏于水上。此种野狐禅,由欲生妄,由妄生幻,是着魔也,岂遇仙耶?余俗骨撑天,即有仙姝尚在,亦当遭彼白眼,不必为无谓之探险也。乃由游岭庙北行里许,有墓门在路右侧,上书"宋驸马会稽郡王神道",中立一碑,高可丈余,字如斗大,曰"会稽郡钱王墓";右旁书"南京尚宝司卿高吕枏[3]为武肃十九世孙德洪"十八字,以下残缺;左书"浙江提学佥事莆田林云同[4]偕天台县知事周振[5]立"。石圹前横石,文曰"宋故驸马都尉晋赠太师会稽郡主暨秦鲁国贤穆懿明大长公主之墓",上书"大宋绍兴十四年九月赐祭葬,清道光五年后裔重修"云。案:钱氏子孙,现居嵊县长乐,武肃铁券亦在该处族中,余在绍时曾目睹焉。自此里许,达护国寺。

护国寺亦开山于德昭大师,本名般若寺,后周四年[6]改为今名。现已破坏,一僧居之。寺前有双塔矗立,厥形正方。寺之周围,有云塘、高塘、箬塘、西坑塘,绿水一方,大各三四十丈不等。出寺门,田间有碑屹立,上篆"天

〔1〕 张文郁(1578—1655):字从周,号太素,浙江天台人。明天启二年(1622)进士,授工部主事。著有《度予亭集》。

〔2〕 陶渊明(365—427):字元亮,又名潜,私谥"靖节",世称靖节先生,浔阳柴桑(今江西省九江市)人。东晋末至南朝宋初期伟大的诗人、辞赋家。有《陶渊明集》。

〔3〕 吕枏(1479—1542):原字大栋,后改字仲木,号泾野,学者称泾野先生,陕西高陵人。明代学者、教育家,历任南京尚宝司卿、太常寺少卿、国子监祭酒、礼部右侍郎等。著述宏富,有《周易说翼》《尚书说要》《毛诗说序》《泾野诗文集》《泾野子内篇》《泾野集》等。

〔4〕 林云同(1491—1570):字汝雨,号退斋,福建莆田人。嘉靖五年(1526)进士,改庶吉士,累官南京刑部尚书,赠太子少保,谥端简。有《读书园诗集》。

〔5〕 周振:江苏武进人。万历十一年(1583)进士,曾任江西余干、浙江天台等知县。

〔6〕 后周四年:即954年。

台山护国寺铭"，余均磨灭，惟"大宋天圣九年"为其纪年，尚可辨认耳。碑高一丈二尺，宽约五尺，厚约一尺五寸。碑阴有正书五行，字大约六寸，文曰"会稽郡王十三世孙余姚德洪率台县〇楞谒〇〇此，时嘉靖辛卯端阳"。自此绕道北行二里，至白岩洞。下有白岩寺址，厥状如赤城之紫云洞而略狭小。石色亦赭，何为以白岩名，诚不可解也。

　　自此西行五里而达山茅市。度清溪，天姥峰在其北，巍然可见。自此西行，窄径数条，纵横交错。余此次西行，本拟先为寒明岩之游，而后达广严寺。初定今夜投宿于平头潭市，乃沿途问径，告者多误，不向西南而转向西北，约行七八里，询知前村为小，余已离平头潭二十余里矣。时一肩舆迎面来，询之，云来自广严寺。问广严寺离此几许，云仅十余里。乃奋足兼程，决定夜宿广严。后三里许，至金簧岭路亭，止于亭者甚众，询广严之程途，或云廿里余，或云十余里，议论纷纷。余意既已至此，只好前行，且时尚三勾钟余，当不至投宿无门也。五里至洞桥市，由市之东南西折，过圣武桥，直西过下湖溪桥及风浴亭而至后村。度后村溪桥，复经永庆亭而达乌雾村。询知广严已近在五六里间，而洞桥市至此已行十余里矣。由乌雾西北望群山耸拔，冈峦起伏，知已山龙结局之处。上五百岭，岭侧有五百岙村，而广严在望矣。抵广严，天已昏黑。

　　广严旧名长垅，为天台西部第一大寺。唐时有雄罗汉栖真于此，圆寂之后，肉身不坏，因以装塑金像，颇著灵异。自康熙时毁于火，同治时又以近村张、徐两姓，各争施主，结讼至十三年之久。知府刘兰洲[1]以为不祥，举火焚之，而寺内之雄罗汉肉身及贫婆钟皆葬火穴中。碑刻亦均残毁，不可复觅。旋由僧静修重建之，尚整饬可爱，嗣又衰坏不堪，久无僧居。今住持式宗和尚昨初自华顶之药师庵来，发愿重振之。余来也，幸在三日之后，否则今夜将与从者坐守荒寺，饱餐风月耳。饭后有礼佛者来，询之，徐姓，系近村人，云雄罗汉肉身虽已被焚，不过外层稍伤，今所存于殿中者，乃重加装塑，惜已无复旧观。然灵迹显著，近村之人皆呼之为活佛。每夜祈梦求签者，为数甚众，前虽无僧居而香火颇盛。余更与言贫婆钟，其取义不得而知，钟仍〔乃〕为铜制，被火后残去者几三分之二，现尚有一角遗置殿右。乃秉烛察之，此钟之破片，高可齐人，其年月尚可得见，为"万历四十五年正月元旦"铸造，叩之亦渊渊发声，佳制也。夜大风以雨，早起，雨声乍作乍止。余出外观

---

〔1〕　刘兰洲：即刘璈。

察天气,浓云四合,心甚焦急。乃冒雨寺外观蟹眼峰,冈上二石突立,颇有蟹眼之形。寺右有徐氏宗祠,中供唐金紫光禄大夫徐赂之位。入寺早餐,雨已晴,乃雇一人为导,作寒明岩之游。

余自广严觅向导,几费周折,说尽天花,始得一人。甚矣,不识途径之苦也。故将路由详记之,闻者休厌其烦焉。自广严寺南折,过永古桥,经大风广观木鱼山,约三里出谷口,过塔坑村之东端,折向西行约百余步,岢山岊屹立山阿,恍如乌纱之顶,颇可悦目。此处有二叉道,向西者直去街头市,折南者过余家山村,绕村南行半里,度万古桥,过后王、前王两村约里许,折西过一松林,至坎头村,紫凝山顶,竹林茅舍已可瞭望。紫凝山下有瀑布悬流,现正水涸,无可观也。更六里至上茅垟村,出村,度茅垟桥,复前里许,皆在溪中行。再度小桥,过黄坭坞之西端,桑柘遍野,红叶满林。约二百步南折,沿岢山麓西南行,右为岢啬村。四里至下山岭,岭右万松夭矫,声如洪涛。下岭沿始丰溪而上,溪畔皆茶圃、柏林,时正茶花盛开,柏子吐白,疑在香雪海行也。二里至岭根村,上孟湖岭,岭之高仅二百步。下岭度溪桥左折,右侧山上诸峰峭立,高可五六十丈不等,为石牌、纱帽诸岩。更前里许,山半有落山狮子洞,洞颇暄爽,惜其中厝柩累累,为煞风景也。更前数十步,至明岩谷口,左侧山半一洞,为狮子张口之状,宽十余丈,深略过之,高可丈许,亦名狮子洞。下洞前进,再狭处曰八寸关,进关即至明岩寺矣。明岩谷宽五十丈,深约三倍之,两旁石壁矗立,凹凸亘异,寺适当谷之中央。寺右一峰,高可四十丈,寺左一石,大五六丈,厥形如蛙。相传旧时高峰之上有一巨藤斜亘于石,故名为螳螂捕蝉,今藤枯已久,无复旧观矣[1]。由寺后穿竹林而进,至于谷底,有珠帘数道垂下。余意此谷已穷其境,乃岩忽内凹如回廊之状,高仅容人,亘可五十丈。自此右转,中见天空形如三角之小旗。左侧一巨岩倚于壁上,名合掌岩。由岩下小径彳亍攀登,彷〔仿〕佛雁荡梯云谷。自此折下,已至竹林之侧面矣。左上有一洞曰朝阳,有"日光"摩崖,为齐息园书。壁上多斧凿方孔,想系昔时建屋处。更左为初来洞,洞口一碑为勾章行素居士刘宪宠[2]书,其他均残破,不能摩读。洞之左壁,刊有"高大"二大字,亦息园手笔也。此洞亦名达摩洞,内有达摩影。自此下寺,见蝉岩之上有摩崖

---

〔1〕 原注:商务印书馆出版《天台山》之明岩即螳螂岩之侧面也。

〔2〕 刘宪宠(1563—?):字抑之,号行素,浙江慈溪人。万历二十年(1592)进士,授吉安府推官,历官礼部仪制司郎中等,著有《诗经会说》。

四行，觅梯登拭，为"嘉靖癸巳腊月，晋陵周振、进士余璟[1]、征君潘珹[2]同游"二十字。乃在寺中午餐，餐毕，至谷口摄一影。出溪畔望南一峰，高出山巅，有飞凤展翼之致，询之土人，知系天鹅喂子峰也。乃从前道返至张家弄村。村后石屏忽裂为二，有一小径可达明岩之背，左为明岩，右则为寒岩。折而东南，约行三里，溪中一石，下锐上丰，形如灵芝，水色澄碧，映石益形秀丽，所谓灵芝石也。其上列屏千尺，万状千形，如马振鬣，如狮怒目，如象垂鼻，诡异杂陈，红紫相间，斜日晖映，煊烂夺目，此寒岩夕照之所以名也。上两石并峙，高可齐人，名曰雀桥，则余无取焉。下有石突起丈余，壁有白色圆形，名石洞蛇。自此折北数百步，度一溪桥，达寒岩寺口。桥西一碑，书"大界相"三大字。寒岩寺内残破不堪，寂无人居。从寺后上登，达寒岩洞，为寒山子栖真之所。洞与明岩之狮子洞相似，其大几十倍之。自洞底外观，状如一扁葫芦。洞壁摩崖曰"寒岩洞天"，亦齐息园笔也。曰"清凉"，为古越吕岩氏[3]题。此洞旧传有米南宫书"潜真洞"三字，则已遍索不获矣。洞之东山，相距约四里，有洞在半山，厥形如月，曰新妇洞，有一道者居焉。洞之左侧，有一岩，形如伏兔，目光莹然，惜不得其名耳。自此取道度始丰溪，至后岸过大山岭，十里而达街头市。

自市西望，一山高耸，其顶平而体方，苍翠扑人，询知为方山，相距仅十余里。余乃止诸从者，贾我余勇，振衣独行。由市西溪桥度，折北行，即登方山之大道。约十里而达其半，万松如海，落叶满途，着足如绵。更里许，有双井夹路，清澈可掬。再上半里而达方山之顶，此山均系土质，其结构特异，顶上广可七十丈，纵约四倍之，削为长方形，四壁下削，高可四五十丈不等，惟东西略倾为坡度，凿为岭级，即余之来处。及向西一通路，胡公庙峙于其中，后为竹林，绕以松柏，前方则平田数十亩，眼界极开，东望华顶，隐约于云雾中见之；南则凝紫、盘龙诸山；西则麒麟、雷马诸山，皆罗拜拱揖其下。又有千尺石屏，如展图画，峙于下方，是即寒明两山也。北方则竹木荫翳，眼界稍阻，而大西乡之平野百里，烟火万家，始丰溪屈曲东流，如数掌上螺纹，皆可灼见，是直华顶之具体而微者也。庙中有僧居之，殿上匾额累累，皆"有求必

---

[1] 余璟：字景玉，福建人。具体事迹不详。

[2] 潘珹：字子良，号梅墅，浙江天台人。约生活在明朝嘉靖年间，辑有《天台胜迹录》。

[3] 古越吕岩氏：其人不详。

应""保我黎民"之类。访朱北环[1]所书"天一方"额不得,询之寺僧,亦茫无所知。僧出纸笔,余为书"小华顶"三字,并略述方山大概以付之。时松涛汹涌,暮蔼〔霭〕苍茫,欲留不得,乃策杖下岭。至岭下,风定云开,一轮月出。投宿于街头市警备队营中,哨长王君郁文招待甚殷。警队驻扎之处为曹氏宗祠,祠旁一带枫林,大小百数十株,厥色如染。余于次晨早起,步入林中,咏"霜叶红于二月花"之句,不觉身亲其境,特在早晚不同耳。

　　天台山位于天台县之北方,亦称北山。余既由北而西,而西部之游亦复告竣,乃乘舆东归。此为通天台之大道,不若昨前两日之问津无由也。十里至茅垟,二十里至平镇,远望一山,形与峇山峖毕肖者,曰青山峖。天台共有三峖,峇山、青山峖及赤城山是也。三十里至龙山,访龙山寺址,田间石屏一带,长可五丈,高约一丈三四尺,以大石九块合成,中书"观自在菩萨"五字,字大八尺,旁款:"沙弥定和朝拜南海引书,住持印拱、印友、定福、定和建,时乾隆四十七年岁次壬寅四月初八日也"。自屏内以至山脚,基地约数百亩,石柱纵横,可想见当年建筑之壮丽,可为台山各寺首屈一指。中央丰碑屹立,高可二丈,系乾隆三十四年革除檀越侵牟霸占滋生事端之上谕。天台山为佛教阐〔开〕宗之地,道场林立,兴废无常,其原因则由近村有不肖士民互争檀越,僧难安居,寺遂毁损,惜煌煌明诏,无人奉行,可深慨哉! 自此过西山庵,下老鼠岭,经玉湖、清溪镇,二十里而达信行寺,仍止于李君子云营中,时十四日下午三时也。

　　三时二十分,往访屠君馥如,与言台山之胜。旋馥如有客来颇众,余乃与子云昆仲往观神桂。神桂产于天台县公署内,即馥如办公室之门口也。桂老干蟠曲,枝叶繁茂,相传植于唐代。明天启时,县宰陈命新[2]为题"可封"二字,嵌于墙壁。道光时,邑宰赵雕〔鹏〕程[3]为立一碑,题"神桂"二字,且为《神桂记》,禁人攀折。桂之荫半亩。民国三年之冬,天台县署被匪劫焚,桂旁房屋尽皆毁去,而桂独未伤一枝、焦一叶,亦可异已。神桂之北有一厅,内有一缸,以红布覆之,曰神缸。缸之来历无可稽考,相传天台若有大变异,则此缸悬空示兆。或云此缸自海中沿溪浮至,中供五福神像,故尊祀之,未知然否? 又说其下有井,明代鼎革,投井而死者不乏其人,故以缸罩之,此

---

　　〔1〕　朱北环:其人不详。

　　〔2〕　原文是"陆命毅",应该是陈命新,湖南澧州人,明天启二年(1622)至五年任天台知县。

　　〔3〕　赵鹏程:贵州贵筑人,道光十五年(1835)任天台县知县。

则稍近事理。近代惟阮芸台[1]先生督学过此，一观其异，所见何物，亦不得而知。缸之外围以栏，颇坚固。缸制极平常，广腹敛底，大约二尺余，高约四尺许，而合邑之人尊之曰神，记之以碑，余匆匆过客，不获一发其覆，殊闷闷也。置缸之厅为官舍之最后进，两遭火警，皆不扑自熄，岂真有神附耶？

观缸既毕，王君舜生导余等往谒齐息园先生祠，祠曰忠节，祀先生始祖齐汪，明兵部尚书，正统时随驾被难者，于忠肃[2]赠额曰"气壮河山"，乾隆赐额曰"玉尺冰壶"，盖纪实也。而先生即附祠焉。先生名召南，亦号次风，晚年乃号息园，博闻强识，聪颖绝伦，举博学鸿儒，与窦光鼐[3]并名，有"南齐北窦"之称。清乾隆帝称之曰齐书厨，言其博洽也。官至礼部侍郎，著作极富，《水道提纲》其最著者也。距祠不百步，广场中古树颓然，下有老屋五楹，榜曰学士第，即先生故居。先生有从弟曰周华，字巨山，狂荡不羁，尝以事忤先生，被斥衔恨，因以"齐家不齐，礼部无礼"八字罗织多事，呈控先生，先生遂因是籍没。厥后巨山因奏保吕晚村[4]因及于难，难发之时，书一联于门曰："恶劫难逃，早知不得其死；斯文未丧，庶几无忝所生。"又书一联曰："头经刀割头方贵，尸不泥封尸亦香。"读其联，可想见其人。著有《名山藏副本》，亦为秘抄之物，惜余不获见也。祠壁有"忠节"二大字，系巨山笔，款曰"十二世孙周华书"，一种纵横恣肆、倜傥排奡之态，扑人眉宇，此天台历史上之奇异人物，撷拾遗闻，以慰岑寂，亦客途应有之事也。

李君少云厚意殷殷，晚间设宴款我，席次得晤天台士绅陈君柳生、曹君仙甫、裘君友三、县知事张君辅庭[5]及许君琼英[6]。晚餐既毕，高明寺僧定融亦自山间来访，正高谈风月间，而宁波独立之耗已由一电传来。呜呼！又是一番新气象，原来几个旧东西。人皆如此，国将奈何！天遣我闲，且莫管他！决定明日重复入山，再游国清寺，以探讨其近旁之胜迹焉。

---

[1] 阮芸台：即阮元。

[2] 于谦（1398—1457）：字廷益，号节庵，钱塘（今浙江杭州）人。永乐十九年（1421）进士，历任兵部右侍郎、山西巡抚等职，后以"谋逆"罪遭杀害，平反后初谥号"肃愍"，后改谥"忠肃"。有《于忠肃公集》。

[3] 窦光鼐（1720—1795）：字元调，号东皋，山东诸城人，乾隆七年（1742）进士，由编修累官左都御史，历督河南、浙江学政，充上书房总师傅，有《省吾斋诗文集》。

[4] 吕留良（1629—1683）：初名光轮，字用晦，又字庄生，号晚村，石门（今浙江桐乡）人。明末清初学者，思想家，著有《东庄诗存》《晚村先生文集》等

[5] 张宏周：字辅庭，1917 年前后任天台知事。

[6] 许琼英：清末民初天台绅士，曾参与《民国天台志稿》的分纂。

　　十五日。上午九时,李君子云偕余乘马赴国清,而许君琼英亦挈李世兄同行,以为游伴。自信行寺沿赭溪北行二里余,过镇龙庵。复里许至万松径,相传旧时此处万松夹道,直亘国清,故路旁石上有"万松径"摩崖,字大六尺许,下款亦署"指堂"二字。更前百余步,过宋中奉大夫姜君福[1]墓道。更前里许为万松庙。更里许为下松门,与国清相去仅数百步也,故雨重逢,欣慰无似!观寺前七塔如来,为天顺七年四月八日立。入寺,梅开和尚出迎,指南和尚亦来叙旧。指南导余等自寺侧陟寺后冈上,约数百步,至一崖下,观古摩崖。其一为"枕石",字大二尺,下叙"晦翁"[2]。枕石之左上方,其第一行为"寒山诗"三字,其下三行为"重岩我卜居,鸟道绝人迹。庭际何所有,白云抱幽石"。下无款署,观其笔致,大类山谷老人[3]。寒山诗之下,为"大中国清之寺"六字,大字之右上稍缺,清字之水旁亦不甚分明,字大约一尺五寸,旁署柳公权[4]三字,字大三寸余,银钩铁画,端炼高华。更左上方,为"秀岩"二字,字大约二尺五寸,下署米芾。此处摩崖相传甚久,自明时即不得其处,云已无可考,故数百年来无复有知之者。指南和尚去岁以三阅月之工,始得发现而摩读之,俾后之来者得饱眼福,厥功甚伟。闻柳公权尚有"天台佛"三字摩崖,则不可得见矣。乃托梅开为余雇工,各拓数纸,以便赏玩。自此右折下数十步,达皇庭旧址,中竖丰碑,为乾隆元年《敕建国清寺碑》,朱伦瀚[5]奉敕敬书者也。址侧岩罅上有一石刻"锡杖泉"三字,宋时普

---

　　[1]　姜君福:天台县姜姓始祖,据说是北宋的兵部侍郎,随宗室南迁到天台,居赤城山,卒葬飞鹤山顶。

　　[2]　晦翁:即朱熹(1130—1200),字元晦,号晦庵,别号紫阳,徽州婺源(今江西婺源)人。绍兴十八年(1148)进士,历任泉州同安县主簿、湖南安抚使、宝文阁待制等。他发展了程颢、程颐理气学说,集宋代理学之大成,世称"程朱理学"。有《四书集注》《朱子语类》《朱文公文集》等。

　　[3]　山谷老人:即黄庭坚(1045—1105),字鲁直,号山谷老人等。洪州分宁(今江西修水)人。北宋著名文学家、书法家,江西诗派始祖。有《豫章集》《山谷词》等。

　　[4]　柳公权(778—865):字诚悬,京兆华原(今陕西铜川市耀州区)人。唐朝中期著名书法家、诗人。书风遒劲妩媚,创立"柳体"。

　　[5]　朱伦瀚(1680—1760):字涵斋,号亦轩,汉军正红旗辽阳人。康熙五十一年(1712)武进士,历任浙江宁波府知府、浙江粮储道、副都统、侍郎等。能书善画,有《闲清堂集》。

明大师[1]坐禅于此，以下涧取水不便，因以锡杖顿地，曰此处当有水，水即涌出，因以命名。访曹源，不知湮埋何处。出寺，入林中，礼唐一行禅师之墓。一碑屹立，书"唐一行禅师塔"，右旁署款为剡上载〔戴〕澳[2]书，左旁有楷书多字，苦不得识。碑阴为董思白书"鱼乐国"三字，与西湖清涟寺之额绝类。乃返寺午餐，再偕梅开挈水一桶，携刷两把，洗剔一行塔碑约二小时，始得约略读其文，曰："○当山住持海月○日天曾○戴公塔○别时○成一偈：寂灭长安乐，何○一行禅。○流呈法○，松影逗机缘。真指○○化，璇玑应○宜。遗灵瘗记，今古万年。"列为五行，书法秀整，不可识别者尚有十一字焉。摩读既毕，返寺少息，仍乘马而回，偕子云赴屠馥如处晚餐。明回临海，而天台之游告毕。

　　余游天台，山间九日，昼夜兼行，手足并用，虽未能搜索靡遗，而所遗者，自信谅亦仅矣。人之游天台也，以国清始，而余之游天台也，以国清终，是则可异也。夫天台自孙绰一赋、李白一梦，而天台之名遂以震于寰宇，萦余梦想，今得天假之缘，历穷胜处，宜其超乎五岳之外而与雁荡齐名。余于归途遇相识者，即以台、荡比较相质问，实则台、荡各有其胜。雁荡之景，散中有聚，聚中有散；天台之拜经台及石梁，自足压倒一切，其他地域寥阔，风景不聚，自高明寺行三十里，仅观一钓艇，自方广行二十里，仅得一龙游涧，则未免太觉散漫耳。

---

〔1〕　普明大师：历史上以"普明"为法号的名僧自南朝以迄明清，代不乏人。此传说应该是智者大师的弟子普明，俗姓朱，会稽人，初名法京，后改普明，陈太建十四年（582）入天台山，拜智者为师，又称国清普明禅师。

〔2〕　戴澳（1578—1644）：字有斐，号斐君，宁波奉化城内人。万历四十一年（1613）进士，曾任顺天府丞。有《杜曲集》。

天台山重游记

蒋希召

　　载于《蒋叔南游记》第一集,上海福兴印书局 1921 年版。民国八年(1919)四月初一日,蒋叔南应张一爵等人之邀,再次游览天台山。此次他在导游张一爵等人游雁荡之后,于十五日离开雁荡,十八日抵达国清寺,然后游览高明寺、华顶、石梁、万年寺等名胜,二十二日早离开天台,游览时间为四天。

　　三月既晦[1],余自恒山返,道经济南,将归雁荡。梁伯强[2]、庄思缄[3]、张仲仁[4]先生预约为雁荡之游,邀余为导,游侣临时加入者为屈伯

---

〔1〕　三月既晦:民国八年(1919)四月初一日。

〔2〕　梁伯强(1891—1968):广东梅县人。1922 年毕业于上海同济大学医学院,后赴德国留学,获博士学位。中国科学院学部委员、著名医学教育家、病理学家,一级教授。广东省病理学会第一任理事长。

〔3〕　庄蕴宽(1866—1932):字思缄,号抱闳,晚年称无碍居士,江苏常州人。1890 年中副贡,光绪间历任浔阳书院主讲、梧州府知府、太平思顺兵备道兼广西龙州边防督办等职。辛亥革命后,曾任江苏都督、审计院院长等。

〔4〕　张仲仁:张一麔(1867—1943),亦作一麟,字仲仁,江苏吴县人。民国初任总统府秘书长、机要局长、教育部总长等职。“九一八”事变后,投身抗日救国,任国民参政会参政员。

刚[1]、张雨葵[2]、任味知[3]三君，合余为七人。四月朔日，余自济南登车，二日过常州天宁寺，谒怡开和尚。四月初八佛生日，自沪起程，航海至海门。十日入雁荡，于余家及屏霞庐均两宿，一宿于北斗洞。月半出山，为天台之游，十八日宿天台之国清寺。

十九日早，登山过金地岭。十时达高明寺，观智者大师手书《大方等陀罗尼经》。此经旧藏于山东之慧明寺，共为四卷，分装四帙，前三卷不知何时散佚，宋时高僧元通仿其笔意补书之，并书第四卷，以备遗失。相传嘉靖中台守谭某取去智师所书之第四卷，然今所存者一二三卷，与第四卷笔法大异，四卷笔意开拓整健而纸墨极古，尤为罕觏[4]。隋人写经流传到今，洵是瑰宝，而况为东土迦文之手迹耶？余前次来山，未曾瞻及。现天台县知事胡君味兰[5]由慧明移至高明，以与袈裟、《贝叶经》、金钵并垂不朽，用意至意。余等为合置一处，摄成一影，并往圆通洞及看云石、笔冢一览。饭后过真觉寺，取道华顶。五时至善兴寺。余偕雨葵、味知检取行李，登拜经台。六时而至，时正落照在山，味知为摄影四纸。饭后待月，万籁俱寂，诸虑全消。徐君病无[6]语余云，有人登拜经台，闻香灰堕地有声，盖静极也。

二十日。早二时，味知已先起床，余与雨葵继起，出门坐待日出。将及四时，红日已隐现于云雾之中。余前年小雪时在此观日，日出于东南方，今则转在东北。远山略高，故见日较迟，然拟诸泰山日观峰，所见则倍胜矣。

---

〔1〕 屈伯刚（1880—1963）：名爔，号弹山，晚年自署屈彊，浙江平湖人。诗人、藏书家。早年留学日本早稻田大学，曾任商务印书馆旧书股主任及馆外编辑。著有《诗经韵论与韵谱》《弹山诗稿》等。

〔2〕 张一爵：字庆龄，号雨葵，江苏苏州人。张一麐之堂弟。清末曾留学德国学习军事，民国初年被授予少将军衔，任江苏都督府承政厅长兼军政司副司长，后奉调入京任总统府侍从武官、统率办事处军事参议官。

〔3〕 任传薪（1887—1962）：字味知，苏州吴江人。曾毁家兴家，创办丽则女校，任吴江丽则女子中学校长。

〔4〕 罕觏（gòu）：不常见。

〔5〕 胡远芬（1863—1938）：字味兰，别号履冰子；晚年自号畏难老人，安徽怀宁人。光绪十九年（1893）恩科举人，清末历任浙江昌化、象山、东阳知县，民国后历任安徽南陵、湖北南漳、浙江天台等县知事。著有《履冰子吟草》四卷。

〔6〕 徐道政（1866—1950）：初名尚书，又名平夫、病无，浙江诸暨人。光绪二十九年（1903）举人。辛亥革命后考入北京大学，攻文字学，所撰《中国文字学》《说文部首歌括》为学界所重。曾任浙江第六师范学校校长。有《射勾山房集》。

味知对初日摄影六片,旋至降魔塔合摄一影。塔之南面映初日见有文字,摩读之,文曰:"国清寺治院僧同皇考楼二十一即○○八娘子造此塔,以生界○○开成四年辛未九月日募缘,高僧文瑗记"。此塔相传为智师之降魔塔,今证其误焉。六时,思缄先生等由善兴寺来,余等先行下山,过药师庵,趋上方广寺午饭。至石梁摄影多片。往游铜壶滴漏,返已五时,思缄先生等皆已至,自下方广来,踞石纵谈极欢。余在石梁潭中沐浴,诚此行第一快事也。

二十一日,上午往万年寺午饭。下山过真觉寺,往游佛垅。余谒传经塔院,即无尽灯大师塔。远峰聚拱,近山环绕,信佳穴也。塔于民国六年重修,闻修塔开圹时,中发异香,亦可怪也。六时三十分,抵国清寺,天雨。

二十二日早,过天台县公署,即出南城,下清溪船。船行便利,风景甚佳,不减桐江、剡溪也。八时抵临海,在陈君守庸[1]处晚餐。二时,下小轮,趋海门,登舟为普陀之行。

---

[1] 陈守庸:即陈权东。

附:跋蒋叔南天台游记

吴菊畦

载于《新社》乙丑（1925）二月第四期,《新社》杂志为民国上海浦东北蔡镇文艺社团"新社"同人杂志。吴菊畦,其人不详,据《新社》杂志封面通信处"上海浦东黄浦滩汇丰银行吴菊畦"推知,其人应为该杂志主要负责人。本文简要记录了作者阅读蒋希召《天台游记》的感受,高度评价了该游记的导游价值。

天台为浙东名胜,道家所谓洞天福地,良以奇奥灵秀,有出于浙江诸峰之上者,余性耽游览,顾衣食困人,不能遍历名山大川,以扩眼界。偶于公暇之日,结伴出游,多亦不过三四日,仅限苏杭两省内外,以及附近之区。而天台之胜,向所悠然神往者,只付之梦寐中耳。观蒋叔南先生《天台游记》,述山水之胜,洞有紫云、玉京、餐霞、圆通。瀑有大小石梁,及铜壶滴漏、水珠帘、桐柏宫、天姥峰诸胜迹,读之如置身于青山绿水之间。其记载靡遗,间为后人之南针,游者之宝筏,余能继先生而往游也,则以此记为先导也可,否则,常观此记,作宗少文〔1〕之卧游也,亦无不可。

---

〔1〕 宗少文(375—443):一名炳,南阳涅阳(今河南邓州一带)人,南朝宋隐士、书画家。好山水,喜远游,著有《画山水序》,首创"小中见大"写山法。

天台纪游

金天翮

载于《江苏水利协会杂志》1918 年第 3 期。《江苏水利协会杂志》1918 年 3 月创刊于上海，季刊，郑立三主编，南京江苏水利协会编辑发行。金天翮(1873—1947)，原名懋基，又名松岑、天羽，号壮游、鹤望，笔名麒麟、金一、爱自由者，自署天放楼主人等，江苏吴江人。早年加入兴中会，曾资助邹容出版《革命军》。民国后曾任江苏省议会议员、江南水利局局长、吴江县教育局局长等。与陈去病、柳亚子并称清末民初吴江三杰，为近代著名诗人。著有《孽海花》(前六回及后六十回设想)、《女界钟》《自由血》《天放楼诗集》等。民国七年(1918)八月十二日，作者和友人许溯伊、邹颂丹自上海出发，经宁波、百官镇、曹娥江、剡溪、新昌进入天台游览，游记对地名、路线、里程、水流、物产记载尤详，可作天台游览指南读，吴稚晖游天台时，将其作为指南即为明证。本文在民国期间影响较大，多次被转载或选录，如见于《小说月报》1919 年第 2 期、《学生》1919 年第 4 期、《游戏新报》1920 年第 1 期、《青年进步》1920 年第 29 期等；又见于中华书局 1923 年版《古今游记丛钞》卷之十九，又见于姜亮夫编、北新书局 1934 年版《历代游记选》(下)，等。

岁戊午八月下澣，归自天台，夜航海渡台州洋。拂晓，舟掠南田岛而北。岛间白云滃滃起，傍舟而驰，海风冷然袭人。倚栏遐睇，若有所思，忽怀中《天台山纪程》一册，衣袂举，遽堕于海，如有蛟龙攫之而逃。先是，无锡许君溯伊[1]自京师来访韦斋，约为天台游。韦斋不获行，而余以是交溯伊，与其

---

[1] 许同莘(1879—1951)：字溯伊，江苏无锡人，庚子、辛丑并科举人。毕业于日本法政大学速成科，归国后入张之洞幕，民国期间曾供职外交部、河北省政府。著有《张文襄公年谱》《公牍学史》等。

同邑邹君颂丹〔1〕，于八月十二日丙寅，由沪乘轮舶赴宁波。

丁卯，至于宁波。乘汽轺折赴百官镇，雨。戊辰，留百官镇，午晴。己巳，天未明。三时，舟溯曹娥江而上，倚蓬窗观月中山色，夹溪沈绿。月尽，掩蓬小睡，复起观溪山初日，云烟阖开，地盖剡溪也。舟行六十里，至王家汇，易笋舆，二十里至三界，饭。三十里至清风岭，是为宋末王烈妇殉节地。烈妇临海人，元帅寇浙东，劫妇归，至岭，乃啮指血写诗岩石，投崖下死焉。邦人嗣〔祠〕祀之，余乃致敬礼而去。三十里宿嵊县，计踔行一百四十里。是夕为中秋。庚午，舆行三十里至新昌县，饭。由百官至嵊、新昌皆傍剡溪行。出新昌东门，山迎面陡起，自是渐登岭，瀑声渐渐漱石齿间，与水碓相应和。而斑竹岭山回涧曲，桥道出翠阴中，叆叇〔2〕不见天日。东南望天台华顶峰，万山攒簇处，隐约可辨。

下岭抵太平庵，行五十五里，宿。庵四周篁竹参天，而皓月如镜，钟鱼声彻夜甚喧。辛未，舆行五里，至横板桥，雨。地近天姥峰，不克登，取道乱山中，度会墅岭。十里，息清凉寺，晴。复上藤公岭，岭危峻。西见群山蔚蓝，山尖各有白云徐起如炊烟。下岭十五里，饭于地藏寺，复行，踰万年山，十五里，至万年寺。寺外环八峰，曰明月、娑罗、香炉、大舍、铜鱼、藏象、烟霞、应泽，如屏障焉。阅万历朝所颁藏经，仅蠹余百数十卷，阁亦毁矣。出上罗汉岭，经钓水潭，瀑流始壮。复越小岭，十五里，山势一折，而方广寺突兀见于足底。悬瀑自方广左右胁奔进而来，左瀑赴涧直下，雪花自石孔喷涌如球，而右瀑透逦径上方广寺门，折赴中方广，出仙筏桥，与左瀑会，会处雷翻毂转，一跌一起而赴石梁，石梁横涧，修二寻，幅咫，偃卧如弛弓。苔藓斑斑，又疑蛇纹，隆其脊，其下斩削象城阙，辟窦以容瀑，瀑既交会而怒梁之险，欲夺肩以出，而扼于窦，则回漩叫啸，啮石撼厓，厓与梁欲泐欲仆，声如巨霆。余身骑梁背，流波飞沫，溅衣履尽湿。已复拾磴至下方广，入丛竹间，蹲石而仰眺，则石梁高横天汉，匹练自山巅夭矫下趋，如神龙之掉尾，而虹蜺之饮涧也。天台之胜，首石梁瀑布，瀑布非踞巅不能尽其奇，非仰观不足写其妙，奇尽于石梁，然而刜〔3〕草涉阻茹，坐竹根，倚磐陀远视，则喧极而寂，惟瀑之妙在寂，明月照之，厥景尤奇。是夕，被微酒，与溯伊步月立仙筏桥而语，至寒

---

〔1〕 邹颂丹（1879—?）：又名呈桂，江苏无锡人。1905 年赴日本学习银行业务，归国后历任长春大清银行协理、南京大清银行经理、南京中国银行经理等。

〔2〕 叆叇（ài dài）：云盛貌。

〔3〕 刜（fú）：砍。

不能留，归宿上方广，梦寐中皆成风瀑。

壬申，访断桥、珠帘，以沙弥导，由昙花亭北踰岭五里，至断桥。复三里，为铜壶滴漏，巨石十数，环涧如瓮城，人偃卧石上，听水作金鼓鞺鞳[1]。又里许，为水珠帘，帘布倾崖之上，水花万片，如绳缀丝联，徐徐下杼轴，幻成纂组[2]之文。人步倾崖上，不知珠帘之在其下。涉涧石对面，迎日视之，乃绝肖云。既饭于方广，乃向华顶峰。十五里，住药师庵，遂上拜经台观落日，见群峰相向若偻。华顶，天台最高处也。道书以为顶对三辰，故曰天台。余谓昆仑南龙，既东北走为仙霞，起顶为括苍，拗怒蟠屈而复成台山，以向四明，入于东海。其脉之来也远且大，故负气竞雄，示不苶然[3]垂尽，以为祖峰羞，国之山川尽如是，其于天台也何异？《志》称山有八重，四面如一。而余所从入，如斑竹、会墅、籐公、万年、石梁以向华顶者，西北门也。自是而察岭、银地金地二岭以下国清寺，至于天台县城，为南门。凡华顶以北之水，西北流为关岭支溪，东北流为福溪，皆曲折会于剡。华顶以南之水，西南流为清溪，经天台县城西而南入于始丰溪，东流为浑水溪，出宁海而入于三门湾。是夕，有蒙气，不得观日出。

癸酉，自华顶下，过察岭。十五里，龙王堂。自是西去二十五里为桐柏宫，可游琼台双阙。而余与溯伊、颂丹欲宿县城，遂过寒风阙，下银地岭，十里至塔头。塔头即真觉寺，随[隋]智者大师瘗塔在也。下岭五里，得高明寺，饭。观智师所遗袈裟、金钵及《贝叶经》，并游圆通洞、灵响岩。后上金地岭，岭崭削，俯瞰天台城如掌。下峰十五里，入国清寺休也。国清环五峰，曰八桂、灵禽、祥云、灵芝、映霞，而门外跨丰干桥，双涧会流。桥南耸浮屠九级，随[隋]开皇建也。下列七塔，镌释迦以上七佛法名。自是肩舆行平地，五里宿天台城北。

甲戌，复西北上桐柏山，二十五里，饭于桐柏宫，是晋葛洪、唐司马承祯隐居游槃之谷也。乃访琼台双阙，越二小岭，至琼台观侧，踏破山，缘削壁，蜗行面壁而踸垂外，摄心徐步，度险得小峰，道绝矣。扪葛而缒深，青壁无梯，石危滑无稜，以趾抵石之肯綮，以尻股肩臂，随石势与为伸缩，狸狌伺而猱玃[4]行，升降百丈而下琼台，侧瞰龙潭，而面掩双阙，此行为平生涉险第

---

[1] 鞺鞳（tāng dá）：鼓声。

[2] 纂组：赤色绶带，泛指精美的织锦。

[3] 苶（nié）然：疲惫貌，形容衰落不振。

[4] 猱玃（náo jué）：泛指猿猴。

浙江文献集成地方史料系列·浙江天台山游记辑注（近代卷）

一。涉险不险，摄心为先，导我者羽士，而二子临崖以观焉。既寻故道，出险就夷，下山迂五里，访赤城山。山丰基而峻巅，巅平如堞，石层叠如垣，色绛丹，如初日，如霞，如锦，如桃林之花，如火毳靺鞨珊瑚〔1〕，如人面之被酒而颊，如陆浑火，如岭南方春之木棉，如枫林，如伽蓝绀宇。草树界之，又如海上丹楼而蒙薜荔，形形色色，于远望尤宜。夫天台诸峰，雄青而雌碧，此城何独以赤著，且环城数里，水与土不见异色？《淮南子》言，赤天生赤丹，赤丹生赤澒，赤澒生赤金，赤金千岁生赤龙，赤龙入藏生赤泉。其言诞矣。然而山雄土壮，地宝乃藏，其藏为铁。赤城之巅有塔焉，与山同色，有洞又有井。

天台之产，有黄精、黄独、胡麻、茱萸、观音草，方秋见丹桂、芙蓉。华顶多矮竹，叶阔骈四指许。多万年籐，可为杖。鸟有捣药禽、金雀。

乙亥，夜过子，命舟取归途。下清溪，午，过中渡，入始丰溪，溪流甚广，居民叠石堰水为瀑以舂碓，石嶒嶒颇妨舟行，而山川奇丽，出曹娥江上。日晡，至临海城外，城倚山瞰灵江，方舟十二，架木为浮梁。夜乘小轮舶赴海门。丙子晨，至于海门，投逆旅，且浴。溯伊、颂丹赴永嘉，余乘海舶以夜行，越二日，戊寅，至于沪。

---

〔1〕 火毳（cuì）靺鞨（mè hé）珊瑚：火毳，指火浣布，投入火中，为红色。《后汉书·南蛮西南夷传》："又其賨幏火毳、驯禽封兽之赋，軨积于内府。"李贤注："火毳，即火浣布也。"靺鞨，宝石名，颜色为红色。《正字通·革部》："鞨，靺鞨。《唐宝纪》有红靺鞨，靺鞨国产宝石，大如巨栗，中国谓之靺鞨。"珊瑚，多为红色。《说文》："珊，珊瑚色赤，或生于海，或生于山。"

天台山纪游

池 则 文

　　载于《铁路协会会报》1928 年第 185、186 号。《铁路协会会报》1913
年 7 月创刊于北京,由铁路协会编辑部编辑,铁路协会本埠事务所发行,
商务印书馆总代销。1928 年 3 月 25 日第 187 期后更名为《铁路协会月
报》。池汉功,字则文,福建闽县人。举人,林纾之师,善书法,著有《琴
趣居词》。民国七年(1918)十二月初二日,池则文自新昌出发,往天台
山旅游,先后游览了石梁、华顶、铜壶滴漏、桐柏宫、螺溪钓艇、国清寺、
赤城山诸景观。本文描写细致,可见古文用词雅洁、音节铿锵的审美
追求。

　　戊午季冬朔[1]后一日乙卯晨。自新昌城出发,回溪湛涨,清喧潺湲,林
巇交披,映流涵碧,苍峦连麓,遍被东阳,周望皆霁景也。已而徐环崖路,傍
水而行,鸟语烟光,置身逖逸[2]之境。鸣松远岫,刍荷时逢,细篠幽村,蔬畦
相错。千盘曜岭,尽看碧嶂凌霄;小转湍梁,每听鸣泉递壑。渐渐曝痕移晷,
遥即天姥山之西谷。日未晡[3],止清凉寺,历程六十里矣。僧厨粝[4]饭,
佐以簋[5]蔬。夜来星斗满天,寺外謖謖泠泠[6],不辨其为水声,其为松
籁也。

　　明旦丙辰,从寺右陟,绕霜蹊曲折越岭东行,峻壁摩空,朝曦一抹,松筠

---

〔1〕　戊午季冬朔:即民国七年(1918)十二月初一日。
〔2〕　逖逸:逃逸。
〔3〕　晡(bū):申时,即下午 3 时至 5 时。
〔4〕　粝:粗粮,糙米。
〔5〕　簋(guǐ):放置食物之器皿。
〔6〕　謖謖泠泠:象声词,形容风或水的声响。

茂蒨，泉谷中通，历磴跻巅，天籁琅飒。徐御松风而迈，纵睇群峰岌嶪[1]，挺列东南，遥落步履之外。目前则冈峦回互，曙霭淡笼，浑雄万象。有顷，达地藏寺，由清凉至是十五里。又十五里，隐隐林壑晴烟，渐即鸡声田谷，迢递抵万年寺。门前老桧数株，参天合抱。峰嶂周遭，萃起东面，膳留少顷，向东南迤逦越峦谷以进，松岩竹壑，继以石溪，百转湍流，旁通官道。旋近一片丛筱，过臻福禅院，踰冈盘磴而南，则高低数百武间，邱〔丘〕壑深幽，密树斜暄，苍蔚相映。急瀑数道，奔流飞洒，似倾银涛，声势訇狂，对之辟易[2]，盖已莅方广。万年至斯，又十五里矣。方广分上中下，各有寺，占景以中方广为最。宇内著称之石梁瀑布，可据而纵观焉。瀑布之源二，左右悬泻汇成深潭。至石梁下，进而为一，其势益狂，左右二源，各有虹桥上跨，右源从上方广来，挂壁直下，区为三派，广披白泉，望若崩云溃雪。左源宛折西至，凌壑喷厓，陡束而激射。岩旁刊草书曰"神龙掉尾"，洵逼肖也。余题岩石刻尚多，或篆或隶或巨楷，杂见于苔藓间。延伫其次，泉华溅衣，如被散霏。由此曲践蹬道，达下方广寺。寺外多竹林，积翠参差，隔竹林隐约可睹，飞瀑喧豗[3]赴溪，震逼岩木，气象雄阔，疑倒蛟川。盖即两源合一，出自石梁之下，而纳于福溪者也。石梁横亘乎中方广寺旁，修数十武，后面隶书刊曰"万山关键"。两端毗连岩腹，中脊隆起，狭不可以并屦。梁下瀑布，灌落曳舞，势犹三峡倾流，俯瞷[4]湍壑，心神眩骇。梁右端旧有昙花亭，已废。折登石磴二十余级，通寺之侧扉。左端立一铜殿，背阻大石，殿高约五尺余，范铜五百罗汉列其中，明天启时制也。观殿必度梁，而难免履险，孙绰所谓"跨穹窿之悬岩，临万丈之绝溟"者也。余方冒勇欲前，僧止而罢。然就其旁近探行下上，俯仰之间，峦林交荫，谷濑轩狂，令人徘徊不忍去也。

继进陟上方广，略从寓览，即沿涧背越寺右，曲上斜升，以赴华顶。行次，旷宇清空，片云不见，霁晖当前，俨邻日观，侧睨峭壁，下临无际，身若乘鸾高举，回翔乎天衢，列子御风，未足以傲此也。及乎红轮衔巘，紫霞浮光，转舆入丛桧中，不觉抵善兴寺，时已薄暝，即投憩焉。华顶梵刹无数，寺轮奂[5]实为之冠。夜分风声飒至，震撼窗户，九霄楼宇，不免高寒。方广距此

---

〔1〕 岌嶪（yè）：高峻的样子。

〔2〕 辟易：退避、避开。

〔3〕 喧豗（huī）：发出轰响，也指轰响声。

〔4〕 瞷（jiàn）：窥视；偷看。

〔5〕 轮奂：形容屋宇高大众多。

十五里,若来自国清,为程且四十五里。然登峰造极,更五里乃达拜经台也。

又明日丁巳,清晓,蹑出寺左,桧阴曲径,纡跻华顶峰极巅。石上巨刻书曰"天台第一峰"。旁刊碣署"隋智者大师拜经处",所谓拜经台也。于时杲杲旭轮,清霄旷霁,浮烟淡霭,融入阳光。下方千峰缬秀,犹芙渠[1]之敷荣,细朵会稽[2],无此雄萃,真大观也。拜经台后,累石围垣,其中有庵,宿此可观日出。庵前宇燕舞风,疾翎回斜。迁步东北稍下,诣太白读书堂,花径一曲,小楼数椽。近之意致幽穆,舍堂而东,徐向林壑,折降西北峰坳,拨径穿林,深入桧罅,至彩云庵。庵外树阴数转,斜搜南蹊,地势陡落,过能仁庵,编篱掩涧,环抱静局,琮琮流泉,嘉木夹蔽,沿而西下,盘路抵慈云庵。楼宇而东,茶圃当门,著名之云雾茶产焉。蹑磴前绕,莅莲华庵,径筇幽折,构宇其中。越径东出,石竹满坡,平梁支涧,少转逾梁东南,即善兴寺矣。寺亦称华顶禅寺,巨桧八章,列植门外。小桧复无数,连阴翼蔽。风定日高,静爽绝尘,对面隆冈崞碧,背倚华顶峰。寺内佛殿前凿方沼,架桥其上,殿制恢闳,丹碧璀灿。后西庭坳,有右军墨池旧迹,越广庭,列厦十楹。厅事中榜曰"法乳台",属方丈。旁均客寮,廊庑敞拓,两端折通东西翼楼,余所止者东楼也。午膳后赴方广盘趋西北而行。

烟岚拱叠,寥宇廓晴,陵谷葱笼,蜿蜒起落,中途回越峦腰,明岫晦岑,斜晖递为露掩,乍阴乍阳,少焉鸡声竹坞,田墅逢村,树影尧陵。湍桥度涧,渐循瀑布右源至上方广,古刹拥境,背山临溪,梵垣以外,竖七石塔,列置修蹊,林木盘郁,沿步而遥,历数百武,于下抵中方广,入寺,择山楼栖息之所,乃蹑降下方广东南,凌溪据石以玩瀑。仰视飞瀑数百尺,迸穿石梁曳空疾下,仿佛鹊桥架空,银河荡泻也。溪中拳石乱偃,有巨而肖龟者,瀑流激石而趋,逝喧瀹耳。丛竹濒溪围翠,竹尽而桥,登桥一折,即为下方广寺,爰从寺右环磴攀林,抵登石梁铜殿之后,石背隆然塞路,伫跨下窥,滚滚狂流,若决洪淮。由此拾级绕峋,降止石上潭,周聆三面鸣瀑,不啻夏檐急雨滂沱骤至时也。诘朝戊午,霜华桥上,饱赏泉声,旭影林间,衬窥山色。延伫往来乎中方广寺外,闲领景物。旋探路赴观铜壶滴漏,及珠帘泉。转岩逾岭,向谷循溪,约三里余,至断桥,断桥无所谓桥也。溪畔残厓成叠,其上片石横伸,跨临曲濑,有如半圮官梁。沍雪每集,望之皑皑,因有断桥积雪之目。又三四里,峭岩塞溪,三面匝峙,状犹巨壶,瀑布自岩顶小潭汇折而入,滔滔悬注,铿竑作鼓钟

---

〔1〕 芙渠:荷花别称。

〔2〕 原注:元稹诗"千峰细朵会稽山"。

声，淫溢之流，复从下峭涌罅趋溪，所称铜壶滴漏者此也。其后巅磐石坦平，坐容数十人，拔径攀登而上，扑伏危甽，窾然[1]中虚，挂泉犹喷云漱雪，凄冷中人，无异探眸虬窟也。悚起息立，放瞩叠峰复岭，美箭晴曦，流连有顷。北下又里许，抵珠帘泉前，绝壁百仞，面溪矗峙。壁上平篁掩映，轮曜斜侵，疾泉自篁隙折泻垂壁而下，时而触石溅飞，若倾珠斛；时而因风摇曳，若悬晶帘。石梁而外，斯又一山中胜瀑也。

午后由中方广循瀑布左源迤经岭路西南，造桐柏宫，始也葱蒨陵阿，交相披倚。纡回乎雾晖之下。中途过寒风阙，乃乱山中一高谷，豁然旷阒。常发大风，行者辄戒惧懔懔，遇风则进退俱穷。余至而静暄融煦。林木无声，远岫接叠，微生雾霭。西北村峦蔚秀，袅曳烟痕。近晚经程四十里，达桐柏宫，宫建于唐代，宋称崇道观，周围九峰回抱，道家谓之金庭洞天，即七十二福地之一。西距琼台七里。琼台者，天台幽险奇辟之境也，非好胜之俦，往往不敢尝试。余既以琼台之游而至桐柏，即挥舆兼程随导衲赴焉。跨逾平岫而西，辗转拓行抵百丈岩，山势陡易峻隘，蔓萝狭径，盘延岩壁间，牵挽屈折，仅可容足，下上曲进，攀跻嵯崎，缒扶而达琼台，半途喘怖交瘁，欲罢不能。幸而得达，良足豪也。台之位置，实一孤峰，斗绝无倚，介乎万山之中，矫然而卓立。三面危岩峭嶂，屹蠹千寻。其前峻壁倚天，左右对峙，遥隔回溪之外，而巍耸若张闾阖焉者双阙也。所谓"双阙云竦以夹路，琼台中天而悬居"。居然放眼得之。台巅隆平，可容十余人，腰壁有石如龛者，曰仙人坐。琼台双阙之间，深溪宛曲数里，穷流可通，百丈龙渊，临眸生栗。时已日掩崦嵫[2]，射晖凝紫，继而蟾规东见，疏星映霄，朗夕苍茫中，觅路返桐柏宫止焉。

次早己未，询观伯夷、叔齐石像于宫右别宇，像体为太湖石，雕琢精妙，能状其岸毅箕踞之态，唐以前物也。旋命舆东南赴高明寺，自桐柏宫往，为程三十里，方乎跨经峻岭，下睹峰峦千叠，叆叇[3]遥白，横拥平云，云顶则穹宇廓清，瞭见万象，所过溪谷，田圃相续，或则列岑霭淡，一壑烟青。忽又杉篁漫冈，层岫前展，不觉莅真觉寺前，寺曩为天台寺，智者大师真身宝塔在

———————

[1] 窾（kuǎn）然：中空的样子。

[2] 崦嵫（yān zī）：甘肃山名，古时认为日落的地方，《山海经·西山经》："鸟鼠同穴山西南三百六十里曰崦嵫之山。"郭璞注："日没所入之山也。"

[3] 叆叇（ài dài）：云彩很厚的样子。

焉。塔制极裔皇〔1〕，构石为之，镂绘庄丽，高齐梁栋，匆匆入览，即绕径穿篁。东出寺右，云谷烟峦，环萃眉宇，景光靓拓，顾视清高。继盘松磴降陵趋转，折入林壑，即高明寺，内厦爽垲静幽。正殿之后，列宇倚山，左不瞬堂，右翻经堂，中建贝叶楼。其下楞严坛，为方丈之地，寺僧舍余于翻经堂左，膳后索观智者大师龙衣及紫金钵、《贝叶经》等，衣钵为隋代天家赐品，经来自天竺国，皆稀世之物。观毕偕僧深入螺溪远讨，溪路近傍山麓，而支笻拨步，延壁旋折下山，纡行须二三里。寺峭左降，约半里达圆通洞，数石仰擎，上承巨磐，就穴编门，宜于栖禅。洞南更下数十石级，一石横卧，题曰看云石，旁石有竖者，偃者，叠而相倚，岖崺〔2〕杂见，奇态百出。北嶂尤巑岏〔3〕郁兀，巍然不可登也。既抵溪涯，松飕飒动，下漱幽泉，凌泉百折，时与逝湍争道，践度乱石以进。沿溪危崖耸错，斜阳烘翠，黄鸟飞浴，境曲人稀。偶闻樵斧有声，出自林间。过石门山，奇峰陡见，扼溪突起，岿其独峙，若翘鹢首，是谓螺溪钓艇，至是已入溪数里，犹不能穷所之也。归寺偃息，余暑犹永，凝缅前景，倦而自适。

入夜回廊静院，高籁生岑，淡月稀星，流云度汉，从客徙倚，不欲遽寐。翌晨庚申，由高明寺向西折南，历游而下，初则松陵漏日，看翠羽之迁柯，云彩移霄，凝碧峰而作盖。少顷降趋金地岭，岭脊起伏相因，拥〔臃〕肿如驼背。俯望斜陵纡互，谷道旁通，远落千数百武以下。遵谷遄征，时闻泉涧清湍，递石激响，旋于云气迷漫中。绕造深林邃径，诣国清寺。山门之外，古木千章，离离接荫。夹溪倒影，中跨虹桥。溪流两道，至此汇合，所谓双涧回澜者也。凭桥闲眺，沙禽企饮，柯㹢〔4〕下缘，对之忘机，寺带溪襟山，峦嶂环缭，去高明已十五里，天台兰若之巨，无有过之者。前竖九级浮屠，高擎天表，上下五百余尺。右旁亦有七佛塔，如上方广，背塔西去，经麓盘陇可数里，遥睇犹绛霞片片，缥缈横空。又如列墉〔5〕嶷嶷〔6〕，古堞堆接者，赤城山也。山距城

---

〔1〕 裔(yù)皇：形容艳丽、貌美。

〔2〕 岖崺(lǐ yǐ)：曲折连绵。扬雄《法言·吾子》："观书者，譬诸观山及水，升东岳而知众山之岖崺也。"

〔3〕 巑岏(cuán wán)：山高锐貌。鲍照《登庐山望石门》："崭绝类虎牙，巑岏象熊耳。"

〔4〕 㹢(wú)：哺乳动物，形似松鼠，能从树上飞降下来。住在树洞中，昼伏夜出。

〔5〕 墉(yōng)：城墙。

〔6〕 嶷嶷(yí)：高耸貌。

六里，乃天台之南门。即而登之，首诣紫云洞，岩滴涔渗，积纳潭壑。右进山蹊，至玉京洞，相传为第六洞天，前有金钱池，更上至餐霞洞，从而盘陟，造巅旷览。万峰连绎，其势北趋，翘通天庭，烟云旋灭旋生，原野平豁无际，溪流城郭，依约有无，尽在指顾间也。

旅行天台山记

王竹溪

载于《学生杂志》1921 年第 8 卷第 8 号。《学生杂志》1914 年 7 月创刊于上海,朱元善等人主编,月刊,1947 年 8 月终刊,由上海商务印书馆编辑出版,是一本供给中学生课外知识为主的刊物。王竹溪,其人不详,本文发表时署"浙江天台县立中学毕业生王竹溪"。本文记叙了民国八年(1919)三月六日至十日,作者与天台中学师生百余人春游天台山的经历,文笔简洁生动。

天台山为东南胜地,海内名区,其山脉分自南岭之仙霞,多奇境胜迹,如太白堂、右军池、拜经台,皆晋唐故址,而石梁瀑、水珠帘,则为海内奇观。余生长其间,二十年来,未尝履及,良以学业未成,无暇此也。前年春,肄业于县城中校,适有旅行之举,始一游其地。兹检行箧,得旅行天台旧稿,复整理之以示同人,不足言文也。

三月六日(月) 晨鸡初唱,曙色微明,披衣而起,六时早膳毕,各雀跃启行。同学百余人,由杨师督队,春光明媚,景物宜人,遥瞻台山,则突兀崔巍,高耸云表;近视四野,则秧针麦浪,极目无垠,足以舒精神而拓胸怀。行六七里,忽见浮图矗立,树木葱茂者,则国清寺也。

国清寺系隋唐古刹,古碑残碣,历历可考,五峰挺秀,双涧流清。伫立其间,则闻风振树叶声、清流急湍声、碎鸟声、钟鼓声,与寺僧诵经声,声声相应。散队少憩,或寻幽景,或阅梵经,或礼佛像,纷纷不一致。一声笛响,复整队北行,其间多崇山峻岭,茂林修竹,土性硗瘠,肥沃绝少,居民以竹木为生活,不复事耕种也。约五里许,至金地岭,此岭依山开辟,羊肠鸟道,仄狭殆甚。岭长七八里,由下而上,殊觉费力,余三休而始登其巅。自城入山,以此岭为最峻。回顾县治,则始丰清溪环绕城南,一一如在目前,柳子厚所谓攒簇千里之说〔1〕，遂恍然矣。休息半时，复东北行五里许而至高明寺。

高明寺系隋唐古刹，世称智者大师说法于此，衣钵尚存。寺当山巅，东视诸峰，悉在眼底。寺旁多苍松古柏，翠竹奇花。火劫后，修葺方成，楼阁宫殿，焕然一新。于此中膳毕，已午后五时有余，遂借宿焉。

七日（火）　倦游恋榻，晨鸟逼催，即起早膳，出高明寺，投西行，经峻岭数百步，折向北五里许，至塔头寺，亦古刹也。于此中膳。下午一时半，复北行，暖风荡漾，野花生香，闲云往来于天际，与群山滴翠之色遥遥相接。十五里至龙王堂，为小市区，台山入城之咽喉地也，有国民学校一所。略憩片刻，复东北行，一路峰峦起伏，愈转愈高。十里许抵陷风缺〔阙〕，两端高山耸立，下则绝壑万仞，缺适连两峰之腹，较为平坦。山风奔驰过之，故风力最雄健。又五里，忽见白云缥缈，蒸腾山腹，钟声隐约可辨，转山坳即华顶寺矣。时已薄暮，抵寺遂借宿焉。

华顶寺距拜经台五里，为台山最高处。按物理，山愈高，则气愈稀而愈寒，故华顶之峰，殊为寒冷。佛殿以铅板代瓦，以瓦不耐寒故也。又按物理，水汽遇冷则成云雾，华顶归云之名，殆由此欤？附近多产茶，为吾台输出品物之大宗，即此称天台云雾是也。

八日（水）　黄粱梦熟，黑甜乡回，起而视之，则云雾漫漫，觌面不见。春雨濛濛，征衫欲湿，同学皆恨山灵无情，阻吾游兴。俄而朝霞倾吐，光彩袭人，阴霾开豁，山水清明矣，皆喜甚。于是三五成群，游览各地。由寺南渡板桥，折东行数百武，为药师庵，三十六浮瓢最幽隐处也。更北沿山斜行五里而至拜经台。

拜经台为天台山最高处，世称其峰为四万八千丈，绝顶一茅茨，为隋智者大师拜经之遗址。是台也，高耸接天，四面皆空，东望群山，纵横数十里，如虬龙之起伏，如蜿蜒之回旋，如襟带之左右，参差错落，不可悉数。其最远则东海瀛洲，倏忽可即，隐隐作海市蜃楼观。俄而浓阴布谷，气象又殊，更不可以名状拟矣，吁，真奇观也！台北上数百步有日观峰，寺僧谓八月二日登此，能望东海日上山景，其大盖如轮云，然而未之验也。东行二里至太白堂。

太白堂为唐李白读书处，数椽古屋，破甍颓垣，不胜感慨系之。世之广厦朱门多矣，不转眼而化为乌有，独此堂为名士盘桓，英贤赏识，千百世而不归澌灭，岂不谓地以人存欤？士之有志者，可以知所自立矣。南行数百步，

---

〔1〕　柳子厚之说句：指柳宗元《始得西山宴游记》："其高下之势，岈然洼然，若垤若穴，尺寸千里，攒蹙累积，莫得遁隐。"

有池镜然映目者,即晋王右军之墨池也。自此西行七里许,抵华顶寺,已正午矣。

午膳后一时半,由华顶西行,过陷风缺,云雾迷离,若隐若见,岂山灵不示以真面目,而独留其底蕴欤? 自此山势倾斜,愈递愈下。十五里许,抵方广寺,方广分上中下三寺,惟上方广房舍较广,遂宿之。

九日(木) 晨六时起,盥沐早膳毕,整队往石梁。

石梁在中方广侧,两峰对峙,中有巨涧。天然石桥亘其上,涧水下注,遂成飞瀑。桥上首有曹文晦[1]所镌"云[万]山关键",及前清郡守蓝洲[2]所镌"前渡又来"等字,字法苍劲。旁有亭翼然,曰昙花,兀立桥头,水声澎湃,如风雨之骤至,如骏马之奔驰,神为之眩,目为之迷。诸同人欲穷其奇。自亭旁攀悬而下,则见飞瀑怒溅,碧涛翻白,怪石嵯峨,森然搏人,苍松劲柏,皆作岑寂想,兼以阴风怒号,山鸣谷应,若不许吾侪再入胜者,遂循涧南行数百步,至奉化桥,拟再游水珠帘。吁,若石梁者,倘所谓海内奇观者,非欤? 昆明池、庐山瀑,不过是矣。

由奉化桥东行七八里,山色迷离,佳木环绕,忽闻水声,恍若琴响,或告余曰,是水珠帘也。

过筼丛,有小径横于前,上则峭壁耸立,泉垂似帘,水滴如珠,日光斜射,点点生芒,绝类珠帘下垂。视时计已十一句钟矣。遂从旧径返方广寺中膳。

午后二时,由方广寺西行,见麦陇秧田,色色袭人,复行十五里至万年寺。寺为台山最古,今则祝融[3]肆虐,满目荒凉,不堪复问矣。寺僧款待,尤为殷勤,夜借宿焉。

十日(金) 朝霞捧日,彩彻云衢,由寺西行,出秀溪坑,山清水秀,树翠花香,殊多乐趣。二十五里至飞泉高等小学校中膳,地为西区市镇,商业颇为发达,该校办理,亦颇认真。中午二时,由飞泉回校,已薄暮矣。

---

[1] 曹文晦:字辉伯,号新山道人,浙江天台人。约生活在元末明初。工诗文,有《新山集》。按,"万山关键"应为曹抡选所书。

[2] 蓝洲:即刘璈。

[3] 祝融:本名重黎,中国上古神话人物,号赤帝,后人尊为火神。古人常用祝融一词代指火灾、起火。

天台山游草

项士元

　　载于《时报》1920 年 7 月 9、12、13、14、15、16、17、19、21、22、23、24、25、26、28、29、30 日，第 12 版。亦载于《新游记汇刊》（卷之二十七），上海中华书局 1928 年版，题曰《台山爪印》，文字有异，最大不同是《台山爪印》将《天台山游草》所收 46 首记游诗歌悉数不载。项士元（1887—1959），原名元勋，号慈园，又号石槎，浙江临海人。自幼聪颖好学，25 岁毕业于杭州府中学堂，授予优贡。投身社会后，热心文教事业，著作等身，主要有《台州经籍志》《浙江新闻史》《浙江佛教志》等。民国九年（1920）四月十二日，时任浙江第六中学教员的项士元等率第六中学学生百余人往天台山旅行，遍访国清寺、高明寺、万年寺、华顶、桐柏、石梁、桃源各名胜古迹，本篇游记即是记录此次旅行之作。

　　夏正二月二十四日，浙江第六中学校旅行天台山，余因道遥人众，偕褚九云〔1〕、张鹿坪〔2〕、林秀荪〔3〕、秦云亭〔4〕、黄慈哉〔5〕、郭松垞〔6〕诸君买舟而往。七时解缆，九时半至麒麟山，山隈有古松亭，一松郁然立于江滨，大约

---

　　〔1〕　褚传诰（1860—1940）：字九云，号仲宣，晚号石桥老人，浙江天台人。光绪间贡生，著有《高敞帚轩吟稿》《高敞帚轩文稿》《天台志稿》等。

　　〔2〕　张逢镳（1852—1931）：字乾度，号鹿坪，晚号玉京外史，浙江天台人。光绪十七年（1891）贡生，民初曾被推举为天台县议会议长。著有《聪训斋诗文集》《文话丛编》等。

　　〔3〕　林秀荪：其人不详。

　　〔4〕　秦广文：号云亭，其余待考。

　　〔5〕　黄学龙（1877—1962）：名朱华、跃龙，号慈哉，浙江东阳人。1909 年毕业于浙江省立两级师范学堂博物科，先后任教于临海六中、金华七中、处州中学，1923 年任东阳中学校长，擅长隶书。著有《针灸疗法与生理作用》《屠龙之术》等。

　　〔6〕　郭松垞：浙江临海人，光复会会员，郭凤韶烈士之父，时任浙江第六中学教员。

百余年矣。过此为松山，竹树青葱，烟云出没，佳境也。十一时半，过三江，有渚一片，西流一支入仙居，北流入天台。江右有竹林，丛篁蔽天，广数百亩，左为砾壤，旧遭洪水冲毁，近渐污涨。午后三时，至包庵，二里吕山殿，民居不下百余，相传宋吕忠穆公颐浩[1]尝寓此。再里许为石佛洋，有佛殿一椽，新碑二，一书修路碑记，一书永垂不朽，其小字则目不能辨矣。五时泊赤缪，与九云、鹿坪、啸生诸先生谈诗，黄昏成七排一章：

> 溪山屈曲喜初晴，同上扁舟载酒行。清水一篙声欸乃，新篁万个色分明。寒沙雁去潮初落，断港人归棹自横。云碓无心春落日，篷窗入夜竞飞鮎。挑灯闲话惊神鬼，对酒狂吟藐甲兵。幸得仙班叨末席，岂须尘埃问浮名。蒲帆隐隐滩千叠，云水茫茫路几程。永夕流泉听不断，石梁疑落枕头鸣。

二十五日黎明，自赤缪起椗，七时至中渡，雪霰微下，敲篷有声，此处旧造铁桥，落成未几而毁。今重筑石桥，长八洞，工已过半。九时过狮狴岩，长松百尺，夭桃一枝，风景绰约，惜不能假丹青状其万一也。稍过为仙人庄，褚氏祠在焉。再过为恶溪，乱石成堆，水鸣如吼，曲江之涛，无此奇观。旋舍舟登陆，名百步岭，一名勺水岭，宋张平叔[2]羽化于此。有紫阳宫，规模宏壮，清世宗[3]时敕建，御书碑记尚存，内有石刻楹联数联，颇佳，郭翰即山[4]联云："丹灶云封，百步溪边蝉委去；赤城霞起，夕阳楼上鹤飞来。"黄绍本[5]联云："文水远沿双涧下，翠屏高拥七峰来。"[6]叶明履镛[7]联云："无边岁月壶中贮，如此溪山画里看。"宫前有天邑郭烈妇祠，光绪十三年金文田性

---

〔1〕 吕颐浩(1071—1139)：字元直，沧州乐陵(今山东德州)人。绍圣元年(1094)进士，历任扬州知州、户部尚书、宰相等，有《忠穆集》。

〔2〕 张平叔：即张伯端。

〔3〕 清世宗：爱新觉罗·胤禛(1678—1735)，清朝第五位皇帝，定都北京后第三位皇帝，年号雍正，庙号世宗。

〔4〕 郭翰：字楚湘，号即山，浙江临海人，郭松垞之祖父，道咸间以楷书名。

〔5〕 黄绍本：浙江临海人，道咸间绅士，道光年间，与叶履镛等在临海百步岭修葺紫阳道观。

〔6〕 原注：时道光甲辰。

〔7〕 叶履镛：浙江临海人，道咸间绅士，道光年间，与黄绍本等在临海百步岭修葺紫阳道观。

山[1]撰碑,祠后一巨樟,濒江特立,浓阴匝地。樟后有隆庆元年台州推官长洲张滂[2]重修诗碑,题云:"鄞鄂已成还造化,自成造化立乾坤。一从水解浑元迹,丰采依然千古存。"过宫里许,有烟墩三,再三四里,名杜潭,临天交界也。

仍舍陆登舟,行数里,有石桥长六洞,茅屋数间,梨花几树,恍若别有天地。下午一时,至滩岭,石桥长十六洞,桥下石磊磊然,川流一线,微雨溟濛,岭高十许丈,风景清绝。二时半至大广寺,遥瞻丹邱[3],长里许,坦平如砥。孙兴公《天台山赋》所谓"仍羽人于丹丘"是也。三时至水口,二山对峙,浮屠高矗,不啻始丰门户。四时至响岩,树木蓊翳,有板桥,长可数丈,过此为十里沙洋,水深而绿,台山在望矣。六时抵岸,进南门,城仅及肩,规模殊隘,门内有纺车石,长尺余,天然陡起,俗称龙角。七时至中学校安装,校旧为校士馆,光绪末叶,改为中校,校长金辅生茂才舆[4],性三[山][5]进士哲嗣也。晚膳后,偕张鹿老等往谒陈君覃夫,未几,即返中校就寝,是日舟中得诗三章,录如左:

廿五日晓发赤缪途中即事,仍次鹿坪、九云、啸笙诸老韵

一叶扁舟趁晓来,篷窗团坐共敲推。山啮落月明如洗,水走危崖疾似雷。摇曳有声传古渡,微茫莫辨□天台。丹炉火歇遗芳躅[6],翠嶂烟收绝俗埃。碧血沈渊留大节[7],闲鸥掠水伺残杯。右军字化龙潜壑[8],智者经翻雨灭船。苦竹便娟通岭峤[9],野花夭艳遍山隈。始丰此去无多路,何日乘槎得意回。

---

〔1〕 金文田性山:即金文田。

〔2〕 张滂:嘉庆年间曾任台州府推官。

〔3〕 原注:俗称黄榜。

〔4〕 金辅生茂才舆:即金舆(1883—1948),字宗访,一名辅生,号子衡,浙江天台人。金性山第四子,时任天台中学校长。

〔5〕 性三[山]:即金文田。

〔6〕 原注:百步岭紫阳宫,相传宋时平叔在此化身。

〔7〕 原注:百步溪旁有郭贞妇祠。

〔8〕 原注:恶溪向有王右军"突星濑"三字勒石,舟行过此多遭覆没,近石已划平,流已稍稳。

〔9〕 原注:苦竹地名。

百步岭紫阳宫

一叶溪心涌,仙山近可跻。危楼饥鹭宿,旧灶白云迷。
流水绿无尽,遥岑碧不齐。羽人何处觅,枝上鸟空啼。

清溪舟中望丹邱

驰道起长空,羽人消息绝。丹成光烛天,不比杜鹃血。

二十六日雨,早膳后,偕林啸生、黄慈哉、仇宇清、牟思补诸君,至酒捐局访张君郁明。局为宋越国公张世杰[1]祠,外有忠孝大宗匾额。旋偕至县公署参观,则有神桂、神缸、石碑诸古迹,神桂分二枝,相传植自唐季,屡遭祝融,均无恙。明天启时,邑令陈命新勒“可封”二字于旁。清道光间,赵鹏程又建立神桂碑。神缸在署后,其原委传说不一:一谓自江浮来;一谓此地古为缸窑,缸乃窑神;一谓缸下有井,昔有女殉节于此。今缸已易,亦鲜灵应。沈镐一联云:“正气长存,不起波澜古井水;官常足式,愿言惟诵汤盘铭。”据此,则似以后说为是矣。石碑凡三,一系王苏门摹朱晦翁“福”字,大尺余;一为刘引之[2]重摹南极老人;一为神缸碑。览毕,至各祠庙展谒,祠皆各族公建,坊表巍峨,匾额灿烂。每岁正月元宵左右,均悬挂灯彩,陈设古玩,于敬宗收族之中,寓表微阐幽之意,法至良、事至美也。庙以城隍庙、东岳庙二处为最佳。城隍庙有明张太素[3]侍郎等公献烛台香炉,颜色黝黑,形式古雅,又有邑令刘书田[4]一联云:“但愿四境民兴仁讲让,若受半文钱男盗女娼。”词虽俚质,意却诚恳。旋至后洋谒金师性山,师赐进士出身,选鲁省县令,辞不赴,尤精宋儒之学。近因得脚气疾,未获晤。旋折至高等小学校参观,校旧为文明书院,有敬业楼,结构颇雅。校训为“勤敬朴勇”四字,学子达二百人,布置合法,校长袁君,亦恂恂儒雅。内有《重修万松径摩崖记》,系光绪间

〔1〕 张世杰(? —1279):范阳(今河北涿州)人。1234 年金朝灭亡后为元朝将领张柔的部下,后因犯罪逃奔南宋,以功累迁至枢密副使、拜越国公。祥兴二年(1279),与元军决战海上,遇飓风船破身亡。张世杰与陆秀夫、文天祥被并称为“宋末三杰”。

〔2〕 刘引之(1827—1913):字翼亭,别号浮生子,山西晋城人。咸丰元年(1851)举人。曾任浙江天台、诸暨等县令,有政声。主讲明道等书院。有《若寄书屋诗文存》等。

〔3〕 张太素:即张文郁。

〔4〕 刘书田:字芸斋,河南安阳人,道光二十八年(1848)任天台知县。

项庚仙[1]撰，晁彝伯[2]隶书，施啸莲[3]刻石，堪称三绝。继至妙山，览天主堂、玄武庙，堂有钟楼，高三四丈，登楼全城风景在目，邑城最高处也。玄武庙有神像，伸指握棒，习拳者奉为模范。庙前有第一山碑，字大尺余，米芾书，王苏门摹，山字似出俗手。十二时，郁明招至酒捐局午膳，食品以糖羊肉为最佳。午后偕牟思补诸君，复至妙山访陈一阳[4]、陈寅阶[5]二先生，寅阶出八大山人[6]墨蟹、果亲王[7]楷书出示，各擅厥美，诚可宝也。一阳为赓廷进士（省钦）文孙，任省议员，家富藏书，有齐侍郎次风手批《史记》《汉书》，朱墨煒灿，多所订正，倘能录出单行付印，可与赵云崧札记[8]、洪筠轩考异[9]鼎立矣。继循南城行，城坦平如堤，高不及丈。遥望城外，松林蔽天，江流如线，景殊佳。旋归中校休憩，雨下如注，对绯桃木笔各花，稍作盘桓。六时，四方塘褚九云先生招饮，醉酒饱德，畅快无比。八时，回中校，是日得诗三章，录于左：

天台县署观古桂、神缸及南极老人碑

　　百里诸侯第，年来剩劫灰。断碑非复昔，古瓮久成埃。树老神应在，轩空客始来。齐谐原惝恍，何事费疑猜。

---

〔1〕 项庚仙：其人不详。

〔2〕 晁彝伯：其人不详。

〔3〕 施啸莲：据本游记所载，啸莲名士玢，民国时期浙江天台人，工篆刻，兼精花鸟人物，室名铭花馆，藏印章书画古玩颇多。

〔4〕 陈一阳：即陈钟祺。

〔5〕 陈寅阶：其人不详。

〔6〕 八大山人：即朱耷（1626—1705），字雪个，号八大山人等，明末清初江西南昌人，祖籍安徽凤阳，明朝宗室，宁王朱权九世孙，著名书画家，清初画坛"四僧"之一。

〔7〕 果亲王：爱新觉罗·允礼（1697—1738），清圣祖康熙第十七子，清世宗雍正之弟，雍正初，被封为多罗果郡王，后又晋封为亲王，世称果亲王，善诗词，工书画，通音律。

〔8〕 赵云崧札记：即赵翼《廿二史札记》，赵翼（1727—1814），字云崧，一字耘松，号瓯北，阳湖（今江苏常州）人。乾隆二十六年（1761）举一甲进士，历任广西镇安知府、广东广州知府、贵州贵西兵备道等。与袁枚、蒋士铨并称"乾隆三大家"。

〔9〕 洪筠轩考异：即洪颐煊《诸史考异》，洪颐煊（1765—1833），字旌贤，号筠轩，晚号倦舫老人，浙江临海人。精研经、子、史，熟习历算之学。有《筠轩文钞》等。

金性山师少君辅生招宿中学校赋赠

未觅仙灵宅，先探文献家。披衣瞻绛帐，剪烛话胡麻。蕃榻清眠稳，台山逸兴赊。渊源宋学在，羡煞满墙花。

陈一阳先生出示齐次风侍郎手批《史记》《汉书》，旅次挑灯偶读一过，信笔率书一章

陈老妙山来，示我书一束。发函走蠹鱼，灿灿奇字绿。绳头媲簪花，纸上罗珠玉。伊谁点染功，云乃息园读。丹墨森纷披，永夕观不足。在昔归震川，此书尝反复。彩笔五色新，令人豁心目。吾邦洪筠轩，书史亦烂熟。异文辩锱铢，遗编我尝录。比来天台山，寒雨惊压屋。何幸素心人，假我此瑶轴。豹窥虽一斑，心胸生芬馥。他日挂归帆，还当重剪烛。

二十七日雨，早膳后，偕秦云亭、郭松垞、叶勋夫至县署后潘湘涛颂清家访许达夫先生，湘涛好吟咏，著有诗文稿，记其送达夫回里诗有"闲云有意随流水，夜雨无心送落花"一联。旋导拓工至县署拓碑，见有刘引之"三到亭"，吴念椿[1]"天台多子"二额，书法颇佳。继至冷茶庵访施啸莲，啸莲名士玢，工篆刻，兼精花鸟人物。所居铭花馆，藏印章书画古玩颇多。印章总不下数百枚，多系张韵石、陈醉石所刻，韵石尤工于镌款，有《五桂轩印谱》，啸莲乃其弟子也。又有王云樵吉人楷书嵇叔夜琴赋册、徐一山印谱、傅啸生濂山水画幅，皆精妙。

午刻，金辅生钥招饮，席设中校三台棠舍，饮毕，即偕同人冒雨出西门，经曹深山[2]先生故里。里名张头曹，有镇兴庙，遥望赤城山，一塔巍然，高插云表，相距仅三四里耳。惜雨下如注，道路泥泞，不可跻攀。北行五里，至国清寺，寺藏山内，莫知所在，惟隋王弘所建塔，耸立作金黄色，遥遥在望。塔旁溪流回管，水声淙淙。比至门前，有七小塔，沿溪排列。稍进，有桥名丰干，夹岸古木参天，仿佛杭之灵隐，所谓"双涧回澜"是也。三时入寺，卸装方丈楼上，少憩，褚九老导观漏沙锅、鹅碑、卓锡泉、三贤殿、雨花殿、迦蓝殿、大

〔1〕 吴念椿：字庆余，江苏长洲人，清光绪十五年至十六年（1889—1890）任天台知县。

〔2〕 曹深山：根据下文诗歌，应为曹新山，即曹文晦。

雄殿、藏经楼、三圣殿、选佛场诸胜，规模宏壮，香火氤氲，诚大道场也。漏沙锅径可八尺，相传漏沙不漏米，谛视之，并无罅隙，俗说妄也。鹅碑修七尺许，曹寿人得王右军断碑摹补而成，旁有小字，详述其事。卓锡泉在寺后，水白如乳，《志》称智颉振锡而成。三贤殿奉寒山、拾得、丰干像，有寒拾旧灶石，离此不远。迦蓝殿暗黑臭秽，不啻罗刹地狱，男妇祈梦者蝟集，怪哉！寺中名人联额甚多，作者姓名均不记忆，某联云："三度入天台，挹寒山袖，拍拾得肩，是佛是仙，追往事都成梦幻；半生充隐吏，餐赤城霞，饮浣江水，一官一邑，待何年克遂皈依？"又云："斯民父母，前度神仙，未了结因缘，久与名山忘主客；拱秀五峰，回澜双涧，此间得佳趣，每因拾隐到林泉。"黄昏诣禅房，与梅开、一挥、知南诸上人谈禅，见董元宰、王思任、齐次风、蒲作英、指一[1]诸人书画，美不胜收。知南俗姓江，能书，解吟咏，吐属清雅，谈论颇洽。一挥名万胜，寺中方丈也。予感其招接殷勤，撰一联以赠，联云："万八峰中道场绝胜，一毫端里玉麈常挥。"又撰山门一联云："山寺深藏，修竹苍松皆幻境；法轮常转，五峰双涧具天机。"松垞书学鲁公，兼得力于家学，遂倩书之。是日得诗四章，录如左：

铭花馆主施啸莲（士玢），工丹青篆刻，喜聚金石，叶勋甫介予晋谒，率成一章

斗室清幽绝点尘，梅花端的是前身[2]。鼎彝罗列香俱古，翰墨风流乐最真。铜鉴精奇侔造化，笑谈矍铄见丰神。天台多少佳山水，一半才华在此身。

冒雨经曹新山故里

烟雨溟濛野色新，台山咫尺误迷津。牧童遥指溪头路，此是曹公旧结邻。

赭　溪

五里城西水竹乡，晚霞飞落水生光。仙灵此去知多少，先向源头洗浴肠。

---

[1]　原注：号栎庵，临海白塔寺僧，所作淡墨花卉竹树均清妙。

[2]　原注：君有印章，文曰梅花后身。

国清寺

未探万八峰，一塔当门接。双涧流淙淙，五峰高兀兀。松篁乱插天，曲径明复没。倏忽长虹飞，钟声出林樾。白云伴我衣，翠涛溅我发。去访寒拾踪，锅漏薪火歇。披荆剔残诗，危崖空郁翠。擘窠多奇书，不减换鹅帖。猱升竞拓摹，心胆几战慄。一石号秀岩，神采尤焕发。柳公与晦翁，亦各逞奇骨。伟哉佛道场，据此山水窟。芥子纳须弥，自来事悠忽。人怀济世心，何处无宝筏？

二十八日晴，在修竹轩早膳，山肴野蔌，不减胡麻。膳毕，出门看王弘塔，复偕中校同人摄影，继至后山，观清高宗[1]御碑，碑系乾隆元年建，久没榛芜，近因邑侯罗公[2]言，寺僧始为保存。由此而上，古木蔽天，山势陡峻，披荆斩棘，觅得石刻多种，柳公权有"大[3]中国清之寺"六字。朱晦翁有"枕石"二字；米芾有"秀岩"二字，寒山子有诗一章，诗云："灵岩我卜居，鸟道绝人迹。庭际何所有，白云抱幽石。住兹凡几年，屡见春冬易。寄语钟鼎家，虚名定无益。"字稍剥蚀，考之本集始知，览毕少憩寺中。记赵某一联颇佳，联云："鸿爪雪留痕，八度来游，计当年爨火化薪，曾向灶前参拾得；僧寮云补柄[衲]，六人见在，趁此会松根下榻，宛然石上话三生。"十时别国清，见门前树丛中有董元宰"鱼乐国"碑，字可径尺。旁一古木，大数抱，高约三四丈，挺直夭矫，千余年物也。东行三里，至药师潭[4]。五里渭川桥[5]。一路涧水潺湲，石蹬迤逦，似击鼓，似震雷，拟以雷鼓涧名之。

自此涧渐狭，道分二支，一西行至万年、桐柏，一东行为金地岭。金地岭复分新旧二道，旧较平而曲，新则峻而峭。予取道新岭，自岭麓至绝顶，凡九百余级。南望万山朝拱，山之缺处，微露田塍。俯视冷水坑，川流如线，屋舍竹木之属，阒然无声，其殆世外之桃源乎？岭头歧为二，西通华顶，东至高明寺，予向东行约六百余步抵寺，寺当两山之颈，隋智者大师倡建，屡遭回禄，顷修葺始成。内有袈裟、铜钵及《贝叶经》，相传系隋帝赐智顗师者。袈裟黄

---

[1] 清高宗：爱新觉罗·弘历（1711—1799），清朝第六位皇帝，定都北京后第四位皇帝，年号乾隆，庙号高宗。

[2] 罗公：即罗庆昌，四川营山人，1918年12月至1919年9月任天台县知事。

[3] 原注：此字泐。

[4] 原注：俗名龙头横。

[5] 原注：俗名过仙桥。

质方纹，衬以蓝布，肩上缀绣缎一方，旁书"普门自在"四小字，服色尚新，当系伪物。寺右有舍名莲船阁，壁嵌《楞严海印三昧坛仪碑记》，虞淳熙德园撰文、董其昌元宰书、陈继儒眉公篆额。碑后有潘奕隽[1]、魏学渠[2]识，石分五片，均完好。寺左有楼，高三层，名寒明，上悬大钟，并藏明季诸公诗稿板片[3]。惜虫蚀鼠蠹，残损不堪，所谓藏之名山，似亦未足恃也。申刻，偕同人至圆通洞前摄影，石壁千仞，两崖阴森，有石刻"佛"字，大丈许，光绪戊申石梁比丘兴慈书、彦慧募刊，附书有定融等十余人。圆通洞大若瓮，释寂配奉智者于此，终日静坐，不置卧榻，苦行洵难得矣。洞壁有"圆通"二字，大径尺，康熙间迟维培[4]镌勒。出洞数武，岩石纵横，下临幽溪，明无尽上人勒有"看云"二隶书，大亦尺余，"伏虎"二字，勒石未久，名已毁去，不知谁人恶作剧也。又有"南无阿弥陀佛""心高命勿高"等摩崖，鄙俚粗俗，令人阅之作三日呕。酉刻归高明寺晚餐。黄昏晤方丈贯通，与谈山中胜概，十一时就寝。是日亦得诗三章，录于左：

自国清至金地岭即景

一路山兼水，盘旋到上方。淙淙金鼓吼，叠叠锦帆张。灵药苗新苗，幽兰花正芳。定光消息杳，片石冷斜阳。

高明寺

峻岭千寻落，闲云一片藏。经翻智者室，诗觅尽公囊。笔冢遗铭在，龙衣古色香。溪声听不尽，余韵绕飞梁。

圆通洞

曲涧萦洄竹万竿，玲珑一穴俯流湍。佛灯终日摇残穗，暮霭〔靄〕漫

---

〔1〕 潘奕隽（1740—1830）：字守愚，号榕皋，又号水云漫士、三松居士，晚号三松老人，吴县（今江苏苏州）人。乾隆三十四年（1769）进士，官至户部主事。有《三松堂诗集》《水云词》等。

〔2〕 魏学渠（1617—1690）：字子存，号青城，浙江嘉善人。清顺治五年（1648）举人，历任成都推官、湖广学道、刑部主事等。有《青城词》等。

〔3〕 原注：如《幽溪文集》《碯上编》《孤吟》《台唤草》《台梦草》《台游赓咏》《天台成道诗》等。

〔4〕 迟维培：山东蓬莱人，康熙年间曾任台州督粮厅、署桐庐知县等。

天涨嫩寒。洞口花飞僧入定,树头日落梦初阑。此间真是小天地,何必仙炉觅异丹?

二十九日晴,早膳后,至寒明楼检览书板,因多朽坏,匆匆遂出。西行三里,至塔头,真觉寺在焉。有宝塔一座,灿烂庄严,相传智者大师埋身于此,记有楹联数联,录如下,俞樾联云:"五蕴皆空,何处有真身示现;一尘不染,此中有妙相壮严。"陈玉衡[1]联云:"卓锡遍灵岩,曾记取匡山感梦,华顶降魔,现丈六真身,作前代帝王师范;布金新梵宇,尚流传贝叶藏经,莲花法钵,开大千世界,结众生香火因缘。"温濂[2]联云:"止水证禅心,千百年衣钵留传,梵宇宏开新世界;名山埋佛骨,万八丈烟云供养,莲台卓立古浮图。"宝塔一联,不知谁作,联云:"悟戒定慧于三言,是谓智者;合儒释道而一贯,必有师焉。"寺中有唐元和间梁肃[3]撰、徐放[4]书《修禅道场碑铭》,光绪十五年敏曦《重建碑记》,邵阳魏彦福字碑,门外有甘泉井,上树小石碣,勒"丁亥夏敏曦重浚"七字,客堂后有桃名阴阳桃,时方着花,红白相参,佳种也。憩片刻复行,五里经察岭小寒风阙,有阳汉岩庙,俯视毛竹坑,田庐俨然。二里陈田洋,亦有屋舍。更二里寒风阙,羊角[5]不作,登岩舒啸,飘然欲仙。三里龙王堂,土黄产茶,有区立集云国民学校,分甲乙丙丁四级,学徒总凡卅余人,此天台中枢也。北达华顶,西通万年、方广,西南邻桐柏,东接高明,南连国清,相去皆仅十余里。予欲先探绝顶,因向北盘旋而上,十余里至善兴寺,前有万工池,澄泓湛绿,水草丛生。寺经回禄,重建方成,屋瓦皆代以铅。旧有王右军墨池,今为香积,仅方丈堂下勺水在焉。寺中楹联甚鲜,仅记一二佳者,萧荣爵[6]联云:"韵事溯晋唐,堂开太白,池凿右军,历朝常住文人,谁谓名山僧尽占;华峰镇瓯越,塔建降魔,坛称伏虎,近日既过浩劫,从兹胜地

---

[1] 陈玉衡:其人不详。

[2] 温濂:字莲舫,吴兴人,同治九年(1870)任天台县教谕。原注:吴兴人。

[3] 梁肃(753—793):字敬之,一字宽中,安定(今甘肃泾川)人,历任监察御史、右补阙、翰林学士等。

[4] 徐放:字达夫,柳城(今辽宁朝阳)人,唐元和间历任祠部员外郎、节度从事、台州刺史、衢州刺史。工书,《全唐诗》存诗一首。

[5] 羊角:指旋风,《庄子·逍遥游》:"抟扶摇羊角而上者九万里。"

[6] 萧荣爵(1852—1935):字漱云,号澹斋,长沙人。光绪二十一年(1895)二甲第一名进士,同年五月,改翰林院庶吉士。光绪二十四年四月,散馆,授翰林院编修。书法家。原注:长沙人。

佛尤尊。"某联云："风声水声虫声鸟声梵呗声,合之一百八击钟声,无声不寂;天色月色草色树色烟霞色,加以四万千丈峰峦色,有色皆空。"申刻偕毛君芷沅乘舆至拜经台。台上有降魔塔,高不二尺,旁镌佛像,相传智者降魔于此。塔畔有禅林,累石为垣,盖茅当瓦,屋内积阴沍寒,薄冰未泮。门外有"天台第一峰""随〔隋〕智者大师拜经处"二碑,前碑系湘阴李桓、临湘李诗[1]、新都周云章[2]等题,后碑则临海黄寿征及其子秉义[3]勒也。附近有井,名龙爪,大旱不竭。登垣远眺,四面云山,高下起伏,状若花瓣,名曰华顶,有以哉!览毕下山,经太白书堂,堂系结茅,凡三椽,有碑文曰"唐李太白读书堂",光绪十六年长洲吴念椿书,潘衍桐识。堂外有二窟,一名龟池,一作王右军墨池,泉皆污涸,当是附会也。薄暮回善兴寺,一路茶树桫椤,秀茂异常。茅蓬梵院,不下百所。药师庵尤广,西人常避暑于此。黄昏与云仙上人谈禅,赠一联云:"云影讶从足跟起,仙踪疑是月中来。"十时就寝。是日得诗九章,录于下:

真觉寺礼智者塔

净域莲花涌,如来古迹存。微言凌竺国,灵魄傍云根。法相原无相,梵门即佛门。宗风何处觅,败碣卧苔痕。[4]

过寒风阙风信不至口占

石阙中天开,春辉灼衣袂。衰草乱蓬蓬,烟花未破睡。谁云羊角狂,我来竟遁避。箕伯杳无声,飞廉亦弃缋。欲乘乘无从,欲御御不利。飘飘双青兕,偶来一游戏。

---

〔1〕李诗:湖南临湘人,同光年间历任黄岩、武康、龙溪、归安等地知县。

〔2〕周云章(1829—1879):字松仙,祖籍陕西,生于四川新都县。咸丰十一年(1861)拔贡,同光年间历任天台、德清、钱塘、镇海等地知县。擅长医学,有《简易医诀》等。

〔3〕黄秉义(1874—1920后):又名黄沅,初字质诚,又字沅浦等,浙江临海葭沚人。光绪九年(1884)考取詹事府供事,民国后曾任第二届国会(安福国会)众议员。著有《黄秉义日记》等。

〔4〕原注:寺中有古碑卧地,系唐梁肃撰、徐放书。

华顶山善兴寺

踏破莲花到上方,云天四顾渺茫茫。方塘破绿明如镜,修觅通泉味倍香。雾湿茅檐惊宿雨,钟催晓梦熟黄粱。何年结屋兹山里,挑得琴书任徜徉。

赠善兴寺云仙上人

江海归来莲钵空[1],蒲团独坐万峰中。谈禅永夜清如水,花雨缤纷落梵宫。

药师庵[2]

行尽云中路,山僧自结家。风高茅当瓦,钵古绿生花。采药人横榻[3],翻经玉吐葩。迦蓝真绝俗,瓢泛雨前茶。

访李谪仙书堂

莸舍萧条石碣斜,书声消歇佛为家。灵龟想有因缘在,勺水澄清泛墨花。

王右军[4]墨池

黄庭久已埋,池水漾空碧。梵宫劫火飞,墨花沦香积。

杪椤树[5]

华峰凌白云,仙掌竞仓秀[6]。嘘拂来薰风,色香鳞鳞透。

拜经台放歌

拜经台,拜经台,四万八丈何崔嵬,白云生足底,众山青作堆。米家

---

〔1〕 原注:上人尝任沪上龙华寺及各大丛林方丈。
〔2〕 原注:为庵,华顶茅蓬第一,有唐贞观十三年钵及玉印、椰瓢。
〔3〕 原注:药师佛卧阁上。
〔4〕 军:原文无"军"字,据实补。
〔5〕 原注:华顶峰产。
〔6〕 原注:树叶如掌。

之画无此多，太液之莲一齐开。东瞻扶桑三岛，红日涌紫光荡漪，仿佛金银煨。北望钱塘，一水天上堕奔腾，浩瀚疑如轰地雷。南俯雁宕山，奇岩错综，如虎如狮如柱如璇瑰。西瞩括苍峰，万叠罗列一一如婴孩。赤城石城落肘下，金庭王爱隶舆伶。忆昔智者开此山，披斩荆棘锄蒿莱。伐山通道年复年，十八道场气雄恢。人闻子微居桐柏，大扬玄风逞逸才。斗坛巍峨变紫虚，百里不得妨栽培。东西遥遥标赤帜，仙佛平分无疑猜。晚近棋局变黑白，象王拈花乔松摧。吁嗟乎，□氏兴衰尚如是，安怪欧亚非美黄白红狻枪林弹雨而为灾？拜经台，拜经台，智者不作余劫灰，我愿四旁朵朵青莲花，一一化作慈航宝筏度我苦厄众生于崇垓。

三十日晴。黎明欲往拜经台观日，诸生报云烟弥漫，金乌遁形，遂未果往。早膳后，重诣药师庵。老僧出金钵、玉印、椰瓢展观。金钵光彩焕发，底镌"唐贞观十三年制"九字；玉印绿色，方二寸许，镌"天台药师应世之印"八字，篆刻殊劣；椰瓢三，系椰木制成，四周镂花，分别勒"延年益寿""歧胡之寿""使圣人寿"四字。楼上一龛，一小佛横卧，覆以绣被，云于此祈梦最验，释氏欺诳可哂也。庵为光绪间笑禅上人[1]经营，有藏经及俞曲园手书"药师静居"额。门外小圃产云雾茶，味埒杭之龙井，相传葛洪尝种茶于此。九时离庵，经仰天壶，十五里至上方广善兴寺安装。寺前古木蓊翳，涧水潺湲，七塔环列，一桥中跨，最为形胜。内有藏经楼，某公联云："龙藏晓翻金贝叶，天香春绣木兰衣。"徐恕联云："四山滴翠环初地，一路听泉到上方。"他处亦有数联颇佳，惜姓氏皆忘，其一云："莲花峰下寺名同，我昔曾游，愧无此飞梁悬瀑；贝叶藏中禅语备，僧应有悟，试旷观流水行云。"其二云："悟处彻玄机，看山气溟濛，可信世缘多是幻；动中存静趣，听泉声喷薄，好来潭曲试安禅。"

继至中方广寺，相距不一里，寺方兴工，其前石梁在焉。梁长二丈许，状如脊，俯临绝壑，瀑布自梁下奔赴，声如雷吼。梁对面有铜龛，雕五百罗汉于中。非具壮胆，莫敢往还。附近尤多摩崖，刘璈"前度又来"，曹抡选（寿人）"万山关键"，适当其中；余若陈树桐"滚雪晕〔昙〕华"，黄倬"喷雪飞云"，李鸿章"妙觉圆明"，石锡纶"大观怡静"，宇陶"第一奇观"，陈璠"神龙掉尾"，以及"栖真金界""枕流漱石""盖竹洞天""瞻云"等刻，不可胜数。又有

---

〔1〕 原注：俗姓张，临海人。

近人蒋希召新勒一石云："是古画奇书，不厌百回读"，书法亦佳。午刻回善兴寺午膳。

膳毕，偕诸生寻觅铜壶滴漏、水珠帘诸胜。五里见断桥，涧水奔腾，一石如龟，昂首伏于隔涧。更五里达目的地，道途险阻，岩石雄奇，所谓铜壶滴漏者，岩石中空如壶，缺其一面，水自山上入壶，由壶喷罅而出，在壶上俯视，须令人曳其双足方可。过此里许，丛篁塞途，蛇行而前，龙游筧、水珠帘在焉。龙游筧修丈余，石凹如筧，光滑异常，泉水冲决而成也。筧右瀑布飞流，层褶而下，遥望之俨如一幅珠帘，故以水珠帘名之。大概山中瀑布，势多汹涌，惟此络绎成文，不急不徐，较之石梁，尤耐观也。酉刻采兰盈握而归。长日得诗五章，录于下：

上方广寺

古塔迎门列，危流随石旋。雨余龙疾吼，境僻鸟闲眠。琴筑深林奏，钟鱼下界传。此来真脱俗，偷得半朝禅。

石梁瀑布

携筇穿曲涧，聒耳吼灵鼍。一线双崖合，千寻绝壁拕。飞云惊湿袂，倒峡胜悬河。鬼斧今何在？岩扉长薜萝。

断　桥

涧水绿如油，一龟昂头起。仙人岭头来，欲下徒延跂。

铜壶滴漏

鲛人何健豪，置壶幽谷里。水花破空飞，石烂不见滓。

水珠帘

仙子去已遥，中路遗帘幕。花样蕊珠清，孤悬冷先滴。

三月初一日晴。早膳后偕商颐苓、牟思补等八人，至石梁瀑布前摄影，袒裼裸裎，高下错列，俨然散仙也。旋偕林啸老至下方广寺，一瀑当门，半尘不染，寺方修葺，有齐世南书"妙法归源"额，笔法殊佳。十时起程，经钓水潭、关爷岭，十五里至万年寺。寺前横塘亩许，名万工池。巨杉八株，一株连理，大各三抱，高可七八丈，千余年物也。寺左右环山，棠梨婚桃各花，时方盛开，红白淡绛，夭艳可人。内有石刻万历十四年九月敕谕，申时行[1]奉敕撰《圣母印施佛藏经序赞》，乾隆五十三年郡守王贻桂[2]撰碑记，崇贞〔祯〕十一年二月铸铜钟，嘉庆四年达本募造宝鼎，万历本藏经[3]。王文治、阮元、杜堮、庆亲王、陆润庠、戒悟诸人匾联，王匾曰："令法久住"，阮匾曰："遗世玩道"，杜匾曰："妙法归源"；庆王联云："志托慈良，万福所会；心怀利济，众善之门"；戒悟[4]重修联云："万八峰环拱精蓝，愿以延厘瞻寿宇；二千石护持香界，非徒览胜问仙源"；又得释兴慈书四体屏幅，隶书尤佳。兴慈号观月，又号瞻风叟、看云僧、瀑布子，谙内典，通文字，台山僧领袖也，有印章文曰："石梁桥畔讲经僧。"予游方广时，闻方讲经甬上，未获一晤，怅怅。寺后旧有罗汉堂，数年前回禄，仅存焦土，劫余罗汉三十许尊，徙列大雄殿，仿佛战后残兵。堂址高广，双涧下垂，八峰遥拱，左有井名自满盘，木石污塞，菖蒲丛生，予稍加剔治，泉始喷涌。山后多茂林，间有画〔划〕为畦圃，遍觅览众亭遗迹，无复存矣。近山居民约数十户，皆姓褚，业农工，时褚君少梁适同伴，山民因均来问讯，并杀鸡为黍，挈榼而来。予等入山旬日，未尝荤腥，偶一得此，觉枯肠转润矣。黄昏默坐禅房，疲甚，挑灯书成一联，联云："双涧潆洄惜惜成韵，八峰环拱色色皆空。"并作诗五章录于下：

钓水潭

神龙潜亭渊，钓纶空抛撇。飞瀑识人心，破空逞奇谲。

万年寺

古木森森一鉴开[5]，帛公兰石净无埃。泉来双涧寒生骨，雨洗八峰青积堆。僧退蒲团多种苽，劫余金佛半成灰[6]。我来拄杖闲吟眺，片石摩挲未肯回[7]。

---

〔1〕 申时行(1535—1614)：字汝默，号瑶泉，江苏长洲（今苏州）人。嘉靖四十一年(1562)进士第一，授修撰。历任吏部尚书、首辅等。著有《赐闲堂集》四十卷等。

〔2〕 王贻桂：山东济宁人，由监生遵川运例捐纳知县，历任直隶广宗知县、清苑知县、台州知府、浙江盐道等。

〔3〕 原注：二大橱，鼠蠹不堪。

〔4〕 原注：光绪时人。

〔5〕 原注：寺前有巨杉八株，清池一亩。

〔6〕 原注：寺后罗汉堂焚毁已数年。

〔7〕 原注：寺有申时行撰碑。

婚　桃[1]

古洞水云封,刘、阮无踪迹。野桃自开花,满山白未摘[2]。

山海棠[3]

胭脂淡淡妆,伯仲桃与李。临水两三枝,香云拾不起。

万年藤杖

深山长寒藤,纠蟠老龙似。飞落人间来,愿君锡繁祉。

　　初二日晴,上午因足力已疲,遍觅舆夫不得,在万年寺休息,午膳后,偕林啸生、商颐芗、黄慈哉、尹紫丞、仇宇清诸君乘舆赴桐柏宫,经罗(汉)岭、铁船峡至龙王堂少憩,计路程凡十五里,罗汉岭凡二重,第二岭甚峻,不亚金鸡岭。铁船峡亦称铁船,湖已淤塞成田,仅一坑,亦不甚广。相传天台一邑,有五处为船形,四处向外,仅此处向内,故富户甚少。过龙王堂为陈田洋,凡五里,自此西行为过街岭,岭下屋舍俨然,不下数十余家,水曲山环,颇为形胜。旁有一庙,一老柏枝干夭矫,翠色迎人,名曰瑞柏。稍去一石桥,过桥为桐柏山,山多紫杜鹃花,亦有民居十余家,地颇坦平,数折而桐柏宫至矣。计龙王堂至此亦凡十五里。宫为唐睿宗景云二年司马子微建,号崇道观,亦称金庭洞天。王子晋、葛仙翁尝栖于此。唐宋以来,迭邀宠赐。清世宗时,拨帑命朱伦瀚大加建筑,规模宏壮,为台山冠。今仅余灵光殿一间、后院及东西道院十余间、清圣祠三间,余皆为颓垣破瓦。雍正御碑一片,兀立瓦砾堆中。清圣祠奉夷、齐石像,夷像背镌篆书"伯夷"二字。齐像背镌篆书"叔齐"二字,左右墙壁有齐一峰[4]书"首阳片石"四字,字大二尺许。又有朱伦瀚"百世兴起"额,许琛[5]联,联云:"举世尽荆榛,茫茫尘海人皆浊;飞身来桐柏,

---

〔1〕　原注:万年山产。

〔2〕　原注:间亦有淡红者。

〔3〕　原注:万年山产。

〔4〕　齐其仪:字邦威,号一峰,浙江天台人。同治九年(1870)岁贡,国子监学正,好摹拓金石,篆隶皆入古,尤善擘窠大字。著有《餐霞洞诗草》。

〔5〕　许琛:其人不详。

渺渺仙山此独清。"

　　览毕，夕阳尚高，询袁炼（师）西华瀑布山所在，师即为余辈先导。道中见宋乾道碑一，兀立陇头，字均完好。二里至一山，山上沙土皆黄色，石髓搀其中，洁白可爱，草木不行，如行沙漠中，所谓桃源山也。（山）坳有茅舍数间，夭桃二树，花开灼灼，曲涧通焉。稍去为三井坑，两旁峻壁百寻，坑底被水激荡，成为三洼，复曲折下流，成为瀑布。余蛇行立绝壁观之，水声淙淙，魂魄为摇，闻瀑布左右尚有摩崖甚多，因日已垂暮，路又险阻，遂还，是日得诗五章，录于下：

罗汉岭

　　云蹬盘盘高接天，铁船遗迹变桑田[1]。应真五百今何在？顽石当年有夙缘。

桐柏宫

　　宫阙中天起，清修藐佛迦。灶沈青鸟杳，屋老白云多。荒径堆绯雪[2]，残碑长绿萝[3]。仙都尘鞅绝，漫说是平坡。

清圣祠谒伯夷、叔齐石像

　　今古沧桑惯，高风几首阳。哀肠薇蕨苦，丰采鼎彝香。辟谷仙非侣，忘怀气孔扬。我来惟一叹，何处觅清觞。

三井坑

　　玉龙夭矫下金庭，砂砾翻黄涧水青。三窟漫云黾兔狡，此间泉石也珑玲。

桃　源

　　曲涧潆洄境渺茫，桃花零落弄残妆。仙娥云雨久云逝，玉髓还留一路香[4]。

------

〔1〕　原注：岭中有铁船湖，已涨为田。

〔2〕　原注：桐柏山砂土多作红黄色，鲜生草木。

〔3〕　原注：仅遗乾道、雍正二碑。

〔4〕　原注：桃源山多产白石。

初三日黎明，黄粱梦醒，闻檐头渐沥作声，急披衣起，盥洗毕，坐雨宫中，览题壁各诗，鲜有佳者，惟张补瑕廷琛[1]、刘觉夫云鹤[2]二诗，尚可诵。张诗云："闲来桐柏自从容，拂拭崇碑记旧踪。燕市圣君欣返跸，鸿都仙客喜重逢。丰姿恍见孤山鹤，议论如听柱下龙。我欲卜居清圣畔，烦君买地为栽松。"刘诗云："一片清幽景，豁然雨后生。山光环滴翠，花韵正当晴。世外田园古，人间俗事轻。牧童归去晚，风笛两三声。"未几雨霁，治早膳，膳罢，即偕同人乘笋舆至琼台，白云满山，鸟道逼仄。既而地渐夷，一石高逾人，勒"秀甲台山"四字，水声潺潺，如出足底，忽烟霏云敛，一峰陡起，高数十仞，双阙峥嵘，遥遥相望，所谓金炉峰也。慈哉、颐艻、宇清诸君奋力前往，至仙人座始返，予以足疲未往，啸老、紫丞亦憩台上。昔王思任论台山风景，推此为第一，诚有灼见，惜未及于风清月白时一临之也。巳刻至桐柏岭，石磴盘旋，郊原在目，有坊名"桐柏仙踪"，郡守张逢尧[3]书。

旁午经赤城山，舍舆而登，遍探紫云、玉京、餐霞各洞，紫云洞最广，岩溜如雨，自檐际下，有联云"百〔洞〕口有尘风自扫，禅门无锁月常来"，殊佳。楼上奉五洞大神，云田横五百人没于此，考《史记·田横列传》"横惧诛，与其徒属五百余人，入海居岛中。"《正义》云："海州东北县有山岛，去岸八十里。"则非在台明矣。玉京洞屋修洁，有金钱井，石碣尚存，又有赤城霞、《赤城山记》诸石刻，《记》系明万历时天台令郁浩[4]作。稍上为餐霞洞，赤城山绝顶也。洞有齐一峰明经、孙天祚茂才墓，天祚妻齐氏，系一峰女，识字能诗，天祚没，子复殇，遂挈家来此，手筑夫墓，数十年如一日。袁项城[5]任总统时，邑令田泽勋为之呈请，获奖"秋霜比洁"四字，今勒洞口。更上有梁岳阳王妃塔，赤日灼人，舆夫呼饥，遂不果登。未刻入始丰城，假寓劝学所，旧学署也。装甫卸，陈君罩夫招饮市楼，旋至四方塘各处，访褚九云、齐渭占诸先生，渭老精神矍铄，好学喜聚，书所居"云在堂"，结构幽雅，宗族文献，搜罗尤备。薄

〔1〕 张廷琛(1854—1911)：字补瑕，一作不瑕，晚年自号玉霄外史，浙江天台人。贡生。一生著述五十余种，如《天台人物考》《中国理学史》《台学源流》等。

〔2〕 刘云鹤(？—1867)：字觉夫，湖南新宁人。咸丰二年(1852)入湘军，转战湖北、江西、浙江等地，累官至总兵，加提督衔。

〔3〕 张逢尧：字宝南，又字天民，雍正七年(1729)举人，河北沧州人，历任浙江兰溪知县、台州知府、杭州知府、浙江驿盐道、江西布政使、四川布政使、贵州布政使等。

〔4〕 郁浩：湖南永州人，明正德九年至十年(1514—1515)任天台知县。

〔5〕 袁项城：即袁世凯(1859—1916)，字慰亭，号容庵等。历任山东巡抚、北洋大臣、中华民国临时大总统、大总统等。因是河南项城人，故人称"袁项城"。

暮至九老府中晚膳，黄昏回劝学所，晤所长林涤瑕挺枝，略询天邑学务状况，辄就寝。是日得诗六章，录于下：

上巳日早起登琼台

一杖间挑上岭来，寒云宿树未曾开。巉岩拔地平于掌，飞瀑腾空响似雷。石座苔滋人控鹤，金炉香烬地余灰[1]。看山至此真观止，多少天工费剪裁。

赤城山纪游

沧海桑田岁月湮，田门义士血轮囷。何年化作鱼鳞态，来护莲花清净身[2]。

白日檐头起紫云，水珠滴沥散圆纹。谁人解得绸缪意，来向空山读异文。（紫云洞）

山半玲珑启洞天，金钱池水净无烟。锦标不识何年夺，我欲同参个里禅。（玉京洞）

心比井霞节比霜，石龛高结白云乡。当年血泪知多少，留得寒泉一勺香[3]。

雉堞纵横夕照斜，浮屠天半吐奇葩。风流六代空陈迹，光气依然焕赤霞。（梁岳阳王妃塔）

偕褚九老至齐渭占先生至云在堂，借观藏书，口占：

云在堂边风月清，琴书满榻乱纵横。白头稳坐闲如鹤，美煞看书眼倍明。

初四日晴。早膳后，至清溪下舟，顺风乘流，帆轻如叶。酉刻抵下津浮桥，适迎神届期，仙邑妇竖买棹来者，拥挤不堪，离俗经旬，骤睹此状，恍惚转陷软尘矣。是日仅得诗一章，录于下：

---

〔1〕原注：金炉峰在琼台双阙间，形势峭拔，下有仙人座。

〔2〕原注：山麓有田横五百人墓。

〔3〕原注：餐霞洞孙节妇，齐一峰明经之女，孙天祚茂才妻也。祚卒，节妇手营坟墓，累数十年，至今每饭必祭，其父及子棺墓亦在洞中。

三月初四日清溪买舟归里

踏遍莲花路,回乘春水船。滩流山影活,桥压布帆眠。岸曲鸥忘避,篷低柳惯穿。此归何所有,顽石两三拳。

(赠有正书券五元四角^{〔1〕})

---

〔1〕 指本文的稿费,"有正"是指有正书局,乃《时报》创办人狄葆贤在沪所办的出版机构。

天台雁荡二山游访记

高鹤年

  载于《名山游访记》，上海佛学书局 1936 年版，卷六第 53—63 页。1921 年 5 月 12 日，高鹤年经海门、黄岩、临海，14 日到达天台。15 日起，游览了国清寺、赤城山、寒岩、螺溪钓艇、华顶、石梁、景星岩、铜壶滴漏、水珠帘、桐柏宫。7 月 16 日，离开天台山，经临海、黄岩、海门往雁荡游览。高鹤年此次天台山之游，共在天台山盘桓两个余月，加上他 1895 年、1898 年两次天台山旅游在山中分别停留一个月、半个月以上，可以说高鹤年对天台山景观遗迹已经达到如数家珍的地步，对景观胜迹搜寻细致、语言生动为本篇游记之特色。

民国十年五月十二日，海门搭小轮，至黄岩县宿，同行者有余元流君。

十三日，一百里台州府，宿。

十四日，六十里，避雨紫阳观，张紫阳[1]修道处，林木环溪。三十里天台县，宿。时值水灾，沪上王一老嘱顺道视察灾情。城内佑圣观，韩择木[2]断碑在焉。宋济颠[3]僧故里。

十五日，出城，即见天台诸峰，秀接长空。孙兴公赋[4]云："倒影于重溟之上，磅礴于霄汉之间。"仙释都会，中多异人，若白道猷[5]、葛孝先[6]诸

---

 〔1〕 张紫阳：即张伯端。

 〔2〕 韩择木：唐代书法家，昌黎人（今属河北），系韩愈叔父。开元（713—740）间，官至工部尚书、右散骑常侍。

 〔3〕 济颠（1148—1209）：俗名李心远，天台人，本名道济，始出家于灵隐寺。其人风狂不饬细行，饮酒食肉，与市井浮沉，人以为颠也，故称济颠，世称"济公"。

 〔4〕 孙兴公赋：即孙绰《游天台山赋》。

 〔5〕 白道猷：即昙猷。

 〔6〕 葛孝先：即葛玄。

君。《西域记》载云：“天台石梁方广寺，五百阿罗汉居焉。”则天台之称，其来久矣。五里，渐入竹径，五峰环抱，双涧奏音，和以松涛之胜。故诗云：“十里松门国清路，饭猿石上菩提树。”经丰干桥，入国清寺。是晚方丈道兴，谈及维持常住颇不易事，须要忍苦耐劳。是夜大雨。

十六日，往赤城观霞。沿山麓西行，过小石岭，十里赤城山。登紫云、华阳诸洞，皆道家居，惟玉京洞住一僧，昔年于此度夏。又经数小洞，直上绝顶，礼舍利塔、昙猷洗肠池。云皆霞色，崖极深广，诗云：“晓山遥见赤城霞，近远人烟四五家。昨夜不知何处雨，满溪流出碧桃花。”仍回国清。

十七日，十里清溪桥，众溪汇流，碧波千顷，名曰清溪落雁，八景之一也。十五里洪家山。雨后路滑，泥泞难行。二十五里，岩头庙平镇。二十里寒岩寺，寒山子栖息处。四山耸秀，千涧瀑流。院置岩下，烟云紫翠间，故南山之胜，推寒明二岩。上寒山寺，残败，内住二人。再上寒岩洞，洞极高大。里有龙发洞、潜真洞，名曰寒岩夕照，八景之一也。寒山诗云：“为爱寒山道，绝无车马喧。独卧重岩下，长伴白云间。”

十八日午后，五里明岩寺，僧全宰栖禅处。岩谷道狭，两石夹峙，号石门。前对奇峰，重岩叠壑，相传寒山、拾得隐身地。唐贞观中，丰干和尚谓闾邱〔丘〕太守[1]曰：“寒山、拾得，文殊、普贤化身也。”太守往谒之，二人笑曰：“丰干饶舌耶？”遂隐身入岩中不复出。故诗云：“有路不通世，无心庶可攀。石床孤夜坐，圆月出寒山。”

十九日，五里张家陇。十里广严寺，怀容罗汉肉身在焉。另有二肉身，不知何代僧。香火颇盛，天井老杉数株。

二十日，六十里仍回国清。

二十一日，十里上金地岭。壁立万仞，峻似天梯，回观国清，落我杖底矣。五里真觉寺，寺在平岗之上，隋建，智者大师葬焉。龛前双石塔，号定慧真身塔院，众庶瞻仰，人天供奉。五里高明寺，唐建。重崖叠嶂，松竹葱蒨，寺在其中。古诗云：“高明宫殿锁烟霞，水绕山回自一家。”乃纪实也。观幽溪道场，院宇衰落，今定融和尚勉强维持。复请龙衣、宝钵、《贝叶经》一观。午后东行数百武，为响岩，峭壁百仞，随人呼唤，响答分明。圆通洞在幽溪上，一石横架，广丈许。下则玲珑空洞，四窗开豁，松风溪流，隐隐送来，于静中可悟耳根圆通，内住如泉大师，谈及真禅不可心思言议云云。

---

〔1〕 闾丘太守：即闾丘胤。

二十二日,往螺溪一游。下约四五里,折北沿溪上二三里许,溪中螺蛳。潭水深数十丈,上有石笋崖,高峙柱空。于此稍坐,水光潭影,照空我心。螺溪钓艇,八景之一也。沿溪再上,松竹幽深,苍翠非常。有白云峰,上拂霄汉,下连磐石。林中有樵农数家,仿佛世外桃源。经太平寺,复观晏坐岩、石鼓、石床、看经台等遗迹。小室三间,内住一人。往礼幽溪墓,仍返高明。

二十三日,直上二十里,经佛陇,至察岭。万山之中,其岭陂陀[1],高察旧隐之地。此山在下望之不啻千仞,及升其巅,四通八达,数十里如在平地,并产茶米竹木药草等。十里华顶寺,山光明媚,水色澄鲜,竹木蔽天,真阿兰若[2],即今兴善寺。方丈月泉云:"昔智者尝晏坐于此。相传王右军书经墨池在焉。历朝至今常毁于火,今用白铁盖殿,暂敝〔蔽〕风雨。"入寺,问华最诸友,已生西方。相识者希〔稀〕,叹人生幻化,转瞬即逝。知客接进休息。

二十四日,朝华顶。仍经地藏殿、太白堂、华顶峰、拜经台、降魔塔等处,经此盖三次矣。诗云:"天台众峰外,华顶当其空。有时半不见,崔嵬在云中。"敬礼拜经台。住持定华法师出外讲经,关房静悟师、如茂师留饭。午后下坡,往龙泉庵。昔日亲近融镜老法师于此,屈指二十余载矣。现住华海师,谈及融老为苦海之慈航,化城[3]之导师。往黄经洞一空师所,示云:"不去不来之法,不即不离之道。"辞别上岭,至太白堂,访惠湛上人。谈及"山中寂静,每日摄心念佛,静坐须臾,胜过尘世一年"。老人苦志虔修,今之僧宝也。又往地藏殿,访静参老人。时有指月、破怀二师,谈及"桎梏之士,因泉石成膏肓,解脱之宾,以山林为药石,其故何哉? 不见道则满目皆山,能忘境则触途皆道,境道双忘,明心见性"。二师教观并行,见地甚高。拜毕仍回兴善。

二十五日,往永庆寺,入定居,昔永明大师[4]习定处。仍返原寓。主人云:"近年学者贪图口头三昧,不得真实受用,纸上谈兵,有何利益?"云云。

二十六日,往西谷弥陀庵,访静慧老人,云:"世人只知造孽,不知忏悔,

---

〔1〕 陂陀(pō tuó):倾斜。

〔2〕 阿兰若:亦称兰若,梵名 Aranya,原意是寂静、闲静处。原指比丘修行之处,后泛指一般佛寺。

〔3〕 化城:一时幻化的城郭,法华七喻之一。佛教用以比喻小乘境界,佛欲使一切众生都得到大乘佛果,然恐众生畏难,先说小乘涅槃,犹如化城,众生中途暂以止息,进而求取真正佛果。见《法华经·化城喻品》。

〔4〕 永明大师:即延寿。

但知受福,不肯作福。"云云。

二十七日,往药师庵,贯通当家,开有念佛堂。余君发心念佛,往住数日。

六月初三日,因余君不惯山中食宿,送往中方广。此地山水幽胜,又吾旧交兴慈法师出家处。经上方广寺,进内参礼各殿,残败异常。经茂林一转,即中方广寺。昔日门外即石梁瀑涧,颇觉危险,今以墙遮,免人失足。入门,与某师谈:戊戌年来朝礼,正逢炎灾之后。照禅上人,苦心维持,殿宇落成,诸像未就。今来昙华,又遇祝融,兴慈法师重建将竣,佛像未成。与上次来时仿佛一样,亦奇矣。门前观瀑一周,足称天下最胜。忆杨公诗云:"积雪悬岩照幽谷,轰雷破石响空山。真疑天上银河水,倒泻千崖万壑间。"

初四日,余君留住,独返华顶。下约三四里许,名曰景星岩。壁傍〔旁〕有一硖,穹窿幽邃,下视攒峰垒嶂,如列翠屏,即简堂大师[1]修道处。昔吴公芾[2]休老于(休)休堂,和陶渊明诗,有云:"我自归林下,已与世相疏。赖有善知识,时能过我庐。伴我说道话,爱我读佛书。既为崖上去,我亦为膏车。便欲展我钵,随师同饭蔬。脱此尘俗累,长与岩石居。此岩固高矣,卓出山海图。若比吾师高,此岩还不如。"又曰:"云山千里见,泉石四时流。我今才一到,已胜五湖游。"住持了开大师苦修于此,一见有缘,假小楼休息度夏。

一日,出寺右首里许,西谷茂林中,一溪清流,随山湾屈,人行涧上,林园清幽,别有天地,深约五里,茅庵林立,约二十余处。余常拜访高僧。一日与了师往天封道一游,横行竹径,道路宽畅,上下左右茅庵林立,皆在松竹间,若隐若现,如一幅图画。人在画中行,约十二里,抵天封寺。昔入天台之大道,即智者大士十二修禅地之一也。历代出有高僧,今甚残败。午餐而返。仰望诸峰挺秀,陵谷深幽,顺道天兴庵,访妙瑞上人,已西归,不禁怅然。经小室崖,有僧昼夜持诵《金刚经》,已三十年无间断。南明庵定昌、契理二师

---

〔1〕 简堂大师:即简堂行机禅师,南宋高僧,护国景元禅师法嗣。台州杨氏子,年25弃妻孥,学出世法,精穷竺典,逸贯三乘,风姿挺异,才压儒林,与钱端礼、吴芾等官员文士多有交往,后住国清寺。

〔2〕 吴公芾:即吴芾(1104—1183),字明可,号湖山居士,吴师锡第四子,台州仙居人。宋高宗绍兴二年(1132)进士及第,为秘书省正字,以不附秦桧,先后出为处、婺、越三州通判,后历任婺州、绍兴、临安知府,以龙图阁直学士致仕,著有《湖山集》。按,吴芾和陶诗为简堂和尚送行的记载见于《禅林宝训》。

互谈："知罪肯忏，知过肯改，知福肯作，知心肯修，作佛也不难矣。"仍返景星崖。

一日，上文殊崖，见许樾身居士题有"福德因缘"四字。游玉树林、桃林、灵墟等处，盘石可坐，精庐可居。约四五里许，修篁蔽路，直下般若庵、面壁岩，竹林内兰若数楹。原路上坡，经林下溪边石上稍憩。有隐修如冰师立于崖前，语及儒家谈性理不谈因果，论是非不论报应。只为上人说法，不能度中下人。日落回寮，山被云封，不得其门而入。幸了师来迎。山中茅庵共约九十余处，或为长者福聚，或为衲子化城。各有竹园茶圃，兼仗香火募缘作生活也。

一日，往华峰观胜，闻中方广有人来访，故于次日即往。与余君遇于岭头，遂同至方广。时值亢旱，禾苗半枯，新昌民众约数百人来此祷雨。次午，霈然大雨，历三昼夜，约七八寸许。涧水高丈许，二瀑争流，飞雪四射，山川震动，可惊可怖。由下方广前下数百武，即观瀑桥。石桥观瀑，为八景中之一也。时石梁桥口，天河倒泻，喷射至数十丈，轰耳眩目，桥头难以立足，真奇观也。两岸松竹翠接长空，石桥下有惠泽潭，据云其龙甚灵。下方广寺亦有五百罗汉。寺前云崖天乐，不鼓自鸣。石室金容，无形留影。

一日，独往断桥道，随涧而下，过岭七八里许，荒谷深山，无人行迹，断桥今废。再下铜壶滴漏、青龙水珠帘等处，无足观。回经上桥，观之，似两龙争壑，水接天河。仍宿寺中。

次晨，十里过岭，经数村，至龙王堂。五里由清溪而入，岭路九折。洞门一望，诸峰环绕。下坡桐柏宫，金庭洞天，唐司马〔1〕建。有吴越王铜天尊像十位，昭明太子〔2〕圣迹。元明宫、洞天宫有禹钟，迎真宫有伯夷、叔齐像。龙潭二里为琼台，大壑之心，一峰突起，状如削瓜，下俯百丈龙湫，不可近视。琼台双阙，八景之一也。

次早，七里，后桃源观瀑。金涧三井之泉，悬挂于苍岩翠壁之间，如白练数百丈。宫前农田十数顷，佳禾甚茂。

次早，过桐柏岭，碎砂路滑难行。十八里，桃源洞，谷内两岸植桃，右有

---

〔1〕 司马：即司马承祯。

〔2〕 昭明太子：萧统（501—531），字德施，南兰陵（今江苏常州）人，南朝梁文学家。梁武帝萧衍长子，天监元年（502）立为太子，未及即位而卒，谥昭明，世称昭明太子。其人信奉佛教，雅好辞章，曾主持编录先秦两汉至梁初诗文成《文选》三十卷，为中国现存最早的文学总集，对后世影响很大。

护国寺。再上里许,道狭如羊肠,三里,荒谷,石崖阻不可上。口北小庙三间,名曰秦游岭。口外烟树人家颇盛。桃源春晓,八景之一也。诗云:"数点残星挂绿萝,看桃行入旧山阿。桃源洞口红成阵,沙麓崖前翠作涡。天外曙光惊鹤梦,水边啼鸟和渔歌。刘郎去后无人到,吟倚东风草色多。"三十里,沿麓山溪行,抵国清寺。询问日期,已七月七日矣。适友人沈心师[1]在此作水陆佛事,打千僧斋,热闹异常。寺中有杖锡泉,普明大师以锡叩之,泉水涌出。旁有伽蓝殿,即元弼广济真人[2],天台主神,据云祈梦甚灵,通宵男女不绝。

七月十六日,出山,晚至台州。

十七日,乘船至黄岩县,宿。

十八日,午抵海门。饭毕,往游白枫山清修寺。沿山径,约四五里,中有一峰,突兀空悬,盘旋而登,左右诸峰林立,面对海洋,一望无涯,相传宋高宗[3]驻跸于此,并有御题联句。再往海口一游,古迹均湮废矣。

十九日,海门雇小船,六十里,宿大溪镇,属黄岩、温岭二县。

二十日,出镇,遥观雁山诸峰插天,透出云表。雁荡风景,首推二灵为最,其景物聚集故也。三十里大荆镇,七里接佛寺,遥观有大石如人立山坡,名老僧崖。二里石梁洞,梁悬洞上,有天窗透光,内有清泉,冬夏不涸,下有石梁寺。三里谢公岭,遥望诸崖,争奇竞怪。二里天冠峰、云板洞、果盒桥,南为连云嶂,西行灵峰寺。昔日寓此,今则颓败。左上北斗洞。西上数百武观音洞,又名罗汉洞,在合掌峰下。相传唐时多怪异,有高僧独处其中,诵《法华经》,怪不为害。宋供观音像,迩来香火颇盛。又曰一线天,闻内有秦桧摩岩一处,遍寻不见。洞内陟九坛,三四百级,有珠帘水、漱玉泉等。殿旁有洗心池各胜迹。沿山直上,三里许,碧霄洞,金玉峰居士中兴。由凤凰洞

---

〔1〕 沈心师:即沈辉,法名心师,现代较活跃的佛教居士。1922 年,沈心师与关絅之等人发起成立佛教居士林,这是全国第一个居士林团体。1947 年 3 月曾为高鹤年《名山游访记补编》作序。

〔2〕 元弼广济真人:即王子乔,历代层层加封,五代时,封其为"右弼真君",宋徽宗政和三年(1113),封其为"元应真人",掌吴越水旱。宋高宗绍兴十年(1140),加号"善利广济真人",他被佛教天台宗祖庭国清寺奉为护法伽蓝。

〔3〕 宋高宗:即赵构(1107—1187),字德基,宋徽宗赵佶第九子,钦宗弟,宋朝第十位皇帝,南宋首任皇帝。

至长春洞，阮石泉[1]先生重修。上有五老、凤凰诸峰，皆奇秀。至洞休息。时当风雨连朝，行路颇难。

二十二日，游净名寺。昔颇壮观，今则住持无人，仅有善友照管而已。行三里，折向南，沿翠微嶂，行响岩，入灵岩谷，至灵岩寺，寺亦无僧。后岩有蒋叔南先生筑有山房，并发意维持雁荡各寺古迹，并派人引导指示一切，因留宿。灵岩面对锦屏、独秀诸峰，罗列环抱于寺右，登数百级，为龙鼻洞，有龙鼻水。壁间有唐宋摩崖颇多，足宝贵也，上有小龙湫瀑布等胜。折回灵岩。

二十三日，出谷南向，二里许，灵岩村。五里上马鞍岭，东西谷分界。下岭石城嶂，五六里入谷。里许，大龙湫瀑布，天下奇观。谚云："欲画龙湫难下笔，不游雁荡枉为人。"旁有龙井，深不可测。折回谷口，外行二里，华严岭。里许，罗汉寺，明卧云和尚开山，今住俗人数家，犬豕成群。昔日清净兰若，今成粪秽之场，可叹。前有宋建石桥。由筋竹洞，约三四里，能仁寺。内有一僧，假宿于此。

二十四日，余一人独行，携竹杖草帽干粮，往雁荡山顶一游。三里芙蓉岭，二里石门村，村内雇樵人引导。由连云岭，约十五里，先经深林，后上荒山，崎岖难行。抵山巅，广阔数里，人迹罕至，底洼之处，即雁荡，周约里许，满荡青草，水藏其下，中有数泉，古有雁宿，今亦不见矣。遥望大海，茫无津涯，天台、括苍，秀出云表。与樵人分食干粮，饮荡中水，顷刻雾起云飞，千峰不见。樵夫曰："快快走，雨来了。"下坡约二三里，乌云四合，狂风暴雨，无处回避，周身透湿。心中照顾，念头不为所转。经黄泥坡，坡陡路滑，樵人滑下，将余打倒，扶起同行，余又滑下，将樵人跌下。是时风狂雨大，行快跌快，扒起快，溜下快，拖泥带水，一时许抵石门村。樵夫笑云："我二人由雁荡一路滚下来。"至樵家稍息，仍回能仁寺。晚饭时，饥火中烧，急不择食。食后大呕吐，乃知菜是荤油炒。苦哉！

二十五日，折回北斗洞，古名伏虎洞，宗松羽士募修楼阁数层。休息数日。洞前石龙戏水，诸峰拱秀，崖石争奇。惜不能在此清修，辜负山灵矣。

---

[1] 阮石泉：阮陶镕（1882—1940），字石泉，温州乐清人。青少年时期，雁荡山长春洞西亲大师为其治愈疾病，并资助其考入浙江巡警学校，曾任淳安县知事。

浙江采集植物游记（节录）

胡先骕

载于《学衡》杂志 1922 年第 1、2 期。《学衡》1922 年 1 月创刊于南京，由吴宓、梅光迪、柳诒徵创办，吴宓任总编辑，上海中华书局发行，为学术刊物，初为月刊，第 61 期改为双月刊。几经停刊、复刊，最终于 1933 年 7 月终刊。胡先骕（1894—1968），字步曾，号忤庵，江西省新建县人。植物学家、教育家、文化学者。1925 年获哈佛大学博士学位后归国，1948 年当选中央研究院院士，1949 年以后任中国科学院研究员，北京大学、北京师范大学教授。中国植物和生物学的主要开创者之一。有《胡先骕文存》等。本文记述了 1921 年夏秋之交作者赴天台、雁荡等地采集植物的经过。鲁迅对本文题目颇有微词，《热风·估〈学衡〉》一文说："还有《浙江采集植物游记》，连题目都不通了。采集有所务，并非漫游，所以古人作记，务与游不并举，地与游才相连。"[1]可备参考。

去岁秋间，南京高等师范学校农科主任邹秉文[2]君与予商酌大举采集中国植物，当以川滇处万山之中，气候温和而多变异，英人亨利（Dr. Augustine Henry）、威尔逊（Emest H. Wilson）、法人德拉卫（Abbe Delavay）先后采集植物至五六千种之多，若吾人能循彼三人之迹而采集之，其结果之佳良，当可不言而喻。邹君因属草一缘启拟一办法，征求得北京大学，北京、沈阳两高等师范学校之同意，发起兹事。而赞成者有大学与专门学校七、中学二十四，

---

[1]《鲁迅文集全编》编委会编《鲁迅文集全编》(1)，国际文化出版公司 1995 年版，第 404 页。

[2] 邹秉文（1893—1985）：字应崧，原籍江苏省吴县，中国农学家、教育家。1915 年获美国康奈尔大学农学学士学位，1916 年回国。1946 年密歇根大学授予其荣誉博士。中国植物病理学教育的先驱。

商务印书馆亦愿赞助以观其成焉。嗣以川滇政局蜩螗沸羹[1]，盗匪遍地，颇有戒心。而美国哈佛大学阿诺德木本植物院副院长威尔逊君来函，又云浙赣湘粤闽黔等省之植物，欧美植物学家未尝采集。而浙赣距宁伊迩，尤易举事。乃决定在未赴川滇之前，先往浙赣。迨购制器具，摒挡行李已，乃先赴杭州，意欲领一护照，俾军警得以沿途保护。不谓其时适当直皖之胜负初决，苏李浙卢[2]，正作暗斗。武人无识，闻予来自宁垣，横生疑虑，竟托言温台水灾，道路梗阻，靳不发照。审知武人之不可理喻，决意微服而行，至七月三十一日，乃登海舶赴海门。

七月三十一日，星期六。午后登永利海舶。舟中晤见毛君芷沅，北京大学预科旧同学也，现任台州第六中学校校长。邂逅之遇，其乐可知。毛君江山人，曾任处州庆元县知事，故对于温台处衢一带情形极悉。无意中得此南针，大足为予游屐之助焉。

八月一日，星期日。晨八钟抵定海。此次海程皆沿岸而行，水平不波，无异行江湖中，岛屿环列，风景如画。岛上草莱颇辟，惟不作梯田状，询知所种植者皆番薯也。岛中无田，不可艺黍稷，咸赖此物以存活。起程时遗一箱在沪，固命杜仆返取。九钟自定海起椗，下午四钟抵石浦，稍停即开，晚抵海门，连日酷热不可耐。

八月二日，星期一。晨八钟，登内河小轮升昌号溯椒江而上，十一钟抵临海，寓第六中学校。校舍即昔日之三台书院，依山而建，委宛曲折，临海全城，宛在眼底，风景殊胜。傍晚偕毛芷沅登八仙岩，岩上有一八仙宫，为羽士栖息所，城中一名胜地也。

八月三日，星期二。晨八钟，毛君偕往临邑城内之东湖，湖上有阁，现为陆军营部驻在地。湖心有二亭，其大者名曰飞丹阁，石桥屈曲，野荇满湖，别饶风致。此湖与三台、赤城两书院皆清中叶府尹刘璈所建。刘尹政绩极佳，邑人至今称述之。是日目中所见植物为樟、楝、三角枫、楮、柳、棕榈、无患子（Sapindus Mukurosi）、油桐、朴树（Celtis sinensis）、乌柏、马鞭草、益母草、木防已、酸浆（Physalis Alkekengi）、野薄荷、五敛母、枸杞、豨莶（Glochidion sp. Rusa sp.）。晚间雇定夫役，结束行装，以为夜半首途天台之备。

---

[1] 蜩螗（tiáo táng）沸羹：蜩，蝉；螗，蝉的一种，体小，背青绿色，鸣声清圆；沸，开水翻腾。象蝉的叫，象沸汤的翻滚。此处形容社会动乱。

[2] 苏李浙卢：苏李，即李纯（1875—1920），北洋直系军阀，江苏督军，兼长江巡阅使；浙卢，即卢永祥（1867—1933），时任浙江军务善后督办，是皖系在南方的重要人物。

八月四日，星期三。午夜三钟半起程，乘篮舆以为天台之行。时月色未阑，夜凉砭骨，几忘其为盛夏也。一路山水环叠，林箐翁郁，夹道而立者，多为凌霄古柏，高枝拂云，密荫蔽月，极为可爱。江南仅有侧柏（Thuja orientalis），至真正之柏树（Cupressus funebris）则以此处为初见。此外平常之马尾松亦极夥，杉、楹杉（Cryptomeria japonica）、枫、樟亦间有之，乌桕、楤木（Aralia spinosa）亦偶一见。途次越岭数重，日中酷热殊不可耐。憩息道旁者久之，饭店污秽特甚，乃购鸡卵果腹。午后过一桥甚宏伟。五钟抵天台县。五钟半抵山脚国清寺，寺颇修广，僧众百余人，知客僧某颇炎凉，见吾辈简朴，遂馆以客室，竟夕为壁虱所扰。此日所见植物另有玄参、檵木（Loropetalum sinenso）、防已、木防已、千金藤、葎草、花椒、猫儿屎（L'ex Aquifalium）及一种蕨类植物名（Woodwardia japonica），其精子体即在孢子叶上萌发，殊为奇异。是日行百十里。

八月五日，星期四。晨在寺外摄影数帧，寺前有七灯塔，寺右一高塔，寺之邻近，林莽极葱蒨，颇不忍骤去。既而往探赤城山，山距国清仅七八里，殊不高大，然砂崖层叠如砌，赭赤如火，赤城之名，洵不诬也。上有三洞，最下者为紫云洞，中为栖霞洞，上为玉京洞，洞敞露于外。日光照赤壁上，干瞠若火，一无幽趣，故未登上洞辄返。途次采得青木香（Aristolochia debilis）。一路田中植烟叶、美棉甚多。回至国清寺午餐。一时半起程登金堤〔地〕岭，磴路颇艰峻，至半山乃折而下岭，四钟半抵高明寺，则竹木幽深，已入深谷中矣。寺居谷底，背嶂面溪，风物秀靓。旁〔傍〕晚寺僧导观摩崖"佛"字，为清末石梁比丘兴慈书，大四丈许，入圆通洞始可见其四分三之正面，乃跻攀至洞顶，为摄一影。圆通洞居一峭壁之上，大可容两室，一僧居之，状极闲暇，案头方扱诵《华严》，净业甚可美也。是日所见植物有野牡丹（Melastoma candidum），花大径寸，五瓣，嫣红若蔷薇，极为美丽，果黑色，味甘而微苦，可食。又有一种百合（Lilium longiflorum），庐山亦有之，又有粗榧（Cephalotaxus Fortunei），亦山下所未见者。是日行十五里。

八月六日，星期五。晨偕小沙弥一人往探螺溪石笋之奇。由山谷中急转直下，路极艰险，越涧两次，衣屦皆湿，久之始至石壁之颠，俯视乃见一岩笋矗立溪中，山半涧水下注为瀑布，势极壮阔，舂撞其下，作千军万马声，洵奇观也。邹君意欲从源头觅径而下，竟不可得，久之披榛拂棘，始别得一径，乃循之而至岩笋之底。褚、邹二人皆鼓勇援草棘而上，踞坐山半，颇自鸣其雄武也。已而返寺，则午日酷烈不可耐。循仄径上，一步三喘，几若梯天矣！饭后解衣就浴于溪头，亢爽乃无艺。寺内有智者大师衣钵，并闻衣为隋炀帝所赐。又有《贝叶经》，为《楞严经》序，以楠木盒乘之，上书七种灌顶白莲王造真谛修习仪破六教等文，洵珍物也。是日所见植物除不识者外，有野榆、鼠李、木槿、野牡丹、金樱子、兔儿伞、黄楝树（楷木）、前胡、夏枯草、盐肤木、云实、化香树、荒花、山楂、土茯苓、桧树、杉树等，未见榀杉。

八月七日，星期六。晨五钟半起程，上岭行不数里入竹径，既而至真觉寺，寺大殿内有智者大师藏身塔，金碧绚烂，极为壮观。殿左复有彩绘真像一帧，未审肖否。寺颇小，山门内有娑罗树两株，惜花期已过，但见果实耳。后闻寺中有唐梁肃碑志，惜未得见。此处山高一千九百尺。再上则为大安峰，高二千二百尺。远见一松林颇茂密，为摄一影。已而至龙王堂，为台山最中处，距华顶、方广、万年各十五里，高仅一千一百尺。再进则华顶隐隐在望，山极宏敞，林木甚稀。百合有（Lilium longiforum，L. speciosum）二种，后者白地红斑卷曲如卷册，大约四寸许，尤为美丽，剪夏罗亦多。至午始抵药师庵。庵距善兴寺仅数十武，屋宇较为整洁。饭后制标本，傍晚始至善兴寺一观，并往附近一带采集，得植物数种，影摄数帧。寺前榀杉颇多，其一高七十五英尺，其一围十四英尺半，其一围十二英尺，然仍远逊庐山二杉之高大也。此处高二千八百尺，所见植物除上述者外，有黄檀、沙朴、蕺菜、半边莲、前胡、羊乳（Codonopsis lanceolata）等。是日行三十里。

八月八日，星期日。晨上智者大师讲经台，是为华顶最高处，高约三千六百五十尺，足底群山奔赴，云海变灭，海天一抹，微微可见。同人合摄一影而去，一路见娑罗树甚多，高十尺许，闻花大寸余，纯白如雪，三月盛开，但生高寒处，不能移植山下也。山顶赤松（Pinus sinensis）甚夥，马尾松乃不一见。道旁复见山樱一树，又有一种山楂，亦华顶独有之种也。下山即趋方广，李太白读书堂以无暇遂未往观，华顶距方广十五里，磴路弯环，皆向下趋，一路林木颇少，至方广附近林箐始密，苦槠枫栎，高皆参天。上方广风景之幽尤寡俦匹[1]。不半里抵中方广，寺依岩建楼，后挹石梁之源，为两溪合流处，瀑水上腾若龙尾，已称奇观。寺前则石梁在望，长约数丈，宽仅丈余，厚四五尺，下坠巨瀑如巨练，舂撞之声耳为之聩。盥濯已乃品佳茗，饫蕨粉。凭栏以观瀑，几自疑洞府中人也。台州县立中学校长金君钥辅生与袁生谦之父袁君恭寿琴友皆于此处晤及。谈宴颇洽，约过县时相访。此间多种白尤，置每石十二元，山僧以之瀹茗，味亦殊旨。然僧家风味要推蜜饯野金橘

---

〔1〕　俦（chóu）匹：指可与相比者。

(Fortunella Hindsii)为第一，橘大仅如豆鲜，赤如火齐，以糖渍之，色香味三者皆绝，殊在粤东黄皮之上也。据寺僧云：此物产温岭而制于黄岩。他日当乞王季梁兄为之代购也。傍晚至石梁下游摄一影，下方广亦在指顾间，一路采得苔藓植物颇夥。

八月九日，星期一。晨六钟，觅一导者，往探断桥、龙游、铜壶滴漏、水珠帘诸胜。行三里，至杉树岭，高出海面二千一百五十尺，山径极峭仄，荆榛塞道。至铜壶左侧，有一溪，水流濆洞有声，盖中空者也。下草径数十曲，乃见铜壶之奇，盖瀑流所经，山凿为瓮，上则飞泉如挂练，下则澄潭如泼蓝。于是者上下三叠，铜壶之名，可谓神似。其尾闾下泻是为水珠帘。帘之上游，瀑水激石上腾如龙尾。其右则昔日瀑流所经，切礲成槽，是名龙游界〔枧〕。钱、邹二君意欲立槽口俯瞰珠帘腾攫之势，几至失足，可谓危矣。已而趋至珠帘之底，则见抛珠喷雪，顷刻万态，殊不愧珠帘之名。水亦较石梁瀑布为大。乃以道路艰险游屐罕至之故，致闻天台之名者，但知石梁，而不知珠帘，亦有幸有不幸矣。归途披草棘，久之始觅得断桥。盖溪上一岩石，横列半段如桥之已圮者，亦一奇也。此行值宿露未晞，草树蒙密，衣履尽湿。饭后赴万年，道中过一小瀑，是为小铜壶。行十五里，抵万年寺，寺极宏敞，然大半颓废，重兴之非数万金不办。考寺颓废之由，则先时寺本台山一大丛林，僧侣极众，寺产极富，嗣以主僧有犯教规，邑令某乃夺寺产之太半，以兴一文明书院，今乃拨归中学，因之寺中香火亦渐替。至今则徐霞客所谓藏经阁及南北藏者，已不复可睹。惟大厅尚悬有王梦楼"令法常住"一扁额而已。寺前楒杉甚多，大者三人围，皆百年物也。

八月十日，星期二。晨六钟半起程，赴桐柏宫，相距亦十五里，过罗汉岭，高二千七百尺，居民多种凤仙花，铡其梗长寸许，腌之令腐，以为菹，如杭人之嗜苋菜梗然。已而过公界岭，高二千四百五十尺，自是磴道峻下，行极颠顿。时酷日中天，弥觉疲荼。十一时抵桐柏宫，地高出海面一千四百尺，遥望华顶已在云端矣。下午三钟偕一道者往观蜡烛峰，岭高一千七百八十尺，时午日尚高，兼之山皆砂岩，林木稀薄，酷热倍甚，乃鹄立岩壁下取荫。所谓蜡烛峰者，一矗立顽石耳。惟左方之鹰嘴峰，其状殊肖。已而间道下至龙潭，大石嵯峨，水流湍急。钱、邹诸君皆扶携而往潭口，观瀑水之下坠，予病不能从也。已而暴雨，憩石洞下片晌还，归途远睹琼台，道极崎嵬，殊无佳致。然琼台夜月，天台胜景之一，或箕踞其上，纵目所之，千里一白，为胜耶？至双阙千丈崖者，则景殊佳。傍晚返观，观为羽士所居，有一殿供伯夷、叔齐石像，观产极薄，不足供羽士衣食，每年香客亦寡，故尤贫乏。所具素蔬亦极劣，几难下箸。闻前数日，彼等尚以烛油烹调云。反而观僧寺，则徒侣动踰百人，一上客至，食前方丈咄嗟立办，一山之间，荣枯异趣若此，殊可叹也。

八月十一日，星期三。晨六时起程，九时半抵天台县。天台之游，于焉告终。游屐所未至之处，厥惟寒明两岩，然闻路途极远，加之僧寺湫隘[1]，虑难驻足，故辍游念。入县主〔驻〕于县立中学校，校长金君与袁君琴友，极尽地主谊，可感也。连日行酷日中，伏暑甚深，晚觉体热，未进晚膳。

八月十二日，星期四。晨七时乘舟返临海。临海至天台，水陆皆可达，惟水途遵山溪而行，水涨落极速，苟逢水浅，则上水每每数日始达，故多遵陆，下水则较便。今日则适逢山中大雨水发，故行驶倍速。途中遇小雨。五时半到县，仍驻第六中学校。

八月十三日，星期五。在校处理标本，收拾行李。晚十二钟大雷雨，为平生所稀见。标本多为水所毁。

八月十四日，星期六。晨八钟趁小火轮至海门，寓浙江旅馆，定于翌日由温岭入雁宕。午后暑雨绵蕝[2]，竟日不止。海门为台州第一巨镇，为宁波、温州、厦门、福州诸大埠之中站。故商业极盛，屋宇亦整洁。临海虽为昔日府城，然繁盛远不及也。惟上月十九日，遭海啸之灾，损失极大。沿海码头旅馆居室，荡析无余。小火轮且有吹上岸者，死伤千余人，诚未有之奇灾也。

八月十五日，星期日。晨四钟半，别钱、邹二君登小轮赴大溪，复命杜仆先往永嘉。船极窄隘，卷曲竟日。午后复大雨，绵蕝不止。五钟半始抵温岭县之大溪镇，假宿一客店中。湫隘无似，然镇中皆瓦屋，颇完整。适逢一人家行娶，鼓乐声人声爆竹声，一时极嚣杂之至。晚间诸宾复聚而讴歌，呜呜之音，殊可哂也。是日水程共行九十里。（后略）

---

〔1〕 湫（qiǎo）隘：低湿狭小。湫，低洼。

〔2〕 绵蕝（zuì）：形容雨密集不绝。

吃天台橘而游天台

永　年

　　载于《大世界》1922 年 2 月 20 日,第 2 版。《大世界》1917 年 7 月 1 日创刊,由上海大世界游乐场发行。创办人黄楚九,总编辑刘青,孙玉声主持编务,1932 年 1 月 28 日停刊。作者永年,其人不详。本文记叙了作者因吃天台橘而梦游天台的神奇经历,表达了作者渴望游览天台山的心情。

　　谚云:"日有所思,夜有所梦。"信然。予今日吃天台橘两枚,味甜如蜜,以为出品如是之佳,而胜境将来必往一游,无如夜间梦至天台畅游,醒后濡笔记之,以博阅者一粲。

　　岑寂萧斋,凄清欲绝。一丸明月,如新磨之镜,自纱窗射入,益形皎洁。予手执《杜少陵诗》一卷,惫极,倒胡床而卧,忽觉身轻似燕,如列子之御风,若嫦娥之奔月,至一异境,似非生平所经过者,额曰"天台"。长松参天,荆棘蔓地,怪岿一径,峭若鸟道,踽踽行约一里许,始至一处,崇楼杰阁,囷囷盘盘,墙外遍植梅花,疏影暗香,落红满地,恍若身历罗浮山也。瞥睹朱门启,一美女子姗姗而来,芳韵超迈,神采奕奕,予几疑为天上仙嫔,不觉神荡心迷,思欲一通情愫,然于礼殊属孟浪。正踌躇间,美人招予手,曰:"来,郎君何羞涩若是耶?"于是予随之行,长桥卧波,廊腰回绕,至一室,修篁数竿,窗前映绿,中贮图书,垂帘累累,几案间无纤毫之尘垢。忽美人谓余曰:"时已薄暮矣,郎君盍归家? 明日祈早来,妾候玉趾于此。"

　　予于是由原道返,竟欲作前度刘郎也。岂知桃花依旧,人面已非,燕子楼空,佳人何在? 而无情之韩卢[1]疾驰而出,对予狂吠,予大惊而醒,灯光半几,正月移花影上栏杆也。

----

　　[1]　韩卢:代指狗。《战国策·秦策三》:"以秦卒之勇,车骑之多,以当诸侯,譬如驰韩卢而逐蹇兔也。"鲍彪注引《博物志》:"韩有黑犬,名卢。"

天台山游记

杨春长

　　载于《曙光》1924 年第 1 期。民国有多个《曙光》杂志，这个《曙光》杂志于 1924 年 11 月创刊于浙江定海，由定海公学校友会编辑。杨春长，其人不详。本文简要记述了作者于 1922 年春游览国清寺、高明寺、华顶、石梁的经历。

　　天台山在天台城北约二十余里，中国有数之名山也，与邻郡之普陀、雁荡齐名。考《天台县志》，隋炀帝时，高僧智者来是山讲经说法，是为辟天台之祖。嗣后名僧辈出，故有天台佛地之称，加以风景之奇伟，游者络绎不绝。

　　壬戌[1]春，余往游焉，发自六师[2]，跋山涉水，行二日至国清寺。寺据两山之间，东西环以水，至寺前合而为一，抛珠碎玉，名曰双涧回澜。百年丛林，荫蔽天日，修竹青漪，石径曲折。足近寺门，犹不知其寺何在。是夜宿藏经阁之前。寺宇之宏壮，僧侣之众，为天台山冠。传版进斋堂，守佛家之规，进膳诵佛号，食毕则横箸。寺内有黄〔王〕羲之之一笔"鹅"镌刻碑上，系一笔写成，不分起下笔。惜未寓目，至今犹耿耿在心。寺旁十一级浮屠，高可二十余丈，黄砂砖叠成无顶。相传有三仙人斗法：一造桥，一筑城，一建塔，以天明鸡鸣为限。造桥者法大，牵两龙之舌，顷刻立成（即今之石梁桥），伪为鸡鸣，众遂止，故今天台城无女城，塔无顶，塔顶犹置半山之塔头寺。证诸事实，首尾相符，此亦可信可疑之事也。

　　自国清登山，天雨，泥滑难行。过金鸡岭，山径峻峭，拾级而上，足膝点于胸。黑雾迷罩，细雨濛濛，数步外不见人至。高明寺午餐，老僧款待甚殷。饭后僧献智者大师所用之非铜非铁紫钵，缺一角，扣之锵然有声，谓当天气

---

〔1〕　壬戌：即 1922 年。

〔2〕　六师：即位于临海的浙江第六师范学校，时简称六师。

晴明之际，扣钵可听海潮之涨落。又有炀帝所赐之袈裟，上织龙纹，大小不一；印度来之《贝叶经》，书字于木叶，夹之以版，字为梵文；及智者大师手书之《陀罗尼经》，汉文。

出寺天雨不止，山高气疏，冷气侵人，多风，木不能长，枝干偃蹇，鲜鸟雀，山高飞不能上。雨行不快。至华顶寺，天已昏黑，殿宇壮丽，正殿及两横厢，盖以铅版，风雨之下，有声轰隆，余则概用茅草。僧云，瓦经霜雪则迸裂，遇风则蝶飞，吾华顶七十二茅蓬，无一用瓦者。闻此亦可见其寒矣。时春正三月，万紫千红，是地犹雕〔凋〕零如故，北风凛烈〔冽〕，一似隆冬闭藏景象。

晨起，访太白读书堂及拜经台，台在山之极巅，距寺约五里，无他物，仅一方石而已。上建茅蓬，围以土墩，如城，旁有龙爪井、降魔塔，在此极巅之处，犹有水源，其亦奇矣。有碑，曰“天台第一峰”。下视诸山，如群儿依肘膝间，昂首稍远，如土畦。极东可见东海，水光闪烁。北可望杭垣，其亦高矣。

午间下山，至石梁，水自华顶来集，两流为一。桥长二丈，中宽四寸，石笋出自两山，平叠穹窿，如半天悬虹，水自上来者，至是如万马结队，穿梁狂奔，至桥下陡落千丈，下捣大潭，轰然万人鼓也。人相持语，但见张口，不闻人声。走山脚，仰视一匹练从天下，不着四壁，飞沫溅顶，目光炫乱，坐立俱不稳，疑此身将与水俱去矣。余初至惊心骇目，足战栗不敢行，继思至天台不过石梁，后恐无此机矣。虽俗有“不过石梁不算笨，走过石梁不算能”之遗训，亦置诸不顾，携杖密步，瞋目临深履薄，一生所临危险之境，恐无是过。桥端置一亭，日光之下，金光灿烂，僧云系粪摩铜[1]铸成，虽历千百年不锈。高过于人，中有五百尊罗汉，大如姆〔拇〕指，题曰：“皇明天启元年甲酉中秋吉旦，钦察地督九门太监徐贵等，喜施助成金殿，永远供奉天台胜境石梁首。清凉山沙门如璧募造。”午后至铜壶滴漏，造物之奇，可谓极其狡猾矣。水自上下，忽转入石洞中，不见踪迹，惟闻轰轰之声。挽崖端偃木，牵萝下，如黄河决口，一泻直下。受瀑处，池广数亩，深百丈，池岸忽凹，下为赤壁，水沿壁下，丝丝缕缕，如散绵然，曰水珠帘。又下则为龙游涧，遂摄影于是，以作永远游天台之纪念。

---

〔1〕 粪摩铜：应是“风磨铜”俗传之误。风磨铜，又叫风沫铜，是一种比黄金价值还高的金属，据说风越吹磨，它就越明亮。唐《潜确类书》：“鍮石，黄铜似金者，我明皇极殿顶名是风磨铜，更贵于金，一云即鍮石也。”天台旧有俗语云：“天台不算穷，石梁还有五百风磨铜。”即指此小金殿而言。

游赤城山记

方为舟

　　载于《浙江兵事杂志》1922 年第 104 期。又见于《上海先施乐园日报》1925 年 10 月 6、7 日，第 4 版。《浙江兵事杂志》1914 年 4 月创刊于杭州，月刊，编辑及发行者初题浙江兵事杂志社，后改浙江军事编辑处，停刊时间不详。方为舟，其人待考，民国年间有多个方为舟，有曾任武进县公安局长的方为舟，有作为作家的方为舟。后者，即本文作者，在《浙江兵事杂志》《小说日报》上发表了不少游记、诗歌、论说等。本文记录了 1922 年夏作者在友人的陪同下游览赤城山的经历，表达了从军乱世对和平宁静生活的向往。

　　浙中山水幽奇，曰天台，曰雁宕。天台高一万八千丈，周回百余里，以上应台星，名曰天台。山在县北十余里，去临海为近。李白诗云"天台一万八千丈，对此欲倒东南倾"者也。余结想往游久矣。

　　壬戌夏，从军斯邑，同人李君伯华曰："游天台必自赤城始。土皆赤色，若霞彩，远望如雉堞，故名曰赤城山。上有玉京洞，道书所云第六洞天是也。"七月望日，李君外，复约魏君为伴，遂作赤城山之游。上午出西门，见赤城霞，标彩在望。行二三里，至一村，溪流潺潺，曲折有致，村外松林蓊郁，弥望皆碧，至林少休。复前进，一路水声淙淙，如奏笙簧，夹陌浅草，新经雨，芳蔼〔霭〕袭人。遥见山麓，群树如荠，划然中分，一岸洞如狮口，三四小屋，错列其间。李君曰："此即紫云洞也。"寺前岸上，凿"赤城霞"三字，字迹苍古，寺前有荷池，菱藻间生。殿左有放生池，一泓碧水，掩映花草，碑勒《赤城山赋》，浙人杨文骢[1]所书也。至华阳洞，洞在半山，乱草蒙茸。山际湾〔弯〕曲如羊肠，盘转而上，至洞口少憩，觉风送花香，烟飞岚起。洞狭，祀观音像，

---

[1]　杨文骢：即杨龙友。杨龙友为贵阳人，文中"浙人"属误记。

有修道者住焉。道者言:此洞昔名岩笺,有僧湛然者,荆溪人,居此以讲解天台教义,故名。今讹华阳,谓吕纯阳[1]曾在此炼丹云。孰是孰非,不敢臆断。余等出洞,坐岩前,极目眺远,不觉心地豁然,尘心顿清。休息十分钟,起而上山,小路依岩凿成,滑不容步,而鸟雀声清,听之忘倦。夹道松柏成林,老干纷披,一若为人引导者。费二十分钟,至玉京洞,洞前一小平原,茂草异花,离披掩映,仿佛天造地设,非人世所有,因洞架屋,楣悬一额,书"玉京"二字,内有女冠二人,一老一幼,相邀茶罢,问之亦台人也,住此已十余年矣。阶前有一碑,书"金钱池"三字,题字者乾隆间绍兴总兵吴某也。相传有僧名昙兰者憩此,日夜诵经不辍,有神献金钱,弃池中,故名。但有碑无池,言池在岩北一里许,岁久堙没,恐亦不知其处矣。是时赤日正中,林荫布地,但觉凉飚翛翛然洒衣襟,殊不知有炎暑气。坐罢,杖行洞前,紫苗青芷,香气氤氲。按道家言,玉京洞在山之左腋,为十大洞天之一,元都天尊居此说法,令众仙聚集听讲。又云:其内周回三百里,有金堂玉室,瑶花琼草。其下别有洞台二百里,属魏夫人[2]所治。其说不经有如此,今洞已壅塞,但架屋五间,可容数十人。

复折而南,绕山沿,穿竹径历数十盘岗,至一洞,岩上凿"餐霞"二字。洞甚小,有屋数间,内有一坟,似新创者,不类工人所为。屋内有老妪,见余等至,乃出而招待,妪曰:客欲知此坟之详情乎?天台城南,有儒家齐姓女,孙天祚妻也,年十八,于归天祚,翌年产得子。祚好读书,不事生产,家中诸务悉操诸节妇。甫二载,而天祚卒,妇从容镇定,哺养孤儿,苦守十余年,遣子就外傅,子性孝,能自立,悲母之苦节也,颇发愤读书。稍长,善属文,节妇又为娶媳。媳本农家女,会夫妇不睦,子赴水死,节妇大恸,携二棺至华阳洞修道焉。后因家贫不能葬,厝夫棺于餐霞洞,以十指代器取土,营筑夫坟,饥则食草根,渴则饮山泉,不畏野兽,不避风霜,兴则作,倦则卧,三年而墓成。墓前有一池,名掬井,言节妇取土处也。天台某县令,作诗勒石纪其事。又云:节妇出自大家,故颇知书,精绘事,事亲至孝,至民国四年,妇已七旬,其不下山者五十余年,故节妇之名始闻于远近。县令知其名,悯之,特捐廉数百金,筑屋以居节妇,并上闻于政府请旌奖焉。民国八年,妇殁,天台各团体上山

---

〔1〕 吕纯阳:即吕洞宾。

〔2〕 魏夫人:《天台山方外志》据《南岳魏夫人内传》,魏夫人名华存,字贤安,任城人,晋司徒魏舒女。后拜四真人为师,受封使治天台大霍山。《南岳小录》曰:"赤城山下别有洞台,方二百里,魏夫人所居。"

执绋，葬之餐霞洞云。老妪絮絮不休，余等亦凭吊久之，始怅然别，乃至赤城之顶，见浮屠七级，相传最高一级藏舍利子二十八颗。浮屠为梁岳阳王妃所建。其左有泉名仙人井，旁有洗肠池，为高僧洗肠处。山下悬岩峭壁，怪石嶙峋。遥见天台城堞，历历在目。万家闾舍，如结蜂窝，气象之开豁，峰峦之耸拔，如别有天地者。其余群山罗拱，如生公[1]说法，顽石向之点头。惜乎名山胜景，只为僧道樵牧之场，而逸士高人，则足音跫若[2]。余等费半日工夫，相与陟危峦，穷叠巘，攘臂谈天下事，极目眺远，可谓乐矣。但世途险阻，于今为烈，安得此山作桃源而居之，以避世乱乎？既而暮霭四合，夕阳西匿，相率下山，爰纪其实云尔。

---

〔1〕 竺道生：晋末高僧，世称生公，竺道生解说佛法，能使顽石点头。《莲社高贤传》：“竺道生入虎丘山，聚石为徒，讲《涅槃经》，群石皆点头。”

〔2〕 跫（qióng）若：跫，脚步声。形容空无所有或稀少的样子。

赤城山游记

方为舟

载于《小说日报》1923 年 5 月 1、2 日，第 4 版。《小说日报》1916 年 6 月 7 日创刊于上海，创办人兼主编为徐枕亚，发行人黄玉汝，期间经过停刊、复刊，最终约于 1923 年 9 月停刊。本文与方为舟发表在《浙江兵事杂志》1922 年第 104 期上的《游赤城山记》内容大致相同，属于同题之作，详略稍有不同，可以对读。

天台雁宕，山水冠天下，余结想往游久矣。壬戌之夏，余随军斯邑，同寅李子伯华[1]，谓游天台必自赤城始。赤城者，其土皆赤色，远望之若雉堞，故名。山之上有玉京洞，道书所谓第六洞天也，为天台八景之一。

壬戌七月既望，约魏君于上午十时往游。出西门，见赤城在望，行二三里，即立山麓。未几抵一村落，溪流潺潺，曲折有致，村之缘，松林翁郁，弥望皆碧。入林少憩，更前进，一路水声淙淙，如奏美乐，陌头浅草，新经雨露，芳蔼〔蔼〕袭人。遥见山麓一大森林，划然中分，一岩洞如狮口，三四小屋，错列其间。李君曰："此即紫云洞也。"岩上凿"赤城霞"三字，手迹苍古。寺前一荷池，菱藻间生，殿左有放生池，一泓碧水，花草掩映。碑勒《赤城山赋》，浙人杨文骢所书也。遂至华阳洞，洞在半山，乱草蒙茸，山际曲如羊肠，盘旋而上。至洞口少憩，觉风送花香，烟飞岚起，洞甚狭，比紫云为少进，塑观音像，有道者居焉。此洞昔名岩筊，有僧湛然者，荆溪人，居此以讲解天台教义，故名。或误为华阳曾于此炼丹，遂易今名云，其详不可得而考焉。余等出洞，坐岩前，极目眺远，不觉胸襟豁然，尘虑胥涤。休息十分钟，起而上山，有小路，依山凿成，滑不容步，而鸟鸣如簧，听之忘倦。夹道松柏成林，虬枝错出，

---

〔1〕 李伯华(1892—?)：原名祖植，江苏溧水人。1919 年 3 月保定陆军军官学校第六期炮兵科毕业。历任第一集团军第十军司令部参谋长、陆军少将等职。

一若为人引导者。费二十分钟，至玉京洞，洞前一小平原，茂草异花，离披掩映，仿佛天造地设，非人间所有。洞内架屋，楣上悬一离〔额〕，书"玉京"二字，内有女冠二人，一老一幼，相邀啜茗，问之，亦台人也，住此已十余年矣。阶前有一碑，书"金钱池"三字，题字者为乾隆间绍兴总兵吴某。相传昔有僧名昙兰者憩此，日夜诵经不辍，有神献金钱，弃池中，故名。但有碑无池，谓池在岩北一里许，岁久湮没，不可寻迹矣。是时赤日正中，清荫布地。但觉淳飔习习，袭人衣袂，顿忘襱襳〔1〕之劳。坐久起，杖行洞前，青芝紫苗，香气醉人。按道家言，玉京洞在左腋，为十大洞天之一，元都天尊居此说法，令众仙聚集听讲。又云其内周回三百里，有金堂玉室，瑶花异草，其下别有洞口，为魏夫人所治，其说如此，今洞已壅塞，但架屋五间，仅容数十人而已。

复折南，绕山沿，穿竹径，历数十盘岗，至一洞，岩下凿"餐霞"二字。洞甚小，有屋数间，内有一茔，似新筑者，不类工人所为。屋内有老妪，见余等出，笑曰："客欲知此坟之由来乎？天台城南，有儒家齐姓女，孙天祚妻也。年十八，于归天祚，翌年生一子，祚好读书，不事生产，家事无内外，悉由妇操之。甫二载而天祚卒，妇哺养孤儿，茹苦十余年，令其子就外傅，而子性纯孝，悲母之苦节也，颇发愤读书。稍长，善属文，节妇又为娶媳。媳农家女也，以夫妇不睦，子赴水死。节妇大恸，运二棺至华阳洞，修道焉。后因家贫，不能葬。厝夫棺于餐霞洞，以十指代器，取土营夫冢，饥则食草根，渴则饮山泉，不畏野兽，不避风霜，兴则作，倦则卧，三年而墓成。墓前有一池，名掬井，言节妇取土处也。天台田县令〔2〕作诗勒石记其事。"又云："节妇出自大家，故颇知书，精绘事，事亲至孝。至民国四年，妇已七旬，其不下山者五十余年，故节妇之名，闻于远近，适邑侯田公知其事，悯之，特捐廉数百金，筑屋以居节妇，并上闻于政府，请旌奖焉。大总统袁公〔3〕赠以'秋霜比洁'四字。至民国八年，妇病逝，天台各团体，皆上山执绋，葬于餐霞洞。"嗟乎！节妇，一齐民妇也。未尝读书而志矢节，明大义如此。岂天台灵气之所钟欤？余等凭吊者久之，始怃然别，而至赤城之顶，见浮屠七级高耸，相传塔顶有佛宝舍利子二十八颗。按塔为梁岳王妃所建，其左有泉，名仙人井，冬夏不竭，井旁有洗肠池，询之樵夫，言有高僧将渣〔渡〕石梁桥真化。有罗汉拒之曰："尔托胎神母时，曾过韭畦，犹带荤气，不能在此仙化。"于是僧回此山，剖腹

---

〔1〕 襱襳(lóng xiān)：裤子和小袄，泛指衣服。

〔2〕 田县令：即田泽勋，1916年9月开始任天台知事，任期不详。

〔3〕 袁公：即袁世凯。

洗肠,此池因以名焉。山下悬岩峭壁,怪石嶙峋,遥见天台城堡,历历在目。万家闾舍,如结蜂窠。其气象之开豁,山峰之耸秀,如别有天地者。其余辟山罗列环拱,如听生公说法,群石点头焉。惜乎名山胜迹,少诗人点缀其间也。李君叹曰:"天台咫尺,逸士幽人,往往觌面而不相识,而牧竖秃厮偏与名山有缘,事有不可解者。大抵如斯,宁不可叹?"余曰:"吾等费半日之间,相与陟危峦叠巘〔巘〕,攘臂谈天下事,极目眺远,可谓乐矣!但世途险阻,于今为烈。安得借此山作桃源而避世乎?"同游魏君笑曰:"今之失意政客,下台军阀,何不学陶处士赋归去来隐兹赤城,作急流勇退之计,如齐节妇之守节以终其天年也?"维时暮霭〔霭〕四合,夕阳渐西,吾三人始怃然联袂下山。

天台山

［日］常盘大定著　　徐丙琴译

　　载于《支那佛教史迹踏查记》，东京龙吟社 1942 年版，第 439—458 页。常盘大定（Tokiwa Daijo，1870—1945），日本佛教学者，真宗大谷派僧侣。宫城县人。专门从事中国佛教史研究，多次到中国实地考察佛教史迹。著有《中国佛教史研究》《中国佛教史迹踏查记》等。20 世纪 20 年代，常盘大定先后五次踏查中国，并著有《支那佛教史迹踏查记》等书，颇享声誉。1922 年 10 月 17 日，常盘大定从宁波乘船前往海门，开始天台山之旅。他先后考察了紫阳道院、国清寺、赤城山、高明寺、真觉寺、善兴寺、方广寺、万年寺等宗教景观。本文较详细地记录了闻见的宗教遗迹和景观，对了解民国期间天台山宗教状况和景观遗存较有价值。整理时，选取原书照片 4 张、绘图 1 张。

　　十月十七日（星期二），宁波第一古刹，七塔寺是也。但无暇造访，唯有眺望。是日，决定启航往天台山。

　　开往海门的平阳丸，本应上午九时启航，待至十一时方扬帆。今天是阴历八月二十七日，适逢孔子诞辰 2472 年，路遇学子列队参拜文庙。日后读报道得知是因为上海尊孔会，函告宁波各机关团体，倡议隆重纪念孔子诞辰，以表景仰之忱。此事轰动一时，闻名西洋的反抗运动，此后势必弥漫各地。如今此等事也令人称奇，说明四百余州无不背离孔教已久。今在此地，初次遇到孔子祭典，深感仰慕奇遇。

　　爆竹声不断，好像是迎接新到港的新绍天丸上的一位乘客。曾先生说是为了迎接米店的老板，颇为招摇。今晨所见三十四名学童在河边举旗列队，现在可能也在欢迎人群之中，孔子祭典与之相比，暴露了当今的现实。

　　今晨，见到两队婚礼队伍。

　　上海购买往宁波船票，需加税一成，在宁波购票亦需加税一成。只见船票上写着:宁绍台地区,遇风灾雨灾,惨状无以言表,为赈灾,奉会稽道尹之命,对沪甬之间轮船乘客加税。征税一角,不足一角者,每角征铜元一枚,一元以上每元加小洋一角,一年为限。经宁绍旅沪同乡会之手,得到太古、招商、宁绍三公司的赞同,今年十月开征。弘扬社会精神之举可喜,我在山东、河南也曾见过。

船驶入扬子江混浊海域,舟山群岛正处其中,时至日暮,犹见浊浪。

十月十八日(星期三),上午七时半,船抵海门。此地是流经天台山麓的始丰溪的下游。此地距台州府百二十里,有小轮船通航,但退潮时露出很多沙洲,行船不便。恰逢退潮,要白等至下午四时过后才能出发。于是上岸去城里散步。城中有东岳庙与城隍庙,规模甚大。东岳庙内有十王殿。

两庙院内有一群老妇人,纸片为香,依序参拜,口中念经。庙中的念经是佛道混杂,这才是大众宗教。

下午四时半出发,七时三十分抵达台州府。船上有一家住福建的女子,怀抱幼儿,与同船的姚知事谈笑不止。其活泼的言谈,出人意表,在中国北方从未见过。在台州府,与分发浙江任用县知事的姚荣森同宿。姚君正在视察仙居县水灾情况的途中。次日,船沿始丰溪溯流而上,洪水痕迹高达五六丈,惨状超乎想象。中国真大。台州府客栈极简陋,有很多臭虫。次日,身上发现蛰咬的痕迹,颇痒。

十月十九日(星期四),上午五时起床,六时起轿动身,洪水之惨状,触目惊心,溪间道路多处被损坏。一路沿途歇脚处几乎全是庙宇,庙宇多得简直让人厌倦。

(一)雍正敕建紫阳道院

县北六十里,有一山冈名曰百步岭。山冈上有大庙,大树环抱,其状不同寻常。探访得知此乃雍正敕建紫阳道院。雍正御碑记述,张紫阳生于台州,仙佛归一。其下方立石碑,刻派演南宗,前方坛上石碑,刻有重修紫阳仙坛化身处,以示张紫阳仙化于此地。

全真教分南北二派,张紫阳为南派之祖,邱长春为北派之祖。该南北二大派别,学了禅宗二大派,南北风尚不同,使佛道两教互不相让,而分为南北两大派别,这点最让人感兴趣。轿夫说从台州府到天台县,说是一百多里,实际有一百二十几里。但下午五时抵达国清寺,由此看来,最多不过百里。国清寺位于佛陇峰南麓,县城北十几里处。九十几里距离处立有一块题名为放生潭的石碑,围溪水,成池状。是故,亦称放生池。此处可望见天台县。

县的北部有天台山,山的最高处,右方是华顶峰,其左方小山丘上有塔者是赤城峰。

(二)国清寺

薄暮时分,经大塔、七塔傍,过丰干桥抵达国清寺。夜晚,有梁王忏,难得一见。三四个僧侣头戴纸做的宝冠表演,曲章音乐略带俗气,喧嚣嘈杂,仪容不忍睹。

僧众三十多人,一边诵经,一边行堂,颇虔诚。是夜,拜访书记炳育师,询问山内如下古迹:

隋智者大师碑　　唐章安大师全身塔

唐螺溪墓　　　　五代德韶所建两砖塔

元无见睹塔(先睹)

赤城山的结集岩·释签岩

瀑布山昭庆院

其一无所知。书记乃伴随名为月慧的中年僧人来此,尚不熟悉情况,无奈。此山有僧众百数十人,住持叫可兴[1]师,号称临济宗第四十五世传人。此时,其人正在宁波观宗寺。

晚间,我问这里是天台宗吗,答曰是,我又问是否是临济宗,亦然,并回答说台宗即济宗。次日,在高明寺时,听过介绍,说先前是天台宗,如今是临济宗。

天台大师于大建七年(575)九月秋入山。大师初到此山修禅(大慈寺乃其首禅之地),梦定光告曰:"寺若成,国即清"。开皇十七年(597)大师圆寂;开皇十八年,晋王檀越,创建一寺,初名天台;大业元年(605)得知定光梦告,于是赐国清御匾。定光乃梁代人,大同初期,隐居佛陇,山居三十载,人道其人罕知者,有所悬记[2],多皆显验。

章安于陈代至德初(583),朝拜智者大师于修禅寺,贞观六年(632)终于国清寺,寿七十二。

唐初有丰干,因与寒山、拾得的关系留名于文艺作品之中。会昌中

〔1〕　可兴(1876—1942):号一中,俗姓何,浙江温岭人。先从温岭明因寺心地受戒,后至国清寺,研习天台宗,民国初,住持国清法席。民国十九年,赴苏州灵鹫寺任住持。民国二十年,应天台山僧众恭请,重返国清寺,复任住持。重振天台宗风。

〔2〕　悬记:佛教术语。悬是遥远,记是说明,意即预言,特指佛陀预言未来之事。

(841—846)毁于兵火,大中五年(851)重建,到了宋代景德二年(1005),改名为景德国清寺,此后又毁于兵乱,建炎二年(1128)再次新建,四年颁诏易教为禅。如此,国清寺成为禅寺始于宋代。然而,综观唐初与丰干禅师的因缘,可见其内容早已禅化。到了元代,禅教相争,越僧观无我,定此为禅。现存建筑,是清朝雍正年间的,现存的唯一古文物是直径八尺的漏沙锅。

国清寺(图1)背依兜率台,五峰双涧围绕,乃苍柏古松茂密之幽境,自古得天下四绝之一的美名。五峰乃正北八柱、东北灵禽、东南祥云、西南灵芝、西北映霞。双涧其大者,由东北,往西南绕寺区而流,小者由正北流经寺区西面,汇入大涧。丰干桥架于其上,其南方有大砖塔、七佛塔,山川景胜,寺塔位置,颇似荆州玉泉寺,犹如玉泉寺其典型布局移入了国清寺。建筑布局以大雄宝殿、雨花殿、金刚殿三大建筑为中心,右方有祖师殿、大悲阁、藏经阁、三圣堂、鼓楼,左方有方丈楼、选佛场、客堂、厨房、钟楼,金刚殿前有影壁,其前再架石桥,称丰干桥。

图1　国清寺天王殿

梁王忏,水陆道场法会繁多,其仪式内容制成木牌,存于大悲阁下。此等法会在方丈楼举行,方丈楼中有五人画像。问之,答曰如下:

清朝玉琳国师、宝林、文定、耀冶、月洪。

方丈匾额题为"晋唐古方丈",但古物只有高约二十三丈的砖塔,砖塔在《天台山志》卷十三中称是"隋炀帝遣司马王弘建"。我想应该是宋代重建的,六角七层(昭和十一年,塔内出土了拟是宋代雕刻的八菩萨石像)。

又,《山志》卷十三,记载"隋柳顾言撰国清寺智者禅师碑",碑亡文存。该碑丢失,甚为惋惜。

（三）赤城山

十月二十日（星期五），阴。赤城山是位于天台山西南部的偏峰，据《山志》记载，赤城山有章安的结集岩和荆溪的释签岩。我就此问了寺庙里的僧人，但寺庙里的僧人连章安、荆溪的名字都没听说过，所以要通过实地勘察才能最终放心。听从寺庙里东道主僧人的建议，决定先登上此峰，之后再去勘察华顶和万年。拂晓之际起床，会看到七佛塔。这里是供奉过去七佛的地方。其中一佛刻有天顺年间（1457—1464）重建，另有一佛刻有康熙年间（1662—1722）重建的字样，其他佛像上没有刻注年号，都建于明清时期。

本来还想探寻章安大师全身塔的遗址，但踏破南边的山丘，只看到新墓，最终也没寻得大塔的痕迹，应该早已经荒废了，也难怪庙里的僧人都不知道。寺庙中原本有亲自蒙受天台大师点化的柳顾言奉勅撰刻的《天台国清寺智者禅师碑》，但现在也没有了。

通向赤城山的途中，需要翻越一座山岗。从山顶望五峰，似触手可及，赤城近在眼前。而县城的前面有始丰溪流过，穿过溪流继续向南，山脉连绵不绝，实乃风景名胜之地。

说是山有三洞，但实地勘察可见五个洞窟。原本期待在其中某个洞窟可以看到结集岩相关的文字描述，但到处都没看到文字。五个洞窟分布如下：

一、东边 飞霞洞

二、东边 玉京洞

《山志》中有记载，"玉京洞，在赤城右侧，许迈[1]尝居此"。在一座看上去像是寺庙的建筑前面，立着一块雍正十三年的石碑，碑上题字"金钱池"。碑文中还附注了以下内容："传曰，僧昙兰憩此诵经，有神献金钱，僧弃池中。"支昙兰是追随竺昙猷之后进入此山的高僧。

三、东南 餐霞洞

洞窟中有土造的坟墓，洞外也有坟墓，旁边的池子称为掬井。根据墙壁上的石刻题字，得知洞窟内有一峰公的墓。据传，一峰公的次女玉京女史，二十年间未曾离开墓侧，掬土成坟，并形成了此井。前面的墓上记录有"清明经一峰配张氏男二羊生文斯齐公寿域"。由此推测，东边的洞窟以前应该

---

〔1〕 许迈：据《天台山方外志》，字叔元，勾曲人，从太乙真人等授上法，服食玉液朝脑精，为地仙中品。

是玉京女史的住所。

登到山顶,有砖建的塔。在《山志》卷十三中有"梁岳阳王妃建,韶国师重修,七级二十丈"的记载,但如今只剩下四级,残败不堪。

四、下到南边,题字为华阳古洞,其空间足以容人。

五、继续往下会有更大的岩洞,题字为紫阳洞,中间有模仿寺庙样式的建筑。

如上所述,在赤城山上转了一圈,本来指望着寻得结集岩和释签岩是什么东西,结果意外地发现了华阳、紫阳这两个洞窟。

《山志》卷十三中有"'结集释签'四字俱小篆,在赤城岩,唐清观法师书"的记载,但如今什么都寻不到了。

如此这样,虽然说天台山有五个洞窟,但如今悉数变成了道士占据的场所,寺庙里边也没有与此相关的记忆。

关于赤城山的由来,因山麓中有岩石,为求得其极为深广的寓意,晋代义熙年间初期,曾建造昙猷寺,将其命名为中岩,齐国的慧明曾在此塑刻了佛像,命名为卧佛,但后因赤蚁过多而迁移至平地,宋代大中祥符元年,改名为崇善寺,曾有记载说永乐年间僧人一元对其进行了重建,但现在一点痕迹都没有了。

据传昙猷在中岩之时,王羲之曾来此礼佛,故而在国清寺的墙壁题刻中能够看到羲之之的鹅字,也正是这个因缘,昙猷最终也没能渡过石桥。

国清寺中有吴越国王钱弘俶建造的八万四千宝塔之一,是从地下挖掘出来的宝物,铁制,高六寸,内部底面有如下内容的刻印,据传这种塔在日本有三四个:

吴越国王钱弘俶敬造乙八万四千宝塔乙力言记

晚上非常荣幸地见识到了极其郑重的场面。恰逢海门的王楚卿来此做水陆道场忏法,要到晚上才会进行。戴着纸制帽子的一个人占在中间,面向南边,六名小僧围着其前面的桌子,边演奏乐器边诵读经书,吵吵闹闹,让人难以心生虔诚,方丈住的房间外面,正面是面向三界万灵的桌子,左右的桌子上放置的是王氏考妣祖先的灵位,面向灵位,王氏带领其子三人,在灵位上记下了旨在行善积德的文字。其体态动作甚为恭敬,但诵读经书时并未特别参拜,诵读经书的也并非寺庙中占据主位的僧人,看上去只是一种仪式化的活动。据以往的传说,在天童山或者是宁波,忏法需要财物钱币八百钱,而天台山只要二百三十钱。

寺庙中设置有管家的职位，掌管一山中寺庙事务。一切收入由住持收管，费用需要向住持申请。国清寺的年收入为一万五千元，而支出有二万元，不足的部分由住持承担。也正因如此，住持为了化缘，会经常往来于上海、宁波等地。

国清寺中各建筑物的位置及大雄宝殿中各尊位佛像的安放位置如图 2 所示。金刚殿挂有国清寺的匾额，旁边刻有"奉敕重建，雍正十二年岁次甲寅九月谷旦"，由此可知，金刚殿的重建即在这个时候，估计其他主要建筑物也是这个时候建的。之前有佛殿是一前一后安放有布袋和尚和韦驮天的佛像，这次也一样，只不过是一左一右两侧安放有仁王像。这也是为什么不叫天王殿，而叫金刚殿的原因。

雨花殿中安放的是四天王的像，匾额上刻有"雍正甲寅九月"。这应该

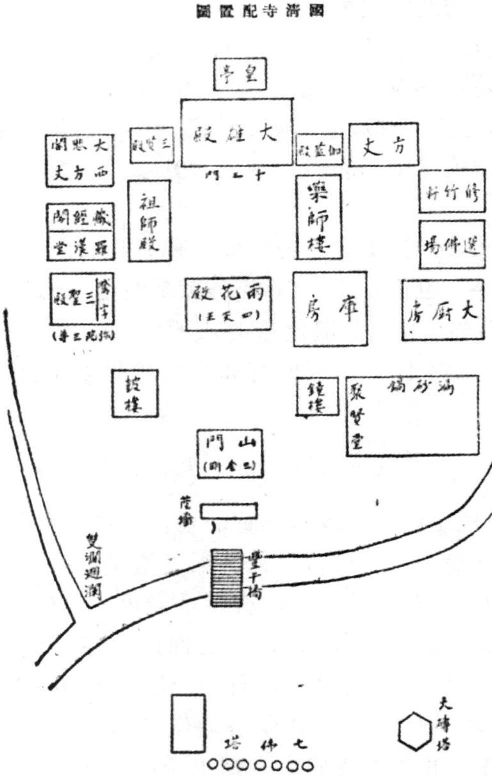

图 2　国清寺配置图

是正确的重建时间。大雄宝殿是多层建筑,里边有石头建造的佛坛,坛上安放有释迦、药师、弥陀这三尊佛像,都是坐姿。本尊两边是罗汉像。

大殿中,十六个王子像中间有个僧人,是布袋和尚,王子像皆为僧人装扮。其他僧人称其为十六罗汉,这也未置可否。

药师的佛像面容和高明寺的文殊一样,集报应二者为一身。弥陀的佛像面容展示的是报身,和高明寺的弥勒稍微有点不同。建造佛像时,都是遵从各自的内心所想而造,很少有完全一样的面容。

十月二十一日(星期六)晴,早上六点半出发,向山顶方向前进。乘坐轿子,沿着山涧转到八柱峰的背后,再登上佛陇峰,然后从东边下去,即到了高明寺。

(四)高明寺

据记载,高明寺建于唐代天祐(元和?)七年,原名高明。智者大师曾光临佛陇讲解《净名经》,经书被风吹散,翩翩起舞,不知飞向何处,所以挂锡杖,披荆斩棘,探寻经书的下落。经书随风飞了大约五里许,风势减弱,落至此处,大师作为开山鼻祖,就在此处建了净居。这也是智者大师十二刹之一。恐怕此处当时还不是寺庙的形式,一直到唐代,才采用了寺庙的形式,至清泰三年(936),命名为智者幽溪道场。据记载,殿前立有石柱,上面刻有天福二年(937)舍入幽溪禅院的字样,但现如今只能看到两个石头底座,石柱已经没有了。

宋代大中祥符元年,高明寺更名为净名,其后不知何时又恢复为旧名高明。明代嘉靖年间曾一度荒废,至万历年间,传灯大师又对此进行了重建。传灯大师即为《天台山志》的著者。

建筑物中,只有悬挂"空明"匾额的四层钟楼(图 3)是传灯大师重建时的建筑,其他悉数皆为清朝时重建。

大雄殿的主尊佛像有释迦、文殊、弥勒三尊。知客的僧人曾有文字记载,三尊皆为铁制佛像,为传灯大师所建。释迦为入定佛像,两尊菩萨皆为报应二身的佛像,唯独文殊菩萨是右手向上,弥勒佛是左手向上,有很大差异,就此问了知客的僧人,回答说这是甘露之相。

左右有三十尊佛像,据传是从迦叶一直到阿多迦这些祖师。寺庙内藏有据传是智者大师所使用过的《贝叶经》、袈裟及饭钵。

背后的大殿中悬挂有传灯大师头陀面容的画像,画像中是有头发的。查看了印章,盖的是高明讲寺的印章。藉此因缘,在这里问了天台宗和临济

图 3　高明寺鼓楼

宗的异同，但回答内容一如既往地无法掌握其要领。结果就是说这两宗各自不同，原本归属台宗，现如今归属于济宗。在问答的过程中，了解到佛教有十宗，有四门。十宗指的是天台、贤首、禅、莲、兜率、律、瑜伽、头陀，四门指的是宗、教、律、净。又问了头陀宗，结果听上去都是一些很平凡的故事，可能在我们日本没有，但在中国应该是很寻常的。

　　问了归属济门的年代，答曰梁代。一如既往，详细情况问不出来。笔谈中曾有"六祖大师分为五派，此临济派内分为十宗"的记载，最初是"临济派内有十宗"也即济门中有十宗，再继续问下去，后来改说是在佛教中，但再无其他更详细的内容了。

（五）真觉寺

　　真觉寺除了祖殿、金光殿外还有客堂。祖殿内以智者大师真身塔（图 4）为中心，左右及后边安放有宝冠形的坐像，问了回答说都是祖师。其数量有二十六座之多。塔为双层六角结构，首层安放的是大师的佛像，斗拱间的矮墙壁上刻有大师的传记，上层刻有灵鹫山、王舍城、耆阇掘、娑罗林、华藏界、

图 4　真觉寺天台大师真身塔

波罗蜜的图样,据说是清朝时期重建的。

　　大师于开皇十七年十一月廿四日在石城圆寂,弟子们将其抬回,于隋代开皇十七年葬于此处,并塑建了此塔,是全身塔。关于该全身龛塔,《山志》卷十三中曾有如下记载:

　　"仁寿元年,大师忌辰,曾设斋开龛,面貌宛如活人。大业元年再次开龛,只见空龛。"

　　据记载,龛前原本有双石塔,名号为定慧真身塔院,但现已经看不到石塔,寺庙名号于宋代大中祥符元年改为真觉,后来荒废了很久,清朝隆庆年间[1],真稔重新兴建。

　　问到韶国师的塔,这里的回答说是在通圆寺,但后来在善兴寺又听说是在国清寺。接着又问了修禅寺或修禅道场的遗址大慈寺,回答说在稍微远

---

　　〔1〕　清朝隆庆年间:清朝无隆庆年号,"清"当作"明"。

一点的圃间，现如今已经荒废了。随东道主一起探访了此处，想找寻梁肃撰的《修禅道场碑》，但问了，不得而知。有一人说道："真觉寺后面有碑。但是否是你要找的碑不得其详，你去找找看"。大慈寺是大师修禅最初的地方，之前曾梦到的定光佛就是在这里。

定光佛是青州人，叫许静照，梁代大同初期，隐居于佛陇三十载。在智者大师进入天台山修行前两年，悬记中曾有大人进入天台山修行的记载，于陈朝大建十三年时坐化。

寺门东南角有佛垅，据说是大师第二个宴坐处。我本来以为第二个宴坐处指的是佛陇山那里，但东道主僧人指着长有松树的小山丘说佛垅在此处，佛陇山指的是真觉寺的全部。果然如古书的记载，佛垅和佛陇山是不同的。大慈寺的建造要追溯到大建七年，金地岭、银地岭分别在大慈寺的左边和右边。

新建国清寺之后，大慈寺改名为修禅道场，天台宗消亡后一百八十余年，湛然的门人，听说是叫梁肃的一个人将其改名为禅林寺（《小止观抄》）。荆溪于建中三年寿终于佛陇，其全身塔在离智者大师坟墓百步远的地方，后被天人取走。大慈寺于会昌年间荒废，于咸通八年重建，至宋代大中祥符元年，改名为大慈，明代洪武十七年因屡遭风吹雨打而坍塌，德兴期间再次重建，但现如今也逃不脱再次荒废毁灭的命运。

《志》有记载：

> 唐梁肃撰、徐放书《修禅道场碑》，文字遒劲。

亦有记载：

> 唐徐放书《佛陇禅林碑》，碑文俱亡。

我来这里也是因为看到在《山志》中写到梁肃撰刻的《修禅道场碑》犹在，所以才探寻到此处，但最终不得而知，失望而归。但此行得知东南方向有巨型的花岗岩，东道主的僧人说这里是大师讲经处。

（六）唐梁肃撰《修禅道场碑》

回到真觉寺，立即探寻到客堂后的石碑，即为梁肃碑。经询问，回答说是从大慈寺迁移过来的。听后我立即仆在地上仰视，碑上的文字虽有破损，但历经多年之后也并未磨灭，这真是意料之外，所以对此进行了拓印。石碑于元和六年(811)由行满〔1〕所建。石碑本身非常质朴,完全不及在北方所见到的石碑那样威风凛凛,但对于天台山来说,有非常重要的历史意义。我能够得到此物颇感欣喜愉悦。再说建造此碑的行满,也即传教大师追随学习之人,最澄〔2〕大师说过,佛陇寺行满、修禅寺道邃〔3〕,《宋高僧传》中有华顶峰下智者禅院、国清寺道邃的记载。另,《僧传》中还有禅林寺广修〔4〕的记载。

由此考虑,最澄大师所说的佛陇寺,即为《宋高僧传》中的智者禅院。而《山志》中的修禅寺或者禅林寺应该是大慈寺。

再仔细一想,佛陇山应该不会有两个寺庙。所以修禅寺或者禅林寺是大慈寺,智者院或者佛陇寺应该是真身塔院或者是从属于该塔院的某个庙庵。

据《志》卷五的记载,行满最初是在石霜学习禅法,后来往天台山,从荆溪研习止观,突然顿悟,遂驻足于华顶峰下的智者院(就是佛陇寺吧),担任禅宗始祖灵前献茶或煮茶待客之役僧,夜晚坐于土床之上,四十年间未曾便溺,于开宝年间圆寂(降魔塔中智者的石像建于开宝元年)。

据《宋高僧传》记载,行满是五代时期的人。

但元和年间立碑的行满和五代时期的行满之间,相隔百年有余。很明显,《宋高僧传》的年代表述有误。最澄大师于日本延历二十三年(804)就学,而元和六年立碑的行满正是最澄大师的老师,这一石碑也反映出了日中佛教之间的交往。

---

〔1〕 行满(735—822):唐天台宗高僧,湛然弟子,万州南浦人(一说苏州人)。20 岁出家,25 岁具戒。大历三年(768)在浮槎寺依湛然,后随湛然栖止于天台山佛陇修禅寺。贞元二十年(804),日僧最澄入天台山师事行满。

〔2〕 最澄(767—822):即传教大师,日本佛教天台宗创始人。本姓三津首,幼名广野,近江(今滋贺县)人。14 岁出家,唐贞元二十年(804)来天台山师从道邃、行满学习天台教观,翌年携典籍归国,在比叡山大兴天台教义,创立日本天台宗。著有《守护国界章》《法华秀句》等。谥号传教大师。

〔3〕 道邃:俗姓王,长安人,唐代僧。早岁仕宦,官至监察御史,后舍荣位出家,24 岁受具足戒,专学戒律。中国天台宗第十祖。有《大般涅盘经疏私记》《维摩经疏私记》《摩诃止观记中异义》等。

〔4〕 广修(771—843):俗姓留,浙江东阳夏昆人,早年师从道邃。日僧圆载至天台请法,为讲《止观》。后世奉为天台宗十一祖。

（七）善兴寺

据旧时传说，华顶峰高有一万零八十丈，方圆百里，是天台山中最高的山峰。寺庙在华顶峰上，所以曾有华顶圆觉道场的旧名。为晋代天福元年德韶国师所建。智者大师曾宴坐于该峰顶降魔，故而该峰的最高处建有降魔塔，塔中安放有大师的肉刻石像。上有开宝四年的年号，而《志》卷十三中有记载说是明代王中丞恒叔〔1〕所重建。可能龛是宋代所建，石像是明代所建吧。稍微下去一点，有拜经台，据传大师曾面向西边在此处拜读《楞严经》，石碑的底座还在，而碑已经没了。据传白云先生也曾在此悟道修行。还听说这里有葛玄的丹井和茶圃，但没有找到依据。

寺庙于宋代治平三年改名为善兴，于明代洪武四年损毁，僧人宗济曾再次兴建，但隆庆中期再次损毁，后又再次翻新。现如今看到的应该是其后重建的。

大雄殿里边有释迦、迦叶、阿难三尊佛像，背后照例是观音、韦驮天，左右是二十天、十八罗汉。十八罗汉中没有呈现出马可·波罗式面容的佛像。后边左右分别安放有智者大师、药师、达磨、定光和伽蓝神、弥勒。有达磨的佛像，表示是临济宗。

善兴寺的建筑是以大雄殿为中心，前面有罗汉楼，后面是方丈住的房间，左右两排房屋，大殿前面的水池被称为王羲之墨池。

十月二十二日（星期日）晴，早上六点半出发。

（八）上方广寺

前林峰下有七佛塔，寺庙较为狭小。大雄殿中以释迦、迦叶、阿难三尊佛像为中心，有十八罗汉，后面有达磨、伽蓝神等。后面的六种字体和宝云讲寺的是一样的。

外面有五百罗汉堂，有藏经阁，阁内藏有《龙藏经》，是皇帝赏赐的。《西域记》曾提到过"震旦天台石桥方广寺五百罗汉居焉"。但追溯起来，晋代孙绰的《天台山赋》中即提到过应真之事，故而天台山的五百罗汉起源更早。

---

〔1〕 王中丞恒叔：即王士性（1547—1598），字恒叔，号太初，浙江临海人。万历五年（1577）进士，历任知县、给事中、鸿胪寺正卿等。著有《五岳游草》《广志绎》等。被誉为中国人文地理学的开山鼻祖。

（九）中方广寺

没有佛殿，只有客堂。眼前有石梁，对岸铜制的佛龛内，听说有五百罗汉。石梁是横跨于高五丈许的大瀑布垂流之处悬崖上的天然石桥，宛如霓虹之景观，高三十尺许，厚一丈二尺许，宽不足一尺，实在是鬼斧神工。

下方广寺未能抵达，只是于此俯瞰。

天台山上和五百罗汉有关的东西很多。据传，古时的石桥寺是五百应真的境地。模仿天竺三寺的方广三寺中，上方广寺大概是最古老的吧，为宋代建中靖国元年所建。后损毁，于绍兴四年重建，其后，中、下的方广寺相继建起。

（十）万年寺

据传该寺庙是晋代兴宁年间昙猷休憩的地方。在此处环顾四周，八座山峰环抱，两条山涧的溪流经此处汇流，是真正的福地，故而在此处兴建了该寺庙（图5）。渐渐的，昙猷不再渡过石梁，在赤城石室中度过了终生。寺庙于会昌年间荒废，于唐代大中六年重建，定名号为镇国平田，梁代龙德年间改名为福田，宋代雍熙二年改名为寿昌，建中靖国初期起火，于崇宁三年重建，定名号为天宁万寿，绍兴九年改名为报恩光孝，之后再次改名为万年。日本荣西[1]禅师于熙淳十四年（1187）在山门旁建造两排房屋，此事在《山志》卷四中有记载。《兴禅护国论》的序言中，曾把荣西禅师的福德描述为"万年三门两庑缺焉，寻兴造也"。另外还有"智者禅师塔院颓毁，舍衣资营土木"这样的记载，故而智者塔院也即如今的真觉寺也是他修建的。据说当时挖了一个很大的水池，现在寺庙前面的大水池可能就是昔日的遗迹吧。万历十五年，李太后赏赐了藏经。寺庙于顺治年间初期损毁，无碍大师曾重新兴建，但现如今能看到的肯定是更后期重建的。

天王殿中四大天王的形态样貌，在这个地方未必会被注意到。大正七年九月，关野教授来访时，天王殿和大雄殿都还是完完整整的，但大正十一年十月，我前往造访时，天王殿已经遭到破坏，天王的身体呈现外露之状，大雄殿也完全坍塌，释迦像被放在中庭，哪里还能看到荣西禅师建在山门旁的

---

〔1〕 荣西（1141—1215）：号叶上房，通称千光国师。备中（今冈山县）吉备津人。日本佛教临济宗创始人。曾两度至天台山求法，归国后创立了日本临济宗，并把中国茶种带至日本，著有《吃茶养生记》。

图 5　万年寺

两排房屋？藏经也没有。在其他殿中，有清代一峰为首的十一位祖师的画像，这倒是很罕见。

据传闻，万年寺的大殿如今也即将重建，宁波观宗寺的谛闲[1]和另外一个人各捐出十万元用于重建，谛闲有弟子二千人，等等。

国清寺和万年寺都是背靠山岭面向南方，且两条山涧的溪流汇流于此处，相当于风水先生所说的福地。所谓福地，即为有得天独厚地势的地方。

归途中想经过桐柏观，所以探寻到此处，有一名道士，对桐柏观的事情知之甚详，而且他还说，佛窟寺改称昭庆院，现叫明〔鸣〕鹤观，昭庆院里的三井西峰现在桐柏观旁边等。他所说并无虚言。

归途中翻越了万年寺东南方向的罗汉岭。据《山志》记载，"岭有巨杉，凡供五百大士，必于此岭"。

在真觉寺往北十里的龙王堂，顺着往东的去路方向，在真觉寺边上俯瞰高明寺，待薄暮时分回到院中，立即赶去丰干桥拍了照片。

（十一）桐柏观和佛窟寺

在天台山中未能达成探查本意的是桐柏观和佛窟寺址。根据之前那名道士所言，桐柏观现相当颓败，只有七八名道士，没有三清殿，只有崔尚碑和唐代的伯夷、叔齐石像。

桐柏观其实为唐代景云二年（711）天台道士司马承祯所建。承祯侍奉于潘师正，学习了辟谷导引之术，和陈子昂、王维、李白、孟浩然、贺知章、卢

---

〔1〕　谛闲法师（1858—1932）：俗姓朱，名古虚，号卓三，浙江黄岩人。20 岁从临海白云山成道和尚出家，24 岁于天台山国清寺受具足戒。一生专研天台教义，遍传天台教观。曾任永嘉头陀寺、宁波观宗寺、天台万年寺等住持，后人辑有《谛闲大师全集》行世。

藏远〔用〕、宋之问、王适、毕构一起被称为仙宗十友,曾向睿宗进献治国之法,玄宗曾有送司马道士归天台的诗,其仙化之后,玄宗亲自撰刻碑文,赐谥号正一先生。著有《修真秘旨》《天地宫府图》《坐忘论》《登真系》等著作,可以称得上是行走一世的学者。

后来,道士徐灵府、叶藏质对此进行了翻新,梁代开平年间,把观改为宫,周朝广顺二年(952),道士朱霄建了外藏殿。

宋代大中祥符元年,改名为桐柏观,绍兴二十二年(1052),杨和王存中建造三清殿,曹开府勋建了三门。曹勋〔1〕于桐柏观背面建了道观,赐名号为冲啬。曹勋的重修记保存在《两浙金石录》中。

明代初期损毁,洪武年间,道士吴惟敬相继营建,永乐十年(412)道纪鲍了静再次对其翻新,清朝雍正十年(1732),奉旨动用库银再次营建,还派驻了官员进行监督,于雍正十二年完工。现如今,这个建筑也遭到了破坏,看上去都只剩下些微不足道的东西。

观中的碑刻有十几座,但其中唯独崔尚的碑颂被保存下来,唐代伯夷、叔齐的二石像也还在,道士说如今尚存,这也没说错。

佛窟寺在三井西峰上,因唐代惟则禅师曾在此处搭建庙庵居住于此,因而有名。建于唐代大中六年(852),后改名为昭庆院,唐代会昌年间废除此名,恢复名号为佛窟寺,现也是这个名号。

唐代道士刘处静创建了圣祖殿,越州刺史李褒向圣上禀奏此事,圣上赐其名号为道元,张仁颖记录下来的应该就是这个昭庆院。据记载,宋代祥符元年,昭庆院中有七星阁,为唐代咸通年间所建。根据文献资料,佛窟寺所在的地方为瀑布山。问了道士,回答说在桐柏观的七八里开外,昭庆院的名字如今已经没有了,说是改成了明〔鸣〕鹤观。

天台山中,所到之处皆有茶树。寺庙外围有三十间茅蓬,里边会有一两个僧人居住,但看上去都是急着去化缘的样子。

因八月的暴风,道路遭到了破坏,对行人造成了很大的困扰。

天台山上峰峦叠嶂,到处都是树木,感觉像是身处日本的山国,和北方的山明显不同。虽然北方的山和日本的山完全不同,但我觉得更加赏心悦目。

---

〔1〕 曹勋(1098—1174):字功显,号松隐,阳翟(今河南禹县)人。宣和五年(1123)以荫补承信郎,特命赴廷试,赐进士甲科。绍兴中,官至昭信军节度使、太尉等职。有《松隐文集》《北狩见闻录》等。

（十二）天台山和道教的关系

天台山是总称，是由桐柏、赤城、瀑布、佛陇、香炉、华顶、罗汉、东苍等诸峰组成的群峰。在《华严经》之《菩萨住处品》中，清凉国师把东南方向的支提山作为塔的别称，也是根据赤城的塔形而做了此比喻。天台山高一万八千丈，方圆八百里。

因世人相信周灵王的太子王子晋曾经在桐柏山做过右弼真人，所以天台山从很早开始就已经是道教名山了。据记载，吴国的葛玄曾经在赤城，许迈也曾经在赤城，但这并没有根据。可能是晋代的县猷曾远道来此，所以民间对此产生了信仰。

刘宋时期的顾欢〔1〕曾经在剡县，并在剡县和天台都开有学馆进行讲学。下至唐代，叶法善〔2〕曾经在桐柏观，吴筠〔3〕向茅山学道之后，远道而来游至天台，也住在了剡县。杜光庭〔4〕也曾经游至此处，尤其是司马承祯曾经在桐柏观做过天台道士。在司马承祯这一代，天台山在道教中已经取得了重要的地位。五代时期的吕洞宾〔5〕、宋代的张紫阳（百〔伯〕端）和白玉蟾〔6〕都曾经住过这里。

民间俗信天台山是神仙居住的地方，这是很早以前就有的说法，但天台山在知识分子阶层也占据一定地位，则是因为从晋代起，经常有佛教名流远道往来于此处，尤其是到了陈朝，天台大师在此处修禅并圆寂于此处。也即

---

〔1〕 顾欢（420—483）：字景怡，一字玄平，吴郡盐官（今浙江海宁县）人，南朝著名道士，著有《真迹经》及《夷夏论》等。是南朝释道斗争中的著名人物。

〔2〕 叶法善（616—720）：字道元，一字太素，括州括苍县（今浙江丽水）人。唐代道家，出生于道教世家，少年时出家。受到高宗、武后、中宗、睿宗、玄宗五朝皇帝的礼遇。玄宗拜为鸿胪卿，封越国公，死后追赠越州都督。

〔3〕 吴筠（？—778）：字贞节，毕州华阴（今陕西华阴县）人。唐代著名道士，文学家。曾和元丹丘、李白等同隐居嵩山。

〔4〕 杜光庭（850—933）：字宾圣，号登瀛子（或作东瀛子），处州缙云（今属浙江）人，一说长安（今陕西西安）人，唐末五代道士，道教学者。生平著作甚丰，主要有《广成集》《道教灵验记》《神仙感遇传》等。

〔5〕 吕洞宾：名岩，字洞宾，号纯阳子，唐末道士，八仙之一。全真道奉为北五祖之一，故世称"吕祖"。

〔6〕 白玉蟾（1194—1229）：南宋道士，道教南宗五祖之一，祖籍福建闽清，出生于海南琼山。本姓葛，名长庚，为白氏继子，故又名白玉蟾。

因道教而开山,因佛教而声名鹊起。

(十三)天台山和佛教的关系

晋代的昙猷从北边进入天台山建了万年寺,并经过石桥进入赤城山,这是天台山和佛教关系的起源。昙猷因想要渡过石桥而不得,故愤而全力修禅,由此名扬四方,王羲之曾远道而来礼佛。现如今,国清寺还能看到鹅字,善兴寺有羲之洗笔池,这也是基于王羲之曾来赤城山礼拜昙猷的事迹而来。昙猷于太元末年在赤城的石室中圆寂,但据说其肉身久未腐败,一直完好地保存着。

太元年间末期,支昙兰进入赤城山,承袭昙猷之后。

远道而来天台山的人,在晋代只有竺昙猷和支昙兰这两位,但剡县之地有诸如竺潜那样的学者、其附近有诸如支道林那样的文学家,剡县之地作为佛教的中心之一,为后世播撒了佛教的种子。天台山的名声大噪则是因为晋代孙兴公绰作的《天台山赋》,词赋中这样写道:

赤城霞起以建标,瀑布飞流以界道。王乔控鹤以冲天,应真飞锡以蹑虚。

因此,五百罗汉的信仰可以久远地追溯到这首词赋中。孙绰的这首词赋是在他信仰佛教之后而作的,就像"泯色空以包迹,忽即有而得去"那样,这首词赋中也表达了这样的意思。

据《西域记》中记载,石桥方广寺是五百罗汉曾经的居所。

而《山志》的序言中这样写道:"五百应真行化此山方广寺,在有无缥缈间,土人时闻梵呗声隐隐从地中出,石梁旁为其旧迹。"由此可以说,天台山和五百罗汉的渊源甚久。

刘宋的僧徒曾归隐瀑布山,和隐士褚伯玉结为林下之交,这让天台山和佛教第二次产生了交集。

齐国的慧明法师曾于建元年间进入赤城山的石室,发现昙猷的肉身犹在,慧明法师以此塑刻了佛像,由此得名卧佛寺。慧明法师的卧佛应该是按照昙猷的真身而塑刻的佛像吧。慧明法师曾因文宣王的召见而一度出京,后又归山,于建武年间末期圆寂。

梁代的定光菩萨于大同年间初期归隐佛陇山,在山中居住三十载,曾预言"不久将会有善知识到来",而之后不久,智顗大师来到寺庙修行,智顗大师在佛陇修禅时,曾在梦中得知定光菩萨的预言,由此创建了寺庙。天台大师之所以回应定光菩萨的预言，是因为联想起释尊曾经得到过定光菩萨的授记。

陈朝大建九年（577），智顗大师离开金陵讲筵，入山修行，这对天台山的学界来说有非常深远的意义。智顗大师于开皇十八年圆寂，尔后晋王杨广以檀越施主的身份创建了天台寺，这即是国清寺的起源。说起国清这个名号的由来，是定光菩萨在梦里告诉智顗大师，寺庙若建成则叫国清，基于此，大业元年（605）皇帝给寺庙赐了该匾额。

国清寺的建成，对于天台山在佛教中所占据的位置，顿时又加深了一层重要的意义。

唐代初期，这里曾有丰干禅师寒山、拾得两个弟子的传说，也有一行禅师曾得到国清寺的老僧传授《大衍历》的传说。可能丰干禅师的传说是说国清寺有修禅及文学，而一行禅师的传说是说这里不仅有佛教，还有其他类别的学科。

章安大师在国清寺这是毋容置疑的。而赤城山有结集岩，据说是章安大师集结了天台疏钞之地，之后，荆溪大师又在赤城山上给三大部（天台宗之三部根本典籍）加了注释，据说这就是释签岩的名称由来，但我至今也未能将这些弄明白。

荆溪大师的弟子梁肃撰刻了修禅寺碑和荆溪大师碑，其中修禅寺碑如今还存于世。

佛窟宗的惟则禅师曾在瀑布山的西岩、三井西峰上居住过。惟则禅师是牛头宗第六代祖师慧忠的弟子，和径山的道钦禅师是同时代的人。牛头宗当时在吴越地区非常兴盛，这对阐明禅史有非常重要的关系。

到了五代时期，国清寺的义寂大师在螺溪圆寂，吴越的忠懿王在其圆寂之处建造了定慧院。僧传中曾有传教院的记载，说的即为此处。义寂大师因曾通过吴越王之手向海东寻求佛教典籍之事而出名。其故址的定慧院及之后的清心寺，如今都看不到了。

黄檗禅师曾在天台山上遇见过两名异域的僧人。

玄沙的弟子静上座也居住在天台。

　　另外,四处游方的僧人还有沩山灵祐[1]、高丽的谛观[2]、一行禅师,再往后还有延寿、元照[3]。宋代初期,德韶国师因和天台大师有同姓的因缘,看到大师的遗址如回到故居般深有感怀,故而居住于此修禅念佛。在其弟子中出现诸如延寿这样的修禅念佛者也是理所当然的。德韶是法眼禅师的弟子,在法眼禅师的点化之下开悟,法眼禅师曾对其有预言称"汝向后,当为国王所师、致祖道光大",后来德韶果然做了国师。

　　天台山和日本佛者之间的关系在中国的诸山中也是最深远的。日本的传教大师最澄来过,智证大师圆珍[4]也来过,圆载[5]大师也来过,到了宋代,善慧大师成寻[6]来过,重源也来过,同时期荣西禅师也来过。再稍微往后一点,俊芿律师也来过。

　　最澄大师于延历二十三年到来,师从的是道邃和行满这两人。在日本,将这两人分别称为修禅寺道邃和佛陇寺行满。这里的修禅寺即为修禅道场,是后来的禅林寺或大慈寺。而佛陇寺为智者禅院,也就是真身塔院吧。

　　圆载追随的是唐末禅林寺的广修。其后,来往的日本僧人有很多,但其中最有名的是宋代的荣西。荣西追随于万年寺的虚庵怀敞禅师,虚庵搬到天童山去时,荣西亦追随之搬到了天童山。荣西对颓败的智者塔院做了修缮,兴建了万年寺的三个门两排房屋,还助建了天童山千佛阁的改造。其建

---

　　[1]　沩山灵祐(771—853):即沩山,俗姓赵,福州长溪人,禅宗五家之一"沩仰宗"的开创者。

　　[2]　谛观:五代时吴越高丽僧人。吴越王钱俶遣使至高丽访求天台教乘,高丽国王遣之携经卷来华,见义寂法师,一语倾心,遂礼义寂为师,研习止观。有《天台四教仪》行世。

　　[3]　元照(1048—1116):字湛然,俗姓唐,杭州人。先习天台教观,后专攻南山律学,卒谥大智律师。著有《行事钞资持记》《芝园集》等。

　　[4]　智证大师圆珍:圆珍(814—891),日本平安时代前期天台宗僧人。日本仁寿三年(853)搭乘唐商船来到中国,先后在天台山国清寺、越州开元寺、长安青龙寺、大兴善寺等处学习密教。日本天安二年(858)携佛教经典一千卷回到日本。著有《法华论议》《传教大师行业记》《行历抄》等。谥号智证大师。

　　[5]　圆载(?—877):日本入唐留学僧。日本承和五年(838)率弟子仁好等入唐。在唐期间,与皮日休、陆龟蒙等多有交往。乾符四年(877),携入唐40年所求典籍数千卷归国,途中死于海难。

　　[6]　成寻(1101—1081):一作诚寻,宋代日本僧人。熙宁七年(1074)率弟子7名渡海来到台州,留止天台国清寺。后来宋神宗召见时赐"善慧大师"名号。后来圆寂于开封,敕葬于天台国清寺。著有《参天台五台山记》。

造于万年寺的三个门两排房屋虽然于今已经看不到了，但在《天台山志》中有明确的记载。

《山志》第四卷中曾有如下记载：

> 古称七十二寺，今考县志所书惟六十二……台山之田下田也，台山之寺穷寺也，台山之僧苦僧也。云云。

天台山的寺院古来如斯，一直都很穷乏，也正因为此，荣西的布施捐赠才会长久地被记住吧。

十月二十三日（星期一），早上似乎要下雨的样子。昨夜特意提前约了轿夫，早上轿夫如约而至。上午七点出发，之后三个小时一直受到雨水烦扰。

通过放生潭之后，前面的山峰上耸立着和在赤城峰上看到的一样的塔，再往前走，在一峰上看到了同样形状的塔，也就是说天台县至少有三座塔，看上去像是明代前后建造的。

十点半，到了四十里外的百步岭紫阳道院，天稍微放晴了一点，但之后又开始下雨，整天都在下雨。下午六点半，进入台州府，入住于始丰河畔的客栈。如果今天没有出发的话，恐怕明天也是走不了的吧。

听说过了晚上十二点会有轮船过来，可以搭乘离去，所以我就没有躺下睡觉，一直在等着轮船。

天台十日记

刘哀时

载于《心声:妇女文苑》1923 年第 2 卷第 7 期。《心声》1922 年 12 月 18 日创刊于上海,主办徐小麟,编辑刘豁公,上海南京路望平街口心心照相馆发行,半月刊,停刊时间不详。刘哀时,民国作家、剧评家,著有《餐秀室随笔》等。民国十二年(1923)三月,作者在友人丁葆心的向导下,游览了国清寺、赤城山、华顶、寒岩、桃源等胜迹,本文即此行记游之作。

予久耳天台名,欲往而未果也。癸亥春三月,以事买舟至海门,滨海之巨镇也,有轮可通临海,予以天台咫尺,极思往游,乃决附小轮往,未几即至。主〔住〕于老友朱小渔家,询悉由此至天台,亦有水路可通,惟上行船太迂缓。予遂改乘肩舆,拂晓即发,尘埃未起,残月近人。午憩于百步岭,某氏烈妇祠在焉。西行可五十里,抵县城,住葆心医院,计由临海至此,山岭重叠,无复坦途。昔人诗云:"刘郎已恨蓬山远,更隔蓬山一万重。"盖记实也。

明日(即初十日),丁君葆心[1]作向导,偕予往游,出北门依山而行。山左小溪一泓,清冷可掬。复行二里,有岩石,上镌"前度刘郎今又来"七字,字大盈尺,为清临海太守刘璈所书,笔力遒劲,不让山阴。更北行二里,则见双涧合流,古松夹道,国清寺已自五峰深处,现于眼帘,寺建于隋开皇时,系取寺成国清之意,炀帝曾书大篆"国清寺"三字赐之。至唐会昌中,废于兵燹。今所存者,重新之庙貌也。此寺院宇宏邃,佛像庄严。大殿左侧,辟一门,入香积厨,有小屋三椽,内有铁沙锅,径四尺,底有小孔,而不漏水,异物也。复有一碑,为王羲之所书之"鹅"字,字大可四尺,笔意飞舞而秀媚。另有"大中国清之寺"六字碑,为柳公权所书,刚劲似玄秘塔。再东有便殿三间,为祈梦

---

[1] 丁葆心:毕业于广济医校,民国期间嵊县成春医局医生。

处，殿上行李遍地，男女入夜，均就地卧以祈梦，足见浙人佞佛之深矣。寺为天台最大之丛林，台教即肇于此，寺众五六百人，风景之佳，与西湖不可同日而语，昔陆龟蒙[1]有句云："松间石上定僧寒，夜半楢溪水声急。"大可为该寺写照。是夜宿寺中，方丈智圆颇不俗，且能谈禅，复以斋款予等。席间，予等详询路径，以便逐日登临。

十一日，予与葆心，由国清寺趋赤城，从小径登玉京洞，洞为十大洞天之六，洞口有石，上刻"玉京"二字，惜无年月可考。相传宋咸平中，尝投金龙玉简，然今已湮塞，掬为茂草，仅其侧有道人洞，列石穴三，险不可入。岩石皆赤色，望之俨如雉堞，名故赤城。赤城者天台八景之一也。绝顶浮屠七级，耸立云表，飞泉喷沫，落于中岩，复由中岩至山麓，状极美丽，杨维桢曾有句云："赤城飞动霞当户，银汉下垂星满坛。"寥寥十四字，已将赤城风景，拾之腕底。是日日薄崦嵫，予与葆心，始策杖循旧路返。

十二日，予等乘轿出发，经金地岭白云峰，遥见山水回环，草木繁茂，胸襟为之豁然。俄抵灵墟，墟为七十二福地之一，折而西北行数里，两崖如阙，巨石踞其表，朔风驱石欲舞，人行不复成步，且气候寒甚，恐六月亦须披裘而栗，曰寒风阙，可谓名副其实。过龙王堂，复东行，则上华顶，经察岭，乱石飞渚，所在成趣。有一峡，上书"留云"二字，为汉高察隐居地。至下溪，则磴道逼仄，葆心及予下舆，持手枚[杖]，拾级而登，至竹院，闻经声隐隐出林翳间，尘心为之一静。再向左行可三里，有二深池绾谷口，绿波荡漾，中蓄金鱼数百尾。予等流连久之，已而度莲华峰，峰状酷似莲华。踰岭则为王右军墨池，所谓"换却白鹅今不见，空遗寒碧照山亭"也。旁有李白读书堂，瓦屋三楹，状至清雅。再上二里，见华顶峰之绝顶，岩镌"华顶峰"三字，降魔塔耸立其巅，登峰一瞩，远之则钱塘烟树，括苍峰峦，隐约可见；近之则众山伏地若田塍，此山突起，状如初放莲花，瓣垂垂下。予与葆心，藉草而坐，出干糇酒脯，恣意饮食，颇觉西湖之景，过于秀丽，剑阁之景，过于雄奇。夜就太白堂宿，屋虽狭小，亦饶禅房花木之胜。入夜，仰视天上，星大如拳，烨烨堪摘，凉飔起于谷中，杂天地二籁以号，将卧时，预嘱住持，明日日出，呼予等起。漏五下住持来报，海底日出，予与葆心急急披衣起。遥见东方紫气，笼聚而黯淡，上有金缕万丈，正射予等之衣，奇彩焕发，已又见一赤轮如镕银质，荡漾

---

〔1〕　陆龟蒙（841—881）：字鲁望，别号天随子、江湖散人、甫里先生，江苏吴江（今苏州）人。陆龟蒙善文工诗，与皮日休齐名，世称"皮陆"。有《笠泽丛书》《甫里集》。

而上。前此所见之五色尽灭，始知先所见者为日影，此乃日也。昔骆宾王[1]题西湖韬光联云："楼观沧海日，门对浙江潮"[2]予谓韬光观日，较之华顶观日，有上下床之别。读贾岛"远梦归华顶"[3]之句，可以想见华顶之大观，嗣复下山，由旧径归。

十三日，予与葆心，跨驴至寒明二岩。明岩山道，仅容一人，两石峙立如门，岩窦嵌空，飞阁重撩，半在岩际，即石成檐，不复覆以茅瓦。岩上修竹千竿，飞泉百丈，以巨铁索斜接之，颇为奇特，即洪适[4]所谓"一线竹中泉"也。北转至寒岩，即八景中所谓寒岩夕照也，望之绝似天上芙蓉，石壁高百余丈，状如屏，洞敞可容数百人，夏至不见日影，内一方石为寒山子宴坐处。寒山子旧为山中高僧，诗得晚唐骨髓，有《寒山集》行世。此间题壁极多，予最爱曹一介[5]"白光留半壁，泉响落深萝"一联。西临绝壑，为天桥，复北行，过清溪，寻桃源，随山曲折，水穷道尽，则有一洞，曰刘阮洞。相传为汉永平中，刘晨、阮肇入山采药遇二女处。由护国寺斜行，山谷隐榛莽间，人迹罕至，绣壁夹涧，水声潺湲，微风送之，似鸣环佩，洞东有坞，植桃数百株。花光射目，落英缤纷，云英风流艳迹，依稀犹在人间。过金桥，潭水清澈，可鉴毛发，群山倒影，浮碧摇青。有洞门，潜通山底，深不可测，试据潭南盘石，仰视三峰，如鼎对峙，双女峰于孤危峭拔仪状奇伟之中，突以两石，如绾鬟髻，蔚为美观；迎阳峰则壁立千仞，朝阳方升，已得清照；合翠峰居中，能合群山之翠，古木千章，苍翠款[欲]滴。予与葆心坐岩上，杂谈山中掌故，每一笑语，山谷响应，大有飘飘欲仙之致，所谓天台仙界者非耶？惜乎桃花依旧，不见仙人，前

---

[1] 骆宾王（635？—684？）：字观光，婺州义乌（今浙江义乌）人。高宗时由长安主簿入朝为侍御史，被诬下狱，获释后任临海丞，因不得志而弃官。晚年，随徐敬业起兵讨伐武则天，并撰《代李敬业传檄天下文》，徐敬业兵败后，不知所踪。有《骆宾王文集》行世。

[2] "楼观沧海日，门对浙江潮。"：见宋之问《灵隐寺》。

[3] "远梦归华顶"：见贾岛《送天台僧》。

[4] 洪适（1117—1184）：初名造，字景伯，晚年自号盘洲老人。饶州鄱阳（今属江西）人。宋代金石学家。累官至尚书左仆射同中书门下平章事。与弟遵、迈并称"三洪"。

[5] 曹一介：字子和，号筼轩，元代浙江天台人。读书博古，雅尚气节。有《友竹稿》等。

度刘郎，空怀惆怅，岩间题壁殆满，以元稹[1]之"仙洞千年一度开，等闲偷入又偷回。桃花飞尽秋风起，何处消沉去不来。"及王十朋"涧水桃花路易迷，不同人世不成蹊。自从重入山中去，烟雨深深锁旧溪"，为最流利。左行至紫凝山，有瀑布，下垂千丈，莹白如练，且于苍崖翠壁之间，向下倾泻，美丽殊甚。陆鸿渐[2]谓天下等十七水，或亦有所据也。天台瀑布，共有三处，一国清，二福圣，三紫凝，各擅其胜。又数里，上桐柏岭，豁然夷旷，王子晋、伯夷、叔齐之遗迹，皆已杳然，仅供后人之凭吊而已，有桐柏宫，亦颓坏，不足观。求如李白桐柏观诗"安得生羽毛，千秋卧蓬阙"亦不可得。葆心告予，此山多菩提树，树如柿，花未结蕊之先，别抽一叶，蕊即结于叶下，日出覆子以避秽，夜则捧子以承露。秋社以后，取子为珠，必有一二如罗汉者，俗谓之佛头，他处之树，则无子。琪树亦多，状似弱柳，越三年子乃一熟，一年者绿，二年者碧，三年者红，每岁生者相续，璀错互间，红碧可爱。孙兴公谓为"琪树璀璨而垂珠"，字里行间，呼之欲出。俄又经女梭溪，至琼台，此处夜月最佳，亦为八景之一。台在大壑之心，石山凌空，状如削瓜。下俯百丈深潭，观之心胆俱裂，沿溪南转至双阙，翠壁一抹，为宋张无梦结跌[跌]处。杨维桢句云："巨灵霹雳手，劈开双石阙"，亦可谓工于写景者矣！复折而回，过罗汉岭，入万年寺，寺建唐太和七年；宋淳熙十四年，有日本僧荣西，手建山门及两庑。今虽沧海桑田，兵火屡经，然其寺制仍壮丽。门外巨杉极多。寺内供五百罗汉，有藏经，是与西湖灵隐，不相上下。山行人倦，下榻寺中，寺僧以山肴野蔬供客，食之作菜羹香。饭后小立寺门，明月在天，人影在地，寺僧指示各处，千山万壑，群向予山飞来，迷离烟树，其景清绝。钱德洪[3]万年寺诗"一入天台便是仙"[4]，非虚语也。

　　十四日，予等幅巾黎杖，往叩山灵，行十里，至慈圣寺，寺在山之西北僻

---

　　[1] 元稹（779—831）：字微之，河南河内（今洛阳市）人。贞元十年（794）进士，官至同中书门下平章事。早年和白居易共同提倡"新乐府"，世人常把他和白居易并称"元白"。有《元氏长庆集》。

　　[2] 陆羽（733—804）：字鸿渐，一名疾，字季疵，号竟陵子、桑苎翁、东冈子、东园先生、茶山御使，世称陆文学。唐复州竟陵（今湖北天门）人，一生嗜茶，精于茶道，有中国第一部茶叶专著《茶经》闻名于世。

　　[3] 钱德洪（1496—1574）：本名宽，以字行，后改字洪甫，号绪山，浙江余姚人。嘉靖十一年（1532）进士。明朝中后期哲学家，思想家，教育家，王阳明之后儒家心学的重要代表人物之一。有《绪山会语》等。

　　[4] 该诗句见钱德洪《卧病万年寺二首》之二。

静处，经岁不见游人，仅有萧萧树木，与风声和答而已。予等试穿丛樾，路忽断绝，攀藤而进，乃得断桥，两岩相接，而中不合，一线飞流，注岩下，如帘状，成二石池，为石壑之最奇者。岩上有观音草，葆心告予，此草以盆盛清水沙石，植之则青，着泥则萎，是或然欤？少选葆心忽发奇想，对壑放歌，山谷中竟有回声，如放鹤亭，所谓空谷传声也。歌已，循鸟道，至石梁，山壁对峙，一巨石，横架其上，龟脊莓苔，广不盈尺，前临万仞之壑，上游有洞水二，流堕石梁之下，如震雷，昼夜长鸣，非胆大者不敢渡。予等携有照相器具，每遇风景佳处，必拍一照，以为纪念，至是已不下二十幅矣。有昙华亭，屋已半欹，空无一僧。旁为盖竹洞，三十六洞天之一也。相传宋何俙梦游其地，访之不得，或故神其说欤？洞深可三丈余，中有二硖，穹隆幽邃，下视攒峰垒嶂，如列翠屏。王士性诗云："胡麻可饭水可饮，白云洞里迟君归。"即此洞也。惟是洞隐石中，经年不见人迹，所谓牧童樵子，仅闻钟磬之声。是夕宿海会庵，小庙也。

十五日，间道入楢溪（一曰欢溪），齐顾欢尝居于此。少陵诗云"饥拾楢溪橡"，及孙绰所谓"济楢溪而直进"者是也。溪虽不广，小舟可通，合柏灵之水，可以入海。忽见葆心之友张啸村，遣急足，迟葆心于丹丘，葆心邀予同往，乃取道资福寺，过陆龟蒙所铭怪松处。老树槎枒，大十围，令人潇然有从赤松子游之意。复循苍山，经慧明寺，颓然一庙，无复华顶旧观。俄入欢吞，沿溪复十行里[1]，抵天封寺，寺极壮丽，为陈大建七年天台智者大师所建，旧有瑞云阁，已不复存。惟大殿右楹，有异僧，以木屑缚为巨柱，至今尚在。予等低徊久之，乃入方丈饮茶。寺僧慈云上人告予等云："天台为东南名胜之一，自古名公巨卿蹑屐来游者，如贺知章、陈寡言辈，几如车载斗量，不可胜数，其终老此山，如沈约、项斯，见于志书者，亦不下七十余人。"葆心与予闻其语，俱动入山惟恐不深之感。寺僧旋又袖出一册页，纸已陈旧，乞予等鉴定，视之，乃明叶良佩[2]游天封寺诗，其句云："闻说天封金榜悬，休舆随意弄云烟。吟踪坐爱盘陀石，酒渴行窥卓锡泉。法鼓半空华顶近，昙花满地石桥连。老僧相送双溪道，我有柴桑旧日缘。"诗诚明人之诗，其字则学李北海，似久不食人间烟火者，亦可宝矣。旋出寺，至智者巅，中有卓锡泉，为智者注《涅槃经》处。泉水清澄，沁人诗脾。过天封，一涧从华顶流下。循涧复

---

〔1〕 "复行十里"，原文为"复十里行"。

〔2〕 叶良佩（1491—1570）：字敬之，号海峰，台州太平（今浙江温岭）人。嘉靖二年（1523）进士。曾任新城县令、刑部郎中。有《周易义丛》《叶海峰文》等。

上十里，至二池，入寺，啸村已候于太白堂，山高风劲，虽暮春亦欲着绵。堂前一娑罗树，花如芍药，作五色，香似茉莉，迎风摇曳，经冬不凋，亦吾国绝无而仅有之物也。已有毛色黄翠，其声似唤阿弥陀佛之念佛鸟，同捣药鸟，飞鸣而过，音极怡人。捣药鸟色灰黑，以其鸣音丁当似捣药，故名。两鸟为天台独有，土人相传，虎豹豺狼之属，亦间有之。惟仗佛力，虽恶兽亦不食人，思之不禁哑然。山中可食之物颇多，如黄独、蕨鸡、黄精、青精饭之类，惟苣胜子（胡麻）今已无，岂刘、阮食之尽耶？

明日，予等仍欲出游，忽葆心家人追踪而至曰："中城顷得探报，新昌土匪为陆军追击，窜入天台，恐君等在山遇险，其速归。"葆心大惊，立偕予等仓黄〔皇〕取捷径返奔。迨抵城中，则已万家灯火矣。惊魂既定，葆心语予曰："天台山，闻高一万八千丈，周回八百里，以赤城为南门，新昌石城为西门，嵊县金庭观为北门，王爱山为东门，游之一月，亦不能尽。兹因避匪中止，未免美中不足。惟既有此警，自不能冒险再往。只可暂时效法青莲，梦游天姥，他日有暇再来，予当伴君续往一游。"予唯唯。十七日即乘小轮返临海而至海门。古人诗云："曾经沧海难为水，除却巫山不是云。"可以为予此行咏也。

天台山旅行日记

郁振声

　　载于《学生杂志》1924 年第 11 卷第 7 期。郁振声,浙江第六师范学校学生,曾任上海大经中学老师,本文发表时署"浙江第六师范郁振声"。民国十三年(1924)四月二日,浙江第六师范学校师生 180 余人自临海出发,徒步至天台山旅游,期间先后游览了国清寺、高明寺、华顶、石梁等景观,至八日由天台县城外乘船顺流而下返回临海,前后历时七天,本文即为该次旅行的记游之作。

　　天台山在天台县的北方。隋炀帝时,有智者大师到天台山修道,后来佛教很盛,成为天台宗。此地寺院很多,风景也很好。故每年上山礼佛和游玩的人,络绎不绝。今年春,我校旅行的目的地为天台山,我也同往。现在略记所见所闻于下。

　　四月一日,晴。本日因豫备旅行,有许多事要整理讨论,校中先停课一天。上午,王柳桥[1]先生编旅行团队户,分普通队为三组外,又添军乐、卫生、会计、写生等队,计同行者共一百八十余人,时俞烛时[2]同络致襄[3]二位先生,和学生部的庶务数人,已先往旅行团豫定经过地点,筹备一切。

　　二日,晴。本日为旅行天台山出发期。黎明即起,我足上穿着棉纱草鞋,腿上缚着黄色的布,背上负着雨伞,肩上荷着图画囊——因我在写生队中——八时许,依队出发,挑夫后随,四年级诸同学[4]和未去诸教职员,都

---

[1]　王柳桥:浙江仙居人,1913 年曾任浙江省候补议员,与夫人黄遇杭著有《旅次唱和集》。

[2]　俞烛时:民国期间曾任教于浙江第六师范学校、温州中学等,曾任温州中学庶务主任。

[3]　络致襄:其人不详。

[4]　原注:因毕业时间相近所以未去。

送到西门外才别。一路走去，灵江一带的青山，映着江中的绿水，风景极为美丽。再加天上的淡云，半遮着天空。路上的清风，缓缓地吹到身上；这时候，我的心灵如同软化了一样。于是和同学谈谈笑笑，缓缓地前进，过了数个村庄，到沙潭食午膳。下午过中渡，此地水面很广阔，前曾集数万银元，造一桥以济行人，后又被水冲去，今仅留两段断桥，行人只可乘筏而过。仰视这桥，工程浩大，而被水毁坏至此，不禁为之叹息！我觉得此地风景很好，加之夕阳晚照，颜色格外来得美丽，故让人家先去，而我同两个朋友在此地画写生画一张，画毕，即起行。复行数里，到仙人竹溪学校，而各同学已安抵多时矣。是夜即宿于此。

三日，早晨大雾。整队起行，过百步岭，已至天台县境。再行十五里，到滩岭午餐。下午过横山岭，即入天台城。出小北门七里许，遥见一塔，形势很壮丽，有如迎人的样子。复过一桥，桥下的水为双涧溪，环绕于国清寺的前门，像玉象一般，寺外古木参天，余等整队曲折而进，前面军乐之声，因回音的作用，越发响亮。寺内屋宇壮丽，佛像庄严，而僧人之多，为天台山各寺冠，是夜即宿于藏经阁的下面。

四日，早餐后，由国清寺向西登金地岭。山中云雾漫天，远望如同大海一样。这时，同学都自由前进，所以走得快的，已达高高的岭上；走得慢的，还在岭下。但人在三四十步以外，就看不到。只听得同学中，见云雾而惊奇，"呵呵！哈哈！"的声音罢了。从岭上行二十余里，到高明寺午餐。此时细雾濛濛，如平原中落微雨一般。据僧人说："这地方，在春天时候，十天中总有七八天是如此的。"饭毕，老和尚引看智者大师的钵、袈裟，印度来的《贝叶经》和智者大师亲笔所书的《陀罗尼经》等古迹，都保藏完美。看毕，即起行。此时天已下雨，好在同学都带着雨伞，在崇山峻岭中行十余里，到龙王堂略息。此地有人家数十，还有店铺四五爿，为北山中一个热闹的地方。附近一带，茶树很多，味颇清香，号为天台山云雾茶，为浙江名茶之一。这时山中气候很冷，风也很大，加之天雨连绵，我们的雨伞多有为风吹翻的。一路走去，黄泥路很多；这种路，一碰到雨，就滑得如同油抹过一样，偶一不慎，就要跌倒在地，真是难走极了。我不觉记起周先生所做的诗："……泥滑滑，雨连连，白日如同黑暗天……"[1]真与这境况相同极了，我的足酸软了，心里

---

[1] 见周载熙《寒蝉集·鸟语》。按，周载熙（1874—1933），字文敬，台州椒江人。1908 年毕业于日本早稻田大学师范科，曾任教于椒江中学堂、省立六师、东山初级中学等。著有诗集《寒蝉集》。

尽想，怎么还不到华顶寺呢？于是问过路人：到华顶寺还有多少里路？他说还有十余里，于是复向前行，路更难了，风更大了，我的足更酸软了，然所看到的，则比前更广阔了，但心里只管想着，华顶的路，为什么如此走不完呢？我有几句诗，表当时的景况，如下：

> 心忙了！
>
> 足乱了！
>
> 把〔巴〕不得一刻就到华顶去歇了，但是不能。
>
> 山上的白云，还一层层地罩着：
>
> 把天空都变成灰色似的，
>
> 雨珠儿任自性的，落个不停，有时还要飘到我的身上。
>
> 山风无一点儿爱怜行人的情，只泼剌剌的吹过来，使人难受，
>
> 但前路还茫茫啊！

这时心里想，双脚走，又懊恼，又快乐。懊恼的是什么？就是风呀，雨呀，和泥路呀！快乐的是什么？就是云啊，山啊，和美丽的花草啊！后来我想，即使还有三十里路，也要把他走到，何况只剩十余里的路呢？于是脚下陡然健了，勇往直前地向前进，不久即到华顶寺。寺内屋宇壮丽，正殿和两横厢，都用铅板盖的。其余的屋，都用茅草厚厚地盖着——因这里天气很冷，瓦到冬天，都要冻裂的缘故——我这时因身上衣裳都湿，没有工夫去看别的古迹，当即寻觅寝室，但铺盖还没有担到；于是只得脱了鞋袜，坐在床上。等了两点钟之后，铺盖才到；被席等物，都湿了。只有包在最里的被，稍为〔微〕燥一点。可怜的担夫，早上没有豫备避雨的东西，以致一身的衣服，如同浸在水中的一样。于是大家都跑到厨房里去烘。我吃了夜饭之后，等了一刻，就和衣睡了。到了半夜，腹中忽痛起来。我想，这定是日中被雨淋湿和食多的缘故，起就厕所，腹已泻了。回来之后，勉强的睡到天亮。

五日，雨。我上午洗了我昨天打湿的裤和袜，又把它烘燥。要往拜经台——天台山最高处——因时已近午，未去成；下午又要往，因大雨，又中止。便在寺内画写生画一张，以作纪念。后来我问同学中到过拜经台的人：上面有甚么风景？他说，上面风和雾都很大，山顶上仅有一个茅篷，门又是关着的。旁边有龙爪井和降魔塔两种古迹，远望因大雾重重，辨不出是山是海。后又听僧人说："在天朗气清的早晨，可观日出，其风景的美丽，不亚于泰山日观峰。"

六日，早晨雨，下午晴。早餐后，自华顶寺起行，大雾弥漫。行十五里到方广寺。寺边有石梁桥，为天台山第一的胜景，桥中央宽仅数寸，长约有二丈光景。桥下有高数十丈的瀑布，飞流澎湃而下。桥的对岸，有铜铸的亭，中铸有五百罗汉佛，每佛的大，同一个拇指一般。但这佛是铸在亭内的，非过桥去看，是看不到。这桥是很狭，两边都是急水，下面又是深潭。倘一不小心，就要跌下了，失掉性命的。故胆大的人，能够走过去看；转来时非凡得意。胆小的人，眼睁睁只看人家过去，而自己没胆过去。我当这个时候，心里也想走过去看看；但见桥的狭和水的急，又没胆走。旁边的同学，又叫我不要过去。后来我心里想，到天台山是很难得的；倘现在不过去看一看，后来或者还要懊悔！于是决定去走一遭。便慢慢的一步一步拖延过去。到了亭边，果然看到亭内的小佛，铸的极精美，心里才舒服。于是又谨谨慎慎的走了回来。我就想到人要做的事，总应该去做——自然指好的事——倘使不做，失去时机，是很可惜的！后来我又到桥下的溪滩上，望上面的瀑布，好似天上的银河，太阳射到的时候，能够映出许多颜色，望去格外好看。于是我对着瀑布和石桥，画写生画一张，以作纪念。下午到铜壶滴漏，岩形像壶，水从壶口流出，下成珠帘水，又下为龙游井〔枧〕——周围的岩，都很光滑，如龙游过一样——更下成为瀑布，水势很大，它的风景，也几与石梁相等。看毕，即返方广寺晚餐。

七日，晴。早餐后，全体同学在石梁下照相毕，即向东南行，一路去，山花正争妍夺色的斗丽，野鸟提着喉咙，唱她赞美的歌，还有木鱼和念佛合奏的声响，时时传到我的耳膜上。约行二十余里，到真觉寺午餐。下午到天台城内，寓于中学校，因时尚早，到各小学去参观，并往各处游行。

八日，雨。早晨，整队起行，到天台城外下长船，船中很狭隘，又因天雨，故人在船中，头目很晕眩，心里如同要吐的样子。虽然灵江一带的风景很好，也不能够去看他。偶然从篷隙中，看见两岸的青山，正带着愁容，代我们烦恼似的。江岸的蛙声咯咯的叫个不停，犹如代船中人唱沉闷的歌一样。我想这一天，要算旅行中最难过的一日了。到下午四时许，才到江厦街上岸。到校时，各位先生和四年级诸同学，都带着笑容道："你们（回）来了，今天很辛苦呀！"我们中有些勉强的答道还好，有的仅付之一笑，有的低着头，紧紧走到他的寝室，换他的鞋袜和衣裳去了。

结束：这一次旅行的日子总共有一星期，我们得失苦乐都有，所失的一方面，是学校的功课，有一星期之久，是很可惜的。并且这次旅行转来，身体上觉得很疲倦，也是所失的一种。所得的一方面，就是看见高山大水，可以知地势的高低,藉以推测山脉的由来;并且略知天台县人民生活状况的大概,有补于地理的知识。采集动植矿各物,有补于博物的知识。亲身走到好的胜景去练习写生,自然比课室内临画来的有益,有补于图画的知识。至于幽静的寺院和林壑,可涵养性情,去俗解秽,有益于修养。说到苦的地方,就是路上的山岭和风雨,以及船中的沉闷。乐的地方,就是瀑布的高大,新鲜的空气和华顶的云雾,以及这番旅行所得的知识。我可说,这次旅行,得约可以偿失的,乐定可以补苦的。这七日也不算虚度了。

游天台山记

邓春澍

　　载于《大世界》1925 年 11 月 7 日至 11 月 15 日,第 2 版。又载于《金刚钻月刊》1934 年第 1 卷第 10 期。《大世界》前文已有介绍,《金刚钻月刊》1933 年 9 月创刊于上海,编辑发行者为施济群,徐行素任助理编辑,1935 年 4 月停刊,共出 2 卷 4 期。邓春澍(1884—1954),原名澍,号青城,一号石圣,江苏武进人。设私塾课徒外,好写字、吟诗、作画、精铁笔,好遨游。以画石著名,故称石圣。以藏印丰,故又自号五百石印富翁。著有《绘余诗草》《四韵堂印存》《两宜室随笔》《青城画萃》《青城石谱》《胜游图韵》等。民国十四年(1925)七月廿一日(9 月 8 日),邓春澍与友人杨中复自沪乘船出发,作雁荡、天台之游,八月初三日(9 月 20 日)结束雁荡之行,有《雁荡山游记》,初五日开始天台之行,初九日游览天台毕,取道新昌返沪。本文记载了邓春澍等游览桐柏宫、国清寺、高明寺、真觉寺、华顶、石梁等胜迹的闻见。

　　余偕杨子中复[1]于七月念四日入雁宕山,游东西内外谷之胜者七日。八月初三仍还海门,复作天台游,初四去临海,初五日拂晓,舆行绕城西北,溯江缘山,云岚苍翠,林木葱茏,尤多松篁杉樟。崖石耸削,诚处处皆宜入画也。十五里过古松岭,十五里至吕山殿,午膳。又十里至赤缪渡涧。此处旧造水泥石桥,长二十余丈而八洞,未久即圮。盖以上即始丰溪,泄台山之水,水涨流急,终遭冲塌。有舟待渡,无异前年游曲阜,渡泗水也。涧行多小舟,张帆逆流而上甚缓。十里过狮狌岩,乱石成堆,水鸣如吼,十五里过百步岭,入天台界,上有紫阳宫,门前古樟二,蟠郁横偃,特立俯溪。十里过滩岭,风景清绝,丹邱[丘]长里许,坦平如砥,逾水口,历响岩,而台山在望,雄伟博

---

〔1〕 杨中复:江苏武进人,其余行止不详。

大,实亚匡庐[1]。过滩又有板桥数十丈,水清沙白,抵台邑南门已五时,城仅及刅,市集城西,小步就天竺庵宿焉。

初六日,出西门数里,即见翠岭接天,瀑流重叠于高崖之上,林木苍茂,禾陇纵横。又十里上桐柏岭,磴道盘旋,涧堕崖峻,山民多有担木炭粮食,踰岭去台城者。越岭而北忽低陷,弥望平畴如原野,群峰四绕,若另辟一境,桐柏宫居其中。跨清流而入,此地为晋葛洪隐居之谷。唐景云年建,曰崇道观,宋明迭盛,清世宗复大加建筑,规模殊宏,今则仅存中殿,前皆败宇颓垣。惟世宗一碑,尚高矗可稽。道人念慈,导游清圣祠。谒伯夷、叔齐二石像,唐时琢也。西北踰二岭更访琼台双阙焉,披莽缘削壁蜗行,摄心度险。又百步得小峰而道绝,一石镌"台山甲秀〔秀甲台山〕",俯视绝壑,三面危崖,有溪西流捣崖壁,为百丈龙潭,水声潺潺,而色如黛,西下琼台,无级可履。老道与一童以趾尻随石,蠖行猱升,而下望琼台,已俯而窥仰而笑。中复贾勇继之,石削沙流,趾无所着。下瞰双阙,列壑崭削,森峭如门,较匡庐文殊台所见尤奇险。琼台有履迹,其一似新凿,亦山人之狡,将以惑游者欤?披榛履巉,别觅一径而返。饭后循故道下岭而雨至,觅赤城山,为重云所掩。绕其麓,十五里投国清寺,衣履渍焉,休于东院。

初七日,阴。见寺基宏壮,佛殿庄严,亚于吾邑之天宁、杭之灵隐寺。寺后环以五峰,门前跨丰干桥。董元宰[2]书有《鱼乐国碑》,字可径尺。双涧合流,水声淙淙,古木荫翳,蒙蔽天日。七佛塔骈列溪边,隋王弘塔,高矗林表作金黄色。返寺观漏沙锅、鹅字碑、卓锡泉,历大雄、雨花、三贤、迦蓝诸殿。三贤者,奉寒山、拾得、丰干也。别方丈伴云,循涧东上,三里历药师潭,五里过渭川桥。一路峰回涧曲,流水潺潺,石磴迤逦,云烟开阖。登金地岭,逾九百余级,高入天半。南瞰缺处,浩渺云天,台城如掌矣。左二里可达真际寺,右俯高明,绀宇又落谷底乱翠中。乃下岭直趋松径,碧涧横流,林木幽邃,空山寂寞,清磬惟闻。方丈贯通,出示隋赐智顗师之袈裟、铜钵及《贝叶经》念余叶。莲禅阁壁,嵌有明董其昌、陈眉公[3]诸名书。左登寒明楼凡三层,悬有巨钟,并藏明季诸公诗稿镌板,惜多残损,然则藏之名山,亦未可恃。中复觅响灵岩、圆通洞而称异,余未及往,已重阴下压,湿云回合,雨亦大至。乃冒雨上五里入真觉寺。殿有智者师瘞塔,灿烂端严,阅藏经,俯甘泉井。

---

〔1〕 匡庐:即江西庐山,相传殷周之际有匡俗兄弟七人结庐于此,故称。

〔2〕 董元宰:即董其昌。

〔3〕 陈眉公:即陈继儒。

寺后竹树，阴森蒙密，光绪中叶，僧敏曦重兴之力也。跻华顶峰，知路尚不莘确[1]，仍冒雨经察岭、寒风阙，十五里抵龙王塘[2]，此为台山中枢，诸道交会处。北达华顶，西通方广及万年寺，皆十五里。时已三时，冒雨复进，云暗雨横。寻丈外混茫无睹，但觉盘崖循嶂，直上斜下。迫薄暮始抵华顶之善兴寺，门前古桧合数抱，前年山门被火，重建未久，过右军墨池，休于东楼，掠被易衣，周历殿房。知地处高寒，楼檐多用铁瓦者。饭后湿云未敛，姑参僧房之禅而息。

初八子刻，寺钟惊醒，仰视明星有烂，狂喜，拟登拜经台观出日，中复亦跃然起。于是裹衣执灯，持杖出寺，夜沉黑，露渍磴湿，寺右觅径直上。林木深处，茅蓬中隐现一二星火。三里过太白书堂，二里过药师庵。天渐作鱼肚微白色，仰望犹高峰当前，鼓勇跻颠，袜履尽湿。倚壁坐石，遥见东方一抹白光，渐现绯色。四山沉沉，曙风拂拂，未几一光直射西北，似探海灯光，而左右曙云，青绀五色，变幻俄顷，四方平视，目不多瞬。西北则如湖光接天，三五峰尖，浮如邱笠者，即云海也。东南又如叠三尺轻棉，浮动无际。而金乌终为蒙气所掩。惟北一峰，渐见日光映射矣。拜经台叠石为垣，盖茅当瓦，门外有天台第一峰，及隋智者大师拜经处二碑。余更登垣远眺，四面云山起伏，厥状又若花瓣，宜其以华顶称也。寺门启处，有僧相肃[3]。茶罢下山，东北云海，光明变幻，正又未忍遽去也。茅蓬隐密林者殊夥，皆僧徒自结茅庵，修卷之所。晨餐毕，为主僧显华、明著、雪净等书数联，并写菊石若干，余纸挟之以行，丹峰映日，翠岭被云。

缘径盘山，西北向上广方〔方广〕而下。十五里渐闻水声潺潺，林回涧折，上（方）广寺拥现巨涧之上。入门幽敞，读一联真先得我心，为"四山滴翠环初地，一路听泉到上方"也。僧慧逊煮茗肃客，即令同观中方广石梁大瀑。缘涧不百步，涧瀑逶迤出仙筏桥，折赴中方广寺前，与左瀑会，左瀑自东谷来，雷翻毂转，一泻而喷涌上飞。下奔与右瀑会趋石梁。石梁横涧，长二寻，偃卧如弛弓。隆其脊，狭处仅五寸。下削如阙，而中辟窦以容瀑。瀑既会流，至是洄旋叫啸以出，轰如巨霆。中复胆壮，毅然行梁上者再。然流波已飞溅衣履。是夏有新昌父子二人，曾舍身于此云。更拾磴至下方广丛箐中，

---

〔1〕 莘确：指怪石嶙峋貌，或者坚硬貌。

〔2〕 龙王塘：多写作龙王堂。

〔3〕 相肃：迎客、进客。《礼记·曲礼上》："客至于寝门，则主人请入为席，然后出迎客，客固辞，主人肃客而入。"郑玄注："肃，进也。进客，谓道之。"

仰眺石梁,则匹练自上,喷雪凶〔汹〕涌,顷注奔夺而下,潭轰石啸,奇妙实过雁宕西外谷之龙潭矣。方丈兴德[1],就昙花亭废址,筑楼数间,殿宇甫修,联额未备,乃盛肴相款,乞撰书二三,中复独探八里外铜壶滴漏之胜,余为成二联云:"仰视上方,岩云叆叇;俯临绝壑,洞瀑奔腾。"又"佳境处中方,终古飞流称绝胜;名山占一席,而今绀宇喜重新"。并书二屏,及华严禅院额。中复已先去万年,时日已西,亟速驾。山僧以云雾茶叶,及寒岩藤杖相赠,坚乞重来焉。

由此西行,山回涧坠,木石森丽,越小岭经钓水潭,上罗汉岭,十五里未遇一山行者,抵万年寺,寺基宽广,门前万工池上,古杉参天,高七八丈,寺左右双涧下垂,八峰环绕。按此处开山为优昙〔昙猷〕尊者。寺兴于宋太平兴国,恩赉优渥,有"亲到堂"一额,为米万钟书,数百年物也。殿宇及藏经阁久已圮毁。今为谛闲法师,方始重兴殿阁。而监院之南,年逾六旬,正督诸匠及收获事。语及吾邑士绅,多能相识者。盖渠浙籍而久宦湘鄂。壁间画兰书屏,皆其手笔,殊可钦叹。殿左有井曰白满盘,寺后茂林多划畦圃。晚食早息,以中秋不远,归思殊切矣。

初九日出山,改道新昌,下数岭,十五里地藏寺,十五里滕公岭,意及平地,而遥望群峰蔚蓝,白云犹如海,始信华顶之高。故道书所以有顶戴三辰,而天台名之也,口占一绝云:"鸟道蚕丛向碧空,山巅长日驭天风。白云如海松如藻,忘却尘寰有软红。"滕公岭危峻陡削,直下逾千级,无异匡庐之含鄱岭,泰岱[2]之南天门也。憩清凉寺,殿侧深广多院宇,而绝少居人。读浙抚一碑,知乾隆时某僧建,亦可供山客休憩之所。十里过会墅岭,午膳,十五里抵斑竹村,则为西去新昌官道矣。斑竹村山回涧曲,桥道出翠阴中,古树笼碧,溪流不断,亦佳境也。四十里抵新昌,日薄暮,饭,宿城东铺,而天台之游粗毕,计又七日矣,所未历之胜,惟寒明岩、桃源,犹西去七十里,赤城为雨所阻,铜壶、螺溪为僧书所误,姑俟重来。况霞客亦游屩[3]再蹑而尽也。然两山而还,终未遇一同斯癖者,可知清游之举,亦非易言也。综台山之与雁山相较,雁山峰洞湫嶂胜于台,然如华顶之云海,方广之大瀑,琼台之双阙,则雁山不逮也。余于台山慊其地广而胜景散,不如雁山峰洞岩瀑之多且聚,于雁能无耿耿焉。入城一巡,膳后返店,登楼择临窗别设一榻。是夜月满半

---

[1] 兴德:新昌人,曾任大佛寺住持。

[2] 泰岱:即泰山。泰山又名岱宗,故称。

[3] 屩(juē):草鞋。

弓，清光辉映，旅思不成寐，四更闻店妇已为治餐。

　　十日拂晓绕新昌北行，始渐见原田平旷，新筑省道已过半，宽直称便。时朝旭初升，晓烟时敛，远山如窥，流泉相送，成诗一律云："曙色朦胧野店开，整装凤驾出城隈。遥山浅淡云容活，流水玲琼石色皑。新筑邮亭围竹树，初成官道辟田莱。剡溪卅里崇朝至，又棹扁舟向北回。"八时越剡溪抵嵊县，南门市廛繁盛。盖由剡溪顺流百卅里，至百官即有汽轾去宁波也。入城一览，形势仿佛临海而小之，中市于前年夏失火延烧逾百家，今未恢及半也。午刻乘航，据篷口俾览剡溪之胜，水阔而流浅，山回如屏，水清如镜。送流者多竹筏，连属张帆迨十数幅。山行久日，得此溪游，不啻船如天上坐，人在画中行矣。五十里饭于三界镇，月出烟销，益见清幽浩淼，相对复咏数绝焉。

　　十一日拂晓，抵曹娥江之百官，八时乘甬曹汽车，经余姚、慈溪而抵甬江之北岸，南即鄞城，市廛称盛，五时起椗出海。

　　十二日七时抵沪，拟回常〔1〕矣，而鸣社同人有中秋赏月西湖之会、十七观潮海宁之约。乃别中复，贾其余兴，更作浙西之游，口占一律云："雁宕清游兴未穷，天台高处驭天风。兼旬长日行深翠，千里还来蹴软红。不尽烟云收眼底，无边邱〔丘〕壑贮胸中。海宁潮共西湖月，又赏秋光醉碧篂。"当余之由沪赴雁山时，友人咸为之虑曰："深山有蛇虎之患，台嵊多匪徒之虑，江浙有兵戎之变，慎无轻去，贻家人之戚也。"竟毅然行，浃旬浪游，无日不升降登涉于风日云雨之中。用其心目手足之力，服其舟车舆行之劳，饫其野疏山肴粗粝异味之饷，千里而还，卒未遇丝毫危险惊恐，江浙战谣，炽而渐息，得安抵于沪，岂非人定胜天哉？若曰一介鲰生〔2〕，能邀山灵佑，神鬼护，则未敢冀，亦未可知。明日遂一人去杭州焉。

---

　　〔1〕　常：即作者故乡常州。

　　〔2〕　鲰生：小人。旧时年轻书生自称的谦辞。王实甫《西厢记》："叹鲰生不才，谢多娇错爱。"

附：台州半日游记

邓春澍

载于《工商新闻》1925 年 11 月 21 日，第 8 版。《工商新闻》1923 年 6 月 18 日创刊于上海，编辑兼发行人为包天白，停刊时间不详。民国十四年（1925）八月初三日，邓春澍与友人杨中复结束雁荡之行，八月四日抵达临海。本文记载了作者一行游览临海大固山、东湖等胜迹的闻见，对了解民国时期临海胜迹遗存状况颇具参考价值。因此文为游览天台之前奏，故整理以备读者参考。

游雁荡山，尽东西内外谷之胜者八日，于八月初三仍抵海门，复贾余勇，更作天台游，顾必经临海（旧即台州）。初四晨，乘升昌小轮，驶灵江而西，众山叠翠，澄宇蔚蓝，堪哂海山之游瞩方酣，未知江浙之风云复恶也。向午抵临海南郭，投中津逆旅（二年前此地犹绝无宾馆）。膳后即挟一导者，遍历台城山水焉。

入兴善门（即南门）北行二里，直抵龙顾山麓，缘山多结楼阁，历上洞天、八仙宫，殿后岩石林立，古树郁葱，小具邱〔丘〕壑，上有饮仙楼，以是处为宋茅盈[1]得道于此，驾鹤上升者，楼已久圯，光绪癸卯二月，重行落成。吾邑谈君小廉[2]，名下士也，曾与群掾会饮于是，故为题额而书之，曰饮仙楼，并志其胜概焉。长沙易应翔[3]集古一联云："岩前乱堆古苍石，世中遥望空云山。"殊雅切。倚槛俯视，林木撑天，闾阎扑地，乱山四匝，禅塔双尖，台城面江倚嶂，诚占绝好形势也。右院有束发道者二三，相貌苍古，类吾邑玄妙道

---

〔1〕 茅盈（前 145—?）：字叔申，西汉咸阳（今属陕西）人，道教茅山派创始人。

〔2〕 谈小廉：其人不详。

〔3〕 易应翔：光绪年间曾任浙江海防试用府照磨，其余不可考。按，照磨，从九品，职责主要是典勘卷宗。

林，而无尘世烟火气者。

出八仙宫，更上历州城隍庙，台阶高峻，殿宇巍峨。左右钟鼓楼，犄角高耸，警钟所亦附之。一古樟，老干高及丈，围可五六抱，诚希所见，讵后视之皆空，仅存皮壳而已。庙后城堞，缘山起伏，蜿蜒而东，故台州无北门之可辟。西望天台，云山无尽，下过三元宫、马皇殿，折东过杨烈士祠，为昔学院按临之所，有尚书廷魁二大石坊，凿镂龙凤，五马狮球，极嵌空突起，飞动如生之巧，真良工也。

出东关即浩淼之东湖在望，倚城背嶂，别具幽旷之境。湖周可三里，湖心峙有亭阁，石桥屈曲通之，时见二三稚娃，采菱泛藻，荡漾湖陬也。已未之岁，蒋叔南[1]来游，纪是湖绝类北京南海之瀛台，中复杨子亦鼓掌称似。乃沿东堤至尽处，有屋三楹，曰湖山有美，折西过小桥，又分里湖而二之，门前有额曰"云飞春路"。进则崇楼南向面湖，有"智水仁山""浣月樵云"等额。知斯楼康熙时建，而同治葺之，俞曲园[2]手撰一联尤佳，联云："好水好山，出郭门不半里而至；宜晴宜雨，比西湖第一楼何如。"前后联额，多半皆同治七年岳阳刘兰洲太守璈[3]之手笔也。后曰乐育堂，左右楼阁宇舍至宏深，湖草堤树，绿荫窗阶，惜大半倾圮，庭有明万历一碑，述为宋时某大军以筑营垒，锸土成湖，后筑堂宇，世为书院者。长桥卧波，左为一勺亭，又数曲，抵飞丹阁，凡三层，有集句联曰："鱼跃鸢飞，上下察也。葭苍露白，溯洄从之。""举杯邀明月，隔水问樵夫。""不无濠上思，独上水中央"等句，颇浑成自然，妙超可诵。登阁四望，山翠扑窗，湖波漾碧，诚有泉〔钱〕塘退省庵、济南历下亭之概。导者曰："此处夏日游者固多，独于元旦一二日，则为倾城上流宅眷，来游甚盛。盖台俗古朴，妇女平时不出户庭，仅于岁首，方许出游云。"

循堤入城，西登大观楼，三层杰阁也。南指圣庙，西俯邑署，全城在目，南山二岭，并时〔峙〕城东南。时日已斜西，乃亟一登陟焉。岳庙高峻俯堞，崇祠叠石依山，有杨忠愍[4]一祠，为庚申所新建，祀明两淮运使杨熙之位，而其子廷栋配之，有吾邑庄思缄蕴宽为书一联云："随道邻父子成仁，灵爽长

〔1〕 蒋叔南：即蒋希召。

〔2〕 俞曲园：即俞樾。

〔3〕 刘兰洲太守璈：即刘璈。

〔4〕 杨继盛（1016—1555）：字仲芳，号椒山，直隶容城（今河北容城县）人。嘉靖二十六年（1547）进士，初任南京吏部主事，后官兵部员外郎。疏劾严嵩，论死。明穆宗即位后，赠太常少卿，谥忠愍。有《杨忠愍文集》。

依天姥巃；与正学后先辉映，衣冠犹是汉家仪。"中复有动于中，夷案其宗，未遑遐迩也。过三元宫，谒胡公祠，胡公亦为晋陵名贤，未遑考索。更拾曲径而跻山巅，林木翁翳，秀峰寺隐处其中，圮败无人，读残碑知亦为宋刹，后一塔，亭亭犹撑霄汉。遥望灵江沙渚，已暮霭微茫，乃下而返旅邸，并赋一律曰：

> 五里山城临海陬，地居瓯括泂雄州。
> 东湖名著千秋胜，南岭高探万象收。
> 西望天台横叠嶂，北依大固结层楼。
> 舟樯林立灵江暮，尽日登临豁倦眸。

由此去天台，山程八十里，迟明须启行，乃早偃息焉。

天台山记

[日]常盘大定著　玉观彬译

　　　载于《心灯》1926 年第 22 期。《心灯》为宗教期刊,1926 年 5 月在
上海静安路法苑创刊,太虚法师任主编,悦安任编辑,旬刊。1927 年 3
月停刊,共出 31 期。译者玉观彬(1891—1933),近代佛教居士,祖籍
云南昆明,生于朝鲜,曾入日本大学学习,后至上海,联络韩侨革命党,
从事朝鲜独立运动。1926 年,在上海皈依太虚法师,太虚名以"慧
观"。1929 年,呈请国民政府内政部批准恢复国籍。1933 年 8 月 1
日,被暗杀身亡。著有《释尊之历史与教法》等。本文扼要介绍了天
台山高明寺、赤城、石桥等胜迹,于天台山和日本佛教渊源又稍有
侧重。

　　天台山,在江南浙江省,乃天台大师成道入寂之地。故自古为中外佛教
徒瞻仰之灵地。粤自唐朝,传教大师与智证大师,始访此山,后至宋代,成
寻、荣西、俊乘、重源、俊仍等,相继巡礼,非但天台宗学者,至净土家禅家诸
学者,亦往拜观者,实繁有徒。因保存大师袈裟之高明寺,有金地之称。而
奉安大师墓塔之真觉寺,亦有银地之名,故日本佛教徒,遥望天台,不禁法
悦,仿佛乎极乐世界者,良有以也。近天台有放生潭,事载于智证大师之记
录,而临放生潭,仰天台山,相望不过咫尺间耳。天台山右撑华顶峰,左拥佛
陇山,青天削出双金莲。佛陇之左,又有一小峰,其名赤城,中有洞窟,为古
来行者隐遁之处,可谓天台灵山出于此洞中矣。华顶峰西,有一天然石桥,
诚为千古不可思议之谜。自古行者,以能渡此桥与否,作得道民〔证〕果之试
验科目云。

　　天台多茶树,古传行者,藉此为生活,传教大师曾将此茶移种东瀛,而开
拓坂本茶园,后荣西禅师再传复兴,遂为日本今日之名产矣。

　　大师之墓塔,现存于佛陇山真觉寺,近因一新修葺,金碧炜煌,致损苍然

之古色,实不禁叹惜者也。然此为大师永远入定之标帜,而足有令人深感之灵力,其灵力之微妙,笔舌不能形喻。挽近日本佛教徒之巡礼者,其数颇增,凡拜访大师遗迹者,能勉再兴大师之学与行则幸甚。

天台游记

吴　宣

　　载于《广济医刊》1926 年第 3 卷第 8 期。1914 年 10 月,杭州广济医学专门学校同学会创办《广济医报》双月刊,1924 年改为《广济医刊》月刊,1935 年 12 月停刊,属医药刊物。吴宣,据《广济医刊》所刊信息,其人曾为该报编辑,历任广济医院内外科妇科副主任、广济医学专门学校教授等。1926 年 4 月 6 日至 5 月 8 日,吴宣携《徐霞客游记》《名山藏副本》,在一个余月的时间里,访幽涉险,遍历天台山诸胜景。对所历景观的细致观察和描写是本文之优长。

　　余读明《徐霞客传》而慕之,丈夫虽有揽辔澄清天下之志,逾终军〔1〕之岁,尚未请缨,忽忽中年,哀乐交至,卒无自树,聊寄情于烟霞泉石间亦已可伤,而又穷愁落寞,无可与语,是虽欲慕霞客而不可得,悠悠我心,胡其有极! 今岁人事兀臬〔2〕,忿而去之,得游天台,实平生之愿也。

　　此行并携《霞客游记》及天台齐周华《名山藏副本》自随,按图索骥,益我良多,略次其稿,以实我《医刊》,濡毫伸纸时,而户外青草池塘,蛙声方阁阁也。

　　岁丙寅〔3〕清明后一日,为四月六号,霄〔宵〕来风雨,虑不成行,天甫辨色,启扉外瞩,山云霏敛,随风舒卷有晴意。破晓即乘竹舆由霞城早发,竹舆式与我括似,惟安足处独阙,坐固不可,卧又不宜,蜷伏舆中,为状颇苦。纪

────────────

〔1〕　终军(? —前 112):字子云,济南人,年 18 选为博士弟子,武帝时官谏议大夫,出使南越,后越丞相吕嘉兴兵叛汉,他被杀,死时年仅 20 余,人称为"终童"。此前,汉武帝招募使者出使南越,终军闻之,马上求见武帝,请求出使,说道:"愿受长缨,必羁南越王而致之阙下!"为"请缨报国"成语典故出处。

〔2〕　兀臬:动荡;不安定。

〔3〕　丙寅:1926 年。

纲为荷行李随之,轻寒料峭,行可五六里,日色乃出,郊原清旷,垂杨燕麦,间织阡陌,嫩绿浅黄,豁人心目。数十里后,过小石岭,余舍舆步行,左山右水,仿佛平昌道中,特差修篁万竿耳。时值寒食,鹃花满山,绚烂如织锦,复有白色小花缀其间。日光照之,景乃奇丽,此情此景,适类六年前自鹭江军次返里,道出龙丘亦值清明后数日,山花怒放,群莺乱飞,久征归去,乐至不可状,每叹此景不可再,今复逢此,为可喜也。左临清溪一曲,水清澈底,可数游鳞。余虽非鱼不知鱼之乐,然愿化为鱼矣。蔚蓝之天,映水一色,间得乱石,散立中流,滩声激湍如奏江上峰青之曲[1]。三两扁舟,复次其上,此身如在摩诘画图中。唐人"江碧鸟逾白,山青花欲燃"之句于此甚恰。余生长山明水秀之乡,对此一山一水,似曾相识,为足乐也。是日初拟至天台石板路范家,因舆夫惫罢不能胜,议至县城止焉。日哺,未及县,有山翼然如张锦屏,上平如铲,疑即赤城山,然色非赤,后知为横碧山也。抵城南,投宿尼庵,庵曰天一亭,甚湫溢。有老尼出应客,意颇殷勤。余入市饮于酒肆,并售万年籐杖,及干糇之属,备游山之需,思膳于市,而膳处迄不可得,以庵贫蔬甚劣不可入口也。逡巡街头,嗣至月华楼膳焉。天台街市不亚于群,店柜辄以石制,为前此所未见也。归庵庵人谓石板路范君已遣人来此问讯,盖余将寓其家也。范君字龠成,为天台富绅,其姻娅为同学陈省几君,灯下舆夫琐琐为道台山之胜,若数家珍,并及范君家世。范先世本素封,长厚好施与,洪杨之役[2],匪败退天台,复遁去,遗所掳皖人子,甚韶秀,流为乞儿,范先人怜而留养之,乞儿固皖之富人子,范悉之,益加优渥。久之,范先人拟送其归,乞儿甚德之,乃告以匪藏锱处。范发之,得金叶银器无数,富遂甲一邑,其言若类稗官也。

　　四月七号,膳毕,即启程出北门。寨舆帘,远见赤城山,山色若渥丹,是日适为市日(五日一市,仿古制也)。乡人咸奔城中,络绎道中不绝。途为省道,拟贯新昌转绍兴达杭州,然地多山,无遣五丁[3]凿蜀道之力者,且半途而废矣。道及城西三十里而止,毁阡塞田,复不给以价,民怨载道。舆行康

---

〔1〕　江上峰青之曲:唐钱起《省试湘灵鼓瑟》"曲终人不见,江上数峰青"。

〔2〕　洪杨之役:洪,指洪秀全;杨,指杨秀清。洪杨之役,即太平天国战争。

〔3〕　五丁:神话传说中的五个力士。《华阳国志·蜀志》载,相传秦惠王想征服蜀国,知道蜀王好色,答应送给他五个美女。蜀王派五位壮士去接人。回到梓潼时,看见一条大蛇进入穴中,一位壮士抓住蛇尾,其余四人也来相助,用力往外拽。不多时,山崩地裂,壮士和美女都被压死,山分为五岭,入蜀之路遂通。

途中，沿途不得一树之阴、一亭之蔽，日光炙人，夏日行此当甚苦也。未刻抵范家，主人应客甚殷恳。

四月八号，午后范君邀游山口，约三里许，至则殆所谓三家村也，有警备队在焉。队长李姓，为予同乡，李以少小离乡，故园事多隔阂，茗谈小顷，邀予探谋人洞，去村约里许至矣。李君谓故老相传，此处初为一大市廛，商贾辐辏，有绿林某设旅店于此，犹《水浒》中之十字坡，凡旅客挟资者投之，鸩以酒，既醉，辄投入洞中，洞口塞以湿薪，燃火薰之，薪受灼而烟缭入洞内，醉者窒其呼吸而毙，毙后由其自腐，亦毋须移尸而瘞之也。洞中积骨累累，积骨愈多，而居停[1]亦愈富，盖白骨与黄金至是盈虚消长略同矣，咸亦莫谂居停致富之由。一日，有某甲方自新昌收账归，囊橐颇充，经其店，居停出迓，待客甚至，甲固健饮，既醉，居停遂复投其洞中而聚薪灼之。甲醒，浓烟扑鼻，知有异，扪壁则土石兀臬，甲大呼救，无应者，蛇行而前，烟势益剧，遂不能进，后退则死人之骨骼毛发悚然可辨，腥秽万状。洞中蛇蝎蝙蝠之属，亦受烟四起，与人争途，然旋踵间亦同尽耳。甲知无生望，伏地嘘气以避烟，地甚潮湿，烟为水气所收，势乃小减，甲得不死，居停度甲死，不复再灼。夜半，甲排白骨而摸索洞后，洞口镇以巨石，甲于石旁探手去土，土纷纷落，微露星光，遂复去之，遂穿洞隙而上，则为店之后圃，逾圃垣亟赴县诉之，吏为咋舌，即遣警卒诣村捕居停，居停知事露，遂承之，吏遣人入洞，出白骨数十箩，详之上宪，而置居停于法。事后远近争传，行旅至此，尚有戒心，而村遂萧然，无复当日盛时气象，后复遭回禄，而村遂墟。今则禾油麦秀，求之片瓦不可得矣。惜李君亦不知其年代，闻县志中亦载及之，异日或当一考之也。余探其洞，洞有前后二口，入口处广二三四尺，高三四尺，窈然不敢入内，而之上为田，时方艺麦，拂麦而过，数十武，复得一巨口，下窥，如涸井，是为之中段。复数十武，乃至洞后，洞口较入口处为大，深窈不可见，有声如出自巨蛇口。李君谓盛暑时曾入其中，不数武，阴森有鬼气，毛骨悚然，遂不敢复入矣。时夕阳在山，李君具鸡黍饷客，饭后乃回范家。

后此数日予次第往探白岩洞、护国寺，荒凉凄寂，不足游也。

四月廿五号，午后，予独携笻探桃源，以桃花流水，为刘、阮遇仙处，度有奇景餍我望耳。

循护国寺前径，探寺前石龟，龟大及丈，龟首已蚀，上镇巨碑，为钱王十

---

[1]　居停：唐宋城镇中一些房主兼营的旅馆、仓库，此处指旅馆主人。

三世孙明嘉靖进士德洪所立,碑文为风日侵蚀,不可复辨。再行里许,有古冢,土冈回护,外有石坊,内有碑矗立曰会稽郡钱王墓,笔法甚遒劲,钱王为驸马,然未览志乘,不知其生平也。以状测之,虽未能方之武肃[1],亦必当时之雄,不致与草木同朽。然夕阳翁仲,徒增过客凭吊唏嘘耳。数里至游岭庙,庙内有老翁数人喃喃念佛不已,就之询途径,知庙为桃源入口处,逾庙而左得桃源坑,乱石驻坑几满,如驱群豕入洞。予越乱石而过隔峰,再询农人,曰:"客游桃源乎? 晚矣,可稍至坑中一观乱石,然崱屴[2]不易行也。"予复询曰:"舍乱石外复有何胜?"曰:"循坑而入有鸣玉洞,每岁桃花开时,时有落花坠流水间,然洞边固植桃树甚少,斯为异耳。复有桃源洞,仙人所止也,然险甚,客云休。"予以得仙人旧馆,虽险何辞。乃至山麓,有荷担者三人,一人探予将游桃源洞,曰:"予家岭表,去洞不远,盍从予游?"予欣然从之,遂上岭,岭甚修,时行时憩。山半为桃源正面,时鹃花盛开,而黄白紫诸山色间之,予赏其色,而不知其何名,翠岚四合,峡水破空而下。岩石久为石淘,渊然成轨,玲珑秀峭,为桃源胜处,予悆甚不能复上,背坐岭上,嘱导者先行,返瞰山下冈陵如龟伏。回首见导者立岭表招予,予贾余勇而跻其巅,遂至平地,田庐村舍,乃真置身桃源矣。惜村人皆简陋,而风景乃无点缀,苟于是处,环以短篱,树以杂花,引水绕之,架桥渡之,筑精舍数楹于其中,村人皆古装束,时得美好者浣纱曲水岩花下,使游人如刘、阮重入天台,宁非奇乐? 既登山顶,复谋村人导予探桃源洞,逾岭斜行而下,路断径绝,涉足草石中,踵半无所托,不复成步,约里许,村人曰至矣,予索之不得洞所在。村人曰:"如欲入洞须再略下而右转,然险甚,游人至此,皆裹足不敢前。客其返乎?"予曰:"至此而不入洞,虚此一行,容徐探之。""客果有兴,予亦同行。"村人先行,予弃所携杖,扳藤附葛而下,而石凸处碍腹,阙处悬足。予更回,去外衣及履而前,手无所攀,足无所履,下视则绝壑万丈,骇慓不可状。予蟹行沿壁而入洞口。口多浮沙,势甚蠱。齐周华游记谓"措足于沙,沙先挺而走险,求援于草,草即起而捐躯",即此地也。造语至为确当,予以两手代足扪石壁峻嶒处匍匐而上,至洞中,洞皆石壁,为两山裂罅,而甚逼窄,上复有洞,中有石桌、石床、石棋盘、石灶皆天然者。昔置梯于此,后一僧坠梯而死,梯遂废去,余百计不得上,由洞外瞩前山斜阳欲暮,阴霾四合,苟天雨石滑,予将不能出

---

〔1〕 肃王:钱镠(852—932),字具美,浙江临安人。五代十国之一吴越国的建立者。他在位 41 年,庙号太祖,谥号武肃王。

〔2〕 崱屴(zè lì):山高峻的样子。

洞矣。洞中冷泉滴项如冰，不可久居。而怪鸟时啼，丛草受风而动，若巨蟒及巨狼且至，心大震怖，以路险不可避也。遂呼村人出洞，视来时固无路也。不知此身何以至此，既离洞，咻咻然若受巨创，憩石上，私幸今日不失足也；否则此恨且千古矣。别村人循来时路，洗手濯足于山半，坐对斜晖，念好景不再，何年重为前度刘郎，如遇一见如故者，方恨相见之晚，便尔永诀，对此残阳漠漠、流水荒荒，黯然久之。以时过晚，急下岭，村鸡处处，晚烟缕缕矣。

五月四日上午，乘竹舆首途游台岳，居停为备看蔬应□甚周至，且丐李队长遣二卒从予行。取道秀溪，渐入渐窄，深谷曲涧，幽邃入胜，盖两山辐辏，山脚隙处，水出其下，流而成溪，溪中多石，水声潺湲，终年不绝。山路当山半横贯如衣，山花如绣，日光照之尤奇艳。予或下舆步行，倚杖流连。或坐憩石上，以视吾杭之九溪十八涧，诚不可与并语者矣，使秀溪而在西湖，岂不常驻游骢？人将不知九溪十八涧为何物矣。人固有遇不遇，而山亦固有幸不幸也。然读《北山移文》"为回俗士驾"一语，则此间舍一二樵夫牧竖山僧外，行人稀寂，较之九溪十八涧长日为人蹂躏为幸多矣。十里许，至龙穿潭，瀑布破空而下，穿石中数丈始出潭底，真奇观也。舆夫言此处祈雨辄验，旁有峰峦曰狮曰虎，山势玲珑幽峭，天工鬼斧，咸莫能拟，叹观止矣。再上岭表，为龙穿潭入口，然距口尚远，不可逼视也。复十余里至万年寺，万年古名福田，为晋时昙猷尊者所建，几经废圮，今复由谛闲上人发愿，募修阅三载而成。寺前古杉参天，崎立若塔，询可与秦封汉植同纪也。入寺，僧华智出迎，待客颇渥，素馔亦精，如吾杭之功德林。中有天台山农[1]所书"万年古刹"，进则大雄宝殿在焉，绀宇琳宫，轮奂一新。寺颇广袤，而地势尤佳。八峰回护，双涧合流，诚福地也。旧有罗汉堂，今已废，内有亲到堂，为宋仁宗赐衣，有"如朕亲到"之语故也。监院之南上人，逊清时曾为刺史，能诗工书，适随谛闲法师讲经椒江，不及一见为恨。

五月五日天雨，冒雨辞僧行，度大小罗汉岭，雨细风斜，泥亦泞滑，以好景当前，亦忘疲矣。途中渐行渐上，不觉其峻也。三十里抵圆觉道场（亦名华顶寺），规模不亚万年，闻万年盖仿此而建也。寺旧名善兴，始于唐，亦几经兴废矣，方丈为月泉上人，寺僧可五六十人。山门前亦有古杉数株，亦千年前物也。前为天柱峰，方丈内多名人墨迹，中有联曰："风声、水声、虫声、鸟声、梵呗声，合之一百八击钟鼓声，无声不寂；天色、月色、草色、树色、云霞

---

〔1〕 刘文玠（1878—1933）：字介玉，号天台山农，浙江黄岩人。工书法，长期在沪以天台山农笔名发表文章、鬻书。

色,加以四万千丈峰峦色,有色皆空。"词甚新颖。台山寺院之大,舍国清、万年而外,以此为最矣。其他在华顶者有小庵七十余(或言百余),终年无水陆功德道场矣。下午饭罢雨霁,出寺左行,数百武外至药师庵,精舍数楹,为华顶之冠,有卧佛楼,有柜藏药师延寿消灾菩萨像。寺僧出示其前方丈晓然上人之玉印金杯,盖上人于逊清德宗〔1〕时,曾入觐,上赐以御影及碧玉印、紫金杯送归天台以锡之,杯作古铜色,洒金于其上,并刻龙纹甚工致,诚大内物也。杯底有"大唐贞观十三年制"字样。寺僧谓此杯为太宗赐玄奘〔2〕大师物,则不可知矣。碧玉印一方,横直径约三寸许,刻篆文十六,印纽琢狮形,光润晶莹,亦至珍贵。出庵复行,沿途茅庵相望,形式一致,覆庵皆废瓦用茅,厚及四五尺,因山高而寒,冬季冰结,山无完瓦,遇冻即碎,故易以茅,惟茅须常换,每年即小庵亦须二十金始辨〔办〕。此外如华顶寺且以铅板代瓦,然不若茅庵之清雅,有灵鹫家风也。行次有庵曰法华,题额者为知天台县事吴念椿,字极挺秀。台人谓陈六笙〔3〕太守在台时,见吴字,深叹不及,信然。然吴之名仅限于台郡,而陈则雅负盛名,远近咸知。固知人之才艺有遇不遇也。晚钟既动,归寺晚饭,为时尚早,闻至华顶最高处,曰拜经台。再上仅五里许,即呼伴出寺,复左行转入寺后。二里许,远望天际峰峦峙立,雄浑不可一世。既登绝顶,为之狂喜,向之昂藏傲岸之峰,至此均低头伏足下,近惟摘星峰,远则钓船山,亦高耸入云,若天柱峰则又若孙元矣。其他峰峦,如波绉,如龟伏,时虽天雾,暮霭四合,云露漫天,且天表风寒,即入拜经台,旧为隋代智者禅师拜经处。此峰为东南鼻祖,而智者亦禅门天台宗之先觉,非此峰无以处智者,亦非智者不足处此峰耳。外有智者降魔塔,庵内有僧数人,甚瘠苦。盖虽名为台,而非台矣。庵外筑石垣以护之,以风暴时庵且不支也,出庵而下,时红日西下,赤如血,大逾平时数培〔倍〕,万山皆绚作紫色,而云雾往返,夕阳摇曳明灭,诚奇观也。下山抵寺,未及八时,而寂寂禅关,僧咸入定矣。

五月六日,天甫作鱼肚色,便欲上拜经台观日,启棂外瞩,因雾重度日不可见遂止。及晓,日光入窗隙,即披衣起,闲步各茅庵。午后,遂复上拜经

---

〔1〕 清德宗(1871—1908):名爱新觉罗·载湉,是道光帝的第七子醇亲王奕譞的儿子,慈禧太后外甥。同治皇帝病死后继位。为清入关第九帝,在位34年,庙号德宗。

〔2〕 玄奘(602—664):俗名陈祎,洛州缑氏(今河南偃师)人。唐代著名高僧,法相宗创始人,被尊称为"三藏法师",后世俗称"唐僧"。

〔3〕 陈六笙:即陈璚。

台。寺僧华正为导，行可四里至太白堂，堂外有王右军墨池，广不及丈，中有石如金鱼，闻为右军洗砚处。入堂有碑曰"唐李太白读书处"。出堂再上，即昨日游处拜经台也。是日既晴，诸山云开雾敛，或传登此可见杭州，则欺人矣。风来天末，觉此身轩然霞举欲羽化仙去，山顶童然无树，因寒故也。闻盛暑亦挟纩，远望天姥峰隐诸峰间，而太白谓诸山之所出而姥之，则不可解矣。此峰高为四万八千丈，其高可想见矣。小顷循故道至太白堂处横而向右从折而下，至龙泉庵。庵外流水潺潺，叩关而入，有僧曰华汉，焚修于此，颇多苦行，煮茗待客，茶名云雾，甚著，泉水尤清冽，愧非陆羽也。出庵更右行，远望有庵当崖下，崖甚秀峭，因山高而寒，花信独迟，清明早过，而鹃花始放，灿烂如霞。复有娑婆树，着花甚艳，闻移植他处均不能活。上界奇葩，固不受人间尘渎也。既至，入庵，曰黄经洞，为王右军书黄庭经处，故名。庵甚窄，后有石洞，闻昔有金鸡洞，金鸡栖之，夜半鸡啼，僧即起诵经，时刻不差毫厘，后僧成道坐化，而鸡亦去矣，洞亦湮没。寺仅一小沙弥，挈予上庵后匍匐而上，沙弥身轻如燕，履险如夷。予为股栗，呼予从之，如教猱升木矣。登崖，即洞之项背也，上有石为榻，环顾四围，层峦叠嶂，如张翠幕。旁有七月桃，果熟时，山猿辄引群偷果，予坐石上，悠然涉遐想。他年果得买山钱，购龙泉庵故址而筑精舍三楹，藏书万卷，毁黄经洞小庵而建一亭，芟草种花，引泉架桥，径环碧栏，或护短篱。春秋佳日，携酒抚琴于曲涧流水间。上界清都，无此乐矣。已而辞去，循故道而下，遂归寺，晚饭后复至左折诸庵，庵均在阴森古木中，水流花落，别有天地非人间也。

五月七日，辞寺僧下华顶，绕摘星峰后，途中时闻山兰香吐，及出山口，尚见拜经台高入云表也。十五里，抵昙花亭，是为中方广，实则非亭也。寺僧慧云，予得省几函之介绍而识之。台人往往以屋宇为亭，不知何意，如城中之天一亭，丝毫不涉于亭也。昙花亭于数年前遭回禄，重建未久，地当石梁右侧，俯槛观瀑最宜，上设几席供茗话，旁有楹舍供游宿。夏日避暑于此，西湖远逊之矣。石梁长丈余，右端广不盈尺，左端稍阔，予涉梁而过，下视飞瀑百丈，喷雪奔雷，股为其弁。梁尽，堵以铜殿，高三四尺，中塑铜像甚多，为明天启寺阉[1]所建。梁之正面有"前度又来"四字，为"前度刘郎今又来"之意断章取义，无谓之至。下刻"万山关钥〔键〕"亦不恰当，不足以寿石梁

---

〔1〕 寺阉：太监。寺，寺人。古代宫中供使令的人臣，后以"寺阉"或"阉寺"指太监。

也。康南海[1]所书之"石梁飞瀑",一语道尽,亦无意味。字亦不佳,以康字以放逸胜,正书非所宜也。梁下水由左右两泉并流而下,激越三级始奔石梁,水离梁仅二尺许,闻久雨则山泉陡涨而水及梁矣。石壁中镌字颇多,以"喷雪飞云"四字较为恰合,盖水势为石所激而怒,狂奔而号,水花如雪,震耳欲聋。午饭后,不及一游上下方广,亟邀伴探铜壶滴漏,及水珠帘诸胜。由石梁行可七八里入小涧道,有断桥石,然亦匪佳,旋至铜壶上,伏岩上窥之,口狭腹宽,纳百尺落泉,水深流急,居高临下,魂为其悸。其下有小铜壶绕而下之,亦甚肖。小铜壶之水由大铜壶入注。小铜壶外水清且浅,予濯足其上,乐甚。已而复循仄径行里许至水珠帘,高广数丈,文自天成。其上有龙游涧,涧狭而滑如假人工,涧上有石窈然如盘,水由盘而入起作漩涡而出,惜无有名之者。予谓其下既为龙游涧,而此石盘可呼为龙盂也。回宿昙花亭,枕间听泉声,酣然入梦,似有□□之羽衣蹁跹者叩予台岳之游乐乎者。

五月八日。晨兴至下方广,寺方雇匠铸钟,寺亦庄严。至石梁下,瀑布破空而至,如飞龙,闻昔年辄有梁上越下殒命,以求舍身成佛,痴矣。旋至上方广,寺亦陈旧,有藏经阁,清高宗赐大藏经于此,有罗汉堂得木雕罗汉五百又六尊,佛像甚精,出自名工。出寺行里许访铁剑泉(又名水仙岩)。予涉岭而眺,为林树所翳,未窥全豹为恨。时忽大雨,即趋返寺。下午天霁,余景收拾都尽,亟欲回万年一探三井潭,行里许至钓水潭,瀑布高悬,曾经沧海难为水矣。岩侧有石如鸟,故或名鸟水潭。十五里抵万年寺,取道盖非罗汉岭矣。午后,寺僧慧生导游三井,行五里许,上潭路绝,涉水蹑崖而至,由危崖上窥之,岩石幽峭,莫测深浅,惟闻水声潺潺而已,投以巨石,初无大声,水凡三注而及深谷,谷两侧碧水沈沈,林木阴翳,以地险而樵苏不至,故多山兽,其险巉且逾铜壶。盖铜壶尚可由下而窥之,而三井则不能矣。苟失足坠潭,并尸而不复出矣。坐危崖小顷,遂归万年,寺前山口,有山庙,庙有古杉,其根竟渡石桥于隔岸复苗小杉,亦亭亭数丈,询可异也。诘朝遂回石板路,予天台游记至是告终,高如华顶,幽如黄经洞,奇如石梁、龙穿潭,险如铜壶、三井,此其最著者也。其他如太白堂、右军池、药师庵之玉印金杯,皆足令人致景仰也。□□若钓水、铁剑、水珠各景,苟移之于西子湖上,宁不奇绝,而于

---

[1] 康南海:康有为(1858—1927),字广厦,号更生、长素,广东南海(今广州市)人。光绪二十一年(1895)进士。近代资产阶级改良主义运动领袖,戊戌变法失败后流亡海外,思想渐趋保守。著有《大同书》《康南海先生诗集》等。

此则为大景所压耳。此行以未至琼台、钓艇为恨，然或竟留不尽之景以俟之他年耳。

　　回台后，复一度游云峰，上有美女照镜岩，远望甚肖；有叠石寺，寺僧莲溪，禅理颇深。此游仅为予游天台之余兴尾声而已。

天台之游

陈万里

　　载于《时事新报·建设特刊新浙江号》，1933 年 1 月 1 日出版。《时事新报》1911 年 5 月 18 日创刊于上海，日报，前身是 1910 年由《时事报》和《舆论日报》合并的《舆论时事报》，经理为汪诒年，1949 年 5 月因上海解放而停刊。《建设特刊》主要发表建设事业、财政金融、交通民生等方面的论作，属经济建设刊物。陈万里（1892—1969），名鹏，字万里，以字行，江苏吴县（今苏州）人。文物专家、陶瓷学家。1917 年毕业于北京医科大学，20 世纪 30 年代在浙江卫生厅工作，1950 年以后历任故宫博物院设计员、研究员、主任等职。民国十七年（1928）八月十五日，陈万里在友人的陪同下，自天台县城出发，游览了赤城山、国清寺、善兴寺、华顶、石梁、桐柏宫、琼台双阙，十九日，离开天台经新昌、嵊县返回杭州，本游记即为此次游览的日记。原文附有"天台山景""石梁飞瀑"等照片 3 张。

　　往岁于役天台，抽暇作山中之游，过国清寺，登华顶峰，观石梁飞瀑，穷琼台双阙之胜，时间虽匆促，顾已尽兴矣。顷吴君来索记游之什，即以此日记旧稿付之，愧未能状此山之瑰奇雄伟于万一也。

　　十七年八月五日，在天台，寓同学所设之医院中，整理一切，饭后，同王、姜二君出小西门，往西北，一路松树颇多。七里至赤城山，山石皆赤色，状似云霞，望之又如雉堞，因名。一名烧山，又称消山。先游下岩，名紫云洞，虽没有雁荡北斗洞那末大，而滴点岩泉，宛然北平西山之滴水岩。《志》称晋义熙初，僧昙猷造寺，号中岩。齐僧慧明复塑一佛，或即在此。由此上中岩现称华阳洞，女尼数人所居。不远有玉京洞，为道家所称之第六洞天。绝顶有梁岳阳王妃所建砖塔，一部分已倾圮。

　　下赤城折东北入山，途中遇雨，约五里到国清寺，寺外有大塔一，高九级，隋遣司马弘为智𫖮建。路边复有小塔七，《志》称俱隋时物，我很怀疑。塔式跟泉州某寺的相同，恐非隋时所建。稍转有桥跨溪上，所谓"双涧合流""浮图插汉"，的确可以给你一个很深刻的印象。寺有五峰，北八桂，东北灵禽，东南祥云，西北映霞，西南灵芝，因此亦称"五峰回环"。寺为隋开皇十八年建，大业元年赐额国清，唐会昌中废，大中五年重建。宋景德二年改称景德国清寺，建炎二年重修之，前后珍赐颇多，明洪武为大风雨所毁，隆庆间重建，建后又毁，万历再建，并赐藏经，遂建藏经阁。全寺规模宏大，《九域志》以齐州灵岩、润州栖霞、荆州玉泉，并国清为四绝。灵岩在鲁之长清，有宋塑罗汉，七八年前曾一游之。栖霞千佛岭，都系齐刻石佛，为研究南朝造像最重要的地方。近因密迩京师，游人遂多，时见记载，十余年前殆无人过问及之。玉泉交通不便，游者较少，不审于考古学上有何种特殊情形。国清以智者大师在此创立晞〔天〕台宗派，其徒如灌顶、普明、智璪〔1〕、智晞〔2〕皆有名，所以国清寺在中国佛教史上，实占有极重要之地位。我常听到日本学人之研究佛教史或佛教美术者，来游中国，一定往游国清，礼谒大师塔，并瞻仰遗物。我恐怕吾们自己中国人往游天台的，都不过震于石梁之奇胜罢了。

　　寺有三贤堂，祀丰干、寒山、拾得，东院有寒山、拾得旧灶，藏经阁因为建水陆，橱门上挂了画轴，不能启视，而知客僧又慢客，不晓事，颇觉扫兴。据说退院僧之染烟霞癖的很多，最近因赌案被天台县罚洋七百五十元。从前王思任《游天台山记》里说"山清、水清、松清、塔清、钟清、鸟清、桥路俱清、僧更清，而予所居塔左静舍益又清"云云，以今视昔，"僧更清"那句话，至少有点怀疑。五时回城，约有七里路，途中经过一处石刻"万松径"三大字。此处松林颇密，进小北门，已近七时。王君特由城外一家尼庵办来素席，余颇不安。

　　六日，五时而起，候轿直到七时十分才启程，出小北门，径〔经〕万松径，到国清寺外，转往东北，一路沿着溪涧，上金地岭。此处有的游记上说："磴道陡峻，十步一休"，亦未必然。"水鸣琤琮，与人上下"，乃是实在的情状。岭巅极平旷，有田，种杂粮菜蔬，遂至塔头真觉寺，自国清至此约十五里，寺

---

〔1〕　智璪(556—638)：隋、唐时僧人，俗姓张，祖籍清河（今属河北）、西晋永嘉之乱时迁居浙江临海，17岁从安静寺慧凭法师为弟子，后至天台山从智者大师受道。曾八次参见皇帝，圆寂于国清寺。

〔2〕　智晞(556—627)：隋、唐时僧人，俗姓陈，颍川（今河南许昌）人。20岁时依智者大师出家，常居天台国清寺，时乐"三昧"者皆共归仰。

建于清〔隋〕开皇十七年,有智者大师肉身塔。寺外修篁邃密,人行其间,衣袂昼〔尽〕染青翠,在此稍憩片时,即游高明。从东南下岭约四里,即是寺后狮子峰,前临幽溪,对山松木极茂密,瀑响松声,令人萧然意远。寺因智者大师讲经天台,经卷忽为巨风飘至此处,就营净居,寺石〔名〕净名,堂名翻经。明嘉靖间曾一度荒废,万历中无尽法师住此,中兴台教,寺亦恢复旧观,寺藏智者大师龙衣、金钵并《贝叶经》匣,知客僧一一出示,令人肃然起敬。寺旁有圆通洞,就洞建屋一小间,地极僻静,出寺仍回塔头,略进午餐,即起程,由此折东北,逾银地岭,过龙王堂,自此复上山,经寒风阙,登察岭,至华顶峰下善兴寺宿。

银地岭陡峻不逮金地,山谷中到处有平原,田亩错综,村落相望,略似灵岩,龙王堂有小店数家,并有区立小学一所,此处多植茶,亦称云雾,佳品一元可得三斤左右,若在华顶只有斤余,相差约一倍。过此上坡,松多披拿作态,而山石亦嶙峋露骨,自成苍寒逸趣。寒风阙往东为华顶道,西北达方广,北风起时,阙处人不得直立,过此即察岭,路随山转,似登陇东之六盘山,远望山径迂回,又如束带,直趋林密处,那就是善兴寺了。

善兴旧名华顶圆觉道场,晋天福元年僧德韶建,智者大师尝宴坐于此。规模虽远不及国清,但后殿客室颇多,听说此处亦有打水陆的。行李安放以后,就同钦禄及知客僧某往游附近茅篷,据说最盛时有茅篷一百六七十,今年正月,台匪来此盘踞,烧了数十处,现剩近百左右,在东部约有三分之二,西部约三之一。出寺后先往东南,在树林中时时可以窥见茅屋数楹,及至其地,常有菜园式茶圃一区,为修居僧人所资以生活的,大概每处茅篷总有数十株茶树。春夏两季,山上雾气甚重,是以茶名云雾,最为恰当,有时雾大竟可不辨咫尺。秋季比较晴朗些,冬天则雪封山径,厚至数尺,往往与山下断绝交通。茶树以外,蔬菜种类尚多,松柏少而多杉木,皆绝大。另有娑罗树一种,善兴寺附近,遍山皆是,开花时期在四月中,极晚端午前后。知客僧说花开颇似芙蓉,全山一片红霞极可观云。随游紫云庵、药师庵三四处,兜率庵已被毁,正在重建中。药师庵房屋较多,可惜光线太暗,远望并不舒畅。归途得六合花一种,甚美丽,百合花亦多。

晚饭后在寺内略事游览,即睡,因为一星期来东西奔驰,身体颇困怠,及早休息,预留为明日登华顶地步。

七日,五时起,天幸晴朗,即邀钦禄出寺,急步往登华顶峰,顶有茅庵,壁皆砌以大石,有佛殿,有卧室,较之五台台顶石屋,好得多了。门外有“天台第一峰”及“智者大师拜经台”两石碑。《志》称此处高度有万八千尺,传胜奇云："俯瞰群峰，皆在其下，罗列环绕，或如莲叶，或如华须，恍疑一朵芙蓉，浮于海上。"[1]《旧志》[2]亦云："台山峰峦萃崒，犹如莲华，此为华心之顶，故名华顶。"离天台县城六十里，从国清来为第八重最高处，庵旁有拜经台石碑系新刻，四望群山围绕，华顶独秀出，而云气时时从山坳里飘忽上下，衬着深蓝的山色，确是一幅绝妙画图。日为云翳所掩，远山亦有薄雾，不过我想就是清明，所谓者〔北〕望钱塘，东睨黄海，西顾括苍，南眺雁荡，上〔尚〕是文人信口开河之辞，不足置信。余与钦禄即在庵中憩息约半小时，然后缓步下山。附近茅篷亦有多处，其一有王右军墨池及太白读书处碑石，悉出附会，未足据为典要。途中遇到下山和尚约五六人。据说善兴西茅篷有放斋会，他们原来都是去吃斋的，有一小沙弥，年只六七岁，询以吃斋有何兴趣，答称还有铜钱呢，老和尚亦为之莞尔[3]。

　　回到善兴，复往西茅篷一游，此处情形颇如西汉〔溪〕花坞[4]，茅篷随山点缀绕以林木，有时户外泉声琤琮，别饶清趣。惜建筑不尽合法，使有机缘，划数亩地，筑屋数椽，种菜读书其间，了却半生，诚大佳事。但是如此清福，几生能够修得到呢？到善兴，检点行装下山，过寒风阙后，山路委婉曲折，向西北，先经上方广一览即出，至中方广，此处为石桥山，双涧水自大石上泻下，均有巨潭，会流而下，分布石面，适在中方广寺下，山势忽相辏，石梁横跨其间，水由此穿过，一跌数十丈，注于深潭，遂为石梁飞瀑。高视雁荡大龙湫为逊，俱是上有石梁为限，这是别处地方瀑布所没有的。王思任游记有"他山瀑布但条直，不尽布义，独此扁落，梁若机横其上，真是九天飞帛也"之语，真能道出石梁瀑特点所在，而吴江潘次耕[5]《游天台山记》所谓"水本悬也，因梁而折，不折不尽悬之妙。他瀑布虽雄，从高泻下而已，宜不能与此山争也"，可谓的评。石梁长约二丈，广不盈尺，所谓龙形龟背，渡者震于瀑声，遂致不敢举步。石梁那一端有一铜盾小亭。吾们把行李安置于寺楼，即同钦禄往下方广，复由此趋仄径下，走溪边，仰看所谓"从下睇上，始可得其直下

〔1〕　见明代传灯《天台山方外志》"天台十景"。

〔2〕　《旧志》：即《天台山全志》。

〔3〕　莞尔：微笑的样子。

〔4〕　西溪花坞：杭州著名景点，民国文人称赞西溪花坞的游记不少，如郁达夫《花坞》、余小可《闲话花坞》等。

〔5〕　潘次耕：即潘耒(1646—1708)，字次耕，号稼堂，江苏吴江人，清初学者、诗人，著有《类音》《遂初堂诗集》《遂初堂文集》等。

之势而穷其奔云拥雪之奇"[1]。遂回寺中用点，令寺僧雇一向导，往游珠帘水，寺僧招一十一二岁看牛童同吾们去。约五里，沿溪折西北，尽是小路，有时涉溪石而渡，如此约三里，溪中巨石错布。钦禄先纵身登，余又随之，于是下窥。瀑注潭中如圆井，是名铜壶滴漏，令人惊骇，不敢逼视。此处即名断桥瀑，实则溪中巨石相对，形似断桥而已。向导者以珠帘水，不甚了然，乃由钦禄询一村妪，他就招呼她的孙儿为导，他的年纪只有六岁，由他先行，吾们都跟着。攀登溪右山坡，完全从荆棘丛中穿过去。山童行走极捷，吾等追随其后，约一里下山，有一烧炭场，珠帘水即在其侧，这两天水大，瀑亦壮阔，不似珠帘。旁有龙鼻水一溜，高度约与小龙湫相仿佛，吾们在此憩息多时，复上山出溪中，沿着溪跨石过去，走到断桥瀑下，则见水自圆井腾跃而出，复成一瀑，两面俱系石壁，此为寻常游人所不到处。今日导游者均系幼童，跳跃欢呼，憨态可掬。余与钦禄惟此二人之命是听。二童山居惯，所以行动极矫捷，余侪亦复随之，不肯示弱，自觉尚为十余岁之幼年黄金时代。游毕仍由原道回中方广，轿夫自龙王堂买酒已归，即携酒具往溪中，坐大石上，畅观石梁飞瀑，此情此景，人生能有几回。坐至薄暮，始归原楼。夜在枕上听瀑声，若万马奔腾，允久不能成寐。

八日早起，凭栏观石梁瀑久之，七时别中方广，往游桐柏。路沿东涧入山，经龙王堂稍憩，又十五里始到其地。先在离桐柏约三里之某村用午饭，吃麦粉制薄饼，此为天台特产。桐柏前临小溪，四围均稻田，后倚紫霄、翠微、玉泉、卧龙、莲花、华琳、玉女、玉霄、华顶等九峰。余等在宫内游览一周，大殿仅有石础，余均被毁。侧殿有二石像，云系伯夷、叔齐。壁嵌明嘉靖张廷臣《桐柏宫移祀夷、齐像记》，对于石像来历，亦称"询其颠末，无知之者"，恐系宋代石刻。庭间石础上雕刻花纹亦极精。

钦禄托庙祝挽一人为导，往游琼台双阙。出宫往北，过一小岭，路尚平坦，但是路边小山，已山骨显露，约五里复上岭，漫山荆棘，行步极难，四望山势峥嵘，远非华顶道中所可比拟。更前进，一峰突起，均绝壁，钦禄先攀藤以跻，余亦紧随其后，有时树根不能握，则紧握石块凹陷处，努力上升，胸部往往贴石块，既登峰巅，则见对面又有一峰，峰顶巨石，左右分峙，是即双阙。吾们即下第一峰，得一平台，是即琼台。稍憩，复鼓勇上，其艰难一〔亦〕如第一峰，过双阙后，巨石中空，可坐一人，是即仙人椅。在此远望对山，皆峻嶒

---

〔1〕 该句见明代邹迪光《石梁观瀑记》。

骨立，俯视深涧，为之目眩心悸。少顷，仍由原道攀登而下，复徐徐而下，回到桐柏宫乘轿，三十里进城，途中下一岭，极陡，西侧即瀑布山，远望瀑布甚壮，不及往观，遂回城到医院，时已傍晚。

夜在钦禄处吃麦饼，咸的用鸡子，甜的用淡菜，所制薄而松、脆而香，真觉别有风味。九时回寓休息。

九日，离天台往新昌，由此转嵊县回杭。

天台纪游

家　驹

　　载于《民强》1934 年第 21 期。《民强》创刊于香港,创刊时间不详,停刊时间为 1934 年 7 月,共出 22 期,季刊,由香港企公牛奶公司广告部主办并发行。家驹,其人不详,根据文中"民十九年,家父摄篆是邦,予随侍焉矣。住署中""时在季春",当时天台知事为章骏,"家驹"可能姓章。本文是作者于 1930 年春游览天台山之作,由于报刊缺佚,今仅见从国清寺至华顶的游览记录,并非全璧。

　　天台为东南胜地,海内名区,其山脉分自南岭之仙霞,多奇境胜迹,如太白堂、右军池、拜经台,皆晋唐故地,而石梁瀑、水珠帘,则为海内奇观,予耳其胜久矣。民十九年,家父摄篆是邦,予随侍焉矣,住署中,望天台峰屏障乎前,高摩苍穹,石瓣嵌空如菡萏初舒,色青紫欲浮。于是游兴勃然莫能遏。且以身无繁务,长日空闲,遂得数游其地,慰予夙望矣。光阴苒忽,瞬已几年,今也蛰处羊石,侍父家居,距天台已千百里,然每于斗转星移,纤月如钩之际,漫倚斜栏,怅望雪天,犹神魂飞驰,萦念天台无已也。兹偶检旧笈,得游天台残稿,因节摘第一次游记数段,整理之录寄《民强》,以饷读者,而志鸿爪,文之工否弗计也。

　　时在季春,月之某日,曙色微明,即披衣而起。六时,早膳毕,即偕予戚马君、翁君及予弟等雀跃启行。并遣数警士作导,是时也,春光明媚,景色宜人。遥瞻台山,则突兀崔巍,高耸云表。近视四野,则秧针麦浪,极目无垠。足以舒精神而拓胸怀。行六七里,忽见浮图矗立,树木蓊茂者,则国清寺也。

　　国清寺系隋唐古刹,古碑残碣,历历可考。五峰挺秀,双涧清流,伫立其间,则闻风振树叶声。清流急湍声、碎鸟声、钟鼓声,与寺僧诵经声,声声相响。散队少憩,或寻幽景,或阅梵经,或礼佛像,纷纷不一致。少时复北行,其间多崇山峻岭,茂林修竹,土性硗瘠,肥沃绝少,居民以竹林为生活,不复事耕种也。约五里许,至金地岭,羊肠鸟道,仄狭殊甚。岭长七八里,由下而上,殊觉费力。予三休而始登其巅。自城入山,以此岭为最峻。回顾县治,则始丰清溪,环绕城南,一一如在目前。柳子厚[1]所谓攒簇千里之说,遂恍然矣。休息半时,复东北行五里许,而至高明寺。高明寺亦隋唐古刹也。世称智者大师说法于此,衣钵尚存。寺当山巅,东视诸峰,悉在眼底,寺旁多苍松古柏,翠竹奇花,火劫后修葺方成,楼阁宫殿,焕然一新,于此中膳毕,已午后五时有余,遂借宿是寺焉。

翌日,倦游恋榻。晨鸟逼催,即起早膳。出高明寺,投西行,经峻巅数百步,折而北五里许,至塔顶寺,亦古刹也。少憩复北行,时暖风荡漾,野花生香,闲云往来于天际,与群山滴翠之色,遥望相接。十五里至龙王堂,为小市区,台山入城之咽喉地也。略憩片刻,复东北行,一路峰峦起伏,愈转愈高。约十里许,抵陷〔寒〕风缺,两端高山耸立,下则绝壑万仞,缺适连两峰之腹,较为平坦。山风奔驰过之,故风力最雄猛。又五里,忽见白云缥缈,蒸腾山腹,钟声隐约可辨,使人作飘飘出尘之想。转山坳,即华顶寺矣,时已薄暮,抵寺遂借宿焉。（待续）

---

〔1〕 柳宗元(773—819):字子厚,河东解县(今山西运城)人,世称柳河东。唐文学家、哲学家。有《柳河东集》。

天台之游

二 云

载于《社会日报》1931 年 2 月 22 日，第 2 版。《社会日报》为小型报纸，1929 年 11 月 1 日创刊于上海，由胡雄飞、陈灵犀、姚吉光、冯若梅等创办，后归胡雄飞独办，陈灵犀任编辑，1947 年终刊。二云，其人不详。本文是作者根据其好友陈仲子游览天台归后所述、概括其大要之作。

稔友陈仲子，半年不相见，一日，忽以柬见招，会于某酒楼，云新自天台倦游归。嗟乎！天台吾所素慕，不图仲子先发其秘，因浼其述天台梗概，用慰尘网鞅掌[1]不能径往之情。

盖仲子住天台凡半年，其山光岚色，千变万化，皆测其隐。山以西部为最幽，惜多为盗贼所据。值浙主席张静江[2]亦往游，乘其威风，故山西诸秘，皆得窥望。登华首，众山皆俯仰朝凑齐结如莲花，东望东海，北望太湖，钱塘江如带，数百里唯此独尊矣。至古昔著名之石梁瀑布，仲子之游，适当秋后，帝遣甚雨三日，以壮奇观，双涧悬壁，跨梁千丈滚下。梁上望之，如烟如雾，如神仙游乎太虚，梁下望之，如飞银滚雪，似身脱凡境。琼台双阙，实为一谷，置身龛坐，俯瞰众尊。烟中列巉嵲[3]，独不知刘、阮桃溪之路在何许，尝徘徊久之不能去云。山以三月杜鹃、幽兰盛开为最盛。山下有国清寺，智者大师身后，隋帝敕建者。兹山实天台宗圣地，智者大师埋骨处，尚遗

---

〔1〕 鞅掌：指事务纷扰繁忙。《诗经·小雅·北山》"或栖迟偃仰，或王事鞅掌"。

〔2〕 张静江（1876—1950）：名人杰、增澄，以字行，浙江湖州南浔镇人。出身江南丝商巨贾之家。曾任国民党中央执行委员会常务委员会主席，浙江省政府主席等。与蔡元培、吴稚晖、李石曾并称为国民党四大元老。晚年逐渐淡出政治，转而信佛，故又名卧禅。

〔3〕 巉嵲（jié niè）：高峻貌。

一塔，足供学人行脚之拜膜焉。

从上海趁海轮二日至海门，又乘浅水轮六小时至天台，复肩舆行六小时，至山下国清寺。

天台记游

[日]桥本关雪著　秦俪范译

　　载于《旅行杂志》1932 年 第 6 卷 第 5 期。《旅行杂志》1927 年 3 月创刊于上海,停刊于 1954 年 7 月,为民国时期首屈一指的旅行刊物,由上海银行旅行部编辑发行,后改由中国旅行社负责编发,早期为季刊,1928 年改为月刊。桥本关雪(1883—1945),日本兵库县神市人,日本著名画家,大正、昭和年间关西画坛的泰斗,日本关东画派的领袖。桥本关雪精通中国古文化,曾 30 多次来到中国,与吴昌硕、黄宾虹等皆为至交。作品有《玄猿》《寒山拾得》等。译者秦立凡,江苏苏州人,笔名秦俪范,中国早期动画的开创者之一。桥本关雪出生于一个汉学家学传统深厚的家庭,其祖父精通中国诗文古籍,其父擅长汉语诗文创作,其母精通经书书画,桥本关雪本人则痴迷于中国传统文化。1913 年,桥本关雪首次游历中国,到过重庆、上海、浙江、苏州等地。1931 年,他与妻子同游中国,到过西湖、镇江、天台山等地,这篇游记就是他此次游览天台山之作,原文附有"舟山船中"和"台州城邑"图画 2 副。

　　去年遭不虑之灾[1]致每年例行之中国旅行,不得不间断了一年有半。江南春色,久萦梦寐,于今复得领略,并得到二种意外之收获:第一是钱塘观潮,第二是天台登山。

　　到钱塘江去观潮,听说以阴历八月十五日为最佳,在上海有小汽船可以直达,交通不可谓不便,拟作一度之观赏,已非一日。但秋季为余制作之期,不能远游,诚属憾事。春间在杭州旅次,闻得钱塘潮汛,并不限定秋季,即平时每月满潮,亦颇足可观,真使我喜出望外。隔了一天,便偕着我的荆妻,乘了自动车,浩浩荡荡的向海宁出发了。原来从西湖到海宁,已筑有现代式的

―――――――――

　　[1]　原注:按,去春桥本氏在大阪郊外汽车肇祸,身受重创。

自动车道,路经一处,夹道俱是丛竹,连绵十余里,中无杂树,绿影婆娑,映射人面,作可怖之幽碧色。闻杭州所产之竹器,原料大都取给于此。

一路驰去,到得海宁,为时尚早,抽暇作写生数帧,留作他日纪念。潮将至,游客已毕集,极目向江中望去,初只见一缕白痕,声响有如远雷之可闻,愈趋愈近,潮头亦渐大,汹涌逼来,有如千军万马,势不可当。

潮到近处,直上我等立足处之岸壁,高二三丈,惊心动魄,诚壮观也。

古来传说,谓为伍子胥之亡魂袭来,是以意外恐怖云。余意于阴历八月十五日明月之夜,当有可观者。

江岸置铁牛一,为安澜之具,迷信抑何可笑。铸有清帝雍正年号,经后人摩挲,黝然澄莹,甚可爱也,因图之。

舟山之戎克

凡到过上海者,黄浦江上,最可使我人注目者,当为纯中国式巨大之"戎克"[1],通体髹红黑色之漆饰,有斑烂〔斓〕绮丽之彩绘,船首具有突出之瞳目,显然呈有一种怪奇之趣味。

据华人告余,自上海至台州,舟行极便,但延〔沿〕海一带土匪出没。余天台之游,迁延至今者,亦坐是耳。

从台州出发,可乘肩舆向天台县而行,约三日而达,是为正道。如以宁波作起点,可经由蒋介石[2]之故乡——奉化登临,则为侧道。若自杭州取道嵊县、新昌等处入山,则为里道。以路程计,三者并无多大差异。余此次天台之游,取正道而往,里道而返。自新昌至杭州一段,自动车道已将次完竣,故后之往游天台者,当多乐取此道矣。

中国小汽船之搭乘,生平尚为第一次,肮脏不洁之处,真非始料所及,甲板上可以随处小便,尿秽横流,不可向迩;素昧平生者,居然可与同桌同器进餐。而最不可耐者,当为指爪既长且黑之侍役,用手握饭入盂,以飨乘客。

---

〔1〕 戎克:中国平底帆船,可能来自英文 junk 的音译。

〔2〕 蒋介石(1887—1975):名中正,字介石,浙江宁波市奉化人。国民党当政时期的党、政、军主要领导人。历任黄埔军校校长、国民革命军总司令、国民政府主席、行政院院长、国民政府军事委员会委员长、中国国民党总裁、国民党政府总统等职务。

台　州

在海门换船经四小时后，可达台州，一路行来，山明水秀，野生之萱花[1]甚多，与日本异种，如火如荼，作渥丹之色。原来台州为一山间之荒僻小县，我等抵台，已日薄崦嵫，向晚时光矣。

在杭州时，见田园间桃花盛放，麦苗长可五六寸。从台州入山之后，陇亩间麦秆挺秀，长可没胫矣。在燠暖的气候里，经日光熏蒸之后，蔚成一种富有陶醉力的香气。尤其我等坐在笋舆中，摇曳前进，昏然欲睡。林间好鸟争鸣，蝶影乱舞，在路旁蓦此〔地〕惊起一寿带鸟，曳长尾飞去。

天台山

初到天台，观感所及，并无想像中所有之伟大，但一经入山，便觉峰峦重叠，气象万千，据《名山图会》云：“天台山高一万八千丈，周围八百里。”当自新昌向嵊县进发时，遥望之，此种字数当非虚语。相传汉刘晨、阮肇入天台采药，在山径邂逅二女子，及归家时，已与尘世相隔七世。余如丰干禅师、寒山、拾得等故事，亦为世人所熟知。天台最高处曰华顶峰，另用画面表之。

国清寺

国清寺之名因丰干禅师、寒山、拾得等故事而益著，自台州正道入山，第一个名所，即为国清寺，入山时不觉甚峻。其实此处山势已高，回首望去，天台县城宛如已在下界。

出天台县城不五里，形似石笋之古塔，在苍郁之林影里，已能窥见。渡丰干桥，则悬敕建国清寺匾额之门楼，已赫然呈于目前矣。

全寺虽渐就荒废，但只观其轮廓，已可想见当时建筑之崇宏。寺外市廛凋零，闻每当清明节香汎〔汛〕时，则有临时商店之集合，平时则慑于土匪。都以迁地为良矣。

国清寺之厨房，不论中国人与日本人见之，同样可以引人注意，规模之大，较金山寺或普陀前寺者，似均有过之无不及。大雄宝殿之左，堂宇轩然，署有三贤遗迹，为丰干及寒山、拾得之祀。

---

〔1〕　萱花：即黄花菜，多年生草本植物，百合科。

石梁桥

　　山中名胜甚多，而以国清寺为最著，石梁胜迹尤为唐宋以来骚人墨客游观之所。

　　到国清寺道中，除真觉寺差强人意外，别无他处足供流连，山中行经小学校一所，占地不多，而布置井然。就山边隙地种植菽麦蔬果之属，颇堪自给，日常所需，不必外求。

　　过真觉寺后，翻越一岭，眼界顿为展开。山岚起伏，连绵东北趋，高高下下，尽收眼底。沿谷转去，止于石梁桥，一时觉得过去之历史古迹，一一涌现脑际，此身仿佛与隔世之古人为伍。一种不可思议之兴奋感觉，有非楮墨所能形容者。

　　路边野生之海棠枝上，白头翁之啼声，间或得闻，又如山中女神之声声迎客焉。入方广寺，住持出山茶相飨，香沁肺腑，款谈时并为言前年土匪来袭，被斫去一踵，出示则伤痕宛然，言时犹不胜唏嘘。微僧此言，不知此身之尚在此现实之尘世界耳。

天台山纪游

吴琢之

  载于《旅行杂志》1932 年第 6 卷第 10 期。吴琢之(1897—1967),原名其相,号叔屏,江苏太仓人,企业家,南京江南汽车股份有限公司创办人之一。1928 年,吴琢之任浙江省建设厅技正、公路局机务总管和代局长。1931 年初,与张静江等创办江南汽车公司,任经理,因此得与张静江等浙省政要过从甚密。1930 年 11 月,张静江辞去浙省主席,翌年春,被任为建设委员会委员。在张静江离开浙江之前,拟作天台山之游,此篇游记即为吴琢之陪同张静江等人游览天台之作。原文附有照片 9 张,整理时选取 2 张。

  余既与张溥泉(继)[1]先生尽游东西天目诸胜,余兴似犹未尽,迨同车返杭,时省府主席张静江先生,以将交卸浙省政务,赴京整理全国建设大计,亦拟于离浙之前,作天台山之游。先生昔年追随总理[2],奔走革命,足迹遍及全球,世界景物,靡不游览,今以政躬余暇,犹不忘情于天台山,殆亦旧因缘欤? 然亦足以觇先生之胸豪放、跌宕风流之致矣,溥泉先生亦欣然乐从。遂约于明(二十九)日清晨,会于来音小筑(主席官邸)启行。此行所约者计

---

  〔1〕 张继(1882—1947):原名溥,19 岁时改名继,字溥泉,别署博泉、自然生,河北沧县人。国民党元老。1946 年出席制宪国民大会并被选为主席团成员,年底出任国史馆馆长。著有《张溥泉先生全集》及《补编》。

  〔2〕 总理:即孙中山。

张先生夫人，暨中委张溥泉先生、吴君礼清[1]、潘君铭新[2]，及余等数人而已。复以台属匪风素炽，并酌带卫士数人以资戒备。

二十九日十时许，抵江干，以汽船渡江，少瞬即达西兴，复乘汽车，行省公路之萧绍段，约一时而底[抵]绍兴。绍兴为古越国址，浙东名邑也。时方逾午，因作东湖之游。东湖不见载于古籍，得名也未久，询之土著，谓有陶氏者，以人工开掘而成，始本鱼沼，厥后日渐开拓，浚瀹益深，遂以成湖。今日已为东越胜地矣。中有空谷回声，暨仙桃洞诸景。舟行湖内，畅览四周，峭壁峻岩，竹林柳岸，别饶逸趣，湖中蓄鱼犹夥，间有巨鳞，拨剌[3]掠舟而过。舟人为言，夏季菱藕，年产数极可观。惜以湖面不大，顷刻即已遍历，幸余等志在天台，东湖之游，仅遣余间耳，虽未餍怀，亦复兴会酣畅。返棹之时，红日犹悬林杪间，仍回绍城，下榻于箔税局。

翌日黎明，上道，仍乘汽车，经绍曹商路，路面建筑极为平整，且宽广可供两车并驰。通车以来，营业蒸蒸日上，亦商办长途汽车之翘楚也。渡曹娥江而达蒿坝，以路未工竣，车不能行，遂改乘舟。所雇为一民船，逆流而上，病其迂缓。复雇小轮拖带，又值风势颇大，复挂篷帆，风顺帆饱，疾行如矢，拖轮之力，反无所见。溥泉先生性极豪放，不泥形骸，且善饮工诗，酒酣耳热，辄信笔挥洒，一索成篇，虽不事推敲，而格律谨严，气雄魄厚。盖性之使然，亦由学粹功深也。犹忆抵绍之夕，尝曰："履产旨酒之区，而不能作平原十日之饮，其不贻后悔也几希。"爰命仆从，购来一瓮，携置船头，时复开罇，痛饮高谈，只以临行悤迫，未携果肴，舟行所经，又均荒村茅店，购买无从，遂由舟人备饭以进，餐无兼味，惟青菜萝卜两簋而已。余等方饥肠辘辘，反觉菜根香甜，别饶真味，胜山珍海错多多。同舟者食量均较平日增宏，静江先生竟尽两器有半，笑谓余等曰："今日可谓开余吃饭之新记录，于以见乡农家居，亦有其天然之乐趣。"盖先生恬淡高洁，雅好山林，故能怡然安之也。饭已凭栏，赏览江景，时有水鸥三五，拍拍惊飞，与篙声机轮相应。又或临流振羽，顾影自乐，江多石滩，隐现无定。舟行每为延搁，约六小时，即抵杉树潭

---

〔1〕 吴忠信（1884—1959）：字礼卿，一字守坚，号恕庵，安徽合肥县人。毕业于江南武备学堂，历任中华民国南京临时政府警察总监、安徽省政府主席、蒙藏委员会委员长、贵州省政府主席、国民政府委员、总统府秘书长等。

〔2〕 潘铭新（1897—？）：浙江吴兴（今湖州）人，哈佛大学、麻省理工大学毕业，曾任国民党建设委员会专门委员、浙江电气局局长等。

〔3〕 拨剌：鱼尾拨水声，喻鱼疾游。

矣。复舍舟就车,经嵊县而达新昌,下榻于大佛寺,寺中有佛,就山凿成其以名焉。欲观佛面,必仰首至于落帽,大佛之名,洵为不虚。寺前有张前省长之别墅,余等遂下榻其中,结构精致,布置尤无尘俗气,旅途得此良寓,虽为期甚暂,亦旧因缘也。余等进寺之际,全寺僧众,排立两廊。住持僧合十恭迎主席笋舆,殿内钟鼓齐鸣,仪至肃穆。

次日大雨,以天台山瞬息可达,急欲一识山灵,遂冒雨乘肩舆行,未几而抵太平庵,即天台山麓也。乃宿寺中,天台距省既远,驻军鞭长莫及,故山中寺庙,时为匪占,来则尽逐寺僧出,然后逗留数日,搜掠一空,呼啸而去,故荒芜简陋,无可应客。有者惟几榻与稻草耳。终宵山风夜雨,反侧不能成眠,阴念跋涉数日,既达又为雨阻,游兴尽扫,索然无欢,悒郁闷损之余,反矇眬入寐,不知东方之既白。

拂晓之顷,听浙〔淅〕沥雨声已止,稍慰,未几,阳光直射窗棂,天已晴爽,迥非昨宵之阴霾满天者矣,相与乐甚。匆匆晨餐,结束登山。雨后山色,秀丽欲滴,如美人沐竟,洗尽铅华,叹赏久之。先后至清凉寺、地藏寺,均以处半山中,规模简陋,不遑细游,及至中方广寺,则山中景色,悉罗眼底。远眺则峰峦岗岭,如指纹可数;近视则峭壁危岩,矗立千仞,怪石嵯峨,尽态极妍。寺旁两峰之间,中架石梁,其下凿空,宛若桥形,两峰之巅,各有悬瀑,相对竞流,奔腾澎湃,声势宏响,震荡山谷(图1)。余既攀登峰巅,俯瞰则人小如寸。下临千仞,不觉心惊股栗。石梁隘仄,至不能并步行,舆夫谓游此者,无人敢越此梁。余一念好奇,复以远道来兹,遂歆动冒险之念,毅然径行,安然渡过,仍步返原处。静江、溥泉两先生,始则为余惴惧,顾阻止无及,及见余往返安渡,咸鼓掌相庆。余觉为意殊得,及事后回忆,未始不自悔孟浪。迄今执笔属此文时,犹觉心悸汗下也。寺僧谓今春有中年夫妇二人来此进香以穿越此梁,并堕崖下粉身粹〔碎〕骨,竟悲同命,颇有人疑为自杀者。然二人家尚富有,事后已有子孙来此招魂,或非厌世。然衲子所知,殆一人失足下坠,旁之一人,意欲扶持,遂忘己身立脚不稳,重心失衡,因以并堕,致肇惨祸也。余味其言,颇觉合人情物理,顷间所为,几蹈彼二人之覆辙,此后当自知审慎也矣。乡间传说谓以制钱磨梁石,归可辟邪祟。故其一端尤光滑多痕,抑何可哂也。

山中瀑布特多,大小不一,殊为天台风景,增色不少。且严冬苦旱,亦不减辍,水源之充足,盖可想见。乡人亦尚知利用其力,承以木榷,转以桔槔,以为春米磨粉之助。然制不得其宜,用不尽其力,废弃天然之利,良可慨惜。苟能以科学方法,承以马达,利用此伟大水力,辅助农田生产,则附近各邑,

图 1　石梁下之瀑布

不难立成富庶。余以陈诸静江、溥泉两先生，亦均首肯。静江先生并谓全国类此者，固多不胜举，第欲次第推行，正不知待诸何日，余荷建设重任，当视力以完成之耳。霭然仁者之言，益增余等感佩也。是晚游倦，仍宿中方广寺。

　　次晨重登山顶，有古寺曰华顶，相传梁晋时所建，香火绝盛，高僧驻锡，代有闻人，阐扬佛理，发明教旨，迄今天台犹为佛教正宗者，源多出于该寺也。且当时东邻日本，亦有游学僧侣，来此研究，并携我中华文化归国，遂克肇启今日之文明，固不仅关系佛教之盛衰，抑亦我国文化史之光荣一页也。该寺不幸今春为土匪焚毁，殿宇廊庑，悉付一炬。向之佛会胜地，尽成瓦砾之场，颓壁摧垣，断碑残碣，犹卧残阳黄草间，以供后人之凭吊（图 2）。寺虽已毁，犹有九十余龄之老僧，不肯弃其净业，仍于寺旁自建茅庵栖止，日不辍其焚修之功。因为余等话焚劫情形，不胜感慨系之，殆如白头宫女之说天宝遗事也。余等均代悲惋，静江先生并召至前，同摄影焉。合宰官身与寿者相，璧合一帧，洵感事也。

图 2　被毁于匪之华顶古寺

　　拜经台为天台最高之处,昔智哉〔顗〕大师拜经处也。旁有牛滚岭,计已高出水平一万一千三百余尺。自下仰望,达数十里,至此气候益寒,较之山下,殆逾十数度焉。巅白雪皑然,望之如鹤发老僧,危坐讲经。其旁群峰拱视,若俯首静听之状,殊为神肖。余等自峰巅下瞰,有田畴一畦,系开山凿石而成,整齐行列,亦殊美观。迤山径而下,达斗鸡岩、金鸡岭焉。斗鸡岩碎石极多,光圆平滑如卵,雅致可爱,当为旧日泉流所经,冲激而成也。复循级行,先后游历药师庵、高明寺而达国清寺,盖已当山腰平岗之上矣。寺亦旧日道场胜地,有巨塔一,颇修整,旁有小塔,其数凡七,若相揖让。有讲经台、藏经阁,均有碑文详志始末。藏经楼中有僧多人,静心研究,即以所得,诠注解释,多所发明。寺中戒律森严,所藏禅门遗宝,计有故某大师出使暹逻讲经之御赐袈裟一袭、游方行脚乞食之钵盂等,均于佛宗懋著光荣者也。寺僧闻张主席至,鸣钟鼓一如大佛寺焉,并出所藏二宝,以供鉴赏。寺内殿宇恢宏,廊回曲折。禅房花木,迎人如笑。香积厨下,有铁锅可供千人食,不难想见当时盛况之一斑矣。寺距天台县境,仅七里许,绅商各界均推代表来欢迎张主席入城休憩。一时闻风来者,达数百人,盖均欲一瞻主席颜色以为荣者也。于以见静江先生治浙三载之恩德泽人之深也。嗣于寺中,加以布置,开欢迎会,各代表先后演说,具述欢迎主席即在其毁家革命之人格,并谢张主席爱护民众之忱,主席乃请张溥泉先生致词答谢。先生词辩惊人,语尤恳挚,最后加呼口号散会。代表既去,余等复循道游览,至白鹤亭于飞泉小学休息,并进午膳。复因天雨,遂不克至县,乃折至太平县境止宿。盖已游绕天台山一周矣。

　　既游天台之胜，复以主席赴京期迫，遂不克再至雁荡。次日启程返杭，经新昌而至嵊县，止宿于芷湘医院。院为沪上巨商王晓籁先生所创设，惟医务会已停顿，然房屋建筑，规模宏大，当初设计固极伟也。先生嘉惠桑梓热心诚不可及。嵊县境宽广，市廛繁盛，固不愧为一等县治，对于张先生，亦有欢迎会之举，盛况与天台县同。

　　次晨乃乘汽车经原来路径，乘舟车返省，共计为期一来复矣。

　　此行游览，极尽醋酲，除已详载游纪外，沿途趣事颇多。过后思量，余味隽永，爰附述以殿斯文，然纤巧佻薄，固不足当大雅之一哂也。

　　台属匪风，为全浙各县最，近年来益以共党之蛊动，更加不靖。又以民匪夹住，剿则投鼠忌器，抚则野心难驯，兵至则安，兵去复动，欲求肃清，舍人民自办清乡保甲外，政府之力所难达也。故此行除游侣外，酌带卫士数人，沿途并由各县调派驻军，以资保护。山轿之后，随行者常数十人。静江先生待人仁爱，为体念侪辈劳乏，辄令时加休息，故行程迂缓，每日最多仅四五十里。

　　沿途风景，随处皆是，每令余等流连忘返。佳丽之处，尤时时下舆赏览。有时联袂步行，自忘倦殆。故乘舆时绝少，而兴味反益浓厚，虽跋涉攀援，不以为苦。张夫人平居优处，今亦健步，足征山水之足以移情也。

　　天台风景，雄伟曼妙，不特为全浙冠，即抗衡世界名胜，亦无愧色。惟以僻处浙东群山之间，交通梗阻不便，每年春季，假迷信之力，尚足号召进香之客外，因风景之佳胜而游览者，岁无多觏。至于杭沪远地游客尤鲜问津。夫以天台山之胜景，诚能道路修整，复施欧美各国以风景以招致游客之方，吸引外来经济，发展本地生活，必能立成富庶之区。况山中所产之橘，味极甘美，现以运输不便，远地难达，遂不能善价而估。山中产茶，名曰云雾，香洌更胜黄山、龙井等处所产。现在年销合计不逾百万，如能交通便利，游屐纷至，自能不胫而走，传播极远，异地既得尝新，价格亦可激增，即匪踪亦可清绝。当地主政暨关心桑梓者，其有意乎？

　　药师庵有小沙弥，年约十龄，目秀眉清，邑人也。出家剃度，悉出己意。家长戚属，阻止无效，诵经数遍，即能背诵。余聆其背《多心经》一卷，圆熟清晰。住持僧云，伊现方读书诵经，聪慧惊人，此后必为佛门一俊彦，殆前生有夙慧者欤？余惜彼天赋如此才智，不致力于科学事业之途，而浸淫于经典之籍，佛门多善知识，世间即少一好人才矣。

　　沿途所经各地，靡不休止盘桓，故劳苦废时特甚，每抵憩宿，必在深夜。翌日黎明，又复上道，虽曰游览，不亚行军。且沿途饮食，极为粗粝。主席自奉淡泊,在绍时,购特产腐乳,每以佐膳。白者臭味尤浓,主席嗜之特甚,常曰此实远胜于欧美气司[1]也,此后不可一日无此君矣。溥泉先生则携善酿多瓶,好景当前,倾瓶而饮,然余未尝见其有醉容也。酒酣时,则诗兴勃然,口占而余为之纪。是以此行佳作不少。余曰,幸是汽车,否则归途诗囊不将厌〔压〕损驴背耶?

静江先生对于沿途供应,概予辞谢,所用悉交余经付。盖不欲因个人之游览而耗地方之费用也。饮食所需,沿途购备,精粗不计也。行抵金鸡岭,有乡农售米饧者,各人尽量购食,卫士舆夫,靡不遍及,故盈筐之饧,俄顷而尽。饧性粘滞,融化口中,甚至口欲言而声不出,亦趣事也。又有老妪售所烘薯,食之靡甘,老妪不能供应,仍代以花生蚕豆,亦俄顷而罄。静江先生命余赠以二金,老妪惊喜致谢,自云,如此好生意,尚是第一次。

静江先生对于各地父老之欢迎者,辄与握手,殷勤问地方疾苦,并勉以造林、水利、保甲等自治之要,故沿途欢声雷动。经嵊县时,有老妪持香跪拜道左,向主席请愿,要求保持寺庙,党部勿毁佛像,先生亦温语慰之。

频年企想天台之游,于斯已遂。惟雁荡与天台仅隔百里。驻该处之保安处团长,并遣人来邀,惜以时间偬促,遂不果往。此愿犹虚,惟期来日矣。

---

〔1〕 气司:即奶酪(英文 cheese)。

天台道中——天台游记之一

许允中

　　载于《学校生活》1933 年第 26 期。《学校生活》由学校生活周刊社
编辑发行，1932 年秋创刊于杭州，原为杭州《民国日报》副刊，从第 6 期
开始独立发行，属教育刊物。许允中，其人不详，据民国报刊所载，其人
于 1934 年前后就读于杭州高级中学，成绩优良，曾获得浙江大陆银行奖
学金，在《学校生活》《南大》《黄钟》《浙江省立杭州高级中学校刊》发表
文章多篇。本文记录了民国二十一年（1932）四月十二日作者与同学、
老师自临海出发赴天台山旅游途中的见闻和感受，其中对淳朴农民的
感动、对落后祖国的焦虑和对世界大势的关心可见当时青年学子的可
贵品质。

　　天台山是浙江有（名）的胜境，已有很古的历史，刘、阮入天台，就是这座
天台山。我们学校离天台还不算远。在民国二十一年四月十二日，我们预
备好了旅行所需要的物品，由教师率领，自临海[1]起身，穿了乡下劳动人们
常穿的草鞋，戴着白的运动帽，走向天台的大道。

　　没有云，日光照在旷野间，风微微吹着人的脸。回头一看，绵延于阡陌
之间的我们的一群，便什么也忘记了。唱着赞美这春天、和风和我们将要看
见的伟大的天台山的歌，骝吹着口琴，我们都伸长颈子，一声拍子起，沉寂的
旷野顿时充满欢乐的氛氛。春风微微拂过脸，轻轻奏着调。

　　自临海到天台县城有百二十里路，当日我们走了六十里，四十里是山
路。渡过冰冷的溪，洗了脚，宿在中途——的确是中途。中途地当椒江[2]
的上源始丰溪之阳，是一个小小的村落，我们就宿在村落里的一个神庙内。

---

〔1〕　原注：台州。
〔2〕　原注：灵江。

村里种满了树,因为靠近山,房屋都是用石子砌的。我以二只小洋的代价,买了十六个鸡蛋。给他们钱,推辞了许久时候,当他们道谢着送我们出门时,我真有些惭愧,多年在都市中忙碌的人,一旦看到像他们这样诚恳的人、这样诚恳的态度,几疑不是人间有的!骦却老实谈起中国未来的话了;果然,在现代的中国,我们何曾知道二只角子会买十六个鸡蛋的希望?世界经济的怒潮冲破国界,恐慌的高潮到处嚷着繁响。资本主义操纵着全世界,无论在侵略者或是被侵略者的国境,同样的俱感有这种氛围的压迫。于是有人说:中国的农村经济整个是破产了!受时代命运的支配,此后中国已走上世界经济的时代了。进一步说:中国已不能自给自足了。可是在这种僻壤,还是呈现着敦朴的古风,他们穿他们自己织的布,吃他们自己生产的东西,桑麻鸡犬,俨然是古代的中国的农村的一个小小的典型。然而非常不幸,在我向全村作一个笼统的计算时,我发现有些建筑的确是有点受了"西洋化"了。骦轻轻拍我的肩,我们默然的觉到这个小小的生命的未来的危险。由此,我们更想起我们衰颓的祖国了,大家心里感着非常的不快,我茫然的仰头去看天边移走的白云。

吃过村里特有的"红米饭",带了画匣,走出村来,一片广漠充了眼界。村北隐隐的有许多山。太阳在前面下去了,留下残光。我意识的找寻画境:有一座工程很大筑在始丰溪上的桥,一半是坍。据说是四年前的天台县政府募捐筑成的,不幸因为去年椒江的水太大,竟冲坍了。县府经济拮据,到现在也没有去理他。那桥一半尚悬在溪上,就做了目标,画了大概。暮色自四野依稀集拢,我压着无形的沉重的悲哀回来。

一天的疲劳带给我们一夜的休息。

天明,走向村北的大道,雾还没有消,蒙着山、树。鸟噪着寂静的山道。这次,我们沿着溪走,溪夹在两山的当中,也跟着山形转。溪上,远远的重叠的山,蓝色的天,天边不时移过白云,云像自山坳出来,又像自山坳进去。走了一程路,回过头来,刚走过的给山遮蔽了,仿佛后面没有路,白的帆船在寥远的青山脚下,斜落下去,不见了,又现出来。沙鸟随着人,随着船飞。山嶂,时常有一二道流泉流下来,不住的发出清脆的响声,水沫在水的漩涡中漾开来,象〔像〕残春的桃花片浮在水面,在较远的地方消灭了。

约莫走了三十里路,我和骦等十个人便加紧脚步,渐渐的虽〔离〕全队远了。我们只顾走,因为进出只有一条大道,很可以放心放大脚步走。率队的教师也不大会责备我们的。我们走过的地方,俱用白粉在显目的岩壁上写着:"先锋队十大英雄××××已远去。"后来听说有人把它改做"十大犬",

而惹得人家说了不少的笑话。

这时，太阳已渐渐移到路上来，不〔在〕路上因为口渴的缘故，喝了不少的路角亭子里的茶，吃些三铜板一个的大"粗烧饼"。

走过岭，又走道岭，脚踏着山间的乱石、黄的碎沙，无穷的扮演在我们的眼帘中：只是回环的山，曲折的山道，山上的树木，盘虬的古松，散聚着的村落，村落里的犬吠，和一些自田间工作回来的农民。我们都走得很疲乏，山渐走也渐稀少，都在后面退去，眼前是一片平野，种着些农作物，据说快近天台县城了。

走过一座长的板桥，桥下一排一排堆着预备等潮水来时运出去的树木。又走了一段，可以望见古灰的城墙了。大家都在路旁亭子间坐下，等全队到齐，然后排队进城。

日头刚刚正中，照着这尚浸于古风的城市和田间，田间却在这时出于意料之外的走过一个短裙白衣的女学生。大家都觉十分注意，注意到她一直走进城门去。

城里也有电线柱，可以望见。大家在这时都想像到中国的交通不便利，机械运入的困难，以至于天产不能发展。同时在城里我们都大吃一惊的望见一个天主教堂的屋顶，比较富有理智性的王就说起西洋人的种种厉害了。我们也都觉黯然。黯然之中，人陆续地到齐了。在都近城门将睹见这古朴的都市的内容时，我留恋地回过头来，对着刚走过的乡村、四野、遥远的山，举起手来，致一个深深的记念！记念我未来得瞻拜伟大的天台山的光明！

游天台山记

徐　玮

　　载于《旅行杂志》1933年第7卷第8、9、10期。徐玮(1901—1934)，字定茂，号琦园，浙江宁海人。徐玮出身于书香门第，与潘天寿、干人俊为同学。著有《天台山指南》等。1933年，干人俊任教于天台中学，该年4月10日至5月6日，干人俊与好友徐玮等同游天台山，徐玮著有《天台山游记》《天台山指南》，后者由商务印书馆于1934年出版，干人俊此游著有《游刘阮洞记》等。本文对天台山诸胜迹记录详细，为作者撰写民国时期最早的天台山旅游指南——《天台山指南》打下了基础。[1]本文记录天台山诸胜迹较详尽，可作卧游指南。原文还插入赤城山、国清寺外景、螺溪钓艇、华顶寺、石梁瀑布、铜壶滴漏、水珠帘与龙游涧等照片7张，整理时选取3张。

　　天台山距余家百二十里，神秀灵奇，称于海内。尝读《孙兴公赋》，心向往焉。而频年以教务羁身，未得一游。今年春，余以事返家，时同学干君人俊亦由天台县立中学回里，旧雨重逢，畅叙之下，道及台岳名胜，邀余往游，乃乘兴同抵天台，初寓台中，先游近处。继乃上山遍历诸胜，举凡山巅水涯，晦明变化，仙踪佛迹，摩崖碑刻，为人迹所可及者，皆穷其奇而探其幽，有再至三至者焉，游记初成，爰书以弁诸端。

(一)赤城山

　　游天台山者，多先游赤城山，以其近而在望，先睹为快也。山在天台城西五里许，岩色朱殷，望之如霞，层列井然，有如雉堞，故有赤城之名。

　　四月十日，与台中王君由台城出发，西出通越门，过西桥，折而西北向，

---

〔1〕　参见：张天星《徐玮及其〈天台山指南〉考述》，《台州学院学报》2016年第1期。

则赤城山在望焉。一路麦邱〔丘〕高下逦迤，道旁有古墓，题曰"齐田横五百人墓"。王君曰："此五百人者，非田横之五百人，后人所附会也。"

前行抵山麓，仰望悬崖有"赤城霞"三字，字颇雄浑。至紫云洞，即齐周华《名山藏副本》游记中所疑玉京洞也，形胜为全山冠，称海内第六洞天，桧柏松篁，随坡掩映，洞深而广，高十数丈。仰望危岩，凌虚而出，势欲下坠，余心为之悸，足为之不宁焉。水洒岩唇，终日不绝，有如雪消。王君云："每于冬季悬冰，大者如斗。"洞中有新式建筑，其后凿岩架梁，筑楼三层，辟室多间，楼前为栏，凭栏远眺，绿满山坡。室中窗明几净，作为读书之所，洵幽绝矣。

洞左有祠，即供五百义士之所，北首循斜径而行，见有一洞，王君曰："此古白蛇洞也，颇妖异，清时为齐大人召南所封堵。"余乃披阅齐氏游记〔1〕，载《赤城录》言："常有白蟒唊升仙道士，白骨成堆，即此。"其事相类。由紫云洞而上，岩径曲折，狭而且峻，有十八盘之称。近已凿岩开道，可以拾级而登。山半，左为香云洞，右为瑞霞洞，其上为华阳洞，即古释签洞。有许翁父子居此修静，许翁指岩壁间谓余曰："此'释签'二字也。"字在龛内，余视之，隐约莫辨。

更上一洞，颜曰玉京洞，俗称上洞。考齐氏游记，其处近飞霞寺故址。山中人亦云："向者有'飞霞洞'三字石碑，用作阶石。"则此洞或为飞霞洞，移玉京之名而来，亦不可知也。洞中结屋数间，亦精洁，有对一，为蔡元培〔2〕先生手书，联云："山中习静观朝槿，竹下无言对紫茶。"屋前有巨岩剑立阶下，王君曰："此岩唇所陨下者。"余仰视危岩，突兀而出，如搏人状，险哉！

出上洞，西北行，浅草成蹊，抵金钱池，池大可半亩，相传有得道僧居此。一日，其徒涎池中物，取鱼螺以归，螺已敲去尖端，鱼方炙其一面，为师所觉，责之，令复倾鱼螺于池。鱼螺并活，后池中之鱼，左右两面，一青一黄，螺之后端尽平滑云。余不敢信，莫得瞽瞏，无由取而证之。

乃上穿剑岩，有山截然起于赤城之肩，壁立数百刃，两山相接处，不过数步，势如牛颈而下。折而左转，即至山阴，已臻绝顶，有梁时所建浮屠，仿佛已颓之西湖雷峰塔，砖多剥落，砖纹皆成绳旋状，余在其旁，拾得一截。

---

〔1〕 齐氏游记：即齐周华《台岳天台山游记》。

〔2〕 蔡元培（1868—1940）：字鹤卿，号孑民，浙江绍兴人。光绪十八年（1892）进士，任翰林院编修。近代著名教育家、革命家、民主进步人士。曾任北京大学校长、中法大学校长、中央研究院院长等。有《蔡元培全集》。

由浮屠下绕山腰而行,至洗肠井,相传晋昙猷大师洗肠于此,井小而口小,乃岩坎也。有水盈科,水流处多生韭,虽远处不绝,亦异事也。复折而右下,为餐霞洞,前有掬井,系清末节妇齐氏掬土为夫营墓处,掬处成井,墓平滑成异状。洞上有"秋霜比洁"四字,为民国四年大总统所题赠,井旁有"掬井"二字。

复前行,仍转山南,渐循岩坡而过,如游霞际。余拾小石数枚,皆作殷红色。攀登岩窟,上有四有洞,作四小龛,供像,称文昌阁,无可观,有齐召南书"天开文运"额,下窟,稍前行,仍抵上洞,遂循原径盘旋而下,在紫云洞进午膳,午后稍憩,即返城。

(二)国清寺

十一日,游国清寺(图1),寺在天台城北七里。早晨,出北门,过济佛院,宋济公发祥地也。乃循万松径而行,见岩上有"万松径"三字,字大可八尺,笔画粗劲,为宋僧指堂所书刻。复前行,山回路转,由九级浮屠矗立于山坡之上,塔有六面,高可数十丈,为隋炀帝所建。前望树林荫翳,林外有七小塔,排列道左,如迎游客然,盖国清寺至矣。渐入林中,古木参天,深蔽幽径,水声潺潺入耳,有两涧泻出于寺之左右,上有五峰环峙,故国清寺称有"双涧回澜,五峰拱秀"之胜。人云每当夏秋之际,大雨时,山水暴泻,左涧自金地岭而下,其色黄,右涧自大敖山而下,其色碧。两涧相遇于寺前,激荡回环,黄碧相间,颇有可观。上有丰干桥,丰干大师居此,故有是名。

图 1　国清寺外景

过桥入寺,迎面即有"国清寺"三字,颇秀劲,为魏王弘所书。进为雨花殿,左右为钟鼓楼,中为大雄宝殿。气象巍峨,殿中所塑三世尊像,高可齐栋。相传有第十五尊罗汉，其像常崩，济公即此罗汉转世云。殿前有二柏二樟，并枝干高大，皆古木也。

左有伽蓝殿，殿前有"洗尘"二字，又有古梅一本，大可一抱，骨节崚峋，数百年物也。下干已蚀去大半，根处仅留皮层四五寸，高据墙头，终以不折，而枝叶扶疏，殊可爱也。过为方丈楼下，有"晋唐古方丈"额，为清阮文达所书。再过为修竹轩，颇轩敞，可休憩，有联云："为双涧五峰生色，继丰干拾得重来。"颇可诵。有顷，寺僧出茶，余因问所有先朝古迹，寺僧乃导余前行，至香积厨，观所存"漏沙锅"，锅之大，可占一室，有联云："古寺尚存寒灶石，云厨犹有漏沙锅。"僧云：相传释迦牟尼说法，文殊、普贤行堂，观音大士执炊，五百罗汉故难大士，将沙撒于米上，大士乃以杖触破锅底，漏沙不漏米，漏糖不漏水云。余闻而异之。凡台山奇迹，多作如是观，事之有无，可勿问也。稍左为厨房，余进一观，厨中之锅，皆绝大，竟类漏沙锅。小者亦如缸，铲如畚，杓如箕，穴地以烧，登灶以煮，余圜视者久之乃出。

左出寺外，循山坡后上，见有高碑巍然挺立于寺后，为清高宗所勒〔敕〕建。乃复披荆棘，攀巉岩，以寻摩崖，数十步而上，见岩间黝黑处，隐约有字，所称柳公权书"大中国清之寺"六字，仅留下截三字。字大一尺余，余拓来一纸，不甚清晰。复鼓兴而上，右手挽树株，足登断岩，观朱晦翁[1]书"桃〔枕〕石"二字及米襄阳[2]书"秀岩"二字，字比柳书略小，尚可体认，其处不及摩拓。至所云寒山诗，字小已剥落，不复可见矣。国清寺古迹，散处寺前后，问之寺僧，寺僧多茫然莫对。苟非披阅典籍，几无从寻得之矣。

下山复入寺，寺僧导游寺右各处，过莲船室，壁侧有"鹅"字石刻，大如双扉，为王右军所书，邑人曹抡选补刻于此，称得自右军墨池云。旁有石刻佛像，皆明显可拓。即至三圣殿，殿中有须至、释迦、观音三像，颇高大。前有荷花池，三圣殿后为五百罗汉堂，时有僧讲经于此堂。其上为藏经楼，余语寺僧，欲一阅藏经，方丈一中出，乃导余登楼，方丈谓："经系后世物，世言隋炀帝所赠，非是也。"下楼，至三贤祠，供丰干、拾得、寒山三子，皆唐时高僧。寒山诗称有文学价值。余询方丈以踞虎亭故迹，方丈云："恐失所在。"余问五百罗汉，曰："世称天台山五百罗汉，其中天台实占三百，雁荡占二百。所谓十八罗汉，乃其最著者也。"问：大雄宝殿罗汉共十六尊，俗言此外济公、唐僧二尊因降世不塑，有是说乎？曰："否，塑十六尊，称十六王子；塑十八尊，

〔1〕 朱晦翁：即朱熹。

〔2〕 米襄阳：即米芾。

称十八罗汉,有经可稽。"余探奇询异类如是,事虽小,不问不知,不知不快也。最后询一行禅师塔,曰:"有碑在寺外高坡上,昔日湮没丛林中,虽邑人多不知,现经樵采后,始可见,塔则不知所在。"乃导余出寺外,登山坡,果见有一碑,题曰:"唐一行禅师塔",碑阴署董其昌书"鱼乐国"三字,字均大而清晰,亦拓来数纸,时已亭午,所游几遍,乃辞别方丈而返城。

尝考国清寺建于隋开皇十八年,距智者大师圆寂已阅岁。寺图为大师所手定,付与僧众。隋炀帝命司马王弘来山建造云。大师名智𫖮,有高行,炀帝赐号智者大师,实为天台宗之祖。

(三)桃源

不游天台山则已,一游天台山,外间人辄问刘、阮遇仙之处尚在不。夫刘、阮二人入山采药,路遇仙子,事虽不可信,然以台岳神奇,或有一境界,为人迹所不到,仿佛如故事中所述者,亦吾人意想中所恒有,固不能谓为必无者也。夫事必奇而耐人思索,地必异而引人入胜。惟愈奇异,则愈不易到,惟愈不易到,则愈欲往游焉。

世称桃源为刘、阮遇仙处,其处有洞,洞外有溪,名惆怅溪,刘、阮与仙子惜别处也,俗名桃源坑,洞不可登,坑亦颇不易入。故此间闻有人游桃源者,辄嗤笑而曰:"桃源果可到乎?果有可观乎?徒为好事耳。"然吾人尤疑焉,必欲一游以为快。

四月十日,天晴,余与台中干君人俊、戴君惜余,由台城向西出发,往游桃源。干君不善走,乘舆,余与戴君喜步行。十里,抵凫顶乡,稍息。乡人见余等乘舆健步,往游桃源,深以为异。余等走后,乡人尚目送曰:"此三人游桃源者。"继以一笑,余等不之顾,行愈速。又十五里,抵一村,时已亭午,村曰宝相村,住六七十家,均张姓,一田夫在道左,余等因问曰:"君知桃源洞所在乎?如能为余等作向导,当有酬。"田夫曰:"欲观洞,必须登山,坑中不可见。"干君乃舍舆,余等三人依步而往,命一舆夫携茶点,作果腹计。

乃上岭,岭曰水磨岭。初尚可行,渐上渐峻,余等亦渐疲,且行且憩,行数里,尚不及山半,时以桃源在前,均鼓兴而上。复数里,达山巅,路中多石英,莹白如玉。干君曰:"此处可称群玉山头矣。"余拾其最佳者一二,譬如入宝山,不可徒手而回也。稍前行,渐平旷,麦邱〔丘〕不绝,有茶竹之属,屋舍数座,人物鸡犬,固俨然世外桃源也。村人见余等来此绝境,颇欢迎,且愿为炊午饭。余等力疲气乏,闻而喜甚,曰:"愿进粥,所费均听酬。"乃略休息,进茶点,有一叟曰:"吾村可十家,均许姓,来此数世矣。"且曰:"桃源洞在村下颇近，余等请作先导，随与俱往。"数百步，至一高坡，颇险峻，下临深谷，仅有樵径，乃侧身扳薪，循径而下，右行数十步，见有岩突出山际，遂登岩以望，前有两山夹峙而来，尽属岩壁，下即溪坑，至其处会合，中成一峡，深不可测，而广不过四五尺，峡口离余等所立处约数丈，可望而不可即，不觉叹为奇境。许叟曰："峡内上有桃源洞，昔年有人援梯而上，见有石凳石桌等物，近今盖无人能入云。"余等稍下斜塴，欲探首峡口一望，已不可能。若偶一失足，下即数千仞，返坐岩上，尚为之股栗不已。偶以巨石投塴下，寂然无声，则其深可知矣。

坐观者久之，余等乃循原径而上，至许叟家，进粥，粥罢，闻村后有仙人洞，即往一观。行至后山，见对冈有一洞，洞覆巨岩，其下结屋，行抵其处，无可观。忽见小男儿五六人，迎面而来，知系台中学生，年均十五六龄，颇活泼，亦来观桃源洞者。且言，能由岩坡下坑，余等闻而壮之，但戒勿下，恐失足。诸生曰："此处稍斜，不如对冈之险峻，吾等曾下去数次，徐行可无虑也。"乃相约彼等下桃源坑而出，余等下岭，由溪口而入，在坑中相遇。

下水磨岭，余等乃由溪口入坑，行一里许，尚有径可循，入内即沙石错杂，路不可见。再入则乱石满坑，大者如缸，小者如缶。石间多水，余等彳亍乱石间，左弯右折，久之，见五六学生已由坑内出，颇勇跃，小男儿殊可人也。时已下午三时，余等不能复入，遂同出。因问坑内情境，诸生曰："方余等摩岩而下，见有一石，长数丈，广丈余，其上平，稍倾斜，可坐数十人。"盖即会仙石是也。相传刘、阮在其处遇仙，故有是名，又曰："石上有一潭，水由岩壁泻下，其地山势陡立，鸟雀无声，如一二人，即不敢久留。"余等且行且谈，即达溪口。相传仙人送刘、阮至溪口相别，惆怅不已，故名惆怅溪。民国十三年甲子，康更生[1]先生曾游桃源，有诗云："桃源无复有仙家，流水依然曲径斜。春日不来秋又老，聊将红叶作桃花。"可称写尽桃源情境矣。古今名人，无论到与不到，一闻天台之名，即想及刘、阮故事，桃源仙迹，莫不寄情托兴于文诗词曲之中，可谓盛矣。今余等得身入其境，其快慰当何如者。若刘、阮故事之有无，可勿复问已。

（四）螺溪钓艇

由台城至螺溪有二道，一由国清寺上金地岭，至高明寺，复东下山冈。

---

〔1〕 康更生：即康有为。

抵溪，一由蜈蚣岩，缘溪直入。如上午出发，则以直入为便。游毕后，即往高明寺宿。

　　四月卅日，天晴。余开始游北山，仅雇一担夫随行。上午，由蜈蚣岩进，约五六里，抵湃头螺溪州〔洲〕。复缘溪而上，溪中多滩石，而有路径可循，故不甚费力。行十五里许，见左岸山上有一岩，高出山际。岩不大而颇显著，形如妇人之髻，故名髻头岩。复前行三四里，溪渐窄，岩石错落，不易走，两山亦渐高，峰峦挺秀，渐见一圆峰耸峙于两山之间。中溪而立，水由右方流出，余意此峰，殆所谓螺溪钓艇乎？又疑不类，坐玩者久之，乃登岭上，至峰后与山相接处，成一坎，是曰石门坎，仅可通一人，风由坎过，披襟当之，颇凉快。甫过石门坎，突见峰后有一岩石，拔地十余丈，势如抽笋，始知所谓钓艇者有在焉。乃下石塂，从低处观艇，右侧半与圆峰相接触，半出空际，而左侧则削如尖劈，直下溪底，与对山岩壁并立，有如门阙。水由石上流下，冲艇侧，浪花四溅，轰轰有声。随即破阙而出，下注螺溪，仰视岩笋虽不伟大，而巍然直立，秀挺螺溪，不无可异。惟昔人题景，取名钓艇，殊不相似。乡人依类象形，遂呼为石笋。如问以钓艇，多不知也。更上为螺蛳潭，水色清碧，大可半亩，与螺溪如相隔绝，实则流通。石门坎内外，皆循山腰而行，路狭而沙石滑足，颇不易走。下即深塂，惟赖塂际荆棘丛生，稍遮眼帘，藉免寒心，然已力竭汗下矣。乃在石门坎略事休憩，进茶点果腹，循原径而出峰外，返至髻头岩下。由此西上，即登岭，可达高明寺，其处曰水碓坑，有一家陈姓居之。游者常休憩于此，遂进内一坐。倩其烹茶，是时渴甚，而茶味又清香，一饮数碗，坐久之，体力渐复，将上岭，担夫谓由此上高明寺，岭高而径狭，沙石疏松，一如石门坎，须防滑足。余乃易穿草鞋，携竹杖，盘旋山际而上，果觉舒适异常，非复上午力疲气乏之状态矣。约三四里，而抵圆通洞，上即高明寺，时天色将晚，遂投寺止宿焉。

　　夜闻寺前溪水潺潺声，响澈〔彻〕山陬。又闻山鸟夜鸣，作咯咯咯声，直至夜半未已，扰人清梦，抑何咶咶乃尔？身入山间，直与溪石林禽为伍，别有境界矣。

（五）高明寺 塔头寺

　　五月一日，上午在高明寺，有雨，旋止。考智者大师尝讲经于寺之西北冈大慈寺。一日，经忽为风翻，至其处，遂结庵居焉。寺建于唐，至今已几经兴废。今者为清光绪时重建，寺门有康有为书"高明讲寺"额。大殿中有铁铸三世尊，称铸自海南，曾费几多手续，始达台山云。大殿后有楞严坛，楞严坛左为翻经堂，右为不瞬堂，一带十余间，堂外偶植花木，颇幽雅。殿左隅有钟楼一座，系民国甲子年重建。登楼约五十级，上悬明崇祯时所铸大钟，重五百斤。不瞬堂前为西方殿，有《楞严海印三昧坛仪碑》，碑文为虞惇〔淳〕熙所撰，文义奥妙。字为董其昌所书，书刻均工整。碑共四面，每面长约二尺，广约一尺，嵌入殿中墙壁间。殿前墙壁间又有石刻一方，大如楞严碑，小楷与行书，皆近人手笔，亦可喜者。考海内称楞严坛者三，高明寺居其一，殊可重视也。寺僧出示智者大师遗物，有紫金钵一，大可八九寸；袈裟一袭，为隋炀帝所赐物；《贝叶经》则嵌于紫檀木上，计十余片，皆梵文，质颇似竹箬而细致异常。又有《陀罗尼经》四卷，原本称智者大师所手抄，已失，后乃补抄，末卷附有近人题语，康更生先生亦有手笔焉。以上四物，寺僧奉为传家宝，不轻以示人者。

出寺外，访笔冢，上有小塔，冢面有石刻文，称"明玉禅师写经笔冢（铭）"，弃笔封冢，亦非常事也。乃由寺左至圆通洞，因无尽灯大师曾在此洞注《圆通疏》，故有此名，现阒无人住。洞由数大石天然架成，圆通洞四处有摩崖颇多，洞内有"圆通"两字，洞后般若石上有"伏虎"二字，颇遒劲，字均大可二尺。后山岩上有"佛"字，字大可数丈，为僧兴慈所书，由洞下循岩径而过，有"看云"二字，大如"圆通"，字系八分书，款不可见，系无尽灯大师所书。又闻有"幽溪"二字，遍观上下，无所见。惜所刻之字，或过高大，或甚模糊，或太平浅，不能拓得一纸。各处游毕，尚在午前，寺僧唤返寺进午膳。凡台山各大寺，多日进四餐。午膳约在上午十点钟，膳毕，略休憩，乃束装出寺，往游真觉寺及大慈寺、太平寺故址，各处均近高明寺。

由寺前度小溪，登岭至银地岭，南望金地岭外诸山峰，均在山底，遥见国清寺之塔及县城溪水，皆历历在目。北行即抵真觉寺，寺外万木参天，遥望如百年丛林，未经剪伐者。寺门外有甘泉井，门有联云："登峰始识天台寺，入室还寻智者龛。"寺中大殿有智者大师骨塔，下藏大师真身，故又名塔头寺。殿中联语颇多，兹录俞樾一联云："五蕴皆空，何处无真身示见；一尘不染，此中有妙相庄严。"殿外有陈璚书"震旦祖廷"额，前有李鸿章书"妙觉圆明"额。寺左有隋唐明各朝六大师塔。真觉寺香火虽不及高明寺之盛，然古迹则多于高明寺。寺中有唐元和四年《修禅道场碑》，为徐放所书，乃拓来一纸，该碑系由大慈寺移来者。

大慈寺为智者大师最早栖止之所，寺已不复存在，废止〔址〕仅有破屋数间，沦为民居，中间留古佛一二尊而已。其东冈多大石，或立或倚，摩崖颇多，称佛陇。路旁有"教源"二字，路下有"佛陇"二大字，冈顶有"天台山"三大字,皆宋僧指堂所书。"佛陇"字上侧有"普贤境界"四字,相传为智者大师所书。再前有大石,长四丈,广二丈余,是为说法台,称智者大师说法处。石下有上谕"敦本兴让"四字,均可爱,惜不能拓得。乃复东行,过太平村,而访太平寺,寺亦破败不堪,一老僧居此。太平寺与太慈寺,已失旧观,不过仅留遗址而已,太平寺前则无尽灯大师塔院在焉。以上各处,均足供游览者,不觉已离真觉寺数里矣。是时阳光已放,天气颇热,余乘兴登临探访,不之顾也。乃返真觉寺进茶点,稍憩,即出寺,向华顶而上。

过寺外茶亭,称祖师亭,有"祖师亭"三字额,亦为陈璃所书。北上行六里许,抵陈田洋,有寒风阙,以冬日风大而寒彻骨故名。又四里,抵龙王堂,汉时有高察居此。其地有小店铺、民居约二十家,系通华顶之大道。由龙王堂折而东,距华顶寺尚有十五里,乃过哺鸡岩、圆山头、揭桶档等处,渐行渐高,视线亦渐广,各处阴晴倏忽,变化万状,忽而大风骤起,忽而山气蒸腾,忽而浮云片片飞过,忽而细雨点点下,迥异平原。岭间路颇平坦,可谓山中之康庄大道,高处少树木,多山草。有几多牧童牧牛其上。山冈逦迤起伏,道旁偶有大石三五,颇奇致,疑从天上来。将抵华顶时,天色渐阴,雷声忽起,继有大雨一阵。余行装衣屦偶为沾湿。亟投寺宿,房榻颇安适。夜闻雨声未住,余颇望速晴,以遂拜金台观日之愿。

(六)华顶寺 拜经台

五月二日,天未明时,寺僧即起做经课。余时亦觉醒,起向窗外一望,白云满天,知雨已止,而天未晴,今日无缘赴拜经台观日矣,乃复入睡。上午有微雨,在寺中略观一过,寺为民国二十一年重建,厅堂三座,均高大,系新式建筑。大殿行将兴工。华顶寺五十余年来,遭回禄三次,可云浩劫。最近一次,在民国十七年十一月十八日,幸该寺居顶上声名,引得一般大施主护法,始得重兴,且别开生面(图 2)。方丈兴慈,实有功焉。乃出寺,寺门有王震[1]书"华顶讲寺"四字。前有万工池,广约二亩,东西各处,茅蓬颇多,旧有七八十,近年已毁去十余处。斋期聚僧常数百,有药师庵,为东茅蓬之最大者。中有卧佛栈,上有卧佛,即药师佛。又有琉璃界,西茅蓬最大者。有妙峰庵、必明庵,小茅蓬触目皆是,不及遍观。午后天色忽阴忽晴,有台城袁

---

〔1〕 王震(1867—1938):字一亭,号白龙山人、梅花馆主、海云山主等,法名觉器,祖籍浙江吴兴,出生于上海青浦,清末民初著名书画家、买办。著有《白龙山人画集》《王一亭选集》《王一亭题画诗选集》等。

翁者,率眷来朝山,余乃与同上拜经台一游,该处距华顶寺五里,已臻绝顶,有"拜经台"三字石碑。遥望众山皆在底下,东海隐隐可见,故又名望海尖,可称洋洋大观矣。山僧结庵于顶,庵面东,楼可观日出。门口有碑题"台山第一峰",庵左有龙眼井二,又名"龙爪池",深广三四尺。庵后有智者大师降魔塔,览毕,下至太白书堂,有潘衍桐书"唐李太白读书处"碑,书刻均工整,乃拓来一纸,门外有池二,一称王右军墨池,昔时水黑色,现为湮塞后所重辟者,皆属附会,不可信。一为龟池,池中岩起,颇肖龟,故名。下岭,往游永庆寺,寺在华顶寺南约二里,其处名天柱峰,寺颇颓落,正在修葺,惟寺口松柏苍翠,风景颇佳,可供一游。寺后有宋时入定居故址,清光绪时建屋数椽,有"永明入定"额,为四明主人张嘉禄所书,并记其事,现已圮坏。各处均游毕,乃返华顶寺再宿,夜间忽起大风,继以大雨,余以次日又不能观日,忧心忡忡,形诸梦昧。

图 2　华顶寺

　　三日,早晨三时,起视窗外,雨已止,而阴云密布,遂返睡。五时起身,忽见阳光高透,云净天空。余乃深悔早晨未上拜经台,失却观日机会,又不知明日天色如何,中心辘轳。寺中人云:"观天气颇清朗,当有数日晴,明日往观可也。"余乃决定与袁翁早膳后即至方广,观石梁瀑布,又往观铜壶滴漏各处,如下午天色不好,即宿中方广,如天从人愿,下午亦清朗,则不辞跋涉,重返拜经台过宿,庶次早可观日出奇景。计既定,乃与袁翁辞华顶寺而出,是时大风未已,气候颇寒,余乃披大衣以御寒威,勇往直前,返过揭桶档,其处系一山冈,西来风势绝大,余等竭力抵抗,始得过去,俗有"风吹揭桶档,水牛吹过冈"之谚,非虚语也。西行十五里,抵方广寺,至午后三时,已游毕石梁铜壶等处,(所游另记)是时天色仍清朗,气渐温和,山径间兰花时送香气,余不禁神为之爽,乃循山径东返拜经台投宿,今日游兴最高,虽多跋涉道途,亦不觉疲乏也。朝山者有"靠佛健"一语,余之健,不知靠谁也,一笑。如是往返一次,须多走四十里,为欲观日出奇景也。

四日,天未明时,起视天际,白云片片,间以疏星几点,大风终夜不绝。俗言近时东风则天雨,西风则天晴。余颇望大括〔刮〕西风,将浮云一扫而空之。当时不知何风,观天色如此,恐非晴兆,只得坐待其变。渐见东方微白,已而水天相接处,发现金黄色光带,上有黑云一二片。知今早虽不甚清朗,日出时想可见也。久之,光带渐浓渐广,黑云亦疏淡,寺僧云:"现届立夏节,日上恰在拜经台前北首山头处。"余视山头稍遮视线,恨不得削去山尖,使在视线之下。已而光带间现出红光,广可数丈,疑即日球已出,实则日光也。须臾,一轮微透,作半规形,是时金光四射,下弦如烈火飞腾,恰如火上金球。迨圆形过半,黄金色渐淡,白光渐浓,形如妇女羊绒帽。此时日光尚凝聚,可以注视。及全轮上升,则如气球腾空,阳光夺目矣。此余三日来所盼得之眼福也,差堪自慰。观日出奇景,莫妙于冬初,盖此时日道移南,由拜经台东南望,颇空明,且气爽天高,绝少浮云山气,水天之际,分划明显。春夏间,阴晴倏忽,无多佳日。寺僧谓一月来无如今日之可观者,昨日天空虽清朗,而下处有云,日出不可见云,则余今日之获观奇景,若有所使然,抑天悯其诚而示之欤?

(七)方广寺 石梁瀑布

五月三日,早晨,由华顶西行,至方广,时尚早,先游上方广寺。方广三寺,以上方广为最早,晋昙猷大师时建。寺面东,门前有金溪流过。又有七如来塔,排列道旁,一如国清寺,大殿之后为方丈,联额颇多。额有翁同龢书之"方丈",俞樾书之"禅心自得",阮元书之"当作金声"。俞樾又有联云:"邀月替镫,临流作镜。叠藓为褥,拓松作屏。"皆其最著者。余与袁翁等在此进茶,有顷,乃左达罗汉堂,上有罗汉五百尊。道光时,有慈溪胡应奎者,梦见高僧募化,因而助樟木,刻像敷金,工毕运寺。有联云:"真广大神通,自北自南呈色相;度一切苦厄,即心即佛了因缘。"余问寺僧以罗汉五百尊可有图样否?答言:"有,在天宁寺,寺壁嵌有罗汉石刻,可以拓得。"罗汉楼前为藏经阁,阁中贮经十大厨,厨各七十二函,每函十帙,共计七千二百帙,经为雍正十三年所刊。又有一砖,光滑黝黑,质地坚致,二尺余正方,旁有字云:"雍正五年造。江南苏州府知府温而逊〔1〕、署知事照磨〔2〕熊国寿〔3〕监造。""一甲小甲庄李朋窑户曹鸣玉"诸字，有阮元书"三台宝典"额。楼下有联云："龙藏晓翻金贝叶，天花春绣木兰衣。"又有联云："四山滴翠环初地，一路听泉到上方。"颇可诵，上方广寺之景色，已尽在前人联语中矣。

　　循金溪而进，溪声可听，浓绿不绝，掩映溪流，不百步，闻名震遐迩之石梁已近在咫尺。余是时不觉有石梁，只觉有奇险之状，萦于脑际。由中方广楼外循石级而下，人方观石梁，而余正在寻所谓奇险之处。闻诸人言石梁近端有石柱一，甫抵柱旁，辄惊心动魄，不敢近云。余视之，果有一柱。又有一巨岩，横贯东西两崖，长约二丈，大可四五抱，梁脊平处广约五六寸至一尺五，梁洞约高七尺，惟前临下流，则有数十丈，对面有铜龛一，高广三四尺，余在其上，不见有奇险之处，乃问曰："此即所谓石梁乎？"众曰："然。"余始觉过来人摹石梁之状过甚，使人如堕五里雾中。苟不游石梁，安知其真面目乎？余观夫石梁之险，在其下，不在其上，在于人之目，不在于人之足。如以其狭，则桃源洞外之斜坡，螺溪钓艇之石门坎，足不得平伸，身不得直立，下临千百丈，其行路之难，更有甚于石梁者，石梁长不过数丈，其上颇平，只以悬于空中，遂觉目眩耳聒，相戒不敢往，余故曰，险于目，不险于足。余在东端，略走三四尺，亦无所异，只以危言深刻脑际，遂不果往。则石梁之险，不在余之足，不在余之目，实在余之脑际。甚矣哉，观念于人之深刻也！石梁之水，系由山南来之金溪，流抵梁上，会合大兴坑西来之水而成者。又北流入新昌县境，注入嵊县之剡溪，而达于曹娥江，其流可谓长矣。石梁之下有"飞梁悬瀑"四字，梁之侧面有"前度又来""万山关健〔键〕"等字，石梁之上字更多，如"常住真心""第一奇观""栖真金界"及"大观""喷雪飞云""寿布""流雪昙花""神龙掉尾"等字，多有可喜者，题名可不考也。惟近人康有为书"石梁飞瀑"四字，殊可传也，乃拓来一纸。

　　游石梁毕，在中方广寺少憩。寺原先为茅蓬，其前有昙花亭，后合并改建为寺。前楼高临石梁之上，窗明几净，宜进茶，又宜观梁，游客多休止焉。后楼为客厅，客厅与前楼有走廊相通，左右有石级，可以下楼。大殿即在客

---

〔1〕　温而逊：燕山人，康熙时捐贡，历任太仓知州、苏州知府、山西按察使、署山西布政使等。

〔2〕　照磨：官名。即"照刷磨勘"的简称。清朝照磨随所属衙门高低自正八品至从九品不等，掌管文书、卷宗之事。

〔3〕　熊国寿：其人不详。

厅之上，中方广寺无隙地可开拓，规模虽小，而幽雅宜人，有如楼台，余特称之曰"近水楼台"，行经楼台之下，可通铜壶滴漏，盖仍昙花路亭之旧也。旁有"盖竹旧〔洞〕天"四字，署丁大荣书。

由中方广寺前行，循石梁左侧斜坡而下，即抵下方广寺。寺内无甚名迹，寺亦面东。方广三寺，地址高下不一，以地势称上中下。山径溪流，盘旋曲折，几不详其方位。下方广寺前，佳竹成林。出竹林，下坐石上，可以上观飞瀑，瀑由石梁而下，高数十丈，偶溅而为浪花，散而为细雾，动而为清风，滁荡心胸，致足乐也。石梁飞瀑之全景，一览无余矣。既而中方广寺僧唤进午餐，乃返寺，登楼俯瞰，则石梁又在其下矣。

（八）铜壶滴漏　水珠帘　龙游涧

五月三日，在中方广进午膳毕，乃与袁翁等同游铜壶滴漏诸胜，其处距方广约六七里，由昙花亭过杉树岭，约二里许，前抵一溪，溪东来而西下，直超铜壶滴漏。乃折而西，循溪以下，约三四里，抵一村，即曰铜壶村，知距目的地不远矣。复行一里许，忽见溪流陡落数十丈，余异焉。其上有巨岩，略平而有隙，大可半亩，余乃至岩上，立岩前。俯身一视，见潭水油油在十余丈下，不觉魄为之动，如欲下坠，急抽身而退，遂俯伏岩唇，伸首探望，欲窥其奥，见岩壁凹入略如洞，内开而外合，内广而岩门窄，深锁潭水。岩壁皆光滑，如人工琢磨而成。更见水由岩溪下滴潭底，淙淙有声。铜壶滴漏之

图 3　铜壶滴漏

名，其以此乎？余以在岩上观，未能见其面，乃循山径而下，抵溪石上，仰视铜壶滴漏正面，计分三折：自滴漏至上潭，为第一折；上潭水由左缺注入下潭，为第二折；下潭水披离而下，流溪石间，是为第三折。此铜壶滴漏之外观也（图 3）。余以溪流如此陡落，其前当顺流而出，无复可观矣。复思一处，焉能尽其三景，问诸袁翁，知其下尚有陡落十余丈处，水珠帘、龙游涧皆在焉。余乃随袁翁前行，约数百步，循山径而下，见岩上斜下三四丈，忽陡落直下七八丈，水由斜处流经岩隙，作波涛纹，滚滚而下，有如串珠千百条，挂于岩壁间，长倍于广，又如垂帘，故名水珠帘。左侧有一沟，蜿蜒而下，下狭而上广，其横剖面，随处可成圆形。狭处直径约七八寸，广处可二三尺。光滑异常，

浙江文献集成地方史料系列·浙江天台山游记辑注（近代卷）

有如巨龙游于沟涧者，故名龙游涧。遇大雨后，涧中方有流水，水珠帘与龙游涧，一处而具二景者也。闻余等来处，有断桥积雪一景，系一老木，横架两岩者，树早已无有，景亦绝矣。遂不复访，是时为下午三时，袁翁率家眷，前抵戚属家投宿，次日将游万年寺。余则以观日出奇景，未尝夙愿，遂与袁翁暂别，约次日在万年寺会晤，乃命担夫肩行李，返拜经台，返时不由旧路，彳亍鸟道间，沙石丑恶，不利行走。下午五时半，乃抵拜经台，投宿庵中。

本日游程，应另列如上，而日程则为华顶拜经台之一页。

（九）万年寺

五月四日，早晨，在拜经台观日出奇景后，是时大风未已，寒威侵人，不能出茅庵一步。余置身其间，恍疑冬日。偶与山僧作曝背[1]语，殊有奇致，姑再与天台山绝顶作半日缘，重来观日，不知又在何时矣！

午膳时，风静，气亦渐和。膳毕，别山僧而出，下岭，过华顶寺，循昨日故道而抵方广，复游寺中及石梁，真所谓"前度又来"矣。中方广寺僧留余少坐，进茶点，有顷即出，拟今日投宿万年寺，乃由石梁上登岭，折而西，过臻福院而前，十余里不见村落。岭脚溪头，水弯山转，约二小时，始过一山村。又数里下岭，乃见绀宇琳宫，绕以墙垣，大可三四十亩，气象雄壮，环山耸翠，古木参天，钟鼓传暮声，悠扬入耳，知系万年寺。是时大门已闭，乃款寺边门而入，下榻光寿楼下，侧见殿后荒址颓垣，处处皆是，询系去年毁于火，尚未兴复者。未几，进晚膳，寺中游览，有待于次日。

五日，早晨有雨，不久即止。袁翁及其眷属等始来寺。余问彼来何迟，彼讶余尚留寺，别来二日，相见快甚。彼等进香毕，即返城，乃别余而去。余乃往游三井潭，潭在寺南三四里。出寺门，见有古杉二株，皆大可四抱。闻大处计有七株，后经伐去建大殿云。旁有如来塔，仅一尊。南行即抵伏虎亭，亭前有桥，桥边亦有古杉一株，大如寺前者。乃过桥，循溪前行，又数里，溪石累累，数十步之外，溪水陡泻而下，下临数十丈，两山夹岩为墈，行者不能再进矣。由岩上斜坡下瞰，水由溪石冲口而出，数丈之下，流入一潭。潭形如釜，大可一丈，水成碧色，谅非浅矣。潭水流数丈而下，复入一潭，大小形状，一如上潭，下潭之水，复流入下处，则不知其深，潭亦不可见矣。闻台中某君，曾下至第二潭，见第三潭相距更遥。三潭之水，深有如井，故名三井

---

〔1〕 曝背：以背向日取暖。

潭。昔时游万年者,多不知其处云。

返入寺,前为阡陌十余亩,前殿有天台山农所书"万年古刹"一额,殿中有明万历十四年《御制圣母印施佛藏经碑》,乃拓来圣谕及年月款识一部分。过殿,有万年宝鼎一,立于大殿台下。大殿与前殿,同为民国十五年方丈谛闲所募建,气象巍峨,可称其寺。大殿之后,若方丈,若藏经楼,若罗汉堂,若戒堂,若凤鸣轩,去年遭回禄之厄,一举而化为瓦砾。惟西首光寿楼尚无恙,有额为黄庆澜[1]道尹所书赠谛闲者。现谛闲已物化,寺亦不能复兴,良可慨已。

考万年寺亦开创于晋昙猷,寺址在天台山中为最大,旧称有屋千余间。现已不可考矣。方丈道兴适不在,寺僧寥寥无几,均蛰伏不出,无应接者,其颓落一如其寺。久之,觅得一知客僧,询以寺中典故,尚能历述,谓东北首凤鸣轩下有金沙井,井下有金沙。寺前溪上桥以七古木名曰七星桥,古杉沿称罗汉松。罗汉初昇入时,暂置田上,故称其田为罗汉田,有"亲到堂"额为皇帝亲到之处。七古木旧时曾伐其一,罗汉因而显圣,故建一如来塔,以充其数。寺前路有九曲,故称其池曰九曲湖。余随问,即能随答。虽不见尽属确切,然可领略万年寺之一二矣。大殿后地上,有一大钟,西首念佛堂,有"亲到堂"额,而王文治"令法久住"额已随火化矣。万年寺名震天台山,一时虽属凄凉,终有重兴之一日也。午膳后,即离寺往桐柏宫。

(十)桐柏宫

五月五日,出万年寺,南过罗汉岭,即为铁船窝,其处有田一带,凹入山岭间,颇似海滨船坞,故有是名。东南行为火石冈等处,前会方广大道,以返于龙王堂,计十五里。日前上华顶系由龙王堂折而东。至此乃由西而东,复抵龙王堂,成一圆形。龙王堂南行四五里,返陈田洋,复西行过公界岭直下,约十里而为里岙村,土地平旷,烟村三五。桐柏宫即在其前,红墙宫宇,绕以长垣,其规模之大,颇似万年寺,而清旷绝俗,为山岭间所仅见。是时天色将晚,微云淡月,景色清新,爽心悦目,乐而忘倦,即投桐柏宫止宿,道人迎入。

---

〔1〕 黄庆澜(1875—1961):字涵之,祖籍江西景德镇,出生于上海。南洋公学师范院毕业,曾任湖北德安、宜昌知府。民国期间,曾任上海火药局局长、上海地方审判厅厅长等。黄庆澜热心教育事业,捐资兴学,创办三育高等小学。他信奉佛教,热心社会公益事业,抗战期间,与赵朴初等设置难民收容所,收容难民达50万人次。中华人民共和国成立后,曾任上海佛教净业社社长、市政协委员等。

余略坐，即起步宫庭中，见宫中大殿，仅余荒址，而巨础崇墉，尚留遗迹。因询道人知倾圮已七八十年矣，余低徊唏嘘不置。乃过西道院，瞻仰夷、齐所祀处，有石像二。道人云："像自宋时辇至，背各有字。"余视壁间刻有碑记，知为明隆庆（穆宗）六年所建，则其祠由来久矣。其左塑司马子微像，右立台郡名贤位，如方正学[1]等数十人。祠中墙上大书"首阳片石"四字，又有"百世师"额。有一道人守其祠，祠初名清风祠，后改为清圣。民国甲子年康有为游其处，为书"清风祠"额以复其旧。已而道人唤进晚膳，即至东道院休憩，桐柏宫全部游览，有待于次日。

五月六日，上午游琼台而返（另记），因询道人观中古迹及碑记。道人答曰："碑在田间，多为田夫所毁，古迹亦多荒落，少遗留。"乃出观，见前有已圮照墙。其墙基尚存，长四五丈，厚二尺，石刻精致，其高可想见矣。墙外田间有宋乾道（孝宗）年间所建"白云昌寿观碑"。余叮咛道人，幸善保存古迹，勿再荒失。宫前有溪，曰女梭溪，溪上有桥，曰花桥，皆古迹，而道人不能述。大门上有"敕建崇道观"五字，门外有石狮二。返观中访雍正时《敕建崇道观碑》，为雍正十三年御笔，书法颇似赵孟𫖯[2]，殊可观摩，乃拓来一本，时已亭午，乃进膳。

午后观紫阳楼，楼上供紫阳真人张伯端像，有大柴株二，其一形似象，其他一则多具虎形。道人云："此田蚴树株也。"余视之，坚致如石，亦可喜者。楼下中为三清，左为吕祖，右为邱长春祖师。楼有额曰"大罗宝殿"，盖即大殿倾圮后，并入紫阳楼者。楼前现已结屋数楹，上供王子晋太君像。东道院为道人所居，亦结楼数间，均未落成。东廊有联云："鹿豕与游，物我相忘之地；泉峰交映，智仁独得之天。"道人藏有康有为书中堂一幅。有七绝云："桐柏金庭绕九峰，夷、齐遗像自清风。不必西山采薇蕨，琼台双阙有仙逢。"康老来游天台山，已有十年，死后亦数年，其遗墨更觉可贵。此老为鼎革怪杰，近世奇士，与台山可称双绝，更千秋而万岁，安知其不祀为山灵乎？

---

〔1〕 方孝孺（1357—1402）：字希直，一字希古，号逊志，浙江宁海人。历任陕西汉中府学教授、翰林侍讲、侍讲学士、建文帝的老师。在"靖难之役"期间，拒绝与燕王朱棣合作，刚直不屈，被诛10族。"正学"为方孝孺书斋名，学者称他为"正学先生"。著作收入《逊志斋全集》。

〔2〕 赵孟𫖯（1254—1322）：字子昂，号松雪道人，湖州（今浙江吴兴）人。宋末以父荫补官，入元仕为翰林学士。累官至翰林学士承旨，荣禄大夫，世称"赵承旨"。死后晋封魏国公，谥文敏。赵孟𫖯在诗、书、画、印上皆有很高造诣，有《松雪斋集》。

相传桐柏山最早为周时王子晋所治,后称王太君,虚实不可考,后至晋时,有葛洪来山炼丹。唐时为司马子微隐居处,唐睿宗敕赐建观,曰桐柏观,称极盛时代。宋熙宁时,有张紫阳栖真于此,后改名白云观,又曰崇道观。迨清雍正时复加敕建,可称复兴时代。至今复荒落矣,不禁有今昔之感云。

(十一)琼台

五月六日,在桐柏宫早起,余以琼台近在数里,素有奇险之名,意欲先睹为快,乃倩道人作向导,由桐柏宫西北行,见山麓有一小庙,题曰琼台庙。入庙一观,见有古柏一株,穿屋而出,墙壁间有墨迹数行,薄而观之,知为康有为书之联语曰:"千年松绕屋,八洞玉为天。"庙为乡人祷神之所,无可观者。乃出,逾小岭,抵一村,曰塘里村。行数里,抵百丈坑,下视其深莫测,前有岩嘴突出山际,蜿蜒坑中。道人遥指其尽处曰:"此仙人座也。"余视之,颇似一牛饮于溪中,余等循牛背而行,约四五十丈,抵脊骨高处,下视壁立数十丈,无径可循。见岩石嵯峨,略有树株,乃去外衣,换草鞋,留行囊杖履于石山,仅怀纸墨数事而下,下时手足并用,或两手抵岩以擎身,俾两足流滑而降,或一手攀岩,一手挽树株,俾两足交替而下,约十七八丈而至牛头处,为一冈,左右两侧,骤削而下,循冈行五六丈,须登后脑,其处沙石参半,濯濯无寸草,扳岩而上,复流沙而下,其难更倍于前。然余鼓勇不已,约十丈,抵其顶盖骨处,复须下四五丈,忽见有两石并立如双耳,中可通人,石高一丈余。右石上平,更有一石,其形如马,称马鞍石,石壁间刊有甲子二月康有为书。右壁为"琼台"二字,左壁为"双阙"二字,字大可一尺余,古致遒劲,颇可喜者。余即拓来一纸,下数步,见左岩凹入作龛形,其大可坐二人。左侧略高寸许,右侧稍宛转,称仙人坐。余坐之,觉舒适异常,后有倚背处,左右有靠手处,下有安足处,前望两山,崖壁对峙,削立千仞,下俯溪潭,即为双阙,左阙之上颇平坦,有如台,考即为琼台。世只知仙人坐为琼台,实则非也。道人云:"月行中天时,则下映潭底。移西时,则沉双阙而下。中秋观月,最为有致。"惜余不得目睹其景,然是时天空清碧,微云淡荡,清风迎面而来,身入其中,如涤去俗尘万斗,栩栩欲仙矣。世称琼台之景,为天台山第一,良有以也。余来此不易,更觉留连不忍去。想及古今来有多少游人,登临于其上,有多少诗词,题咏于其景,此外有游矣,或惮于登临;登临矣,而不善题咏如余者,徒发于天籁,而不能以数语写尽琼台双阙之胜,乃若刻画描摹,以写其万一,余虽能之,亦不欲为也已。

久之,乃欲寻所谓仙人足迹,因不知其处,且无增琼台之胜,徒为世人想像之资，遂不复寻。乃循故道而返，上下数次，始抵牛背处，换衣履，而返桐柏宫，时已上午十一时。

（十二）归途及游后语

五月六日，午后一时，余已游毕桐柏宫及琼台，作返城之计。乃命担夫束装而出桐柏宫，南行登桐柏岭，不数里，抵岭巅，前望村落可数，下临七八里，后高而前下。余置身桐柏时以为已达平畴，不知尚在山顶也。下岭访王云山君，先是台中王辉山君，谓桐柏岭下有瀑布可观，介绍至其亲属云山处，请其先导。是时抵王君家，承其款待，导余出村后循山麓而行，一里许而见桐柏水，即日前游桃源时，路经龛顶乡所见者，水由桐柏岭上落下数级，即直泻而下，形如垂布，俗名孝幕水，殊杀风景。瀑下旧有亭，有寺，现无可见，壁间多摩崖，余不复寻，仅见"隐古"二字。其处瀑布惜太显露，转觉不甚著名。若藏之北山中，安知不列于奇景之林乎？

未几即出，余以返城尚有十余里，乃别王君而行。前经龛顶乡，六七里，至落马桥，乡人指桥石谓余曰："此马蹄也，称神马所踏。"余视之，颇似马蹄。又指桥旁一树枝曰："此连理枝也。"余视之，一古木下歧而上复合，姑领之。入城，仍借寓台中。天台山之游，乃告一段落。

是游也，费时十余日，行路数百里，凡台岳主要山岭峰峦，岩洞溪壑，宫观寺院，有名胜可观，古迹可考，为游人所欲到者，皆经陟足矣。日间所游，夜必记之，盖不如是，即有疏漏之虞，辜负游山之愿。故余十余日以来，颇费心力，略有成功，以饷后之来游者。前人游记多矣，或专尚词藻，华而不实，或纪实矣，而形容过甚，余虽不文，然必实事求是，言之有物，庶不致有欺山水，山灵有知，其亦以余言为然乎？

余对于各景，略有品评，论其奇则有石梁，险则有桃源，怪则有铜壶滴漏，挺则有螺溪钓艇，幽则有琼台，雅则有桐柏，高旷则有华顶峰（拜经台），伟大则有国清寺，古朴则有真觉、高明，雄迈则有万年寺，各有所擅，未可执此以衡彼也。

天台山游记

罗翰章

载于《佛学半月刊》1934 年第 72、73、74 期。还刊载于《弘法社刊》1934 年第 25 期,题目相同,内容大致相同,文字有出入,署名"慎修居士罗翰章"。《佛学半月刊》1930 年 10 月在上海创刊,上海佛学书局出版发行,先后由范古农、余了翁等主编,1944 年 11 月停刊,共出 313 期,半月刊。《弘法社刊》则于 1928 年创刊于宁波,是民国第一份天台宗刊物,1935 年改名《弘法刊》,1937 年停刊。罗翰章,其人行止不详,从其发表的文章可知,他是江西临川人,信佛,后在宁波天童寺受戒。民国二十二年(1933)十月八日,作者乘轮船自上海出发,经海门、临海,十一日至天台县城,十二日开始游览国清、华顶、石梁、高明寺、赤城山,凡三日,本文记载了此次旅游经历。

余向寓沪学佛,因慕天台山名胜,久有游览之念。癸酉十月八日,特偕友赵君晓民,作兹山之游。是日下午,由沪搭轮起行,至次日晚,道出海门,待换轮前进,止于逆旅。闻白枫山风景殊佳,宋高宗曾驻跸于此。十日晨,因候轮未至,遂偕友登临,至则见该山突起,山路曲折,状如螺旋,拾级以登,至于山顶,则有一清修禅寺在焉。门前面对大海,一望无际,步行入寺,见中为佛殿,旁皆僧房。南望白枫,苍郁可爱,北有茂林修竹,亦风景清幽。佛殿悬有宋高宗御笔联云:"清修风景千年在,沧海烟岚一笑开〔间〕。"又僧房亦题有二绝云:"古寺青山古更妍,长松修竹翠含烟。汲泉拟欲增茶兴,暂就僧房借榻眠。坐久方知春昼长,静中心地自清凉。人入圆觉何曾觉,但见尘劳尽日忙。"此为宋高宗建炎四年正月,因避金人之乱,车驾幸台州,而驻跸该寺时所作。后人游览至此,均为之慨叹不置。兴罢返寓,即附轮而行,迨至临海后,留宿一宵,复改乘肩舆。自朝至暮,始抵天台,仍止于逆旅。

十二日早八时,雇轿登山,出县城北门,约行七八里,即抵国清寺。余与赵君步行入寺，见寺前五峰耸峙，双涧环流，相传为四绝之一，对面有宝塔一座，计九级，高约二十余丈，寺外苍松翠柏，四面环绕。寺内殿宇庄严，僧寮整洁。隋智者大师建台山十八刹，此为定光授记第一道场。右有三贤堂，堂供三贤像，谓即丰干、寒山、拾得也。左廊有一大锅，名曰漏砂锅。据寺僧称，此为当年拾得煮饭之锅，可供五百人之食。昔僧有私以砂纳锅内者，及至饭熟，砂皆漏去，并不为害，亦奇事也。余俯视该锅，见旁有一漏洞，始知锅之得名以此。又寺后最高处，有一乾隆御碑。后岩瀑布，循涧而下，尤为奇胜，后人有诗云："物外千年寺，人间四绝名。两廊诸岳色，千里乱松声。海气标僧院，秋钟彻县城。夜来疏磬断，日影遍楼清。"读此，足以知其情景矣。

午饭后，复乘轿东行十八里，经过金地岭，至塔头寺，见寺内左廊有智者大师肉身塔一座。寺外有一甘泉井，其水清冽无比。又该寺面对高山，上有智者大师坐禅石及"天台山"三字石碑各一，惟因路险难行，未及登临。旋出寺，复向东北行，约二十余里，至华顶寺，是夜即寄宿该寺，寺为灾后重建，工程浩大，尚未及半。该寺住持僧为兴慈法师，师此时在沪未归，闻已募集檀施，为该寺之建筑费。将来建造完竣后，其规模之大，必有可观者矣。翌晨，再登华顶峰，约行五里许而至峰顶近处，见有一李太白读书堂，旧堂久圮，此为清光绪十六年所重建，门外有一池，池内有龟形石一块，相传此即王右军墨池。再拾级而上，约行一里余，则绝顶也。此峰为天台第八重最高处，旧传高一万八千丈，周围一百里，少晴多晦，夏犹积雪。人在峰上，足下浮云绕抱，如棉絮然，上有智者大师拜经台及降魔塔。惟旧塔早已倒塌，现已从事重建，规模甚大，塔旁有一古刹，外有智者大师拜经处，及天台第一峰石碑各一座，均为光绪年间所建。登斯峰也，胸怀为之一开，东望沧海，弥漫无际。下瞰众山，峰峦错峙。举凡日之出入，云之起伏，无不一望了然。其间草木葱倩，殆非人世。山凹处有茶树多株，相传云雾茶即产生于此。此山风景极佳，后人有诗云："越东孤耸擅奇观，万八应知宇宙宽。环眺列峰来献状，凝眸沧海可遥看。日华起处呈丹彩，云气腾时在半峦。倘镇鲁邦供圣览，便为泰岳障狂澜。"此姜玑[1]游华顶而作也。又灵彻[2]诗云："天台众山外，华顶当其空。有时半不见，崔巍在云中。"即此可想见其高度矣。

---

〔1〕 姜玑：其人不详，曾参与纂修《万历乙卯天台县志》。

〔2〕 灵彻（746—816）：唐代诗僧，一作灵澈。俗姓汤，字澄源，越州会稽（今浙江绍兴）人。

　　由华顶峰而下，南行十余里，至药师庵。庵供药师佛，佛有坐卧像各一。庵内之古物有二种，即金钵、玉印也。钵为大唐贞观十三年所制，铜质夹金，雕刻精致。其印则为碧玉所刻。此外又有银碗三只，上刻"延年益寿、岐胡之寿"及"使圣人寿"等字，木质包银，雕刻亦佳。堂前悬有"药师静居"匾额一方，为德清俞樾书。上为卧佛楼，旁有联云："中天或有长生药，古寺应怀远法师。"余等在寺休息片刻，即出寺，向西行十余里，至方广寺，寺有上中下之分，石梁瀑布，即在中下两方广寺之间，此瀑布之来源，系从上方广寺两旁涧水直流而下，至于石梁，水势忽合，梁为石质，两旁山壁对峙，一巨石如长虹横架之，龟背莓苔，广不盈尺，前临万仞壑，中间双涧合流，堕石梁下，泄为瀑布。因水势急，至此遂激成水花，垂流千丈，如震雷昼夜鸣，真奇观也。上为中方广寺，寺有昙华亭，楹半外垂。游客坐此闲眺，可以观瀑布之飞越焉。后人有诗云："控扼双流瀑势雄，虹垂鳌耸鹤飞空。帘前应化无边刹，舌在溪声昼夜中。"该石梁瀑布与国清寺之双涧观澜、华顶峰之华顶观云，同为天台山十景之一，而以石梁瀑布为最胜。再由此而南行十余里，至高明寺，斯时已届下午四句钟，余与赵君是夜即宿于该寺，僧人招待周到。傍晚时，即由该僧引看寺旁之石洞。洞皆石壁，旁有一门出入，内可容十人，上有"圆通洞"三字，为康熙乙亥年所刻。此寺四面高山环绕，惟寺地较低，相传智者大师居佛陇讲《净名经》，忽经为风飘，翩翩不下，乃杖锡披荆寻经所诣，行五里，风息而经坠此，遂即其地营刹。《志》载亦同，当然可信。寺前为佛殿，后有翻经堂及楞严台。惟时已入夜，观物不甚了了，遂回客房休息。晚饭后，即就寝。

　　次日清晨，茶点毕后，随同该寺僧至楞严台，台中供有无尽[1]大师遗像一幅，据该僧云，无尽大师乃明翰林，后出家为僧，为该寺中兴之主。从前寺已颓废，由无尽大师重建。两旁石壁，刻有香光居士董其昌所书《楞严海印三昧坛仪碑记》。大殿右侧，新建寮房多间，左侧有钟楼一所，上悬一大钟，明天启五年铸，声音洪亮，能闻十里。门楣上嵌有"高明讲寺"石额一方，乃南海康有为书。最后由该僧出示法宝四件，即智者大师亲笔所书《大方等陀罗尼经》，该经原有四卷，均智者大师手笔，后因被人携去前三卷，仅存第四卷，至宋朝，复由元通禅师补书三卷。查阅该经，纸色苍老，笔法精劲，神采奕奕，末有康有为、庄蕴宽、陈一阳[2]等先后所题跋。此外又有《贝叶经》，

---

〔1〕　本文"无尽"，原文为"无净"，据实改。

〔2〕　陈一阳：即陈钟祺。

全为梵文，及智者大师之衣钵，均隋朝时物，历时一千余载，尚能保存至今，真希〔稀〕世之宝也。观毕出寺，复西行二十余里，至赤城山，因山石皆赤色，望之如雉堞，故以为名。山之四周，多石洞，后人缘洞建观，修道者咸栖身于此。洞有上下岩之分，如玉京观、瑞霞洞、香云洞、紫霞洞、华阳古洞及餐霞洞等，均在上岩下岩之间。惟玉京观之前，有金钱池碑一方，后为金钱池，相传僧昙兰憩此诵经，有神献金钱，僧弃池中，故名。此碑为绍台总兵官吴，于雍正十三年所立，绝顶有浮图七级，下有昙猷洗肠井。惜峭壁不可登，仅能及其平坦处，见有掬井一口，即玉京女史，为亲掬土营坟，土尽而井成，因以得名。后天台县长胡远芬为之建碑，以留纪念。故有诗云："掬土何期掬井成，井成水合拟霜清。而今饮水难盈掬，为忆当年掬泪情。"其下岩之紫云洞较大，实为诸洞之冠，上有石刻"赤城霞"三字，系明万历三年所立。内有"流霞浴日"匾额一方，为乾隆二年所立。此山亦为天台山十景之一，即所谓赤城栖霞是也。此外如螺溪钓艇、琼台夜月、桃源春晓、寒岩夕照、清溪落雁、断桥积雪诸景，或以路小难行，或以山高难登，一时未及前往游览，殊为憾事耳。游罢，乘轿返县，旋即返沪，因记之以免遗忘云。

浙游漫纪

吴似兰

载于《艺浪》1934 年第 2 卷第 1 期。《艺浪》1929 年创刊于苏州,苏州美术专科学校校刊社主编,苏州美术专科学校出版科发行,黄觉寺任编辑,月刊。1937 年 1 月 20 日出版至第 4 卷第 2 期后停刊。1946 年复刊,改为黄迟主编。吴似兰(1908—?),字绿野,又字庆生,江苏吴县人。受业于颜纯生,工画、兼善摄影。尝组织婆罗花馆画社,提倡美术,曾任苏州美专国画教授及校董会代表。1933 年 11 月 25 日,吴似兰等从上海乘船出发,26 日至海门,游览雁荡之后,12 月 2 日乘船至临海,3 日自临海乘舆至天台,然后游览国清、华顶、石梁等胜迹,7 日经新昌返程。本文原有照片 10 幅。

雁荡山

廿二年冬十一月,余与朱铸禹[1]、潘敏之[2],议作天台之游,邀郁子韶笙[3]为伴。郁君富旅行经验,余等每次游历,屡有借助,复以天台山国清寺住持为可兴上人,上人尝主苏州灵鹫寺,与余素稔,适上人以事居苏,乃约其同行。是月二十五日晨,乘火车至沪渎,遇故人沈寿鹏[4]君,亦欣然加入。

---

[1] 朱铸禹(1904—1981):名鼎荣,号铸禹,以号行,室名小潜采堂,江苏淮安人。1928 年毕业于南开大学。长于中国古代史、古代美术史与古籍整理、古代石刻研究与版本目录学、精于碑帖拓本鉴定。有《唐前书家人名辞典》《唐宋书家人名辞典》《全祖望集汇校集注》等著作。

[2] 潘敏之:苏州人,民国时期在苏州、上海从事文教业,其他待考。

[3] 郁韶笙:其人不详。

[4] 沈寿鹏:民国画家,长于工笔及写意人物,曾任苏州美术专科学校教师,为吴似兰组织的婆罗画社成员。

下午四时,驱车至南市大达码头,登台州轮,余等辟超等舱三间,行李安置既毕,凭舷远眺,时上船旅客,络绎不绝,声音嘈杂,加以煤灰扑鼻,空气污浊不堪,余等遂避居室中。四时半,鸣锣起椗,精神稍振,五时出吴淞,天色渐暗,望废垒不可见,怅然返舱。十二时,始安然入梦。

二十六日晨五时,汽笛连声,推篷起视,船已傍浙属定海,定海一名舟山,余今夏游普陀时,曾就餐于此,朱、沈二君登岸闲步,余与潘君散步船埠附近。八时再开,沿途岛屿罗列,有被水浮冲成大穴,或中断若斧劈者,遥望水天相接处,黑色点点,皆捕鱼之舟。十二时五十分,抵石浦。半山筑土城,店铺以鱼肆为多,腥臭之气,中人欲呕。有江心寺,供奉观音。一时二十分,船复启程,历四小时,始抵海门,港口两山围抱,南曰枫山,有塔耸峙,北名东山,若蟹螯相对,亦门户也。船泊港中,须经检查,方能傍埠,来查者为一军官,率士弁多人,至余等舱中,悉系苏州人,不加检查而去。八时半,船停三号码头,登岸,众饥甚,过一菜肆,曰四时春,在民族街,遂餐焉。既饱,询宿处,知浙江旅社尚清净,乃步行而往,街衢宽广,均用大石板铺砌,市廛栉比,商业尚盛。既达目的地,疲惫不堪,匆匆入眠。

廿七日六时早餐,七时十分出发,在安川路车站候汽车,见乡人延羽士礼斗,怪状百出,余出袖珍影戏相摄,得数十尺。至四十八分,汽车疾驰而至,即登该车至路桥,换汽油船,至木市,经泽国,出官塘桥,居民以山芋粉作面,推销各地。木市多碗窑。十时唤小舟,经潘郎镇,米市尚盛。下午一时,达大溪登岸,乘篮舆入山,一路苍松交柯,极目皆是。一二红枫,出没树梢,日光照射其上,色鲜如洗。惜余寡文,否则不知有若干诗料入我奚囊。二时十五分,停轿稍息。既而登倭门岭,高约十里,石级尚平坦,山上麦田颇多,幼松遍植,稍长即伐作燃料。北望华古山,明洪武用兵之地。三时二十分,达靠天淀。舆人云:"山雨将来,则涧中先有泉涌出。"四时半,过大荆镇,略进点膳,复前有大滩,广约百亩,中有板桥,四周皆崇山峻岭,时天色垂暮,越谢公岭,山势转陡,怪岩左右突出,若恶魔之欲吞噬者。七时抵灵岩寺,卸担投宿,老僧和蔼可亲,合十肃客。余等既坐定,急命治膳,餐毕,余兴跃跃,与沈、朱二子,合作画轴。九时乃寝。

廿八日六时半起,以昨日到寺,已昏黑不可见。早餐毕,与诸子出望山景。寺居群岩之中,东有灵岩峰,西曰天柱峰,均壁立千仞,从根拔起,真若擎天一柱。寺后群山拱列若椅背,寺屋为谛闲法师募建,余探囊出小镜箱,摄影若干帧。八时乘舆出游,经木鱼峰及天屏,下有纱帽,西有剪刀、五指、老人峰,多以形取名。复前,有观音峰,耸入云际,下有大石,若童子参拜,由此直达雁荡之顶，平坦有池，即所谓雁荡也。下为四方洞，左有关刀洞，更前，石鼠石猫，分峙左右，有蛇形峰，壁立路侧，越马鞍岭，南眺罗汉峰。既下，过碧蒲浪镤形潭，至能仁寺观瀑，瀑高十数丈，春夏从两石隙流下，曰燕尾瀑，至秋冬合而为一，故曰马尾瀑。寺左有一大铁锅，径约十余尺，宋代物也。十一时绕罗汉峰至罗汉寺午餐，再由此经华岩岭，过大剪峰、牛头峰，至大龙湫。瀑布匹练悬空，上端突出，吾人攀登泉后，前后不望见，亦奇景也。其右有小泉滴沥而下，曰珍珠泉。二时返灵岩，游寺后，仰视笔峰及一手峰，登壁见龙鼻泉，后曰小龙湫，东有蒋氏[1]所建之屏霞庐，登仰高楼，折东至天窗洞，峻险万状，汗流遍体矣。

二十九日晨时，乘舆出发，沿锡杖顶峰南行，过蓬峰，有石曰两仙操琴，鲤鱼听音，或云老人听琴。稍息复进，道左有三星洞，东曰虎口洞、老猴石，更有将军抱印及凤凰峰，经灵峰第一桥，有朝阳洞、烛峰，远望老僧撞钟峰，俗称接客僧，形状酷肖，左有东石梁，石梁洞中，见屋十数幢，洞顶有鱼化龙。十时返经谢公岭，其上有亭，断碑横卧，文曰"天根月窟"，由此下趋，折西过坦塘岩，跨果匣桥，此桥久圮，至民国元年重建。前望狮虎岩，如猛兽蹲踞，至灵峰第一亭，达观音洞，拾级而登，洞中建楼房九层，洞口两峰合掌，曰合掌峰，洞内容积之大，前所未见，最上层石壁塑佛像千尊，中奉慈航[2]，左有刘允升[3]之像，据云为洞中建屋之祖。明嘉靖时，里人勒石于此，纪载甚详。时已午刻，即餐于寺中，有王梦楼[4]联曰："柳阴分绿笼琴岳，花片飞红点研池。"寺左曰蓼花岩，右金顶峰，下曰挂锡谷，西为鹰嘴峰，东曰铁城障。水帘洞之上，有维摩洞，洞中泉声汩汩。三时至北斗洞天，内居道家，中厢楼三层，下层曰海会楼，上曰集贤阁，更上曰三宝宫，洞内悬我邑张仲仁先生联，联句清逸动人，曰："满地落花人独立，数声清磬鹤归来。"游毕，返观音洞晚餐，餐毕，与沈、朱作画赠寺僧。九时半，拂榻就眠。

三十日七时即起，共议作归计。于是由谢公岭、维摩岭、倭马岭而达大溪，此路较来时为短，有汽船在彼等候，为余等先期以电话预雇者。十二时十分，鼓疾轮驶，途中与诸子笑语甚乐，顿忘风尘之劳。二时半即达海门。

---

〔1〕 蒋氏：即蒋叔南。

〔2〕 慈航：即观音菩萨。民间传说观音菩萨，前身为慈航道长。

〔3〕 刘允升：民间传说人物，相传嘉靖三十年，按察使刘允升偕二女，在雁荡山观音洞成仙。

〔4〕 王梦楼：即王文治。

在四时春进餐,仍投宿浙江旅社,晚间沐浴薙发,如释重负。

十二月一日十时半出旅社,由东岳路经城隍路,及东门巷,登东山书院,院踞东山之巅,形势绝胜,上观海亭,纵目四览,东则海天相接,南有枫山环绕,清旷无比。东山书院为富绅黄楚卿[1]所建,院中花木树石,布置井然。今则改为私立中学。下山东转,有一古关,再下名外沙,南有外洞,中居比丘尼,前进为承天寺,即中洞,一名金沙洞,洞甚深邃,供观音像,时已近午,乃聚餐偕返逆旅。下午五时,拟往船埠候轮往台州,未至,遥见黑烟上腾,则船已于十分钟前离埠而去,乃败兴而返,至海门旅社,寄宿一宵。

天台山

二日起绝早,四时三十分,即至船埠,上章安轮,包大餐间一间,尚宽敞。迟至七时二十分,抵台州城,止中津旅馆,入城餐于聚兴馆。一时赴南山,至一殿中,供唐明皇[2],旁有张巡[3]及李公弼[4],左塑雷万春[5]、南霁云[6]将军像,上山有仓颉寺,山顶小塔凡三,略一游览,下山至兜率寺,访主〔住〕持僧,名通文,谈语颇洽,朱君画兴跃然,索纸笔作巨石,捉余略缀秋卉。既毕,持赠通文。出寺,导者请往浮桥一游。既抵其地,见所谓浮桥者,系用小舟三十九尾,连缀而成,上铺木筏,宽可三尺,互用铁链钩搭,桥长七十余丈,横亘江面,亦巨观也。是晚在旅舍晚餐,早睡,因翌晨清早,即欲入天台山游也。

三日四时即起,整装出发,乘舆循台州县城西行,晓雾未收,寒威方张,余等觳觫前进,越北殿岭,至石佛洋,小注购点充饥。九时继续前进,幸雾散日出,乃得一览无遗,偶见急湍中浮有竹筏,意境殊佳,乃出影机摄得一帧,他日携归,足资画本也。沿始丰溪,翻小石岭,步行过济生桥,桥长四十丈,

---

〔1〕 黄崇威(1873—1931):字楚卿,浙江台州海门人。民初台州大企业家,首富。

〔2〕 李隆基(685—762):即唐玄宗,谥号为大圣大明孝皇帝,世称唐明皇。在位44年,前期开创开元盛世,后期酿成安史之乱。

〔3〕 张巡(709—757):邓州南阳(今河南沁阳)人。开元二十四年(736)进士,官真源令。安史之乱时,起兵讨伐,与许远合兵坚守唐朝江淮庸调要地睢阳近一年,拜御史中丞。因援断粮绝,城破殉国。

〔4〕 李光弼(708—764):唐代营州柳城(今辽宁朝阳)人,契丹族人,唐朝著名将领,在平定安史之乱中屡立战功。

〔5〕 雷万春(701—757):唐朝将领,张巡的偏将,安史之乱时在睢阳保卫战中殉国。

〔6〕 南霁云(712—757):魏州顿丘人,唐朝将领。排行第八,人称"南八",张巡、许远的部将,安史之乱时在睢阳保卫战中殉国。

复前有新堤，正在修筑。溪之两岸，积沙颇广。至十二时，少憩于天台县基干队独立分队中。由此十五里至杜潭，乃下舆步行，途中或舆或步，留连佳景，至四时入天台之环碧门，即望见孔庙，庙之右，今改中山公园，行经朱何岭路，有天台县立初级中学一所，入蓝田塘街、四方塘街、后洋朱路，路尽有五相祠，由此出北门，有亭曰报德，路经镇龙庵，庵古树木极多，碑曰中山纪念林。更前，松林郁葱，道旁大岩石凿"万松径"三大字。左望赤城夕照，暄映如渥丹。再进，梵墙层密参差，古木蔽天，又是一番境界。行未几，一浮图高矗云表，则国清寺至矣。寺外七宝如来，系石块砌成之小塔，越石桥，流泉淙淙，若奏钧天之乐。余等竹舆直入寺门，先是可兴与余途中分去，故早至。及闻余等来，出寺迎入，在修竹轩小坐。寺中为余等洁净寝室，晚餐后，至禅堂观坐禅，戒法森严，叹为观止，十时就寝。

四日晨八时出寺，在七宝如来前摄影，寺左为大鳖山，高塔在七如来南，入内仰望，上无塔顶，可见天日。寺后石山，有柳公权书"大宗〔中〕国清寺"五字，惜已模糊。旁"枕石"二字，系朱熹手笔。寺中石碑刻大"鹅"字，中有直断之纹，乃王羲之真迹，历久毁半，半为邑人曹抢撰〔选〕补全。闻寺僧云，此人苦练十载，始克补成，亦颇费工夫矣。偶至寺之旁屋，见一老梅，巨干崛曲，而根仅一丝相连，奇物也。寺之大殿，于清雍正间重建，可兴上人出示舍利塔，塔之中，有吴越王建造年号，又青田刘基[1]、关圣像及无款之佛图，澄祖师咒钵生莲图，又有龙虎两轴，系山左郭忱[2]绘制。余等不觉技痒，与沈、朱二子各写一帧，与之以作他日纪念。后又观古砖两方，一为唐中宗时物，一为宋真宗时物。

五日七时半，乘舆出国清寺，向东沿山麓北上，越百步岭，下为月水潭。涛声甚急，若万马奔腾，前进渭川桥。下舆步行，过金鸡岭，不觉气喘力渴〔竭〕，经祖师亭入真觉寺，大殿有凿石堆成之小塔，名灵鹫山。据僧云，塔内藏智者大禅师肉身，智者系隋时天台开山第四祖。略一逡巡即出，继续前进。沿途山田，以白术、茶叶为多，天台山以云雾茶为著名土产，实则殊不逮杭州龙井之佳。此时举目四瞩，但见万峦叠翠，烟云销〔锁〕岭。仰望碧穹，

---

〔1〕 刘基（1311—1375）：字伯温，号犁眉，浙江青田人。元至顺二年（1331）进士，任江西高安县丞、江浙儒学提举等职。元至正二十年（1360）投朱元璋，官至御史中丞、太史令，封诚意伯。著作有《诚意伯文集》等。

〔2〕 郭忱：其人不详，国清寺曾有郭忱绘《下山虎图》，署山左郭忱款，钤"天耒氏"印。

赤日融融，俯察深壑，泉飞石乱，远望村屋如拳，阡纵陌横，松风谡谡，一片天籁。于是心旷神怡，顿忘行旅之苦。过水线岩，越骆鞍山，十二时登方广山，三面大瀑，汇于石梁之下，岩上勒"石梁飞瀑"四字，梁上凿"万山关键""前度又来"等字。桥下即放生池，方广寺有三，为上方广、中方广、下方广。余等在中方广午餐，寺有楼，额曰"昙华亭"，金华王廷扬[1]所书。石梁宽仅尺许，且石面隆起，舁夫往返其上，矫捷如履平地，韵笙自告奋勇，缓步而过。及返，下望深壑，面色恐惧，不敢行。然无他路可以通行，只得冒险步回原处，然已汗下涔涔矣。余等在瀑布前摄影。一时三刻，上杉树岭，至铜壶滴漏，步行往达八里，景色愈幽。三时半乘轿盘曲而上，过数山，天色渐暗。至七时，始抵华顶山之药师庵，庵主即式悟大师，曾伴余等同游雁荡者也，是夜即宿庵中。

六日七时半起身，早餐后，乘舆出庵，登华顶之峰，访拜经台。左行数武，有碑隆起，刻"隋智者大师拜经处"八字，又碑曰"天台第一峰"，其旁匠者叠石建塔，据云塔下乃智者镇伏妖魔处。九时二十分，至华顶寺，住持寿松，曾主吴下报恩寺。稍坐即行，过哺鸡墩，至高明寺午餐，僧出示智者法师衣钵，云确系隋时物。又有《贝叶经》一函。饭毕，出寺门闲眺，左有大石，凿大"佛"字，方二丈许。前为圆通洞，不甚广大，寺内大钟楼，高三层，民国十四年二月重建。二时半，乘轿再行，至金鸡岭，乃步行走新径，较旧路略近，惟稍峻耳。四时返国清寺，可兴请朱君作画于寺壁，朱君诺之，立作巨松高丈许，墨气淋漓，气象雄伟，得意作也。

七日摒挡行李，登舆赋归，七时半出寺，向西南行，右望赤城，山顶有塔巍然，石色朱殷，前后层列，有如雉堞，故以赤城名。经乌石路亭，入新辟之汽车路，行一小时，至天台县之石厚乡，进王直街，及石板路直街至乌溜乡，折入大桥街，步行至关，复乘轿行，时大雾蔽空，细雨濛濛。二时至天姥寺，稍憩复行，经横板桥街，沿途正建汽车路，举步维艰。四点三刻，达会墅岭，投宿土人家，草屋土壁，陈设简陋，晚上雨水甚大，一灯如豆。独拥寒衾，凄幽不胜，有时寒风从壁间穿入，令人战栗。时余子已入睡乡，鼾声大作。余辗转反侧，终不成寐，此时胸中思潮起落，恍惚不宁，甚矣哉，环境之转移人心也！

---

〔1〕 王廷扬(1866—1937)：字孚川，浙江金华人。光绪二十四年(1898)进士，曾任工部屯田司主事、留日学生监督、浙江省视学、中国国民党浙江省党部监察委员等。工书法，尤善榜书。有《湖山草堂集》《山鸟山花馆文稿》等。

浙东游纪缩写

慕　儒

　　载于《京报》1934 年 7 月 3、4、5、6、7、8 日，第 9 版。《京报》1918 年
10 月 5 日由邵飘萍创刊于北京，约终刊于 1937 年 7 月。作者慕儒，即
赵慕儒，广东人，民国报人、记者，曾任《中华日报》记者、总编辑、代理社
长，又出任汪伪宣传机构中央电讯社副社长、社长。作者游览天台山和
本文的写作背景，文章开头介绍较详细，兹不赘。

　　浙江全省各公路，闻决于本年九月间全部完成，此次东南交通周览会，
特于三月二十八日招待上海新旧文艺作家及报界先行赴浙游览，以广宣传，
拟于九月间举行大规模之周览会。上海《中华日报》特派记者赵慕儒君参加
此次游览，兹将其游记分录如下：

五条路线

　　浙省名胜，久已著名全国，此次东南交通周览会，招待全沪新旧文艺作
家，赴浙游览各名胜，分纪游、绘画、摄影三种，籍〔藉〕资提倡。记者获得机
会畅游，诚幸事也。

　　三月二十四日，该会曾假座上海威海卫路中社开第一次会议，参加者三
十余人。开会结果，决定二十八日晨由沪出发，赴杭集中，分途出发，路线分
五条，第一线是雁荡山，第二线是天台山，第三线是仙霞关，第四线是当涂，
第五线是黄山。以上五线，参加游览者得随意选择其一。记者参加第二线，
本线同往者共八人，公推黄炎培[1]先生为组长，于二十八晨乘沪杭特别快
车，下午二时抵杭，是晚宿于西湖饭店。

―――――――

　　〔1〕　黄炎培：见本书黄炎培《之东（节录）》作者简介。

中行聚餐

抵杭时，雨雪纷飞，晚霞满罩，西子面目，几不可辨，然各人游兴不稍减，冒雨游山或游湖。建设厅曾厅长，于午后七时假座中行别业举行聚餐会，并由建设厅于每路线指定一人陪游。席间有建设厅代表及黄炎培、林语堂等演讲，以林氏演讲为最滑稽，略云："如果建设厅好的招待我们，我们就写好的游记；如果建设厅招待我们不好的话，我们就写文章乱骂。"全场捧腹大笑，餐毕照相，留为纪念。

柯岩云骨

翌晨天气已霁，各人笑容满面，一行八人，建设厅派来朱延平先生共九人，于七时二十五分，由杭乘长途汽车动身，八时四十分到三廊庙码头，乘轮过江。其时日照钱塘，灿烂夺目，约三十分钟抵岸，乘长途汽车赴柯岩。途经衙前站，有沈定一〔1〕被难碑在焉。抵柯桥站下车，雇艇一只，同赴柯岩。抵岸后约行数十武，突见奇石一座，由平地坚〔竖〕起，屹然挺立，顶上刻有"云骨"二字，笔锋甚劲。普照寺内有石佛一座，现已破坏，高约二丈，旁有王羲之题字。柯岩内有石洞，名曰七星岩，岩口高约三十余丈，水由岩口滴下，与日光相映，望之如水珠。洞里有水，深不可测。

绍兴一宿

柯岩游罢，再乘汽车赴绍兴城边落车，改乘小艇趋禹陵，是日适逢十五春节，附近前往进香者络绎于途。禹庙内有大禹像，高约丈余，旁有窆石亭，亭中有石头，高约八尺，旁有小孔，相传女子以石头击过之，可服产男。窆石亭再下，即大禹陵在焉。出禹庙南行约里余，是南镇，乾隆皇曾游于此，称为"天南第一镇"。是晚宿于金公馆。

东湖石洞

二十晨由绍兴乘长途汽车到东湖，湖是长方形，有桥有亭，颇为美观。雇艇两只，往游陶公洞，两崖辟立，矗上云霄，举头而望，只见一线通天，危石

---

〔1〕 沈定一（1883—1928）：原名宗韩，号玄庐，浙江萧山人。早年曾任云南广通知县、武定知州，省会巡警总办等职。辛亥革命时参加上海光复起义，曾任浙江省议会议长、国民党浙江省党部改组委员，1928年被刺身亡。

累累,似将下坠,坐在舟中,毛骨悚栗,不能久留。乃赴仙桃洞,洞门高约一丈,阔约八尺,门楣题有"相传在仙桃其上,其花无定时,其树无定状,越之人皆能言之,因以名洞"数字,洞门题有:"深五百尺,不见底,桃三千年一开花",笔势清秀。出门再乘车到吼山,山旁有桃花园,山里有洞,名烟萝洞,上海名人王晓籁曾以三千两购置此地,新建房屋,尚未竣工。旁有古庙,中有老妇,喃喃念经。洞之东,奇石数起,高耸云霄,登山遥望,河水湾曲,宛如长蛇,小村散布,环山带水,境甚清绝。正午下山,再乘汽车直抵曹娥江,岸旁题有"虞舜遗迹"四字。四时半乘沪杭甬特别快车抵宁波,是晚宿于江浙大旅社。

宁波天童

三十一晨坐黄包车到宝幢码头,改乘汽船到少白山麓登陆,再乘藤轿到镇蟒塔。塔有七层,相传唐会昌初,其岭有巨蟒,作祟肆毒,行人苦之。时天童住持,乃建此塔,不久巨蟒绝迹,故名镇莽塔。塔底有石头,名曰馒头石,中空外圆,以形似馒头也。再乘轿到天童寺,寺之房屋,规模甚大,内有和尚三百余,由老和尚住持,戒律颇严。寺在小白岭之麓,岭上松树密布,风景幽绝。后再到阿育王寺,寺之建筑形式,与天童寺略同,但规模较小,内有睡佛,长约丈余,以丝棉被覆之。殿堂异常清洁,老和尚在箱内取出木塔,高不及尺,塔里有钟,钟里有珠,珠之颜色,红黑难辨,时已近晚,乃循故道而归。

溪口雪览

一日晨七时半,由宁波乘长途汽车赴溪口,约八时半抵步,在溪口稍憩,再乘汽车直达入山亭,经过蒋母墓道。在入山亭,雇轿上妙高台,路经飞雪亭观瀑。其岩绝壁千仞,故名千丈岩。水至半壁,有石突出隔之,洒若飞雪,白似丝绸。复至妙高台,台上有屋数楹,内悬有蒋介石侍母图。由亭望下,屋如螺壳,溪者衣带,极目苍茫,不啻在浮云上矣。

由山下雪窦寺午餐,循故道返溪口,参观文昌阁及蒋介石创办之武岭学校。该校学生共五百余人,内有农科学生八十余人,溪口占最多数,上海、宁波、绍兴各地来学者,亦不少。学费颇平,蒋、毛两姓学生免费,常年经费由蒋氏津贴,每年约四万余元。课堂及寄宿舍之建筑形式,异常华丽,闻已用去二十余万矣。该校注重农科木科,农场畜牧,设备甚周,办理破〔颇〕有精神。

新昌石佛

二日晨七时，由溪口坐轿赴新昌，长程六十七公里，本拟即日抵达目的地，后因天昏落雨，乃宿于竹岸小村庄。由溪口到唐家洲村庄，公路十分之八已完成，沿途风景甚佳，两旁高山壁立，夹有小溪，旁是公路，路成之字形。当每次转弯时，以为路无可走，然转了一湾又一湾，约有四十余里，所谓"山穷水尽疑无路，柳暗花明又一村"，切合此情此景。由唐家洲到新昌，因该段公路尚未筑成，乃越过两重山，山不甚高，但湾曲回环。三日晨，再由竹岸动身，十二时抵步，由该县县长招待，导余等参观鼓山书院及桃花园。鼓山书院一部经已毁坏，现仅留遗迹耳。桃花园占地廿余亩，桃花盛开，香气袭人，六月结果，其味甚甘，俗称之白蜜桃，为新昌土产，价钱便宜，每斤仅值十余铜板耳。夜宿宝相寺（又名大佛寺），离县城约十五里，内有石佛，高约三丈余，比柯岩普佛寺之石佛约大三分之一。上有千佛岩，岩壁刻有五寸余高之佛像千尊，照原石刻成。旁有朱夫子[1]像，据传县城四十里附近之上塘材〔村〕，朱夫子曾避难于此。

尼山之云

四日晨七时，由石佛寺乘汽车返新昌城，改乘轿上天台上〔山〕，约行四里，微雨纷纷，后至太平庵午餐，冒雨到清凉寺稍憩，鼓起勇气，登上尼姑岭。岭之上下路程，共有十里，雨停不久，时白云满布，约到半山，吾等一行，已被白云重重包围矣。咫尺相隔，彼此不见，如入五里云中，及抵高峰，天气渐霁，日从云端发现，满天白云，突化乌有。然转瞬间，从彼山飞来，白云又发现于吾人之前矣。变化莫测，如是者再三，乃从东远眺，山峰矗立，白云半遮，只露其首。从西俯视，白的云，红的泥，绿的树，一幅美的天然图画也。旋到地藏寺，越过登天岭而到万年寺，时天色已暝，由新昌到万年寺为九十五里，是晚宿于此。

天台名胜

五日晨七时，由万年寺动身，行约五里到方广寺。该寺分上中下，石梁飞瀑在中方广寺前，为天台名胜之一。梁之狭处约五寸，阔未逾一尺，长约

---

〔1〕 朱夫子：即朱熹。

二丈,厚逾一丈,梁口约一丈,水由此泻下,是日适逢大雨,瀑之喷涌,直射梁底而出。从下方广寺观瀑,水如从天飞下,甚为伟观。石梁之北,约十里许,为铜壶滴漏,上有两岩相斗,状如大瓮,内则岩壁直下,色泽光滑,高约四十余丈,水花泡沫,滚滚而下,伏岩上俯视,令人不寒而栗。再循小径而下,有水珠帘、龙游枧诸名胜,是日因大雨,水珠帘已变成瀑布矣。后返方广寺,直上华顶寺,经过揭桶档,风势颇大,谚云:"路过揭桶档,水牛吹过岗。"此处风势之大,于此可见。

是晚宿于华顶寺,翌晨六时上拜经台,为天台山最高处,据《山志》载,天台山高一万八千尺。是日天色已霁,红日初升,及抵高峰,见有石头一块,前面刻有"拜经台"三字。及转过小屋之旁,有智者大师降魔塔一座,高约一丈,四周刻以佛像。其时极目四顾,茫无边际,远眺白云,千变万化,俯瞰群峰,皆在其下,罗列环绕,或像莲叶,或如花瓣,所谓华顶归云者,妙在于此。

后返华顶寺早餐,即乘轿下山,约行十五里,抵螺溪钓艇。山路狭小,不易于行,及抵步,则见累累人〔大〕石,高约四十余丈,屹然矗立,宛如春笋,故土人又称之为石笋。水由岩击下,轰轰有声。循溪而行,越过一山为高明寺,和尚在箱取出六朝所遗之袈裟、金钵及印度之《贝叶经》,颇为名贵。次导余等参观明朝之大钟,以木鱼击之,声颇清亮。后往殿堂,中有用铁制成之佛像三座,据传三佛像,前在广东制成,预备运到天台山,船在海门沉没,几经设法捞起,始运来此。寺旁有大石头,里面有洞,名曰圆通洞,内有和尚,喃喃念经。午膳后,直落国清寺歇宿一夜。

临海舟中

七日晨由国清寺入天台城,往县政府处参观一周,即乘民船赴临海。是日天气清明,沿途风景幽绝,忆昔登山涉水,沐雨栉风,备受旅程艰苦,今日坐在舟中,颇有优游自得之乐。由天台到临海,路程一百二十里,因顺流而下,晨八时半动身,六时则已抵步矣。是日该县县长亲到码头,并派兵一排,站立溪边欢迎。抵岸时,音乐声大作,握手为礼,即坐轿赴北山恩泽医院宿一夜,晨三时半起身,四时半坐汽轮赴海门,九时半抵步,即乘长途坐汽车赴路桥站。午膳后,一时半乘汽船到大溪,由大溪再乘轿赴大荆,抵步时,天色已暝,夜宿于蒋叔南所办之蒋仁济药材店。

漫游雁荡

九日晨七时,由大荆动身,先到石门潭一游。两山夹峙,中有一潭,潭水清绿,深不可测。约行数里,抵谢公岭,中有老僧岩,又名接客僧,测〔侧〕有小童,伛偻于后。再前行数里,抵石梁洞,门有梁,斜插于地,水由岩滴下,沥沥有声。越过谢公岭后数里,突见危峰乱叠,怪石横陈,如蜡烛峰、金鸡峰、斗鸡峰、五老峰、伏虎峰等,多不胜举,上有高峰即灵峰,从峰拾级而登入灵峰洞,又名观音洞。洞门题有"天开一线光明路,洞滴几点洗心泉"。楼是九层,最高层有观音罗汉诸像,从正面外望,如一线通天。旁是北斗洞,在此稍憩午膳,即赴净名寺。适与第一线人员相遇,彼此谈过去游程,津津有味。晚由乐清县长张叔贤及雁山主人蒋叔南在北斗洞请宴,时已九时,乃夜游灵岩。抵步时,则见庞然大物,站立于吾人之前者,为天柱峰、展旗峰也。夜宿于灵岩寺,翌晨天雨,由蔡旅平君导游龙鼻穴,龙鼻现已被毁,现所存者,仅龙鳞爪耳。再往天聪洞,拾级而登,则见下旁两面,均有大孔,光可通天。附近有玉女峰、独秀峰、卓笔峰、双鸾峰,两峰下泻者,则为小龙湫也。再过则见美女梳妆,然从另一方面而望,则裂裳伛偻,由美女梳妆而变为僧拜石也。肖极妙极。

返寺后,见一年约五十岁之老人,在百余丈柱峰上表演惊人技术,用麻绳系住身上,用两足爬下,或左或右,缓缓而下,表演后,给以五元,含笑而退。灵岩道上之老猴披衣、听诗叟、孔子负琴、双鲤峰,形酷肖,世人谓雁荡山之二灵(灵峰、灵岩),为全山最精华处,实非虚语。灵岩寺午膳后,即赴大龙湫,登上马鞍岭时,则见观音峰、莲花嶂、巾子峰,惜是日大阴微雨,白云半遮,未能窥其真面目耳。及行数里,则见剪刀峰,峰前数武,则大龙湫在焉。水由五十余丈之石岩飞下,柔似游龙,急似飞箭,薄似丝绸,煞是奇观,西石梁之大瀑及梅雨潭,实较逊之。时已五时,夜宿于能仁寺。十一日赴西石梁及梅雨潭后,本拟登上雁湖,探听秘密,惜是日天雨云多,未能偿其所愿耳。

游罢归来

十二日天仍有雨,在马石乡胡仲侯家里乘轿,七时半起程,经过良园乡蔡旅平家里午膳,再乘轿赴虹桥镇。该镇称为乐清县最繁盛之市镇,然商业亦甚冷淡,时已五时,由公安局第四分局长招待晚膳。夜十一时坐民船赴乐清县城,抵步时,天尚未明,乃往银溪饭店稍憩。六时半再乘小汽船赴馆头镇,再转坐大汽船赴温州,时已十一时,夜宿于瓯江第一旅馆,翌晨乘广济轮返沪。

游天台山四记

干人俊

　　节录自 1936 年盘溪草堂再版《天台游草》卷五第 1—12 页。干人俊
(1901—1982)，字庭芝，号梅园，浙江宁海人，毕业于复旦大学，曾在宁
海、天台、黄岩、三门等地任教。1949 年以后，退职回家，全力修志。著
有《盘溪诗草》《天台游草》《括苍游草》等。1933 年，干人俊任教于天台
中学，该年五月，干人俊与好友徐玮等同游天台山，徐玮著有《天台山游
记》《天台山指南》，前者连载于《旅行杂志》1933 年第 7 卷第 8、9、10 期，
后者由商务印书馆于 1934 年出版，干人俊此游著有《游刘阮洞记》等。
另，1932 年 9 月有《游赤城山记》、1933 年 10 月有《游螺溪钓艇记》、1934
年春有《游琼台双阙记》，这些游记连同诗作，汇集成《天台游草》，由杭
州盘溪草堂 1936 年出版。

游刘阮洞记

　　"玉沙瑶草连溪碧，流水桃花满涧香。"曹唐[1]《刘阮洞》句也。"天接青
山路万重，仙家洞口白云通。"潘氏[2]《游桃源》句也。每读此类诗，辄飘飘
有凌云气，而不复知此身之在人间矣。因奇之，又疑之，乃命舆寻胜焉。

　　出天台城西北二十里，抵水磨岭，舆卒曰："桃源洞隐于莽榛间，人迹罕
及，仆等又不知其所在，奈何？"余遂舍舆，雇一樵夫作向导，上岭里许，万松
交柯，夭矫偃蹇，幻为龙蛇。又里许，细泉数叠，出岩下入涧。又二里，见一

---

〔1〕　曹唐：字尧宾，桂州（今广西桂林）人，晚唐诗人。初曾为道士，工诗文。大中
中，举进士不第，后为使府从事。有《曹从事诗集》。

〔2〕　潘氏(1466—1521)：自号碧天道人，浙江临海人，明代女诗人。山东提学潘祯
（字应昌）之女，贡生裘致中之妻。有《碧天道人吟稿》。

女未笄，从松下姗姗而来。余疑曰："莫非重演刘、阮故事耶？抑梦耶？"又里许，至其巅，莹石作雪色，戴土累累然。下岭，路微坦，渐平旷，有麦邱〔丘〕茶竹之属，茅檐屋角，斜出林表，隐约可辨。复前行，穿丛绿，屋舍高下，田畴数亩，山泉淙淙，绿竹猗猗。犬见人至，辄狺狺不已。时有一叟，延至其家品茗，自云："吾村八九家，皆许姓，来此数世矣。"顷之辞出，折右数百武，至一崖檐，斜行而下，见有岩，突出山际，若高台然。登临眺望，两山峭壁夹立，中裂为涧，如带如线。折右下，有一岩峡，峡旁俱绝壁，下临万丈，无径可寻，乃从岩坎厎度，攀岩缘游壁而下，约六七丈，复向峡斜上，踵半外垂，如狸缘木。达峡尽处，右壁上得一洞，宽不盈丈，高则倍之，寂然无声，不类人境。樵夫曰："此殆桃源洞也。"因俯仰旁瞩者久之。突见洞上隐隐有洞，余疑而指樵夫曰："上有洞乎？"曰："岩峡也。"余时疑信参半，乃命樵夫返许叟家，借梯而上，果得一洞，其大与下洞同，洞里阳气郁勃，若春长在；两蝙蝠见人斜掠而出，余因叹曰："刘、阮事，天下之至奇者，而桃源山水，尤为天下至奇之奇也。"复曰："古今游天台山者，不下万人，而冒险能入下洞者，十不一二，何云上洞乎？天台齐巨山，好游士也，足迹遍五岳，而于其故乡此洞，犹畏而未入；他如徐霞客、王季重辈，中国有数之好游家也，亦至崖根惆怅而返；余今乃不求而尽获之，快意适观，于斯为极！"循梯而下，复进下洞，徘徊久之，乃吟一绝曰："千年老树万年山[1]，古洞萧条云鹤闲。春色年年山自好，游人谁复遇仙鬟？"

出洞下山，险甚！一路沙滑草浮，沙流攀草，草起扳岩，俶尔足悬，俶尔手无所扳，几捐躯于绝壑之中。抵山脚，沿鸣玉涧而出，绣壁夹涧，岈崿而立；水流乱石间，声如佩环。不里许，至一坞，相传为刘、阮食桃轻举之地；宋天台邑令郑至道，曾于此立亭植桃，遂名之曰桃花坞。旁有会仙石，长数丈，广丈余，其上平而稍欹倾，可坐数十人。樵夫曰："此刘、阮遇真石也。"坐石仰望，迎阳、双女、合翠三峰，高耸云表，无一点烟火气，而双女尤秀，上有石如绾髻，昔人见双鬟戏水，或云其精灵所为也。出至金桥潭，渌水平潭，澄澈清深，俯视游鱼，若乘空无所依，即宋护国寺僧明照，所见金桥跨水，二女未笄，戏于水上，如刘、阮所见者。复出，乱石错落，为狮为雕，为斗牛，为立人，不可名状。踵行凡三四里，洞口渐阔，有径可寻，曰惆怅溪，相传为仙子送刘、阮惜别处；桃花浪尽，流水情长，令人凭吊不已。又数百武，抵水磨岭；别

---

〔1〕 原注：碧天道人句。

樵夫,渡惆怅溪,入城,月已东升矣。

同游者,黄岩戴惜余、天台齐季友、同乡徐琦园[1]。时民国癸酉五月六日也。

游琼台双阙记

去桐柏宫之西北四里,曰琼台双阙,翠壁万仞,森倚相向。孙绰《天台山赋》:"双阙云耸而夹道,琼台中天而悬居。"即此也。其奇险名天下,而游者罕有至焉。余旅台近二载,亦畏之而不能尽其胜。呜呼!以其险且僻,而使其奇不得售,殆兹山之不幸也。

甲戍〔戌〕之春,偕同事二,女弟子五,从赤城西北行,不十里,见绣壁间一瀑直飞,若匹练高悬,俗曰桐柏瀑水。循九曲径盘纡五里,至山顶。田畴平旷,麦陇参差,此道书七十二福地之一。《真诰》记所云"越有桐柏之金庭"是也。度女梭溪,入桐柏宫,满目残砖断碣,荒凉不堪!时有道士出迎,并云余二年前曾与严连长来此,略序旧事,不觉怅然!少坐,谒孤竹二逸民[2]石像,苍古温润,云系宋黄道士自京师辇至;本名九天仆射祠,后改清圣。左塑司马子微[3],右配台郡名贤二十九人。壁间有隆庆六年,番禺张廷臣所撰《桐柏宫移祀夷、齐像记碑》,序其事甚详。

饭罢,一老者前导为琼台游,过小岭,有田家七八;行里许,至一庙,曰琼台庙,有古柏一本,穿瓦而上,枝叶扶疏,斜倚屋角。傍庙右为一小冈,荆棘漫山,无径可寻。由山洪遗迹,扳木而过,山势一变,皆青壁陡绝,下临百丈龙湫。数转樵苏路,忽见大壑之心,有岩突起,两崖夹抱,壁立千仞。老者曰:"前即琼台双阙也。"复循崖唇折南行,有岩平坦如掌,上有石,兀立如碑碣,镌"台岩奇观""秀甲台山"诸字。复出至崖檐,魂悸魄动,不可逼视。一生曰:"有悬磴可度,何怯乃尔!"余贾勇而下,觉手无所攀,足无所履,真如齐巨山所云:"措足于沙,沙先铤而走险,求援于草,草即起而捐躯。"予欲返者屡矣,呼曰:"险绝,奈何!"一同事曰:"不险,不奇。"稍下,险又倍之。不得已,命老者引度,沙流踏其踵,岩凸蹑其手,如是者下五六丈,复度崖腰,援石罅而达琼台之顶。近视则绝壁森倚,峭崿峥嵘;远望则千层峰巘,若大海紫澜,风拥而来,二三子皆相顾而惊,不知身之在何处也。一同事叹曰:"月夜

---

[1] 徐琦园:即徐玮。

[2] 孤竹二逸民:即孤竹君之子叔齐和伯夷。

[3] 司马子微:即司马承祯。

游之如何？"予曰："张亨钺[1]'月夜独踞台中，如铺金镂玉，闪烁人心目。众峰淡远，皆隐见空濛杳霭间'数语，已描写尽致，此中风味，不想可知。"折南下，而蜂腰一线，藕断丝连，愈下愈险，左危崖，右流沙，且危磴又隔四五尺一步，实无着足处。因又命老者挽牵而至马鞍石，石高二片，南北峙，阔可丈许，一镌"琼台"，一镌"双阙"，康有为题。过马鞍石，有仙人座，形似如来佛座，相传为葛元[2]炼丹处，非驾鹤骖鸾不可至也。今予何以至此，游耶梦耶？仙乎人乎？凝视久之，乃坐其上，外望双阙，东西高耸，掩护琼台，如众星拱北，如旌节围营，如双剑挺秀，白光万道，欲破苍天者然。千仞下为百丈坑，水从双阙而出，奇绝险绝！天台山之雄深伟丽，万邦所瞻；而琼台之奇险，尤甲全山，宜乎季重[3]之所重也。潘稼堂[4]曰："双阙丽矣，自琼台俯观之尤佳；琼台奇矣，自双阙仰观之尤妙"，妙哉是言乎！眺览良久，不忍去。已而日斜，取故道还。

二同事者，天台施君督辉[5]、齐君季友，五女弟子者：王晚霞、许碧芙、范志锦、曹似月、袁竹林。

游螺溪钓艇记

螺溪钓艇去始丰城北二十五里，天台齐巨山先生甚称许焉。癸酉双十节，偕同事齐季友、陆荣阳，及谢（殿英）、周（传雷）二生，着芒鞋，挂竹杖，缘螺溪北行。过湃头、螺溪洲，抵岭脚，转入荻滩，白花夹径，水石时阻。蛙行二三里，两山夹峙，无径可寻。梯岩壁，扳藤萝，欲穷其胜。崖尽峰回，见一峭壁，壁有小坎，口极狭，才通人，曰石门坎。过坎，廓然悄然，不类人境。复下数百武，见一石孤耸云端，若柱擎天。周生摇〔遥〕指曰："此钓艇也。"

稍近视之，其顶有小松二三本，古藤七八尾，斜风影动，宛然簑笠翁矣。艇左右峭壁围抱，高跨穹窿，艇后岩坡平旷，有涧一道，其声㳽然[6]。涧次

〔1〕 张亨钺：字秉有、虔侯，清代天台人。廪生。工嗜诗古文，兼善写水墨，著有《天台山图记》一卷等。

〔2〕 葛元：即葛玄，清代为避清圣祖爱新觉罗·玄烨名讳，改葛玄为葛元。

〔3〕 季重：即王思任。

〔4〕 潘稼堂：即潘耒。

〔5〕 施督辉（1899—1977）：字云卿，天台城关四方塘人。毕业于国立东南大学，历任东南大学助教、上海商务印书馆编辑等。

〔6〕 㳽（cōng）然：水声。

危岩虎蹲,薜萝交加,小鱼出没岩根,涵虚若空游。洞流至离艇六尺许之崖前直下,势若喷雪,声同雷吼;余欲下窥其窨,探首崖前,仅得其半。吾畏之,又爱之,乃奋而走险,向右缩足沿悬崖,匍匐穿荆棘,盘至艇腰。腰旁有岩平坦,细草翠润,岩罅有老树一株横生,下临绝壑。余险极忘险,扳其枝,蹈其干,曲身下瞰,瀑与艇时相啮,浪花飞溅,有声吼然。艇高可三十丈,瀑长百余尺,如俪影之相扶,素练之系舟。更奇者,瀑水下储龙渊,洄旋成轮,然后由艇底而出,此情此景,殆不可状。

久之,复盘旋上艇顶,绕数匝,股栗而下,酾酒岩上,歌曹新山[1]"夜泊松潭明月近,昼眠花港绿阴多"之诗,诵齐巨山"苟寓季重之目,安知不夺帜琼台"之句。少焉,清风徐来,啼鸟关关,如依歌而和者然。天晚返城,二生促余急为之记。

游赤城山记

游天台山者,必自赤城始。赤城一名烧山,又名消山,石皆霞色,形类雉堞,故名。

余以壬申九月十日,同严君仲丹[2],朱生庆丰、家侄去浮,出天台城北六里,至赤城山之下。山拔地数千仞,周围可十里,岉崿[3]嵌崟,巍然独异,若绛纱之飘空,丹瓢之高悬。严君曰:"孙绰之'赤城霞起而建标'一语,可谓写尽名山矣。"穿松林可百武,有洞曰紫云,深广数十丈。疑即古玉京洞,道书所载第六洞天,《会稽记》所云玉室璇台也。穴内有僧寮,因石势筑楼,凿壁为柱,临空遥架,约以危栏。据栏下瞩,洞前松柏交柯,浓翠扑人;自下仰观,洞壁穿窿,岩唇突怒,晨曦斜射,闪若霞彩。左上一小洞,曰赤城名山庙,祀齐田横义士;前有"义高得士"额,为清齐召南书。盘散而下,壁上有"赤城霞"三大字,苍劲可爱。出洞拾级而上,山径陡峻,逶迤如螺旋,名十八盘。至半岭,有瑞霞洞,民国十七年新辟,因穴结屋,祀济公。洞前结楼三楹,登楼南望,台城形似琵琶,榜山宛若赭屏,心目爽然。壁上题诗甚夥,而佳句绝少,不录。右出为香云洞,民国十五年新辟,祀观音大士。洞中岩滴有池一方,颇澄冽。坐炊许,饭瑞霞洞,至日昃乃出。数百武至华阳洞。又数百武

---

〔1〕 曹新山:即曹文晦。

〔2〕 严仲丹(1906—1950):字震国,号青苔,浙江宁海人,民国十三年黄埔军校四期毕业,先后任少校连长、上校参谋、浙江军管区兵役处上校科长、金衢严三区少将司令等。

〔3〕 岉崿(zuò è):山石高峻貌。

至玉京洞，洞深六七丈，高十余丈，全属天然，不假人工；翘首一望，巉岩高悬欲堕，岩顶杂树，附根石窍，掩苒摇飔，别饶风趣。阶前有金钱池碑，池已失所在矣。出洞达岩巅，俯仰徘徊，得一绝云："红树丛中赤径斜，绛宫朱户道人家。攀援直上岩高处，疑是云头踏落霞。"

折北行至山阴得一池，幅员减百尺，水上野莲，白花怒放，茎细如丝，花大类菊，严君曰："此塘产（无）尾螺，故名螺蛳塘；又因产左青右焦鱼，亦名焦鱼池；前者事出山上某寺劣僧，暗中捉螺，将欲烹食，适被住持发觉，痛责放还，但螺尾已割去矣。后者因某庵老衲外出，少僧偷捕池鱼烹食，入釜未几，老衲返，见而愤甚，逐僧放鱼，所以右呈焦色。"言毕，严君命勤务兵入塘取二螺示余，果验；但鱼已无之。余因叹曰："此虽荒怪诞幻之说，而造物之神奇，足令人莫解也。"

至山之绝顶，有浮屠七级，昔梁岳阳王妃建，相传内藏舍利二十八颗，不可得见。旁为飞霞寺故址，有残砖可辨。复极目天涯，见夫稻粱千里若黄云，烟村错落似棋局，文溪蜿蜒，白波流于天际，大科塔高耸入云，屏障城南，胸襟为之豁然。

南下无径可寻，乃循岩唇而行，得泉一泓，名仙人井。去井数步有尊者洗肠井，井旁青韭丛生，色映澄泉，相传皆晋昙猷洗肠时涤出韭叶也。稍下至餐霞洞，洞为清节妇孙天祚妻齐氏辟；人去洞荒，夕阳衰草，令人凭吊不已！洞右壁嵌"秋霜比洁"石刻，书民国四年大总统奖。穴内结有楼，楼下为其夫土冢，光泽如磨，墓旁有内室，藏泥制床橱桌椅等，皆雅泽可爱，相传为齐氏手作。洞外有井一方，名曰掬井。井旁有碑二，一为民国庚辛天台知事胡远芬立，镌有"掬土何期掬井成，井成水合映霜清。而今饮水难盈掬，为忆当年掬泪情"诗；一为序齐氏事迹，言齐氏哭夫庐墓，足不出兆域者三十七年，日惟孜孜掬土营坟；迄土掬尽，而井成，因名曰掬井，称齐氏曰掬土夫人。

稍下，旋向南行，得一洞若斗大，上塑魁星，其旁立一碑，有语云："上洞（玉京洞）左有小洞，缘梯而上为魁星阁，乃林堂高伯祖宗伯次风公所创建也。"岩上有丹楼如霞石刻去浮曰："赤城实似楼而不似城，此四字熨贴有致矣。"时秋阳在山，暮色已深，乃向山南而下。两袂飘飘，若跨孤鹜而乘风飞去瀛洲之外、蓬莱之巅，乐哉是游乎！乃为飞之记。

浙游日记（节录）

王维屏　　任美锷

载于《地理杂志》1934 年第 7 卷第 5 期。又连载于《校风》1934 年第 142、147、157、162、163、166、167、168 期。《地理杂志》1928 年 7 月 1 日创刊于南京，国立中央大学地学系编行，双月刊，后改为《方地杂志》，1934 年改为月刊，约终刊于 1936 年。王维屏（1906—1989），江苏江阴人。1934 年毕业于国立中央大学地理学系。曾执教于中央大学、四川女子师范学院、浙江大学、南京师范学院、南京师范大学。任美锷（1913—2008），浙江鄞县人。1934 年毕业于国立中央大学地理学系。地貌学家、海洋地质学家，自然地理学与海岸科学家，南京大学教授，中国地理学会、中国海洋学会名誉理事长。1980 年当选中国科学院院士。1934 年 3 月，张其昀应浙江省建设厅之邀参观游览天台山、雁荡等地，张其昀事先协商带两名学生同行，以供测量摄影及绘图之需，遂有王维屏、任美锷的此次天台之行。他们在游览江山、双龙洞、方岩、丽水、青田、雁荡之后，4 月 19 日赴天台之游。此次应邀游览者多为民国文化名流，其中黄炎培亦有游记，可以相互参阅。对天台山各景观的海拔、路程的详细记录为本游记的一大特色。

此次张师晓峰[1]应浙江省政府建设厅之请，作全浙之漫游，盖欲为今秋举行之东南交通周览会撰文以导游客，张师事先与该厅商量，欲偕学生二人同行，藉供测量摄影及绘图之需，复函允焉。余等因是得以追随左右，浙游日程预计须四十余日，特逐日记其要略投寄日刊，以供同学之关心此

---

[1]　张其昀（1900—1985）：字晓峰，鄞县（今浙江宁波）人。曾任中央大学教授、浙江大学史地系主任和文学院院长。1949 年去台湾后，任台湾教育主管部门负责人。著有《中国地理学研究》等。

游者。

三月二十四日，阴。上午八时余等随张师搭车离京，下午二时抵沪，寓惠中旅馆，四时半赴威海卫路中社，浙省建设厅派秘书汪英宾君在此招待，同游诸君咸集，开会分认路线，该厅所请者如叶恭绰[1]、黄炎培、潘光旦[2]、林语堂[3]、郁达夫、黄宾虹[4]等二十余人，大都皆在上海，由京来者仅余等三人而已。

二十五日，阴。上午九时由沪杭车径赴杭垣，与丁文江[5]先生同车，丁先生偕协和医院内科主任美籍医士往视翁文灏[6]先生之疾，余等下车后，下榻清泰第二旅馆，张师并代表竺可桢[7]先生赴广济医院问候翁氏健康，闻进步甚慢。浙江省立图书馆馆长陈叔谅[8]先生来寓约泛棹湖上，时阴云密布，湖容愈觉静穆。

二十六日，雨。张师在浙江省立图书馆作学术演讲，题为"浙省人文对

---

〔1〕 叶恭绰（1881—1968）：字裕甫，又字玉甫、玉虎、玉父、誉虎，号遐庵，晚年别署矩园。广东番禺人。叶衍兰之孙，曾任北洋政府交通总长、南京国民政府铁道部长等职。著有《遐庵诗》《遐庵词》等。

〔2〕 潘光旦（1899—1967）：原名光亶，字仲昂，笔名光旦，江苏宝山县人。著名社会学家、优生学家，曾任清华大学教授、教务长、图书馆长。著有《优生学》《中国之家庭问题》等。

〔3〕 林语堂（1895—1976）：原名和乐，后改玉堂，又改语堂，福建龙溪（今属漳州）人。中国现代著名作家、学者、翻译家、语言学家，新道家代表人物。

〔4〕 黄宾虹（1864—1955）：原名懋质，改名质，字朴存，亦作朴丞，号村岑，别署予向、虹叟等，后改宾虹，祖籍安徽歙县，生于浙江金华。现代国画家，能诗文、书法，兼长金石文字、篆刻等艺术。

〔5〕 丁文江（1887—1936）：字在君，江苏泰兴人。中国地质学家，中国地质科学事业奠基人之一。早年留学日本和英国，格拉斯哥大学毕业。曾任工商部地质研究所、农商部地质调查所所长、北京大学教授等。

〔6〕 翁文灏（1889—1971）：字咏霓，浙江鄞县（今宁波）人。清末留学比利时，获罗文大学理学博士学位。1913年回国，历任农商部地质研究所专任教员、农商部地质调查所所长、北京大学教授、中国地质学会会长等。

〔7〕 竺可桢（1890—1974）：字藕舫，浙江省绍兴县东关镇（今属浙江省绍兴市上虞区）人。中国科学院院士，中国近代气象学家、地理学家、教育家。中国近代地理学和气象学的奠基者。

〔8〕 陈训慈（1901—1991）：字叔谅，浙江慈溪官桥（今属余姚）人。文史学家。1924年毕业于国立东南大学史学系，历任上海商务印书馆编译所编辑、中学历史教员、浙江图书馆馆长、浙江大学教授、浙江省政协文史资料委员会委员等。

于日本之影响"。

二十七日，雨。张师又应浙江大学之请，演讲题为"浙江省在中国之地位"，由郑晓沧先生致介绍辞，听讲者除浙大学生外，复有校外人士。

二十八日，雨。建设厅在湖滨中行别业宴请同游诸君，共五桌，大抵每桌自成一组。（一）经行杭江铁路，以仙霞岭为终点。（二）由金华趋瓯江，以雁荡为终点。（三）经历绍兴、宁波，以天台山为终点。（四）由杭徽路入徽州，以黄山为终点。余等三人除担任考察（五）京杭线之名胜史迹外，并须遍游各线，以比较的眼光，作风景之总述，是以行期为最长，大致须四十余日方能完毕，惟张师意欲尽力缩短游期，以免多缺校课耳。

······

四月十九日，晴。赴天台途中。

上午二时半起身，四时乘舆离大荆，黑夜赶路为浙游中第一次；过寨岭，为温台二郡往来孔道。七时半至大溪，属温岭县。八时搭黄椒公司小汽船，十一时至潞桥[1]，属黄岩县，河街长五里，商业殷盛。亭午乘汽车离潞桥，一时至海门，为台州（临海县）之外港，当灵江入海之口，在地位如温州，惟规模较小，黄岩蜜橘即由此出口，自潞桥至海门四十里间为广大平原，遥瞻远山，青青一抹，在浙东旅行，诚难见如此广原也。下午以赴临海轮船例在晚上九时启行，乃于某旅店整理文稿，已而踯躅江滨，望巨川之入海，斜阳浪舶，引人遐思。九时一刻运大轮启椗西上，夜宿舟中，人声嘈杂，颇难成寐，推窗窥天，新月一钩，及夜籁人静，惟闻轮机轧轧之声，与江流相激荡。在海门时曾由电话通知临海公安局，雇轮以待，破晓船始抵埠，果有警士数人来迎，是日舟车肩舆更迭凡四次，共行二百六十余里。

四月二十日，晴。赴天台途中。

临海旧为台州，负山枕江，城在北岸，恍若处州，惟此有浮桥，晨光熹微，云山苍茫，而印象更深，余等以急赴天台山，未暇入城。晨六时即乘舆西北行，沿途群山络绎，大道修整，山路时傍河谷中高崖而行，上听松声与鸟声，下瞰始丰溪之清流，心境至快，始丰溪源于天台县，即灵江之支流也。过中渡时，越济生桥，桥为华洋义赈会所建，钢骨水泥，与缙云大桥同类，下午五时抵天台县城。天台为一山间盆地，大溪之水，灌溉沃壤，古来文风甚盛，在太平天国之乱，天台未遭劫，城中多旧宅，牌坊林立，大厦栉比。至县署访县

---

[1] 潞桥：即路桥。

长赵氏[1]，张师复遇故友吴文照先生，吴先生现任天台教育局长，五时半导谒齐召南先生祠，宝纶堂之扁额犹在。晚赵县长设筵洗尘，饭后赴教育局，吴先生复进麦饼数盘，有甜咸二种，薄而脆，香而滑，乃天台特殊之风味也。晚宿县署内，是日共行一百二十余里。

四月二十一日，晴。游天台山第一日。

晨七时由吴文照先生领导，出小北门，观济公院，为济公佛发祥地，七里至国清寺，寺前高邱〔丘〕上有古塔，高七级，为隋代所建，路旁复有小石塔七，排列成行，寺位天台山麓，前临清溪，丰干桥跨其上，溪畔老樟苍松，与杜鹃花相映发，门景最佳。国清寺国模崇宏，为晋唐古刹，在中国佛教史上占崇高之地位，无待赘言。入寺后由可兴方丈导观寺后石刻，见柳公权遗迹"大中国清之寺"题字。出寺缘涧东北行，上金地岭，由海拔三百公尺，上升至六百公尺，磴道陡峻，颇觉费力，岭上转见平旷，弥望梯田，可种稻麦，天台气象伟大与雁宕之奇峭，固有不侔。由此更下岭五里至高明寺，深藏谷中，以所藏古物著名，即隋智者大师之龙衣、金钵及《贝叶真经》，寺僧一一出示，古色盎然，可称三宝。饭后仍上岭，至真觉寺，寺内有天台宗智者大师真身宝塔，吴先生于此告别回城。真觉寺高六百八十公尺，但吾人所见稻田有高达七百八十公尺者，是处环境，恍若低邱〔丘〕圆谷，不觉已在高山顶上，时闻鸡鸣之声，出于高山农村间，此诚天台山之特色也。三时至龙王堂，为一山中小市，稍憩，由此可东通华顶，西达石梁，余等定今晚宿华顶寺。龙王堂高八百五十公尺，华顶寺高九百六十公尺，时山高日暮，风势甚厉。六时始抵华顶，寺系火灭后重建，屋顶以铁皮代瓦，僧房客寮均甚整洁，以香火甚盛故也。自国清至此五十里间，石路坦荡，除金地岭外，余均平缓可行，寺内有建设厅所设测候所，于去年九月间成立，据云"雾特多，甚至一月中有雾十四天，清明后四日、十四日尚有降雪之时"。晚宿寺中，是日共行六十余里。

四月二十二日，午晴午雨。游天台山第二日。

晨六时急步登华顶峰，为天台最高处，海拔一千二百二十余公尺，顶平旷廓然，东望海日，为云所翳，阳光自云际透出，照射下方山谷，浓淡分明，有古迹曰"智者大师拜经台"及"太白读书处"。欲观日出，皆可假榻以居。下山冒雨观药师庵，为茅蓬中之最华丽者，仍过华顶寺，寺之附近多茅蓬，屋顶盖草盈尺，绕以杉树，隐居潜修，似较丛林为胜。出寒风阙，西行二十里，抵

---

〔1〕　赵氏：即赵见微，浙江临海人，历任天台县长、国民党浙江省党部委员等。

上方广寺，自华顶至此二十余里，海拔已降至六百二十公尺。稍下即中方广寺，涧水一股，东西分流，至中方广而合，已成悬流之势，会石梁横亘于前，水由梁下倾泻，一跌三十公尺，石梁者花岗岩所成之天然桥，与瀑布相得而益彰。余等又穿山径，至下方广寺，则石梁瀑布已巍然在上，山鹃映红，翠竹垂青，林隙窥瀑，尤觉奇丽；缘溪而下，坐大石上，仰观飞瀑，静对久之。十一时别石梁，再逾岭，十二时回至龙王堂，于集云小学校长许君处，再尝麦饼。又十五里下山至桐柏宫，其地海拔五百四十公尺，桐柏为一道院，今已凋落，侧殿有伯夷、叔齐二石像，雕琢甚古。少休即赴琼台双阙，挟农人为前导，五里而达目的地。天台气象伟大，奇秀不及雁荡，及至琼台双阙，始知峡谷之险，跋涉之艰，又为雁荡所无。双阙者乃玄武岩所成之峭壁，两崖相夹，中含深涧，俯首下窥，令人心悸。琼台亦一山峰，形如半岛，适当双阙之口，可以窥其全豹，然岩壁兀突，并无石级，手足并用，屏息徐进，徐霞客所谓"削石流沙，趾无所着。"洵非虚语。及至台端，下临绝壑，是名百丈龙潭，前则翠壁万丈，即双阙之奇观也。六时回桐柏，宿宫中，是日共行六十余里。

四月二十三日，先晴后雨，赴新昌。

晨六时别天台山，自桐柏宫起程，见所谓双阙者，已为白云所掩覆，惟峰顶尚露翠色耳。经百丈岭，自六百公尺下降至二百四十公尺，路极陡峻，自此行原田中。八时半至白鹤殿，去县城三十里，尚在天台境内也。访飞泉小学校长徐君，托代雇轿夫，待至十一时始离白鹤殿，天雨行缓，十五里至关岭，为天台、新昌二县之界山，三时半至会墅街，下会墅岭，路更峻急难行，昔太平军未能入天台县城，即凭此天险也。六时至刘门坞，距新昌尚有二十五里，天黑雨大，度不能至县城，乃访桃源小学校长吴襄甫先生，殷情留饭，盛意可感。宿小学中，子规夜啼，倍觉宁静。此间亦有桃源，当留待异日游矣。是日共行九十里。

四月二十四日，晴。赴宁波。

（后略）

之东（节录）

黄炎培

连载于天津《大公报》1934 年 7 月 5 日至 8 月 17 日。1934 年 11 月,《之东》由生活书店结集出版。黄炎培(1878—1965),号楚南,字任之,笔名抱一,江苏川沙县(今属上海市)人。爱国民主人士,社会活动家。曾任政务院副总理、全国人大副委员长、全国政协副主席、中国民主建国会主任委员等职。民国二十三年(1934)三月二十八日,黄炎培一行应浙江建设厅的要求,从上海出发,经杭州、绍兴、宁波至天台山、雁荡游览,沿途撰写游记名曰《之东》,本文根据生活书店 1934 年 11 月出版的《之东》节选有关天台山的游记整理而成,文中除了对风景胜迹的细致观察和生动描写之外,还包含着作者对经济、文化、交通、教育等方面的调查和思考。

卷头语

什么叫做"之东"？为什么写《之东》？读了《之东》,自会明白。

此时吾所欲说的,是我对于写文章的态度。

虽说"贪吟自己诗",到底文字这样东西,是写给别人看的。既然写给别人看,该想一下。那种文章人家好懂？那种不好懂？那种文章懂的人多？那种懂的人少？那种文章爱看的人多？那种爱看的人少？

我是打算过的。如果有人问:为什么你不写那种文章,而写这种文章？我愿意很坦白地答复:就为是能读和爱读那种文章,像你老先生样不多的缘故。

自从《之东》先在《大公报》披露,有人告诉我,旁人在那里批评,说:"《之东》有些幽默气息,怎么那位先生也会说幽默话？"幽默不幽默,在乎人们的感觉。可是有一点我要说明,文章越能感动人,当然越好。不过,也要有个限度。自己也得预先立下一个标准。吾愿把古来这一类的文字，举几个例子来说说：

"楚庄王一匹爱马，喂得太胖，死了。伤心得很，要把大夫礼葬它，大家都说不行，王大怒，说：'那个敢反对，那个死。'优孟来了。一进门，嚎啕大哭。王问怎么哭？他一面哭，一面说：'吾们大王所最钟爱的马啊！怎么仅仅用大夫的礼葬你呢？怎么对得起你呀！请快快用葬大王的礼葬你吧！'王问：'该怎样呢？'他说：'该用怎样的棺，怎样的椁，多少人凿穴，多少人堆土，建起庙来供它，杀起牛来祭它，把一万户的地方来封它，这样，才使天下后世都知道吾们的大王，是看轻人的，是看重马的。'一席话，说得庄王吩咐赶快把死马交给厨房，不许把刚才的话传出去。"

"秦始皇要建一大花园，东从函谷关起，要圈用很多很多的土地，优旃来了。一见始皇，大加称赞，说：'好得很。快快多养些飞禽走兽。敌人从东方来的时候，叫这些麋啊，鹿啊，去触他们，是了。'始皇一听，立刻吩咐停工。"

这一类说法固然很妙，他们的用心却是很苦。

"晋朝的元帝，生了皇子，大赏赐一群臣子，有一位殷洪乔起来道谢，说：'皇上生子，这是何等可贺的事，只是小臣毫无功劳，怎么可以受赐呢？'皇帝大笑，说：'这事，岂可以让你有功劳呢？'"

这一类说法，固然可以使人发大笑，可是并没有什么好处，却也并没有什么坏处。大概茶余酒后，打诨，调笑，皆属这一类。

"桓温常常躺在床上，独自发愤，说：'这样混下去，怎么得了？'忽然站起来说：'大丈夫不能流芳百世，亦当贻〔遗〕臭万年。'"

"阮嗣宗很浪漫，有人讥讽他，他说：礼法啊！礼法，那里是为吾们设立的呢？"

这一类说法，也许不是他们本心的话，故意说得痛快，说得放浪，吾以为无论他们心地怎样，到底是万万不可以。

吾认为从古时到现在，有等人，抱着光明纯正的目标，困于黑暗而严酷的环境，于无可如何的中间，不敢说正面，就反面来说，不能用直笔，用曲笔来写。冷隽干峭的文句，诙奇微妙的语调，无非欲对方避去正面的刺激，而发现天良上的感动。他们的用心多么苦！这种人多么可怜而又可敬！至于又一等人，利用群众心理上弱点，但求博得喝采，虽违反良心也不顾，譬如班固说东方朔玩世滑稽，"首阳为拙，柱下为工"。以李老先生[1]退隐柱下为工，固然够不上知己，且不说了。称夷、齐两弟兄为拙，竟公然打倒气节，提倡奸滑，好像替日本人编制伪满洲国教科书资料一样。尤其不堪的，自己干着卑鄙浪漫的腐化行为，还老着面皮，说得多么阔气，多么有理，借此引诱一般意识没有坚定的青年，跟着他乱跑，文人万恶，一至于此。吾想稍明白人生意义的，决不肯这样干。

还有一层，吾要说一说：我很不赞成请不相干的人来作序文。天下自有不相干的人肯替人作不相干的序文，简直等于吾乡死了人，雇用老妈子代主人举哀。而请求名流阔老写一篇宽皮大套的恭维话，简直等于死了以后赴告前边的像赞。我呢，文字的好坏又一问题，这类无聊的举动，希望我永远不要干，并且不替人家干。

二十三年十月二十九日著者

开　篇

高等游民

食毛践土天良发现

什么叫《之东》

这一回，吾总算做了很道地的"高等游民"了。人家把无业者称做游民，人到无业的时候，关了门和他妻子吵闹的不暇，那里还有工夫去游？即使出门，不是借债，上典当，便是钻营打点，这种人还当他是游民，真是"旁人不识予心苦，将谓偷闲学少年"了。像吾们才配称游民，不是官，是"民"。问："你们去干么？"答："吾们去'游'，吾们是纯洁的真实的'游'"。为什么称"高等"呢？游民本来用不着分阶级，就为吾们这次"游"，奉了浙江省建设厅的邀请而去的。事关奉宪，非比寻常，不是吾们摆臭架子，实在对邀请吾们的浙江建设厅，该有相当的尊重呀！所以这"高等游民"四字，老口唱曲子，咬音个个正确。

那么，游过，算了，为什么还要噜噜嗦嗦写这本游记呢？这就为浙江建设厅邀请吾们去游，化一笔钱供给吾们游资，是有条件的。凡是去游的，都须担任一门工作，能画的画，能摄影的摄影，能诗的诗，能文的文，总得把天

---

〔1〕　李老先生：即道家学派创始人老子（生卒年不详），姓李名耳，一字伯阳，一字聃。

地自然之美，浙江省山川文物之富丽，与夫当局几年来辛苦经营的成绩，写些出来。吾呢，虽然一无所能，但哼几句诗，写篇把游记，当然算不来好，却还是家常便饭。那么，你该把游记送浙江建设厅，为什么自己出版呢？这其中有个很大的道理，必得说明一下才好：浙江建设厅方面，已经另外交卷了，但是吾想了又想，浙江建设厅这笔钱，不是厅长腰包里掏出来的，是老百姓血汗的一小部分。吾对浙江建设厅交过卷了，对老百姓怎样呢？专制朝代公文上说得好："尔等食毛践土，具有天良"，吾既践了浙江的土——这回游过了十个县城——食了老百姓的毛——这个毛字，就是那《左传》上说："涧溪沼泽之毛"的毛，我是终年素食的，说吾食毛，是再贴切没有——那能不天良发现，写篇把正正当当的游记，让忧愁苦闷的老百姓消遣消遣呢？只是吾所哼的几首诗，虽然写在一块儿，却并不是预备给一般老百姓消遣，是要说明的。

并且还有一层大道理，老杜说得好："文章本天成，妙手偶得之。"吾的肉体，可以听官厅指挥，奉宪而去，奉宪而回。吾的心灵，每每不肯凑趣。很精彩的意思，要他来时，他偏躲在脑海角落里，老不肯出现。不要他来，他偏骨碌骨碌像潮水一般来个不休。大概自古以来文章家都会感觉到这样神气。所以，奉诏吟诗，除掉李青莲《清平调》三绝外，自古迄今，很少可诵的作品。吾的游记，虽然不会好，总想不要拘束它，压迫它，让这脑海角落里的东西跑些出来，也许对吾游记的读者，减少些抱歉的意思。

那么，你的游记，叫做"之东"，是什么意思？是不是跑到东边去么？不错。吾这回游的，是宁绍温台四属，都在浙江省的东部，却还有一层意思：浙江，古来不是称做"之江"么？现今杭州六和塔下，不还有一个之江大学么？所以称"之东"，不能算是古典派。而且"浙"字要十笔，"之"字只须四笔。行草书还只两笔。何等简单？现在正是提倡新生活的时代。新生活，有一个重要条件，就是简单，所以吾书不称"浙东"而称"之东"，也包含着适应提倡新生活潮流的苦衷。

……

九、桃花时节上天台

白县长的政声

宝相寺一千四百年前大佛

朱文公遗墨

　　新昌县是后晋天福年间置的。一半从剡县,一半从天台县分出来的。有二十七万人口。地方主要生产是蚕桑,其次是烟叶。往年产蚕丝年值八十余万圆,今仅存七万圆。养蚕种桑人家,减去一半。往年桑叶每斤价一角者,今铜圆两枚。茧五角者,今两角。烟叶往年产额一百五十万圆,今不足六十万圆。全县总生产往年五百万圆,今仅存一百余万圆。这是何等可虑的事? 但有一事很可喜,新昌多盗,向来与嵊县齐名,都是著名匪窟,自今县长到任,第一件事,就是剿匪。定了计划,四出搜剿,身临前敌,不上两年,匪势大减。虽还说不上全境肃清,然已十去八九。昨晚吾们竹岸一夜安眠,也完全是县长之赐。

　　县长为谁? 白深柾[1],广东乐昌人。青年英发。请述一事:新昌人口不及三十万,全县纸烟年销至六十万圆。白县长很忧虑,决意提倡戒吸。戒吸方法:第一步县长自己戒吸。第二步劝导县政府全部人员戒吸。第三步劝导县城里全部人民戒吸。第四步劝导全县人民戒吸。吾们到时,正在第二时期。在县政府,确并没有见过吸纸烟。万幸万幸,吾们一行人众,居然没有一人吸的。总算还够做这位生活整饬而严正的白县长府中上客。

　　行政官要老百姓什么什么,肯先从自己做起;勿许老百姓什么什么,首先从自己戒起,这样,还有什么难办的事呢? 实在呢,不过是孔二先生所说"先之""无倦"罢了。但是懂得的已不多。白县长真可敬可爱,如果吾所听到这些是确的话。

　　白县长导游宝相寺,寺在新昌城外三里,南明山下。门外两个很大的放生池。入门,米襄阳书"南明山"三大字石刻。丹甍粉壁,掩映在苍松翠竹中间。曲折而上,忽见崇楼五层,高十丈许,最高层题为"逍遥楼"三字。入内,却并不是楼,乃是很高很大的一个石龛,将岩石凿成一座大佛,全身上通楼顶,同游者登梯而上。九人并立佛掌中,还绰绰乎有余地。伟大! 伟大! 摄一影。归来,检清康熙《新昌县志》:"宝相禅寺在南明之阳。东晋僧昙光开山,齐永明中僧护、僧淑及梁天监中僧祐相继造石佛像,身高十丈,龛高十一丈。"那么,这尊石佛,实与北方的云冈、龙门差不多前后同时,到今一千四百余年了,从永明中叶到天监中叶亦有二十余年。二十余年的工程,不能算不巨了。

　　导游寺旁隐岳洞,中供朱文公像。相传朱子《四书注》稿,实成于新昌。

---

　　〔1〕　白深柾:广东乐昌人,1930 年 11 月至 1934 年 11 月任新昌县长。

今亲笔《大学注》稿，犹保存于距县城九十里上塘村梁姓家。《县志·人物志·名宦》载："朱熹，字仲晦，婺源人。生于尤溪。绍兴中，提举浙东常平茶盐公事——按《宋史》本传：熹任此职，实在淳熙中叶；《县志》称绍兴中，恐误——往来新昌，……与石宗昭、石𡘊为师友，讲明性理之学。𡘊有《中庸辑略》，熹尝采其说，注《中庸》，名为《石氏辑略》。又尝游南明山，建濯缨亭。……与梁氏写《大学》，吕氏书《坡翁竹石卷》，至今宝藏弗失。"如果朱子手书《大学》还在，此七百五十年前墨迹，该何等珍惜爱护呢？限于游程，不及访上塘村，一观瑰宝，这是很可惜的事。

登千佛岩，佛像一千零一十尊，开相变化，非庸手所及，《县志》载"永明中建"，去今也有一千四百余年了。

游鼓山书院祀石克斋先生。克斋名𡘊[1]字子重，新昌人。刻意为学，与晦庵交好。后生执业就正者甚多。《郡志》谓"自有克斋，里人知有洛学。集《大学中庸解》数十卷，《文集》十卷。见《宋元学案》"。

四山桃花怒开，高高下下，和晚霞一色，游章五成所营桃邬，红云如海。于桃花节游天台，可谓既得其地，又得其时，不免令人涉遐想——惟歌白傅生民病，那有闲情访艳来。白蜜桃和西瓜，皆是此间名产，拟行销沪市，在计划中，五成饷我艾饺，尤香美。是夜宿宝相寺侧新社，留题一诗：

新　昌

百里岩𡘊五代开，半分刬县半天台。为怜溪雨侵游屐，恰借桃花劝酒杯。海岳大书犹在石，考亭手稿不曾灰。我来遍听原田诵，戢暴端资邑令才。

朱子《大学注》稿，归来重复通函访问，传已毁于洪杨之役。果确，吾们只有一场空欢喜了。

十、天台第一天

两派轿夫各实验他的理想

尼姑岭上看云海

今天——四月四日——要让吾们上天台山了。七时向东南方进发，出城，向村店里办得鞋和杖——奉告游山诸君：草鞋不及破布制鞋的好。套在

---

[1]　原注：《县志》作𡘊，《宋元学案》作𡘊。

皮靴外面，既不怕滑，又不怕湿，更不怕荆棘。这是吾从二十年前游黄山得来的经验。——结束定当，准备登山。十里，过雅雀窠。又十里，过英崀村。山峰渐渐伟大了。峰底下一片一片碧绿的山田，处处但闻礴碌礴碌、琤淙琤淙的声音，原来是水碓。又二十里，过斑竹，山峰更高了。天渐渐阴了。忽然微雨起来。今天是寒食了。该有雨啊！呀！不是降下来的雨，是吾们走到云里去呀，检地图原来斑竹附近的山，在天台的新昌部分，算是高的。同行诸人，有的走将成未成的公路，有的走老路。轿夫分两派，甲派主张前说，说公路到底直径，痛快，好走；乙派主张后说，说"革命尚未成功"，公路走不通，还是走老路稳些。两派轿夫各说各话，这真是舆论不统一的现象，吾说：既然各有各的理由，吾是没有走过的，让你们各把自己主张去实验罢，如果目的相同，总是殊途同归的呀！结果大家到太平庵，前后相差并没有多久，从此甲乙两派没话说了。吾以为：两下主张不同，且慢攻击别人，该把自己主张好好实验一下，同时也该让别人把他的主张好好实验一下。大家拿出结果来，看谁好谁坏。这才合理呀！

那时候已午后一时，路走过五十里了。再上去，便须经过地图上的关岭，不是关岭呀！是观音岭呀！土人嘴里给我的证据——"观音"两字急读成"关"——，这又是王观音乡变为王江辛乡的一例了。又十五里，到清凉寺。看看天色不早了。再上，过一道大岭，回头俯看平地，一方一方的田，碧绿得很，照上了太阳，越显得鲜明清楚。抬头看山腰，云气黑白相间，像玳瑁色，仿佛一个大饭锅，正在一团一团地蒸发，忽然，一阵山风把这些蒸气直赶到我们身边来，一阵风却又赶过去了。那时候，正绝不停顿的一程一程前进，忽然对面山峰看不清楚了。没多时，隔着山坳二三十丈外锦屏绣障，都隐蔽得一些不见，后来连同行的彼此看不见了。大嚷：不好了！吾们做了"云中君"了！那时候，身上打起一阵一阵寒噤，手面都潮湿得像"雨浴"Shower Bath一般。我们还是绝不停顿的前进。路又转弯了。一阵山风，把吾们吹醒了。才知道正走一条大岭上，只见左首东北方，漆黑的一座一座伟大的山峰，给更伟大的云气严严密密的包围，像一群印度女子蒙着比她们身子更长大的雪白的头巾，颤巍巍地端坐着。右首西南方太阳在天边云阵里，射出一道一道和平而带着残余强烈性的紫光线，表示他最后的努力，五色的晚霞，做了送别的点缀，再朝平地一望，只见绿的是树木和一般植物，黄的是沙土，白的还是山坳里翻翻滚滚不肯休歇的云气。一会儿，云气上来了。黄的绿的都不见了，一会儿，太阳很不留恋地去了，五色的晚霞没精打采地散了，让那翻翻滚滚的云气，铺满着大地，只有不少的山峰，还镇静地挣扎着。

一会儿，多数的山峰渐渐沉下去了，只有较高的还是挣扎着。一会儿，只露峰尖了。峰尖又沉下去了。只露几个黑点了。又一会儿，怎么都没有了。只有漫天盖地的一白。

我生平也算看过不少次的云海，这回总算大观的了。这岭原来就是尼姑岭。

雨来了。冒雨过地藏寺，也不及入内，到此又是十五里了，再十五里，到万年寺，一群拖泥带水的从玎琮玎琮的檐溜底下，也顾不得什么，一直冲进禅房，寻个休息，才算完了一天的游程。

十一、天台第二天

石梁飞瀑
吊桶冈的风

昨夜雨声和泉声，闹了一整夜。"床床屋漏无干处"，也顾不得了。今天[1]是清明呀！七时，冒大雨出发，天台县长得了新昌县长的电告，特派建设科长申屠瑜专诚上山来导游，真难为他们俩的。今天的重要目的地，就是石梁瀑布。出万年寺，向东走，一阵一阵的雨，东西南北，四下里一望，全是一片糊涂帐〔账〕。昨晚千奇百变的云海，早不知那里去了。可见人生际遇，大半是偶然。走十五里，约九时许，到了。依山势高下，分建三个寺，叫做上方广寺、中方广寺、下方广寺。石梁瀑布就在中方广寺的旁边。是两大瀑布交流而成。东南来的名金溪，东北来的名大兴坑。这两道水各挟着雷霆万钧的声势，到了中方广寺前面，合并起来，从深不可测，阔不到五丈的潭里，横溢而出，向西下窜，忽遇陡壁，挂空直下，注入下边的潭，又横溢而出，接着一道陡壁，还是向西挂空直下。在这里碰着一条南北横在空中的石梁，瀑即在梁下夺门而过，注入下边更大更深的潭，那个气势，几几乎天倾地坼。往后还是一级一级流下去。凡此种种，俱表现在中方广寺的前边。那里横铺着几十石级，向西行尽，接在石梁的北端。石梁之长，略等于潭之阔。像鱼背隆起，厚约一尺，背之阔且不到一尺。南端尽处，有一铜殿，高仅尺许，"具体而微"可望不可即。当吾们行近中方广寺时，已听到轰轰轰轰的大声。进了寺门，像进了至少五万枚纱锭集中设置的纺纱厂。对面谈话，非咬耳朵讲，几听不到，水花向四面横飞，就为是雨下个不止，所有衣帽鞋袜的潮湿，

---

〔1〕 原注：四月五日。

都归狱到"雨"身上,其实瀑布水花至少须承认一半。我呢,从极端的喧闹中,保持极端的镇静。定了计划,先观察大体,从中方广寺前凭着栏槛,概括地玩赏一下,次从金溪、大兴坑两大瀑源,细细玩赏,眼光顺流而下,替他分了节,分了段,逐节逐段的玩赏。玩到石梁,看看不到一尺宽的,滑汰汰鱼背式的,老实说,我不敢走过去。同行的都没有敢走过去。但闻我老友蒋竹庄[1]曾走去走来,这种地方,全是心的作用。临危不怯,非受过相当期间的心的训练,便办不到。竹庄深于佛学,静坐三十年,也许有些关系。庙里的和尚、土人和蒋竹庄,他们心的训练方式不同,而功夫到家以后所得的效果却一样。我不及他们多多哩。忽然想跳出圈子一下,便趁大家在轰轰轰轰大声中评论、惊叹、出神的时候,独自一人向中方广寺背后羊肠小径曲曲弯弯望山谷里走下去,绕了一个大圈子,从竹木丛杂中,穿来穿去,居然到了瀑布的下游,得一石桥,立桥上远远地玩赏,好像一幅很长很阔的发光的雪白而夹着黄色的绸,一半在石梁上边,一半在下边,翻翻滚滚,骨碌骨碌,得机得势的正在那里旋卷,石梁像一枝压轴,在中间压住着。还像没有这东西压住,便会望空飞去似的,清楚极了。好顽!好顽!通过去,便是下方广。回到中方广楼上休息,打开楼窗,正对瀑布。一面看,一面听,一面吃饭,这里有一种特别美味——腌菜。

雨还是下个不止,同行的准备冒雨出发去看铜壶滴漏、水帘洞、龙游枧,我不去。一则对这石梁飞瀑恋恋不舍,大有"观止"的感想。二则几天来所见所闻所感想,都乱堆着在脑海里,不但没有整理,并且没有记录,越积,越多,越乱,越糊涂,怎么得了?趁这个机会,怎么铜壶、铁壶、龙游、蛇游,牺牲了罢!澄一会儿心,把脑海里堆着的,先抽出多少名词,和接触的顺序,登记起来,还得和石梁飞瀑多多亲近一回,岂不是好?靠着窗槛,埋着头干我书生工作。抬起来看看瀑布,好像毫不理会我似的,也正在干他不息的工作。忽而轰轰轰轰的大声没有了。一经注意,轰轰轰轰的大声又来了。原来是我自己的心理作用呀!

直到下午三四点钟,大家都回来了。很勉强似的离开了这石梁飞瀑,也不想到上方广寺去了。

从这里东南行,赴华顶,十五里。经过一道山岗,不知道怎么样,来了一阵怪风,把吾们几乎从岗的左边吹到右边,险些儿吹下山谷里去。好容易出

---

〔1〕 蒋竹庄:即蒋维乔。

了险,问土人这里是什么岗？答这里是吊桶档。叫做"经过吊桶档,水牛吹过岗"。原来吾们比水牛还厉害,到底没有给风吹过去。

华顶,是天台最高峰。华顶寺规模好大。监院授松亲出奉陪,房屋器物,大小僧众,略略的注视,毕竟是大家风范,比众不同。方丈兴慈大师,告我一千三百年前智者大师开山的故事。临睡,云满庭院间,对廊不能见人。

那夜,钟磬铙钹声、佛号声,直到睡着。不知什么时候才歇。等到醒来,钟鼓铙钹声、佛号声早又作了。

十二　天台第三天

华顶峰的云

螺溪钓艇

高明寺

国清寺

从华顶寺上华顶,还有五里。同游的相约在午前四时顷天将明未明时,上华顶观日出,不料那时候,庭院间的云还是包围着不散。不得出发。重复躺下,一会儿天明了。直奔华顶。曲曲弯弯盘旋而上,初时还在云里走,一会儿云在脚下了。又绕了一个大圈子,又上了一道斜坡,经过几个茅篷,那里林木早没有了。望上,又望上,同游的大喝一声："到了。"天清日朗,万山俯伏在脚下。原来昨天整整的一夜宿在那五里雾中。这时候,下界的云也在一团一团流动了。他的动向,和吾们一样,都是从潜在而出发,由低而高,由伏而升,却在高天和大地相接连处多方的活动。那天尼姑岭所见,动荡的结果,成为一抹无边,是"晦盲否塞"气象。这里所见,是分团的流动,若干团成为一大集团,在寥阔的天空中,尽你自由自在,变化分合,总不失为清明开朗。忽然西方大集团里边发见一条长虹,来得鲜明而又肥胖,长虹尽处,隐隐约约的发见城市楼台,好像船将近香港,从大海用远镜望那香港山头市街一样,一会儿不见了。

小小的华顶,大概不到一百方丈地面罢！倒有三件东西:一是智者大师拜经台,还留下一短碣,刻"拜经台"三字已残缺了;一是华顶庵,入门处,石碑刻"天台第一山〔峰〕"五大字。楼屋几间,粉墙一角,登楼,一老妪很虔诚地正向佛像膜拜着;还有一件是新修建的智者大师降魔塔。是高只一丈光景,方形的石塔。都不是很古的东西,不过纪念这个山顶,在一千四百多年前,曾经智者大师在这里朝夕拜经,冥修入定罢了。原来天台绝顶有两重奇景：一是看"日出"，一是看"云归"。可惜昨夜没有一直走上华顶峰——再来时可要记好，必得宿在华顶庵内——到天明上山，已不及看日出了。据说：到了傍晚，成团的云，都向某方山谷里奔入，好像给他吸收似的。所以称为"华顶归云"，不是"华顶观云"呀！这话确不确，没有见过，当然不敢断定。且留作重游的必修功课是了。

下山，过药师庵，见卧佛一尊，唐贞观年间制铜钵一个，玉印一方。

华顶最高峰，实在天台山偏东北方面。今天的游程，将向天台正南面走去，经高明寺、国清寺下山。申屠科长，以从华顶走大道到高明寺，固然直径好走。但在天台东南部分，螺溪钓艇，是个幽深神秘、人迹少到的地方，倘从那边走，折到高明寺，也有路。不过小些。那时大家正游兴勃发，越说幽深神秘，越想去一探，都说：既然人能到的，大家去就是了。招一位土人作向导前行！前行！从大道转入小路了，望下，望下，忽而同游中少了两人，就是步陶[1]和铸九[2]，一文家，一画家。抬头一看，原来在高高的岭上，一直向大道前进，没有折向小路下来。大家在山下大喊大叫，发狂似的挥手，两人总不肯下来，没办法，派一伕子，上山去邀请，回报："不下来了，一直去了"，各走各路罢！吾们还是望下！望下！穿过一个树林，又是一个树林，度过一道溪涧，又是一道溪涧。曲曲弯弯，弯弯曲曲，不知走了多少路。不好了，一道大溪来了。须从这边渡到那边，一个一个大石块，早已给水淹没。怎么了呢？只有伏在伕子身上过去。好容易过去了。走！走！又是一道大溪来了。好得吾们经验丰富，照着老法子，伏在伕子身上走。不料走到溪的中部，不知怎地一滑，把一位同伴，从伕子背上掉了下来，虽然溪水不很深，也不很急，然而这位朋友下半身已全湿了。大家从极度的不安中间，咬紧牙关再走，忽而来一个斜坡，下边是深渊，须从斜坡这边度到那边，而没有立脚点的。很像黄山阎王壁。几位手脚轻松的，拐了几拐过去。余下一两位，伕子用手撑住在斜坡上，当做立脚点，很勉强地过去。带路的土人报告：螺溪来了。一道瀑布从陡壁上翻翻滚滚流入一道很深的溪，两壁是高山，沿溪林木丛杂，中通一径，从这条径随着瀑布顺流而下，过几个小湾，土人又报告：钓艇来了。迎头一道横岭把溪水当住。在横岭这一边，溪水漾洄，当溪一个小

---

〔1〕　步陶：即郭步陶，其人见本书郭步陶《天台之游》作者介绍。

〔2〕　钱鼎（1896—1989）：字铸九，江苏青浦人。擅长绘画。曾任北平艺院、辽宁美专、上海新华艺专教授及西画系主任。1961 年被聘为上海文史馆馆员，出版有《钱鼎国画》《钱鼎素描》等。

峰，像一个很大的石笋，画家用披麻皴法写出来，倒是很幽雅有趣的；瀑布从小峰左右环绕而过，从土人嘴里知道峰顶原有一条藤，从高头挂下，成一垂直线，通入溪流，很像一缕钓丝。所以称做螺溪钓艇的。现在，螺溪如故，钓艇依然，只钓丝没有了。大家发一个疑问，瀑布到这里给横岭当住，怎么不会跳荡泛滥的呢？走过横岭从那边一看，原来这岭底下是通连的，水从岭底下伏流而过，过了岭，还是汩渌汩渌的下流，不过势力分散，变为寻常溪水是了。

再望前走，又一大条溪来了。"前车可鉴"，伏子背上生活，是很不妥的。来！来！大家老老实实地，把这高等游民臭架子痛痛快快丢掉，各人赤了一双难得和地球直接发生关系的雪白的大脚，向着溪水狭浅处清通清通走将过去，不一会儿，一个一个，平安渡过，可知过去的危险，就为是扭扭捏捏，摆臭架子，天给你们一番小小的惩戒。

过去的路，都是"小人下达"。从此又要"君子上达"了。一级一级的高峰，排在面前。看看表，上午八点钟出发的人，也没吃，也没喝，也没停，不知不觉，到此已过三点钟了。不着意时，万事全忘，一着意时，第一个警告，喉咙里要渴死了。可是一路走来，全没见人家，正着急时，抬头发见山坳里一樵夫，他先开口："啊呀！你们那里来的呢？"吾们说："华顶来的。"他说："这条路走不得的呀！"吾们说："走不得的，但吾们已走来了。多谢你，弄一口水啦！"他老人家跑了好多路，居然弄到一壶又一瓶水，人多水少，想狂喝，又不敢狂喝。问高明寺在那里，他指着很高的山头一块大石，说在那大石块的高头。忽然山上发见铸九由土人带着，挟了很长的木板迎面走来，原来他和步陶两人所以不肯和吾们一块儿走小路的缘故，因为出发时他俩落后一些，遇一老僧，问明了目的地和将走的路径，这位老僧极诚恳地阻止，说从那条路到螺溪钓艇，是万万不行的！像吾辈山僧，还不敢走，你们那能走呢？所以他们两人随那老僧，从大路直赴高明寺，到了以后，铸九是位青年画家，到底舍不得螺溪钓艇，采纳了土人的建议，借了两块木板，预备临时搭桥渡涧，直奔下来。说明来意，匆匆自去了。我们贾着余勇，望很高的山头一块大石直奔上去。可是奔了大半天，我的足力到底不济，一个人"瞠乎其后"了。不打紧，吾从民国十三年游庐山在"日暮途远"中间发明了一种方法，叫做"登山接力法"。就是登山遇着力尽时，先休息三分钟，走一百步，再休息三分钟，走一百步，照这样，休息一回，走一回。随你山那么高，路那么远，足力那么疲，包管你到达目的地。因为休息了三分钟，你的足力定会得到一时间的回复。回复以后的一百步，总是易于交卷，从此一节一节的走上去，虽时间费得稍为长些，但是目的地一定到达。这方法倒是百发百中的哩！吾就用这方法到了高明寺。

高明寺前有一圆通洞，是三块很大很大的石头叠成的。有一笔冢，中间埋着三百年前传灯和尚[1]写经的笔。进了寺门，同行的都说："黄先生来了。辛苦得怎样？"吾说："多谢多谢！勉强而行之，及其成功一也。"遇一青年和尚华清，说曾读过吾《黄海环游记》及《人文月刊》等处发表的作品，问他，才知道曾在厦门南普陀法学院修学过的。出示智者大师遗下的袈裟和钵，又《贝叶经》一部。临行方丈观通出送。

傍晚，到国清寺，已及平地了。方丈可兴出迎。天台县赵见微县长特从县政府来寺欢迎，大谈纸烟问题、肥田粉问题、二五减租问题、械斗问题。寺供大铁佛三尊，在广东铸成，海运时沉入海中百余年，才得起出——这是相传下来的老话。那夜，大写特写其屏联，成《天台行》一首。

天台行

少读《兴公赋》，神游赤城霞。其岁甲戌〔戌〕节清明，其人以画以诗鸣。诚动天鉴玉汝成，纵目三日摄万形。云霓晴雨风雷霆，我所尤奇在云海。初仰诸峰若覆鬈，少焉轻寒拂频颏。隔涧高岩失磷磳，停筇游侣骇相待。不知云里吾身在，忽焉照耀五色霞。尼姑岭头日漏斜，俯视下界相惊嗟。赤者沙壤青桑麻，鸡鸣隐隐千人家。飔飓一阵山风作，团团雪絮出幽壑。须史大地张轻幕，稍让诸峰露头角。诸峰黝然云一瞬，终焉灭顶遭凶恶。百无一见惟浑噩，斯时吾身殊分明。天风鸾鹤游太清，但愁四海方沉冥。一宿万年寺，再宿华顶峰。中览石梁瀑布雄，雨脚滴沥泉琤琮。大兴坑左金溪右，交流倾泻如奔龙。直注深渊复旁溢，喷沫高射天微濛。长梁屹然横当冲，梁宽及尺鱼背隆。夺门下出何汹汹，坐令观者耳欲聋。梁端小殿精铸铜，勇夫渡梁矜奇逢。凡所有得贪天功，罢游少憩方广寺。僧言雨后瀑奇异，岫云昨出非无心。天公酿雨有深意，传灯笔冢古有碑。螺溪钓艇今失丝，欲穷造化发奇趣。绝幽涉险宁告疲，最后乃登天台寺。智者大师开宗地，止观性相通显秘。千三百年道未坠，一衣一钵长留记。拜经台、降魔塔，登高拂晓风萧飒。归途仰首万峰云，赤城天半开阊阖。

---

〔1〕 原注：楷溪大师。辑注者按，应为幽溪大师。

十三　从天台到雁荡

赤城远望
始丰溪下水
渔与盗
械斗

七日天明五时顷,从国清寺出发,步陶、剑华、仲彝、培基不上雁荡。从国清寺向西行,游赤城、桐柏宫,取道新昌,坐长途汽车回沪。我偕铸九、慕儒、叔贤、朱科长、延平五人将出寺门,忽一青年比丘尼前来行礼,细认一下,原来是吾乡川沙县真武台尼宝鹤来此受戒的。一个幼弱女子,走了几千里路,来到这深山古寺,了她皈依佛法的心愿,怎能不令人感动呢? 行七里,至天台县城。在城北济公院近边,回头望天台赤城,一级一级的赤泥,远望很像一层一层红砖叠成城墙式样。想起一千五百年前孙绰作《天台赋》描写这一段,称"赤城霞起以建标"真不错。

说起赤城,吾不能不记录一桩幽郁悲凉的事实,赤城西边有一餐霞洞,葬孙天祚父子。天祚,天台人,早死,妻齐氏素以能书能画著名,既寡,守节抚孤。孤儿近二十岁时,因为患神经病,投国清寺前丰干桥下溪中而死。这位齐太夫人万分悲苦,从此绝笔书画。选定餐霞洞,将葬她丈夫和儿子,而在旁边,自建小楼,所有殉葬用大小器物、墓砖,以及小楼自用一切器物,绝不假手工人,完全由齐太夫人取赤城土用手亲自抟捥而成,也绝不用工具,而坚固美观,和著名的陶器一样。齐太夫人守他丈夫和儿子的,墓住小楼四十多年,从没有出洞门一步,年八十岁去世。吾辈来时,去世还不久,可惜不及见,并不及一观他老人家手制的纪念品。这件事,人说是太夫人的精神结晶。吾说:这件事固然整个的表见太夫人的精神,若分析说来,这手制物品的精美,表现太夫人的艺术天才,而物品的坚固,从此可以知道赤城的泥土制陶,有特殊的天然效用。

入天台县政府,见神桂一株,井一口,相传:明朝某县官被难全家死这井中,每一县官到任,须加覆一方红布,否则作祟。但最近两任县官不照办,亦无恙。有图书馆在建筑中。上午九时顷别了赵县长和申屠科长,上民船,从始丰溪下水南行赴临海。路长一百二十里,十小时便到。若从临海赴天台,须经这溪逆流而上,十分艰险,所以孟浩然诗有"欲寻华顶去,不惮恶溪名"之句。吾们是下水,太便宜了。

从天台始丰溪下水赴临海

天台惜别不胜情，两岸桃花若送迎。一日轻舟过百里，襄阳请洗恶溪名。

晚抵临海，入城宿医院，院在山上。和张县长（寅）等谈渔业和械斗。

沿海一带地方治安，全看渔汛〔汛〕的丰歉。渔船出帆，壮丁若干名，船上不定期的粮食、渔具、其他用品，各壮丁相当的安家费，每一渔船，共须五百圆。"高利贷"人家借给渔户，遇到丰收，满载而归，本息全部归还；一遇歉收，两手空空，无面目归见江东父老，惟有加入匪党，从此匪额大增，地方不会安靖的了。

械斗的风气，台州各属最厉害。张县长到临海任，他说，二十多天里，出了六起。大都是轻微事件，例如张姓某甲，挑了东西在路上走，李姓某乙和他相碰了一下，要是张李两家都是大族，且有世仇的，就扩大起来，两方如临大敌，打个落花流水。追求扩大的缘故，因为两家各有一种人，仿佛是经理，有的称帐〔账〕房，这种帐〔账〕房利在事件扩大，如果我方械斗而败，向对方索赔，每死一人伤一人，都有规定的代价。要是胜呢，向本族征发犒赏金，每死伤人，也都有额定的犒赏。即使没有分胜败，一切械斗费用，总须照例征发，所有费用，一经帐〔账〕房手自必有利可图。所以这一辈人，是械斗构成的主要分子。现在当局知道了，先把这一辈人拘捕惩办起来，或者械斗可稍减。据说：台属械斗最厉害，要算仙居了；县东西一家姓张，一家姓王，以县政府为界，如张姓入王姓界，时时刻刻可以被王姓殴打致死。王姓入张姓界也是这样。县长一年到头做着中间调解人。

八日，天没有明，张了灯，下山出城，到轮船码头，天发晓了。坐轮船行三小时光景，经灵江、澄江〔1〕，椒江会合处叫做三江口。到海门，行政专员罗时实迎到汽车站，改坐汽车到路桥，这里是黄岩县境了。公安分局长施继鲁出来招待。街道很长，可惜生意清淡，全市都是不景气的表现。午后一时，施局长、罗专员的代表林雪，同乡冯晋蕃一齐从东里街送上小汽船到大溪。这里是温岭县境。换坐山轿在夜景昏迷中到大荆，大荆就是雁荡东北角入山的大道。吾辈来游雁荡，全恃蒋叔南。叔南方带别组的游客，从金华、丽水、青田、永嘉上雁荡，依他的留嘱，招呼吾辈宿于伊弟季哲宅。季哲

〔1〕 原注：一名永宁江。

去年新故，遗挂在堂，他的女儿淑芬举止大方，殷勤招待。吾不及见季哲，还及见他的女儿，招待愈殷勤，愈不胜哀感哩！

……

十八　结束语

十八那天的平明，船到上海，吾的夫人早又恳恳挚挚地等在码头上了。高等游民生活从此结束。亲友纷纷来问我怎样感想：

吾对于"天"的部分，完全满意。天台、雁荡不必说，就是雪窦和其他种种，各有各的特色。可是"人"的部分，全国最完善省分，要算浙江，浙江最完善地方，要算浙东，观察结果，这只有"可怜"两字。

到处公路一天一天发展了。要使国家现代化，要在国防上有联络准备，要在整个的交通上有相当的适应，公路当然不可少。这是毫无问题的。可是经济上的影响怎么样？如果地方生产不增加，输入多于输出，公路一通，输入更加方便，老百姓多年积下汗血钱，受了物质的引诱，为尢进的生活所驱使，天天向外流出。社会经济，必将受到非常影响。所以发展公路，有一重要条件，就是同时筹划增进地方生产。必使交通与生产相伴而进行，双方交相为利。浙江交通事业，已发展到这般地步，当然是可喜的事，全省建设行政，亦正在着着进行，吾说最好还须就各县地方状况，组织生产研究会，以一县为单位，研究各该县公路开通以后，如何利用机会？如何适应需要？有须与省建设事业联络进行的，有须与各县联合进行的，有须与交通中心如上海地方联络进行的，一一作成具体方案，分别进行，这才是充分利用交通的长处，而不致贻留交通事业畸形发展的缺憾。或者当局早已计划到这点罢！至于筑路所到地方，有未免除地税的，有未发给地价的，吾知当局早已体会老百姓的渴望，在尽力筹划中了。

说到地方输入多于输出，最显明的地方，吾所接触，要算新昌、临海、天台几县。据说，新昌全县生产品输出，不及纸烟、肥田粉两大输入的总额，是何等可怕事？

纸烟一项，人口五十多万的县，每年输入一百二十多万圆。人口三十万左右的县，每年输入五六十万圆，都是平均每人每年两圆左右。不能不说厉害的了。写到这里，得新昌白县长函告：嵊、新戒吸纸烟，颇见同心，已减少十分之七，地方经济无形中增加六七十万圆云云，可喜可喜。

地方风俗，一天一天在那里由俭而奢。读到绍兴禹庙风俗的素描，怕不能不动心罢！吾又要想起五年前马君武〔1〕从日本回来，说过的几句话了。他说：他们日本，旧式的消耗，新式的生产，吾们中国，新式的消耗，旧式的生产，一个富上加富，一个贫上加贫，怎么能竞争呢？

渔汛〔汛〕的丰歉，于地方治安，发生直接影响，大家正闹农村救济，怎么不想到渔村救济呢？如果沿海地方用相当的组织，施行渔村贷款，使渔民不致吃"高利贷"的苦，即使年成不佳，收获不多，尽可依相当手续，展期归还，无铤而走险的必要，地方治安，得多少保全，不好吗？后来还听得生在海滨的友人告我：沿海渔汛〔汛〕，在上市时候，两条鱼卖三个铜圆，到渔汛过去，同样的鱼，银圆一角买一条。如果设了冷藏库，这种利益还能计算么？我们中国，真满地是黄金，到处是机会，就是没有人利用，不可怜吗？

各地不景气状态影响到文化方面。吾碰见好几个大学生，因农村破产家庭经济艰难辍学了。他们都还是富家子弟，有田几千亩的。大概温台一带，送一个子弟到上海进大学，据说每年须一千圆，到杭州也须六七百圆。杨振声〔2〕统计大学生每年教育费每人八百四十四圆。那知他们家庭里还有这般大的负担呀！

温台一带乡村小学校教员薪水，闻每月有仅四五圆的，似乎太薄了！如果确的话。

械斗诚是一种不良风俗。吾以为只须把他们眼光扩大些，把一姓的眼光，变为一国家、一民族的眼光，这种勇气，大可利用。浙东一带以及各地教育界同志，各大学教育科系浙籍诸生，何不来一个改进械斗运动，果真成立一个组织，到械斗最厉害地方，语言、文字、各种利器，同时并进，如果经过相当时间，一定不难挽回恶劣风气，或竟变成精诚团结、侠义勇敢最优良风气。

---

〔1〕 马君武（1881—1940）：字厚山，号君武，广西桂林人，中国近代获得德国工学博士第一人、政治活动家、教育家。历任中华民国临时政府实业部次长、孙中山革命政府秘书长、广西省省长、北洋政府司法总长、教育总长等。

〔2〕 杨振声（1890—1956）：字金甫，后改今甫，曾用笔名希声，山东蓬莱人。现代著名教育家、作家、教授，曾任国立青岛大学（今中国海洋大学的前身）校长。

　　二五减租一事，这回吾倒很用心调查过一下。全省实行地方，约有十之五六。就吾调查所及，农民受到好影响较显明的为绍兴一县。确似能逐渐达到耕者有田的目的。此外，有的地方，每每发生下列种种障碍：一，土豪抗令不肯照办。二，农民无相当知识，不明"二五减租"为何物，不知要求。三，农民畏惧土豪声势，不敢要求，并且声明自愿不减，免致将田收回，不得耕种。四，书吏藉端向田主索诈，所谓二五减租，如纳本色，每石减去二斗五升，如纳折色，每圆减去二角五分。他们竟曾将本位抹去，单说须减去二斗五升，二圆五角，于是，不论本色额定多少，总须减去二斗五升，不论折色额定多少，总须减去二角五分，这一半也是田主知识太差的缘故。因此，吾获得两种觉悟：一，无论何种新政，必须先训练一班执行人员，否则虽有好方法，未必生好影响。二，替农民谋幸福，第一有效方法，在给农民以自求幸福的能力和知识，否则幸福当前，还是没法享受。

　　有一点，很使吾兴奋的，温州全市没有日本人。吾平时知道的，温州商埠，原有日本商店，"九一八"以后，地方一概和他们绝交。不买他们东西，也不卖东西给他们，站不住，偃旗息鼓而去。所以现在温州没有一家日本商店，也没有一个日本人。

　　还有一点，使吾满意的，这番旅行所见不少很好的县长和公安局长及公安分局长。

民国二十三年七月六日脱稿　黄炎培

甲戌天台四明纪游（节录）

吕梦蕉

载于《复旦学报》1935 年第 2 期。《复旦学报》1935 年 6 月创刊于上海，1937 年 6 月停刊，共出 5 期；1944 年 10 月在重庆复刊，1948 年 2 月停刊，共出 4 期，属大学学术刊物。作者吕梦蕉当时系复旦大学政治系三年级学生，于 1934 年春应东南五省交通周览会的邀请，作浙东之游，归后著《甲戌天台四明纪游》一稿，缴呈浙江建设厅，获诗文组第三奖，部分诗文被录入中国旅行社编印的《东南揽胜》之中，本文为其全豹，本书整理时仅节录其有关天台纪游的部分。

自　序

吾浙山水佳丽，为天下灵秀所钟，山脉自南岭东来，仙霞总其领，四明峙其东，括苍拱其南，天目奠其北，蜿蟺扶舆，磅礴峥嵘，而尤以天台雁荡为最，奇峰峋崒，岩岑巇绝。千百年来，词人雅士，游者多矣。余亦久耳其胜，顾无畅适之岁月，终不果游。及读昔人游记诗文，益增向往。近数年来吾国路政建设，日臻发达，千里行程，数日可届。今春苏、浙、闽、皖、赣五省公路次第筑成，当局遂有责令浙江建设厅筹备东南交通周览会之举，征求新进作家游览两浙名胜，以撰作游记。余与朱子蔚岚同获是选。又值春假休沐，遂相偕袚被作天台四明之游。举凡会稽、南明、台山、太白、雪窦之胜，靡不登临迨遍。入天台则卧观石梁，力穷华顶，至甬东则遍历天童，畅游雪窦，斯游诚壮矣。计往返行程三千余里，而所耗仅十二日有奇，长房缩地，不得不感路政建设之完备也。沿途并承各县长殷勤招待，或详示行程，或遣役导游，得无所苦，尤深铭感。既归，将途中所作董理之，得诗二十篇，词五阕，文一万言。皆船唇马背托怀寄兴之作，非敢与前人游记，作文字之较量也。

民国廿三年春，东阳吕梦蕉自识。

四月一日晴，自沪赴杭。

晨五时四十分起身，检点行装毕，偕蔚岚及本校同学朱向日、刘少荣等，乘汽车赴南市沪闽南拓长途汽车公司，由交通周览会筹备处薛君招待登车。此次沪上文艺作家被征者，达七十余人，分诗文、国画、西画、摄影四组。五十里抵闵行，下车后摆渡至对岸车站，随由站长电知杭州建设厅，闻所派专车已在途中，约须一小时后始可到达，即在车站附近拍一全体照。余并邀本校同学五人，合摄一影以留纪念。至十时三十分犹未见专车到达，因恐时间不及，即先乘该站所备列车上道。余于车中识邓君粪翁[1]，沈君轶刘[2]，及画家胡君友葛[3]焉。

车行四十分钟，钱塘江已渐入望，江上帆影历历可辨。未几至金山嘴，始遇建厅专车，遂下车更换，一时十分至乍浦稍息，乍浦位杭州湾北岸，去平湖可三十里，与浙东象山港，并为海口重地。元至正间，番舶皆萃集于此，清时设副都统及满兵驻之。鸦片之役，曾为英兵所陷，今当轴拟尊先总理计划，于此开筑东方大港。滨江有炮台，因时间匆促，未及一游。三时四十分过海宁，在堤上稍息即行。五时抵杭，即向公路管理局报到，并调换出发护照。

余原拟加入第一线，沿金华、永康、缙云、丽水、永嘉，而游石门雁荡。因近日钱江上游山洪暴发，缙云、丽水间公路，亦被损毁无余，故于游览时非更乘民船不可。往返既属不便，而于时间经济俱有困难，故遂改入第二线，作天台、四明之游。此次认线结果，以游徽州之黄山者为最多，雁荡、天目次之。第二线则余与蔚岚外，仅汪君支俊一人而已，在公路局询问出发手续竣，即偕蔚岚回宿家中。

四月二日阴，渡江游柯岩，夜宿绍兴。

上午八时许离家，同行汪君支俊忽患病，中途退去，余与蔚岚往清和〔河〕坊新市场等处酌购杂物，于九时四十分渡江。十一时发萧绍公路区间车东行，沿途青山络绎不绝，十二时抵柯桥。

午饭毕，雇舟游柯岩，舟身甚小，仅可容二人。舟子坐船尾以足划桨。

〔1〕 邓散木(1898—1963)：原名菊初，又名钝铁，字散木，别号芦中人、无恙、虚木、粪翁、郁青、一足、夔等。上海人。现代书法家、篆刻家，与齐白石享有"北齐南邓"之誉。

〔2〕 沈轶刘：见本书沈轶刘《天台三胜》作者介绍。

〔3〕 胡友葛：江西萍乡人，画家，曾任上海美专国画教授。

余等一尊在手，或引吭高歌，或扣舷低吟，红桨绿波，其乐陶然。舟中蔚岚诗先成，遂依韵和之。一时抵柯岩，奇崖削壁，秀拔不可名状。岩形如箕，下有一殿，近设湖中小学。殿内岩尽处，一池广可五六丈，立其旁，水气袭人。闻夏日于此品茗消暑者甚众，诗朋满座，沉李浮瓜[1]，动辄终日。殿外左廊有衡阳彭刚直[2]所题墨梅一壁，至为名贵，盖彭自同治己巳疏请退养后，尝约友人来游此也。惟年久字迹多剥落不可辨，余为摄影一帧以归。右廊有长沙徐树铭[3]题壁诗一首，亦清时遗笔，而墨渖如新。殿东为朗吟阁，崖壁彭刚直书"一窝风月，半壁烟云"八字，末署同治八年四月题。阁前有池，水甚清澈。自朗吟阁南行数十武，一屋如舟，轩窗明洁，结构甚佳，内悬荆山杨梓书"花为四壁船为家"横额，恰如其境。出屋东北行有文昌阁。阁后崖壁刻"文光射斗"及篆书"柯岩"二字，其径长当在五六尺外，殿西有塘，面积合前二者而过之，水最澄碧。壁刻石观音一。旁刊"小南海"三字约约可辨。山光潭影，扑人眉宇，塘南一亭翼然，颜曰"自在"，联云"风尘到此襟怀澹，水月当前色相空"，洵为佳句。普照寺在柯岩东北，原名石佛寺，唐后始更今名。寺旁一崖危立，高可数百仞，上大下削，顶尖如帽，状极奇绝，上镌"云骨"二字，为沈筱梅[4]太史手笔，殊劲秀。余等因今晚须赴绍兴，即乘原舟回站，三时四十分登车东行。田间菜花盛开，嫩黄相接，车中作绍兴道上诗一首。

　　四时二十八分抵绍兴，即赴县政府询问游程，当由汤日新县长接见，汤系复旦老同学，招待甚周。六时移住城内龙山旅馆，晚餐与蔚岚合饮绍兴酒半斤，色香味俱佳，诚不愧道地名产也。饭后欲访复旦同学会未果，偕蔚岚至街上稍步。轩亭口距寓甚近，为革命先烈秋瑾女侠尽义处，余等于碑下徘徊甚久。八时返寓，雨声大作，夜整理游记，至十二时始就寝。

　　四月三日晴，游兰亭、禹陵，夜宿绍兴。

　　晨七时起身，天色已霁。八时出西郭门，雇船行二十里抵娄宫，遂舍舟

---

　　〔1〕　沉李浮瓜：是指吃在冷水里浸过的李子和瓜，形容夏天消暑的生活。曹丕《与朝歌令吴质书》："浮甘瓜于清泉，沉朱李于寒水。"

　　〔2〕　彭玉麟（1816—1890）：字雪琴，湖南衡阳人。从曾国藩创办湘军水师，累官水师提督、兵部右侍郎，署两江总督，晋兵部尚书，卒赠太子大保，谥刚直。有《彭刚直公诗稿》等。

　　〔3〕　徐树铭（1824—1899）：字寿衡，湖南长沙人。清道光二十七年（1847）进士，选翰林院庶吉士，授编修。历任浙江学政、兵部右侍郎、太常寺卿等。

　　〔4〕　沈成烈（1828—？）：字尹言，号啸梅，浙江萧山人，又说山阴人。清同治四年（1865）进士，由庶常改官兵部主事，旋即告归。其人精楷书，善兰石。

步行。路旁山岭起伏不断，溪声亦淙淙悦耳。行五里，竹林渐多，风弄林叶，其声幽绝。余等因不谙乡路，竟入歧道。至灰灶头村始折回，盖已误行六七里矣。

十二时一刻抵兰亭，亭后冈岭重叠。自文昌阁入内，清水一湾，上驾石桥，桥堍一古碑，大书"鹅地"二字，笔力浑秀，闻系右军手笔。过桥幽篁甚盛。《兰亭序》所谓"此地有崇山峻岭茂林修竹"者，千百年来犹可想见及之，亭旁荒草旧碣，益足令人起怀古之思。内一厅事曰流觞亭，几窗整洁，联楹满目。厅右为右军祠，内小池一方，中通以路，并筑一亭其上，颜曰"墨华"，两庑均有栏杆，壁刊前贤碑刻甚多。祠内悬彭刚直联云："风月足清游曲水流觞思往事，春秋多佳日崇山峻岭仰前贤。"俞梦丹[1]联云："此地似曾游想当年列坐流觞未尝无我，仙缘难逆料问异日重来修禊能否逢君。"张钟湘[2]联云："胜地此登临自东晋以来换羽移宫今几度，群贤咸庋止问右军而后流觞作序更何人。"流觞亭后有御碑一，内刊康熙御书《兰亭序》一篇。

一时十分离兰亭，仍循原路回至娄宫，雇舟游禹陵东湖。舟子索价甚昂，良久始成。行旅遇此最感不便。自娄东北行，凡三十余里而抵禹陵。

禹陵位于会稽山西南，昔大禹巡狩越中，因病殂，遂落葬于此。门外摊肆林立，入内殿宇甚壮。盖于去岁鸠工重修，今方落成也。门首有大禹圣德碑一方。殿旁古柏参天，拾级而登，遂至正殿，中塑禹像，高约数丈，殿亦伟敞，柱可二人抱，雕梁画栋，诚巨构也。闻昔时殿有梅梁，《晏公类要》载：梁时修禹庙，欠一梁木，忽有风雨浮一木至，乃梅梁也。而《名胜志》则云：梁乃鄞县大梅山梅木，张僧繇画龙于上。后龙入镜湖与龙斗，乃以铁索锁于柱。余觅而未得，询诸土人亦无知者，为之怅然不已。殿左侧有御碑，为乾隆南巡时所书。左行拾阶，一亭曰窆石，中置巨石，玲珑可爱。石上刻字遒遍，惜多腐蚀不可辨认。亭左土冈隆然，前立短石二，一刊"禹穴"，一刊"石纽"。明郑善夫[3]《禹穴记》载，禹穴为昔黄帝藏书处，禹治水至稽山，得《黄帝水经》于穴中，按而行之，而后水土平，禹既平水土，会诸侯，稽功于涂山，寻崩，遂葬于会稽之阴，故山曰会稽，穴曰禹穴，至今窆石尚存。后二千余年，而司

---

〔1〕 俞启元：字梦丹，号端庵，浙江绍兴人。清光绪中任刑部郎中，以知府分省补用，任江苏候补道。善书画。

〔2〕 张钟湘：其人不详。

〔3〕 郑善夫（1485—1523）：字继之，闽县（今福建福州市）人。弘治十八年（1505）进士，官至南京吏部郎中，擅书画，有诗名。

马迁来探书禹穴，归而作《史记》。文章焕为百代冠，说者谓是山川之助云。陵左近设禹陵小学，闻教员学生约百余人。

出禹陵已六时余矣，未及游东湖，遂于夕阳影里返棹入城，夜宿五云旅舍。今日自晨至暮未暇进餐，枵腹跋涉，体力甚惫。

四月四日雨，游东湖及大佛寺，夜宿新昌。

六时洗盥毕，天色甚阴。自五云站沿公路东行可七八里，见一山，岩壁峻嶒。询之路人知为稷山，下即东湖，亟南向行，半里而至稷庐，清陶浚宣[1]先生别业也。门联集句云："门前学种先生柳（王摩诘），岭上犹横隐士云（李义山）。"入门竹径曲折，一阁曰小停云馆。左前一楼，外筑平台，联云："万绿如潮仰见飞瀑，一碧无底下有潜龙。"台前湖水一湾，澄碧欲绝。倚栏四眺，不觉尘怀为之一爽。湖南削壁垂冈，幻变奇秀。自小停云馆右行，有阁曰水乐庵。后壁书"宾花邻水"四字，再右行一短墙联云："此是山阴道上，如来西子湖头。"语殊切景。过饮渌亭，遂入湖中。湖旁断壁深潭，不可胜数。余为摄影数帧以志泥爪。按《宝庆会稽县志》云，稷山在县东五十三里，称山南，旧经名秒山。昔越王种菜于此，或曰勾践斋戒坛也，故亦称斋台山。湖西有堤曲折可爱，一时高歌徘徊，竟不忍去，胜迹恋人之深如此，此次匆促来游，未携舟楫，故湖中小桃洞、稷山，仅能作一远望而已。八时离湖入城，途中遇雨。

十时二十分，自五云站乘绍曹嵊长途汽车离绍，过樊江后雨稍止。十一时四十分过曹娥，雨声复大，抵蒿坝换车向南行。两旁山岭俯仰，烟云迷茫，雨景甚佳。又数十里，地势渐高，车行坡上，如入万山丛中。一时五分过嵊县，越桥换车，二时抵新昌，即住城内通惠旅馆。

三时偕蔚岚出通会门西北行，越南明山，岭头有亭曰翠浪，联云："倦憩客犹勤访寺，幽栖我欲废阳城。"又"一亭风月新诗料，四面云山古画图"。余等于此稍息即行。下坡后，一角红墙隐露于万绿丛间。续行数十步遂抵大佛寺，山门米芾书"南明山"碑一。门内修竹成林，空翠欲滴。右行一碑书"朱子旧游处"。拾级而上，有洞名隐岳，巉崖壁立，朱子[2]尝书"天柱屹然"四字。因字迹剥落，恐日久堙没，近已移拓山门。下隐岳曲折前行，遂抵大

---

〔1〕 原文为"陶宣浚"：应为"陶浚宣"。陶浚宣（1846—1912）原名祖望，字文冲，号心云，别号东湖居士、稷山居士，浙江会稽（今绍兴）人。清末著名书法家。清光绪二年（1876）举人。曾出任广东广雅书院山长，创办通艺学堂，为秋瑾鸣冤。有《稷庐文集》。

〔2〕 朱子：即朱熹。

雄宝殿，殿系倚山而筑，其形似塔，内一石佛，缘山凿成，高伟无匹，即所谓大佛者是也。《嘉泰会稽志》载：齐永明中僧护，凿石造弥勒像，建寺号石城。梁天监十二年像始成。又于《越新编》载：护始到，夜闻钟磬仙乐之音。又时现佛像，炜煜可骇。由是启愿凿百尺弥勒像，像成，端严伟特，名闻中外。其最异者，像自石中凿出，今佛身之后，石壁之上，有自然圆晕，如大车轮，正当佛首，而四方阔狭一同，无毫厘差。佛身高广，则僧端辨尝记之云：像高一十一丈，广七尺，深五丈，佛身通高十丈，座广五丈有六尺。其面自发际至颐，长一丈八尺，广亦如之，目长六尺三寸，眉长七尺五寸，耳长一丈二尺，鼻长五尺三寸，口广六尺二寸。从发际至顶，高一尺三寸，指掌通长一丈二尺五寸，广六尺五寸，足亦如之。两膝跏趺，相距四丈五尺。壮丽殊特，四八之相，罔弗毕具，天下鲜可比拟。殿前一额曰"大庄严相"，为曾国荃[1]手笔。佛旁联云："百尺金身开翠壁，千年石罅泻空声。"殿右有新社，莳花筑亭，结构楚楚，四时三刻循原路。

　　寻赴县府访白深柜县长，闻黄炎培、郭步陶诸先生，已于昨日过此。并承示我游天台山路径甚详。余等原拟步行至天台县，再由县入山。惟往返需时过多，故决弃天台县，自新昌雇轿直赴台山。白县长又以香汛初下，恐道路不靖。特派卫并〔弁〕二人护送入山，以防意外。如此盛情，铭感无既。返寓后雨复大作。

　　四月五日雨，入台山，夜宿万年寺。

　　今晨雨犹未止，蔚岚有难色。余则力主入山，忆昨晚白县长言，此去台山，路险陂恶，行李不便。幸沿途各寺馆食宿均佳，可不必担簦[2]。惟山中气候严寒，须多带衣衫，遂将行李寄存县内。仅御棉袍，携小箱一，摄影机一。八时许弁卫来，即乘轿出城，行五里雨稍止，溪流渐多，涧声淙淙不绝。忽忆今日为旧历清明，遂于舆中赋诗一首。

　　十五里，雨复作，途险泥滑，步行不易。又二十余里遇一涧，轿不能过，即舍而步行。讵石滑流急，余与蔚岚俱失足堕水。跃起后，鞋脚尽湿。十二时抵班竹午饭。

　　饭毕续行，峻岭重叠，烟云迷漫。在雾中行者凡十余里，可谓入仙境矣。

---

〔1〕　曾国荃（1824—1890）：字沅甫，号叔纯，湖南湘乡人。贡生出身，曾国藩九弟，湘军主要将领之一。历任陕西、山西巡抚、署两广总督、署礼部尚书、两江总督兼通商事务大臣，加太子太保衔。谥"忠襄"。

〔2〕　簦（dēng）：古代一种带柄的笠。

沿途空山荒寂,了无人迹,惟到处闻松涛泉声耳。今日风雨时作时止,山顶烟云,瞬息万状,岫岭烟景,得以饱览无余。二十里过清凉寺,又三十里抵万年寺。因日暮遂止宿,自新昌至此计程九十余里。

万年寺住持道心,接待甚周。晚间素餐尤为可口。数年前谛闲法师尝驻锡于此。寺有藏经楼,明万历十五年,李太后赐藏经,知县毛鹤腾[1]建阁,收藏颇富。惜客岁遇火,经典悉遭焚如。入夜雨声淅沥,用采莼[2]师韵,成《买陂塘》一阕。

四月六日晴,游石梁瀑布及铜壶滴漏并上华顶、登拜经台,夜回宿中方广。

五更梦醒,闻天色已霁,不禁大喜。八时离万年寺,一路山色泉声俱有喜态,遂作五古一章。十时抵中方广寺。石梁即在其下,梁作穹形,背狭而险,人行其上,悚然欲坠。壁间题刻甚多,然字迹肤浅,不可得辨。惟"万山关键"及"前度又来"二额,隐隐可见,笔力遒劲,不悉何人所书。梁下飞瀑奔腾,浪花如雪,天台胜境当以为最。余与蔚岚立梁下观赏久之,但觉水势奇放,寒气逼人,不禁叹为观止。

十一时自中方广东北行,山岭崎岖,陂道险恶。幸煦风和畅,得以攀历忘苦。五里遇溪,折向北行。忽一石自对岸斜出,形似桥而中断。询之路人,知为断桥积雪,台山胜景之一也。又五里,崖益峻而途益险,口渴甚,即取泉水饮之,甘香清洌,精神大振,复鼓勇循溪前行,得一竹坡,缘坡下之,遂为铜壶滴漏,水瀑从石涧下泻,旋转曲折者凡三,始入一潭。潭上峭壁直耸,水自壁坳中迸裂而出,声轰如雷。余谓石梁雄伟,而铜壶奇丽,可称各有其神。闻瀑下里许,有水珠帘者,亦甚神奇,惟势较比二者为散缓耳。余等因今日尚须登华顶,恐时间不及,亟折回。归途过竹筏桥,仰观石梁飞瀑,如来天际,停足久之始返。

中方广住持慧明延入昙华亭品茗,听亭下瀑声隆隆,几疑置身物外也。午饭后,越岭至华顶讲寺,稍憩即偕蔚岚上华顶。华顶,天台山之最高峰也。《天台山志》云:天台山高一万八千丈,周围八百里,山有八重,四面如一。西

---

[1] 毛鹤腾:字翰伯,广东博罗人,隆庆四年(1570)举人,历任教谕、天台知县、左州知州、赣州通判等。

[2] 采莼:即吴汉声(1881—1937),庠名文藻,字采人,别署莽汉、莽庐、采莼,私谥文曜先生,上海崇明人。毕业于半泾园上海速成师范班,于南洋大学附属小学、唐山交通大学、南洋模范中小学等校任教 30 余年。有《词学初桄》《词学初阶》《莽庐词稿》等行世。

南最高峰曰华顶。《赤城志》载：华顶为天台第八重最高处，高一万丈，少晴多晦，夏有积雪。沿途荒草靡靡，地势益峻，十步九息，计耗一小时半始达其巅。上有拜经台旧址，登高一望，远近青山俱来脚底，云峰烟岫，蔚为巨观。台旁一庵，围以石墙，颇整洁清静。门外立"隋智者大师拜经处"及"天台第一峰"碑各一。寺僧迎至楼上用茶，味极清香。余开窗远眺，见东北天际峰缺处，一线作浅黄色，询之知为东海，始信华顶之高，去天非远。闻于此观东海日出，霞彩绚烂，最为奇胜。惜时间匆促，未及一睹斯景耳。座间寺僧为述台山掌故甚详，闻台山系隋时智者大师所开，师常居华顶拜经礼佛。因山中狼虎为患，遂筑伏魔塔以镇之。今此塔犹在庚北也。实则居天台之最早者非智者，而系定光。按唐梁肃《天台智者大师碑》载，大师讳智顗，字德安，时号智者，以隋开皇十七年示寂于山。又《景德传灯录》云：智顗，荆州华容人，姓陈氏，七岁闻诵《法华经》，即随念之，七卷之文，宛如宿习，于果愿寺出家。齐乾明元年，谒大苏山慧思[1]禅师，思一见谓曰：昔灵鹫同听法华，今复来矣。即示以普贤道场说四安乐行。师入观三七日，心豁然，以所悟白思，思曰：非汝弗证，非我莫辨。太建元年，往金陵阐化。凡说法不立文字，以辨才故，昼夜无倦。七年隐天台山佛陇峰，有定光禅师先居此峰，谓弟子曰：不久当有善知识领徒至此。俄而师至。宣帝建修禅寺，割始丰县租，以充众费。及隋炀帝请受戒，乃号师为智者。

此去天台县附近，有赤城、栖霞、国清寺诸胜。因往返需时，不及行。四时下华顶，回至中方广，明日决自此折回新昌。抵中方广后，复偕蔚岚坐石梁右角观瀑，迨日暮寺僧促饭始去。夜宿昙华亭，卧听亭下飞瀑，喜不成寐。

四月七日晴，别台山还抵新昌。

拂晓就道，明月在天，寒风飒飒，万籁俱寂。瞑中望群山林石，似在梦里。行十余里，天渐明，回首石梁飞瀑，犹隐隐在耳。经尼姑岭，见峰外白云迷山漫谷，潋滟似海。十五里，过地藏寺稍憩，寺内联云："说法堂中龙能侧耳，谈经案下虎亦低头。"语意甚佳，十二时抵太平庵，寺僧文安，以长生果相向〔飨〕，味香脆可口。饭后过会墅岭十余里，遂出山，山下气候甚热，较之山中判若二季，即泉水亦不复在山时之清丽矣。在山泉水清，出山泉水浊，信哉。四十里至新昌，日犹未暮。

---

〔1〕慧思(515—577)：南北朝时高僧，俗姓李，河南豫州武津（今河南上蔡县）人。他15岁出家，20岁受具足戒，研习《法华经》和各种大乘经典，注重禅法实践、义理推究，讲求定慧双修。弟子众多，以智顗最著名，后世尊为天台宗三祖。

　　余等拟明晨离此，转沪杭甬铁路游宁波、奉化等处名胜。因春假将罄，特函学校告假一星期，以竟此游。

……

天台四明游草（节录）〔1〕

途中清明遇雨

　　峰回路转溪出流，云锁山昏雾不开。今日寻幽行缓缓，斜风细雨入天台。

过清凉寺口号

　　栗烈东风似剪刀，山深三月御重袍。寒钟细雨清凉寺，来听松声万顷涛。

自万年寺至中方广坐昙华亭观石梁飞爆

　　今日喜无雨，雾散峰可数。山背起霞辉，岚气益和煦。累累溪边石，淙淙涧间潄。一路石与泉，欲对春风舞。彤木兼奇松，苍翠若相补。攀缘涉古道，快游生末睹。寺影远摇红，苍凉形构古。院旁千竿竹，空翠入眉宇。楼下有石梁，瀑自梁下吐。其势若汹涛，奇险不可堵。其声若奔雷，如怨复如怒。又如泻长流，雄伟张万弩。或戍关塞外，沙场闻战鼓。与僧共饭罢，危坐北窗户。山高绝飞鸟，丁丁闻樵斧。

游铜壶滴漏瀑布

　　一路饶松竹，巉崖此历攀。微风来腋下，寒气扑眉间。山裂云能补，泉清心自闲。听涛诚胜事，枯坐不须还。

登华顶放歌

　　频年游吴楚，登山苦不高。东来数千里，遂与此峰遭。松径何奇险，攀历亦劬劳。夹道生灵芝，崖壑削危敖。脚下浮青嶂，群峦争来朝。天台千万峰，惟此最嶕峣。陟山穷梯磴，瀚云欲涌潮。以手扪星斗，直

----

〔1〕　本书只节录与游天台山相关者。

许与天交。兹顶真峻绝，独立耸青霄。昔隋智者师，浮海来荒坳。筑台勤礼佛，神鹤相鸣翔。虎豹皆敛迹，郁魔咸遁逃。仙灵居胜境。太古郁精苗。至今拜经台，荒址尽蓬蒿。名山萧索甚，碣石半残凋。此时望东海，水光天际遥。江涛峰口露，一白如鹅毛。绝顶云来去，变幻舒彩毫。得揽此奇胜，登临亦自毫〔豪〕。置身最高处，俗虑一时消。临空欲长啸，山风发怒号。

夜面中方广听楼下飞瀑喜不成寐

禅房一榻足千金，古寺苍凉夜色侵。万顷泉声如击鼓，半窗松影欲鸣琴。哀猿啼月清烦虑，老衲烹茶助苦吟。笑我昨宵浑未寐，拥裘听瀑到更深。

台山道中

百万松峦翠接天，烟霞是处足流连。白云飘渺遮溪石，野鹤翔翔舞紫烟。隔壑泉声听作雨，入山行迹望疑仙。东来忘却征途苦，无数风光到眼前。

买陂塘

夜宿万年寺用采莼〔1〕师韵

莽云房、一窗风雨，数声鹍鸠林际。松涛篁韵箫骚甚，胜景当前漫赋。高卧处，对佛壁孤灯，深意留毫素。仙猿相侣，任击节高歌，把尊低咏，豪兴殊难阻。

休更问，山外人间何世。愁情牵惹千缕，登临到此消尘梦，檐下雨声如诉。堪小住。幽胜地、名山一笑成今古，寒钟欲语。看灯火昏黄，夜阑人寂，鹤唳度空去。

---

〔1〕 采莼：即吴汉声。

天台之游

郭步陶

　　载于东南交通周览会宣传组编《东南揽胜》，全国经济委员会东南交通周览会 1935 年铅印本，第 21—26 页。郭步陶（1879—1962），原名成爽，后改名惜，字步陶，别署景卢，四川隆昌人。近代著名新闻记者、新闻研究者。曾任复旦大学教授、四川文史馆研究员、辽宁文史馆研究员等，著有《编辑与评论》等。本文的游览起源与黄炎培《之东》同，即民国二十三年（1934）春黄炎培、郭步陶等应浙江建设厅的邀请，作浙东之游。四月四日，郭步陶一行到达天台，四月七日游毕，郭步陶返程回沪，黄炎培等则继续往游雁荡。本文原附有龚竹贤拍摄的铜壶滴漏、水珠帘龙游规、松林晚瀑等照片 3 幅。

一、云世界

　　四月四日，在向天台前进的路上，濛濛的细雨，不断的在那里飘着。心里很怕它越下越大，于是对于山边的云，格外注意。那时的云，不知从那里来的？竟是那样的多。路是曲折宛转，跟着山，兜圈子。云是白茫茫的，铺满了四围的山谷。远点的山，都被白云埋着了，看不见踪影。近点的山，有的被云围着半身，有的仅仅露出一小半，有的只有一个山尖，可以看见。那种形状，好像犬牙，又好像锯齿，真正不知道怎样形容才好？身子慢慢的走到山的最高处，一切的云，都在我的脚下了。那时觉得云走的非常快，变化也甚多。有时好像一群野兽，怒目张牙，要来夺人而食；有时好像龙吟虎啸，各自在那里飞舞；有时好像山崩地陷，一齐落将下去；有时好像波翻浪涌，一齐飞将起来；浓的时候，好像堆着无量数的棉花，把山林川泽，都遮的一个缝儿也看不见；淡的时候，好像一层薄纱，蒙在山峦的面上。古人说："夏云多奇峰。"又有人做篇云海的文章来形容它。我觉得这云的神奇，不仅是像峰，不仅是像海，简直可说是云世界了。是日宿天台山麓的万年寺。

二、石梁飞瀑

五日清早，走了十来里路的光景，见一伟大瀑布，和从前所见过的，迥不相同。下来一看，原来是天下驰名的石梁飞瀑。在石梁上下，有三个方广寺：上方广寺，是在石梁上面的，寺的前面，有一水，向北而流，便是金溪。金溪是石梁飞瀑的来源的一个。石梁就在这寺的北边一百多步的底下，俯首而看，似乎就在眼底。中方广寺是在石梁面前的，金溪和大兴坑就在这里会合，这里石岩约有四层，每层有二三尺高，一丈多宽。每层都有可以蓄水的地方，但势稍倾斜，弯转而下。水从一丈多高冲下，随着便激了起来，成为雪白的浪花。激到倾斜的地方，水势不能留，便又冲了下去，随冲随激，随激随冲，经过四个转折以后，雪浪的势越是大，激冲的水声越是响，而岩石也更加高。瀑布到了这里，把四层的浪花，聚在一起，然后激将起来，成一最大雪浪团，向着石梁喷去，撞着石梁，又复打了回来，急急的带着雪浪，往下滚去，这就是石梁飞瀑所以成为奇观的大概情形。石梁也是山岩的一石，并不是人工所造的桥梁。不过在瀑布流到第四层，有一大石，横在前面。大石的下面，好像从岩石上切开的一样，自然成一弯弓的形势，水就从那里流将下去。因为形状和桥梁一样，所以叫做石梁。石梁约二丈多长，四五寸宽，靠石岩的一头，有一铜殿，约四尺高，说是明天启年间，太监徐贵等所施造的。石梁下，是一五十余丈的深潭。在石梁上往下看，很可怕。石梁旁边，有路可往下走。走不远，便到下方广寺。在寺门外，仰首上望，好像半空中，雪浪怒喷，跟着又有雷一般的水声，在头上盘旋。在那里细细观看，没有石梁上面的危险，且有诗情画意，随之而生。齐周华氏游观到此，曾有诗道：

> 石梁处处足徜徉，尤妙探奇在下方。飞瀑寺前晴亦雨，昙华云际远偏香。一帘诗画悬空碧，万古风雷撼彼苍。我欲卧游支枕看，第三松畔设藤床。

这首诗描写仰看石梁飞瀑的情形，可以算是淋漓尽致了。

三、铜壶滴漏和水珠帘

铜壶滴漏和水珠帘也是天台山中数一数二的名胜，离石梁飞瀑都并不远，但是途中水很多，非涉水不能过去，还要翻两重大石。然后可达到铜壶滴漏的地方。所谓铜壶滴漏是在山岩的半空中，有一个大石头像一个瓮的样子，口很窄，中间很大。从很高的地方流下水泉，再从瓮的底下，一点一点的滴将下去。下面又有小一些像瓮的形状的石头，颜色深绿而微黑，和古铜有些相像，所以就叫他这个佳名。确是有几分象形的意思的。下去很不容易，在瓮口往下看，碧沈沈的不知道有多少深，真教人汗流浃背。铜壶滴漏再过去就是水珠帘，路更难走。到了之后，见有数十丈高的岩石，水从它那里喷将下来，声音清越可听，形状也和珠玉一般的圆润可爱。叫它做水珠帘，也可算是名实相副的。回到石梁飞瀑，再走十五里，就在华顶讲寺借宿了。

四、华顶

华顶是天台山最高的地方，要看日出的，一定要住拜经台，夜间三四点钟就起来准备，我们这回来游，正是落雨天气，日出料不能看见，就在讲寺住下，没有当晚赶上去。谁知六日早起，却是一个大晴天，心里十分懊恼，不待早餐，便结伴上山。走了三四里，都是高坡。到了山顶，不觉通身大汗，但略一憩息，又觉冷不可当。智者大师的拜经台，已看不见，只有拜经处的碑还在。绝顶处有一塔，名叫降魔塔。这里风最大，气候最寒，塔旁草上，多有冰块。前人多说："在这里可以望见东海。"其实这里距海还有几百里，如何能够看见？又说："四围的山峰，不论远近高低，都向着这里奔赴。好像一朵花，四围的山，都是花瓣，这里才是花心的顶，所以叫做华顶。"这话却很对的，因为地位高，风力紧，云到这里，都停留不住，或来或去，每每飘忽不常，雨雪阴暗，变化非常容易。所以无论游玩或烧香，非备了冬季衣服，不敢轻易上来。塔旁有一茅庵，进去小坐，见一老妇，戴风帽，穿厚棉衣，手提铜火炉，在那里礼佛念经。回头看看自己所穿的衣服，就不免打个寒噤了。出庵，往山下走，见风送云飞，转眼就不能看见。天台八景里所说的"华顶归云"，恐怕就是这样吧。经过药师庵，略看李太白读书处和王右军墨池等古迹，再回到讲寺，早餐。

五、螺溪钓艇

从华顶讲寺出来，走过好几个山冈，风都很大，据当地的人说：近华顶寺的地方，有一山冈，名叫揭桶档，常年都有大风，不容易渡过。浙江有句俗话道："风吹揭桶档，水牛吹过冈。"我们这回所过的，不知道是不是揭桶档？但是转念一想，横竖已经过来了，就是揭桶档，又怎么样。现在我们所要看的，是"螺溪钓艇"。由小路折向大路，经过真觉寺，到高明寺，约走了三十里路光景。真觉寺又叫塔头寺,寺内有智者大师的真身宝塔,门外有甘泉井,寺旁林木,很芴茂[1]可观。螺溪钓艇就在高明寺侧近,约五六里的地方。这个名胜,现在所能符合的,只有"螺溪"两字。"钓艇"的形状,原来是一条古木,在空中横斜着,有老藤缠绕,好像一个钓鱼的小船,并不是真的有什么"钓艇"。可是现在这个古木和木上的藤条,早没有了,还有什么可以叫做"钓艇"呢? 至于"螺溪",那是从山石和溪水凑合的状态而来的。那个地方,有一个石岩,上有莓苔等铺满,颜色略带紫黑的光景,远远看去,和笋子相像,所以就叫它石笋。石笋的一面伸到涧底。水向石笋冲激,才流到峡中。那种状态真好像螺蛳向下倾饮水中,所以就叫它"螺溪"。

六、高明寺和国清寺

高明寺的大殿,有铁铸的三尊佛像。相传这三尊佛像,运到海时,曾经沉没了一百多年,后来费了多少人工,才由水里起出来,运到寺中。细想佛像那样大,又是铁铸的,当然很有些斤两,这里山坡又多陡峭,怎样能运送到寺? 真亏煞前人了! 又到不瞬堂,看寺中的世传三宝:一是隋炀帝所赐的袈裟,一是金钵,一是《贝叶经》。贝叶的样子,和竹箬差不多,夹在木上,经文很细,都是梵文。寺的左面有一洞,名叫圆通,因为无尽灯大师曾在这里注《圆通疏》的缘故。洞系用石架成的,洞外有古松很多,齐周华游到这里,曾做诗道:

> 一石当空两石扛,居然石屋豁天窗。著成止观心无碍,坐到忘机虎亦降。风透自能消宿障,月明何处看银缸? 玲珑悟澈山灵窍,洞外青松尽宝幢。

看了这首诗,洞的情形,当可更加明瞭了。日已将西,即下金地岭到国清寺,计程约十五里。金地岭的前面,原有金地寺,世俗所传定光招手石就在那里。现在寺已荒废,没有方法寻找遗迹了。

国清寺是天台山最有名的寺院,初开山的时候,本叫天台寺,后因智者大师有谶语道:"寺若成,国即清。"所以改作国清寺。寺的前面,有五个山峰:一八桂,二灵禽,三祥云,四灵芝,五映霞,都很清秀可爱。寺的左右有两道溪水,流到寺前,合而为一,向西而去。大雨之后,山水陡发,两水争流,激

---

〔1〕 芴(wù)茂:繁茂。司马相如《上林赋》:"于是乎周览泛观,缤纷轧芴,芒芒恍忽。"孟康注曰:缤纷,众盛也。轧芴,致密也。

成波澜，很可一看。一般人所传说的"双涧回澜，五峰竞秀"，就是指这里景致说的。大雄宝殿里，有十八尊罗汉，第十五尊罗汉，曾经数次崩坏，世人传说，都是应在一代有道行的人身上。这些附会的话，我们可不必多所追求。大殿的左边，有一间屋，光线很不好，是为伽蓝殿。据说，朝山的人到这里，都到这屋来祈梦。寺内有一大锅，厚可寸余，大可容一间屋，相传为观音大士炊米漏沙之锅。记得宁波的天童寺中，也有这一个传说，不知这两处的锅究竟那个是真的观音大士所留下的？

七、赤城和桐柏宫

七日早，由国清寺动身，寺僧拿王羲之所书的大鹅字，和菩提珠相赠。这两样东西，都很名贵。鹅字是从寺壁上拓下来的，别处也有王字，难得这样的大。菩提树是天台特产，别处也不容易找得着的。出寺行五里，经过拾得岭而到赤城，远远望去，不过是山岩有一部份〔分〕略带方形，颜色有些带红，几乎和山陕一带的荒山相仿。走近了一看，山石的嶙峋，和鲜红的土色，全出天然，确有可观。山坡随岩石曲折，向上而走，说是有十八盘，很狭窄难走，现在已开宽许多。山上有上中下三层洞，下岩洞名紫云洞，在山下，有"赤城栖霞"四大字。洞口有岩水下滴，中有大佛一尊，作开口大笑形状。中岩洞在山腰，有两洞：一名香云洞，一名瑞霞洞。有金钱池、穿剑岩等古迹。上岩洞在山的绝顶处，俗名就叫上洞。洞旁有一塔，高约十余丈，相传梁岳阳王妃所修的，可以算是塔的最古的了。赤城的景致，都在外面，似乎太露。明王季重[1]对它，多有不满的话，却是对的。

由赤城行三十余里，到桐柏宫，桐柏宫就是崇道观，因桐柏岭而得名。我们到过许多的僧寺，这才是道士观。自古以来，道家在这里得道的很多，如吴的三真[2]，唐的十友[3]，宋的张紫阳等，都是很著名的，叫它东南道家的祖庭，是可以的。四围的九个著名山峰，依然没有改色。女梭溪的溪水，还在门前照样的长流，可是观中的巍巍宫殿，却十分之九看不见了。山门外的碑亭，虽还存在，一进一进的石阶，虽还有些遗迹，而眼前所见的，只有一片麦田，和一些散乱的砖瓦石磴而已。最上一进为东西道院，略有一些新修

---

〔1〕 王季重：即王思任。

〔2〕 吴的三真：指三国、晋朝吴地三位高道左慈、葛玄、葛洪。

〔3〕 唐的十友：陈子昂、赵贞固、卢藏用、杜审言、宋之问、毕隆泽、郭袭微、司马承祯、释怀一、陆余庆，号"方外十友"。见计有功《唐诗纪事》卷八。

的房屋,院中所堆积的,多是草根菜叶,院中人的生活,可以不问而知。西道院有殿三间,中供伯夷、叔齐像,旁供司马子微像。夷、齐像为石刻,背后刻有"伯夷、叔齐"四篆字。据明台州府知府张廷臣考《赤城旧志》所载,系因夷、齐死后,为九天仆射,治天台,绍兴间,建祠于此,祠旁有碑纪其事,虽模糊尚可辨认。

八、琼台的险和桃花源的诗

从桐柏宫出,行三里许,经过藕田塘址、百丈坑等地,渐渐近琼台。琼台是天台山最奇险的名胜,从前游过的人,有的把削瓜的形状来比方,有的说像剖开的蜂窝,有的说像一个大骆驼伏在山谷的中间。是一石冈尽头的地方,有一石岩,挺直的立着,走下去约有几丈深,几乎全是沙石,就有些草,也一拿就脱,手脚没有用处,只有率性坐下,用手抵着,慢慢的滑到底下。过去几尺,地势又微微的斜着上升,几丈高全是沙石,连一根草都没有,只有一步一步的慢慢往上移动。有时竟是前面要人挽,后面要人推,才能站得住脚。这样努力的到得上头。再往下走不远,看见两个很大的石头,竖起约一丈多高,就是所说的琼台了。台上有马鞍石、仙人座,都是一些石头,游人替它起了好名字,来点缀名山的。听说这个地方,从前因为康有为要来游玩,曾经修理过一回,险的程度,已减了好些了。

琼台看罢,本来还想到桃源洞去一访刘、阮的仙迹,但是时候已来不及了。只得就往白鹤店投宿,结束了天台之游。偶然忆着几首咏桃源洞的诗,就写在下面,算意游吧。

元稹诗

芙蓉脂肉绿云鬟,琼玉楼台翠黛山。千树桃花百年药,不知何事到人间?

徐汉[1]诗

万峰耸翠白云封,遥望秾桃杳雾中。仙子不知何处去?溪流犹带落花红!

---

〔1〕 徐汉:字德章,浙江衢州人,崇祯年间贡生。曾任新昌县教谕、黄州教授。

吕华[1]诗

未登天姥峰，先览赤城霞。云霞蔚不散，乃护仙人家。仙人多绰约，深居饭胡麻。奈何遇刘、阮，尘心一以遮。兹事殊荒唐，我闻出齐谐。涓涓溪流水，灼灼桃树花。景物皆不改，仙人去何遄？感兹忽惆怅，驱车日西斜。

天台道中
江家球[2]

栉风沐雨夏犹寒，绝巘悬崖取次攀。一路松声与泉响，真疑梦里到家山。

葛闳峰头口占
江家球

停舆还一览，细雨尚濛濛。有石形皆怪，无山势不雄。路纡逢牧笛，树远渡禅钟。更爱涛声好，风前处处松。

石梁飞瀑
江家球

飞瀑从天降，奔腾到眼明。石边看滚滚，风里觉泠泠。名以梁为重，声应磬与清。神斤定相假，不尔凿难成。

---

〔1〕 吕华：明代新昌人，其余待考。

〔2〕 江家球（1893—?）：字贡先，江西婺源人。毕业于江西测绘学堂，曾任兵役部参事、军政部少将秘书。著有《逊遁吟》等。

天台游记

俞剑华

　　载于东南交通周览会宣传组编《东南揽胜》，全国经济委员会东南交通周览会1935年铅印本，第16—18页。1934年4月，俞剑华、林语堂、叶恭绰、黄炎培、潘光旦等应东南五省交通周览会之请，遍游浙东西、皖东名胜，归上海后即编辑出版《东南揽胜》，江家墀、赵君豪主编，全国经济委员会东南交通周览会发行，刊期数目不详。俞剑华（1895—1979），乳名德，学名琨，字剑华，后以字行，山东济南人，美术史学家、画家。曾任国立暨南大学教授、南京艺术学院教授、中央美术学院研究员等。擅长山水，尤精美术史论研究，著有《中国绘画史》《国画研究》《中国画论类编》《中国壁画》等。本文刊载时附有作者所绘《石梁飞瀑》一幅，整理时录入。

　　四月四日夜，宿于天台山北麓之万年寺，大雨终宵，衾枕为湿。诘旦，雨仍未止，沿山傍溪而行，琤琮溪水，万壑争流，默念雨中瀑布必有殊胜。登凤凰岭，抵方广寺，寺有上中下三。中方广临石梁瀑布（图1），形势最佳。两溪奔腾而来，会于寺外，稍一停伫，遂穿石梁飞跃而下。下则陡壑数十丈，巍巍浩浩，如虎啸，如狮吼，如万马齐奔，如群雷争鸣。结构之奇，气势之壮，于此瀑叹观止矣。瀑心激成水壁，高可数尺，夭矫如龙，是曰神龙掉尾，尤为他瀑所无。石梁横跨瀑上，如虹垂鲤跃，长可数丈，脊阔乃不盈尺，行其上栗栗然，心胆俱碎。尽端有铜庙甚小，四周竹木苍翠，梵宇森然。天台结胜，在此一瀑，诚不虚也。

　　饭后出寺绕山涧，穿田埂，上高岭，下深壑，阴雨未已，溪流甚大，深不可揭，或负或厉，衣沾履濡，满身泥涂，时欲中止，仍复前进。忽见大石重叠，当溪而立，中空一窦，水自窦中怒喷而出，其下大石如卷轴而辟其三之一于左侧，水坠卷轴中，如银蛇被执，翻滚不已，是曰铜壶滴漏。观者须卧身大石上，絷足探首方可得见，见则目眩神骇，不可久视，其神奇未易以笔墨形容也。自是而下，奇潭异瀑，目不暇给，而以水珠帘殿焉。帘高数十丈，水大与石梁瀑布等，溅为珠玉，喷为云雾，观者如浴身蒸气中。帘旁石凹如槽，长可三丈，阔不及尺，而深倍之。水自槽中飞出，如疋练悬空，是为龙游枧。度其下必多胜景，时促未遑穷也。

回方广已过午三时，乃迅行登华顶，盘山至数十百折，云垂风急，时有吹落之虞。山愈高，风愈大，云愈浓，气亦愈冷，虽御重裘，而齿震体战，殊不可耐。华顶寺在山坳，殿宇多新建，时千僧斋方毕，故佛事尚盛。

六日晨，以畏冷不敢早起，故未得观日出。上拜经台，观智者大师降魔塔，天台绝顶也。万山环拱如曾元，咸出足下，晨雾未敛，浮云归岫，云出山隐，云归山现，如梦如幻，令人不可捉摸。日光照之，映为彩轮。过太白书堂，叩门无应者，入药师庵，整洁可爱。道旁多茅蓬，为浮屠修栖之所，茅厚数尺，式颇古雅。

自华顶寺下五里，循仄径蛇行蚁附，披荆斩棘，路遥行艰，时有行不得之叹！涉涧而过，负者不慎，堕同游顾君于水，衣履尽湿。众乃脱屦赤足，乱流而渡，行二十余里，境渐幽奇，峰渐秀削，巨石当溪而置，大如屋，平如舟，以为即螺溪钓艇也，导者以为非是。又行数里，一峰独立如笋，溪水坠笋下数十丈成巨瀑，瀑与笋相距不过二三尺，水喷笋上，仍复

图1　俞剑华《石梁飞瀑》

射回，曲折翻腾，轰声如雷。手攀崖树，探首下视，水沫成轮，绕笋而出，求其所以为钓艇者无有。导者曰："昔石笋上有悬藤如钓竿，今已不可得见矣。"

攀登高明山，饭于高明寺，观智者大师衣钵及《贝叶经》。大殿中佛像三尊，铸之以铁，运自广东，庄严美妙，不可多觏。饭后下金地岭，宿国清寺。寺在天台山南麓，距县城七里，当入山大道，为游者所必经，殿宇巍峨，古木参天，双涧合抱，一塔孤峙，诚足以关钥全山，领袖众寺者也。寺有大铁锅，直径可一丈，底有洞如钱，漏砂不漏水，托为观音灵迹，其或然欤？

七日晨起，向赤城山进，山半岩石层层作赤紫色，中多洞，洞多庙，崖流滴沥，水色微赤，山顶有塔半圮，未暇细览。循山麓行十余里，见瀑布高悬天半。登桐柏山，山内复为平原，桐柏宫踞其中，为道人修真之所。殿宇零落，虽有重建，十不及一，瞻伯夷、叔齐石像，像在西偏院中，蛛网照面，尘灰积衣，登龛逼视，背镌"伯夷、叔齐"小篆。石白润，非近山所有，相传来自山西，以伯夷殁为九山〔天〕仆射，主天台，故祀于此，莫能详也。

饭后觅导者出宫数里，登岭一望，则岩壑巉巉，如笋如戟，如列屏，如千军万卒比肩而立；其下则陡壑万寻，不见其底，壑中一峰特立，峰下复有一峰相连，再下则大石骈立，乃琼台也。寻径至初峰，顶平广可容百人坐，中一巨石高耸如椅，默念此必仙人座也。导者嘱脱帽去杖，御短衣，易芒鞋。同游者临崖而返，摇首示不敢下。余读前人游记，多状此地之险，以为姑尝试之，不可则已，乃鼓勇而下。初尚有足可着，继尚有手可攀，终则足无可着，手无可攀，坐大石上，以臀下溜，沙石簌簌，欲留不可得。念苟一不幸，则将殒身碎骨，不禁心摇摇如悬旌。久之始至二峰之间，稍平夷，卧而息，息而起，起而复上第二峰，其难跻尤倍于前。沙随足流，石随手倾，攀枝枝折，援草草拔，体战神骇，汗流满面。导者援其手，舆夫托其足，奋勇鼓气，又久之始登峰顶。顶小仅可四五人立，有小松一株，粗如臂，回望同游，鼓掌相勖[1]。稍息又下数丈，有二石对列，中可通人，左镌"琼台"，右镌"双阙"，皆康南海手笔，琼台上有石如马鞍，以为此或又一仙人座乎？而不知所谓仙人座者，乃在双阙之南面，镵石为龛，仅容一人坐，坐其中，四山环绕，苍翠可爱，涧壑之美，为天台最，令人恋恋不忍去。坐久竟忘归去，遥闻同游者呼声，始憬然以悟。归时已精疲力苶，其艰反胜来时，及抵第一峰，手为沙摩，斑斑欲血，裈[2]为石擦，缕缕欲裂。同游相贺，如庆更生。沿山下峻坂，欲寻桃源，一

---

〔1〕　勖（xù）：勉励。

〔2〕　裈（kūn）：裤子。

访刘、阮仙踪，导者语以云封路迷，久无人迹，且时已晏，遂不敢作问津之想，是夜宿白鹤店。

是游自五日至七日，凡三日。天台水之奇在石梁瀑布、铜壶滴漏，然水不大则其奇不显，天乃大雨二日以益之。天台山之奇在螺溪、琼台，天不晴则无可着足，无可寓目，故晴以俟之。雨而不晴，则华顶归云之奇不可见；晴而不雨，则双涧洄澜之妙亦不可见。无风则气不冷，气不冷则不足以显山之高；无日则气不热，气不热则不足以显登山之难。凡所遭遇，似为造物所故为安排者。八日遂别天台而去。

南游日记

郁达夫

载于《文学》1935 年第 4 卷第 1 期。《文学》1933 年 7 月创刊于上海，月刊，由鲁迅、陈望道、郁达夫、叶绍钧等赞助，先后由郑振铎、傅东华、王统照任主编，1937 年因上海沦陷而停刊。郁文（1896—1945），字达夫，浙江富阳人。早年留学日本，与郭沫若一起组织创造社，1921 年出版第一部小说《沉沦》，影响很大。抗战全面爆发之后，辗转南洋，主编报纸，宣传抗日，1945 年 9 月 17 日被日本兵杀害。著作有《郁达夫文集》。1934 年 10 月 23 日，郁达夫和友人王徽乘车自杭州出发，经绍兴、新昌到达国清寺，24 日至 26 日先后游览了真觉寺、石梁、华顶、高明寺、桐柏宫、琼台双阙等景观。本游记对游历记载详尽生动，常为人称道。

十月二十二日，旧历九月十五日，星期一，阴晴，天似欲变。午后陪文伯〔1〕游湖一转，且坚约于明晨侵早渡江，作天台雁宕之游。返家刚过五时，急为上海生生美术公司预定出版之月刊草一随笔，名"桐君山的再到"，成二千字；所记的当然是前天和文伯去富阳去桐庐一带时所见和所感的种种。但文伯不喜将名氏见于经传，故不书其名，而只写作我的老友来杭，陪去桐庐。在桐君山上写的那一首歪诗亦不钞入，因语意平淡，无留存的价值。

晚上，向图书馆借得张联元觉庵〔2〕所辑《天台山全志》一部，打算带去作导游之用。因张《志》成于康熙丁酉年，比明释传灯所编之《天台山方外志》年代略后，或者山容水貌，与今日的天台更有几分近似处。

---

〔1〕 王徽（1887—1963）：字文伯，黑龙江人，与李大钊、胡适、徐志摩、郁达夫等人是好友，长于书画鉴赏。曾任职于劝业银行、中央银行，中东铁路董事长。

〔2〕 张联元觉庵：张联元，字觉庵，钟祥（今湖北钟祥）人。康熙三十年（1691）进士，1712—1720 年任台州知府，主持编纂《康熙台州府志》《天台山全志》等。

翻阅志书，至十时，就上床睡，因明天要起一个大早，渡江过西兴去坐车出发。

二十三日（九月十六），星期二，晴，有雾。六时起床，刚洗沐中，文伯之车，已来门外。急会萃行李，带烟酒各两大包，衣服鞋袜一箱，罐头食品，书籍纸笔，絮被草枕各一捆，都是霞[1]的周到文章，于前夜为我们两人备好的。

登车驶至江边，七点的轮渡未开。行人满载了三四船之外，还有兵士，亦载得两船，候轮船来拖渡过江，因想起汪水云[2]诗"三日钱唐潮不至，千军万马渡江来！"的两句。原诗不知是否如此，但古来战略，似乎都系由隔岸驻重兵，涉江来袭取杭州的。三国孙吴[3]、五代钱武肃王[4]的军事策略，都是如此。伯颜[5]灭南宋，师次皋亭，江的两岸亦驻重兵，故德祐[6]宫中有"三日钱塘潮不至"之叹。若钱江大桥一筑成，各地公路一开通，战略当然是又要大变。

西兴上岸，太阳方照到人家的瓦上，计时当未过八点。在岸旁车站内，遍寻公路局借给我们用的车，终寻不着。不得已，只能打电话向公路局去催，连打两次，都说五百零九号的雪佛勒车，已于今晨六时过江来了。心里生了懊恼，觉得首途之日，第一着就不顺意，不知此后的台宕之游，结果究将如何。于是就只能上萧绍长途汽车站旁的酒店里去喝酒，以浇抑郁，以等车来。

九点左右，车终于来了，问何以迟至，答系汽车过渡不便之故。匆匆上车，向东南驶去，对柯岩、兰亭、快阁、龙山、禹陵、禹穴、东湖、六陵，以及吼山等越中名胜，都遥致了一个敬意，约于他日来重游。到绍兴约十点过，山阴道上的石栏，鉴湖的一曲，及府山上的空亭，只同梦里的昙花，向车窗显了一

〔1〕　王映霞（1908—2000）：浙江杭州人，1928 年 2 月，她与郁达夫在杭州结婚，二人于 1940 年离婚。

〔2〕　汪元量（1241—?）：字大有，晚号水云，钱塘（今浙江杭州）人。原是宋宫琴师，元灭宋，随三宫被掳北去，写下许多纪实诗篇，感情沉痛，语言朴素，后返回杭州为道士。有《水云集》《湖山类稿》。

〔3〕　孙权（182—252）：字仲谋，吴郡富春（今浙江富阳）人，三国时代东吴建立者。孙权称吴王，建立吴国，又因皇室姓孙，历史上也叫孙吴。

〔4〕　钱武肃王：即钱镠。

〔5〕　伯颜（1236—1295）：元蒙古八邻部人，生长在西域。至元初奉使入朝，以才识而被元世祖留为侍臣。至元二年（1265），拜中书左丞相。他统率元军，攻灭南宋。

〔6〕　德祐：南宋第七位皇帝宋恭宗赵显（1271—1323）年号，即 1275 年至 1276 年。

显面目。

离绍兴后,车路两旁的道路树颇整齐,秋柳萧条,摇拽着送车远去,倒很像是王实甫[1]曲本里的妙句杂文。由江边至绍兴的曹娥江头,路向是偏南朝东的,在曹娥一折,沿江上去,车就向了正南。过嵩坝、三界、嵊浦等处,右手是不断的越中诸山(嵋山、画图山等),左手是清绝的曹娥江水,风景明朗,人家也多富庶,真是江南的大佳丽地。十二点过剡溪,遥望着嵊县东门外的嵊山溪亭,下去吃了一次午餐就走。

车入新昌界后,沿东港走了一段,至拔茅班竹而渐入高地,回旋曲折,到大桥头,岭才绕完。问之建筑工人,这叫什么岭?工头说是卫士(或围寺)岭,不知是那两字,他日一翻《新昌县志》,当能查出。在这卫士岭上,已能够远远望见天姥山峰、天台山脉了,过关岭,在天台山中穿岭绕过,始入天台界。文伯姓王,我姓郁,初入天台山境,只见清溪回绕,与世隔绝,自然也生了些邪念,但身入山中,前从远处看见的山峰反不见了,所以就唱出了两句山歌:"山到天台难识面,我非刘、阮也牵情。"因昨天在湖上,文伯曾向霞作过谐谑说:"明儿我们俩要扮作刘晨、阮肇,合唱一出《上天台》了,你怕也不怕。"

午后四时,渡清溪,望赤城山,至天台县城东北之国清寺宿。寺为隋时智者禅师所手创,因禅师不及见寺成,只留一隐语说:"寺若成,国即清",故名。规模宏大,僧众繁多,且设有佛学研究所一处,每日讲经做功课不辍,真不愧是一座天台正宗发源地的大丛林。来陪我们吃夜饭的法师华清,亦道貌秀异,有点像画里的东坡。

这一晚,只看了些寺里的建筑,和伽蓝殿外的一株隋梅,及丰干桥溪上的半溪明月,八点多钟,就上床睡了。

二十四日(九月十七),星期三,晴爽。晨七时上轿,去方广寺看"石梁飞瀑"。初出寺门,向东向北,沿山溪渡岭过去,朝日方照在谷这一面的山头。溪水冲击声不断,想系石梁小弱弟日夜啼号处,两岸山色也苍翠如七八月时。间有红叶,只染成了一二分而已。溪尽山亦一转,又上一条小岭。小岭尽,前面又是高山,山上有路亭在脊背,仰望似在天上;一条越岭的石级路,笔直笔直的穿在这路亭下高山的当中,问之轿夫,说这是金地岭,是去华顶寺、方广寺必经之路,不得已只好下轿来攀援着走上岭去。幸而今晨出发的

---

〔1〕 王实甫(约1260—1336):本名德信,字实甫,大都(今北京市)人。生于金元末年,元代著名剧作家,著有杂剧14种,今存3种,代表作为《西厢记》。

时候，和尚送给了两枝万年籐杖摆在轿子里，到了金地岭的半当中，才觉得这籐杖真有意想不到之效力了。

到了金地岭头，上面却是一大平阪。人家点点，村落田畴，都分布得非常匀称。田稻方熟，金黄尚未割起。回头一望来处，千丈的谷底，有溪流，有远树；还有国清寺门前的那枝高塔——传说是隋时的塔——也看得清清楚楚。再向西远望，是天台县城西北的乡间，始丰溪与清溪灌流的地域，亦就是我们昨天汽车所经过的地方了。岭上的路，分成了三歧，一枝是我们的来路，一枝向东偏南，望佛陇下太平乡的谷底是高明寺（立在岭上寺看得明白），一枝朝北，再对高山峻岭走去，经寒风阙、陈田洋等处，可到龙王堂，是东去华顶寺，西北至方广、万年寺的大道。

金地岭头，树丛里有一个真觉寺，寺门外立有元和四年的唐碑一块，寺内大殿里保存着一座智者大师真身的骨塔，相传大师于隋开皇十七年示寂于新昌大佛寺后，他的徒众搬遗蜕来葬于此地的；传说中的定光禅师在梦中向智者大师招手之处，亦即在这岭头的一大岩石上，现称作"招手岩"者是。

在金地岭头西北一大村落，俗称"塔头村"，因为真觉寺的俗名是塔头寺，所谓"塔头"者，系指智者大师的骨塔而言；乡人无智，谓国清寺前之塔，系一夜中由仙人移来，塔身已安置好了，只少一塔头，仙人移塔头到此，金鸡唱了，天已将亮，不得已就只能弃塔头于此地；现在上国清寺前那枝塔中去向天一望，顶上果有一个圆洞，看得出天光，像是无顶的样子；而金地岭，俗名也叫作"金鸡岭"；不过乡人思虑未周，对于塔头东面的那条银地岭，却无法编入到他们的神话里头去。

我们到了塔头村，看到了这高山上的大平原，以及东西南三面的平谷与远景，已经有点恋恋不忍舍去了；及到了更上一层的俗称"水磨坑""落水坑"上的高原地，更不觉绝叫了起来。山上复有山，上一层是一番新景象，一个和平的大村落，有流水，有人家，有稻田与菜圃；小孩们在看割稻，黄白犬在对我们投疑视的眼光，桃花源上更有桃源，行行渐上，迭上三四条岭，仍不觉得是在山巅，这一点我觉得是天台山中最奇特的地方；将来若要辟天台为避暑区域，则地点在水磨坑、落水坑（陈田洋、寒风阙的外谷）一带随处都是很适宜的。

自金地岭北去，十五里到龙王堂，又十五里到方广寺。寺处万山之中，上岭下岭，不知要经过几条高低的峻路，才到得了。这地的发现者，是晋县猷尊者，后传有五百应真居此，宋建中靖国元年（一一〇一年）始建寺，复毁于火，绍熙四年（一一九三年）重建。其后兴灭的历史，却不可考了。一谷之中,依山的倾斜位置,造了上方广、中方广、下方广的三个寺。中方广在石梁瀑布之旁,即旧昙花亭址。

这深谷里的石梁瀑布的方向,大约是朝西南的,因过龙王堂后,天下了微雨,我们没有带指南针,所以方向辨不清楚。一道金溪,一道不知名的溪,自北自东的直流下来,到了上方广寺前,中方广寺侧的大磐石上,两溪会合,汇成了一条纵横有数十丈宽广的大河;河向西南流,冲上了一块天然直立在那里有点像闸门似的大石。不知经过了几千万年,这一块大石壁的闸门,终被下流之水,冲成了一个弓形的大窟窿。这石窟窿有四五丈宽,丈把来高,水经此孔,一沿石直捣下去,就成了一条数十丈高的飞瀑,这就是方广寺的瀑布与石梁的简单的说明。

上方广寺在瀑布之上。中方广寺在瀑布与石梁之旁,登中方广寺的昙花亭,可以俯视石梁,俯视石梁下的数十丈的飞瀑;下方广寺在瀑布下的溪流的南面,从中方广寺渡石梁,经下方广寺走下去里把来路,立在瀑布下流的溪旁,向上一看,果然是名不虚传的一个奇景,一幅有声有色的小李将军[1]的浓绿山水画。第一,脚下就是一条清溪,溪上半里路远的地方悬着那一条看上去似乎有万把丈高的飞瀑,离瀑布五六尺高的空中,忽有一条很厚实很伟大的天然石梁,架在水上,两头是连接在石岩之上的。这瀑布与石梁的上面,远远还看得见几条溪流,一簇远山,与半角的天光;在瀑布石梁及溪流的两旁,尽是些青青的竹,红绿的树,以及黄的墙头。可惜在飞瀑上树林里撑出在那里的一只中方广寺昙花亭的飞角,还欠玲珑,还欠缥缈一点;若再把这亭的挑角造一造过,另外加上以〔一〕些合这景致的朱黄涂漆,那这一幅画,真可以说是天下无双了。

我们在中方广寺吃了午饭后,还绕了八九里路的道去看了叫作"铜壶滴漏"的一个围抱在大石圈中状似大瓮的瀑布;顺路下去,又看了水珠帘、龙游枧。从铜壶滴漏起,本可以一直向西向南,上万年寺,上桃源洞去的;但一则因天已垂垂欲暮了,二则我们的预算在天台所费的三日工夫,恐怕不够去桃源学刘、阮的登仙,所以毅然决然,把万年寺、桃源洞等舍去,从一小道,涉溪攀岭,直上了天台山的最高峰,向华顶寺去借了一夜宿。

二十五日(九月十八),星期四,晴和。昨夜在寒风与雾雨里,从后山爬

---

〔1〕 小李将军:即李昭道,唐代杰出画家李思训(651—716)之子。以画山水见称,作风工致,有"变父之势,妙又过之"之评,世称李思训为"大李将军",而称李昭道为"小李将军"。

上了华顶。华顶寺虽说是在晋天福元年僧德韶所建,但智者禅师亦尝宴坐于此,故离寺三里路高的极顶那座拜经台,仍系智者大师的故迹。据说,天晴的时候,在拜经台上东看得见海,西南看得见福建界的高山,西北看得见杭州与大盆山脉;总之,此地是天台山的极顶,是"醉李白"所说的高四万八千丈的最高峰;在此地看日出,和在泰山的观日峰、劳山的劳顶、黄山的最高处看日出一样,是天下的奇观。我们人虽则小,心倒也很雄大,在前一晚就和寺僧们说:"明天天倘使晴,请于三点钟来叫醒我们,好去拜经台看一看日出。"

到了午前的三点,寺里的一位小工人,果然来敲房门了。躺在厚绵被里尚觉得冷彻骨髓的这一个时候,真有点怕走出床来;但已有成约在先,自然也不好后悔,所以只能硬着头皮,打着寒噤从煤油灯影里,爬起了身。洗了手面,喝了一斤热酒,更饱吃了一碗面,身上还是不热。问那位小工人,日出果然是看得见的么? 他也依违两可,说:"现在还有点雾,若雾收得起,太阳自然是看得见的。"说着也早把华顶禅寺的灯笼点上了,我们没法,就只好懒懒地跟他走出门去。一阵阵的冷风,一块块的浓雾,尽从黑暗里扑上我们的身来;灯笼上映出了一个雾圈,道旁的树影,黑黝黝地呈着些奇形怪状,像是地狱里的恶鬼。忽而一阵大风,将云层雾障吹开一线,下弦的残月,就在树梢上露出半张脸来,我们的周围也就灰白白地亮一亮。一霎时雾又来了,月亮又不见了,很厚很厚像有实体似的黑暗粘雾之中,又只听见了我们三人的脚步声和手杖着地的声音;寒冷、岑寂、恐怖、奇异的空气,紧紧包围在我们的四周,弄得我们说话都有点儿怕说。路的两旁满长着些矮矮的娑罗树,比人略高一点,寒风过处,树枝树叶尽在息列索落的作怪响;自华顶寺到拜经台的三里路,真走出了我们的冷汗,因为热汗是出不出的,一阵风来穿过胴体,衣服、身体都像是不存在的样子。

到拜经台的厚石墙下,打开了茅篷的门,我们只在蜡烛光和煤油灯光的底下坐着发抖,等太阳的出来,很消沉很幽静的做早功课的钟声梵唱声停后,天也有点灰白色的发亮了,雾障仍是不开,物体仍旧辨认不大清楚,而看看怀中的表,看时候早已在六点之后;两人商量了一下,对那小工人又盘问了一回,知道今天的看日出,事归失败,只能自认悔〔晦〕气,立起身来就走。但拜经台后的一座降魔塔,拜经台前的两块"台山第一峰"与"智者大师拜经处"的石碑,以及前后左右的许多像城堡似的茅篷,和太白读书堂、墨池、龟池等,倒也看的,不过总抵不了这一个早起与这一番冒险的劳苦。

重回到寺里,吃了一次早餐,上轿下山,就又经过了数不清的一条条的峻岭。过龙王堂,仍走原路向塔头寺去的中间,太阳开朗了起来,因而前面谷里的远景也显得特别的清丽,早晨所受的一肚皮委曲,也自然而然的淡薄了下去。至塔头寺南边下山,轿子到高明寺的时候,连明华朗润的山谷景色都不想再看了,因为自华顶下来,我们已经走尽了四十多里山路,大家的肚里都感着饿了,江山的秀色,究竟是不可以餐的。

高明寺亦系智者大师十二刹之一,唐天佑〔祐〕年间始建寺,传说大师的发见此地,因他在佛陇讲《净名经》,忽风吹经去,坠落此处,大师就觉此处是一绝好的寺基;其后寺或称"净名",堂称翻经者,原因在此,而现名高明寺者,因寺依高明山之故,或者高明山的得名,正为了此寺,也说不定。

寺里的宝物,有一件智者禅师的袈裟和一口铜钵,但都是伪造的东西了;只有几叶《贝叶经》和《陀罗尼经》四卷,倒是真的,我们不过不知道这两种经是那一朝的遗物而已。

在高明寺东北六七里地远的地方,有一处名胜,叫"螺溪钓艇",是几块奇岩大石和溪水高山混合起来的景致,系天台八景之一;本来到了高明,这景是必须去看的,但我们因为早晨起来得太早,一顿饱饭吃后,疲倦又和阳光在一起,在催逼我们早些重回国清寺去休息,所以也就割弃了这幽深的"螺溪钓艇",赶了回来。所谓天台八景者,是元曹文晦的创作,其他的七景是:赤城栖霞(赤城山)、双涧回澜(国清寺前)、华顶归云(华顶寺)、断桥积雪(在"铜壶滴漏"近旁)、琼台夜月(桐柏宫西北)、桃源春晓(桃源岭下)、寒岩夕照(天台县西,去大西乡平镇二十里)。还有前面曾经说起过的那位编《天台山方外志》的高僧传灯,也是高明寺里的和尚,倒不可不特别提起一声,因为寺后的一座无尽灯大师塔院和寺里的一处楞严坛,都是传灯的遗迹。

二十六日(九月十九),星期五,晴暖。游天台刚两日,已颇有饱满之感。今日打算去自辟天地,照了志书地图,前去搜索桐柏宫附近的胜景。不坐轿,不用人做引导,上午八点,自国清寺门前,七如来塔并立处,坐汽车到何方店。一路上看赤城山,颜色浓紫,轮廓不再像城,因日光在东,我们在阴面看去,所以与午后看时,又觉两样。

自何方店向北偏东经何方村而入,要过好几次溪。面前的一排山嶂,山中间的一条瀑布,是我们的目的地,山是桐柏岭,西接琼台与司马悔山。瀑布是"桐柏瀑",瀑身之广,在天台山各瀑当中,应称为王,"石梁瀑"远不及它的大。可惜显露得很,数十里外在官道上,行人就能望见瀑身,因此却少有人注意。从前在瀑布附近,有瀑布寺,有福兴观,现在都只剩了故址。《灵异考》载有"华亭王某,于三月三日江行,忽见舟中两道士招之,食以栗;旋命黄衣送上岸,乃在天台瀑布寺前,已九月九日矣"。足见从前的人,对此瀑布的幻想,亦同在桃源岭下差仿不多。

由何方店起,行十里,就到桐柏岭脚的瀑布旁边。再上山五里,由桐柏岭头落北向西,就是桐柏宫了。这一条桐柏岭,远看并不高,走起来可真有点费力。但一上岭头,两目总得疑神疑鬼的骇异起来。因为桐柏宫附近的桐柏乡,纵横将十里,尽是平畴,也有农村田稻溪流桥梁树林等的点缀,西北偏东的三面,依旧有高低的山峰围住;在喘着气爬上桐柏岭来的时候,谁想得到在这么高的山上,还有这一大平原的田园世界呢?又有谁想得到在这高原村落之上,更有比此更高的山峰围绕在那里的呢?

桐柏宫是一道观,面南静躺在桐柏乡正中的田野里。据说,这道观的由来,系因唐司马子微承祯隐居于此,故建(唐景云二年)。宋大中祥符元年,改桐柏崇道观,当时因宋帝酷信道教,所以在志书上的桐柏崇道观的记载,实在辉煌得了不得。明初毁于火,现在的道观,却是清雍正十三年奉敕所建,当时大约也规模宏大,有绝大之石礎石基等存在,雕刻精绝。现在可真坍败得不堪,只有一块御碑尚巍然屹立在殿前败屋中。还有菜地里的一块宋乾道二年四年〔月〕"尚书省牒白云昌寿观文书"碑,字迹也还看得清。道院西边,有清圣祠,供伯夷、叔齐石像二座,系宋黄道士由京师辇至者,像尚完整,而司马子微之塑像,已经不在了。两庑有台郡名贤配享牌位,壁上游人题咏很多,这道观西面的一偶〔隅〕,却清幽得很。

我们在桐柏宫吃过中饭,就走上西面三里多地的山头,去看"琼台双阙"。路过五百大神祠,庙小得很,而乡下人都说是很有灵验的庙。

琼台的风景,实在是奇不过。一条半里路宽的万丈深坑,曲折环绕,有五六里路至十里内外的长。两岸尽是峭壁,壁上杂生花草矮树,一个一个的小孔很多,因而壁的形状,愈觉得奇古。立在岩头,向对面一望,像一幅米襄阳、黄庭坚的大草书屏,向脚下一转眼,可了不得了,直削下去的黑黝黝的石壁,那里何止万丈,就说它千万丈万万丈,也不足以形容立在岩上者的战栗的心境。而这深坑底下,又是什么呢?是一条绿得来成蓝色的水,有两个潭,据说是无底的,还有所谓双阙的两枝石山呢,是从谷底拔地而起,像扬子江中的焦山似地挺立在潭之上;坑的中间,两阙相连。中间低落像马鞍,石山上也有草花松树及几枝红叶的柏树枫树,颜色配合的佳妙及峻险的样子,若在画上看见,保管你不能够相信,古来说双阙者,聚讼纷纭,有的说有仙人座的地方,两峰对峙,就是双阙;有的说,这深坑的外口,从谷底上望,两峰壁立,就是双阙。但这些无聊的名义,去管它作什么,我们在仙人座这面的岩头坐坐,更上一处像半岛似地向西突出在谷里的平面岩峰上爬爬,又惊异,又快活,又觉得舍不得走开,竟消磨了一个下午。循原路回到何方店,上车返国清寺的时候,赤城山上的日光,只剩得塔头的一点了。

预备在天台过的三天日期已完,但更幽更远的西乡明岩、寒岩,及近在目前的赤城山,都还没有去过。晚上躺在床上,翻阅着徐霞客的游记及《天台山全志》里的王思任(季重)、王士性(恒叔)、潘来〔耒〕(稼堂)等的《游天台山记》,与天台忍辱居士齐巨山周华的《台岳天台山游记》等,我与文伯在讨论商量,明天究竟还是坐车到雁宕呢,还是再留一二日去游明岩、寒岩?雁宕也只打算住它三日,若在此地多留一日,则雁宕就须割去一日;徐霞客岂不是也有两度上天台两度游雁宕的记事的么?我们何不也学学他,留一个再来的后约呢!这是文伯的意见。他住在北平,来一趟颇不容易,我住在浙江,要来马上可以再来,既然他在那么的说,我自然是乐于赞同的了。于是就收拾行李等件,草草入睡,预备明天早晨再起一个大早,驱车上雁宕去。

一九三四年十一月五日

浙省公路环游记（节录）

徐美烈

　　载于《游行杂志》1935 年第 9 卷第 5、6 期。徐美烈，毕业于天津北洋大学，工程师。1934 年 10 月，徐美烈的北洋大学同学、时任浙江公路局局长朱耀廷巡察全省公路网建设完成情况，徐美烈藉此机缘，搭乘顺风车，游览了天台，文中可见新天临公路筑成之后给观光旅游带来的便利。民国天台旅游以 1935 年前后为兴盛期，随后因日寇入侵，民国天台旅游盛况不再。原文附有浙江省公路图 1 幅、有关天台山旅游照片 5 张，整理时选取 1 张旅游照片。

　　自国府奠都金陵后，浙局安定，一切建设事业，与年俱进；而公路一端，年来尤有突飞猛晋〔进〕之趋势。余欲游历久矣，廿三年双十节前四日，适值例假，爰有西湖之游。时北洋同学朱有卿〔1〕君正长公路，余伯明君亦任该局科长，因全省公路网完成，乃有巡行视察之任务，余遇此机缘，幸获附骥观光，于双十节次日渡钱江自西兴乘汽车出发，东南行经萧山、绍兴、嵊县、新昌、天台、临海、黄崖〔岩〕、乐清，以至永嘉。复由永西行，经青田、丽水、云和，而达龙泉。再从丽水北行，经缙云、永康、金华、兰溪、寿昌，东北行过建德、桐庐、新登、富阳，而回杭州。经过城邑凡廿二县，行程达二千一百余里，历时仅九日，举凡艰难之工事，著名之山川，与夫奇丽之风景，无不饱览畅游，岂仅游目骋怀之乐，亦实广闻益智之举。加以沿途天气晴和，风光如画，学友数遇，共联情谊，是真得天时地利人和之便者，洵盛事已！亦巧遇也！游览之余，觉吾浙路政之惊人发展，与夫山水之引人入胜，诚不虚传，余虽简陋，乌可不为文以志雪鸿？爰逐日纪述如次：

　　　　〔1〕　朱耀廷（？—1935）：字有卿，浙江海盐人。留美归国，历任杭州市工务局长、浙江公路局局长等。

十月十一日晴　长征发轫

余从海上来杭之第四日，适值双十节，晤北洋同学，知其将有视察公路之远游，余以机会难得，乐于参加，遂约定次日同行。今晨八钟，自旅舍携行箧至公路局，与局长朱有卿、副局长吴稚田、工务科长余伯明三同学，及其随行员司〔1〕孙王许君等会齐出发。同行观光者，尚有前之江大学校长美人费佩德〔2〕博士，及有卿令侄，全体共九人，乘汽车至钱塘江边三廊庙，九点半乘船渡江，江面辽阔，半小时始达南岸。闻钱江大桥开工在即，他日告成，路线联络，即可节省不少时间。时所备专车（汽车及长途客车各一辆），已停西兴站上待发，余与有卿、稚田，及费博士同乘一福特轿车，余人率机匠仆役等共乘一大号客车。十点一刻，沿萧绍路东南行，吾车前导，有卿自行驾驶，颇有怡然自适之乐。此段路线，兴筑甚早，坡度缓而曲线少，路基固而路面平，实一康庄坦道，宜于自御。据当局者言，全省公路之一切比较，当以萧绍路为最优云。沿线沃野连绵，夹道嘉木葱茏，风景备极清美，时近重阳，草木犹未黄落，远山含翠，平畴一碧，秋阳照其上，蔚为最美之画景，一片片自车窗飞逝，令人心旷神怡。迨近绍兴，岗峦挺秀，美景尤多，真所谓一入山阴道上，即有目不暇接之势。有卿驾车技术甚精，以四十英里一小时之速度，乘者亦觉泰然。十一点五分抵绍兴五云站，为时仅五十分钟，而行程已达五十三公里（约九十余华里）。若出以昔日之陆行方式，则恐竟日犹不能达。公路与汽车之功用，于此可见一斑。五云车站建筑颇完备，办公处院宇整洁，并莳花木，站长金君殷情接待，并备盛筵，以供午餐。午后十二点半离绍，经曹娥镇沿曹娥江南行，历八十三公里而达嵊县。其西有公路通东阳、义乌，联络杭江铁路。到站略停，有新天段工程师吴君附车同行，并派巡逻队警士四名驾机器脚踏车三辆随行护卫。旋过一长桥，弯曲如弧，通例桥均直线，鲜有弧形者，因此处两岸路势互成斜角，而非对直线，其交点转弯之处恰当河流中央，故桥身势不能不取弧形，而便于密接路之两端，亦一特点也。二点半抵新昌暂停，自绍至此，计又九十八公里。此处远望有崇山峻岭，近有

---

〔1〕　员司：旧时指在政府机关中处于中下级的人员。

〔2〕　费佩德（Robert Ferris Fitch，1873—1954）：1873 年，费佩德出生在中国上海，是美北长老会传教士费启鸿之子，在苏州、宁波、杭州和上海长大，后来回美国接受教育，又回到中国，参与创建育英书院和之江大学，为之江大学第四任校长（1922—1931）。著有《普陀山旅行指南》等。

茂林幽壑，仰视则彩云朵朵，变幻晴空，景物之美，饶有画意，洵为摄影之好材料，余即摄取以作此行之初步纪念。

三钟自新昌启行，过拔茅镇，东去可通奉化、鄞县，南行则山岭渐多，重峦叠嶂，横梗前途，路线先绕狭谷，继由山麓纡曲盘旋而上，坡陡弯急，险峻异常，车行其间，因而减低速率，有迟至每小时十英里之速度者，犹觉不免震荡，可见山路之多险。伯明为余言，山本无路，或仅有羊肠小径，筑路至此，乃循预定路线，以开山机钻石成无数深穴，实以炸药，通以电流，则山石为开，路基以成，复平路面，即成大道。工程以土山或砂石山为较易，纯石山为最难，至所需经费，山路较平原之路多倍许，或竟二倍之。在昔当局者之筑路，每当山岭险阻之际，既以财力不裕，复以工程艰巨，往往即此停顿，故历年所辟路线，虽不无相当进展，而间断甚多，不能联络贯通，交通仍感阻塞。本年自朱君主事以来，负有限期完成全省路网使命，对于筑路之计画、经费之筹措、工程之实施，无不积极进行，故能以人力克胜天险，虽绵延数百里之山岭，如永丽路（永嘉至丽水）及丽龙路（丽水至龙泉）者，亦能凿通之，本年来公路建设之所以突飞猛晋〔进〕，职是故也。犹记某段路工，因迫于限期，曾开夜工，沿线每间五尺即置一人工作，全线同时有一万人工作，蜿蜒达数十里之长，浩浩荡荡，状如军队之作战，实属壮观。余闻而赞叹曰："秦筑长城，素称伟大工程，当时工作情形，谅亦不过尔尔，以今视昔，实不多让，至其功用虽同含有国防性质，而此则并利交通，有惠民生，其裨益更较长城大矣！"绕山上行约四公里之远，始达顶际，是为万字岭。群山万壑，奔赴眼底，极旅行之大观。复下行三公里而越关岭，路线迂回于山崖间，时起时伏，低处或近田畴，或临深壑，高处或绕高峰，或跨峻岭，自上俯视，路线层叠，近者犹见其起伏萦回之势，远者则只见白线一缕，蜿蜒于丛莽乱石间耳。每当峰回岭转，疑似无路，而一瞬间急转直下，绵延不绝之路线又复陈于平原矣，行踪至此，虽觉惊心动目，而实饶有奇趣也。

四点一刻抵天台站，本段计程六十四公里半，综计本日行程自萧山至此共达二百一十六公里，亦即京闽干线之中段。勾留一刻，驱车入天台山支线，计程仅二公里许，瞬息即到，止于国清寺前，遂卸行装，径入寺内休息。少顷复出游览，国清寺位于天台山麓，为台州一大古刹，庄严幽静，极得地利。寺前大溪萦回，古木参天，沿溪大树森森，老干夭矫，多为数百年之物，繁枝密荫，错综低掩于溪流上，幽蒨无匹。溪水自东北来，蜿蜒经乱石间向东南流，顺石坝下注，至此溪面忽阔，水亦较深，源远流长，不知其所止。溪东即为新辟车路，有小石塔数座，列于道左。路尽处石桥跨溪，达于庙门焉。

余与有卿及费博士徘徊桥上，对溪流各摄一影，惟时近黄昏，日色淡薄，处此茂林，光线尤暗，结果恐未必佳耳。既而相偕顺溪行至石坝处，践石涉水，越过溪西，更南行数十步，见对岸山际古塔巍巍，矗立于残照中，塔影宛然，富有诗意，遂又留一影，此作或许稍优也。是处林壑茂美，景物幽绝，不愧名山古刹，不啻世外桃源，流连欣赏，不忍遽去。及暮色苍茫始回寺，寺内甬道甚长，亦多佳木，而风景则大逊于寺外，历数重门始达大雄宝殿。殿之左侧别有院宇，斋舍连云，曲折深邃，为招待游客之所，时寺僧已陈晚膳以待矣。饭后，路局同人作讨论公务之谈话，余与费博士均系局外人，未便参加，乃相与闲谈，始知费君生长中土，习于华俗，博学多识，兼善华语，对于中国文学、哲学亦颇有研究。其人虽年逾耳顺，而精神奕奕如少年，且出言幽默，闻者解颐；又酷嗜摄影，积有数十年经验，堪称同志，并足为余导师。适见禅堂壁间悬有一联曰："塔影映残红日外，钟声飞入白云中。"的是写景妙句。因指示费君叩以大意，颇能了了，余更为之逐字译意，联成英文，乃益瞭然于此联韵味，颇为赞赏。余复告以顷间吾侪在寺外所摄之"夕阳塔影"，大可将此上联成句作为题辞，颇觉切合，费君颔首称善，并倩余代为录下备用，于以见其对我国诗文学确有湛深之兴趣焉！十钟宿于禅房，久不入梦，偶闻清磬木鱼，不禁悠然动出尘之想。

十二日晴 天台揽胜

晨钟乍动，晓梦惊回，披衣下榻，微见曙光，盥洗进餐毕，甫届七钟，全体游侣即乘肩舆登山，工役巡士，徒步以从。鱼贯前进，绵延达数十丈之长，极游山之盛况。出寺向东北沿大溪上行，溪流清浅，激乱石潺潺有声，绿阴覆其上，风景幽绝，余欲摄影而以晨光熹微未果，实则朝曦已上，阳光为高峰所蔽，遂觉暗淡如薄暮耳。时朝露未干，空气中挟有潮湿，颇觉寒气侵人，山径初犹宽广，坡度不高，既而岗峦起伏，路随山势迂回上下，渐觉陡峻。七点半过金鸡岭，坡度益陡，舆夫度岭亦颇艰辛，登岭后地当高处，峰峦开展，日光所及，渐觉温煦。遥瞩重峦叠嶂，犹复云迷烟笼，山色岚光，若明若暗，盖山间之气象万殊，一时一地，均常有变幻莫测者。沿途多松，或万树成林，蓬勃岭上，或一株挺秀，卓立道旁，苍翠之色可挹，风涛之声时至，固足增人游兴，然而欲求其枝干夭矫、姿致卓异者，以作摄影对象，则竟不可得，实属憾事。

八钟半，抵真觉讲寺[1]，寺内规模不大。正殿内有塔顶一段，巍然独立，亦一奇迹，其余无甚可观。略坐即行，陟冈越岭，渡涧绕畦，行程又历若干里，时或峰峦回合，疑无去路，时或阡陌纵横，如在平原，或怪石嶙峋兀立，或野花冷艳自芳。偶经高原，则又别有天地，田舍相望，修途坦夷，几疑复到平地而非山间，实则其地去海面已不知几千仞矣。试一回顾，则群峰罗列，如玉柱云屏，田塍错综，如织缣碎锦，依然身在高处，仿佛步入画图，摄影镜箱至此乃忙。时诸同志亦竞相摄取，费博士尤精心工作，出其对光器以定曝光时间，其结果与余所用之曝光表正同，于以知两者之为用，均极准确也。摄影毕，乘舆后行，此去奇峰峻岭，层见叠出，悬岩深渊，忽近忽远。时见峭壁间一缕瀑布沿乱石下注，或细如雨丝，轻飘细洒，渟蓄[2]而为深潭；或皎如正练，急泻狂流，宛转而入巨涧。万籁无声，但闻水响，如斯妙境，直类仙寰，天台之伟大雄奇，于此已得窥一斑矣。

十一点半抵石梁（图1），憩于中方广寺，进午膳焉。据舆夫言，自国清至此，行程已四十里矣。石梁为天台山之最胜境，有两大瀑布，一来自东南大涧，一发于西南高岭，来自东南者量洪势猛，穿石桥直泻而下。发于西南者水量本洪，因阻于凹凸错落之乱石，分数股沿石隙宛转而下，其力遂弱。二瀑相汇，积而为潭，水清且冽，其量益洪，乃复向北倾注，一泻直下，遂成伟大奇丽之飞瀑。出口处有巨石横空，长约数丈，宽仅尺许，是为石梁。梁之上部大书曰"前度又来"，盖节取"前度刘郎今又来"之诗意。其下复题字曰"万山关键"，则含有赞扬瀑布之意义。自梁上俯视飞瀑，下临深涧，如银河倒泻，声震陵谷，叹为宇宙之奇观。余欲度梁穷其胜，乃一举足即心摇目眩，有临深履薄之惧，遂止。石梁东端有一石龛，刻佛像甚多，号曰千佛塔。其西端有石数十级上达方广寺，寺内楼阁曲折，回廊绕之，阁中有厅甚广，面东轩朗，凭栏俯瞰，正见飞瀑，坐听瀑声，尤增逸趣。遥望石梁以北巨涧蜿蜒，圆桥跨之，其东北角楼台参差，掩映于茂林间，知犹有佳境，遂下阁绕出石梁后方低处，迂回上下，石磴数百级达于圆桥。立桥上回望石梁飞瀑，如十丈匹练，如百尺晶帘，日光映之，益晶莹耀目。落涧后水势复弱，泊泊〔汩汩〕流经桥下，而作出山之泉矣。揽胜既竟，乃忙于摄影，回至石梁前方，见众游侣正倚石梁壁间受费博士摄影，余亟加入。此处石壁屏列，题刻甚富，其最著者为一横卧之巨石，石后杂树丛生，石前镌"石梁飞瀑"四大字，则康有为手笔

---

〔1〕 真觉讲寺：原文为真智觉讲寺，据实改。

〔2〕 渟（tíng）蓄：储积。

图1　天台山石梁

也。中方广之南有石级迤逦而上，乃往上方广寺之路，以时间不足未游。

午后二钟，离石梁约行十余里，下轿步行，越大涧，登山径，石磴蜿蜒不绝。三钟抵一胜境曰"铜壶滴漏"。所谓铜壶者，乃天然石岩，构成壶形，径口数丈，深逾百寻，其上承接巨涧，水滔滔自西流来，灌注壶中，容量极洪。壶有缺口，水复从此流出为瀑，故名铜壶滴漏，盖取象形之义。壶周岩石荦确[1]，石面圆滑而向外倾斜，立石边俯视壶底，深不可测，毛骨为之悚然。有卿鉴于登临之险，主张沿壶口之一部，围以铁栏，并架飞桥以跨之，再就岩石佳处建亭，以资游倦者憩息，如此点缀，当可益臻妙化，闻者咸韪其说，并冀及早实现，则嘉惠游人匪浅矣。余思铜壶既号滴漏，则其漏处必更有可观，不溯其源，当穷其流，遂自石磴下降，曲折数百级而达铜壶低处，则峭壁兀立，顶有缺口如刀划，仿佛壶嘴之已缺者，水蓄壶中，本已具有奔放之势，经此缺漏一激，乃狂泄直泻，注岩脚而成深潭，一泓澄碧，寒光莹莹。沿石再下为瀑，势渐散缓，分流于乱石间，宛转数折，不知所届。即循石级下视，则一线清流，忽隐忽现，盖其与小径有若即若离之势。既而于岩脚忽现一瀑，势颇散漫，飘飘洒洒，有若飞珠溅玉，厥名"珠帘瀑"，其源亦来自铜壶滴漏者。综观此处之瀑，显然分为三阶段，上层来自壶口者最奇异，中层较平凡，而下层状如珠帘者，则清丽，可谓洋洋大观，信乎天台之瀑，足以引人入胜而流连忘返也。离铜壶胜境，时已四钟，舆夫以上华顶行程尚远，乃取山间捷径，非复来时大道。先渡数涧，不便乘轿，均从乱石细流间步行纵跳，跋涉虽劳，兴趣弥永，盖此冈峦溪涧之美妙，尤胜于西湖之九溪十八涧，自可使人乐

────────────

〔1〕　荦确：怪石嶙峋貌。

而忘倦。度涧后，陟冈越岭，渐有路径，类皆羊肠鸟道，或临绝壑，或傍悬崖，迂回曲折，崎岖难行，时而峻岭当前，路陡且滑，时而峭壁突出，路仄而弯，肩舆不能前进，则攀援步行，上下回旋于群峦叠嶂间，往往达数里，汗出如渖[1]，亦不之顾。倦极则乘轿，险处复步行，往复数次，辛劳备至，倘或失足，更将贻恨千古。然而风景奇险，见所未见，实足以鼓舞精神，忘其所苦，不计其危，及行抵大路，时已薄暮。又数里始达华顶禅寺。寺后倚山，去绝顶不远，寺外多树，而风景远逊于国清，其内容则相仿佛。征装卸后，复出游览，循小径徘徊二三里，见有所谓茅棚者，乃寺僧所结庐，结构极别致，有楼有厅，窗牖墙壁均极坚固完备，与普通瓦屋相似，而朴质过之。所不同者，屋顶以茅草制成，平铺如毡，厚逾尺许，风雨不能毁之，是亦山中之特殊物，堪以纪述者。回寺已晚，膳后略事休息即寝，预备诘朝登绝顶观日出。夜半梦回，闻窗外檐溜滴沥似雨声，深虑明晨观日被阻，久久不能成寐。

十三日晴 华顶、螺溪之游

晨兴绝早，天犹未曙，闻檐溜依然有声，出室观察，则繁星漫天，初无雨意，淅沥不绝者乃屋面积露下滴耳。露重如此，可见山中气候之异乎平地，而华顶之高，亦从可推测矣。四钟半步行登山，电炬烛光下仅辨路径，他无所睹。路曲而陡，石级层层，一气直上，呼吸为促。寒气侵襟袖间，触手润湿，若非鼓勇登高，谁复耐此朝寒？行五里许，历半小时，始达绝顶。其地尚平坦，华顶庵在焉。庵东土垣围于前，形如碉堡，是为拜经台，二石碣倚立墙隅，摩挲中觉字迹宛然，持灯谛视，始见"隋智者大师拜经台"八字，其一则题刻曰"天台第一峰"。由堡入庵登佛楼，荧荧青灯下三五僧人正在礼佛，另一僧导余等凭窗暂坐，静待日出。俄而一线曙光，现于东方，知旭日将升，亟下楼趋拜经台前，启摄影机伫立以待，虽山风凛凛，晓侵寒肤如刀屑，不顾也。维时，曙光渐展，群峰万壑之形态，由隐而显，遥望东方一片苍茫，仿佛水天相接，云耶海耶？莫可究辨。忽黑云一缕，始而冉冉上升，向北荡漾，不啻海舶之飞烟，继则徐徐横展，化为弧形，俨然长虹之跨空。远岫近峰间，则云雾迷离，变态万千，或聚于峡谷，白光皑皑如积雪，或散为轻烟，素影团团若飞絮，凡此自然现象，洵为空前奇观。然而唯一所望之朝曦，则以云雾障蔽，终不见其形影，真可谓美中不足，而深慨夫缘悭一面也。拜经台之北角，有石

---

〔1〕 渖(shěn)：汁，此处形容汗水多。

塔孤峙，为智者大师降魔塔，由来已久，塔以石制不甚高，雕佛像甚多，色泽犹新，殆为近时重建者。塔柱有联曰："大师翻贝叶，宝塔透莲华。"塔旁一石，形奇色古，相传即为大师拜经之石，因倚塔立石上留影，以作游天台登峰造极之纪念焉。稽诸载籍，天台之名，自古著称，为仙霞岭脉之东支，地滨东海，高十〔一〕万八千丈，周八百里，当斗牛之分，去天不远，上有琼楼、玉阙、天堂、碧林、醴泉，号为飞仙所居，而华顶峰则为天台第八重最高处。此虽昔人想像跨〔夸〕大之辞，不符实际，且近神话，然亦足征其峰峦之高（据友人言，曾用气压计实地测验，约高五千英尺）。景物之美，毓秀孕奇，固有异乎其他山陵之特质在，证诸此行所得印象，洵当以雄伟神奇称之，而吾游屐能及于此，亦生平最快事矣。

六钟自华顶下，回寺略进晨餐，乘轿下山，沿大道行，颇感舒适。以视昨日之翻山越岭，其劳逸苦乐真不可同日而语。惟连日天晴如春，今晨则秋色黯淡，山谷中时起怪风，覆轿堪虞，幸霎那即止，既而烟云渐敛，旭日乍现，顿觉兴致激增。十点半抵高明讲寺，寺在山坳中，绀宇数楹，掩映于绿树里，殊幽静，寺僧款客，颇致殷情。并出示所藏宝物三件，计《贝叶经》一册，装成碑帖式，古气盎然，为智者大师手书之梵文；袈裟一袭，色泽依旧；铜钵一具，古色斑驳，均大师遗物，垂千余年矣，亦即该寺藏之名山，传诸百世之法宝也。寺僧为言，去此不远有所谓螺溪钓艇者，水石奇异，风景如画，宜往一观。遂离寺北行约十余里，大溪横路，板桥通焉，长逾十丈，阔不及三尺，乃停轿步行渡桥。沿岭而上，石级蜿蜒，左傍峭壁，右临深涧，涧右层峦叠嶂，与左面冈岭遥遥对峙，细瀑自东北流来，宛转入溪，风景之佳，渐如僧言。顾螺溪佳处，犹巍巍乎在上，可望而不可即，是处景物亦有足流连者。方欲摄影，而镜箱机钮忽损，即就道旁崖石上拆修之，回顾一行游侣，形影俱杳，度已登达胜景境。迨余修理工毕，正拟追踪前进，则诸人已游罢归来，时不我许，遂废然而返。螺溪之瀑，竟无缘得见，令人怅惘者久之！伯明为余言，螺溪形势极佳，巉崖夹峙之下，有深涧，涧底石笋矗立，瀑布由岩上泻落，直捣其根，水绕石笋而流，势如螺旋，汇为深潭，故名螺溪，洵为水石奇胜之处，余闻其言，益向往不已。

十二点半，离螺溪向国清大道下行，所经非来时故道，而仍回旋上下于冈峦阡陌间。沿途林木森森，尤多枫树，叶甫半红，丹翠相间，日光映之，益见绚丽。大哉天台，真可谓无处不富有诗情画意，无时不令人欣赏赞美也。二钟回至国清寺午餐，三点廿分离寺，乘汽车沿天临路进发。四点半过裁壁坑，所谓裁壁者，因路旁岩石壁立屏列，如刀裁斧削，故名。自此以达大道地一段，纯属人力开辟之山路，回旋起伏，亦陡亦弯，坡度大者比率百分之七，弯曲急者半径仅六公尺，山多石质，坚硬异常。路所开处，峭壁绵亘，或崚嶒如天成，或齐整如刀截，间有狭谷深壑，则通以木桥，悬岩急弯，则护以石栏。全线长九公里半，建筑费达十三万金，可以想见其工程之艰巨。车行不易驾驶，大车尤多危险，默念全体生命，此时尽操于司机之手，犹之航海之赖舵工，若稍疏忽，立即同归于尽，思之不禁悚然！幸司机者均上驷之选，谨慎将事，故能履险如夷，诚行旅之福。

五钟抵仙人桥，停车游览，由道旁小径下行百余步即到，大溪前横，水由高处流来，乡农截水以作石臼春米之动力，水势极猛，入溪乃散漫，溪中有石壁排列如屏，是即仙人桥，实则屏也，而称曰桥，未审何故？风景亦平平无奇，即离去。

六钟抵临海，天台至此，计行五十六公里。时载车渡船已备妥，而灵江潮水正低落，即以空车先渡，停南岸待次晨出发。工程师许君宴余等于天临路工程处，并假惠心医院为宿所。医院建于山上，山不甚高，风景不恶。院内屋宇宽洁，佳木环绕，极幽静之致。院长陈君，和蔼朴诚，绝无沪市俗医贵族化之习气，殷勤接纳，殊堪感纫[1]。既下陈榻，窃喜可以媲美昔贤，一枕酣然，不知东方之既白。

（后略）

---

〔1〕 感纫（rèn）：感激。

天台散记

君　枝

　　载于《十日谈》1934 年第 27 期。《十日谈》1933 年 8 月 10 日创刊于上海，旬刊，邵洵美创办，章克标、杨天南等编辑，1934 年 12 月 30 日停刊，共发行 48 期。君枝，其人不详。本文是作者旅居天台期间有关风俗人情和名胜景观的随记，文字简单。

　　住天台凡四十日。此四十日中，不无可记之处，因作《天台散记》。少说空话，就此正文上场。

一　一路吓得来

　　天台居浙江之东部，四面环山，交通极感不便。我初从宁波动身，先乘船到海门，再乘船到临海。由临海到天台，虽有小船可坐，但至少须一日一夜，不如改陆行坐轿，一天可以到达。一路崇山峻岭，村烟很少，真是吓得极来。因为我曾听人说过，山中不无有宵小之徒，拦路索钱。但幸喜我去的那天，竟没有他们踪影，所以很平安的到了天台。但虽说没有，一路总还是吓得来的（此段虽与正文无关，但也可为游天台的人们，放一个心）。

二　女人"蛮好相"

　　住在上海看惯了女人的我，一到天台，当然要先看他们的女人。天台的女人，似乎正如天台人所说"蛮好相"。蛮好相者，很好看也。至如何好看，可作一首歪诗如下：

　　　　背拖辫子二尺长，额上刘海燕尾样。红袄绿裤最摩登，底下露双小麻雀[1]。

这是摩登女郎的装扮法。至于年老的，那似乎无需我来描写了。

三　城厢一瞥

到了天台，当然先游城厢。那热闹是东大路到西大路。什么店铺都有，只是没有洗澡堂、影戏院和花花公子白相的窑子。天台人很聪明，毛坑虽在家里，却在马路旁边开了一个小门，由那里可以掏出粪来，弄得自己不臭，人家都闻到他们的木犀香。空旷的地方，都是有坟墓，新的夹老的，排列得像码头上的棉花包一样。我想一到夏天，怕也有特种的滋味吧！（城厢大略如此，别无可记）。

四　两种"风味"

这种风味不是滋味。那是我到天台还是旧历正月，正是他们最热闹的时候。第一种风味是元宵夜，那夜家家祠堂都开了门，祭祖祀宗。那时你如去玩，可以看到天台色色样样的男女。据说这一个季节，正如日本人之樱花节然，男女都很疯狂。你如聪明，可以尝到其中不少风味。第二种是旧历二月初九日，那是城隍大帝的诞辰，满街上都张幕点灯。一条街上，好像人家出大丧的一样（恕我出言不正，譬喻欠当）。那时男男女女也是逛的热闹，彼此不分授受，除了这两个季节以外，天台人大多男管男，女管女。莫说我小子太文明，要亦是天台人风味之难尝也。

五　三处名胜

虽然住天台四十日，名胜却只跑过三处。原因是名胜生得太散漫，我不会跑路，实在不想多看。这三处也算顶括括了。那一处是国清寺，是隋唐古刹，却是到了现在，寺已重建，一些古也没有了。所谓名士如寒山、拾得，现在一些也没有遗迹。里面住的还是一些秃发的头陀，他们希望你是到里面去做功德，却不欢迎我们穷小子去游所谓名山。

第二处是赤城山，有岩赤如霞，故名。有许多大小的洞，依洞造着佛殿。这也没有可观。却有一处，是曾经一个青年的寡妇住过的，据说住过三十多年，永未下山。她自己一手挖泥，替她丈夫做坟，又自己一手挖泥，做了一座

---

〔1〕　原注：雀读如张。

灶和一座床。那被挖的地方,便成功了一个小小的池。这真使人凭吊,徘徊之不忍去。红颜何多薄命,但她又何必如此多情呢? 真是令人怀疑。

那第三处是清溪。清溪一弯,两旁都栽杨柳,柳下可以散步,可以坐谈。这名胜确幽得可雅。只是在我俗眼看来,雅则雅矣,何奈形单影双〔只〕,总不无使人扫兴之处,比之上海之顾家花园或极而非司花园,景致虽同,可是竟有望尘莫及之叹。

六　一餐夜饭

多承朋友好意,请我一餐夜饭。那是请客,小菜当然特别丰盈。只是天台地瘠民苦,又是与海隔绝较远地方,所以小菜虽说丰盈,实际在我们住惯海滨的人看了,平平常常。然这不是我出天台人的蹩脚,也足见天台人生活状况之一斑耳。所谓平常,便是河里的鲫鱼,他们也当做上菜。青菜肉丝汤,也算上菜之一。否则如在上海,鲫鱼至少要掉醋溜全黄鱼,肉丝汤也应当掉一碗十景海味汤(这话似乎我太贪嘴,就此带住不再多说)。

七　忠实的要哭

上面所说,似乎都说天台不好。实际我的意思,并非如是。天台人的忠实诚恳,实使人感激流涕。我不应看天台人太随便了,我应重重感谢他们。当我住满了四十日,离别天台的时候,有许多不十分认识的朋友,他们送我礼物,送我下船。在途上仔仔细细想着他们,几乎使我要哭。于今天台虽别,仍有不少初交的朋友寄信给我。朋友,天台是可恋的,就此一点,我们上海人那里能比得他们的地方呢?

天台山游记

陈友琴

　　载于《儿童世界》1935 年第 35 卷第 4 期。《儿童世界》杂志由郑振铎任第一任主编，商务印书馆发行，1922 年 1 月创办于上海，是中国近代第一种儿童文艺周刊。后来多次停刊、复刊，最后终刊于 1941 年 6 月第 46 卷第 9 期。陈友琴（1902—1996），又名楚材，字珏人，号琴庐，安徽南陵人。1923 年肄业于上海沪江大学文学系。1930 年后历任上海建国中学、敬业中学、务本女中语文教师、《中央日报》副刊编辑、北京大学文学研究所副研究员、中国社科院文学所研究员等，著有《温故集》《长短集》《晚晴轩文集》等。本文以通俗简明的语言，向小读者介绍了作者游览国清、石梁、琼台等胜迹的经历，号召小朋友游览天台、亲近自然。原文附有国清寺"鹅"字碑、石梁飞瀑、游琼台的小朋友等照片 3 张，整理时选取 1 张。

　　我曾写过一篇《奉化溪口游记》，登载本志上[1]，想来小朋友们都看过了。

　　当我离开溪口的第二天，我上天台山去了。天台山是国内有名的大山，小朋友也许听说过了。它是浙江省东部的大山之一，在天台县境内，据说周围有八百多里，山高一万八千尺；不过没有实地丈量过，数目字未必可靠。

　　但是我们在山上，游玩了一个星期，还没有游遍，现在我来约略写一点儿给小朋友们看看。

　　奉化到天台的汽车，可以一直通到天台山的山脚下，山脚离天台县城约有五里路，道路平坦，直通山口。山口有一座大庙，叫做国清寺，古木参天，殿宇连云，和杭州的灵隐寺差不多，气概似乎还雄伟些。住在里面的和尚平

　　───────────

〔1〕　原注：第三十四卷第十二期。

时有好几百个，多的时候有一两千。做饭的漏砂锅，直径有八九尺，一次好容几石米；那只做饭用的锅铲，好像田里大泥锄一样；舀稀饭的瓢也大得惊人。

我们去玩的时候恰遇和尚念经下来，在大饭堂上吃饭，几百人聚在一块吃饭，没有一些喧闹的声音，清静非常，他们的秩序真不错啊！

在罗汉堂前，看见一个大"鹅"字的碑（图1），碑身和屋顶一样高。据说那"鹅"字是晋朝大书家王羲之（右军）写的，但碑旁有刻好的小字，说明是后人描补起来的。我们不管是否为王羲之的亲笔，但是那个一笔写成的大"鹅"字，实在写得好。

天台山最好的景致是瀑布，瀑布中最好的，要算是石梁飞瀑了，真伟大而奇观啊！在中方广寺外[1]一条天生的石梁，长约两丈，阔只一尺，下面便是一道狂奔的瀑布直挂着。飞起雪花，泻着银浪，向深崖底滚滚滔滔而下，一共有好几十丈高，发出极大的声音，像打大雷一般的响着，真可怕极了！也真有趣极了！

图1　国清寺"鹅"字碑

那窄而且长的石梁上，很少人敢从上面走过。石梁的尽头处，有一个铜亭，阻止人的去路。据说从石梁上跌下去的人，已经不少，一跌下去，无有不粉骨碎身、脑浆迸裂的。至于这样壮大雄奇的瀑布，其源泉实是从上面金溪等好几处地方流下来的，曲曲折折，流到天生险境，便倾注下去，造成泻水的总枢纽了。江西省的庐山瀑布，也颇为有名了，但是没有天台山石梁瀑布的雄奇！

其次，我想介绍小读者们几个小朋友，他们是住在天台山上的。当我游天台山最末一天，游到有一处地方叫做琼台双阙的，那里的山路难走极了，我们爬上琼台，费了很大的气力，因为完全没有路，沙石滚滚，留不住脚，而

〔1〕　原注：有上方广、中方广、下方广三寺。

且又陡峭非常，下临千丈深崖，甚为可怕！可是我们在山上，遇着许多小学生，他们是山上桐柏宫附设的小学里出来的，有先生带领着他们游山，他们人虽小，登山的本领真大，连跑带跳，又轻又快，一会儿超过我们的前面跑上琼台去了。小朋友！你们能上天台山和那些小朋友比一下脚力么？这里有几个很小的影子[1]，那便是天真活泼的山头上的小学生啊！

---

〔1〕 指原文所附照片"游琼台的小朋友"。

上天台

陈友琴

　　载于陈友琴《萍踪偶记》，北新书局 1936 年版，第 1—53 页。《萍踪偶记》是陈友琴继《川游漫记》之后的第二部游记文集，共收入 18 篇游记。本文记叙了作者与友人阎育新于民国二十四年(1935)三月三十日至四月四日游览螺溪、琼台、国清、华顶、石梁、万年寺等胜迹的经历。赵景深跋《萍踪偶记》云："文笔矫健、流丽而又诙谐。"可作参考。原书附有天台山旅游相关照片 30 张，整理时录入 2 张。

　　这一回上天台的，并不是什么刘晨和阮肇，所以桃源遇仙女那些个故事，在这里是再也不会有的了！请读者不要一见"上天台"三个字，便联想到《神仙记》中的记载，甚至联想到《西厢记》上说："呀！刘、阮到天台！"

　　我们恰巧也是两个人（我和阎育新君），可不是姓刘的和姓阮的，彼此也绝没有遇仙女的梦想，只是要跑跑，跑到天台山顶上，拍几张照，寻几句诗，来消磨我们的春假，不愿老闷在鸽子笼式的上海弄堂内，把一点生人的趣味都一齐给没杀了。

　　有了这一点小冲动，我们两人便决定出发，径向天台奔去了。

　　我们是趁轮船取道宁波而去的，经过奉化溪口，游了雪窦寺、千丈崖等处。由溪口趁汽车过新昌及所谓九曲剡溪等处，一路上峰回路转，再加以幽壑清泉，山花野寺，真个是奇趣横生。可惜的是不能下车一一溜览，未免美中不足。

　　到天台城里，时为三月二十九日的下午，住在友人陈学培先生的家里。蒙他殷勤招待，我们是很为感激的。

　　下面七节，便是游天台的大概情形。

一、由螺溪到高明寺

游天台山的人，大概都是从国清寺那条山路进山的，我和阁君，却要另辟蹊径，从"螺溪钓艇"绕道入山，原因是为的想不走重复路。并且导游人天台名胜区管理委员会委员徐卓群[1]先生，也和我们同意，因此在三月三十日的那天清早，就向山里进发，撇开向国清寺去的大路，一直循着赴临海的汽车道走，走到拜头村，便转弯进山了。沿路也看了济公遗址、四果洞、万松径、蜈蚣吐珠石、赭溪几处小名胜，但没有什么特别好处可以记载的。

"螺溪钓艇"这地方，在古代不大为人们所称赏的，所以文人作品，自晋孙兴公（绰）的《天台山赋》，直到明代王太初王思任的《游记》和释传灯的《山志》，都未经提及。只有徐霞客的《游天台山后记》中，稍稍有了一些记述，才引起后人的注意。

当我们向"螺溪"去的时候，天气还好，不料走了十余里之后，山路越走越高，阴云越压越重，竟飞起微雨起来，山涧里的泉水到处分流着，一步步都是崩崖裂石。有时也有几道长长的板桥横卧在水石上面，虽然这是人工，却也有入诗入画的佳趣哩。

循着石步级，一直攀上山去，有一处危石中分，恍如门阈，俗叫着石门坎，这时满耳皆潺潺之声，心知已快到螺溪了。再由小径折下，突见一怪石耸立，高十数丈，其形状颇像老笋，和四面的崖石，不相牵连，显现出特挺孤标的样子，苍苔乱草，翁郁其上，其下为深涧，涧水自上面碧螺潭翻腾滚折而来，直冲捣这石笋的根脚，悬挂下去，便成了一道最雄伟而险峻的瀑布了。我们攀着藤，俯瞰下去，飞花溅雪，声如万马奔腾，真个为之目眩神骇，不敢久留。后来知道这儿仅是螺溪的中段，要看出所谓钓艇者，须到下面去看，我们再从所谓石门坎翻下，走到涧水峻急处，路断了，等轿夫向土人借了一块木板，搭在两石间渡过去，然后走到螺溪瀑布的下段。所谓"钓艇"，据说就是瀑布上首的那座石山，石山上从前有古藤下垂，仿佛是钓丝，现在藤是没有了，所以也不像什么钓艇。不过坐看飞瀑倾泻入潭，到〔倒〕也十分有趣。

后来雨越下越大，我冒着雨踏着乱石，绕上螺溪最上层，看了一下碧螺潭，瀑布从石崖背后泻下，宛若一面极狭长的荧荧明镜，在门外闪烁，令人可

---

〔1〕　徐卓群（1877—1962）：名士瀛，浙江天台南山杜岙人。清秀才，拔贡，尝知新登县，主修《新登县志》。

望而不可即。摄了一影,仍循旧路出,在一个新造的亭子内休息了一回,于是下山,再向高明寺进发。

上高明山时,杜鹃花或红或紫,带雨垂珠,触目皆是。回看峰顶白云,如轻丝,如絮帽,飞来飞去,有时聚集多了,简直把整个峰峦都掩盖起来。爬上圆通洞左近,我们已喘息吁吁,汗流浃背了。圆通洞是由三大岩石堆叠而成的,有一很狭小的板门通入,里面住了一个和尚,正在抄经,据说此处是无尽灯大师注《圆通疏》的地方,洞内石色黑黝,有一面刻了"圆通洞"三字,是康熙乙亥蓬莱迟维培写的。洞的另一面,前对远山,下临深谷,清齐周华诗所谓"玲珑悟出山灵窍,洞外青枝尽宝幢",就指的这里说的。次出洞,又看了一回伏虎石,和明玉大德笔冢,才进至高明寺用膳。伏虎石不是过〔过是〕一块虎形的石头,上面镌了"伏虎"二字;笔冢里埋了一枝明代和尚楢溪大师的写经笔,这和尚大概因为毛锥子葬送了他的一生,所以很惋惜似的要把它埋起来吧? 到〔倒〕也是一个有趣的和尚!

高明寺的建筑,在一幽壑里,四围是修竹丛林,钟楼高耸,梵唱声声,十分雅静。寺里藏有隋代天台开山祖师智者大师的袈裟一件,印度《贝叶经》一部,和尚为我们取出鉴赏了一回。据说还有一只智者大师的钵,业已失掉了。

此外,我在高明寺里发见了两件高明的事,一是住持僧可兴大做其六十高寿,客堂内满满的挂着血红色寿联,还有什么大学毕业生曾做过县长老爷的某君敬赠了八张似乎是古文的寿序。另一件事,是客堂的屏风上雕的花纹竟都是"囍"字,起初疑惑是我的眼花了,仔细一看,不是一个个的"囍"字是什么? 我不禁为之哑然了! 这是和尚要迎合俗人心理呢,还是俗人心理迷了和尚呢? 古人诗有云:"可惜湖山天下好,十分风景属僧家",阿弥陀佛,善哉善哉!

二、琼台双阙与桐柏宫

坐上山轿,向所谓"琼台双阙"进发,路过桐柏瀑布,下轿瞻仰一番。天台这一条瀑布,是最容易看见的,我们在公路上的汽车窗里就可以远远望到了,因为太显露了,所以没有什么好,我认为这是天台山上最平凡也是最下等的一条瀑布,无曲折,亦无气势,粗浅庸陋,毫无足观,我因此想到佳山川和好人才一样,深藏难见者必是最好的,显露易窥者,必定是较差的,或许竟是真理吧?

看了一会儿瀑布,废然离去,向"双阙"而进。既到所谓百丈坑,境界便顿觉不同，两面峰峦高插，遮日掩云；其下是一溪一径，倍形幽闃。溪名叫做灵溪，孙绰《天台山赋》中所说的"过灵溪而一濯，疏凡想于心胸"者，即此。山路新经修造，甚便行走，下轿步行看山，奇岩异石，真个是"移步换形"。有的如巾箱钟鼓，有的如虎豹熊罴。最妙的果然要算是双阙了，剑拔城开，排天而起，我们身临其下，翘首以观，被这伟大的巉岩摄住了，竟仿佛它要压倒下来的一般。

双阙的一面又叫做百丈岩，下面便是百丈坑，峭峻壮观，为天台最，昔徐大章[1]已有定评。王季重[2]云："万玉剖而璧明，万绣开而锦夺。昆仑嫡派，奴仆群山，仙或许之，人不能到。"潘稼堂[3]描写此间境地云："或玉洞仙都，琪葩馥郁，或龙湫鬼穴，光怪陆离。或长萝悬樛木而缥缈，或青猿摇落叶而翻飞，苔斑石滑，阒其无人，鹤唳风清，谷其欲响。"虽是丽词夸饰，却实有几分形似。

至一处，桥忽中断，涉水而过，石上泉流，其寒澈〔彻〕骨，我们不知不觉已做了"过灵溪而一濯"的孙兴公（绰）了。

上琼台仙人座的路，正在修筑，还没有完成，本来壁立千寻的仄径，又有新泥堆积，松滑异常，更加难走。我和阎君鼓勇直上，一步一踬，攀藤援石，匍伏蛇行。本来应该从桐柏宫那一面绕到琼台的，可是因为要在百丈坑中跋涉一番，所以毫无顾虑的竟从这一条险径爬上来了。

山巅有大石，刻"台岩奇观""秀甲台山"等字样，拂苔藓细视，才知道是雍正年间的凿痕。其下复有两个骆驼肩背似的峰头，徐步踏石罅而下，细沙碎石，随着脚朝下直滚，趾不能留，手不停攀，瞻前顾后，危竦万状，直到最前面，才有所谓马鞍石，上可坐人。再进，便是琼台，琼台亦有小双阙，恍似削成，下临百丈深坑，不敢俯视。孙绰所谓"云竦夹路，中天悬居"，真是善于形容的了。壁刻康有为所题"双阙""琼台"，系甲子年所书。仙人座在琼台前，仿佛是一个半圆形的圈椅，可容两人，我同阎君在座上做了一会儿仙人，脚底下的千山万壑，一齐都拥赴而来，远的近的，各各显出他们那雄奇峥嵘的状态。虽然我们没有在这儿享受看月出的奇趣，可是能在这"中天悬居"的地方，坐上一会，也算不虚此行了。

---

〔1〕　徐大章：即徐一夔（1319—1398），字大章，又字惟精，号始丰，浙江天台人。工文词，通经史，明初曾任杭州府儒学教授。著有《始丰稿》。

〔2〕　王季重：即王思任。

〔3〕　潘稼堂：即潘耒。

后来又盘绕着琼台的山腰,去看新近发现的龙潭瀑布,这一条路,更加难走,我们简直不是在走,是一路爬去的,为的要看看别人所没有看见的瀑布,所以不惜把满身染上了黄泥土,不惜把衣裳拉开了裂缝,终于被我们达到了目的地了。

这个所谓"龙潭"的瀑布,曾经清代齐召南先生在《天台山八景图记》中提到过,不过他也只是说"琼台下有龙潭,阙然而黑,不敢谛视"罢了。后来不但外来游客没有到过,便是本地土人也很少看见这龙潭的,徐卓群先生,他是天台名胜区的管理委员,也是最近才知道的,我们恰好碰着徐先生做向导,所以能一赏此深藏幽谷中的奇景,不可说不是运气好了。

翻过一坡,便看见瀑布在滚流着,虽不十分高(自然还不及石梁飞瀑),却很有气势,从侧面一个龙王洞口看起来,更觉得狂倾飞泻,银浪奔腾,令人目迷神眩。潭作长圆形,生得十分整齐,好似人工开凿出来的一般。

看过了这儿,我们再上桐柏宫。约有三四里路,打从山头上走过去的。桐柏宫所在,是在高山头的一块平原上。这是天台山上惟一的道士观,起初名叫九天仆射祠、白云寿昌观,又名崇道观。据说最早是王子晋所治,吴赤乌年间,葛元曾于此炼丹。后来有司马子微、徐灵府、冯惟良[1]、紫阳张叔平〔平叔〕真人等。在此住过。观前石础甚多,遗迹犹在,历史当然是很悠久的了。庙的规模却不大,若比起上江的道观,真差得远了。

道士叶宗滨,装潢风雅,案上摆着一册时贤题诗簿,所谓"时贤",也终于是"时贤"罢了,可惜他遇不着李青莲,不然,他也得借以出名啦!

最可笑的,叶道士手录了一篇唐朝徐灵府的《游天台山记》(原文很长,也颇有唐人的笔意),中间有一段说:

> 司马子微,在华顶峰遇王羲之,入山学业,子微以过笔法付羲之,羲之随子微学多年而后有成。

中间对于这一件事,叙了好几百字。我想,司马子微既是唐代的人,怎样会做晋朝人王羲之的老师呢?如果此文不是伪造,一定是道士(司马子微一号白云先生,本是道士)们要借重借重王右军的声名罢了。

崇道观的右面,有一殿,供着伯夷、叔齐的石像,伯夷、叔齐竟从首阳跑上天台来了,也不可不说是奇迹。徐霞客《游天台山日记》后篇上说:"桐柏

---

〔1〕 冯惟良:《天台山方外志》据《神仙通鉴》,惟良字云翼,修道于衡山中宫,与徐灵府、陈寡言为烟萝友。

宫正当其中，惟中殿仅存，夷、齐二石像尚在右室，雕刻甚古，唐以前物也。"据我所知，这二座石像，是宋绍兴年间刻的（石像背后有字，庙内也有碑记说明），有一个姓黄的道士，特地从京城里用车搬到这儿来的，这个黄道士固然未免多事，可是徐霞客认为"唐以前物"，也未免失考。

出了桐柏宫，本拟取道回城，后来我们还要到百丈坑、灵溪和双阙等处留恋一会儿，仍由琼台下，直到黄昏时，才离开那不可再留的幽溪峭径。

三、赤城

游览天台山的人，第一个要看的，便是赤城山。赤城离城最近，至多不过七里路。因为它的声名太大了，"赤城霞"，谁都知道，自然，孙兴公《天台山赋》"赤城霞起以建标"，是此山第一个捧场者。也许可以说，赤城实是因孙绰而得名的。本地人没有游天台的很多，没有到过赤城的却极少。天台人方音，呼赤城作"七情"，常常令我误会了别的意思。我们是于三月三十一日，前往游览的，请了一个本地人做向导。我们远远的望着山色，着实好看，紫岩层叠，如映朝霞。"赤"字是指的石色，"城"字是指的山形。因为山的这一面，壁立千丈，迤逦围绕，和红色的城墙一般无二，所以得名。

从山脚到山巅，不过一里多路。先进一个山洞叫做紫云洞的，参谒一番，山岩滴水，琮琮琤琤，作碎玉声，洞上紫色峭壁上巨额一方，有万历癸巳年冬所刻的"赤城霞"三大字。庙宇是一半在洞里一半在洞外的，洞外有碑曰"建文帝度岁处"，按谷应泰《明鉴纪事本末》有"宣德七年冬十一月帝游天台春正月建文帝在赤城"的记载，建文逊国出亡，削发为僧的传说，或者与此有关。

在另外一个尼庵内，有两家带发修行的女尼，每一家都捧出茶盘和糖食来待客，茶碗内茶叶三四根，糖食都同样是陈年古代的霉腐物。她们这样争着献一献宝，希望游人们慷慨解囊，据说这是天台山的习惯，我们想到她们生活的可怜，也只得每一盘子里给她们两角小洋的酬报了。

山上旧有葛洪炼丹炉，现已不可见，县猷洗肠井还在，但毫无可观。次参观香云、餐霞、玉京三洞，餐霞洞内有孙天祚妻齐氏冢。并有齐氏生前亲手抟制的泥床泥灶及其他一切日常生活的用具。天祚，天台人，早死，齐氏抚养孤儿成人，又不幸早死，齐氏悲痛万分，她自己本是个工书善画的艺术家，从此，绝笔书画，庐居赤城餐霞洞，专取本山土，抟制殉葬物，及应用的墓砖之类的东西。又自建小楼，自制器用，一共住了四十多年，不曾下山，并不曾出过洞，死时年八十。至今，各物都在，足以供后人瞻仰。

玉京洞内有魏夫人炼丹处，有人说："玉京洞，岩中自结'玉京'二字，隐现可辨。"我们并不曾见到。洞后有金钱池，亦没有什么可看。

山顶有七级浮屠（图1），残砖碎片，坍弃满地，塔为梁岳阳王妃所建，内藏舍利二十八个。看其外形，我怕它不久也要做雷峰塔第二了。

最后，进餐于释籤〔签〕洞，洞为僧湛然演天台教处。有"释籤〔签〕"二古篆，镌于壁，据住在里

图1　赤城古塔

面的许老先生说，这二篆是唐代人刻的，恐不可信。许老有子曰许杰，现任吾皖安徽大学讲师，而其父乃偕眷住在这样的山洞内，亦一异事。

下山，在下午四时。归途中，觉得赤城真不值一游，只要远远赏鉴就是了，"宜远观而不可近玩"，却可移到这里来用一下。

四、从国清寺到华顶

四月二日，雇好了山轿，预备取道国清寺，游石梁，登华顶，据说从城里到华顶，共有四五十里路。备着山轿，以便足力不济时用以代步的（共轿四乘，除我与阎育新君外，尚有阎君的老太太，及其随从人等）

天台山到底有多高？一直到现在，还没有丈量过，山中道里距离的远近，只是约莫的估计罢了。《浙江通志》根据旧说，谓高有一万八千丈，李白诗："天台四万八千丈，对此欲倒东南倾"，恐怕都是些靠不住的数目字。

五里，到国清寺，国清寺是东南极有名的一个寺院，历史之悠久，佛殿僧舍之闳大，较之杭州灵隐、天竺，有过之无不及。寺前有"双涧回澜"，为天台八景之一；环寺有五峰如画，峰名，曰八桂，曰映霞，曰灵芝，曰灵禽，曰祥云。

过丰干桥（唐朝名僧丰干，曾久住国清寺，故用"丰干"二字名桥，以纪念之），看万工池前的七小浮屠，和东面高阜上的一大浮屠，点缀于林树掩翳、泉流萦抱之间，更显得景地幽静。再进，古松蟠曲苍翠，石路平滑无尘。一大照壁上写了"今春传戒"四个大字，可见这里是佛家的重要地方了，据说国

清寺里和尚多的时候，常常在千人以上。

进寺后，居中有一雨花殿，院宇壮阔，气象光昌，我们"随喜了上方佛殿，又来到下方僧院"之后，复于右斋廊前，寻见了王右军一笔头的大鹅字碑。据《台山古志》载，王右军鹅字碑，本在华顶墨池左侧，后为天台辟古堂寿人氏补成，纵横飞舞，亦极可喜。寺中有唐代古梅一株，在下屋的檐前，根株拥〔臃〕肿，有叶无花。又有一大漏砂锅，径口丈余，其大无比，门前悬一联云："古寺尚存寒灶石，云封犹有漏砂锅。"旧传这口锅只漏砂不漏水，可是现在早已废置不用了。

出寺，再登山，十数里，到真觉寺（俗名塔头寺），寺内有隋朝智者、法空、宝觉、灵慧大师肉身塔。这位智者大师，是天台的开山祖师，寺门前有隋故智者大师《修禅道场碑铭并序》，述其事甚详。寺僧领导我们到智者大师说法台前瞻仰一番，说法处为无数天生黑黝色的大石累积而成，有一面大石上刻"天台山"三大字，迹渐模糊不可分辨，我立在石傍，同游阎育新君为摄一影，僧人谓此处实是天台山的发祥地云。

再上十余里，便是出名的所谓寒风阙了，天忽阴寒，山雨大至，果然"寒风"二字，名不虚传，从轿中取出油布棉衣之类，以避雨御寒。过龙王堂，到汉高察隐居处（高察的事迹，见《汉书》），又遇冰雹，气候比寒风阙更冷了！山顶和山下有这样的不同，难怪清人齐召南在他的《天台八景卧游图记》里说"夏时岭下雷雨，山下不知，秋冬霜雪皑皑，山下亦不知也"了！后来我们下山问是日曾否下雨下冰雹，城中人说，二日那一天却是大晴天哩。

上山的路，一律用大石铺成，极便行走，虽然渐行渐高，却并不甚觉得，过一大山凹，俗名揭桶档，土人有谣云："风刮揭桶档，水牛吹过冈。"我们虽没有水牛那么大，那么有力，但是还没有被风吹过冈，也算是幸事了！

华顶是天台山的最高处，有华顶寺、拜经台、太白堂诸胜。其间僧道缚茅为屋，散居丛林幽谷之中者，不可胜数，土名都叫它做"茅庵"，到处可以听见清馨木鱼和诵经拜忏的声音，置身其中，真仿佛到了西天佛国一般。我们择了一个最大的茅庵住下来，庵名药师庵，里面的陈设，极为讲究，客堂里的椅桌木器和楼室中的几窗床榻，清净无尘，使游人大有"宾至如归"之乐。所可惜者，细雨纷飞，阴霾不开，开窗回望，只见一片烟雨迷离的山景而已。

药师庵住了不少游客，有几位女士，穿着得颇为时髦，不知打从那儿来的。晚饭后，楼下胡琴声伴着京调儿响亮起来了，男人和女人的声音都有，在这儿忽然听到这种突如其来的音乐，似乎有跫然足音之感，但同时觉得和梵鱼呗唱声杂起来着实有些儿不调和！一会儿和尚上来和我们攀谈，谈到华顶归云和清晨看日出的景致,和尚说:"这要看居士们的缘法了! 山顶多雨,常常一连好多天,看不见日光,明天不知能晴不能,如果晴了,此间'日出'和'云归'两大美景,是很好看的哩!"

后来我们嘱咐了侍者,叫他等五更时如果天晴了,便唤我们起来上拜经台看日出,谁知这一夜雨声,满山遍谷淅沥淅沥地洒个不停,第二天还是风风雨雨的大煞风景,于是我们只好自叹无缘掉头而去了。

别华顶怅然赋一绝

且与山灵约再来,此行辜负到天台。云归日出无缘见,却向华峰听雨回。

五、石梁飞瀑

在药师庵住了一宵,第二天早上起来,冒雨在庵外泥土地中挖起了两棵木本的小菩提树,这种树是天台山顶的特产,叫做"天台菩提",在夏秋之间,结出硬壳的实,里面含有如珐琅质的念佛珠。与广东的菩提树又名毕钵罗树者,似乎又有不同,采着放在山轿里以备带回上海做标本。

决定今日(四月三日)从华顶启程到石梁去观瀑了,冒雨走了十五里,途中景况,正如徐霞客所谓"溪回山合,木石森丽,一转一奇,殊惬所望"。先到上方广寺,寺中有人在做道场,和尚正忙作一团,我们便没有进去,门前的树林蓊郁,花雨纷飞,泉流淙淙,向下倾泻,因为山势是逐渐低降了。山石上刻了"金溪"两个大字,据《志书》云,中方广寺的石梁飞瀑的泉源,是"金溪"和"大兴坑"二大流派的会合,奔流急湍,蔚成奇观。

由上方广寺到中方广寺,不过百步,石梁即在中方广寺外,梁阔只一尺,长约三丈,从两山坳间,架空而起,两道泉水,从左右流来,穿过石梁,合流下坠,百丈悬崖,陡险万状,浪花喷雪,水响轰雷,昔庐陵甘雨[1]书有一付〔副〕对联,形容此瀑云:"冰雪三千丈,风雷十二时",真是简赅切当! 石梁上可以走人,但敢走过的人极少,我们因为天又下雨,水湿苔滑,更加不敢尝试,因为从梁上俯瞰绝壁下砰砰礐礐的大瀑,不由得你不心惊肉颤了。石梁的那一面,无路可通,有一小铜殿,靠着山石建筑起来,大约是有意防止人们跨过的。据说,昨天有一老妇人,从石梁上失足下坠,粉身碎骨而死,不知是存心

---

〔1〕 甘雨:字子开,号应溥,江西永新人。万历五年(1577)进士,官至湖南参政等。

来舍身崖下去求升天的，还是真正的惨遭不幸。从石梁登中方广寺，有高数十级的石步梯，石梁以下，便万马奔腾，不可逼视。在石梁之上流，看石梁飞瀑的起点，有如下图一。[1]

我们绕道从泉流之上游，走向下方广寺去，在下方广寺前，仰视飞瀑的一部，有如银河之泻落九天然。

中方广寺寺址所在，旧有昙花亭，今废，仅存一额。其瀑之上游，诸流汇潴处，林泉之胜，尤为可爱，时有小瀑，泻于白石之间。石壁上刻字甚多，有"大观""喷雪飞云""滚雪昙花""神龙掉尾""栖真金界""二奇"等字样。

我们在中方广寺里吃午饭，一座敞明的楼房，正对着瀑布的上游，耳听着轰轰轰的水声，开窗则满处都是白雾似的雨花，这雨花的成分，一半儿是天降的霏霏细雨，一半儿便是飞瀑乱溅的细沫了。水势正在楼下翻腾，汹涌如龙游，如潮卷，奔赴石梁而下。我们伏在楼窗上，赏鉴着喷雪飞云的奇景，大家都看得呆了！昔人有记石梁瀑布之文，中云："势若江驰滟滪[2]，河出龙门[3]，直下千丈白练，而桥当其冲"，虽未免过甚其词，可是游石梁的人，见石梁瀑布"雄奇骇愕，未有不惊且喜，喜且太息流连"，却是真的。

《法苑珠林》云："天台悬崖峻崎，峰岭切天，古〔故〕老相传云，上有往时精舍，得道者居之，虽有石桥跨涧，而横石断人，且苔藓青滑，自终古以来，无得至者。"说得这样迷离恍惚。我们到过石梁的人，看了这一段记载，觉得是颇为有趣的。

六、铜壶滴漏与水珠帘

在石梁飞瀑的附近，有很多的奇瀑，可供观赏，最出名的，要算"铜壶滴漏"和"水珠帘"（图2）了。我们便决定看了这两个地方，再到万年寺去投宿。午饭后，过"盖竹洞天"，四字为宋晋陵丁大荣书。至断桥，"断桥积雪"为天台八大景之一，可是现已徒存遗迹，所谓断桥，不可复见，大约全部都崩毁了。

"铜壶滴漏"，是形容水石的名称，因为石形正像铜壶倾水。有大铜壶、

---

〔1〕 该图名"石梁飞瀑图一"，整理时略去。

〔2〕 滟滪(yàn yù)：即滟滪堆，长江三峡起点之瞿塘峡口的大礁石，因碍航，1958年炸除。李白《长干行》："十六君远行，瞿塘滟滪堆。"

〔3〕 龙门：即禹门口，在山西省河津市西北的黄河峡谷中，黄河至此，两岸峭壁对峙，形如门阙，水势汹汹，声震山野。

小铜壶之分,其间巨石填满山坳,接连两山,铜壶石上,光滑平整,可容数百人。其中豁然开裂作圆锥形,而又曲洞中通,深不可测,要看所谓铜壶中的形状,只可卧身大石盖上,叫人捉住两只脚,以防下坠,然后探首下窥,壶中水势,回旋盘折,如沸如腾,夺口而出,一出则奔荡不可遏止。

从前徐霞客也曾游到这里,大约那时还没有"铜壶滴漏"的名称,他的游记中形容此境云:"中层两石对峙如门,水为门束,势甚怒;下层潭口颇阔,泻处如阃,水从坳中斜下,三级俱高数丈,各极神奇,但循级而下,宛转处为曲所遮,不能一望尽收。"颇为近似。我们从大铜壶看到小铜壶,再下去,便是有名的水珠帘了。

图 2　水珠帘下

水珠帘的水,在大铜壶、小铜壶之下,水势不急,溢流而下处,平阔散缓,起沦漪形,有如美人薄披雾绡,漾成波纹,骨肉停匀,愈见其美。至以"珠帘"二字形容之,亦颇工妙,因不免令人联想到"水晶帘下"也。

其上有所谓龙游槭,在水珠帘的左面,曲折作虬龙蜿蜒之形,石陷下甚深,好像是匠人有意穿凿而成的一般。自然界的巧妙,真是无奇不有。

七、万年寺赴桃源途中

在"水珠帘"下流连了很久的时候,折回中方广寺,再欣赏了一下"石梁飞瀑",于是便取道向万年寺去投宿了。

到了万年寺,时已黄昏,山门紧闭,寺前有园圃甚大,距离院居颇远,轿夫叫门,叫了很久,不见有和尚出来,这时候暮雨凄凄,境极幽阒,同游的人都有些情急,担心着今晚若没有下处,可就糟了!我却远远地赏着这"空山萧寺"的景象,吟味着"轻风细雨红泥寺,不见僧归见燕归"的句子,又想到"鸟宿平林树,僧敲月下门"的故事,觉得和尚生涯,真是大有诗意的。

好容易从寺里唤出来一个和尚,大家一拥而入,寺虽极大,却很破旧了,住寺之僧,似乎又不多,因此格外显得萧条可怕。接待客人的和尚,把我们引到寺后一幢空房子里住下，一座高楼，上上下下，全无人住，只听得寺墙外一片潺潺水声，伴着屋内一盏照雨的孤灯，于是我们便在这样黯淡的灯光之下，一面喝茶，一面吃着自己带来的面包，大声的谈着话，壮壮胆子。后来和尚搬出饭来，草草吃过晚饭，和尚又继续搬出缘簿来，于是我们每人写上几只大洋的乐捐，这才好像一切都无事了，大家便安心睡觉。

三井潭

第二天一早起来，先上三井潭去看，三井潭距离万年寺不过三公里，穿畦过涧，比达目的地，见潭分三级，大石磐磐，夹于两山之间，上潭之水，倾注入下潭，抵激冲荡，跳起尺余，奔放处，涌出一阵阵浪花，飞珠溅雪，碎溅轻圆，一颗颗好像欲卷又放的样子。

因为境逼危竦，我们居高临下，不能看得真切，上面一图，只不过照出极小的部分而已[1]，因为下面没有法子可以去，只得觑个大概便怅然而返了。

广济潭

自三井潭折回，走上七八里光景，轿夫领我们去看广济潭，轿子停在大路上（阎老太太和丁松泉女士都未能前往），我和育新脱去外衣，拿着手杖，翻过一个山头，再慢慢走下去，见两山夹峙中，一道瀑布涌出来，倾注到广大的潭水里，潭上为峻峭千寻的大岭，其下奔泉曲折，齐向沙石平处流去，流到前面，又为一大壑，幽邃辽迥，不可究穷。只得仍翻过山头，依着来路，向龙穿潭进发。

龙穿潭

走了十里左右，一路上的山峰和林壑，越转越美。我们在半山中行走，竞秀争奇的峰峦，琤琤琮琮的流水，叫我们又要看，又要听，真个是应接不暇。尤其可爱的，满眼山花，嫣红灿烂，这时候春雨初晴，格外显出娇媚。想到唐人"山花红欲然"及"涧水吞樵路"等名句，真写出我此刻所见的景象了。

龙穿潭在山凹里面，轿子不能抬过，我们寻进去，不过半里之遥，便发现一道最雄奇的大瀑，为我生平所未曾前见的，也可说天台山上惟一无二的壮观。因为别的瀑布，最多不过几丈乃至几十丈高罢了，这条大瀑，是从山顶

---

〔1〕 该图名"三井潭"，整理时略去。

上一直滚到山脚下来,浩浩荡荡,滔滔汩汩,奔雷飞电,一泻万寻,大家见了,为之心骇,为之舌挢,我觉得"龙穿潭"三字,不足以形容,为改"飞龙滚涧"四字。

育新摄影时,因为瀑身太长了,不能一次拍,特地用两个镜头分拍,结果,仍只各拍得其上中二部,其下部瀑布倾注入潭之处,仍未摄出,于是可见此瀑布之长大了。

龙穿潭出来,就向天台山最有名的桃源洞赶去,桃源洞为汉永平中剡溪人刘晨、阮肇入天台采药迷路获遇仙女的地方,事迹见《神仙记》,虽则神话荒唐,不可相信,然传说已久,为多数人士所共知的佳话。一直到现在,天台城里,药店的招牌,都打的是"晨肇遗风"。齐召南写这个地方,有以下的一段。

> ……两山夹水,沿水寻溪,折而入,每行至尽处,辄又豁然一关,苍崖翠壁,常若雨后,鲜妍欲滴,奥如也,而旷如也。……回见两峰娟娟若临水而梳妆也者,双女峰也。从峰侧作猿猴形,援巨藤而上,有仙子洞,洞中石床石座宛然,后人伐去藤,到者遂少,晨、肇事有无不可知,然游者初入若迷,渐深若悟,坐玩久之,若乐而忘,矧当春晓时,鸟啼花笑,山空水流,徙倚其中,有不疑于人间天上也耶……

看他的这段记载,似乎他并没有寻着桃源洞。我们翻山过岭,所得的印像〔象〕,也不过和齐召南所见的仿佛罢了,从前有人说:"寻到桃源迷洞口。"探幽寻胜像徐霞客那般的本领,也说:"信桃源误人也!"一位引路的土人意见,以为我们纵然爬上去了,没有扶梯和软索等设备,也属枉然,因为洞口还是不得进去。于是我们只得半途而废,不去追求了。

下了山,先到护国寺,见寺已荒毁,前有双塔,依然临风并立,此外没有别的可看了。山脚下,还有一石牌坊,内有墓道,原来是宋驸马会稽郡钱王墓。在墓前摄了一影,再赴宝相乡,在一家姓张的人家,借餐一顿。乡下人对于我们,十分惊异似的,扶老携幼的来看。使我想到《桃花源记》里"村中人闻之,咸来问讯"的话,我们虽没有做刘晨、阮肇,却做了一次"渔郎"了。

后来参观了一回村中妇人的织带小手工业,她们织出各种有花色的带子,异常精致,或用以束腰,或用以系裙,可惜这种小手工业的产品,只能供给乡下人自己用,都市上是毫无销路,所以只有日趋没落了。

宝相乡离城约二十余里,已经是山外的地方了,我们乘轿回城,所经过的都是平坦的道路,不消三小时,就已经回到城里了。

宁台七日游记

缪镛楼

　　载于《旅行杂志》1935年第9卷第7期。缪镛楼(1881—?)，江苏如皋人，毕业于江南水师学堂，曾任沪宁、沪杭甬铁路局秘书长，有《镛楼诗稿》《镛斋丛刊录稿》等。民国二十四年(1935)四月十六日，作者在游览宁波雪窦之后，乘长途汽车至天台县城，随后数天游览了国清寺、石梁、华顶、高明寺等景区，二十日乘长途汽车返回宁波游览。原文附有照片8幅，整理时略去。

　　天台，浙之名山也，周回八百里，高一万八千丈[1]。山在台州府，距天台县城四公里，相传刘晨、阮肇遇仙之处，所谓刘、阮入天台也。余向者求学国外，逢假必览异邦山水，尔来服务社会，每当春光明媚，辄喜纵览国内胜境，岁以为常。本年四月中浣[2]，偕于志文、陈羲一、王小波诸老友登临斯山，沿途兼览宁台两府各名胜，爰举所得，公诸同志，藉佐后游者之参考焉。

　　十四日晨，抵宁波，寓县治东之万安旅馆，室雅而费约。中山公园位于县治之西，地基广阔，园林花木而外，有戏园，有假山，有亭榭，有池沼。最堪记怀者，有屋数椽，以铅皮作瓦，饮茗室内，适逢急雨，雨击铅瓦，声如爆竹，益信古人筑竹楼以听雨，确别有逸趣也。有一亭，藉巨树作中柱，柱周环以木椅，供游人憩息其上，枝叶扶疏如盖，高覆亭表，盖树当要道，去之可惜，留之又碍交通，藉此亭以资点缀也。下午出南门，游观宗、延庆二古刹，但见庙宇雄壮，偶像森严而已，其他无可记者。

　　十五日，游雪窦，雇小汽车至入山亭，距甬约八十里，来回票八折，计价

---

　　〔1〕　原注：见《十道西蕃志》，但李谪仙之《梦游天姥吟》则云："天台四万八千丈。"二说不同，未知孰是。

　　〔2〕　中浣：中旬。

十六元，通用七天。经过溪口，任便停车游览〔1〕。溪口群山环绕，水秀山青，盘谷桃园，诩为仙境，有武岭小学位于蒋委员长〔2〕邸第之侧，任人游览，不须投刺。校内医院、教室、礼堂、操场，规模宏大，每逢隙地，均以花木点缀成文。树大十围，高可参天，屋宇轩敞，童子军岗位密布，精神奕奕。学生六百人，初中一百，小学五百。下课出校，各级均于各教室前排队而行，步伐整齐，服装清洁，办理善良，堪称模范校焉。校侧有林场，有市镇，风景绝佳，足资流连。蒋母之墓，介于溪口及入山亭间之山上，有武装同志守卫，欲参拜者，须持武岭校片，盖蒋委员长有庐墓之第在焉。入山亭至雪窦寺，山路十五里，乘舆而上，每轿计洋七角。亭中有电话，有茶室，有中国旅行社招待员指点一切。中国旅行社在雪窦寺侧，每房两榻，计洋四元，一人独宿则取三元，膳清洁可口，费另付，社内有向导员，导览各名胜。千丈岩距雪窦数里，山石整劈，峭同赤壁，瀑布飞湍，形似雪花。越数里而至妙高台，头门内有妙高石一座，后室饮茗处有草簿，任游客题名。台上门户锁闭，据云蒋委员长回珂里时，恒宿于此。再越十数里至中隐潭，潭侧古庙一所，乡村小学在焉。潭在山峡之底，由峡口直下二百四十磴，转身方见。峡侧隐处，瀑布千尺，水花纷飞，立足之地，广约方丈，虽有石凳石桌，但被瀑布所溅，不堪入座。此外尚有上隐潭、下隐潭，各相距数里，情景大致相同，因瀑布及潭水，必至峡底方见，此隐潭之所以名也。再千丈岩及隐潭之瀑布，迥异他处，其状非布非帘，由巅至下如雪花飞舞，隐伏深谷，雪窦义名，其在斯欤？雪窦寺额曰"四明第一山"，系蒋委员长亲笔，庙为雄壮古刹，信佛者恒建水陆道场于此。

　　十六日，肩舆下山至溪口，每乘费一元五角，定价也。换乘溪新公路长途汽车至拔茅站，计五十一公里，转乘新黄公路长途汽车，五十二公里至天台站，再雇小汽车，四公里至国清寺〔3〕。游人恒宿寺内，沿途轿车钟点，均能衔接，行李颇便。斯日八时离雪窦，下午六时抵国清寺，竟日轿车，浏览群山万壑，辐辏肩摩，路转峰回，如往而复，几疑身已入蜀，颇足游目骋怀。国清寺下榻以西厅为最佳，但门外颜曰禅寮，非谂客及有声望者，僧不延入焉。余等与僧有旧，获寓于斯。寺前古塔九层，已毁于火。又有石塔七座，排列广场，名七星塔，形似西湖印月之三潭，但较美观。塔之作用，乃焚化纸帛之

---

　　〔1〕　原注：若乘公共汽车，则时间不经济，且仅能到溪口，距入山亭之十数里，须另雇轿。

　　〔2〕　蒋委员长：即蒋介石。

　　〔3〕　原注：即天台山脚。

库也。寺内陈设铁质巨镬一具，直径逾丈，深约五尺，厚亦寸许，相传古名将军中造饭所用。漏沙不漏水，漏糠不漏米，无从考据，目为神话可矣。又有王羲之所书大"鹅"字石碑，字系一笔圈成，神采活泼，不愧名笔。方丈上可下兴，兼领苏州灵鹫寺方丈，谈吐文雅，招待殷勤，床被清洁，素斋可口。

十七日，乘轿入山，十五里至塔头寺。殿内有石塔，真僧之肉身在内，故得名。再十五里至龙王宫，乃山中小镇，可资休饮。再十五里至中方广，所传石梁飞瀑之名胜在焉。此瀑布乃水帘式，上下凡四叠，有巨石似梁悬架空中，瀑流如飞而下，游人多在此午膳，兼流连山景。再十五里，至药师庵[1]，乃华顶峰茅篷之一，参观卧佛，并下榻焉。

十八日，仍乘原轿上进八里，至拜经台[2]。茅篷数所，僧如山农。山巅有一石碑，刻"拜经台"三字。又有一降魔塔，塔文载昔有妖魔占据斯山，被开山始祖真僧所降服。折而下，三里至华顶峰〔寺〕，寺屋半圮，今正大兴土木，在建造中。斯处云生足下，风砭肌骨，气候雨雾，变幻顷刻，若逢天晴，可观日出。俯视尘寰，混混茫茫，不知人间何世，飘飘乎仙矣，深入天台矣，不得谓除却巫山不是云矣[3]。回经龙王宫〔堂〕，再西行十五里，至高明寺，山石峥嵘，别具奇观。有一石洞，下有屋宇，上以整石作盖，荜门圭窦，入内修持，可却凡念。寺有素斋饷客，笋味之鲜美，为尘市所无。再十五里回至国清寺，轿资来回，两日每顶四元，轿身高长，人卧其中，被枕由寺供给外，有油布及门帘，风雨无阻，舆人翻山越岭，履险如夷，坐者心初不忍，而终服其技之精也。在寺略事休息，雇小汽车至天台车站，入城数百武，寓赤城旅馆。馆系新开，生活甚低，双床之房，取费四角，单房仅须三角，城内市面古朴，舶来品不多觏，惟当街之石坊甚多，科第显宦，触目皆是，曩时文风昌炽，殆亦为山川灵秀之所钟欤？

十九日，乘长途汽车至新昌，步越城河，入新昌西门而出北门，约计五里，雇小汽车行十数里，至大佛寺[4]。佛在敞口洞内，依山石塑成，系一金身坐像，高三丈六尺，两膝盘坐莲台上，洞口用宫殿式建三层牌楼。此佛在

---

〔1〕 原注：途中经过上方广有小瀑及两进之庙。

〔2〕 原注：天台最高处。

〔3〕 原注：去春在安徽黄山曾巧见云海，今又于天台复见之，诚奇观也。

〔4〕 原注：若非求时间经济，在新昌站待乘赴绍兴之车，中途换车直达大佛寺，可免步行。

东南各省虽称雄伟,然与大同之大佛比,则仅及十之一耳[1]。宋儒朱子曾读书于此,有碑存焉。山行数里,有山石刻成小佛像多尊,但不及灵隐石像之秀、栖霞石像之众也。回程游历新昌城内,纯是内地风气,朴质简陋,但市上洋货甚少,亦堪钦佩。城河浮木筏数艘,系以整木连成,木稍楕湾向上,髹以黑色,宽约五六尺,无边无篷。下午一点半乘车回溪口,换车返宁波。据云,各公路因有官办私办之别,故须节节换车,将来联运告成,则由甬可直达天台,并雁荡焉。

　　二十日,乘长途汽车赴育王寺,路程数十里,汽车每小时一班,票购来回,每人七角二分。育王寺占地百余亩,入门有大放生池一所,长廿余丈,阔十余丈,石栏精致,甬道清幽,惜水不洁,呈死绿色,不及西湖玉泉放生池之清澈也。殿内有卧佛一尊,丈二金身,覆以锦绣,有舍利、藏经二殿,黄瓦朱柱,金碧辉煌,舍利子悬在小铜塔中,由值殿僧净手搭衣,从殿内正中之佛龛内请出,持赴天井,令观者四人一班南面合掌,端跪四蒲团,匀排成一字形,僧由东而西,循序逐一命从塔缝内斜睨塔顶所悬舍利,系何色彩? 据云红最佳,黄次之,蓝又次之,而黑最劣。余跪在墙阴,见是蓝色,两粒较菉豆大而莞豆小,三友均跪在日光中,见红见黄各异。藏经楼东西两壁,各列钦赐藏经八橱,正中佛龛之背,悬侧头斜视佛像一帧,系王一亭[2]先生手笔,佛目点睛甚巧,游人无论自西徂东,或正或侧,或跪或立,均见佛目与人目相对,诚杰作也。全寺屋宇甚多,规模雄壮庄严,东隅尚有隙地数十亩,绿荫参天,芳草遍地,不愧为东南大丛林之一焉。下午回甬,即乘轮四时起椗返申,而七日之游事毕矣。旅费每人仅六十元,惜为公务所限,未克多假四日,致天童、雁荡两名胜,均不果行。

----

　　[1]　原注:大同大佛耳能卧丐,此佛耳内仅容孩提之童。

　　[2]　王一亭:即王震。

天台山游记

朱汇生

　　载于《长途》1936 年第 1 卷第 2 期。又连载于《茸报》1936 年 6 月 4、5、6、7、8、9、11 日，第 4 版。《长途》1936 年 4 月创刊于上海，月刊，京沪苏民营长途汽车公司联谊会编辑出版，社长姜可生，副社长朱恺侗，属交通运输刊物。朱汇生，其人不详，推测应为京沪苏民营长途汽车联谊会成员。应浙江萧绍长途公司董事金汤侯等之邀请，朱汇生与京沪苏民营长途汽车同业联益会主席姜可生、副主席朱恺侗等一批民国公路事业的开拓者于 1935 年 5 月 7 日，自杭州乘汽车，经萧山、新昌、会墅岭，抵达国清寺，随后游历了高明寺、华顶、石梁等胜迹。5 月 9 日，自国清寺乘车返回杭州。本文即为此次游记。

　　余应浙江萧绍长途汽车公司金汤侯[1]先生之招，代表总经理殷石笙[2]先生，乃偕百尺楼主人陈念慈[3]君，于五月六日上午十一时乘沪杭车首途，下午三时抵杭，下榻清泰第二旅社，维时京沪苏联合会诸同人，先我而

---

　　〔1〕　金汤侯(1888—1967)：名城，字汤侯，以字行，绍兴皋埠镇人。19 岁肄业于上海复旦公学，后历任县、府、道公署幕僚，浙江天台、新昌县知事等。1926 年开始从事交通事业，10 年之间，连续经营 5 条公路，成绩卓著。1949 年以后曾任浙江省政协委员等。
　　〔2〕　殷石笙(1880—1951)：上海金山县亭新乡人。曾随父行医，后留学日本，攻读法律，学成后返沪为律师。1930 年 10 月回松江定居，发起修筑松江至北桥段公路，并集资创办上松长途汽车公司。1935—1936 年，他申请修筑了松江到塘桥和塘桥到佘山两条公路。
　　〔3〕　陈念慈：其人具体不详，1929 年被委任为江苏省建设厅第一技术佐。

至者,有上南公司穆恕再〔1〕、朱雪僧〔2〕,沪太公司洪景平〔3〕三君而已,余嗜饮,就碧梧轩小酌焉。越中名酿,买醉数樽,唤艇游湖,倍增兴趣。登放鹤亭,穿博览会桥,谒岳鄂王墓,曾几何时,而夕阳西下,莫〔暮〕色催人,鼓艇归来,已是万家灯火,就榻假寐。未几镇扬卢绍刘〔4〕、镇溧姜可生〔5〕、武宜陈松茂〔6〕、锡沪王总善〔7〕、锡澄孙澄先〔8〕,或携公子,或挈眷属,接踵而来,互道契阔。可公善饮,相见尤欢。入夕应浙江全省公路管理局朱局长之邀,登路局招待专车,赴宴湖滨聚兴园酒家,导引者为金汤侯氏代表郑受光君。郑粤人,客浙逾十载,现任公路局机械主任,兼萧绍公司职务,英年慷爽,和蔼可亲,吾道中干材也。酒数巡,朱局长起立致词,谦恭恳切,足资模楷。次穆恕老、卢绍老相继致答。锡沪王总善兄,亦自述其当年经历,并感谢浙路局故主殷情。历三小时,宾主尽欢始散。

翌晨八时,登原车径驶江干,渡钱塘江,朝暾初上,碧水连天,两岸人家,都在烟雾朦胧之里,越十分钟,舟达彼岸。萧绍公司已派大车二辆,小车三辆,在埠迎候。余等一行人,除穆恕老乘自备汽车外,余皆就招待专车,次第入座。九时三十分,循萧绍公路进发,历西兴、萧山等十七站,达五云总站,为十时四十五分。金汤侯氏偕同浙江商办各公司代表,在站接待,相见寒暄〔暄〕,即就溪边画舫,赴大禹陵,舟行六七里,抵禹王庙。庙系劫后重新,庄严伟大,在大殿前摄影,旋即午餐。餐后回五云,抵埠,就原车直驶新昌,沿

〔1〕 穆恕再(1874—1937):上海人,名湘瑶,字杼斋,晚号恕再。1903 年举人,曾任江苏咨议局议员、上海县城警长、上海市议员等。创办中华砖窑厂、德大纱厂、恒大纱厂等。

〔2〕 朱雪僧:江苏南汇人,曾任浦东商业储蓄银行周浦分行经理。

〔3〕 洪景平:江苏太仓人,曾任沪太路长途汽车有限公司副经理。

〔4〕 卢殿虎(1876—1936):字绍浏,江苏宝应人。曾任北洋政府安徽、甘肃两省教育厅长、淮扬道尹等职,江北长途汽车公司筹办人,被誉为民国"开路先锋"。

〔5〕 姜可生(1893—1959):名亦可,字君西,号杏痴、泪杏,别号不自生生,别署海棠、阿棠、慧禅等,江苏丹阳人。著名的南社诗人、作家、报人。1949 年以后被柳亚子聘为私人秘书,又被聘为江苏省、上海市文史馆馆员。

〔6〕 陈松茂:江苏武进湖塘镇人。1929 年大学毕业,考古学专业,工作后转业交通,同时也是古陶器收藏家。

〔7〕 王总善(1907—?):上海人,毕业于中央高等汽车学院汽车内燃机系,曾任全国经济委员会公路处技师。

〔8〕 孙澄先:其人不详。

途绿树成阴，群山环抱，杜鹃枝上，啼断春归。下午六时三十四分，抵新昌斑竹，五十余丈木桥，桥架深涧中，既乏栏杆，又系狭小。临桥俯视，心胆俱裂。过桥，换登对岸专车，开抵大佛寺下榻，寺为浙东著名丛林之一，傍山筑屋，风景绝佳，上有新社，为新邑宴客迎宾之所，构造入时。此次参观团四十余人，人各一榻，简洁可嘉。晚七时，就夜膳，男女宾计四席，飞觞痛饮，我醉欲眠，酒罢兴阑，酣然入梦。

旦起，盥洗毕，进早餐，仍就原车向天台进发。经会墅岭，辟山为道，路形折叠，围以石栏，车驶其间，万分奇险。岭上有会墅亭，俯视人畜，渺小如蝼蚁。卓午车抵天台山下，国清寺前，数十肩舆，两行站立，余与穆恕老、卢绍老、孙辰翁暨吴仲裔夫人，各就四人舆，余则分乘三人二人不等，鱼贯上山。一路溪流激石，清脆可听，俊俏群岚，四围环抱，经金鸡岭，千寻石壁，削立要冲，万丈深渊，望而生悸，羊肠直径，历四千余石级之多，舆行其间，危险殊甚。口占二十八字纪实："肩舆鱼贯上高明，一路汤汤急瀑声。夹道羊肠兼削壁，此身疑在蜀中行。"行五十里，达高明寺，参观隋炀帝御赐智者大师之黄缎袈裟、古铜盂钵、梵文《贝叶经》三种，千年古物，生气盎然，果与寻常迥异也。寺内午餐，罗陈八味，净素山珍，清芬越酿，余怀尤快。餐罢，登原舆，又循羊肠小道上天台而去，行十五华里，至万年堂街，舆人索赐，进点充饥。约十分钟，再前行，群岚起伏，上插云霄，阡陌纵横，下临万丈，沿路野花遍地，山翠连天，一幅木牌楼，题曰："圆觉道场"，天然图画，几疑非复人间。

又历十五华里，穿一横跨山腰之再二里，达药师庵，庵东有华顶寺古刹也。余寻华顶而上，行五华里，达天台最高处，有碑立山巅，题"拜经台"三字，旁署"智者大师拜经处"七字。距碑不远之一隅，建有石室三间。外围石壁，内则杂储器物，仿佛海上堆栈。刘〔浏〕览一周，即登舆下山，茅蓬三五，错杂道旁，合十野僧，喃喃宣佛号，回药师庵小驻焉。是夕素餐六碟，系用土产笋尖，分调缞客。清香味美，远胜故乡。土酿不凡，系沽自四十五里以外之天台城内，住持诚朴，款客殷勤，一望而知系六根清净者。庵中悬有板联二，其一为："中天或有长生药，古寺应怀远法师。"次为："春光暖扑琉璃界，山色青黏翡翠屏。"书法苍劲，横额有二，曰"不动道场"，曰"琉璃界"，一为蜀中丁慕韩[1]书于逊清宣统三年；一即光绪辛丑，闽中李洽徵[2]所书也。入夕，余宿中楼，宵深夜静，扑被孤眼，一梦南柯，东方已白。余惺忪倦眼，倚枕

---

〔1〕　丁慕韩：字剑秋，四川江津人，毕业于日本东京士官学校第六期，其余待考。

〔2〕　李洽徵：其人不详。

犹在沉思，而分宿楼下诸公，如穆恕再、卢绍刘两老，兴趣正浓，已大谈其"山海经"矣。余恐时晏，急起下床，整襟盥洗毕，同进早点，至五时五十三分辞庵出，维时朝暾初上，山翠含釂，拂面清风，迎人瀑布。置身其间，飘飘有欲仙之概。

舆行九里，抵"石梁飞瀑"。至则傍山古屋，跨涧筑桥，入门，大殿供佛像，悬额曰"昙华亭"。室外列八字石级计十六级，拾级而登，小阁三间，临流南向，所谓"石梁飞瀑"，即可凭栏而一览无余矣。余就窗立，窗外万丈山洪，奔腾下泻，白光一片，蔚为壮观。临飞瀑中者，有大可四五围抱之石梁一座，横架两端，仿佛石桥模样。飞瀑自上而下，穿越斯梁，泻入低之洼处。梁左有古铜佛堂一座，高可五英尺，梁旁石上，刊有"喷雪""飞云""寿布"等字样。盘桓十分钟，就原舆循国清寺旧径而下，余有七律一章纪实："汤汤飞瀑送归程，一路听来倍有情。翠拥朝曦时起伏，烟笼远黛半清明。山腰径隘心随喘，石眼流洪势欲倾。迎面野花齐带笑，送春还有杜鹃声。"一带〔路〕青松夹道，翠色蒙天，经"祖师亭"，越"金鸡岭"，此系天台最险峻处，余又赋七绝一章纪实："坡斜路隘仅容舆，削壁深渊景独殊。岭过金鸡身似堕，始知世路有崎岖。"

十时四十分，达国清寺，始庆脱险，犒舆夫银币二元，入寺，就东客厅休憩，廊间悬有板联一幅，句为"梦里画山川，双涧五峰开佛阁；云中绝尘俗，北齐南岳溯禅宗"。午刻入席，方丈飨以精美素餐，四碟八肴，味殊可口，与西子湖滨烟霞洞名厨相伯仲。

餐后，于十二时三十五分，登萧绍公司招待专车，直驶钱塘江头。下午五时，抵江边，乘义渡轮，达对岸，改就浙江省公路管理局招待专车，返清泰第二旅社。入夕，应沪太公司宴省管理局机务主任郑受光先生之招，就饮湖滨酒家。菜系京苏合璧，点缀入时，足与沪上各酒家相颉颃〔颃〕，历二小时席散，维时百尺楼主，正独饮于西园酒家，余急驱车往，至则主人玉山将颓，携人手言归。余先就榻寝，主人孤灯寂寞，不惯早眠，复自离去，夜半才返寓。

翌晨梅雨困人，急思归里，而穆恕老暨其樊素夫人，殷殷属乘归途之便，过鸳鸯湖而稍驻，盛情不可拂，至嘉兴下车焉。斯地系先妻殷蝉宣夫人故里，桃花人面，今昨已殊，崔护重来，伤心弥已。下榻中央旅社，电访县党部秘书沈子如姻兄，次即偕主人趋穆氏湖滨别墅。穆共两夫人殷勤招待，进茗后，即在宅后河埠，登小汽艇，驶抵烟雨楼，楼头联多可诵。余以能记忆者一联录之："出东廓〔郭〕门半里而遥，春水绿波，处处美人画舫；与南堰镇隔湖而望，夕阳芳草，寻寻高士祠堂。"下午一时就坐，穆老举杯劝饮，兴殊浓厚，酒半酣，与宴者请主人玩昆曲，恕老首肯，与两夫人次第合唱，珠圆玉润，婉尾〔委〕动听，洵难聆之佳音也。兴尽始散，渡湖返穆宅。旋辞别，回中央稍憩，又半小时，赴南门徐家埭殷寓，晋谒外姑张太夫人。余别太夫人一载矣，差喜慈躬清健，相与倾积愫，历一小时辞出，抵旅社，而沈子如姻兄，已先余而至，乃相偕赴宣公桥，入酒家小饮，三人共话，略尽巨觞，百尺楼主人似不能耐，沉醉欲眠，乃辞回寓。

越晨，黎明即起，乘嘉沪七时早车返里，此行耗时六日，跋涉一千里以外之长程，而萧绍公司营业线，自钱塘江至新昌，三百里黄沙路面，平垣整洁，道旁绿树，连锁成阴，专车疾驶其间，仿佛沪上公共汽车驶入南京路一带之情况，路政建设之进展，似直望洋兴叹，吴越兄弟邻封，言之殊增愧色耳。

游天台山记

念慈

载于《茸报》1935 年 7 月 22、23、24 日,第 4 版。《茸报》于 1934 年由瞿指凉创办于松江长桥街,沈君默主编,综合类小报。因抗战全面爆发而中断,1945 年 9 月复刊,沈瘦狂任社长,社址迁至马路桥西大街,至松江解放时停刊。本文的写作背景与前文朱汇生《天台山游记》的写作背景相同,即都是 1935 年春应浙江萧绍长途公司董事金汤侯等之邀请,作天台之游。作者念慈,就是与朱汇生等随行的陈念慈。根据作者按语可知,本文是作者应《茸报》编辑沈瘦狂的补白之请而作,所以游记篇幅短小,文字简洁。

刘晨、阮肇之入天台也,人多羡焉。《西厢记》至以张、崔之真个销魂比之,则其遇之难、境之乐,当亦不问可知矣。念慈何幸,居然不费一文,得步刘、阮后尘,是则应感谢殷石老之办汽车公司也。盖此次之游天台,由浙省萧绍长途汽车公司经理金汤侯君发起,招待江苏同业,而慈与老友朱君汇生,则代表上松汽车公司者也。

民国二十四年五月七日,江苏同业集于杭州之清泰第二旅馆,男女共三十一人,晨八时半出发,浙省公路处特派郑君招待,备车送至江干。九时过钱塘江,由金君备车迎,并由水道谒禹陵,是晚宿于大佛寺。翌日六时登车,车行山谷间,历四五小时,蜿蜒而上,渐升渐高,俯视来路,屈曲似羊肠,曹娥江如小溪耳。十一时抵国清寺,即天台山麓。相将下车,易肩舆,每人备棉被一,用以铺舆,其招待之周,可以想见。余等既登舆,行将启步,而朱君独卧舆中,竟无人顾问。盖其身重量,较余重一倍有奇,宜舆夫之望而生畏。余乃与郑君效从前军队之拉夫,卒获壮健者四名,舁之登山。尚有穆君恕斋、卢君绍刘,以及锡澄公司之孙君,亦因体重,用舆夫四名,余则多用二名,共四十二乘。鱼贯而上,拾级而登,愈登愈高,愈行愈险,山势既陡,而路又逼仄，悬崖削壁，叠嶂重峦，万木参天，下临无地。同游者心咸惴惴，而素以胆怯著称之朱君，至是已额汗涔涔，心骨俱惊，愿舍舆而步行。行数十级，气喘不止，足力已疲，乃嘱二舆夫扶掖而行。骤视之，既如丧家之子。观其举步踉跄，面无人色，复似玉皇阁前之好汉，见者无不失笑。余因曾游匡庐，山势更险，是以不复惶恐。继而由高而下，舆夫健步如飞，约半小时，抵高明寺。寺为隋智者大师所建，住侍〔持〕出唐代御赐物，供众赏览。计袈裟一袭、钵一、《贝叶经》一。袈裟系丝织品，凡百有八方组织而成，方方具绣五爪之龙，衣虎黄色，龙作金色，绿色边缘，亦绣金龙，诚不可多见之法衣也。《贝叶经》凡十余页，书于竹箬，长约尺许，均梵文。钵系铜质，下刻"贞观十三年"字样，惜属赝品，闻真者已为游方僧窃去。传观既毕，入席午餐。

餐后复登舆上山，崎岖曲径，不敢逼视。及至最高处，云生脚底，有天在上，无山与齐。中有台，镌字曰"拜经台"，相传系智者大师拜经处。东南有一塔，六角形，均有佛像。旁有屋四五楹，若寺院然，未及入。既而暮色苍茫，山光渐暝，乃相将下山，盘旋至药师庵，宿焉。

翌日，六时出发，朝曦初上，群山光明，松柏参差，修篁夹道，野花争发，山鸟齐鸣。至石梁，观瀑布，悬空匹练，出自两山间，汇于一处，奔腾而下，浑如喷雪，水花四溅，其声汤汤，洵属壮观。惟较匡庐，相去悬绝，然见者已惊叹不止。历半小时，相率循旧道而归。

念慈按，天台之游，朱君已详记其事，刊诸本报，叙事简洁，词句铿锵，有目共赏，原拟藏拙，奈瘦翁需稿补白，书此归之，画蛇添足，不值识者一笑也。

金汤侯大令招游天台记

姜可生

　　载于《长途》1936年第1卷第1期,无文末六首绝句;又刊登于《国艺》1940年第2卷第4期,题目为"游天台记",有文末六首绝句。姜可生时任《长途》杂志社社长,又任京沪苏民营长途汽车同业联益会主席。本文的写作背景与前文朱汇生、念慈所记相同,内容亦可对读。

　　汤侯先生久官浙东西,近岁敝屣簪缨,追随前省长张载扬[1]氏,经营萧绍及绍曹嵊嵩新三长途汽车公司,并组织宁绍同业研究会,甚盛事也!今春京沪苏同业联益会,举行第四届大会于沪市,余以谬任主席,故江南公司经理吴琢之兄,特属与副主席朱恺俦[2]兄,访先生于惠中旅社,同赴陶乐春酒楼,与同业把晤,酬酢甚欢,临别殷殷以游天台为约。

　　五月四日,余挈眷及恺俦、景平、仲裔、绍刘、仲岳、颂如、总善一行由北站登车,入夜抵杭,则恕再、雪僧、汇生、辰初、菉泉诸伉俪,暨念慈、慎斋、松茂、季章已先候逆旅,遂诣聚丰园,应浙省公路局朱局长之宴。朱即席致词,多扳谦[3],余等代表答谢,而绍刘语尤隽永。翊晨,湖滨闲步,风景依稀,念别且十年余矣!既公路局驱车送之钱塘江浒,换轮达彼岸,入萧绍公司路线,坦坦如砥。御车而行,如电掣云驰,速度常超六十码以外,车中饱看隔江山色。炊许,已抵绍兴之五云门总站,汤侯导观三公司设备,介见歙昱同业诸君子,以精美乌篷二,载客至禹王墓,殿宇新葺,规制崇隆,为越中祠庙之

---

　　[1]　张载扬:即张载阳。
　　[2]　朱增元(1882—1962):字恺俦,太仓浏河人。清光绪三十年(1904)秀才,上海中日医学院毕业。民国元年(1912)被选为江苏省议会议员,曾任交通部公路总局顾问,1948年当选为第一届国民代表大会代表。1954年将长途汽车公司沪太、锡沪移交国家。
　　[3]　扳谦:谓施行谦德,泛指谦逊。

冠。午宴毕，长兄从大明电气公司来，相偕登车经嵊县，薄暮抵新昌，宿大佛寺，佛象〔像〕凭山石筑成，高阁五层，适当其顶，伟大可于俯仰间得之。黎明绕山一周，过千佛岩，复登车行山腰峰顶间，随逶迤之势而辟路，幽折纡转，时有云气，岚光扑人眉宇，其中尤以刘门坞为最胜，相传刘晨、阮肇从此入天台，知距仙境不远矣。午憩国清寺，门前夹道松槐，涧底清泉，玲琮作琴筑声，去天台县城约五七里，汤侯宰新昌、天台凡十稔，甘棠美荫，被于民间，无老幼咸识金知事，于其至也，争来瞻望丰彩，甚矣惠政之施，果如霖雨之需也。车路暂止于此，换山轿上山，同游中如恕再、绍刘、辰初、汇生皆体重倍常人，增舆夫四，犹惴惴弗自安，实则若辈举步如飞，视为日常生活，千百中曾无一趑而蹶者，何虞陨越为？

天台拔海如干〔1〕尺，待考，而群峰环抱，时见兰若，矗立深林中，曼陀罗树，遍植幽谷，着花作红紫诸色，俨清净佛地然。肩舆直上拜经台，看华顶归云，俯瞰大地，如子芥，满眼悠悠，烦襟尽涤，高歌苏玉局琼楼玉宇之阕〔2〕，折返药师庵，已暝色四合，晤奥地利善男子善女人者三，其一固照空法师〔3〕也。庵宇覆茅为之，厚数尺，制绝精。山中人呼曰茅团。汤侯豪于饮，稔客中多酒友，如汇生、念慈、雪僧、颂如及余兄弟，特异藏酏两大瓻〔4〕随行，瓻可容石许。恕老则血压高，方持戒严，每巨觥一举，未尝不口角流涎，然劝之终不饮也。既酣，长兄歌《拾金》一折，汪季章君击节和之，余当筵起舞梅花剑佐兴。酒阑以连朝疲惫，酣然入睡乡，至安稳甜适。

四时半推枕起，独步庵外，鸟语花香，得少佳趣。离庵至石梁飞瀑，同行百余人，忽欢声四起，诧为奇境，盖万壑争流，宛如十丈水晶帘，垂空而下，徘徊不忍舍去。下山别循一路，曰金鸡岭，峻坂绝险，殆数千级，余素旷达，至是尚懔然，不谂恕再、绍刘诸子，当为如何，事后询之，笑谓当时不及悸，但今犹悸在两足云。

---

〔1〕 如干：若干。表示不定数。

〔2〕 苏玉局琼楼玉宇之阕：即苏轼《水调歌头》（明月几时有）。苏轼曾任玉局观提举，后人遂以"玉局"称苏轼。

〔3〕 照空法师（1879—1943）：原名特立毕达·林肯（Trebitoch Lincoln），英国籍，出生于德国。20 世纪 20 年代初来到中国，初在军阀杨森、吴佩孚处任高级顾问。1930 年在杭州城隍山准提阁落发，次年在北平白雀寺受戒，并领到度牒。1943 年在上海仁济医院去世。

〔4〕 瓻（chī）：指古代陶制酒器。《广韵》："瓻，丑饥切，酒器。大者一石，小者五斗。"

回绍后,众以恕老召游嘉兴南湖,约渡江止于杭,拂晓前往,余为养吾百纲姚鲍二氏昆仲(姚晓澄、慧澄,鲍予忱、选臣)恳切遮留,信宿始行。回忆十四年五月先大人七十仙诞,家兄作宰斯邦,建水陆醮于大善寺追荐,余一度来临,兰亭东湖之胜概,时在心目中固未能一旦恝然耳。既去会稽,余兄弟更鼓余兴,于西子湖小作勾留,斯役也。同行五十余,仆厮舆从倍之,汤侯从容款接,秩然不纷,胜地俊游,主人情重,是可感也。作游记竟,系以截句六首:

越游幸得趁飙车,计日宁愁道路赊。作赋兴公吾岂敢,有缘来看赤城霞。

登山车路郁千盘,云气岚光扑面寒。尤爱寺藏松柏里,万株苍翠一茅团。

庄严佛象白云间,阁最高层未易攀。艺苑即今珍刻石,固应俯视武堂〔当〕山。

刘门坞左径通幽,记取桃花作蹇修。此事流传艳今古,神仙眷属许同游。

石梁飞瀑溅云根,百道悬流势若奔。对此真须叹观止,横天匹练小吴门。

客中杯酒话生平,倍感招游地主情。私拟正希文集后,容余附骥得题名。

天台之游

王钟淦

　　载于《中国空军季刊》1935 年第 3 期。《中国空军季刊》1935 年 4 月 1 日创刊于杭州，中国空军季刊社编辑，中央航空学校同学会发行，季刊，1936 年 7 月停刊。王钟淦，江苏江宁人，中央航空学校第五期航空班学生，后任中美空军联队第一大队轰炸机中队长。民国二十四年 (1935) 七月二十五日，中央航空学校官兵自杭州出发，经绍兴、嵊县，至天台山旅行，其间游览了国清寺、高明寺、华顶等景区，二十八日返回，本文即为此次游览之作，语言活泼诙谐。

　　传说了好些日子的旅行，经过议决，经过筹备，我们热烈的期待着，终于命令是公布了。命令上是说：旅行天台，日期是从廿五日到廿八日。

　　据说天台山很高，有很多著名的胜迹仙踪，我们都非常的鼓舞，鼓舞能往仙人到的地方去；在童时，记得母亲告诉过我，天台山是非常的高而且大，那里有很多终年不吃饭、头顶生树的和尚，和尚的道行都很高，能够呼风唤雨，能够未卜先知；平常朝拜的人们，总是要穿草鞋布衣，吃蔬，沐浴，非则爬山便会摔下来；到那里的人没有一个是敢嬉皮笑脸的，因为那里太神秘了，那里有着地狱的设备，刀山！奈河桥！又有长而且多的蛇！粗到同水桶一样，又有很多的白额大虎，那些蛇、虎，他们都受过佛法的教养，能够认识所有的人，这是良善的，这是残酷的；善的：他们便摇头摆尾的表示欢迎；恶的：他们便不客气吃丢〔掉〕他，所以在宁波有句俗话："到天台拜佛，胜吃十年长蔬"。这时我微弱的心里，便种下了——天台是神的地方。

　　这次旅行归来，闭目沉思，经过这崎岖奇特的山道，虽然有巧夺天工的工程师设计经营，劈出这条山路来，然而危险恶劣的情况，仍须有时要下车步行；回想到从前，芒芒长道，一片荒山，仅靠人力要爬过这千重万叠的高峰，行走这几千百里的途径，那困苦可想而知，当然，在各种困苦恶劣环境之下，一经传说，自必会产生出"谣言"来，因为谣言的作用，能使一件平凡的事物，变成神奇，变成圣迹，而增高这平凡事物的价值，同时更加以附会其说，所以便有"刀山""奈河桥"的产生（所设〔谓〕"刀山"当系指山路之难行，"奈河桥"当然是指石梁瀑布之石梁而言）；一番旅行，把童时深种腹心的惊奇一扫精光了。

七月廿五日

昨天晚上值星官[1]就宣布说：明天去旅行天台山，不过上午我们仍旧要飞行，所以学校车辆的分配，我们是在十一点廿分，由校发，两辆卡车，一辆轿车，机械生队及别的，他们都在我们以先走，明天的时间很匆促，最好在晚上就把军毯裹上白被单，卷成长条，这是要自己背的。另外发给每人一个饭包，各人自己打算，须要放几件替换的衬衫汗衫短裤，这也是要自己背的，晚上弄好，省得明天时间不够分配。

早上照例到机场飞行，几次成队之后，就提早停飞，由翁家埠坐着汽车奔回学校，在车厢里，杂乱说着去天台的话。

回到队上，五分钟后就吃午饭，稍停，十点钟左右，就集合上车，集合前队长训话，大意说："这次旅行不像前次到龙井，这次是含着'部队行军'的意思，所以一切的行动，都要军事化，注重在纪律、精神。……"队伍中，各人背上白的毯，红的包，那神情很像一群远征的探险队。

车子开动，当然各人都把背着的东西都放到旁边去，我是坐在其中的一辆卡车上，笨重的大车，尽了所有的能力，奔跑着四十里每小时的速度，清白的大道，翻腾着浓密的灰幕，由条熟识道路，奔，奔，奔到杭州城，奔过保佑坊，满是人的街道，又奔去了城，通过长串的街道，通过狭短的铁棚，通过广大汽车站，通过了写着"浙江第一码头"的牌楼，车子照样的奔，奔进一所三合土的走栏，长狭而矮，直通江的岸头。我们在走栏里奔着，忧虑着这走栏会触着我们的头端，车子停住，需要让渡船送达彼岸。下车后，我们先登上一辆大木船，船上写着蓝底白字的——钱塘义渡，——木船让小汽船拖着，汽船爆发出臭人的煤油气，一阵阵的黑烟冒进舱房里来。在船上，我们找得到黑黝黝的六和塔，找得到隐约着的之江大学，渡到彼岸，我们那满是铁钉的皮鞋，撞击着码头甲板，发出异样声调，不一会，我们那三辆大车，也横跨在三只木船合并的舱面上，让小汽船拖着送过江来。

---

[1] 值星官：军中当班儿的、值勤的。

按次的又坐上汽车，车子奔上道途，整洁的公路，在国境内很少见到，两方排列着整齐的行树，车过处，树皆弯腰示敬，数着沿途车站的名称，突然一声响，接着便是"拖、拖、拖"的节拍，车夫停下车，看了一眼，说："爆了一个轮，没关系。"（因为车是双轮胎的）有节拍的音调，像在火车中一样，太阳晒在身上，灰尘铺在身上，皮肤由微红而深红，数着沿途的车站，摩着发烧的皮肤；突然，车子又发出"嗞嗞"的声调，立刻车子"瘸"了似的跳着，车夫停下车来摇头，叹气，只得等候修理车来修理，眼看着一辆辆的同伴车子开过，他们满意的，诙谐的，从车窗里扬出手来，唤呼着过去，车停处的不远，有着条河道的支流，太阳晒得各人脸发烧，满身的灰尘，大家都跳下车来，到河边取出手巾，揩抹了一个干净，车子修理完，继续的向前奔。

一堆一堆的酒坛，堆叠得像座埃及的金字塔，又像军火充足的炸弹，我们各人都幻想着，想着李太白的醉狂，又想到酗酒的白俄大汉，哦！——酒的家乡——渐渐看见绍兴城的山，渐渐看见山上的塔，哦！那是秋瑾烈士就义的风雨亭哪！

奔到绍兴，奔过曹娥，直到嵊县，大家都口渴心燥，确巧，有人在招呼我们下车休息。跳下车来，有人指示着我们，在木桥的旁边，有卖东西的，不过几十步，看见一所建筑美观的木桥，桥的头端转出两条十八世纪的道路来，道路上轰轰的集着一群人，放着好多零星食品。我们这一阵意外的顾客，使得他们十二分的惊讶，当然货物的价格便增加了一倍，尤其是西瓜，小小的一个，要卖到大洋三角，心燥口渴的我们，当然顾不了这许多，不一会，沿街的西瓜卖得净净。看到三五人集着吃西瓜，我联想到那年乡间乱〔闹〕蝗灾，三五蝗虫集着吃稻禾的景况。

哨子响着，我们仍然坐上汽车，汽车大概是年纪太老了吧！沿途的哼着，沿途的憩着，汽车开始在爬山，一座又一座，啊！好美丽啊！我们都惊讶着，叫了起来，车子已在高山上，俯视着崖下的村庄，渺小得像副壁图。哦！太美了，农人们利用着山地，把倾斜的山坡削成台阶的形式，台阶上种植着些食粮，一层一层，分划得十分清楚、整齐，车子继续的爬山，哦！真是美极了，俯视着山下，一弯弯的流水，闪烁着鱼鳞色的光芒，平坦的原野，难能看得农家的住屋，黄色的土，银色的水，碧绿的草木，青的天，白的云，五光十色，点缀成伟大的景幕，水流湾曲着，水底长着些奇妙的山石，有的像匹卧着的牛，有的像匹立着的马，有的像条龙，有的像群羊，水撞着怪石，激出雪似的浪花来。

车子哼出特殊的音调，山是继续的上下着，突然"拍、拍、拍"车子放了一阵炮,在山路上停了下来,车夫检查说是"油不够"。

山旁的涧溪流出可爱的山水,水让山石挤住,阻拦着,湾曲得像条极大极大的长蛇,车子是在候油车,油车是在最后最后的后面,当然廿分钟以内是没法走动,下得车来,各人的皮肤都由深红而发痛,尤其是露在外面的下半段大腿,汗虽然让大风吹得不叫流,可是身上都非常的难受,我们爬到山涧里洗脸,水让太阳晒得暖暖的,像是温泉,石头生着黄的苔,滑得像大理石;脸洗得太痛快了,率性的把衣裳都脱光,睡到水里去洗澡,长途的辛苦,一气恢复过来,油车远远的驶来,急忙穿好衣服,爬上来,车子已加满油。

山继续的上下着,迎面来了个极高的高峰,公路是盘旋着上升,有时几乎成了四十度的倾斜,学校恐有意外的事件发生,所以规定车子空着上山,人由另一使〔便〕道上山,山峰是很高,爬得上来,大部份〔分〕的车辆都在停着,所有的人都在瞭望,他们车都是缺乏油量,我们快活的坐上汽车,按着回声,报复似的,一辆辆,超越过他们,他们羡慕的望着,我们高唱起"——凌空,御风……"招惹的笑着,扬着手,渡过零落在路旁的他们,轻易的占领第一辆车的位置,突然公路转变而成降下的形势,常有一百八十度的急后转,多湾而陡的山道,笨重的大车,常有倾翻的可能,然车发出怕人的怪声,不由的我们都叹这公路的艰难、伟大。下得山来,都是平直的道路,车子加速的奔跑着,路旁晒着荷叶似的叶子,绵连着好几里,路旁种些大叶像莴苣似的植物,全车都猜想那是什么?有个同学司空见惯视〔似〕的说,这有什么希奇,我们那一县都是种的这东西,这是做烟卷的烟叶呢,——这东西在我这一生确是第一次见到。

哦!到了,到喽!一阵呼唤,车子走到十字路口,路中放着块道路指示牌,天黑暗了下来,隐约的看得到牌上写着"国清寺""天台""宁海"的字样。转到指向国清寺的途上,只看得一座直竖的黑塔,下得车来,听得着淙淙的水声、沙沙的树梢声,黑暗处,难见景物,整队走进山门,随着步伐,走进神堂,微弱的灯光,映照出森然可怖的金钢〔刚〕脸,解装在金钢〔刚〕脚下,特务员来招呼我们食饭。整队到饭堂,一阵触鼻生厌的气味,坐到长凳上,乌黑的长桌放于〔着〕饭菜,微细的灯光,尚可看得出饭是红的,同面粉似的一团一团,菜是怪的色彩,吃了一口饭,呷了半口菜,肚子想容纳些,可是喉头紧索着,闭门不纳。只好不吃,走出寺门,旷的道上,停憩着杂物的担贩,买了些糕饼,填满了肚皮,回到寺内,分派了睡的地点,我是派在一所楼房上,房里空无一物,铺好毯子,躺着休息,甜美的趣味,决非坐沙发、扇电风的人所成〔能〕亨〔享〕受。躺过时刻,点名发蚊香就寝,口渴无法可解。

七月二十六日

才是半夜，就让大臭虫咬醒，臭虫满身爬，像是六月天之汗流，张眼望窗外，星光像电灯一样的闪烁，青的天，无一片杂色。咚咚咚，一阵鼓声，铛铛铛，又是一派钟声，接着便是木鱼声、磬声，大木鱼哑而广的音，小木鱼尖而短的音，轰轰然，一阵以后，接着便是号佛声，长一句，短一句，似乎在问答。星星依然明亮，天空也还清爽。到四时，眼睛、耳颚、头脑、神精，都开始活跃起来，正好值星官叫起床，点名后，又是一顿难以下咽的饭。五点多，全体开动，爬看重叠的山岗，山都很陡，虽然铺着青石的道路，依然是滑溜不堪，我们都穿着草鞋式的麻鞋，因为很少穿的缘故，所以老把脚抹的很痛。

在山顶上，看着远山，翻过去，眼前一片都是山，山上都是些青的草，绿的树，转过一重山岗，露出一所红庙来，这庙正在我们脚下，看过去，不由人想起——万绿丛中一点红——的句子。这庙就是我们上午要到达的目的地——高明寺——到了这里，就休息，队长说是要在这里午睡，真奇怪，走过二十多里山路，还不觉疲乏。

时间才八点左右，未觉到口渴，和尚煮了很多水，太热了，无法进嘴。寺里有三件传家宝，真扫兴的很，所谓宝贝，第一件：是隋炀帝所赐的袈裟，袈裟的本身固不必说，那件袈裟凡是到这里的人，一定好奇的，摩一下，看几眼，从隋朝，到现在，经过唐、宋、元、明、清，经过多少的变乱，而袈裟仍然能这样新鲜，不用说，是假的而无疑。第二件：金钵，显然的，是个铜质的，样子也不精奇，当然无价值可言。第三件：《贝叶经》，贝叶同竹箬差不过〔多〕，只是颜色是白的，经文都是梵文，一点都不懂。同学们在穿着袈裟，抱着金钵照相，我们这现成的光头，照出相来，到〔倒〕有些十足的和尚气。大殿有三尊佛像，相传是铁铸的，不知是不是，反正总没有人追根到底的问，我想很难是全铁铸的，因为高明寺这样的深山中间，寺外全是重叠着的高山，何况从前的交通困难，要想把这样重的东西运来，事实上好像有些不可能。看完这些古董，同老李跑到庙门外，门外就顶着山坡，山坡下有一弯流水，沿着庙界走过去，是条险奇的山道，山道弯曲着，转不出几步，就可以看见脚下流着的泉水，路是在半山上，泉水经过山腰，向下奔流着，由路上到泉水的旁边，必需要过很陡的山坡，坡上乱草丛生，同老李一步一步的滑下去，很大的石头，非常光，坐在石上，听着流水，水冲激着山石，扬起好多水花来，水花喷到身上，像落毛毛雨。看了一看，四周没有人，就是有人也看不到，于是就脱了衣裳痛快的洗澡，泉水是太凉了，浇着太阳晒热的身上，不竟要发颤。从泉水的上流，赤脚走来了两位同志，提着草鞋，携着衣服，仅仅穿了一条白短裤，满身是水,大家嬉笑着。石上长着苔草,溜滑得使人握不着重心,洗澡后,又洗了汗衫裤,铺在较高的石上,人在水中,我们幻想着!我们都变成了鱼!一群渺小的鱼,山泉是变成了洪水!我们都在水中漂流,山石都变成了岛屿,想着,玩着,不竟〔觉〕已过了两个钟头,石上晒着的汗衫裤,已完全干燥,穿着,跳着,回到寺中。

一只"可塞"飞机在寺上盘旋,发动机响表示出他的快活,我们都扬起帽子,飞机绕着,似乎在同我们会话,呷,呷,呷,呷呷呷,很久又飞着过去。

午饭,同国清寺一模一样,令人难咽的味道,肚子实在太饿了,要了菜汤,泡着饭,吃了半碗,到〔倒〕吃出滋味来,臭味也变成香气,又吃了一碗,一碗菜也吃得差不多。

饭后就午睡,大约是一点半罢?值星官吹哨子又集合,从〔重〕新背上毯子干粮袋,目的地是天台最高的山峰"华顶",华顶稍下的"华顶寺",向导说,华顶寺离高明寺有二十多里,尽是山路而且是爬上的道。

走上道途,流着汗,我们走在最先头,大约是十几里吧?勇气消失了不少,实在,此路爬得太累了,大家都叹气,说天台不易登。山道上,有着个小小的镇市,仅仅几十家人家,但是有着不少的小食铺,卖些糕饼,卖些糖果,我们休息了下来。大家各买着各人的食物,这里的桃子都很好,假若能运到城市里去,一定可抵得上什么"水蜜桃",什么"肥城桃",食了些又带了些,更鼓起勇气向前跑,沿途哼着军歌。一走,又是十几里,风景是千万变化,顾着走山路,抬头远望的机会很少,偶尔一抬头,脚便会绊上石头,碰得生痛。行行复行行,远远望见一个白色门牌,跑了二十几分钟,才到木牌的下面,牌上写着"圆觉道场"四个大字,失望的很,望着远的山头,始终看不见寺的所在。过了门牌,左转右湾,深密的高树隐藏数家茅屋,好像走沙漠已遇到水草似的亲近,渡过一重山壁,猛然一抬头,那竭〔渴〕望着"华顶寺"便已在眼前,快意的叹了口气,放下背着的物件,干粮袋的红色被汗浸湿,深深的印在衬衫上。

已是五时了,华顶寺没有古迹,后面一所大殿,正在建筑,这里的房子,用玻璃窗的很多,处处显出窗明几净的像〔样〕子,供奉的佛像,也似乎比较洁净,不像普通的寺院,佛像积土几寸厚。据说这里的住持和尚,还是从前西洋留学生,担任过大学教授呢!

寺的傍边,有个卖零物的小铺,孤野的小铺,一下,居然市利百倍,陈旧新鲜,都一齐卖得干净。在小铺傍,就是一方较广的池塘,塘的水,由山上流下,塘的一端,架着一条小桥,泉水到相当高度,便会由桥下流过去,所以这池塘，不论季候，不论水旱，都能保持他这深度。我们跑得几十里，累得满身汗，于是就站在桥下去洗澡，想不到，水会有些像冷，溅到身上，就像冰一样，不敢到深水里去。勉强擦完了身，牙齿不竟上下的撞，穿完衣裳，渡回寺来，正好吃饭。膳堂比较清洁，还装着一盏汽油灯，饭菜也好些，痛快的吃了一餐。

天还有些带亮，同老李去大便，厕所很臭，跑出寺门，绕着道，走上一个山岗，岗上有茅房，这就是在道上所看见深的树林中茅房。又转过一所山岗，于是就蹲下大便，风嗖嗖，吹得树枝叫喊，汗湿的汗衫，紧贴着身上，风吹来，冷不可耐，抬头看着树林中萤火虫，小鬼似的眨眼，平静的心里，不由人扰出深山多野兽的念头，急急瞪着眼四方的望，似乎要在深林里找出发绿的大眼。天渐渐黑下来，难能看到道途；站起来，拍拍身，担心的迈着步，才几步，猛然听到一声怪叫，疑神见鬼的撒腿就跑，十几步，站定脚跟，那所茅屋正迎在眼前，怪叫声原来就出自屋内，仔细一听，分明是个婴孩哭，不竟相视笑起来。路山〔上〕看见几个乡人，问他这山上有没有野兽，他瞠目不知所答，问了半天，他只是摇头。

晚间，换上净洁的衣服，这里天气似乎是在过晚秋，凉嗖嗖的，单衣薄衫的我们，真有些吃不消，点名后，值星宣布说："明天早上三点钟起床，到华顶去看日出，去不去听便，去的人就报名。"就寝，一条军毯，顾着垫就顾不着盖，同老李合并，一条垫，一条盖，寒气仍然向上冒。

七月二十七日

三点钟爬了起来，睡着满地的人，很少几个在动，点着风灯，携着手杖，冷得伸不直腰，路上，有着些灯光在动，大概是几十个人罢？一条挂灯长龙似的，游动着，天是黑得异怪，满满的都蒙着雾，（也许是云？我们分不清楚，）看不到人，仅仅一些灯光在荡，山路非常的不平，摸索着一步一探，风极大，冷尤不可耐……唬唬的水声，好像就在脚下奔流，望着左右前后，白茫茫，空无一物，像都是些万丈深渊，提心掉胆，一失足则不堪设想矣。野鸟看见灯光，都惊讶的飞起，呱呱的叫，同传闻的鬼哭差不许多。偶尔听到人说笑，想起了从前人形容事情不明瞭，所说"如堕五里雾中"，真是再确实也没有。大约一点钟以后，碰到一所石砖的墙壁，才知道已是到了，转过墙壁，露出个小门来，众人挤着进去，一个狭小的木梯，领头的跨上楼去，随后的无主张也都跨上，楼上放着几张长凳，正中放着一座佛像，长明灯下，两个和尚在敲木鱼，诵佛号，人来得多了，和尚依然诵佛木鱼，纷纷然，一阵人，又转下楼去，这才各人选定各人休息场处。衣裳太单薄，听着门外风声，不竟也会发战，来的目的是看日出，枯坐着又太寂寞，开开门去望望，一片乳白色，一个烧火和尚说："太早喽，还要等一个钟头。"

　　果然，四点多钟，有人在叫："日出喽！"屋里的人纷纷然跑出去，冷风吹得站不住，东方显出了红红的彩色，"雾"仍旧弥漫着，又是几分钟，"雾"散云消，远近的山头，都在脚下；"云"，近的经过山峰，可以看得见他怎样的爬过去，蜿若得像浪头，远的竖立着，一排排，一列列，非常有趣，像是荒野的大森林，又像各色并列的怪兽。天已亮了，四周的景物，都收进眼内，太阳让云罩住，一些阳光从厚薄的云隙中钻出来，变成几百种彩色。风更大，渐渐一道金边的光线，镶在云的顶端，金线在云上跳着舞，渐跳渐长，长到云的末尾，这种景色的美，怎样都说不来。天气非常清爽，金线变成赤色绸带，太阳便由带中钻了出来，好像个大彩球，已经不能正眼相看，光芒已不像初钻出地平线样的和媚，而是火雄雄，不能迫视的了。

　　太阳继续的升高，景物已失去神秘，我转过墙面，才望见一座白色矮小塔形的碑，碑上写着"降魔塔"几个字，一面刻着人形的图画。我们都站着，有一位同我们照相，有的索着肩，抽着手，有的抱着毯子，披着厚衣，各形各样。墙壁的另一端，有个高起的土堆，堆上放着几块破断的横石，整全的石上，可以看见"拜经台"三个大字。走下拜经台，不多远，有座瓦房，这房据说便是"李太白读书处"，走进去空无一物，只是放着些和尚的家俱，楼门下，有一块木质的碑，上写着"李太白读书处"几个字，傍边更加了些小批注。房子外，有一小坑，坑内一块生绿苔的青石，石形有些像只乌龟。据说，这就是什么"王右军洗墨池"。

　　在华顶寺吃过早饭，卷好军毯，背上背包，又向我们目的地行进——方广寺。

　　由华顶寺到方广寺，一共是十几里，可是总是下山的路，所以走起来比较容易些，还很早就到方广寺，在寺里休息下来，放下背着的东西，又集合去看所谓"石梁飞瀑"的名胜。瀑的来源，是由几条山涧汇合而成，瀑布四周的石山，都让开劈得平平的，一些文人雅士，写着、刻着老大老大的字句，来赞美，来颂扬。其实，这瀑布也就不错，水源从陡的地方湍急的流过来，经过几次的转折，沿着山坡看过去，都是些三四尺高的小瀑布，涧水汇合到正路上，正好激进一个石坑里去，这坑不能容留着激击的流水，水奋抗着，又反转来跳起，沿着石坑，喷起一丈见方的雪团，要是猛然的一看，只见一团水花，凌空上下着，那是非常的有趣。这团水直滚下去，滚丢在山石上，汇合着傍道而来的一支水，水势合并得很大，直向下撞，撞不到五十米，突然就竖起一面十几丈的悬崖,水由崖上直惯下来,撞在石上,反激成一阵阵的水灰,喷着人脸,像是落毛雨。人站在瀑布的下方,仰头望着水从上方喷出来,所谓石梁,便是一个天然岩石,石的中心奇妙的露出空洞来,洞水便由这下流过,样子很像一座桥梁,人可以从这上面走过,可是这石梁的面积很狭,人走上去,非常危险。

我们站在瀑布下方游玩着,各人都在摄影,好动的我们有着接进〔近〕瀑布的欲望,于是不顾一切的走过去,石面上,非常的光滑,长着苔,走着摔倒,摔倒就是满身水,满不在乎的,拍拍手,站起来,含笑着又看第二人摔倒,摔着,笑着,爬着,轻松的,悦意的,破了一点皮,没关系,碰痛了腿,没问题,负责的官长们,看我们很有受重伤的希望,于是一阵哨子响,督促着我们,带回方广寺里。

午间,仍是旧饭菜,毫未增加良好。吃过饭,因为还得走三十里左右山路,所以就立刻出发,走的路一多半是去华顶的旧路,景物依然。奔回国清寺,也不过三点钟左右,满身的是汗,那背着的玩意,似乎更加沉重,停憩下来,才感觉两只脚的酸痛,队长说:"照这像的速度,放到行军上去,是无往而不利的。"于是我们便乘机要求队长去交涉车辆,送我到天台县城去观光。队长许可我们,于是各人急急的到寺旁山涧里洗澡,换上了干净的衣服。四时许,一些人还在石梁归来的途中,我们便坐上汽车向天台去了。

天台离国清寺,不过七八华里,汽车在城门外就停下,这县的范围,非常的小,仅仅有一条较大的街道——东大街——既不整洁,又狭小不旷,城内连较清洁的饭菜馆也没一个,两天来老是吃着和尚饭菜,想找些较好的东西吃,好容易找着一家小饭铺,刚跨进门,就飞起一阵大苍蝇,再伸头看看,大概是农村破产的关系吧?一点菜蔬也没有,退了出来,苍蝇又飞起来送我们,幸好街上到〔倒〕有卖罐头的店铺,买了罐牛肉,买了罐笋子,街只有那么长,那么阔,同学们在摇荡着,转出城外,各人都提携着一包,回到国清寺,天已全黑了下来。因为米饭难下咽,所以交涉了下面吃,面同浆糊一样,打开罐头,吃着牛肉,到〔倒〕成了鲜味。一想这是和尚们膳堂,不竟又要念念南无阿弥陀佛了。就寝时候,仍然派我们在楼上,记起前夜大臭虫,怎样也不敢去睡,同老李悄悄的抱着毯子在走栏里睡下,深夜里冷醒来两次。

七月廿八日

晨来洗脸漱口,点名后即刻早餐,仍然是浆糊似的大面,又开了罐头。

吃面后,天上尚挂着星星,我们便坐上汽车。等到六点钟,汽车开动着,回去的路仍然是来时路,风景似乎没有以前的美,人困困在车里打盹,没有来时的精神。车子在乡间抛了锚，人极疲倦，下午五点多才到校中，好像游子归家似的欢欣，洗了一个痛快澡，不吃饭，就睡觉，醒来，已是八时。

在天台忘记外面的苦热，到得此地才想起天台的清凉，查查天台名胜古迹，十分之九就没走到，玩了三天，仅游了一小部，最可惜的是眼面前的，走到不知道。话又说回头，风景最佳的地方，不见得就是名胜古迹的所在，我们主旨在观风景，而不是考古家，非得要寻觅古迹所在、名胜的所以，看饱了美妙的风景，有就心满意足了。

天台游记

毛夏初

载于《空军》1935 年第 144 期。《空军》由于右任题写刊名，中央航空学校出版，1932 年 11 月创刊于杭州，先为周刊，1937 年 8 月起改为半月刊。毛夏初，其人不详，据内容可知，他当时是杭州中央航空学校的学生。本文记述了民国二十四年（1935）七月二十五日至二十八日中央航空学校官兵自杭州出发，至天台山旅游。本文与上文王钟淦《天台之游》属于同背景之作，可以对读。

天台，中国五大名山之一的佛地，很久以前，就想去观光，终以没有机会，这股心事，一向搁在心头里长久了。今夏学校当局，发起盛大的天台旅行，我得这个机会，偿了宿愿，心里无限高兴，兹将游览经过，记述一二，以飨读者。

七月二十五日的早晨，五百多个武装斗士，脸上都浮着笑容，很兴奋地分别跨进二十多辆大汽车，正像大军起行似的出动了。渡过钱塘江，循着萧绍曹嵊公路前进，从萧山到曹娥，这公路非常平直，两旁的树木，也很繁茂，我们同车的几位朋友，乃东方朔之流，东扯西拉，诙谐百出，所以在旅程中一点不觉寂寞。从曹娥折向南行，到了新昌、嵊县地界，该处多高山峻岭，岗峦起伏，车行极慢，约莫在下午三点半钟，车驶过会墅岭，岭甚高峻，汽车尽其最大的努力，才驶上这山岭，我们在车内伸长头颈，举目四望，真如"群山万壑，奔赴眼底""登岩峣之高岑"，始知都市生活之平凡与渺小啊！中途等候油车耽搁了二小时。八点钟光景，才到天台山麓的国清寺。国清寺是我们预定的宿营地。大家坐了几小时汽车，很觉疲劳，急忙卸去旅装，入内休息，再也无兴游览了。

经过了一夜的安息，疲劳被驱逐了。第三〔二〕天清早，四点钟起来，就在寺的附近游览。寺位于天台山麓，距天台县城约五里，为游览天台山起点之处。五个山峰作弧形的包围寺的右翼，成为一幅天然的屏幛，左右二条小溪，到寺前汇合，构成回澜名胜。百年的古柏老松，参天蔽日，一年四季见不到太阳的，点缀着国清寺胜景，格外幽静秀丽了。寺的规模并不伟大，而且呈着衰老的景像。"天台古刹"真是名副其实，王羲之的一笔"鹅"与观音大士的漏沙锅，抬高了国清寺的地位。一笔"鹅"是刻在一块约七八尺长、四五尺阔的石碑上面，漏沙锅是一个周围五六抱、高约五尺的铁锅子，相传是观音大士炊米漏沙的锅子。本来一个"鹅"字、一只铁锅子，没有什么了不得，可是加上了王羲之与观音大士，再经和尚的宣传，就成为稀世之宝了。其实是真是假，还有问题呢！我是游客，不是考古家，这些问题，只好置之不问了。

　　游完了国清寺内内外外，已到了出发准备的时间了。六点钟光景，离开国清寺，向目的地高明寺前进。国清寺与高明寺间，仅隔一座山峰，就是最著名的金鸡岭。上岭约七八里，全是崎岖小道，天台山第一峻岭。许多朋友受这条岭的威胁都雇了轿子。天台轿子非常便宜，三元大洋可抬二天。乘轿纵然是舒服的，但失掉旅行的意义。我以往虽没有走过长途的山路，但当时因兴趣和勇气的缘故，决定了我走的决心，走的人到底还是占多数。至于学生，更不消说了，我们五百多位壮汉，排着一字长蛇阵，一个个头接着屁股，抠搂上进，差不多有四五里长，正如一条白蛇蜿蜒着，也像蚂蚁在镬沿爬行着。我想拿坡仑[1]征意大利，过阿尔卑山时，怕也是这种情景吧！金鸡岭虽是使人讨厌的岭，可是葱茏的森林、潺潺的涧水，使我们心弦凑〔奏〕起愉快之音，脚力也格外劲健，上冲！前进！没有费什么时间，就跨过了这条峻岭，这样我们心目中倒小觑了天台山，自己仿佛很傲慢地说："金鸡岭不过尔尔，天台山没有什么了！"在八点半的左右到达高明讲寺（从国清寺至高明寺计十五里）。

　　高明寺的外景，远不如国清寺，而寺里房屋，清洁整齐，则胜过国清寺。在大殿里有三尊镀着金黄的铁佛，据说是在广东铸成的，运到浙江来的时候，被沉没在海底一百多年，后来也不知费了多少力量，才捞起来。话虽如此，我们有些不想〔相〕信，用杖去拷验拷验，所发出的声响，似乎不像铁铸成的，怕又是上了和尚宣传的当吧？此外还有三件宝贝：一是金钵，带古铜色，比普通饭碗大一点，旁边刻二条龙。一是隋炀帝赐给智者大师的袈裟，

---

〔1〕　拿坡仑：即拿破仑。

青灰颜色,在袈裟上面,都绣着金龙。一是《贝叶经》,贝叶上写了经文,夹着木片折成扇形。我们略事休息,到九点钟的光景,又出发到螺溪钓艇去了。

螺溪钓艇与高明寺,也只有一山之隔,大约有十五里路程,出高明寺走后没多远,在雄〔悬〕岩上刻有一个很大的"佛"字,相近有一个洞,名叫圆通洞,是由三块大岩石,构成一间屋的样子。再向前走完全是下山的路了,这条路虽然没有金鸡岭那样长,但是他的高峻,不减于金鸡岭。翻过岭,对面又是一座山峰突起,中间横着一条溪,碧青的流水和潺潺的水声,引诱着许多爱好大自然的人们,都倒在它的怀里,有的赤裸裸地去受洗礼了,有的坐在岩石上,注视着流不尽的溪水。我们也忍不住,脱去袜子洗一洗足,沿着溪水上去,峰回路转,望见岩壁上"螺溪钓艇"四个大字,山岩嶙峋,怪石峥嵘,螺溪的真面目还隐藏在山凹里,要跨过这些危岩,才能与螺溪见面。每个岩石,都是矗立着,下面急流湍湍,要是不小心,滑了一跌,立刻会把命送了,多危险啊! 我这时的胆有点寒了,不想再去冒险,但经几位同道的鼓励,既到螺溪钓艇,不见螺溪钓艇,似乎太傻了,于是两只手帮着脚,慢慢地走了过去。螺溪真像螺,也像一只圆桶,危岩峻峭,瀑布从两岩间倾泻而下,冲成一个很大的浅滩,我们赤足洗濯,清凉沁入心脾,人世间再不知有盛夏了。螺溪是看到了,钓艇呢? 找不出象征的意义。后来问了一位天台的老乡,才知道所谓钓艇,是在从前有一条枯木,在空中横斜着,好像一只艇,另外有根藤,从枯木上挂下来,成一垂直线,通到这个水滩上,很像一缕钓丝,所以就叫做钓艇,可是现在都已没有了。我们留恋了一小时光景,赶回高明寺吃中饭。

下午二时又继续前进,上华顶山去。华顶离开这里有三十五里路程。走了大约有五里路的光景,到一个叫塔头寺,又名真觉寺,规模并不大,四周树木很茂盛,正殿里有一个塔顶,据说就是智者大师的真身宝塔。寺外有一口小小的井,名为甘泉井,顾名思义,大概这井的水是甜的了。从塔头再走约十里到龙隍〔王〕堂,寥寥的几间街屋,想不到竟是天台的一个大市镇,几百武装旅客,拥挤着这大市镇水泄不通,所有食物购买一空,仿佛遭了洗劫似的。中国农村真是贫乏到这样程度啊! 令人感慨系之。从龙隍〔王〕堂到华顶寺还有二十里路,虽不须要翻什么高山峻岭,有的竟是平坦大道,其实这种地方离开水平面已经不知有几千尺高了! 行行重行行,直到下午五点半,才走到华顶寺。走山路是比走平地吃力,一到华顶,我腿酸了,脚起了小泡,精神也疲乏了。于是那晚在寺的各处,大略的看了一下,就躺着像死猪一般的睡去了。华顶寺在民国十八年遭了一场大火,现在重新建筑,硃红油漆,玻璃亮窗,洋台走楼,全是新式,真变了天台的摩登古刹了。

第二天的早晨,打算去拜经台观日出。二点半钟就起来,天是墨黑的,冷得更要命。我们所带的只有单衣,于是有的借了和尚的袈裟,有的裹着被单,甚至有背了一条棉被。三点钟光景就列队起行,路是崎岖的,天还没有亮,稀稀落落的手电灯,照不到后面人,大家盲目地一个跟着一个,后者踏着前者的足迹前进。从山谷里吹来的阵风,威胁着不停地打起寒噤,好在离华顶只有五里地,不到一个钟头,到了山顶。这是天台最高的山峰,上有三间橡屋的小庵,旁有智者大师降魔塔及半陷在泥土中的拜经台石碑一方。因时间尚早,我们就走进了这小庵中休息。登佛楼,有二位老衲,正在佛像前虔诚地诵经,大家受阿弥陀佛的催眠曲,麻醉似的都睡着了。四点钟,东方放上了鱼白,大家聚精会神地望着太阳出来的路线,一团团浮云不停地在我们面前掠过,忽而凝聚着笼罩眼前,忽而又飘飘然远扬,像飞絮在空中飘荡,像波涛在海中汹涌,大自然的神秘,云海的美景,都在我们眼底呈现,拜经台之行,已经得有代价了。五时五分,东方现着五色彩云,一霎时,像火球一般的太阳出来了,这一幕观日的戏剧才闭幕。大家欣赏之余,很感谢太阳的招待,然而我们不远千里而来的诚意,怕也感动了太阳吧。

六点钟左右,回到华顶寺吃完早饭,又预备到石梁飞瀑去。石梁飞瀑离开华顶寺约有十五里,是天台最奇观的名胜,翻过几个山岭,八时到了石梁。飞瀑是东西二条大溪会流而成,至石梁而陡峭,水势湍急如银壶直泻的飒飒而下,形成伟大奇丽的飞瀑。石梁是天然的奇岩,长约二丈,厚七八尺,阔一尺,一端靠着方广寺,一端接着山岩,上有二三尺高的铜殿,下面就是高数十丈的深渊,寺僧每日清晨过石果〔梁〕供香,其胆魄令人咋舌。从石梁飞瀑绕道往下走,有一个下方广寺,门前翠竹夹道,望见石梁危崖壁之,飞雪迸珠,天然奇景,叹为观止了。

本来还想到铜壶滴漏和水珠帘去,后来因为有很多人已精疲力竭,而且路途遥远,回到国清寺尚有四十里路程,于是就放弃了铜壶、珠帘。在方广寺用了午膳,匆匆地赶回国清。

游天台山寄友

巢维伦

　　载于《艺风》1936年第4卷第4期。《艺风》于1933年1月1日创办于杭州，月刊，孙福熙主编，至1937年3月停刊。编辑部原在杭州，刊行第4卷第7期时编辑部迁至上海。巢维伦(1914—?)，湖南湘阴人，毕业于中央航空学校第五期，参加了武汉抗战，驾驶战机，击落日机三架。民国二十四年(1935)七月二十五日，作者与中央航空学校官兵乘汽车自杭州越钱塘江、曹娥江至天台旅游，期间游历了国清寺、高明寺、石梁、华顶，28日返回杭州。本文与本书中王钟淦、毛夏初天台山游记的写作背景相同，原文附有孙福熙于天台绝顶为作者所拍照片一张，题曰"云海浴日"。整理时，选取巢维伦发表于《艺风》1935年第11期的天台山风景照2张。

　　七月底游天台山，乏后饭余即假和尚笔砚作游讯寄新都友人顾君。回杭后，顾君复将去讯抄来一份，并云："此数函我甚喜悦，因系纯事实而无些微假借也。兹自动抄寄一份，以供向外发表。"粗钝笔迹，原不欲寄出披刊，今复腼颜付之《艺风》者，恐有负顾君抄写之劳也。

一

　　休假中校内举行旅行：前次去龙井，自昨廿五日起又旅行天台。该县距杭二百三十公里，有公路直达，天台山名胜古迹极夥。昨晨自校出发，渡南星桥、钱塘江，再乘汽车六小时许即抵此。沿途风景妙绝，尤以曹娥江为最。公路须经一小山——天台山细脉——蜿蜒曲折螺绕山壁而行，下临深谷，仰顾峭崖，实令人心胆寒裂。

　　昨夜宿国清寺（图1），凉爽不亚于滨海之普陀，寄食寺中，因人多，糙饭粗菜，殊难下咽，不食两顿，山中无杂食购取，事先又不及准备，饥渴几令人

图 1　天台国清寺

晕厥。今晨方勉强进餐,以开水和饭,一吞数碗,诚饥不择食也。

今日来高明寺,寺中有世传三宝:一为隋炀帝赐智者大师之袈裟,一为唐朝之金钵,一为《贝叶经》,经文细致,惜不识梵文,不知何所云也。摄有一像,披袈裟,捧金钹〔钵〕,握经文,见者发噱。寺前有一联,深触我目,联云:

　　　　不为假人颜色笑,只因作佛肚皮宽。

人生之道于此又悟一窍。

此带山中多溪瀑,我喜履深谷攀危崖,汗流之时即解衣冲于瀑下,有山石丛树作蔽障,无所顾也。因荆棘尖石刺破皮肉,鲜血溃斑,全身不计其处,精神倍增而不以此为苦者,正大有其乐焉。

此次旅行计四日,星期日归,现憩于高明寺,午餐后即赴华顶,亦将宿于该处,稍得余闲,恒向您作简短记述。(廿四年七月廿六日于天台山高明寺)

二

昨午后离高明寺,五时抵华顶,此处为天台山最高峰,拔海万八千尺。华顶寺主〔住〕持和尚释慧贤〔1〕系美国镀金者,广东籍,曾任中山大学教席,名刺上印用英文,寺宇颇近西式,膳食亦较国清寺、高明为优。于此处遇杭州艺专教授孙福熙先生,孙系名艺术家,交谈极畅,并鉴赏其写生画数帧。

----

〔1〕　释慧贤:俗名周烈亚,广东遂溪人,清末民初人,原北京大学文科学士,曾任广东省立第十中学校长。

晚宿该寺，三时起床，登离寺约五里之拜经台观日出。五时许日自海线下跃出，万山皆染其光辉，呈现多种悦目之彩色。孙先生为我摄得对日黑影两幅，出自艺人之手，定为佳作。观日返寺途中，过太白读书处与右军砚池，残迹平凡，空有名耳。

今晨来石梁飞瀑，此处距华顶约廿里，瀑自高处分两侧泻下，复合流，再微湾〔弯〕过数石梯，末穿过一大石而下泻。石稍凸起似桥，故有梁名。下泻部份〔分〕高约五六丈，宽可丈余，水势急湍，愈形奇观。此次为寻名胜，三日奔程百五十里，至此可谓不徒劳也。

图 2 石梁飞瀑旁之上方广寺

天台山名胜虽夥，均居高山，游客可乘舆，每日仅费一元五角。我等已亲尝攀登之苦，见轿夫即为怜恤，然轿中人仰头跷脚作翻天虾蟆状，何知苦力亦方趾圆颅为父母所生耶？（廿七日上午于石梁飞瀑侧之上方广寺中，见图 2）

三

从上方广来国清约六十里，尽山地，下坡多于爬岭。近国清山中有坡，势极峭峻，斜角超七十度以上，石级细密，长五里许，由上观下之行人，仅见头顶，若飞机中俯瞰平地然，使人恐惧之状不难想见矣。中途被同伴推出与另一冯姓同伴先行至国清购取西瓜，以供众人乏后之解渴，两人均不愿示弱，途中力相争竞，致抵国清时均精疲力怠矣。其他同伴后我等四十分钟始赶至，两日步行以来毫无苦感，然此段奔程竟使两腿酸胀难堪，不禁怀疑伤腿之减势矣。

于华顶时孙福熙先生曾有文稿一件,嘱回杭时寄《东南日报》发表,稿中须国清和尚蕴光法师填补一诗,故为此特访蕴光。蕴光系前浙江第一师范学生,来此出家有年,擅文学,有诗稿甚多,其填于孙先生文中诗云:

> 云作屏风水作邻,苍松翠柏列为城。风传花信番番好,雨打山窗滴滴清。诗境静开千顷阔,禅心夜共一灯明。年来林下逍遥惯,懒向人间乞食行。

师承江西而不囿于其门,可谓工矣。为爱其诗,另求书赠,承赐调寄《满江红》一首,词曰:

> 隔断尘嚣,难得此、山房幽绝。心冷矣、怕延宾客,懒移瓮甖。恨事都从忙处起,禅心且向闲中觅。喜林间、知己有吟蝉,声幽咽!
>
> 莲漏尽,烟香歇。双脯掩,孤灯灭。结跏趺静坐,万缘俱寂。风过微闻松竹响,雨残细听芭蕉滴。更几番,梦入白云乡,吹横笛!

我以为诗胜于词,尊意何定?

国清寺为智者大师所造,当时智者有云:"寺成国即清",故寺名国清。在此住宿一宵,明晨即起程回杭,抵校后再告消息。(廿七日下午于国清寺)

天台雁荡纪游

姜丹书

　　载于《艺风》1935 年第 3 卷第 11 期。姜丹书(1885—1962),字敬庐,号赤石道人,江苏溧阳人。宣统三年(1911)以最优成绩毕业于南京两江优级师范学堂图画手工科。曾任上海美术专科学校、上海新华艺术专科学校教授。著有《美术史》《艺术解剖学》等。本文记载了姜丹书与友人孙福熙游览天台、雁荡写生的经历,文笔幽默俏皮,读之给人以轻松活泼之感。原文附有巢维伦摄"石梁飞瀑壮观"一张。

　　　　胖孙擒蚤,老姜喂鱼。和合遗风,诗僧继起。
　　　　日月同观,夷齐不死。仙子临流,画家捉影。

　　游贵有伴,游伴贵熟、贵健、贵有趣、贵同道、贵人数适当,此次邀游天台,除人数只是我和孙春苔[1]一对,似嫌略少外,其余条件皆合,所以兴趣十分饱满。有一天,我和春苔在拾得岭上作画,他忽从裤子里擒出一个跳蚤,奇而示我,我趋下风而拜之,以为苏曼殊[2]的本领,亦仅能捉虱,况在裤裆里,当然不用眼线,却竟能擒此跳梁的小丑,我还敢和他比武吗! 又有一天,我和他在石梁大瀑布下的浅潭里洗冷浴,他——春苔身上胖而白得可以,我忽而联想到杨玉环当年洗莲花汤时,在偷看者的眼光里,或亦大体相仿,她不是也以胖胖著名么? 可是春苔的面孔和两个半段手臂已晒得和关老爷差不多了! 这自然是"健康美"。至于我呢,于洗浴之时,发见有许

　　〔1〕　孙春苔:即孙福熙(1898—1962),字春苔,浙江绍兴人,孙伏园之弟。现代散文作家、美术家,出版有散文集《归航》、小说集《春城》等。
　　〔2〕　苏曼殊(1884—1918):原名宗之助,后改为苏戬,号子谷,学名元瑛、也作玄瑛,法名博经,法号曼殊,笔名印禅、苏湜,广东香山县人。诗人、小说家、翻译家、书画家。有《苏曼殊全集》。

多小鱼来啮脚,在澈然洞见之下,我观之,它啮之,各觉其味无穷,猛不防一口啮着大臀筋,因为这块肉比较的嫩,又麻又痒,委实受不住,立刻站起来,再抬头一看,对面有一条水蛇,袅袅而来了,哎哟! 王天啊,赤条条儿就逃。

天台国清寺,是唐朝高僧寒山、拾得——俗称"和合二仙"——成道处,此非迷信话,上海有正书局,有一本《寒山子诗集》,我曾买来读过,诗味极佳,是文学和哲学混交的作品,我们此次即住此寺,不料寺僧中有名蕴光[1]者,是我旧徒,——初在浙江第一师范学校毕业,后在厦门大学毕业。一见之下,且喜且惊,真有不知如何说法之概! 他曾出示诗词稿,我与春苔略读一过,不胜叹服,春苔已认他为方外的文字交了,于此我有歪诗一绝:

> 寒山曾此喝残羹,我读遗诗始服膺。梦见丰干还饶舌,醒来觌面一诗僧。

我平日不会做诗,到了这里,不知怎样,竟能诗不离口,不管他是打油,是哼病,反正他人不能干涉,我可自得其乐。

螺溪道中采得"九死还魂草",有感而作:

> 识小曾从草药摊,不期遇草在台山。草魂得换人魂否? 人命何堪作草菅!

又往华顶道中即事口占:

> 子母黄牛自识家,山田天种不须车。牧童无事寻鲜药,一笑赠吾百合花。

七月二十七夜(阴历六月廿七),我们上华顶峰——天台山最高处,待观日出。其时才上午四点钟,曙光未启,却见眉月如钩,正如阴历初四五下午六点顷的形状与高度,不过彼则弓背向西,此则弓背向东,这样弯弯地银光如昼,掩映在云雾奔腾之中,忽隐忽现,幽静清凉,令人悠然有出世之想。少顷,曙光渐启,气象万变,既而旭日东升,真如大荒失火,云海滔天,人在高空,恍若动荡,歪诗又来了,曰:

> 天台一万八千丈,加我昂然五尺躯。俯瞰群峦四面伏,高呼回响一

---

〔1〕 陈沧海(1901—1964):原名季章,浙江温州人。浙江第一师范学校毕业,后就读厦门大学,曾出家十年(一说八年),法名蕴光。还俗后入蜀从政,抗战胜利后任职于上海市民政局及报界。著有《秋扇集》《浪花集》《沧海楼诗词钞》《遗珠室词话》等。

声无。金乌出海占先曙，玉兔璇宫故滞濡。最爱夏行秋月令，惟愁脯酒摈僧厨。

——三日不知肉味，已经馋到如此，不知和尚司务怎样过？

天台多佛寺，只有一个道观，名桐柏宫，据说唐时规模极大，有道士五千人，诗人司马承祯即隐于此。宋时尚可，清雍正时曾有一度崇奉，今则颓败已极，七八个道士，犹甚熬苦，废址多植禾黍，破屋徒便狐鼠，但有极可宝贵的"伯夷、叔齐石像"两座，如真人大，并肩而坐，雕琢甚精，表情尤好，确是宋前物，居此二像之颓屋三间，名清风祠，即桐柏宫之一部。祠内又有"唐碑"残石一块，约方尺，又有"宋乾道碑"一座，树于道左青苗田中，此外雕琢甚精之石器，沦为田塍者颇多，其荒凉之象，诚足令人目击心伤！当今之世，如夷、齐之人格，尚可不表彰么？我无他力，只有一枝秃笔，临行，先就二像略写之，归当精绘示人，于此又有诗曰：

> 世有几人识二贤？居然宋像至今全。清风扫地香灰冷！我写神图到处传。

> 神仙事业亦兴衰，禾黍唐基路宋碑。环抱青山朝赭岭，荒宫遭会必琉璃。

我们游至铜壶滴漏及水珠帘时，正在瀑下写图稿，忽来一对农家璧玉，高高遥立于山头巨石上，假作观瀑，若在云霄，可望而不可即，其实殆视我们为世外生客，忽闯桃源，讶而观之者。我与春苔雅趣勃发，我便将她们写入图来，春苔亦急急张起镜头，捕捉仙影，而她们若即若离，似懂非懂，虽然忽隐忽现，终被我们长留印象而去，此图倘得流传不朽，又何止刘、阮之几十春呢？故口占一绝以为戏：

> 闻道天台惯遇仙，仙嫒忽降白云巅。孙、姜不学呆刘、阮，画里长春味更玄。

我想当年刘晨、阮肇，大约也不过如此一回事，或由他们自己，或由后来的好事者，添些酱油麻油醋，便造成功很有味道的神话、佳话了！

我和孙春苔游天台，后继游雁荡。纪得雁荡之游所得的印象，好在岩石与瀑布，岩石天然象形者甚多，如什么"听诗叟""老猿披衣""金乌、玉兔""观音坐莲台"……等，极像，极像，且有极自然的表情，又有许多移步换形之妙，如"金鸡"变"伏虎"，"犁牛"变"骆驼"，"剪刀"变"一帆"等等，都是天施地设。其中最为妙不可言，在马鞍岭东麓，有所谓"上山老鼠"和"下山猫"，其形象之像,倒还次之,恰巧一对冤家,生在相近,所以双方相形之下,表出一种大规模地大威势地一逃一追的神情,可惜这猫大概太老大了,终被这老鼠逃上山去。但是我们不胜技痒,乃把它们活灵活现地捕捉起来,搜入画稿簿内,快哉!快哉!回忆去年游黄山时所得的印象,与今比较:觉得黄山好在奇松怪石,雁山则有怪石而无奇松;黄山是火成岩,雁山是水成岩,故在画的立场上说,画黄山,宜多用"荷叶""乱柴""乱麻"等皴法;画雁山,宜多用"折带""解索""斧劈"等皴法。至于瀑布,如"大龙湫""小龙湫""西石梁""梅雨潭"等处,原通年不涸,古今不断,即其他千岩万壑,亦一经下雨,触目皆是,此因雁荡是石山,即有些土肉,亦很硗薄,所以一到下大雨时,正如一锅滚热的油浇在铁和尚的头上,这就是所谓"醍醐灌顶",一泻而下,泡沫四溅,入大壑成大瀑,入小壑成小瀑,对近瀑,满耳轰轰之声;对远瀑,满目袅袅之形,当见其形而不闻其声时,真疑身在画幅中也。"大龙湫"大得不成体统!我们去看时,正在大雨之后,凭空斜泻,它能生风而狂,生雨而骤,生雷而永,生云如烟如雾,日光巧照时,更能生虹霓,真是惊天动地,气象万千!我于是口占一绝:

> 风雨云霓半谷昏,引潢倒灌一龙喷。雷轰珠涌鲛娘泣,小我仰天欲断魂!

游雁荡有一个戒心,不可不知,就是中途如碰着大雨,而且不肯遽歇时,竟有归不得也哥哥之叹,并且寺院既少,人家亦少,更有"欲投何处宿"之窘!我早听到"玉环人不认识桥"之谚,那知不必到玉境,即在雁荡已经如此,现在拿事实来证明罢!我们有一次,乘了轿子,预备起早落夜,去登绝顶,看"雁湖",不料到了"西石梁",便大雨滂沱,且由轿夫眼里看出天公有不肯遽歇之势,他们便说去不成了,况且即去成也看不见了。我们说:怎样?落雨不怕,你们如抬不动,我们自己会赤脚爬上去啊!自以为勇气十足这样地说,尚未说完,他们四个鼻孔里都放哼哼之声,说道且看罢!我们起初颇以小人之心度君子之腹,以为他们要想偷懒,不料到了中途,真的要叫他们救命也!原来山中横一条竖一条的溪涧怪多,这些溪涧都没有桥,只有一排乱石竖着做脚踏桩,这乱石很像七八十岁老人的豁牙齿,在平时,这豁糟〔槽〕里籴着清水,这豁齿上走着行人,倒是蛮有趣,可是一旦下雨,山水奔来,不用说,浅涧变为深河,清流变为急湍,还何豁齿之有呢?我们打轿回头时,遇着第一条溪涧,还好,轿夫做骆驼,我们做货袋,这样背过来,那知到了第二条溪涧,不得了,汹涌的冲力,简直可以发电,我们只好望涧兴叹了!怎办呢？轿夫说，且老等两个钟头看罢！只要老天不要再落！咦，这大的水，两小时就会冲光么？他们说，光是不可能，只希望比较浅些，可以背，或者自己赤脚过水，照目前情势，谁也不敢轻于尝试，水要没胸，动力很大，一打即倒，一倒即滚，一滚即撞，一撞到石头上，脑袋就破，肢骨就断！我们听了，作不出声，只好心里默祷皇天，在这两小时内，做做好事，不要再漏下来。居然皇天有灵，受着我们的感化，过了两小时，云脚虽低而未落，水势亦渐浅渐缓，我们连忙爬上驼子背上，逃命过来，一刹那，又大落起来。今天一定不能回寓处(灵岩寺)，只好就近在荒陋的"罗汉寺"委屈一夜了！前途还有七八条溪涧，况又日暮，岂不途穷？于是我们不得不死心塌地，哭丧着脸儿和罗汉做朋友。夜饭毕，孤灯篝，身上冷，被窝吟：

> 雁山绵雨后，何止两龙湫？万壑齐悬布，单衣更恨绸。去时溪石路，俄变蛟螭流。幸有阿罗汉，不然人焉瘦？

我们吃过这样苦头之后，日夜企祷名胜建设委员会赶筑几座桥，阿弥陀佛！

"灵岩寺"的地位真好，背拥"屏霞嶂"(一称锦屏峰)，方平卓立，伟大而古朴；右有"天柱峰"，直如印度阿三式的韦驮菩萨放大了若干万万倍身子，在这里站着门岗；左有大小两个"展旗峰"，好像我们的国旗，忽而放大了若干万万倍，兀立在那儿，以示雄健；旁边还有什么"小龙湫"，吞鱼罄之声，虫歌竹籁，乱鱼罄之韵，所以半夜里瞎想，歪诗又哼出来了，诗曰：

> 雁荡山中半夜雨，小龙湫似百砻声。群虫喧唱为寻乐，老子吟诗亦助鸣。闪闪萤燐疑鬼火，昭昭牛斗眨天晴。乍醒不记禅房卧，一杵清钟破客情。

该寺方丈成圆[1]和尚，颇晓风雅，前一响，老画友经子渊[2]、张聿光[3]等在寺佳作，已高张堂皇，他知道我们也能涂抹，便以杨梅烧酒为饵，钓起我们的画兴，一面磨墨等着。我们却见墨心喜，粗豪泼墨，大肆猖獗，画了半昼半夜，竟成十几幅，好歹当然不管。同时发见一个奇物，我们正在纸上猖獗时，有物亦在我们新变枯燥的皮肤上猖獗，其物细如尘灰，能飞，来时往往成一小队，叮着处微微作小痒，未扪先逃，拿他无法，只好自认晦气，真是"越小越坏"，真是"小虫欺大虫，癫痢欺灯笼。"好不令人气煞耶！哦！世界上害人之物，原不止虱蚤蚊蝇啊！这是何名？和尚说，俗称你们听不懂，文言叫做"蚋"。谢谢老师傅，我从前只识那个"蚋"字，今天才认明这个蚋相，这恐怕是雁山特产，他处未尝见过。唉！这个鬼东西，看你作恶到几时？有心的昆虫学家也在注意制裁罢？

---

〔1〕 成圆(1886—1945)：俗姓黄蔡，名奠道，雁荡山能仁上园村人。少时出家于雁荡山灵岩寺，后受戒于宁波观宗寺谛闲法师，虔修净土，后任观宗寺方丈，1916年，由蒋叔南从宁波天童寺请来任灵岩寺住持。成圆在雁荡主持建寺、修路、植树，为中兴雁荡山作出很大贡献。

〔2〕 经亨颐(1877—1938)：字子渊，号石禅，晚号颐渊，浙江上虞人。留学日本，曾任浙江官立两级师范学堂校长兼浙江省教育会会长、国民政府常委、教育行政委员会委员、中山大学副校长。有《颐渊诗集》。

〔3〕 张聿光(1885—1966)：字鹤苍头，别署冶欧斋主，室名冶欧斋，祖籍浙江山阴，寓居上海。著名国画家、美术教育家。20世纪初中国美术现代转型的先驱，对中国现代舞台美术、电影布景的接景技术、漫画都有重要贡献。

天台之游

谢章浙

载于《绸缪月刊》1935 年第 2 卷第 3 期。《绸缪月刊》1934 年 9 月创刊于上海，先后由严谔声、朱羲农等主编，绸业银行储蓄部、上海杂志公司发行。1937 年 7 月终刊。谢天沙，字章浙，浙江杭州人，毕业于暨南大学 39 届化学系，后任顺兴化学机械制造厂厂长、工程师，著有《康藏行》。本文是作者根据亲历，介绍了赤城山和国清寺两个景观。

引　言

天台山为浙东名胜，徒以僻处山隅，游人不多，如今公路贯通，自申至台足十小时，笔者为山中人，知之较详，爰略述梗概，以为介绍。

赤城霞

赤城栖霞为台山八景之一，抑亦文学家所常用之形容词，地离邑城最近，不过六七华里，故游台山者多先过此。

山之得名绝早，孙绰赋天台，有"赤城霞起以建标"一语，盖山之中部，岩石赤色，永不生草木，复堆叠如垣堞然。远望之，绝似筑有赤色城墙，层层叠叠，宛延不绝，当天凝云霞，则天之红色，与山之红青相辉映，殊为奇观！游人复锡以名曰栖霞，列入八景之中。

山一周不过数里，然密布岩洞数十，而以上下岩为最著。岩者，洞之俗称，上岩《志》称玉京洞，列为道家第六洞天，洞筑屋之间，前有广场数亩，居此者植蔬菜麦黍，颇足自给。洞中现居一女修道士，系外方人，壁有蔡元培氏赠联，当是智识阶级中人，但与论谈，辄默然不答，盖为红尘中之伤心人，隐遁于此者。

下岩即紫云洞，深数丈，广十数丈，高亦如之，起屋三层犹未及其巅，为山洞之最大者,洞在山麓,为游山必经之途,故邑人颇注意,屋经新葺,尚整洁。冬温夏凉,有移易气候之妙,惟洞中大半供佛,亦山中各洞一般之现象。

山顶有塔,虽多毁,然状崎嶙特兀有致,危崎峰顶,颇增点缀。塔高不过二三丈,砖造,砖阔七八寸,长尺四五,色微赤,如经火烧,坚逾恒,敲之不碎。闻此塔建于梁,几二千年。

山中洞居,生活至趣,凿石使凹,便有泉来,自然成池,洗涤饮喝,皆解决矣;钻岩成洞,内可藏物,保持常温,藏农作物,经年不坏;供桌及神像前跪拜处,亦就岩之凸出处,稍加斧正而成;而洞壁凹处,即以木构成壁橱,以藏食物,灶凳桌亦以岩石之近似者充之,几似石器时代之生活。

距山数十武,紫云洞前,有墓树丰碑,颜曰齐田横五百人墓,然史载五百壮士,系自绝于荒岛,此殆好事者之作为。紫云洞左上有小穴,亦有牌位祀田横义士,并齐召南题"义高得士"额。

玉京洞右侧有金钱池,曾传一段神话,晋僧昙兰居此,有人施以金钱,弃掷池中,因名。后有某高僧亦卓锡此山,一日其徒窃网鱼螺,欲加烹食,螺已去尾,鱼亦半熟,高僧适归,乃以此鱼螺倾之于池,后俱复苏,故迄今池中之螺,尾端仍作圆润断片形,而游鱼亦皆具半黄焦状。

国清寺

台山为佛教名胜地,寺庙无虑千百,其中规模最大者,曰国清寺。固与南京栖霞、楚荆玉泉、鲁济灵岩,并称为天下四大丛林。

寺创始于隋智者大师,为天台宗之鼻祖。当其创建此寺,曰"寺若成,国必清",此国清得名之由来,大师卓锡于此甚久,五峰环抱,形势极佳,俗谓此处为和尚风水,他非所宜。

寺深藏山峡中,古木参天,深受隐蔽,近其前,只百余步亦不知寺在何处。有某外人来游(似前之江大学校长),在中国游历数百庙,据云位置从无如是佳妙。

寺前有一大浮屠,传已建立千余年,约分七层,高可数十丈。塔中本有木梯,可登其巅。惟昔年遭火灾,上下危险,寺僧乃加封闭,迄今仅供凭眺而已。

双涧回澜,台山八景之一,在寺前。盖一涧北来,横亘其前,水势至大,但其质清。另一小涧,傍寺而下,与之成直角。小涧虽发源于寺后诸山,然挟泥带沙,其色浑浊,平时涓涓细流,尚无甚异;迨连朝有雨,则山洪爆发,雨涧各挟狂涛巨澜而下,迄此清浊相会,形式判然,渐而混和成种种花纹,极尽奇观！并以此处适值涧流曲折，波涛例须回环，故有是名。旁有广场，大可数十亩，天台山公路支线之终点。场旁有七小石塔罗列，状似西湖三潭印月，而与大浮屠高下映晖，殊感配备之妙。

大殿前巨树四，二柏二樟，佛寺庭院，例植树木，以增气象，然如此围可数丈，挺而直立者，亦所罕见。大殿旁有珈蓝佛殿，甚小，广不过数丈，阴暗黯黑，佛像几不可辨，酬愿悬之匾额达数百，重叠相挂。神堂幔帐亦有六七副，殿中遍铺草席，备作寝具。据云，宿此祈神者，盛时常达百数十人。

三圣殿祀丰干、寒山、拾得，为先代名僧，寒山有诗文集，颇可诵。寺中亦多其遗迹。传寒山为火头僧，司烧饭职，某官吏自京师来，某高僧嘱之，曰：天台僧寒山，菩萨之现身，切往候之。抵任，饬役探悉国清寺有此人，遂往访谒。时寒山正执坎〔炊〕事，欲避不得，因耸身钻入灶门而遁，大众始知其能避火不燃，活佛化身，乃名灶曰寒灶。又传彼时僧众多，灶亦特巨，锅更倍常，大者径至丈许，面积几如一间屋。尤奇者，锅底有孔，云能漏沙不漏米，今筑大镬殿供之，旁有联曰："古寺尚存寒灶石，云厨犹有漏沙锅。"

三圣殿旁，有巨碑嵌壁间，书一"鹅"字，传王羲之手笔。旁跋谓：民元有某生宿华顶，夜半闻地中出大声，天明即其地掘之，得此碑，已残其半，因为钩补完成。事近神话，其好事者之穿凿附会欤？

天台游记

侯鸿鉴

　　载于《江苏教育（苏州）》1935 年第 4 卷第 5、6 期。《江苏教育》杂志 1932 年 2 月创刊于苏州，江苏省教育厅编审室编印，先为季刊，后改为月刊，期间经停刊、复刊，最后于 1944 年 6 月第 7 卷第 4 期终刊。侯鸿鉴(1872—1961)，字葆三，号梦狮、铁梅、病骥，江苏无锡人。现代教育家、藏书家，历任竣实校长、集美学校校长、上海致用大学校长等职。著有《古今图书馆考略》《沧一堂诗文钞》等。本文记叙了作者游览石梁、螺溪钓艇、铜壶滴漏、华顶、国清寺的经历，穿插诗歌，隽永可诵。文末附旅游指南，对当时的天台旅游亦具参考价值。

　　天台为浙省名胜，古有刘、阮遗迹，盛传迄今，虽桃源洞未必即刘、阮所到之地，然天台风景，实有不可泯者，是以古今游人，记载名胜，以石梁瀑布为第一。其他胜迹甚多，余以匆匆往返五日间，所到之地，略志欣赏最优胜者如次：

　　（一）石梁瀑布　　由天台县乘轿往方广寺，寺有三：一曰上方广寺，二曰中方广寺，三曰下方广寺。三寺以中方广风景为最佳，中方广距县城约七十华里，危崖怪石，突起横空，相度地点，置人造桥三，崖上之水，冰花怒涌，白雪纷飞，从三桥洞喷出，而至天然石梁之上。从石梁下，潺潺而过，直至下方广寺，高约十余丈，奇观也。直梁长三丈余，横空高架，距崖壁约七八尺。石梁之右，可小立观望。石梁之上，虽平坦可行，然宽不及三尺，窄处仅一尺余。石梁之左，有铜殿一座，为万历年铸，高三尺余，中供佛三，各僧尼能匍匐过石梁，拜铜殿下者，所谓登彼岸也。石梁之阴，有"万山关键"四字，书法英挺，余有诗云："芒鞋踏遍东南胜，今日游踪迥不群。一道石梁隔铜殿，万峰关键锁寒云。崖高水急冰花涌，石险潭深雪浪喷。如此天然奇境辟，愧无妙句写奇文。"

　　(二)螺溪钓艇　由天台县乘轿经高明寺,至螺溪钓艇,三十余里,既〔即〕抵螺溪,有一茅亭,可休憩,上下数百级,水声潺潺,大石横耸,曲折登陟,上探水源奔腾而下,盖时方雨后,故水势尤大,一石如螺旋状者然,此钓溪所以名螺也。由上而下,大石横于涧中,远望之如舟然,此钓艇所以得名也。

　　(三)铜壶滴漏　由石梁至铜壶,约十八华里,高崖积水,下注一大圆潭中,是谓铜壶。壶底一缺,水潺潺漏下,从石壁上,澎湃如注,再至一深潭中,是谓滴漏。自此潭水溢,而又上注,曲折仰喷,奔腾俯泄,自石壁挂下,水花飞溅,约二十余丈,直注山隙,积水池中,是谓水珠帘。凡游客既抵铜壶,有一亭,可以饮茶小憩,然后步行下山凹中,凡三层,曲折有石级可循,并不费力。倘惜此八百余级之石阶,不肯下行,则水珠帘之妙境,不可得而见也。如由华顶至铜壶,有一小径可达,约十余华里,然非步行不可。如乘轿似较危险,盖羊肠道仄,风饱舆帷,轿夫足力不济,恐有倾跌之虞。余有诗云:“不到艰难无好诗,者番登涉太颠危!盘空鸟道肩云重,跨涧蚕丛足茧疲。风饱舆帷声可怖,水冲磐石势难支。藤萝羁绊几倾跌,得句推敲只自思。”

　　(四)华顶归云　由天台县乘轿直上华顶,约九十华里,有华顶寺。天台有五大寺:国清寺[1]、方广寺、高明寺、华顶寺、万年寺。华顶最高,国清最大,方广最雅,高明平常,万年未到,故不知其庙貌也。华顶终年在云雾中,而日暮时,尤见迷离云雾,寒冷不堪,且天风浩荡中,岭云飞拂,其景殊可观也。余本拟夜宿华顶寺,既至华顶,见一坊,曰“圆觉道场”,轿夫以寺中香客多,直至药师庵投宿。余有两绝句云:“笋舆直上最高峰,涛韵遥传万壑松。身入白云深处矣,惊听风堕一声钟。最高峰为白云锁,误我游踪数里程。笑把药师当华顶,暂时今夕学长生。”

　　余自华顶晓发得诗云:“烟景入迷离,风声狂似虎。迎面一僧来,满身着云雾。”

　　(五)国清晚照　由天台县至国清寺,为十华里。此寺僧人百余,为五寺最大之丛林,寺屋百余间,建筑甚为宏壮,余自石梁方广下山时,得诗云:“山陡道危步益艰,笋舆渐下最高巅。崇峦叠嶂几回折,一路崎岖入暮烟。”又国清寺诗云:“北齐南岳溯禅宗,一脉天台道不穷。五寺盘桓已游四,国清殿宇最崇隆。”

　　天台八景,余游其五,以匆匆两日之游踪,所得仅如上述,另有诗数首,

―――――――

　　〔1〕　原文“国亲寺”皆改作“国清寺”,据实改。

附后：

自新昌至天台途中所咏

行行廿五里，报道到蓝沿。指点桃源路，迷离赤土前。

桃花洞水经流久，崖石千秋土亦红。秦汉高风魏晋迹，此间何必问渔翁？

驱车曲折入山深，斑竹奔驰上下岑。忽见一亭尖耸处，石桥流水白云浔。

驱车过关岭，一路入天台。绿影平畴映，清音隔洞来。山云披絮帽，人境绝尘埃。崖上花争发，红鹃衬碧苔。

夕阳返照万山中，叠嶂重峦相映红。偶向高崖一昂首，烟云变幻瞬无穷。

自杭往台之路程，约志如左，以备后我游者之参考：

由杭州出发，渡钱塘，至钱江车站，乘汽车直达新昌，转车至天台。有宜注意者数端：

一、自湖滨乘车至江边三郎庙，车价约两角，渡江最好乘桥，约价四角，为时须半小时，迟则不克直达天台。

二、钱江汽车站，至新昌，须注意第一次八点半，或第二次九点半，否则只到新昌，赶不及转车天台，致住宿新昌，无好旅馆，勉强可住者，北门有两处。

三、既到天台，天台旅馆三处，有长发客栈主人许姓，能诗，可谈也。雇轿上山，轿价甚为便宜，每名每天一元，只须每乘两元，但身体较肥者，须三名。寺院可住者，以中方广最佳。华顶寺、高明寺次之，国清寺尤次之。药师庵亦可住，茶房侍候尚佳。凡游客如欲遍游天台之胜，有四日足矣，否则三日亦可，兹拟三日游程如下：

第一日：螺溪钓艇、高明寺、华顶寺。

第二日：铜壶滴漏、石梁瀑布、万年寺。

第三日：琼台夜月、桃源洞、赤城山。

其余名胜，或以第四日之余暇游之，亦无不可，否则三日游踪，亦已可观矣。

要之，天台之胜，以石梁瀑布为第一；铜壶滴漏、水珠帘为第二；华顶归云为第三；螺溪钓艇为第四。以余所知，仅此而已。后之游者，苟有其他品评，愿受教焉。

胜迹导游：天台胜游

行　素

载于《广播周报》1935 年第 33 期。《广播周报》于 1934 年由国民党中央广播事业管理处创刊编印于南京。该刊以"引导听众收听广播节目，扩展知识面"为主旨，属广播刊物，1941 年停刊。行素，其人不详。本文为讲稿整理，扼要介绍了游览国清寺、真觉寺、华顶、方广寺、万年寺、桃源等胜迹及路线。原文附有天台山水珠帘照片 1 张。

天台山在浙江天台县境，为仙霞岭之东支，当斗牛之分，上应台宿，故曰天台。出北门，行十余里，过国清寺，一路筼筜清幽，梵境深窈，寺前有七座塔，塔旁有桥，下流涧水，其响如雷。再进，至金地岭，有真觉寺，智者大师圆寂所在，藏有大师所遗紫金冠，缘稍缺而五色斑烂，铜质轻而泽古；又有《贝叶经》，只存二十叶，为横行之西域文字；绣龙袈裟，金碧灿然，制作极古，传系隋炀帝所赐。由此登山，势险峻，径逼仄，罡风吹来，山石欲舞；俯视云海，迷朦苍茫，令人心悸。过二池，松杉森立之中，寺门隐藏，即华顶峰也。从山寺上拜经台，此处常年雨多晴少，晴天可观日出，远如钱塘、四明，一目千里，风物宛在眼底。再行，过龙爪井二，水浅而不涸；至于旧时太白读书堂，荒庵仅存，王右军之墨池，当在其侧；华顶寺之池，乃傅会之说也。从华顶寺取道往方广寺，一路曲折，竹柏成林，千岩环抱，中藏梵宇，寺中留前代名人词翰，足供欣赏。出寺，约半里，过昙华亭，至万年寺，宋仁宗赐衣时，有"如朕亲到"一语，所以寺内有一亲到堂；又有藏经阁，贮明李太后赐经，今则寺已颓废，经亦残阙。桃源为此山著名之区，谅系汉刘（晨）阮（肇）入天台采药，遇仙之所，山径绝险，探幽匪易，顶有岩倚天，仰视之，状如悬额，似有斫痕。下有崩石累累，迄无洞径可觅，山上桃花，为樵采者斫尽，过此以往，尽是深涧危石，石尖犹如荆棘，行人辄虞失足下坠。桃源何在？终莫得知。他如石梁飞瀑、铜壶滴漏及水珠帘，均瀑布之奇观，非躬历其境，不能知其趣也。（五月十三日讲）

天台游记

傅增湘

载于《藏园老人手稿》(16),中华书局 2020 年影印本,第 215—258
页。傅增湘(1872—1949),字淑和,号润沅、沅叔,别署双鉴楼主人、藏
园居士,笔名书潜、长春室主人等,四川泸州人。光绪二十四年(1898)
进士,先后任直隶提学使、北洋政府教育总长等。著有《双鉴楼宋金元
秘本目录》《藏园东游别录》《清代典试考略》《藏园游记》等。本文为傅
增湘于 1942 年回忆其在 1916 年、1935 年两度游览天台山时的补记之
作。在游记中,傅增湘记录了他游览国清、赤城、高明、华顶、石梁、铜壶
滴漏等胜迹的所见所感。傅增湘学识渊博,其游记长于考订,喜欢将书
籍所载与其亲闻目见相互印证,本文对天台山碑碣摩崖、文物遗存等即
多有记载和考订,对认识天台山胜迹的深厚文化以及校正部分不实之
词兼具价值。其中对石梁飞瀑的描写生动逼真,洵为美文。

(公元一九一六年、公元一九三五年)

浙东山水之胜以台、荡并称,余生平皆得屡游,然天台之博大雄深,迥非
雁荡所及。盖雁荡之胜,咸聚于数十里中,游者第遍历东西谷,或远涉南北
阁,不越四五日间,已极访胜寻幽之能事矣。天台则不然,其山蟠际至八百
里,自麓跻巅,约五十里,山有八重,四面如一。无尽禅师述其名胜,划全山
地域为四门,举其得名者为十事。四门之中,就其形势道里,分为十支,表其
著名胜迹凡六十有九。其程途自国清寺而上,近者十数里,远者或至七八十
里,加以岩岭之高奇,涧谷之深邃,道路之艰险,刹宇之荒寒,凡有志探寻者,
携屐扶筇,尽一日之力,所历只三五处而止。故昔人言,游台岳者,即裹粮经
月,亦未必能尽揽其胜异也。故人蒋君叔南以健游名当世,其入天台也,历
时十日,昼夜兼程,亦仅于显著之区得其大凡,若云穷探博访,如无尽禅师所

举六十九胜，亦未遑尽涉也。余前后两次入山，丙辰[1]之游，同行者为张菊生[2]、白栗斋、蒋竹庄三君，在山中者七日，以初冬暑短，不及畅寻。乙亥[3]与邢蛰人[4]、邢霆如[5]二君结伴重游，时维初夏，日景舒长，山径已多修整，于游事为便。然初抵国清，继登华顶，会余感疾，仓卒回舆，驻山只得三日，仍以浅尝而止。故兹篇所叙列者，只以前后身历为限，其他名蓝异迹，不复赘及，览者欲考其全，则有息园先生之《天台志要》在。

国清寺

昔李吉甫[6]纂《十道图》，言天下大刹有四，一为润州之栖霞，一为齐州之灵岩，一为荆州之玉泉，一即台州之国清也。旧名天台寺，隋开皇十八年为智者大师建。智师尝修禅于此，梦定光语之曰，"寺若成，国即清"，大业中遂改名国清。寺榜三字为魏王弘所书，字体古劲，至今尚存，李邕[7]记所谓"应运题寺"是也。唐大中年重建，额为柳公权书。北宋季毁于寇，建炎二年重新之。明洪武甲子，大风雨摧毁殿宇，隆庆庚午重修大雄殿，旋毁。万历乙未再建，敕赐藏经，构阁储之。清康熙十八年再加修缮。雍正十一年敕发帑鼎新，特命专官往董其事，十二年工竣，颁赐御书"华严净域"扁额，今犹悬寺门。乾隆元年御制碑文纪事，筑亭覆之。盖国清之名，隐为爱新氏定鼎之兆，又重为古贤之遗迹，故两朝崇敬维护，俾复旧观也。咸丰时，粤匪扰浙东，过天台时，以雾气迷漫，寺不可见，免于焚毁，亦云幸矣。此寺宇兴废之大略也。

寺址为智师所定，局势崇闳，山水环护，最擅胜场。余自官道折而北，循

---

〔1〕 丙辰：即 1916 年。

〔2〕 张菊生：即张元济。

〔3〕 乙亥：即 1935 年。

〔4〕 邢蛰人：即邢端（1883—1959），字冕之，号蛰人，笔名新亭野史，贵州贵阳人。1904 年进士。著有《黄山游记》《贵州方志提要》等。

〔5〕 邢霆如：即邢震南（1892—1941），字霆如，浙江嵊县人。毕业于保定陆军军官学校，1936 年被授予陆军中将衔，1941 年底被顾祝同以"抗战不力"之罪在江西上饶处决。

〔6〕 李吉甫（758—814）：字弘宪，赵郡（今河北赵县）人。任太常博士、郴州刺史、饶州刺史、中书侍郎、淮南节度使等，著有《六代略》《元和郡县图志》《十道图》等。

〔7〕 李邕（678—747）：唐书法家。字泰和，江鄙（今江苏扬州）人，官至汲郡、北海太守，人称"李北海"。

万松径而入，岩际勒"万松径"三字，大可八尺，宋僧指堂书。幽径数转，丹垣碧瓦，隐见于烟岚杳霭中，后则五峰耸秀，前则双涧合流。五峰者，东北曰灵禽，东南曰祥云，西南曰灵芝，西北曰映霞，中峰曰八桂，如飞凤展翼，身垂至尾，而大殿即踞其上。涧流经行寺南，过丰干桥，汇为万工池，池上有七佛石浮屠，为明天顺七年立。东山麓有九级浮屠，隋炀帝遣司马王弘为智者大师建也。七塔对岸为一行禅师塔，一行葬于河南铜人原，此或虚冢，以志灵迹耳。入门登雨花亭，亭左有戒坛址，为沩山遗迹。中为大雄宝殿，殿前双塔如乳，各高七丈，与蜈蚣岩口双塔皆唐德韶国师所建。殿内三世尊像，塑工精妙入神，两旁罗汉像亦饶古意。相传第十五尊罗汉其像常坏，宋济颠生而像坏，明屠隆[1]生而像又坏，康熙之末又坏，寺僧谓为罗汉转世之兆，姑妄听之而已。殿右有古井，石刻"曹源"二字，宋曹勋书。殿前樟柏各二株，枝柯奇崛，数百年物也。寺僧导观各处，拜三贤堂，供丰干、寒山、拾得像于中。寻仙人灶，乃寒、拾烧脚处，灶前三石柱，玄泽可鉴，往迹犹存。观漏沙锅，径八尺余，可供千人食。僧言锅底有孔如钱，漏沙不漏米，乃观音大士留此异迹，然余观其中并无罅隙，亦后人故神其说，以惊世眩俗耳。有旧人题帖云："古寺尚存寒灶石，云厨犹有漏沙锅"，取材本地风光，亦尚浑成。香积厨别有大釜数具，其伟硕亦与漏沙锅等，昔时缁众之盛可知。过伽蓝殿，殿内草榻纷陈，言佛能示梦，告人以未来事，故士女宿殿祈梦者日月不绝，寺僧藉以傲财利。第男女杂遝，垢弊易生，司土者要宜禁戒之。殿外老梅一株，题为隋植，霜枝铁干，似已半枯，而根节砢碌[2]，条叶扶疏，初春著花甚繁，香气秾郁，乃胜常种。余审其年寿，当在杭垣水心阁宋梅之上，亦千年所遗也。五百罗汉堂常有法师讲经于此，乃谓即智者大师说经处，恐非其实。伽蓝殿侧为方丈楼，楼下有"唐宋古方丈"题榜，为阮文达[3]所书。旁有修竹轩，境地幽静，悬楹帖云："为双涧五峰生色，继丰干拾得重来"。旧传有卓锡泉，寺僧言在寺后崖际，水白如乳酪。及往观之，石刻"锡杖泉"三字，为宋普明大师坐禅于上，以汲涧不便，因取锡杖顿地，曰此处当有泉，即随杖涌出，而世

---

〔1〕 屠隆(1544—1605)：字长卿，一字纬真，号赤水、鸿苞居士，浙江鄞县人，明代文学家、戏曲家。书画造诣颇深，与胡应麟等并称"明末五子"。今人编有《屠隆集》。

〔2〕 砢碌：亦作磊砢(lěi luǒ)，众多委积貌。郦道元《水经注·淇水》："巨石磊砢，交积隍涧。"

〔3〕 阮文达：即阮元。

人乃谓智师卓锡杖而出。不知卓锡泉在智者岭注《涅槃经》处，《志要》[1]所载甚明，非指此也。叔南言寺后新出石刻数事：一为"秀岩"二字，大二尺许，署米芾款；"枕石"二字，大二尺，署晦翁款；寒山子诗"重岩我卜居"四句，未见署款，类山谷书；寒山诗下有"大中国清之寺"六字，署柳公权款；"鱼乐国"三字，在一行禅师墓碑之阴，署董其昌款。以上诸刻，苔藓蒙翳，久无人知，近岁住持指南募工搜剔，凡三阅月，始尽获之。癖古好事，今世所稀有也。至《志》[2]载名迹，尚有止观亭、雷音堂、振奎阁、无畏室、更好亭、新罗园、四禅寮、云顶庵、古竺院、栖云楼诸胜，历岁久远，或只余旧基，或别营新筑，余亦无暇按图而索矣。

按：天台为教宗发源之地，祖庭规范，至今恪守不衰。国清为山中首刹，规模既壮，戒律尤严，历代住持皆选名德夙著者任之，故四方缁众争来讲习，常年聚徒率三四百人。余于丙辰来此，下榻于客座西楼，每当夜半梦回，万籁皆息，钟鱼忽动，梵诵琅琅，使人身心朗澈，尘虑都消。即长昼之间，亦复内外严寂，不闻喧杂之声。游客来者，恒望而生敬。及乙亥再至，公路已通，游屐杂沓，入室升堂，清净之风与二十年前宛然无异。余设榻之地仍在西楼，旧梦重寻，巢痕未扫，所留字幅，尚悬壁间。惟访询禅友，多已不存，与寺僧华宗、海照追话昔游，不禁感慨系之。洎昨岁偶过北京华源寺，适遇海照于客堂，因与访问国清寺近况，始知寺中自余辈去后，忽于伽蓝殿侧大起高楼，题曰"迎塔"，瑶窗绮户，皎洁玲珑，其中几榻精丽，帷帐鲜华，尽仿欧风，力求新异。来客亦多贵显豪俊之流，车骑所至，侍从如云，往往酒食高歌，呼卢竞博，嚣氛四彻，达旦不休，非复往时严净之风矣。已而国难忽临，戎车数动，清净佛国，骎骎染及战尘，龙汉遭回，沧桑忽变，千百年传守之宗风亦将随劫运以俱尽，宁不深可痛悼也哉！

赤城山

赤城为天台之门户，智者大师以为山之南门。由国清寺西行约七里，度水石岭，山脉别起一支，形势未为高峻，而崭岩峭立，石赤如霞，望之若垣墉，层层叠积，故有赤城之名。其左肩一角，斜坡斗削，宛若雉堞之蜿蜒于山阿，孙兴公赋"赤城霞起以建标"，可谓妙于语言矣。《志》[3]载赤城山腹，梁岳

---

〔1〕 《志要》：即《天台志要》。

〔2〕 《志》：即《嘉定赤城志》。

〔3〕 《志》：即《嘉定赤城志》。

阳王建飞霞寺,其后定光居之,梁亡寺亦废,今其址莫可考。又言山麓有洞极深广,晋时僧昙猷造寺其间,号曰中岩寺。齐僧慧明复就塑佛像,又曰卧佛寺。旋以地多赤蚁,徙于平地。宋大中祥符元年改为崇善寺,政和八年改为玉京观,未几仍废。审其地址,当在下岩之间,而遗基亦难悬定矣。余行抵山麓、仰望摩崖有"赤城霞"三字,笔势雄浑,未署何人[1]。稍上得紫云洞,齐氏[2]疑即玉京洞,仙史[3]称为十大洞天之六,或号玉真清平(洞)天,《会稽记》言其中有玉室璇台之异。今观洞阔而浅,顶上危崖倾颓,檐际岩泉细洒,宛如雪消。洞中构屋三楹,一庞叟居之,境地荒陋,安有所谓玉室璇台之可观乎?然洞口松篁交映,葱翠如幄,亦殊有佳致。洞左有祠,中祀五百大神,云即田横义士。此与道旁之五百人墓皆出傅会,第表章义烈,以振衰世颓靡之风,亦足尚也。旁楹有杨龙友[4]《赤城赋》石刻,为陈函辉手书,文字绮丽可观。循径斜上,有白蛇洞。齐记[5]谓《赤城录》载白蟒唼升仙道士,白骨成堆,即此地也。自此曲折上升,石磴险仄,有十八盘之称。左有香云洞,右有瑞霞洞,皆无足观。其上为华阳洞,即古之释签洞,为唐僧湛然演天台教宗处,壁间"释签"二古篆隐约犹存。至灌顶之结集洞,则湮没已久。更上为玉京洞,俗呼为上洞,状如紫云,而深广不逮。或云即古之飞霞洞,缘土人曾于其地见飞霞洞石刻磨作阶石也。以此推之,此洞当即飞霞,而崖下之紫云正是玉京,齐氏所言要非无据矣。西北行为金钱池,池大可半亩,相传昙猷憩此诵经,有神献金钱,僧弃池中,故名。北转为洗肠井,其事亦出昙猷。旧传昙猷礼石桥,应真怪其腹有韭气,猷出肠洗之,今近井韭叶丛生,他处绝无,亦足异也。绝顶有七级浮屠,岿然孤耸,传梁岳阳王妃所建,传言内藏舍利二十八粒。其式颇类杭之雷峰塔,崛立天表,秀丽绝伦,兴公所称"霞起建标"或指此处。塔旁为穿剑岩,两岩壁相接,不过数步,裂缝中空彻底,俯视奇险夺魂。更西小径折上百许步为餐霞洞,有嫠妇孙齐氏居此。齐氏为次风先生族孙女,归邑生孙天祚,中年而寡,苦节抚孤,于洞中构小楼居之,葬其夫于洞中,手自掬土成坟,不假他工。坟式怪特,然光莹如石,皆手加磨治而成。邑人钦其节操,就其捧土之穴,凿为小池,名曰掬井,以纪高

---

[1] 原注:齐周华游记言为"赤城栖霞"四字。

[2] 齐氏:即齐周华。

[3] 仙史:记载仙人事迹的史籍。

[4] 杨龙友:即杨文骢。

[5] 齐记:即齐周华《游台岳天台山记》。

洁。欲为之请旌，而恐格于成例。余告以似此苦行贞风，末俗所罕见，其事既殊，未可拘以成例也。惟所抚孤子，年甫及冠，肄业中学，忽罹脑病，溺死于丰干桥下，人咸伤之。氏因厝其子于夫墓侧，自筑楼静居，已三十余年，足不出洞门一步，今已七十五岁矣。余至洞时，与氏隔窗而语，询今为何世，朝廷是否尚存，战争是否已息，一一告之。氏微叹数声，似讶世变之巨。以久不见外人，时局改易，多不得闻也。闻凤娴书画，自丧所天，即绝笔不作矣。余敬其风概，又重伤其身世之苦醅，为赋诗四章以纪之。

此次赤城之游为丙辰十月，乙亥重来，以时促不及再往。闻孙齐氏苦节，经邑人申请旌表，由内政部呈准颁"秋霜比洁"匾额，官绅为摹刻洞门。后来游客，皆及见之。紫云洞中，增筑新式高楼三层，依岩架宇，玉槛瑶窗，五色华焕，玉京洞亦结精舍数楹，可以栖息。倾崖险磴，咸锥凿平治，游者可拾级而登绝顶，非复昔年荒秽艰危之象矣。特附志于后，以告来者。

高明寺　塔头寺

高明寺唐天祐二年建，以寺倚高明山得名，亦号智者幽溪道场。故老相传，先此惟乔木参天，薜萝翳坎，麕麖是居，樵牧罕至。智师时居佛陇，讲《净名经》，为风飘去，翩翩不下。乃杖锡披荆，寻经所诣，行五里许，风息而经坠此，智师乃即其地以营净居。智师十二刹，此其一也。故其后或寺称净名，堂名翻经，皆以志智师遗迹。余丙辰冬来游，自塔头寺分道东行，沿岭下降，约五六里，群峰拱会，涧谷纡萦，秀野芳林，中藏梵宇，信幽溪之名不虚也。入大殿，观三世尊像，铁铸，高丈余。相传像来自岭南，舟至海门，沉没于海滨者近百年，后运至国清，重不可举，经寺僧虔祷，竟得过岭，长供幽溪，亦异闻也。殿前双井，水恒满，不以水旱涸溢，号为龙眼珠。院左有寒明楼，高迥可极登眺，上悬大钟，万历年铸，其下有碑记，为陈函辉书。楼中庋藏书版，皆无尽大师所著教观典籍也。无尽受法于百松大师真觉，博通内典，传南教宗，著《天台方外志》及他书数十种。冯开之[1]等备致推仰，至谓智者之学传于章安，畅于荆溪，中兴于四明，而复振于幽溪讲堂，台宗复盛，师之功也。闻楼中刻版多有残损，安得贤达之士缮完而传播之耶？大殿后观楞严坛，其坛式悉按法华仪轨所筑，最为严净。世言天下丛林无数，而楞严坛仅有三处，可知其规制之隆重矣。坛左为翻经堂，右为不瞬堂，前为西方殿，壁嵌虞

---

[1]　冯开之：即冯梦祯。

淳熙撰《楞严海印三昧坛仪碑》，董其昌书，文字皆极茂美。观智师遗物凡三，一为紫金钵，大不盈尺，初无款识，时代颇难审定。一为绣金袈裟，光采鲜丽，疑为明代所颁。一为《贝叶经》，叶大如笋箨，梵字横行，与近人自印度携归见赠者无殊。寺僧装以檀匣，什袭珍储，视为鸿宝，特以人重，不必论其真赝耳。别有智师手写《陀罗尼经》四卷，年久遗失，后人补写成卷，持示过客，广乞题辞。余以谓今日敦煌石窟久开，隋唐写经流出者无虑万轴，《陀罗尼经》尤多习见[1]，若访得数卷，补其阙失，不胜于近代俗书万万耶！其余松风阁、莲船室均一一导观。会日暮雨作，留宿寺中。翌晨同栗斋出，访寺外名胜。灵响岩在幽溪上，峭壁百寻，呼啸辄应，回响传声，与雁荡之响岩门相类。香谷岩则在溪上，巨石如屏，前有隙地方丈，茂树修篁，周遭四幂，兰蕙时发，因风散芬，昔贤多于此聚徒讲义焉。巾子岩在溪之背，白云峰南，有石正方如巾，上拂霄汉，下连磐石，才数尺许，流云乍过，如人之冒絮然。圆通洞特数大石支架而成，其中空明，有穴如窗牖，旁有看云石，若息静其间，领受松风，卧听涧籁，得少佳趣。以无尽禅师在此注《圆通经疏》，故以名洞，惜荒秽无人居耳。般若台乃溪边一磐石，上荫以长松，清宵宴坐其间，咏“潭影空人心”句，于此可参妙谛矣。距洞数十步有笔冢，上置石塔，高三尺，题曰“明玉大德笔冢”，下有残碑，题为“明玉禅师笔冢铭”。齐周华记乃谓无尽灯公著述功成，因中书君老秃而死，念其共成妙谛，给抔土以偿之，必未见此碑而误听传闻耳。考智者大师以翻经建刹，大启宗风，幽溪一曲，实为台宗法脉所归。故韩敬[2]谓幽溪道场者，智者三生之梦在是，为千万年龙象之窟，其言非无故也。第世衰道微，起信既艰，护持非易，兹寺亦兴替不常。迄于嘉靖，以居僧失守，寺随田废，赖无尽大师奋起而振兴之，更得冯开之、屠长卿及王中丞士性之力，捐资重建，顿复旧观。韩敬之《重兴高明寺碑》、屠隆之《新建天台祖庭记》，所述寺宇规恢之难，台宗衰替之故，微无尽之愿力阂伟，固未易臻此胜缘也。自明季以来，年祀久远，其间兴废，未可考详。然余观光绪中杨葆光《台游》所述，已有古刹荒凉，僧徒陋俗之语，其时金钵、袈裟、《贝叶经》亦皆移置真觉寺中，可知陵替已久。今日殿宇差完，闻为光绪季年得人重建之力。泊余乙亥重游，此寺未遑再到，然闻钟楼已改筑三层，

---

[1] 原注：余亦藏一卷。

[2] 韩敬(1580—1635)：字简与，号求仲，又号止修，归安(今浙江吴兴)人。明万历三十八年(1610)状元，官授修撰，因科场案免职，好佛学，通释典，有《韩求仲稿》《程墨文室》等。

院宇亦灿然改观,骎骎有鼎新之象矣。是日归途仍取道银地岭入塔头寺。寺名真觉,建于隋开皇十七年,智师示寂于新昌南明山大佛寺,葬骨于此,故俗呼为塔头。此地林樾幽深,碧篠悬萝,绿阴如幄,披林而入,尘虑顿清。门悬一帖云:"登峰始识天台寺,入室还寻智者龛"。骨龛即在殿中,前置双石塔,号定慧真身塔,基高五尺许,雕镂精美,花纹多仿番式,古意盎然。上层石色微青,审为后来补造,虽灵秀可喜,而朴厚之气已逊。殿中础柱形状瑰丽,刻镂悉出良工,余意塔身决为隋制,其他制作,或为宋祥符时改塔为寺之遗物欤? 榜联多近代名笔,有李文忠、俞荫甫、陈鹿笙[1]诸人,皆光绪中重修所增也。寺左有隋慧瑶、唐圆通、总持、全真、明觉、明真诸僧骨塔,号六大师塔。门左有甘泉井,寺中汲饮取给焉。对岭有说法台,巨石长四丈,为智师说法处,其下奇石四伏,传有生公说法顽石点头之异。迎门一碑,审视为唐元和十年《修禅道场碑》,补阙梁肃所撰,台州刺史徐放书,陈修古[2]篆额,僧行满建,字体劲拔,类柳诚悬[3],文字皆完好。此碑本在大慈寺,寺址在东冈上,旧名修禅,陈大建七年建,以其为智师初修地也。缘寺久荒废,故移碑于此。向寺僧索拓本不可得。此地名佛陇,多有古贤遗迹,摩崖有"普贤境界""佛陇""教源""天台山"诸石刻,字大率二三尺,不及遍观。普贤四字为智师笔,余皆宋僧指堂所书也。又东为太平寺,智师第六道场,久废,惟无尽大师塔在焉。

方广寺　铜壶滴漏　水珠帘　龙游涧[4]

石梁飞瀑为天台第一胜境,大名震于宇内,以是来游者率以先睹为快。余丙辰之游,始宿于华顶,以阴晦不可耐,翊日即与栗斋先至,留宿方广者二日。乙亥再至,自国清登山,经金地岭、银地岭、塔头寺,以至龙王堂,取支径而往,兼访断桥、铜壶滴漏诸胜,游毕乃上华顶。兹篇之述,皆后游所得者也。

石梁山脉发于华顶,自莲华峰分支为三,中支止于上方广,南支垂如象鼻,悬华亭压之,北支耸若狮蹲,止于涧上,石梁横锁之。梁下之水亦分二

---

〔1〕 李文忠、俞荫甫、陈鹿笙:即李鸿章、俞樾、陈璚。

〔2〕 陈修古:颍川(今河南许昌)人,唐元和间曾任淮南节度使推古、监察御史里行等。

〔3〕 柳诚悬:即柳公权。

〔4〕 原文为"游龙涧",据实改。

支，一水自莲华峰出，经上方广之前，一水自香炉峰出，经方广之后，蜿蜒行数十里，崖横涧曲，千回百折，水势遏束不得骋，近桥数十武，乃得合流，迸泻于梁下。梁长差二丈，厚约一丈，广或不及尺，龟背剑脊，上翳莓苔，横架双崖间，下空不及一丈，其两端辏合，不余罅隙，若出人功〔工〕。至语其形状，昔人有谓如桥者，有谓如梁者，近人有谓如鲤之屈身敛尾者，有谓如鹅之舒颈啄物者。余以为凭岩架石，正如门之悬楣，则名以石梁，于真形为吻合，要不必刻画以示奇耳。夫千山万水之中，奋巨灵之手，劈翠峡以走群龙，其事固已神矣，然惧其横轶而四驰也，又加之锁钥焉，造物之妙，岂常人所能测识哉？中方广寺正傍石桥，余由寺门循石级而下，即至梁之南端。其北端尽处尚余隙地，有铜殿灿然，高四尺许，中镌五百应真像，为明天启时太监徐贵等所施助，殿壁有刻字可辨。桥端小立，佳趣纷罗，即无石梁之奇，而岚影林霏，四山回合，已足令人耽玩不尽。然水石相薄，声振山谷，人语不闻，飞沫如烟，沾衣欲湿，只得小别。凭梁下瞰，瀑声如万鼓争鸣，使人震栗失次。同人有欲振步过梁者，终以畏险而止，然寺僧朝夕焚香礼塔，往还如履平地，亦以神志闲定，不为耳目所摇眩耳。忆丙辰来此，惟蒋竹庄〔1〕一人曾骑梁玩瀑，余等皆未敢轻试。瀑上旧有昙花〔华〕亭，为贾秋壑〔2〕所建，近以拓地筑楼，并入寺中。亭左有王梅溪〔3〕碑，记前生为严阇黎〔4〕事，虽事特诡异，而文字决非伪为，宜可取信。余以此间观瀑只供近玩，而地势逼仄，不足尽其神妙，乃约二邢君过桥，降二百余级，下抵潭侧，据石纵观，则景状大异。石梁之内，千涧之水汇为双流，东向奔驰，驶过寺门，戛戛然如群龙赴壑，鳞甲森张。而涧谷纤回，随崖折落，乃分为四级，或舒如悬布，或迅若转车，或肆若怒蛟，或锐如奔马，合为万斛泉源，遂望石梁而倾注。然双岩对峙，屹若严关，虹梁上横，扃以管钥，虽挟摧坚陷阵之雄，至此亦帖然循轨而不敢恣。及其越梁而下也，一落千丈，势拟奔云，横骛四驰，散为飞雹，向之萦洄于幽壑、

---

〔1〕 蒋竹庄：即蒋维乔。

〔2〕 贾似道(1213—1275)：字师宪，号悦生、秋壑，浙江天台人。南宋丞相，在南宋灭亡前最后二十多年掌握朝廷大权。德祐元年(1275)，亲自督师遭大败，似道被罢官、贬逐。八月，被监送官郑虎臣杀于漳州。

〔3〕 王梅溪：即王十朋。

〔4〕 严阇(shé)黎：阇黎一译作"阇梨"，梵语 Acarya"阿阇黎(梨)"之省称，意为高僧，也泛指僧人、和尚。严阇黎，字伯威，北宋政和年间江浙有名望的高僧，是王十朋祖父母亲的兄长。王十朋为严阇黎后身的传说参见明代朱国桢《涌幢小品》卷二十四《严阇黎》。

容裔于深溪者，至此崩腾跳荡，一泄其雄姿。或挂于林杪，如缟鹤之翔天，或跃入渊潭，如群鸿之戏海，而引视石梁，正高倚天半，虹桥曲影，隐约于萝阴松翠之中，风光伟丽，恐荆、关之笔[1]未必能极绘声绘影之奇观也。忆昔年从下方广出，自竹林中上窥石梁，奇丽之状正复相同，若在昙华亭畔，纵壮伟可惊，而所见固已隘矣。昔王立程[2]记石梁云："崇冈峻岭，朝岚夕晖，星螺玉蚬，翔为奇峰，伏为邃谷，婉委两山中，而一亭翔于峭壁之末，荡云摩汉，铃铎自奏，天花飘落帘栊间，非复人世也。"余兹游所得，意象瑰妙，正复如斯，不意此君乃先我而获之。梁上及两岩石壁刻字殆无寸隙，如"石梁""星桥胜概""飞梁悬瀑"数刻较古，余若"万山关键""栖真金界""喷雪飞云""流雪""昙华""寿布"等字，多不胜录。其"神龙掉尾"则近来陈鹿笙[3]所题也。大抵梁腹岩唇，只此片席之地，文字剥泐者，多磨去旧迹，易以新词。及后至者无隙可容，又复深刻大书，以掩盖前题之上，陆离斑驳，层累莫分，山水何辜，横受黥涅。文士好名，妄思藉顽石以留其姓氏，徒为达人所嗤，良足叹矣。游兴既阑，寺僧邀入小楼少憩，视之正二十年前与栗斋下榻之所，旧游重到，胜侣难寻，感怆无已。因向寺僧索纸，手题数行，留之古刹，以志鸿爪。濒行，视寺东石崖上有"盖竹洞天"古篆四字，宋嘉泰壬戌[4]知天台县事丁大荣书。《志》[5]称洞在石桥侧，深三丈余，中有二硖，穹窿幽邃，下视攒峰列嶂，如列翠屏，道家称为十九洞天。释家以为五百应真栖身之所。实则岩间微穴，岂足当洞天之名？昔宋宪使何俌尝梦游其地，访之不获，嘉泰改元，邑令丁大荣因祷雨得之，故摩崖以志。宋人石刻只存此迹，殊足贵也。询铜壶滴漏，据此十里而近。出寺东行，踰杉树岭，入杉溪，溪中大石累累布列，备诸怪伟状。又数里，人家三五，在竹阴中构小团瓢，烹茶款客，就此少息尘劳。步往涧上，涧之上游旧名断桥，乃两山之间巨石擎空相倚，中不合者数尺，约略如桥。水出其中，鏦琤下驶，即为铜壶。盖涧流至此，忽尔低落数十丈，铁壁穹高，两峰夹立，一水悬飞，顿开异境。语其形状，可分四级。第一

---

〔1〕 荆、关之笔：荆、关是五代时期北方两位著名山水画家荆浩和关仝的简称，宋梅尧臣《观邵不疑学士所藏名书古画》诗："山水树石硬，荆关艺至能。"

〔2〕 王立程：字伯度，浙江临海人。明万历十九年（1591）举人，官河北巨鹿教谕，著有《析醒草》。

〔3〕 陈六笙：即陈瑀。

〔4〕 嘉泰壬戌：即 1202 年。

〔5〕 《志》，可能为光绪《台州府志》，该志有载。

级乃天生岩石，中空如瓮，上宽下狭，状如剖玦，水从瓮口泻出。至第二级，岩石又开一深凹，敛口广腹，形如仰盂，以受瀑流。瀑流飞下，正当峭壁，遂喷为瀑布，落于深潭，是为第三级。壁高约四十丈，潭广约二亩，水从潭角流入溪口，巨石五六，横亘溪中，水分为二，旋合为一，下流又值高崖，水遂斜铺而降，洒为细瀑，联珊屑玉，轻妙回翔，名水珠帘，是为第四级。尤奇者，出水之穴，受水之崖，与夫峭壁深潭，石色光莹，纹理细润，若经人工磨治而成。珠帘之下，涧石忽凹下二三尺，宽亦如之，如剖巨竹，斜置涧中，逶迤而下，长可二丈，若山家之水笕然，是名龙游涧，言神龙出入所经，拖石成槽也。偶投以卵石，滑落谷底，鞺鞳惊人。昔杨龙友评雁荡岩穴灵奇，其甚者几于怪诞不经，若此涧泉石之状，亦奇而近于诞矣。曩闻蒋叔南曾缒幽凿险，在此摩绝壁，坠深潭，以穷探其胜，谓第铜壶之景，亦可分为四节，其诡异之趣非常人一目所能见。余愧无济胜之具，亦只观其大略已耳。游毕仍循原路而返，过上方广寺，入内一观。此寺闳大修整，多有名人翰墨，殿堂有显亲王瑶华道人题榜，余若钱竹汀、阮文达、朱伦瀚[1]及近代俞曲园、孙琴西、翁松禅、陈鹿笙[2]咸有留题。罗汉堂、藏经阁号为有名，以时迫不及遍览。《志》载乾隆三十八年质郡王启奏，敕赐龙藏，入山供奉，今阁中所储即此本。寺后新建三圣殿，据高崖之上，松篁交映，清旷独绝，开轩纵眺，山岚林霭，奔赴目前，闻为住持文果所构，可谓工于择胜者矣。

华顶　拜经台

华顶为天台第八重最高处，陶弘景《真诰》言，山高一万八千丈，文士侈言，未足为据，然略计其高，亦当在七八千尺以上矣。自国清寺而上，行程为五十里。地高气寒，少晴多晦，终年为云雾所蒙，夏有积雪。庵屋多用草茅，大寺则代以铁瓦，可御冰霜。顶有善兴寺，旧为华顶圆觉道场，晋天福元年僧德韶建，智师尝宴坐于此，有降魔塔、伏虎坛，又有鬼叠石、白云先生室、甘泉先生[3]居，皆古来遗迹。宋治平元年改今额，明代再毁再建。余于丙辰

---

〔1〕　钱竹汀、阮文达、朱伦瀚：即钱大昕、阮元、朱伦瀚。

〔2〕　俞曲园、孙琴西、翁松禅、陈鹿笙：即俞樾、孙衣言、翁同龢、陈瑑。孙衣言(1815—1894)，字劭闻，号琴西，浙江瑞安人，道光三十年(1850)进士。历任安徽、江宁、湖北等地布政使。著有《逊学斋文钞》等。

〔3〕　甘泉先生：据《天台山方外志》，不知何许人，隐居华顶峰，频召不起。开元十八年(730)，唐玄宗特于王屋山置台观以居之。

来华顶，住寺中三日，询之寺僧，知自光绪九年、二十七年、民国二年，已被毁三次。迨乙亥再至，则旧屋又于数年前复遭回禄，方丈兴慈正奔走募金，锐志修复。延宾之室改筑崇楼，列屋百楹，巍然大厦，窗户轩明，帷帐华焕，几榻御服，新异改观，耗金至二十余万，其他佛殿僧庐，亦将次第兴举。末俗浮华，佛地亦为之风靡，恐智师宴坐佛陇时慧眼不及见此也。寺门古柏参天，大四五围，传为唐宋所遗。门内万工池，广盈数亩，阶前一井，水色深碧，言是右军墨池。又有拈花室、伏虎坛，皆存故迹。余前游时与菊生、竹庄、栗斋同住寺中，欲待天气晴明，极览海山千里之胜，菊生并欲摄取景物以归，而连日阴沉，竟无开云之术。不得已往拜经台一游，台距寺五里而近，绝顶平夷，广可三亩，高出群峰，可以观日，可以望海。台址树一碑，题曰"天台第一峰"。其侧有僧结庵而居，乱石为墙，厚若城堡。入其中，小楼禅榻，潇洒绝尘，住持定华，静穆类有道者，居此二十余年矣。庵后有降魔塔，传是智师遗迹，高可踰丈，上镌佛像。然叔南重来华顶时，剔藓审视，乃有开成四年[1]辛未高僧文瑗题字，盖为皇考楼二十一郎造此塔，足证数百年传闻之差误久矣。左有龙爪池二，相去数武，深可四尺，久旱不涸，其上常有云气。池蓄三爪龙，长二尺许，时游泳水面，有小如蝌蚪者，土人以为龙子，人取下山辄逸去。陈鹿笙来游时，久闻其异，命从者取数头，闭置深盎中，半夜启视，则已不见，亦山中异闻也。往时以山顶寒冱，居者苦寂，故大寺虽规模壮阔，而缁众长住无多，因之左右茅蓬，转称极盛，东西两涧至七十余所。大者数十楹，小者或三五楹，皆跨涧依崖，编茅代瓦，耕云锄月，枯寂自甘。余尝引杖幽寻，所至多就松结舍，累石为垣，苔藓苍寒，殆绝人迹。及入其庐，则经典清严，瓶炉精洁，花香盈室，几案无尘，挥麈清谈，使人穆然意远。其人大抵退居之尊宿，或苦行之头陀，慕岩栖谷饮之风，矢绝世离尘之志，故卜居于此，一瓢一衲，独隐单栖，诵偈坐禅，潜修净业，此真佛窟之家风，灵山之妙境矣。尝阅潘次耕[2]记云："岩阿涧曲，间植团焦，独木为桥，老树缚屋，落花不扫，经声琅琅，为圣为凡，莫得而测。"知台山茅蓬之风，已数百年于兹矣。西涧以妙峰庵、必明庵、弥陀寺为胜，东涧以太白书堂、药师庵为胜。余乙亥重来，即居是庵，殿堂斋舍，瑰丽光明，与丛林不异。其中卧佛楼、琉璃界尤为华洁。传世法物有玉印、金钵、椰瓢诸品。印碧玉制，方三寸，双狮为钮，文曰"天台名山药师如来应世宝印"。钵为紫铜鎏金制，口径五寸，外镌

---

〔1〕　开成四年：即 839 年。开成，唐文宗年号。

〔2〕　潘次耕：即潘耒。

盘龙,腹有"唐贞观十三年制"七字款识。椰瓢别无异处,而古朴可玩。询以诸物源流,寺僧莫对,然审为唐制不虚也。华顶以苦行僧多,向有施斋之例。余前游时,适有吴客发愿斋僧,钟声一动,柝响四传,凡草庐石室之中,皓首庞眉之辈,咸披袈托钵,荷杖破云而至,济济斋堂,如偃鼠饮河,满腹而去。闻偶值岁歉客稀,或雪封道梗,则采青精,劚黄独,煮瓜煨芋以为粮,蕨粉豆糜,珍为上饭,华顶之清苦,抑灵鹫[1]宗风使然欤?

旧闻台僧多娴武技,前宿方广时,偶以是询住持,据言诸寺皆有日课,故历代传习不衰。时有老衲普照者,供应客寮,凡余辈起居饮食,朝夕盥沐,下及唾壶、虎子之属,咸执事惟谨。其人臞容曲背,行步伛偻,老惫若不自胜,余语住持曰:"是人面如枯腊,衰病已甚,亦有所长乎?"答曰:"君幸勿轻视此人,前年华顶寺与乡人构衅,山农百余,荷锄挟梃,拥至山门,此僧排门而出,两手擒十人以入,事遂得解。虽未为精诣,亦庸中佼佼未易与也。"余改容谢之,知天下士未可轻量者也。

山中物产,万年藤最为有名,惟佳者极难遇,且制作亦不工雅。国清寺僧贻我数支,亦常品耳。山土宜松,石迸风摧,枝干遏抑,遂多奇致。资福寺有怪松,曾为陆鲁望[2]所赞,询之寺僧,则万历时为水摧坏久矣。智师真身塔后覆以奇松数十,偃蹇如虬龙,真数百年古植,惜无人为加题品。以余观之,龙泉关招提寺之凤皇松、盘山茶子庵之盘龙松较此殊不足道,物亦有幸不幸耶!余以为台山花木当推娑罗树花为冠绝。此树北方古刹多有,第不闻著花[3],惟华顶、方广两地,终岁为云雾所含孕,遂胎此奇葩,花大如盘,色若淡胭脂,与芍药相似,间有白色者,香艳独绝。余乙亥登华顶,时为五月,正值花开,舆行近绝顶时,夹道如林,烟绡雾縠之中,忽觏红裳仙子,仪态万方,几疑身到瑶宫玉阙矣。《山志》云,此花亦名鹤翎,宋徐大受有诗云:"九葩一萼鹤翎红,开落梅黄烟雨中。千叶青莲无路入,不知春在石桥东。"[4]正咏此花也。尝览《蜀都赋》注,雅州瓦屋山产娑罗花,有五色,照映山谷。按瓦屋山距峨眉北数百里,在夷地中,其山长年戴雪,可知此花宜于寒冱阴霾之地矣。

---

〔1〕 灵鹫:在古印度摩揭陀国王舍城之东北,梵名耆阇崛,如来曾在此讲《法华》等经,故佛教以为圣地,又简称灵山或鹫峰。

〔2〕 陆鲁望:即陆龟蒙。

〔3〕 原注:北方娑罗树凡树桠发叶率七叶为一簇,天台之叶不类,或别是一种耶?

〔4〕 本游记所引徐大受诗题名曰《鹤翎花诗》。

　　按：天台胜景著于《图志》者凡十有六，王思任评定山之胜异者凡十有五。余前后入山，筇屐经行者，只国清、方广、赤城、华顶、高明、断桥等六处。万年寺则于丙辰归途过之，仅留片晷，得揽八峰回抱、双涧合流之胜。古杉七株尚存，而寺宇颓败已甚，僧徒亦荒率无可与语，只周游内外，粗观亲到堂、凤鸣轩、光寿楼、伏虎亭、金沙井、七星桥诸遗迹而已。其他如明岩、寒岩、桐柏、桃源，咸未能遍及。至琼台双阙，孙兴公之赋[1]、夏英公[2]之铭皆盛赞其瑰丽雄伟，徐大受称为仙家之奇观，王思任推为台山之第一，谓"万玉剖而璧明，万绣开而锦夺，仙或许知，人不能到"，兼有清高华贵之美，而余两度忽忽〔匆匆〕，竟失之交臂，尤足惜也。

　　岁在壬午六月既望[3]，逭暑昆明湖上之宿云檐，追溯旧游，补撰此记，凡五日而毕，藏园老人识，时年七十有一。

　　凡九千二百十七字。

　　九月十四日重加点勘，改易数十字，沅叔。

---

　　〔1〕　即孙绰《游天台山赋》。

　　〔2〕　夏英公：即夏竦（984—1050），字子乔，江州德安（今江西德安县）人，北宋宰相、古文字学家、诗人。封英国公，谥文庄。著有《琼台双阙铭》《石桥铭》《三井铭》，合称《天台三铭》。

　　〔3〕　壬午六月既往：农历1942年六月十六。

忆天台旧游

潇湘渔父

　　载于《扬善半月刊》1935 年第 3 卷第 11 期。《扬善半月刊》1933 年
7 月 1 日创刊于上海，1937 年 8 月停刊，为近代中国最有影响的道教期
刊，创办者为翼化堂末代堂主张竹铭。常遵先，别号潇湘渔父，湖南人，
名医，民国年间活跃的仙学派核心人物，著有《吕祖诗解》《秘藏钟吕传
道集注解》等。本文为作者因询问陈撄宁等游览天台情况，回忆了往日
游览天台时所见的名贤诗歌。

　　天台山奇峰峻秀，为浙省之名盛〔胜〕，亦古今神仙名达所必游，昨道友
撄宁子〔1〕与张竹兄，偕名望游赏归，余询山景一如曩日，真是江山不改旧面
目。回忆向游，自觉衰老，不胜于邑，益感进道之诚。曾记当日宿桐柏观，见
李青莲诗：“安得生羽毛，千秋卧蓬阙。”又孟浩然诗：“秋风吹月琼台晓，试问
人间过几年。”似未脱尘寰气，及读白玉蟾祖师诗：“迁〔仙〕翁夜来扣林壑，约
我明朝过南岳。石坛对坐话松风，鹤唳一声山月落。”又于福圣观读吕纯
阳〔2〕祖师诗：“青蛇绕地月徘徊，夜静云闲鹤未回。欲度有缘人换骨，暂留
踪迹在天台。”觉得飘然云外，不染纤尘，三复之，神与俱往，迄今思之，心清
云淡。听撄宁子叙山水之情，不禁感慨今昔，而深回溯，因录之以志怀思云。

---

　　〔1〕　陈撄宁(1880—1969)：原名元善、志祥，后改名撄宁，字子修，号撄宁子、圆顿
子，安徽怀宁人。中国近代名扬海内外的道教学者。

　　〔2〕　吕纯阳：即吕洞宾。

与君约略说天台

潘柘堂

　　载于《浙江青年》1935 年第 1 卷第 11、12 期。《浙江青年》1934 年 1 月 15 日创刊于杭州，月刊，浙江省教育厅编辑，正中书局发行，1937 年 10 月停刊。本文又见于民国图书《地方鳞爪》第 191—201 页，出版社及出版年份不详。潘柘堂，生卒年不详，浙江温岭松门人，毕业于上海立达学院，能文，兼善绘画、音乐，历任温岭县中、温岭音乐学校教师、杭州初级中学教师等。1935 年 4 月下旬至 5 月上旬，作者应天台中学校长徐作为的邀请，乘"新昌—临海—黄岩"公路筑成之便，游览天台山诸景观。本文即为此次游览之作。另外原文附有《天台山略图》一幅。

（一）引子

　　雁荡、天台，他俩是齐名的，好像是一对弟兄，一提起雁荡，便要使你联想到天台。我的家住温岭，恰好界于天台、雁荡之间，如果要想游览，优先权应该让我享受，可是事实并不如此。我现在已有三十多年纪，到天台还是初次，跚跚来迟，恐要为山灵所窃笑。这并不是近庙弃神，一则因为交通不便，虽是路程相距不远，但多高山峻岭，跋涉也非容易；二则因为事情多忙，抽不出一些闲工夫。实在我在民国十五年那时游雁荡后，肚子里就有游天台的一个提案。这个提案因为上面所说的两点关系，只好保留起来。现在公路告成，交通既便，又承天台中学校长徐作为[1]兄相邀的机会，才把这个旧案通过。现在将我在天台所得的印象，写了出来，因为文中所记，语焉不详，乱七八糟，不成体裁，无以名之，而名曰"与君约略说天台"。

―――――――――

　　〔1〕　徐作为(1898—1985)：浙江天台南屏杜岙人。1921 年毕业于杭州安定中学，1926 年 7 月毕业于杭州之江大学，同年 8 月，在海门东山中学任教。

（二）万松径

我到天台的第二天，就询问这里附近那处可以游览的地方，有个活泼的小朋友，用那轻脆流利的语调对我说："国清寺、万松径。"国清寺我是听惯了的，万松径的名字，多么好听。这个新鲜的名字，我平日倒没有听过。我说："便到万松径看看吧。"他说："万松径是到国清寺必经之路，我们可以先看万松径，再看国清寺，是很方便的。""不过万松径完全是松树，没有什么好看。"我说："松树也好，就去看看松树。"那日天气阴晴，伴了他们出县城的小北门，循公路向东北行一公里，便到万松径。果然名不虚传，万松森森，高矗天际，闻从前更为茂盛，现在有点塌坏了。可惜这时光，没有风，听不到美妙的松涛的声音。他们指手画足的讲了些关云长用大刀扫劈万松径的传说，倒也有趣。这里的岩石整齐，有似刀切，即系该传说的由来。石上刻有"万松径"三个大字，用白粉填涂，与岩石的苍老色调相对比，颇为触目。

（三）国清寺

过万松径，向北二公里零，可达国清寺。现在每逢星期六及星期日两天，从县城小北门车站起点，有汽车直驶至国清寺门前，专为游人便利而添设的。该寺位于山麓的凹处，隐而不露，四围多古樟长松，门前绕有双涧。东涧源出佛陇南下向西折，过寺前之丰干桥，与西涧汇合，两涧交流，漾成美丽之波澜，形如环佩，颇为可玩，名为双涧回澜。寺前有高塔参天，建自隋代大业年间。旁有小佛塔七枝，很齐整的排列成行。今年春间修理高塔，工人无意中至中层，发现石刻佛像。因是设法移下，计得石刻佛像七面，石刻法华经文数面，构图奇古，字迹挺秀；又高约一尺的砖质的佛像无数，惜均残缺不完。今寺僧特为筑室保藏，以俾考古者可以研究。该寺规模宏大，查考始基，肇自隋代。《志》载僧智顗（智者大师）修禅于此，梦定光佛告曰："寺若成，国即清。"遂以"国清"名寺。厥后寒山、拾得、丰干三尊宿，皆尝驻迹于此。唐宋及明代有修饰，岁时既久，风雨摧剥，迄雍正十二年，再行奉敕重建。现在亦见有几处塌圮，正在重兴中。中系大殿，西为佛学研究社、三贤殿（寒山、拾得、丰干）及罗汉堂，五百尊罗汉，有五百个相，雕刻细巧，颇得解剖学原理，可算珍品。王右军一笔书写鹅字碑，亦在殿西。查《台山志》载，王右军鹅字碑，本来树于华顶墨池左侧，年远代湮，无有人知道了。后经曹抡选发掘，字迹已残零，摹写六七寒暑，始得其笔势，而补书之，天衣无缝，尤属难能可贵。东为方丈室，有大锅一口，亦陈列在近旁，游人都要去看看的。

昔时该锅可炊米十余石，底有一孔，如钱大小。传说当时释迦牟尼说法，文殊、普贤做行堂，观音大士做厨司，五百应真故意为难她，以试试她的妙法，将沙混入米中，使她无所措手。观音的法力果然不差，遂以杖破锅，故底为一孔，能去沙留米，毫无妨碍。此系野老传言，我们当做笑话听听罢了。还有伽蓝殿亦在东边，殿中铺遍草席，专为香客祷梦之用。殿前有老梅一株，近根二尺部分，已裂成两片，如人们分开两足立于地上，作稍息之姿势，还能开花，人都称异。有的说系明代物，有的说系隋代物，他的皮肤已经皱得又粗又紧，年纪确很大了。但我无法可以问个明白，到底它今年有几许年纪。他在这里已饱受了多少风霜滋味，看过了多少盛衰事业，多少痴人痴梦。

（四）赤城

赤城距县仅四公里，亦为天台八景之一（八景即双涧回澜、赤城栖霞、桃源春晓、石梁飞瀑、琼台夜月、寒岩夕照、华顶归云、螺溪钓艇）。岩石层叠，仿佛刘松年[1]画图的皴法，其色赤，其形如城，故名为赤城，远观如海市蜃楼。路多折曲，所谓十八盘者，今已开辟宽广，并不难行。且自国清至赤城山麓的一段路，更为开凿平旷，将来如果通车，游人当称便不少。绝顶有七级浮屠，系梁岳阳王妃所建，内藏舍利子念八颗。现在砖屑散乱，渐见倾圮了。传闻近旁的岩石中，天然的结成"玉京"二字，因名为玉京洞，乃系土人谬说，藉以夸示游人，并非事实。山中多岩洞，可以筑室的，计有七处，其中有两洞为最大，依洞深浅，架梁叠栋，颇绕〔饶〕别致。常见有清泉自岩唇滴下，其声沥沥可听。若煮以天台著名的云雾茶，对二三知友评量风月，不啻置身仙境。古迹如葛元[2]丹灶、昙猷洗肠井，均在这山中。

（五）琼台夜月

琼台在天台县城的西北，离城有十五公里，与桐柏宫相近。当风和日丽的时光，我约冠者五六人，童子六七人，手手杖，缓尔步，先到桐柏宫。该处系道家福地，今名崇道观。始基肇自宋代，屋宇多圮毁，呈荒凉之象，门前尚立有乾道二年《白云寿昌观敕书》碑刻，笔划奇古。我们摩沙久之，即入观

---

〔1〕 刘松年（约1155—1218）：钱塘（今浙江杭州）人，南宋孝宗、光宗、宁宗三朝的宫廷画家，因居于清波门外，俗呼"暗门刘"，亦称"刘清波"。与李堂、马远、夏圭合称"南宋四家"。作品有《猿猴献果图》《风雨归庄图》等。

〔2〕 葛元：即葛玄。

内，由主持宗宾炼师[1]招待午膳，且出宣纸向我索画，以留纪念，屡推不获，乃草山水一帧，题为"流水天然调，白云意自闲。红尘飞不到，身在万山间"以塞责。观中的旁边，有伯夷、叔齐二石像，雕刻生动，背各刊有篆文极古。想系宋黄道士，自京师辇至，名九天仆射祠。但日久就荒，二像委地，卧于衰草丛中，不知经过多少岁月，才于前清间有台郡守令张廷臣见而敬之，鸠工修葺旧宇，把二像重行崇祀。二贤当时以耻食周粟，愿甘饿死首阳，清风高节，故孔子称之曰："古之贤人也。"参礼毕，出崇道观，西行二公里，即达琼台。台上有马鞍石、仙人座、飞瀑流泉、万丈绝壁，凶险异常，非作蛇行，不能观览。据观中道人说，他们常在月夜中游览琼台，其景更奇。我们走马看花的人，那里能享这种眼福，空自羡慕而已。

（六）螺溪钓艇

螺溪钓艇在县城东北，有十二公里，我们同游的有二十余人，取道国清，过金地岭，经高明寺，在寺中午膳后，出访螺溪钓艇。同行的人，都不谙路径，几乎徘徊歧路，寻不到目的地，空谷无人，那一个好为我们指迷，只得凭我们自己的心里的推测，毕竟把他找到。有石笋高矗，清流绕曲。同行的人，在吹口琴，水声琴声，两相谐和；有些攀登石上，有些濯足中流；悠悠自得。我也在旁写生，亦觉心旷神怡，忘却了尘世之羁绊。天台名儒齐周华先生评曰："挂石梁之飞瀑，夹桃源之碧崖，磊落幽奇，已兼而有矣。"其境之佳若是，几使我们流连不忍遽去。因吟一诗云："行行已过板桥西，山转峰回路欲迷。天末半帆为钓艇，云根片帛是螺溪。跻身绝壁梁缘鼠，濯足中流水浴鹥。如此良辰如此境，及时相赏莫相违！"以增游兴之意云尔。

（七）石仓洞

出南门约四公里可抵石仓。该处是石版的出产地。到那边时，即可听到斧声的玎玎玲玲，玎玎玲玲，非凡清脆。随处有水潭，潭口仅一小孔，中极深广。投石进潭，即如雷声震耳。有数处已将山岩凿穿，即成隧道，中可行人，但极暗黑，不见半点日光。我们乃倩地人，提灯引路，用绳将各人练住，鱼贯而行，可免散乱和碰壁。在洞中行约十五分钟，方得穿过，重见天日。冬间入洞，洞中热气蒸腾，几要使你流汗。夏间入洞，恍如进上海大光明等

---

〔1〕 宗宾炼师：宗宾，其人不详；炼师，修炼高深的道士。道士修行有三号：一曰法师，二曰威仪师，三曰律师。德高思精，谓之炼师。

电影院中，感受冷气一样的凉快。看看这些工人，好像土头土脑，却不用机器，能够凿成这个样子，倒使我不得不佩服他的双手万能，巧夺天工呢。

（八）仓山九龙潭

欲游九龙潭，可由省公路临天段之岩下站落车较便。我因为这段路已到过多次，不愿重温，故于四月廿八日破晓，约了家住榧树地方的几位同学，出城东门，从别的路步行至榧树，进访九龙潭。其实潭不止有九个，唯九个为有名。又九个中以第一潭与第五潭最胜。如看过这两个，已可代表，其余的尽可不必看了。因为都很平淡，没有什么稀奇。我们先直达第五潭，把第一潭略而不看，为的是只恐时间来不及。那山径非常狭小，仅一尺许，从山麓至第五潭，约有二公里。路旁多荆棘，颇为难行，下临绝壑，不觉心已战栗，股亦动弹，深恐殒坠。这时我的司梯克[1]已失掉了效力，乃攀着树根，披荆斩棘，奋勇前进，坐对悬瀑，又惊又喜。潭的左右两旁岩壁如削，瀑高约二丈余，从中央落下，劲健犹龙。击石澎湃作吼，白沫四溅，变幻多奇。俄顷黑云四合，雨丝丝飞下，打得落花流水。道路泥泞，较前还要难行，只好赤着足，一寸一寸地移下来，待回校检点自己的身体，与随我同行的司梯克，都留下了许许多多的伤痕。

（九）华顶

华顶距县城二十六公里。五月八日，我们早晨七时出发，经国清，渡金地岭而上塔头，塔头即真觉寺，为智者大师修禅之所。寺虽不大，在古迹上却很有名，我想在这里附带地说一说：该寺以前的屋宇，屡修屡毁，没有遗迹可寻，唯门前唐元和某年《修禅道场碑铭》尚在。入寺内，阅光绪年间重建碑刻，始知清同治六年，钱塘许观察首先倡捐。嗣后许观察之兄许天官，暨苏州沈太史、贵州李明府、邵阳魏司马，均慨解宦囊，重修院宇，塔寺钟鼎，渐次告成。大殿正中有塔，系三层，供奉智者大师像，各面均镌有佛像，颇为庄严。出寺行九公里，至龙王堂，该处居民不多，却是万年、石梁、华顶三处集合点，地位极为重要。这三条路，均筑得甚宽阔。我们就取向照路牌所示的这一条路，行九公里到华顶。随路可以看到采茶的人在茶园内采茶。这些茶叶，所谓云雾茶，味甚佳，颇为名贵。她们都是中年妇人，头上围着一块白

---

〔1〕 司梯克：即手杖的英文（stick）读音。

帕,在万绿丛中,非常触目,使我想起法国米勒[1]的《拾穗》那幅画。如果给米勒看到,这些采茶的妇人都是作画的题材,可以同垂不朽了。真的她们在这炎阳之下,辛苦地工作,料知她们家中,还有衰老的翁姑,与幼弱的儿女,眼巴巴的等待她归去,换米落镬。华顶为天台最高峰,拜经台为尤高。我们顺着山径,步步高升,看看众山均在脚底了。古人都说天台高一万八千丈,太白诗说四万八千丈,不过形容其高而已。实际的高度,还以洪懋熙[2]的《最新中华形势一览图》所载,天台主峰高达四千尺的一说,似较可靠。这里的气候,变幻不定,冷暖无常,因为是高了的缘故,俗言:"华顶㐂六月,一阵风便下雪。"华顶寺规模宏大,经火灾后,旧迹荡然无余,现在新建筑,系参西式,整齐清洁,闻已费金十六万左右,大殿正在兴工。华顶寺的旁边,多茅庵,以茅草结屋,曲径篱笆,别具风格。缓步其间,如进天宫。寺前有万工池,广约五亩余,水清如明镜。微风吹来,绿波粼粼,牵惹人目。华顶常有云烟缭绕,可是此刻天高气清,看不到归云的趣味。

(十)太白读书堂

太白读书堂即在茅庵群中,我耳闻久矣,无论如何要去巡礼巡礼。寻了许久,才把他寻到。但大门紧闭,我们把他敲得不耐烦了,里面才有几声似叱的应声传出,终为开了后门,让我们进去。堂颇狭小,陈设亦单调,如果没有一块清代所刻的唐李太白读书堂碑石为证,到底使我要疑心自己走错了路。我以为太白读书堂的陈设,诗几卷,画几幅,酒几坛,是省不来的,可是现在一件都没有。

(十一)拜经台

拜经台比华顶寺还远二公里。我们现在总算到天台的最高峰了,据云东望沧海,白云为岸,北望吴越,如一小圆镜,即为钱塘、太湖。西望金华、括苍,皆历历可数。可是我的目力毕竟是差,只能看到众山叠叠,有如荷花的

---

〔1〕 让·弗朗索瓦·米勒(1814—1875):19世纪法国以表现农民题材而著称的现实主义画家,法国巴比松派画家,以乡村风俗画中感人的人性在法国画坛闻名,代表作品有《播种者》《牧羊女与群羊》等。

〔2〕 洪懋熙(1898—1966):江苏丹阳人,1917年入童世亨主持的上海中外舆图局当练习生。1919年任南京高等师范学校文史地系地理助教,1922年入上海世界舆地学社编图。他具有地图编绘和地理教材编写的丰富经验,有数十种地图作品出版。

花瓣,齐向此处而围抱。这时只懊悔何以不携带一具望远镜。台已塌圮,只剩一片荒烟蔓草,还有一古碑而已。碑高仅二尺,有草体书小字"智者大师"四字,大字"拜经台"三字。碑的左上角已缺,不辨书写的姓名与年月。向导的人说:"当时智者大师乞得米三斗,栖息于此。每餐以手浸水,用掌心向米上一印,即将粘得的米如数煎煮薄粥为生。朝则向东,晚则向西,这样的在这里拜了许多年的经,拜经台因是得名。"近处有龙爪池,池有二,面积大如米筛,水深仅二尺,但不枯涸。中有小动物黑身黄腹,形似蝌蚪,俗名龙子,来去玲珑可爱。还有降魔塔,亦在近处。当时智者大师辞众独往华顶,夜坐林间,头陀禅寂,忽有大风拔木,迅雷震山,魑魅千群,形态百状,或头戴龙虺,或口出星火,形如黑云,声如霹雳,而师安心空寂,不为所动。忽而妖散云收,空澄星朗。……降魔塔之由来,碑记所言如是。是否属实,暂且不管,姑妄言之,姑妄听之可也。塔系民国壬申年暮春重建,形六角,高一丈八尺,上层六方,各凿释迦像,内藏《妙法莲华经》全函。中层正面凿智者大师像,其余五方凿文殊、普贤、观音、地藏等像。下凿刻碑记。旧塔遗石尚堆叠在旁,系方形,似属二层,现存其一,高二尺许,一面刻释迦像,余三面有字,字迹已模糊难辨,所记宋开宝间僧文瑞等募造。《天台山志》云:"明王中丞恒叔[1]重建。"恐只此遗。这里仅有屋七楹,四境荒凉得很,似不可以久留,还是归去好。大家商议,心愿再跑九公里,决计到方广寺借宿。

（十二）石梁飞瀑

我们离开拜经台,跑跑跑,飞也似地跑,跑到了石梁,太阳刚刚下山。此境甚为奇特,石梁横架两山,有意想不到之妙。梁脊阔仅一市尺,长约二丈余,彼岸有金殿,高广约四尺左右,供奉佛像。进香者,常要过梁礼拜,一失足,便成千古恨,想来多么寒心。上游有两水至此汇合,其势甚健,冲过石梁之下而成飞瀑,所谓"喷雪飞云""神龙掉尾""滚雪昙华"均甚恰当。现在水尚不大,雨后更为神奇。我们借宿于中方广寺之昙华亭,闻该亭系宋相贾秋壑所建,今已重修。四壁油光黑漆,窗明几净,颇为幽雅。寺僧慧明法师,款以素点浓茶,品茗观瀑,甚快心意,可说"得其所哉"!今天足足地跑了三十九公里的路,弄得精疲力竭,这点乐趣,总算是辛苦的代价。我们凭窗细看,及到天黑为止。夜间卧于榻上,水声汤汤作响,有在轮船中的感觉。夜半醒

---

〔1〕 王中丞恒叔:即王士性。

来,月色满亭,石梁夜月,岂让琼台,拍掌庆喜。第二天早起,踏着朝曦,在梁的正面写生。背向悬瀑,俯身分裂两足,从足下倒看起来,另有一付面目。此处有上中下三方广寺,均可浏览。下方广寺的后山,有菩提树一株,干可合抱,叶椭圆略似柏叶,其果实可作佛珠,价颇高贵。中方广侧面山径间有"盖竹洞天",为五百应真栖禅之所,亦颇清幽。

(十三)断桥积雪

从石桥到断桥有三公里余。在溪岸有岩石突出,形似断桥,桥畔除杂草丛生外,找不到别的陪衬的东西,非常单调。况且现在无雪可积,不晓得积雪时有怎样的好看,倒使我疑问。

(十四)铜壶滴漏与水珠帘

从断桥过去,没有多少路可到铜壶滴漏。有大石围抱,色类青铜,因名铜壶,流水落下,纳入小铜壶,如辗轴作响,若欲明瞭一切真相,非从上方俯视不可。唯岩皮甚光滑,须卧倒伸颈,方可凝视,否则亦颇危险。我以为此处当绕以铁栏,使游人凭栏观望,以免意外,并希石梁亦作同样的装置。如果配置得当,非独不会破坏自然,且可益增美丽。水珠帘在铜壶滴漏下行数步,有岩皮凸凹曲折,水流至此,如龙滚滚,名为龙游涧。涧水落下,如珠串撒乱,似连非连,似断非断,或一圈一圈,或一串一串,千变万化,非笔墨所能形容。观毕折回铜壶滴漏的近旁新筑之茅亭中,略事休息。亭畔有水用竹管导下,甚清洁。我屡次接口吸饮,胜比甘露。思欲再游万年寺,访三井潭与龙穿潭,但天时颇热,足已疲倦,僧言景亦平常,只得暂行割爱,留待他日觅便补游。

(十五)寒岩明岩

寒岩明岩是两岩相依,相得益彰,石壁高耸,辉映落日,色更幽奇,因有寒岩夕照之名。中多古洞,如清果洞、寒岩洞,妙造天然。明岩方面更有合掌岩、一线天,亦是世界不可多睹的胜迹。古时闾丘徹〔胤〕出牧丹阳,丰干禅师告诉他说,到任须谒在国清寺执爨的寒山、拾得。闾邱〔丘〕访之,见二人便致拜。寒山笑曰:"丰干饶舌。"随向两岩避去。闾丘追踪至此,故此山中岩壁上有闾丘马影。一马昂首形神奕奕,余则三五零乱,不能辨认。此种故事,尚在民间很有势力地传诵着。

（十六）尾声

天台以风景有名，当然多谈些风景，此外特别的还有石子路，无论城市乡下的路，都用溪坑内的石子铺成。雨过即燥，又受用，又好看，又清爽，又经济。路也朴素，屋也朴素，人也朴素，朴素是天台的特质。我们校里的同学，有许多能自己挑行李上学，自己挑行李回家的，这种耐苦精神，至可钦佩。他们星期日或寒暑假回家里，都是替父兄种田的，本学期开学，我问他们："暑假在家里做的什么事情？"他们都说："在家里做劳作。"这个回答，多么的有意思。这里的稻是单季的，农产物以茶、麦、豆、玉蜀黍等占了大半，有"小麦收成熟，粮食半年足"的俗话，日常饭菜都是豆腐、豆芽、青菜、竹笋为主，海味之类不大多。这里过去的文风很盛，古匾古坊，随处皆是，有目共见。听说现在全县的学校，计有中学一所，小学一百七十余所，其中高级的有二十所，都很振作而有生气，地方发展，后望无穷。惜经济不多，全县教费每年只有一万八千余元。诸君！我不知不觉的说了这些话，想要暂时搁笔，匆匆草草，观察恐有未周，说话欠有层次，并且有许多山水之美，只可以意会，实难以言传，故不能详细的说了。请予原谅，再会罢！

天台方岩游记

钱文选

载于《晶报》1936 年 3 月 22 日至 5 月 17 日。《晶报》是近代知名度较高的小报,1919 年 3 月 3 日创刊于上海,原系《神州日报》附张,三日刊,余大雄主持。本文有单行本《天台方岩游记》1 卷,1935 年刊印;又收入商务印书馆 1939 年版《士青全集》。各版本之间略有增删,本文根据《士青全集》所载为底本,以《晶报》所载为补充。钱文选(1874—1957),字士青,安徽广德县人。光绪二十四年(1898)入安徽省立求是学堂,二十九年被选送京师大学堂师范馆学习。曾任驻美旧金山领事、两浙盐运使等职。著有《美国制盐新法》《滇盐》《芦盐》《浙江名胜纪要》等,自编有《士青全集》。见闻之外,对天台山旅游、农林业多有思考筹划,为本游记的一大特色。

序

晴窗雪霁,焚香读《易》,客有来谈者,曰:"吾子近来登山玩水,洵可乐也。较之曩时服官中外,席不暇暖,其劳逸殆不可道里计矣。"余应曰:"余之主张无论在朝在野,均可为民尽力。余壮岁奉使海外,考查政治教育,思归贡献祖国,见诸实用,嗣数上条议,寝格不行,时适军阀专横,形成割据,行政方面殊无发展余地,退而托迹盐车,冀于国家财政上有所赞襄。良以盐税为国家岁入大宗,国计民生,在在均有关系,以故所至之处,厘剔弊窦,精密钩稽,每年收入,多者千余万元,少亦数百万元。以此推之,余服官近二十年,为国家增加税源,其数目亦可观矣! 今以年届花甲,照章告退,息影林泉,见夫农村破产,灾歉频仍。又思以退隐之身,效力社会,救灾办赈,稍尽棉〔绵〕薄,特借游览机会,遍历浙东西各县,实地考察境内灾况。故余之游记,与他人宗旨不同,专注重生产事业,非仅在游目骋怀也。前此所著《天目山游记》，主张组织避暑会，发达地方物产，今游天台山，亦主张开辟地利，种竹种茶，并设旅社，吸收游资，为繁盛地方、振兴实业之用。此外即保存古迹，发扬国华。总之余之宗旨，以名山古迹为引人入胜之具，然后藉此鼓励资本家，致力生产，广拓利源，以救济贫民，故不惜金钱时间，每至一处，必本此宗旨，编为游记，普告国人，期得实益。如天假之年，遍游名山胜景，当仍本此宗旨，进行不懈，惟望读者，鉴余苦衷，群起襄助，勿与前人游记专述风景者等量齐观，则幸甚矣。"

中华民国二十四年岁次乙亥冬日，广德钱文选叙于杭州定香桥湖外湖庄。

天台游记

民国二十四年十月五日，张暄初[1]先生发起，结伴往游天台山。是日早七点，余到张宅，余樾园[2]、袁巽初[3]两先生亦接踵至，即于七点一刻起程，抵三郎庙下车渡江，抵过江车站后，见汽车多辆，在站等候。少焉王晓籁、王巍达、金润泉、张孔修、石劫甫、熊凌霄等诸君，先后赶到，即分别乘车出发。余与张、余、袁三先生共乘一车，八点半由站开驶，风驰电掣，瞬息即抵绍兴。

九点半抵五云站，稍事休息即行，距五云站不远，遥见东湖，石山耸起，暄初先生云："此湖虽以人工开成，然湖亦甚深，内有百斤之巨鱼。"十点五分到曹娥站分路，一至曹娥江边，一往嵊县。十点一刻至蒿坝，过此即为蒿新路，即蒿坝至新昌之路，十点四十分到三界[4]。过三界入嵊县境，见曹娥江上游之溪，沿溪一带之山，栩栩欲活，真所谓溪山入画。远望嵊县，位于半山之上，四面之山，拱卫如屏，左右山上各有一塔，形势与风景均佳，灵淑所钟，宜乎地方富庶，名人辈出也。十一点到嵊县站，十一点二十分到三溪站，即

---

〔1〕 张载阳（1873—1945）：字春曦，号暄初，浙江新昌人。清光绪二十四年（1898）考入浙江武备学堂。宣统二年（1910）毕业，历任浙江常备军步队哨官、浙江新军第三营管带、八十四标标统等职。中华民国成立后，任旅长兼杭州警备司令，浙江禁烟局局长，浙江陆军第一师师长，浙江省省长兼第二师师长等职。1924年辞职隐居。

〔2〕 余绍宋（1883—1949）：字樾园，别署寒柯。浙江龙游人，生于广州。书画家、金石学家、诗人、法学家、方志学家、报人。

〔3〕 袁思永（1880—?）：字巽初，湖南湘潭人，两广总督袁树勋之子。廪生，历任驻日本使馆参赞、驻横滨总领事、浙江兵备处总办、陆军警察教练所监督、两浙盐运使等。

〔4〕 原注：会稽、上虞、嵊县分界之处。

新昌西站,距杭州计程一百四十六公里,各汽车均停于该站,同人下车步行,过一长板桥,桥之南端,为公路支线,见已另备有汽车。

十一点三十五分到新昌著名之大佛寺,寺之左右有放生池,入门见有"南明山"三字之碑,系米元章[1]所书,入庙见有石刻佛像一尊,其大无比,高不可攀。盖此地本系一巨大石岩,用人工将岩石掘空,造成寺院,状如宫殿,依岩造像,全系石质,佛身高十丈,座高五丈六尺,目长六尺三寸,眉长七尺五寸,耳长一丈二尺,鼻长五尺三寸,口广六尺二寸,雄伟壮丽,罕有伦比。寺内有屋数间,均供有其他佛像,篆刻亦精,如同天生。更上一层,为开平中吴越钱武肃王在山岩上所造之三层阁,刘勰[2]镌碑为记,迄今计有一千余年矣。最高层为逍遥楼。同人再上至张暄初先生所建之新社,入门见有洋楼一所,西厢有会客厅,甚轩敞。余详观全寺,依山为屋,形势天然,口门回环紧抱,有一巨石,屹立如天柱,诚天造地设之清净世界,亦夏日避暑胜地也。寺距新昌城綦近,交通便利,小坐品茗后,相将折赴濯缨殿,见有朱文公[3]像,相传文公成《四书注疏》于此。曲折而下,小路旁屹立一碑,上书"朱子旧游处",止步摩挲,不觉发思古之幽情焉。十二点半出大佛寺,乘原车行,未几即抵新昌县城。新昌为古石牛镇,县治建于后晋天福年间,其辖境半自嵊县半自天台县划出,合并而成。下车入城,见城门石上皆镂有花纹,古色古香,极为精致。余先赴张暄初先生公馆,再赴先贤祠休息。迨后来诸君次第齐集,乃在祠中大礼堂午饭,约计人数有四十余位之多。余经过新昌各处,见该县之山,层峦叠嶂,形势极佳。古诗有云"惟有新昌人物秀",观此则人杰地灵,洵不诬也。新昌城内正在修筑汽车路,将来汽车可通至县署前。新昌本地所烹调肴馔,别有风味,尤以春卷为佳,杭州各处,多有购之者,销路颇广。

二点卅分,同人又由原路回至三溪站,乘汽车赴天台。二点四十分到拔茅站,见有分路,一赴天台,一赴奉化雪窦寺。行未多时,已达仙女送刘、阮出天台之路处。相传刘、阮二人思家,仙女送之归,即由此路出山。三点钟过班竹站。土人言,前清提督学政到班竹系一站路,必须住一夕,是处有官妓伺候。昔日班竹地方繁盛,自科举废,即无办差之举,故日见衰落。今则

---

〔1〕 米元章:即米芾。

〔2〕 刘勰(约465—约521):字彦和,东莞郡莒县(今山东省日照市东港区)人。南朝梁时期文学理论家、文学批评家,代表作是《文心雕龙》。

〔3〕 朱文公:即朱熹。

村舍凋零，人烟稀少，伊等谈及，咸有不胜今昔之感。过班竹不远有一桥，尚未修好，现有之临时木桥，不堪载重，只准空车过桥，人须步行，过桥再乘车入会墅岭之山道。三点一刻，至会墅亭，余登亭四望，如置身层云，车行山谷中，盘旋而上。三点廿五分至一桥，再上即至关岭分界。由此而下，即出新昌而入天台界矣。车路盘旋于山谷中，工程之浩大可知。

四点十分到天台县站，新昌至天台计程六十公里，再五分钟至分路，一至临海，一赴国清寺，系支线，计二公里。四点二十分到国清寺，天台县长派兵士到寺保护，并有本地绅士陈一阳先生亦前来招待，未至国清寺以前，在汽车中遥望赤城山，冈峦起伏，雄壮奇特，山多红石，阳光映照，霞色灿然，所以有赤城之称也。国清寺附近风景亦殊优美，古木参天，浓荫匝地，前有古塔，后倚崇峰，寺之地址宽广，两边山势拱卫，山溪流水，环绕寺前，诚属一大丛林也。庙宇宏敞，后殿尚在建筑，未曾竣工，大门门额有"国清寺"三字，系雍正十二年奉敕重建。《九域志》称，天台国清与润州栖霞、齐州灵岩、荆州玉泉为四绝，可见国清自昔即已闻名全国矣。同人乘天未向暮，出寺步行，由庙之左侧而上，即见田畴。折过一溪约半里，有柳公权书"大中国清之寺"摩岩处，朱晦翁书"枕石"，米元章书"秀岩"等字，皆名笔也。同人就石稍坐，近听松涛，远眺黛色，游目骋怀，心爽神怡。少焉下山，自庙后新造之殿旁，曲折入寺，见寺中有小贩卖游山之履，同人多购之，以备次日上山之用，生意颇好。

晚餐后同人中除余樾园、袁巽初两先生及余非股东外，余皆系绍萧等三公司之股东，彼等即晚开股东大会，一则报告公司情形，一则藉以游览山水。余等非股东，系承董事长张暄初先生之约，开会当然不列席。余无事早卧，休养精神，以待次早游天台山。

六日早五点半，余即起，六点早餐，见庙院轿夫四布，因人数太多，指挥不易，只好各自料理。惟游天台山之轿，与杭州不同，并非藤轿，系一种竹制之卧轿，其形如床，人卧于轿中，并无脚板，且篷系薄布为之，如遇大雨，不免漏湿，如能照天目山办法，改用藤轿，并备雨布，则游人必更满意也。

六点四十分同人由国清寺出发，约有轿五十乘，每轿轿夫三人，另有挑夫，约共有二百余人上道，浩浩荡荡，势若长蛇。出国清寺不远，折入左首上山，沿溪边行，过一桥，见山泉汩汩，清可见底，再折上山，举目峰峦，列如屏嶂，间以溪流。一种灵秀之气，抱人眉宇。行里许，即至一山口，水声尤大，山势亦重重关锁，形势陡峻，大有一夫当关，万人莫入之概，惟路缘山行，下临深沟，如一失足，则危险极矣。幸轿夫素有经验，决无他虞。余等行时，天既不雨，又无秋阳，相谓真是游山之幸运。是日适为重阳佳节，登高应景，足留永久纪念。因之同人等游兴甚浓，进数重山谷后，渐觉凉气逼人，山高气寒，此系必然之事。再上又过一桥，由此桥分路，轿夫云，一至华顶寺，一至十六盘。过桥折而入山，向赴华顶寺之路而行。

七点四十分，天忽小雨，路旁见树有国清寺山林区牌，即天台林场。八点零五分至一处，登山四望，见田畴在目，每一山坳有村民四五家，竹篱茅舍，多以种作为生活，居民似颇困苦。逦迤前进，约已二句钟之久，山路绵长，不见轿夫停歇，诚为他处所无，足见天台轿夫有力也。

八点一刻到塔头寺，见山顶之云四起，颇有雨意，曲折上山，山势愈高则愈凉。四望大山之下，皆有坳，坳内皆有田，水多从山谷流出，居民即利用之以溉田，其无水可挹注者，全靠天雨，所谓靠天田也。窃怪山岭如此崇高，山上尚有田畴，亦是天佑斯民，使之有以生活，此亦天台大山之特别情形也。九点五十分至龙王堂，计程三十里，龙王堂至华顶寺尚有十五里，轿夫至此休息，余等亦饮茶，稍进点心，土人多以苞谷出售，因人数太多，转眼即售空。该处街市甚小，惟系交通要道，到此必稍休息，然后分赴各处。街后有人新建洋房，据云预备开设旅舍，但尚未完工耳。过龙王堂分路，余等前往石梁，越一岭即下山，皆是山路，约二三里之处，轿行山边，下临深涧，似甚危险。未到石梁之前，天忽大雨，衣为之湿。十二点到石梁。午餐后，见瀑布由山涧曲折而下，至石梁，其声如雷。瀑布初不见大，继因雨水急冲，将至石梁，两溪合流，水势漫溪而下，如同珠帘，洵为大观。石梁尤为奇特，长数丈，阔不盈尺，一石横亘河面山边，梁之一端有小铜庙，寺僧可由石梁行至小庙上香，但甚崎岖，如一失足下坠，即无生还，只可望不易行也。石梁上有"前度又来"四大字，下款因年远字小，目力不易辨认。看石梁瀑布，由亭侧而下观之，固得真相，如过河折下，由河边竹林中遥望，见石梁瀑布下垂，尤觉历历在目，奔腾砰湃，叹为观止。石梁旧有昙花亭，今已改筑。有王孚川先生题额，略云"共和纪元第一丁卯，新昌童亦韩游归属书"等字。此亭下之地，已改筑小楼。王晓籁先生云，以前可在溪边观石梁瀑布，今向楼下俯眺，远不若以前之真切也。余在楼遥望对河石上有"石梁飞瀑"四大字，系屈映光[1]题、康有为书，此间景物殊胜，游天台者不可不一到也。

---

〔1〕 屈映光(1883—1973)：字文六，浙江临海人。早年加入光复会，1912 年起历任浙江民政长、浙江巡按使、山东省省长等。1929 年皈依佛门，法名法贤。著有《金刚经诠释》《心经诠释》等。

下午一点十分，雨稍小，同人中有直赴华顶者，冀免衣履再度受湿，暄初、樾园、巽初诸先生及余，以为既到天台山，铜壶滴漏似不能不去一游，即冒雨前往，从之者五六人，由石梁后折而上山，细雨濛濛，溪水稍涨，流泉之声震耳，行不远，上一岭，曲折而下，即见田畴，路尚平坦。二点时到铜壶滴漏，距石梁约有七里，此处有亭，系新建者，尚未题名，如能另建一亭于山下溪边，使游人可以上望铜壶滴漏之妙景，又可下瞰水晶帘、龙游枧等处，则大佳矣！余等到是处，立石上下望，见溪涧之水，下注于一圆石潭，如一大铜壶，四面净圆，宛若生成之壶，铜壶滴漏之名，所由来也。而实际如在上观之，则见水注于壶中，再由壶中流出，其来源甚远，壶不过中间一过渡耳。所以详观景致，应循流溯源，方得其究竟，不必人云亦云也。其时因天雨，石滑如油，同人只在石上匆匆一观，不敢流连，轿夫并不抬往山之下边，致水晶帘、龙游枧等处之佳景，近在咫尺，不获一睹，殊为缺憾。此等处如能加指路牌于亭侧，注明风景几处，庶游人到此，如得指南，藉便次第探寻，以尽游兴，尤为方便。

二点十五分由铜壶滴漏返石梁，三点四十五分抵石梁，雨未止，稍休息即赴华顶。由石梁右首上山，经过上方广寺，因雨大见山涧之水涌出，滔滔不绝，亦颇可观。四点半时云雾迷漫，四面景物均为遮蔽，余等穿云冲雾而过，别饶胜趣。由此赴华顶，路颇宽大，但多盘旋。绕山而上，未至华顶之时，即见有牌楼一所，上题"圆觉道场"四大字，系陈钟祺书。五点卅分到华顶寺，天台山以华顶为极点，有如一朵莲华，此山独当华心之顶，故曰华顶，有所取义也。寺之左右，见有茅蓬数处，到寺后人数太多，寺僧照料乏人，故事必躬亲。余衣履尽湿，觅火不易，幸同人有先到者，已觅得火盆一具，费数小时之力，余稍得将内衣烘干，此非始料所及，游山遇雨，本是寻常之事，惟须能耐劳吃苦，方足以尽游兴，否则必致中途畏难折回，不独此次为然也。晚餐时余觉身体不快，巽初、润泉二兄，劝余饮卜兰地酒去寒湿，余素不善饮，一杯即醉，未饭而卧，颇不舒服。

七日五点余起，见天仍大雨，前一日晚，同人中有人提议，拟赴雁荡一游，因天雨亦终止。早起无事，余遍历华顶寺各处，见后殿新造五大间，前有桥，名泰安，寺之坐山甚佳，界水分清，朝山拱卫。该寺创始于晋天福元年，寺前有方塘二口，巨杉参天映带，山光水色，风景殊胜，其规模之大，与国清寺相埒。

七点半由华顶寺下山，仍循昨日原路行，但下山不远，即有分路，一至龙王堂，一至昨来之石梁。余四望天台山虽高，并非石山，多数处所，不似雁荡之峭壁，岩石嶙峋，遍山皆有土质，可以种植。以生产论，是天台胜于雁荡，田畴遍山谷，远望黄云一片，非如雁荡入山后，少见田畴。惜天台山今日仍多童山，既不培养森林，又不加以垦植，利弃于地，殊为可惜，如有人组织公司，遍植桐子树，则获利必厚，良以刻下桐油价值大涨，需要孔殷，正宜及时种植。其次种茶种竹，亦可获大利，皆是生产之事业。况天台山高多云雾，如种茶，受云雾之滋养，味质必佳，为他处所不及，将来多种，推销欧美各国，既可以救济农村，亦可以增加国税，于民生国计，两有裨益也。

　　天台山如此名胜，由华顶寺至国清寺，有四十五里之遥，所见之凉亭，不过数处，且亭内阒无一人，亦无售茶者，刻下交通便利，游人日多，应于五里设一小亭，十里设一大亭，亭取一名，可以代表就地之名胜，或风景。大亭内必备有茶点出售，以便行人休憩时解渴充饥，尤便于轿夫，万一天雨，有亭亦可暂避，否则山太高，直上不易。看亭之人，可令就近居民为之，或云多设亭，看亭者生计无出，此可于亭之左右，由公家指定山地若干亩，由其垦种，或培养森林，一举两得，此亦开发名山，便利游客之意也。人言华顶寺太凉，此次余等到山并不觉过凉，或者天气关系，然比之山下自有不同耳。是日天雨，山上云雾四塞，同人故未至拜经台，该处至华顶寺尚有三里之高，既有云雾，即去亦无所见，如系天晴，登高看日出，极为妙景。天台山高，俯视群山皆低，有惟我独尊之概，如登峰造极，眼界更宽，但往往游人到华顶后，不能直上拜经台，因山高云雾常起，一有云雾，即可不去，因无所见耳。同人因天雨急欲下山，故拜经台之游，只好待诸异日也。

　　八点五十五分至龙王堂，已下行十五里，轿夫稍歇，同人亦各进茶点，张暄初先生提议，如有人愿赴桐柏宫至百丈坑者，可以同行。有不愿去者，可径至国清寺相候。由龙王堂至桐柏宫二十里，由桐柏宫至国清寺二十里，较之由龙王堂至国清寺三十里，不过多十里，可以多游数处名胜。橅园、巽初两先生及余，极端赞成，且因到龙王堂后，雨已渐霁，故决计绕桐柏一游，先时由龙王堂折左上山，另一路赴石梁，今则改路至桐柏。九点四十分到一小村，由村前分路，赴桐柏宫，此时天气业已放晴，由小村折而下，田畴蔽野，惟四面之山，土色黄红，与别处不同，土人云系龙气已衰，故有此现象，姑妄听之而已。

　　十点四十三分到桐柏宫，进内观之，破屋数椽，无甚可看，前殿已毁。举目四望，山尽环绕，桐柏宫在平田之中，地稍高起，余以为已近平原而出山矣，殊不知仍在高山之中，舆地志上所谓高原者，大约即此之类。桐柏宫右首有清风祠，内供伯夷、叔齐二石像，石质白润，背有古篆，是唐以前之物，旁贴祠记一纸，略云赵宋时有黄道士者，精于医，因治太后病得愈，上赐爵禄不受，乞赐二像，携归供奉。此庙系道士主〔住〕持，或者系表扬其祖师之意，恐非事实，但至另一处，见有古碑，略云夷、齐故后，受敕为九天仆射，管理天台山神，故祀之，此系隆庆六年，番禺张廷治〔臣〕所撰，旁有一联云："叩马军前，一片忠心昭日月。采薇山下，千秋高洁著乾坤。"同人一再考察，觉后见之石碑，较前见之祠记为确。正游览间，见另一间香炉下，有残碑一小块，同人见系唐碑，均云应加保存，当请张暄初先生托金汤侯君，设法令本地人将此残碑保存之。天台山多称佛国，惟桐柏号仙都，齐召南诗云："信宿仙都觉坦夷，出山才见壁高危。岭头身与层霄近，眼底云从下界移。九折有松巢鹳鹤，千寻多石阵熊罴。东西正合兴公赋，瀑布霞标列二奇。"桐柏宫周围有九峰[1]，宫前有女梳溪。附近有福胜观，可看瀑布之胜。观旁有餐霞洞。十一点十分，离桐柏宫，由一村后上山，越一岭，直赴仙人洞。

十一点四十分至仙人洞，下即百丈坑，古名百丈岩，此乃俗称。同人到此即下轿步行，见石峰有人书"蓬莱仙境"四大字，故有仙人洞之称。折右行即至琼台，山势忽变，四山石岩耸立，独琼台处平坦宽广，大可数亩。后山来势，亦雄伟奇特。右有石山高耸，恍如城堡。左有石峰，宛若莲花。琼台拔地参天，众峰拱卫，平畴绿野，一望膴膴，颇有如堪舆家所云，万笏朝天、百兽朝王之概。古人取琼台之名，良有以也。

由左曲折而下，两山插天，如同石门，即为双阙，《旧志》云："双阙山两峰万仞，屹然相向。"孙绰赋云："双阙云耸以夹路，琼台中天而悬居。"即指此。近人康南海亦书"琼台双阙"等字。双阙之下，中通小径，涧壑泓深，下如悬梯，脚力不健者，非有人扶之不可，俗名百丈坑，恐不止百丈也。由双阙下至溪边，见对面之山岩，高同峻塔，直如层楼，一水当前，流入溪涧。下流为灵溪，由双阙下至溪边，有徐君卓群正在建亭，亭边有一石路甚狭，轿夫言，上有石龙头。余素好奇，即首先前往，不及半里，见一小石岩，头昂如龙，故名龙头。由龙头处反身上望，见山溪之水，汩汩而下，其一种龙回凤跃之景象，较之石梁瀑布、水晶帘，以及雁荡龙湫之名胜，殆犹过之，溅珠泻玉，其声如雷。下有深潭，即为龙潭，又名百丈潭，广十余丈，深不见底，如作夏日游泳池，水既清澈可浴，石亦平滑可爱。此等澄碧之潭，秋月之夜，光照石上，参差隐约，尤为幽绝，故有琼台夜月之称，为天台第一胜景。古人云，列双岭于

---

〔1〕　原注：紫微、翠微、玉泉、卧龙、莲花、玉女、玉霄、华琳、香琳。

青霄，上有琼楼、玉阙、天堂、碧林、醴泉之胜，当亦指此。余故谓琼台双阙、龙潭瀑布，实可称为天台山第一名胜之处，真非笔墨所可形容，此古今名人所可公认也。余观后，即赶回建亭处，告知同人。

樾园诸先生接踵前往，亦同声叹绝，以此次所游天台各处，无一处可能比拟，同人以为如果未探琼台双阙、龙潭瀑布之胜，此行为虚，幸今日张暄初发起前来，否则失之交臂，殊可惜也。樾园先生以人在画图中，不可不作画，以留纪念。即执笔将此处各名胜，一一收入画册，将来画成，足志鸿雪。余曾游雁荡，见山峰矗立数十丈，不为不高，亦不为不多，但不如此处之团聚。大龙湫瀑布，虽属美观，但不及此处之壮，余对于二名山固不能有轩轾之分，但天台有此佳境，不独可与雁荡比美，且足以压倒一切，游览后可以常留于脑海，永久不能忘怀。樾园先生与余等评论此处为天台第一，如得暇尚拟重游，此可知同人推重琼台双阙之意矣。

同人游毕，由亭边绕溪河而行，过一木桥，由山边曲折而下，路本险阻，经徐卓群君将路修好，使游人往来便利。近来天台名胜管理委员会锐意经营，将来日见发达，诚有一日千里也。余欲饱览风景，遂弃轿步行，行出山口，约三里许，此三里中之山势，重重关锁，或成五老之形，或似擎天之柱。余等出山口，已十二点五十分矣。将出口时，见狮象二山守门。此处出口之左边，有一高峰，如同屏幛，形势雄壮，遥望山顶有平坦之地，地面临空，一面可由斜坡缓缓而上，并不艰险。如在此山顶造平屋数楹，辟为旅社，地势亦高出云表，比之美国纽约五六十层之高大洋楼，实尤过之，夏日为避暑佳处。出山口即名之百丈墺口，天台县道大路已修至是处，此路近据天台县报告，系拨工赈之款修好，共费三千金，正请本会[1]派委验收也，将来可通汽车，河面至此亦阔，可在溪边之左侧，辟一极大之游泳池，将河水引入甚易。既离国清寺不远，又距天台县城甚近，口外村落无数，人烟稠密，比之其他荒僻之处，不可同日而语，如有旅社，将来发达，可操左券。因举凡琼台双阙、龙潭瀑布之胜迹，溪山图画之风景，均近在咫尺也。停骖有馆，游泳有池，不独夏日避暑之人多，即平日游展亦必联翩。惟赴琼台双阙，必另备山轿，如由旅馆置备藤轿，尤较舒适。同人行未远，即见桐柏岭瀑布，虽不大，亦尚可观。余见县道俱已完成，如再加宽，开行汽车尤便，至桥梁亦已修好矣。道经龛顶村，此处距国清寺十二里，距护国寺、会稽郡钱王墓约二十余里，地名

---

〔1〕　原注：浙江赈务会。

桃源洞，洞口为秦游岭，里许即王墓，距寺甚近。查家梅溪公所著《陵墓考》，先六世祖宋驸马都尉晋赠太师会稽郡王暨秦鲁国贤穆明懿大长公主合葬之墓，在护国寺东五百步，凤凰山之阳，明嘉靖间裔孙进士德洪立有会稽郡钱王墓之碑。清道光五年，经梅溪公将墓修筑，并将郡王长子少保泸州军节度使荣国公忱[1]墓，在护国寺东北山之麓；及三弟德庆军节度使赠咸宁郡王恼墓，在护国寺西半里许，大岭山之阳；又荣国公第三子观文殿大学士忠肃公端礼墓，在护国寺前山；其子越州安抚使笃墓，在桃源山；与其孙左丞相赠太师魏国忠靖公象祖墓，在忠肃公墓偏东；凡五所，一律培土崇封，立碑表志。此外护国寺后尚有宋钱王普宁郡林夫人墓。吾族自武肃王后，惟忠懿王一支子孙最盛，忠懿王之后，惟会稽郡王一支最盛。余先世昌祖公由台官广德，遂家焉。兹因述护国寺之名，连类及之。余返杭后，即汇款交徐卓群君，代雇工于清明时，将各墓加以修理，并厚培其土，以妥先灵，而尽子孙之心耳。

过毳顶不远，有分路，一至天台县，一至国清寺。一点五十分至赤城山，北面红石，南面青山，山上有浮屠。遥望山势起伏蜿蜒可爱，赤城山为国清寺右边之下首沙，由赤城过峡处至国清寺，虽未登山巅，而已一览无余矣。闻山上有香云瑞霞之洞、风沼鲸池之水。沿途汽车路已填有基础，稍加筑宽，即可通车。过赤城山右侧，又见分路，一至天台站，一至国清寺。余等到寺，已在下午二点三十分矣。由龙王堂至百丈坑，再至国清寺，此一路风景极佳，凡游天台者，不可不到也。

午餐后，三点半由国清寺出发，五点十五分回至新昌三溪站下车，过桥再乘汽车至新昌城站，即赴张暗初先生处晚餐，菜极精美，餐毕赴先贤祠住宿，樾园、巽初两先生及余各住一间。夜间暗初先生来谈，云次日游永康方岩，但赴方岩必经过嵊县之长乐镇，顺便可观钱武肃王铁券。余此次来游天台，目的亦为瞻拜先王祖铁券而来，今闻如此办法，余非常赞成。因先贤祠床铺一切均净洁舒适，余十时就寝，即入睡乡矣。

方岩游记

八日早余五点即起，收拾应带零件，余置原处。查浙江公路图，新昌至嵊县十五公里，嵊县至长乐廿六公里，长乐至东阳五十二公里，东阳至方岩

---

[1] 原注：即余本房祖。

四十三公里,但至世雅站分路,至方岩七公里,共一百四十三公里。早七点五十分出发,到嵊县西站,得晤本家钱维立先生,约定下午返长乐看铁券,八点半到长乐站,稍候石劫甫、熊凌霄诸君之车,是日只有二车,一系暄初、樾园、巽初三先生及余一车。

九点十五分到胡村,见是处山势挺秀,水绕玄武,灵气所钟,必出伟人,或云胡大帝即是此村之人,未可知也。十点零五分到大岭,即嵊县东阳分界处。十点五十分至东阳站分路,一通永康,一通武义,由东阳至武义十八公里。由武义可以乘杭江路火车赴杭,如由杭来游方岩,由此路为便,车至世雅站分路,一赴永康,一赴方岩,十二点半到方岩山口,在程振兴旅社午餐。

一点三十分乘轿赴方岩庙,过一小街,皆系香烛店。再前进即见岩石,方岩之山皆石,石皆横纹,如同墙壁,层层堆上,势如高楼,并少尖峰,上下皆平坦如房屋然,故以方岩名之。轿行约三里到山,第一庙即长生庵,在巨岩下,第二庙为步虚亭,第三为天门,咸丰庚戌〔1〕年建,进天门过一街,折下又是一街,均系卖应用之物。旋至方岩大庙,庙内供奉胡大帝,香火素盛。出胡公庙,遥望朝山若城郭,若亭台,罗列目前,形势天然,诚不多睹。

二点时乘轿下山,至五峰书院,五峰者,首曰固原峰,次曰瀑布峰,又次曰桃花峰,又其次曰覆釜峰,末曰鸡鸣峰。进口见有"学易斋"三字,再进一石洞甚宽广,如同巨室,内供王阳明等先生之牌位,相传为朱晦翁、吕东莱、陈龙川〔2〕诸先生读书处,内有售茶室,同人饮茶毕,汽车即开至五峰书院口等候。余详观五峰书院,地方极佳,如在此处读书,清静极矣。院前有水池,山岩中有水流出,曰龙湫水,自高磅礴而下,四时不绝,如遇大雨,正当两峰之间,水流如匹练,高十余丈,惟余等至时无大瀑布,或因无大雨也。五峰书院上之峰,曰瀑布峰,方岩山石绝非纯粹之巨石,其石由沙土结合,想系历年雨水冲刷,成为平行之石纹,望之似酒席中之千层糕。有人云惜此山在此远处,如在都会近处,则每一空穴之层岩,即开大成为一巨室,如同纽约城内巨厦,层层而上,中立升降梯,可为避暑佳处,则开世界未有之奇也。此虽系理想之谈,然能在交通便利大都会之区,或有人为之,亦未可知耳。

二点十五分,由方岩乘汽车反〔返〕长乐,车行甚速。抵长乐时,钱维立、

---

〔1〕 庚戌:此年为作者记忆有误,咸丰朝无庚戌年,庚戌为道光三十年(1850)。

〔2〕 吕东莱、陈龙川:吕祖谦(1137—1181),字伯恭,世称东莱先生,婺州(今浙江金华)人,南宋哲学家、理学家、史学家、文学家;陈亮(1143—1194),字同甫,号龙川,婺州永康(今浙江永康)人,南宋文学家。

钱伯铿等诸同宗，及族人甚众，皆到站欢迎。余等下车，均至钱氏大宗祠休息进茶。事先已由祠中诸族人设立香案，已将铁券、金涂塔等陈列案前。是日族人到者甚众。余一人先至香案前行礼，然后再赴案上瞻仰铁券。旋张初暄、余樾园、袁巽初、石劫甫、熊凌霄诸先生亦来参观。铁券其形如瓦，字中镶金，外有木盖，系清乾隆御制诗歌，歌曰："表忠观永祀钱塘，铁券却在台州藏。我闻其名未睹物，秋卿同族今呈将。铸铁如瓦勒金字，乾宁岁月犹存唐。皇帝若曰咨尔镠，董昌僭伪为昏狂。披攘凶渠定江表，褪清赢泰保余杭。用锡金版永延祚，克保福贵荣宠长。恕卿九死子三死，承我信誓钦毋忘。徒观剥蚀字漫漶，铁犹如此人何方。龙门致消带砺誓，赵宋转眼为新王。俊杰识时有弗较，善保桑梓功斯良。其时铁券固不出，南迁后出方膻芗。作歌装匣付珍弄，所嘉谢表撝谦光。乾隆壬午御制"等字。而铁券原文如下：

> 维乾宁四年，岁次丁巳，八月甲辰朔，四日丁未。皇帝若曰：咨尔镇海镇东等军节度，浙江东西等道观察处置营田招讨等使，兼两浙盐铁制置、发运等使，开府仪同三司检校太尉兼中书令，使持节润、越等州诸军事兼润、越等州刺史，上柱国彭城郡王，食邑五千户，食实封壹百户钱镠。朕闻：铭邓骘之勋，言垂汉典；载孔悝之德，事美鲁经。则知：褒德策勋，古今一致。顷者，董昌僭伪，为昏镜水。狂谋恶贯，流染齐人。而尔披攘凶渠，荡定江表。忠以卫社稷，惠以福生灵。其机也氛祲清，其化也疲赢泰。拯于越于涂炭之上，师无私焉。保钱塘成金汤之固，政有经矣。志奖王室，绩冠侯藩。溢于旗常，流在丹素。虽钟鼐刊五熟之釜，窦宪勒燕然之山，未足顾功，抑有异数。是用锡其金版，申以誓词：长河有似带之期，泰华有如拳之日。维我念功之旨，永将延祚子孙。使卿长袭宠荣，克保富贵。卿恕九死，子孙三死。或犯常刑，有司不得加责。承我信誓，往维钦哉。

谨按铁券之制如瓦，长一尺八寸三分，阔一尺一寸，厚三分，重一百三十二两，文三百二十五字，盖镕铁而成，镂金其上者也。此券系唐昭宗乾宁四年，赐先祖武肃王，子孙永保之。宋仁宗、神宗朝两次进呈，仍赐还。至驸马都尉景臻公尚公主，铁券遂安于都尉之第。靖康金人入寇，诏公主子荣国公奉母南下，绍兴元年迁台，宋高宗遂即台城崇和门内赐公主第，由是铁券世藏于台美德坊。德祐二年丙子元兵南下，破台时，其家人负之以逃，莫知所在。迨至顺二年，渔者偶网得之，乃在黄岩泽库深水中，宗子世珪以十斛谷易得之。失水已五十六年矣！明洪武时奉诏进呈赐还，宗子凤墀珍藏之，前后数百年，其间或显或晦，似有先灵式凭，使子孙保守勿坠。迨至清乾隆时，又复进呈，并赐御制诗歌，仍还。是券向为台州钱氏族人所藏，清光绪辛丑，有人窃此券到嵊出售，徐令印士以四百元得之，经沈乙斋兵部，与之力争，并招嵊邑长乐乡钱氏族人，以原价购回，现为长乐钱氏合族公共保存。考唐昭宗乾宁四年丁巳，至今乙亥，垂一千零四十年矣，此券辗转流徙，终为钱氏子孙所有，其因世乱而偶失也，若韬晦；其因时平而复出也，若呈瑞。已入时宰之手，而为同邑沈君所闻，招致族人设法珠还，冥冥中若有驱遣之者。于今斑驳陆离，益显光彩，物固有灵，亦王之功德及远，足隐召鬼神守护也。凡我后人，其可不知宝贵哉！

余等观毕，复至后厅用茶，长乐点心极佳。因天色将晚，同人即乘车赶回新昌，到三溪站，已六点余矣。返先贤祠休息，即赴张暄初先生处晚餐，菜比昨日尤为丰美，餐毕回先贤祠，因多食不能早寝，即与樾园先生畅谈琼台双阙、龙潭之美景，或即是刘、阮到天台之处，是处清幽窈深，疑入仙境，桃源洞或无此优美，但刘、阮遇仙女之故事，本是一种神话，似无足深论也。余返杭后，接徐卓群君来函，略言琼台之玲珑滴翠，石梁之横空飞雪，桃源之峻壁清幽，寒岩之雄奇幽旷，而尤以桃源为最古，内有双女峰、会仙石、浮杯亭、桃源洞诸名胜，亦不亚于琼台双阙，惜无途径，游人憾到等语。玩此语气，是琼台双阙，又似非刘、阮到天台之处，总之代远年湮，野老传闻，无从判其真伪，至其风景如何，俟余重游后，再行续记。

九日早起天雨，因张暄初先生昨已约定，于今早十点钟行，赴绍兴五云站金汤侯经理处午餐，余等由新昌十点出发，经过嵊县画图山，山在溪边，暄初先生指点余等观之。所谓溪山入图画者，真名不虚传也。沿途红叶尚未十分放红，待霜降之后，红叶全发，则溪山一带，红树青山，分外相映成趣。车过三界地方，遥望四山耸起，秀气可餐，其间必多佳山水。俟有暇时，再度来游。十一点半到五云站，午饭约勾留二小时，饭后返杭，承暄初先生饬人将行李运送到杭，并赠名点及春卷，皆系新、嵊特产。此行暄初先生招待周至，不啻东道主人，余等十分感谢。兹将所游经过，约略记之，并各系以诗，抛砖引玉，企盼海内游侣吟豪，不拘体例，擘笺赐和，游记再版付印时，当依次登列，既以志游观之乐，亦以联唱和之欢，庶几异日原侣重游，或他客揽胜，均有所考镜也。

中华民国廿四年岁次乙亥冬日，广德钱文选士青甫记于杭州上天竺山外山庄。

游天台七绝二十八首

嵊县山水入画

浙东风景数剡溪，画本天然费品题。山水钟灵人物秀，长通安道迹堪稽。（唐朱放字长通，晋戴逵字安道，均隐居于此）

新昌大佛寺

苕峣山势耸南明，佛像庄严石凿成。当日随园题句好，凌霄中立鬼神惊。（袁随园游南明寺，观石佛诗，有"中立一石佛，其状凌烟霄。差免蹈醉像，或可惊山魈"之句）

钱武肃王逍遥楼

楼阁三层倚碧空，千年犹仰大王风。遥知衣锦归来日，把盏登临顾盼雄。

张暄初先生所建新社

裴相归来居绿野，谢公憩息在东山。芒屩时共田夫语，谁识当年节度还。

新昌山明水秀

人道剡溪风景好，谁知此处更清奇。英贤辈出非无自，周览徘徊忆古诗。（古诗有"惟有新昌人物秀"之句，至此益信）

濯缨殿

濯缨泉水在山清，像峙先贤壮殿楹。一自紫阳精注释，尼山圣学永昌明。（殿有朱文公像，相传文公成《四书注疏》于此）

仙女送刘、阮处

渭城折柳认依稀，一径通幽傍翠微。料得未将凡骨换，既登仙境苦思归。

斑竹盛衰

闻说当年盛市场，秦楼歌管一时扬。沧桑变后文星渺，剩有荒林挂夕阳。（土人言：前清学使按临到斑竹系一站路，必须住一夕，是处有官妓伺候，故地方繁盛，自经变革，日见衰落，言下不胜今昔之感）

会墅岭

羊肠九折路崎岖，一旦车行若坦途。漫讶五丁开蜀道，荜蓝此处树宏模。（车行山谷中，盘旋而上，当日兴筑之工程浩大可知）

赤城红石

深秋何处看丹枫，霞蔚晴岚气象雄。地号赤城真不忝，夕阳反照满山红。

国清寺

丛林四绝久传名，壮丽崇宏孰与京。山抱水环风景好，更凭古木听秋声。

摩崖题字

柳米书名今古知，晦翁正学实吾师。摩崖篆笔留题遍，分付山灵好护持。（国清寺附近有柳公权、米元章、朱晦翁题字）

重九日登天台

落帽龙山韵事留，孟嘉昔日客江州。今朝恰值登高节，揽胜天台快壮游。

天台山上多田畴

此地何人辟草莱，居然秔稻傍云栽。山泉灌溉无荒歉，一片黄云烂漫堆。

龙王堂

绕谷周行曲曲通，数家村落翠微中。征尘暂息尝乡味，朴实犹存太古风。（龙王堂为交通要道，街市虽小，游人到此，得暂息足。土人类多朴实，

以苞谷出售，藉尝乡间风味）

石梁瀑布

泉流湍急雨濛濛，素练遥垂一望中。更有石梁饶美景，行空复道势如虹。

铜壶滴漏

自来壶漏验昏明，历代铜仪制作精。山石流泉形像肖，此中景物是天生。

游华顶寺遇雨

重阳自昔多风雨，冒雨登山兴未阑。顶号莲华难庇荫。四围山色雨中看。（华顶如一朵莲华，当游华顶之时，苦无避雨处，幸同人游兴甚浓，不因雨而畏阻也）

天台山应提倡森林

泉甘土沃如盘谷，林垦振兴是上腴。桐树竹茶堪种植，休教大利任荒芜。

天台山沿路应设亭

长途揽胜作清游，舆步劳人未得休。惜少茅亭沿路设，偶遭风雨暂勾留。

桐柏宫夷、齐石像

二老清风在首阳，何因此处立祠堂？台山管领相传久，剩有残碑好庋藏。

桐柏宫

九峰环抱植宫基，地号仙都亦一奇。留得后人凭吊处，兴公词赋召南诗。

琼　台

玉阙琼楼在上清，荒台此处亦传名。峰峦高处成平坦，更羡群山四面迎。

双阙登眺

双峰对峙如天阙，形势堂皇自出群。此路料应通帝座，时看云气散氤氲。

百丈坑俯瞰

小径悬梯百丈深，风来如听老龙吟。下临纵抱寻幽愿，到此应生惕厉心。

龙潭瀑布

石岩仰首势如龙，下有深潭量广容。汩汩山泉倾峡下，韵幽如响玉玎琮。

龙潭夜月

潭水清涟可濯缨，月光反映影纵横。眠鸥到此应惊起，疑是林边曙色明。

百丈坑口应设旅舍

宾馆须成最上峰，行人到此系游踪。凭栏下望深无际，恍在云霄第一重。

游天台山记

陈国章

　　载于《佛教日报》1937 年 4 月 27、28 日，第 3 版。陈国章，其人不详，据《正信》1937 年第 9 卷第 45 期所载《陈国章居士上导师书》、《佛学半月刊》1937 年第 154 期所载《天台山方广寺祥光幻相记》及本文所提供的信息，其人是一位虔诚的佛教居士。1936 年 3 月 25 日，陈国章借赴天台山拜谒兴慈法师之机，游览了国清寺、石梁、万年寺、华顶等胜景，并撰文记游，文中对天台胜迹及僧侣款待多有赞颂，有宾至如归之叹。

　　余久耳天台山名胜甲天下，又为智者大师遗迹所在，名山高僧，并垂不朽，屡欲涉足其境而未果也。丙子〔1〕春，三月廿五日，赴山谒兴慈老法师，并为游览胜景计，特乘车抵天台，时值春暮，和风拂面，桃李交翠，将近国清寺，遥见古塔高耸，深入云汉，由塔下深入曲径，树荫蔽空。寺前环双涧，波流洄旋，水声溶溶，双涧观澜，乃天台八景之一。入门，弥勒、韦驮二像，金身庄严。次入金刚殿，四天王像，甚精严。又次，升大殿，殿宇殊宏大，寺中伽蓝神，灵验久著。男女宿于殿中，以求梦者，甚众。恭诚礼佛毕，首途上金地岭，岭甚高峻，仰望岭巅，如入云霄，步险而上，鸟声噪耳，绿草馨芳，耳目欢悦，乐而忘疲。未几，至佛陇真觉寺，乃智者大师真身塔院，殿中供石塔，六方二层，刻工精致，智者大师即入定其中。寺僧招待殷勤。午膳讫，离寺北行，且步且息，过龙王堂，入大兴坑，随涧屈曲，至下方广，清幽风景，疑非人间，苍松古柏交翠，怪石奇峰惊人，池水如镜，白石如玉。寺前竹荫浓密，寺后泉水澄清，寺宇虽不及国清之大，而幽绝则过之。礼佛已，稍憩，信步之石梁，两岸悬岩对峙，而天然之石梁横之，俯视百丈有奇，涧水争下，如万马奔

---

　　〔1〕　丙子：即 1936 年。

腾,不禁胆为之栗。石梁奇,此水更奇,盖所谓两奇并欤？乃口占二句云:
"只恐瀑将山卷去,却教巨石锁山腰。"石梁之左,一铜亭,高四尺许,广二尺
许。据寺僧云,内供释迦佛像,两旁为十八罗汉,皆铜铸,工致精妙,未知造
于何年月。梁腰镌字,曰"万山关键",曰"前度又来",浑朴遒健。循溪而上,
涧水直下,激水上涌,一团白景,状如昙花,复乘势直逼夹岩,水浪汹涌,更足
伟观,故先贤题石壁有云"神龙掉尾"。其余题吟不及细载。总之,水也、石
也、树木也,一切天然佳境,无一不令人赏心悦目。入寺,主客师招待一切,
问及兴法师,答以住华顶,即欲离此往彼,而时已晚,只得住宿一夜。次早,
饭毕,礼佛别僧众,上华顶,于路深思石梁之胜,及寺僧招待之殷,感叹不已。

　　循岭以登,且行且盼,虽岭之高也,而阶段齐整,无山路崎岖之叹。约十
余里,至一竹林有茅舍,以奔波未息,汗出如浆,渴甚,造门乞饮,见土人共聚
一室,有首裹白巾,手持烟管者,有口唱俚曲,而纵身作舞者,有吹箫而和之
者,有拍手而欢笑者。余斯时,耳目俱悦,探首入之,彼辈诸乐俱息,相与问
讯,余道来意,并云渴急求饮。土人延坐烹茶,饮之大乐,绿水佳茗,远胜异
地,噫! 安得余异日清闲无事,住此共乐哉! 稍息,辞别土人,由曲径而过,
笋已怒涌,高者齐肩,低者触履,竹荫浓蔽,好鸟唧唧于其间。岸畔山花怒
放,土人耕者,歌清而声朗,余顾而乐之,精神倍振,遂忘疲劳。未几,而至万
年寺古刹也。寺前古柏苍翠,大可数抱,有滴水不漏之势,古院巍大,惜昨年
祝融肆虐,东北一隅被其所害,未知何日高僧,来此重造斯屋耶? 略息,仍趋
步前进,一程高一程,而空气更爽,益凉快矣! 既至华顶,则广大平原豁然开
朗,大似别有一天,周围环视,四面冈岭,尽在足下,重沓复叠,仿佛如莲瓣。
岭凹修篁,微风动荡,万壑碧云,栉密鳞舒,杳霭婹娜,蓬乎九霄,灵氛淑气,
谋目谋心,大似不暇接受也。地多古柏,夭矫耸立,而尤以寺前数株为尤,盖
数百年于兹矣。寺下有大池,众泉会集,灵隐韬光,画溪花浪,玉潭凝碧而声
当当,周围绕以竹篱。寺之前后左右,高低阶级整齐,皆以石块密砌,便行履
也。入寺,殿院宏伟,光耀夺目,无一不是光泽明亮,佛像多尊,笑貌金装,器
具华美,皆新制雅式。主客师招待一切,并引余拜见兴公[1],深蒙下爱给余
坐,赐我茶,清芳莫明,盖此山高峰,云雾时锁,以与云雾茶之名大著,惜出产
不多,难应所求耳。水系是之岩际,碧绿绝伦。晚间出与兴公谈及[2]该寺
历史,据云:隋时智者大师入定于兹,及宋,德韶国师亦于此地行道,历代高

---

〔1〕 兴公:即兴慈。

〔2〕 "晚间出与兴公谈及",原文是"晚出与间公谈及"。

僧辈出。民十八年,祝融肆虐,痛哉!全寺俱成焦土,迨二十年夏,当地官绅,暨诸山长老,联名商请余,重建该寺,而任住持之责,今大殿已竣,方丈殿尚未成功,工程告一段落云。余闻之,感叹不已。夫名山固宜以高僧居之,奈该寺自十八年遭火后,迄未有人过问者,今兴老人毅然以重兴为己任,仗佛光明,善信资助,经营数年,竟得焕然一新,祝愿佛光普照,此后香火永盛,名山古迹常存。翌晨,礼佛已,趋弥陀庵,拜谒一老僧,僧年已九十有三,精神奕奕,而犹笑可忻。盖以饱餐高山之秀气,而养生有道欤?相谈甚悦,赐吾茶及果,亲密甚至,以渠固余乡人也,异地相逢,忆旧念新,能不依依?别老僧,返华顶,信宿[1]下山,感而记之。

---

〔1〕 信宿:连住两夜或两三日。杜甫《秋兴八首》:"信宿渔人还泛泛,清秋燕子故飞飞。"

中国天台山参拜记[1]

[日]渡边天洋著　徐丙琴译

载于《日华佛教》1936 年第 1 卷第 4 期。《日华佛教》1936 年创刊于东京，为日华佛教会机关刊物，1936 年 7 月第 4 期停刊。渡边天洋，居士，时任东京东亚圣学院总裁，本次日本佛教观光团的主要组织者、发起人。1936 年 4 月 19 日，日本僧侣一行 20 人自东京出发，经上海、杭州、新昌，前往参拜天台山，至 5 月 7 日回到东京。本文是渡边天洋一行参拜天台山日程的扼要记录。

在东京浅草寺的支持下，由东亚圣学院发起，组成了"中华佛教圣迹视察团"，日本的僧绅二十人乘船去到上海，一直难以实现的去浙江省天台山拜佛这一壮举终于成行了。

在被称为天台山西门的新昌郊外的石城寺，我们参拜了智者大师圆寂纪念塔和大石佛，在天台山山脚下的国清寺，向台宗鼻祖智者大师像和唐代圣僧丰干、寒山、拾得三贤祠恭恭敬敬地行了礼。在真觉寺，礼拜了智者大师真身宝塔和九祖荆溪大师的塔身，在佛陇，参观了智者说法台和修禅道场的遗迹。在石桥方广寺昙华亭，观赏了石梁大瀑布，在华顶寺，同中国众僧一起尽心修行。在华顶峰的最高峰，参观了智者大师拜经台、降魔塔、李太白读书堂及茅蓬的闭关生活。在高明寺，向幽溪传灯大师像恭恭敬敬地行了礼，瞻仰了《陀罗尼经》《贝叶经》、宝钵、袈裟，近距离接触到了一千二三百年前的晋、隋、唐时期繁荣的东方佛教文化的缩影，亦追忆了传教大师留学

---

〔1〕　原文标题为"支那天台山参拜记"。"支那"一词源于梵语 Cina，为古印度对中国的称呼，本无褒贬之分。清末民初，伴随日本军国主义的兴起，"支那"逐渐演变为对中国的蔑称。第二次世界大战之后，这一蔑称于 1946 年被正式取消。故本书将其改为"中国"。

的往昔。我们团体一行取得了同中国佛教界当代知名人士更进一步交流联欢的机会，接触到了跃进式发展的中国时尚摩登的一面，刷新了我们对中国人观念的认识，数十年所憧憬的夙愿终于达成，在日华佛教史上留下了不朽的记录，我们沉浸于无上的法喜（听佛法的欢喜）和幸福感中，带着此行的颇多收获作为礼物，全体人员健健康康地平安归来。

能够陪同日本一众名僧顺利完成长途东道远行的艰巨任务，我感到由衷的开心。（渡边天洋）

天台山参拜日程

第一天 四月十九日（星期日）

上午九点从东京站出发，乘坐各种座席等级的特急"燕"号列车，于下午五点三十二分到达三宫站，宿于西村旅馆。全体团员集合。

第二天 四月二十日（星期一）

从神户港出发，乘坐上午十一点的日本邮船日华联络快速船上海号，推选出旅行团的负责人，宿于船上。

第三天 四月二十一日（星期二）

上午十点，中途停靠长崎港，上岸视察兴福寺（南京寺）各宗代表寺院及浦上天主堂。下午一点继续出发，宿于船上。

第四天 四月二十二日（星期三）

航行于东中国海，开始注意登陆上海后的国际礼仪，下午三点到达上海港，在汇山码头登岸，受到了上海日本佛教团的欢迎，宿于万岁馆。拜访了上海石射[1]总领事、仁济堂王一亭[2]氏、屈文六[3]氏、黄涵之[4]氏。

第五天 四月二十三日（星期四）

参观了上海神社、日本寺院的各个分寺、居留民团陆战队、日本墓地、三个日语报社等。（渡边总务从杭州先行出发）

第六天 四月二十四日（星期五）

---

〔1〕 石射猪太郎（1887—1954）：日本外交官。"九一八事变"时担任驻吉林总领事，中日战争初期担任外务省东亚局长。后历任驻荷兰、巴西和驻缅甸大使。1946 年遭到整肃，后隐居，信仰天台宗。著有《外交官的一生》。

〔2〕 王一亭：即王震。

〔3〕 屈文六：即屈映光。

〔4〕 黄涵之：即黄庆澜。

浙江文献集成地方史料系列·浙江天台山游记辑注（近代卷）

参观了上海世界佛教居士林、中国净业社、中国佛教会、佛学书局、万国公墓、龙华寺、玉佛寺、静安寺等，在功德林举办了团长答谢宴。

第七天 四月二十五日（星期六）

乘坐上海北站上午八点三十五分发车的特快车到达杭州站，午后十二点三十六分入住于西湖湖滨聚英旅馆。访问了日本领事馆，并在大佛寺拜访了王一亭氏，参观了岳庙、孤山、灵隐寺（云林寺）、南屏山净慈寺、如净塔、大〔六〕和塔。

第八天 四月二十六日（星期日）

上午七点，乘坐包租巴士从杭州出发，正午时分到达新昌郊外的石城寺，参拜了智者大师圆寂纪念塔，下午四点到达天台城，下午五点入住于天台山山麓的国清寺。

第九天 四月二十七日（星期一）

参拜了佛陇真觉寺智者大师真身宝塔，参观了石桥、方广寺、石梁飞瀑，宿于华顶寺。

第十天 四月二十八日（星期二）

参观了华顶峰拜经台、降魔塔、李太白读书堂、茅蓬药师庵，参拜了高明寺，拜宿于国清寺。

第十一天 四月二十九日（星期三）

上午九点从国清寺出发，到达杭州，于下午六点入住于葛岭下的新新旅馆。

第十二天 四月三十日（星期四）

上午八点五十五分从杭州出发，乘坐特快车于下午一点二十分到达上海北站，宿于万岁馆。

第十三天 五月一日（星期五）

拜访了王一亭氏的宅邸，上午九点半，参加了李经迈[1]氏的茶会。晚上十一点从上海出发，乘车去往南京。

第十四天 五月二日（星期六）

上午七点五分到达南京站，在宝来馆吃了早餐。参观了中国佛教会及驻南京日本总领事馆、石人明孝陵、文物保管所、中山陵瓦官寺遗址、玄武湖等。下午五点从南京站出发，于晚上九点十七分到达苏州，宿于花园旅馆。

---

〔1〕 李经迈（1876—1938）：安徽合肥人，字季高，李鸿章三子。清末历任工部员外郎、出使奥地利大臣、光禄寺卿、江苏按察使、民政部侍郎等。

第十五天 五月三日（星期日）

参观了苏州城内北寺塔、玄妙观、寒山寺、留园、虎丘等，午后十二点四十二分从苏州出发，于下午两点十五分到达上海，赶赴下午四点在日本人俱乐部举办的日本佛教团的茶话招待会。当天晚上十点乘坐日本的安普莱斯号离开。

第十六天 五月四日（星期一）

上午九点从上海乘船出发，宿于船上。

第十七天 五月五日（星期二）

航行于东中国海及九州岛南端洋面，宿于船上。

第十八天 五月六日（星期三）

下午五点到达神户，办理通关手续。宿于西村旅馆，部分人员解散。

第十九天 五月七日（星期四）

所有人员解散。下午十二点二十五分从三宫站出发，乘坐各种座席等级的特急"燕"号列车，于晚上九点到达东京。

补充说一句，若论起行头来，其实我们这一行的诸位也都是宗教界的一流人员。

有浅草寺贯首大僧正[1]前天台宗总务大森亮顺、浅草寺教学部长纲野宥俊、比叡山专修学院教授大森真应、浅草寺医院院长大森公亮、天台宗第十一教区区长奥村良照、宽永寺执事大照晃道、僧正加藤幸圆、真如堂执事佐佐木真亮、真如堂贯首前延历寺执行涩谷慈铠、浅草寺执事长大正大学教授盐入亮忠、浅草寺社会部长大正大学教授清水谷恭顺、日光山轮王寺执事菅原荣海、日光山轮王寺财务员中里昌竞、财务部长野口周善、教学司察布教师滨口惠璋、前天台宗教学部长天台宗本山布教师半田孝海、天台宗第十教区主事羽场慈孝、僧正平野观及东道主渡边天洋、内务省防疫官樫田五郎等人。

---

〔1〕 大僧正：出家僧众的阶位分僧士、僧都、僧正三阶，每阶分小、中、权大、大四级，共十二级，大僧正为十二级中的最高级别。

参拜天台山

［日］大森亮顺著　徐丙琴译

　　载于《日华佛教》1936 年第 1 卷第 4 期。本文发表署"天台宗大僧正浅草寺贯首大森亮顺"，大森亮顺（1878—1950），生于东京浅草寺，天台宗僧侣、佛教学者。历任天台宗大学讲师、天台宗务厅总务、大正大学校长、浅草寺住职等。著有《传教大师全集》《天台宗全书》等。大森亮顺一行回到东京之后，日华佛教会举办欢迎会，本文是大森亮顺在欢迎会上作为参拜天台山僧侣代表的讲话。讲话中作者回顾了参拜的缘起、参拜地的概况和感受，具体的参拜过程可参见渡边天洋《中国天台山参拜记》。原文附有"放生池和清心亭"照片 1 幅，并有说明文字："国清寺放生池旁的'鱼乐国'之碑出自明清时期书法家董其昌之笔。"

　　今晚，由日华佛教学会主办欢迎会，对参拜过天台山的我们一行人表示欢迎，我感到非常荣幸。我其实没有在此讲话的详细准备，而且在座的各位应该对中国的情况都知之甚详。而我们只是冒昧拜访并且停留的时间很短。回来之后一回想，幸好我们去的时候带了预备知识。来马先生的《苏浙见学录》非常值得参考。大醒法师的《日本佛教视察记》等虽然晦涩难懂，但作为入门指引，写得非常详细。与这些人相比，我们这一行人并没有带回来特别的记忆。盐入君很巧妙地把见闻融入了诗歌中，而我不擅长写诗填词，所以只能把现在还能想起来的事情在此稍作陈述。

　　去年年底，接受渡边先生的建议，我才产生了去参拜天台山的想法，但因距离出发的时间很短，虽然也担心连去一趟的闲暇时间都没有，但所幸最终还是去了。出乎意料的是虽然一起去的人很多，但因为同行的人员都是志同道合之士，所以非常幸运，没有发生任何问题，全体成员都平安愉快地回来了。而我也是这次去看了才知道，参拜天台山实际上非常容易实现，并非什么难事。这可能是因为最近开通的道路比较好，好像这在以前是非常困难的事情,在中国的名山中,天台山以前的道路是比较难走的。在古代,能够登上天台山的,以传教大师为首,如有名的智证大师、荣西禅师等,大概只有十来人。进入明治时期以来,天台宗只有七人登上过天台山,其他宗派只有小栗栖香顶师在明治九年登上过,除此之外,只有南条、常盘这两个博士及其他数人登上过,但全部加起来也不会超过三十人。因此,参拜天台山的人数远少于参拜中国其他山的人数。慈觉大师[1]在唐十年,虽然想去天台山但最终未能实现。我想在座的各位中,曾经想去但没能去成的应该也大有人在。而这次我们一行二十人的大部队能够成行,这全部得益于渡边先生。

我们先是参拜了在天台山山麓的国清寺,游遍了修禅寺的古迹,虽然天公不是特别作美,但全部都顺利得以参拜。我们停留了三天时间,巡游参拜了国清寺、真觉寺、方广寺、华顶峰的华顶寺、螺溪的高明讲寺这五座寺院,天台山的六座寺院中除万年寺之外全部都得以一见。这些寺院的伽蓝规模之大远超我们的预想。在天台山深处能有这样雄伟的建筑,而且全部都修缮整齐,实在是感到意外。国清寺有大约三百名僧人常住,其他寺院也有大概一百名僧人居住。但是这些僧人每天都只是诵经,看起来并没有做学问的样子,更不会和现实社会有任何接触。他们诵经时听上去很阴郁,感觉他们诵读的时候好像不是很情愿的样子。我想他们可能是不得已才去诵经的。伽蓝非常壮观,寺僧们行事也很守戒律,持戒坚定。但仅仅这样就可以了吗? 我是带着这样的疑问回来的。总而言之,我实在是觉得这样有点过于闭塞了。此次日华佛教学会的目的是互相交流佛教文化,互相吸收对方的长处,所以我简单讲了一下我自己的感想。

回来的时候,在上海,我和旅居上海的曾经的日本主君一起邀请参加李鸿章之子李经迈的茶会,席间,李氏说道:"中国走下坡路是从引入基督教开始的。佛教的僧侣不会影响现实社会。日本的僧侣不是这样的,非常希望中国的僧侣也能像日本的僧侣那样推动一下现实社会的发展。希望能提供这样的机会。"回来之后还收到了李氏的来信。他在信中写道:"临别时提到的事情还望协助实行,希望日本能派出五名僧侣来我们这边帮忙。"对于这件事,虽然我能尽到的力量微不足道,但还是会努力去实现。出发之前,藤

---

〔1〕 圆仁(794—864):俗姓壬生氏,日本下野都贺郡(今栃木县)人,幼时出家入天台宗,于唐开成三年(838)跟随日本朝贡使团入唐,后为高僧,寂授"慈觉大师"尊号。著有《入唐求法巡礼行记》。

井先生曾经说过,如果那边有优秀的才俊,希望能劝说他们来日本,盐入君向国清寺的僧人提出此事时,好像挑选出了两名僧人。这应该也算是一种实现方式。在上海,日本各宗派的寺院比预想的还要寒碜,即使是像东西两本愿寺这样有实力的宗派,在上海的分寺也是出乎意料的简陋。我在想我们是否能尽全日本佛教之力,在上海建造稍微再大一点的寺院呢？我认为这是非常有必要的,作为对这次旅行的纪念,我无论如何都想做一做这方面的工作。

天台山国清寺参记

［日］纲野宥俊著　　徐丙琴译

　　载于《日华佛教》1936 年第 1 卷第 4 期。纲野宥俊，时任东京金藏院浅草寺教学部长。本文记叙了作者参拜国清寺时的见闻和感想，作者参拜时的激动、崇敬之情溢于言表。

　　中国的天台山是屹立于浙江省会稽道五县偏中间位置的一座山，其海拔高度是四千一百二十五尺，比日本的比叡山还要高出一千三百尺左右。

　　以浅草寺大森大僧正为团长，这次我们一行十九人，于四月二十六日下午将近四时许，登上了天台山，正在观赏左手边石〔赤〕城山时，天空飘落起五月的雨来，在雨中一边欣赏石〔赤〕城山，一边仰望天台山南麓的国清寺，当看到过去七佛的供养塔时，不禁感慨起"云深不知处"的怀古情怀，连旅途的辛劳都抛诸脑后。

　　此塔是中国古代隋炀帝为天台智者大师而敕令兴建起的六角九重塔，高二百尺，回想旧时的模样，现在仅残存了一丝盛世余韵，泥土剥落的各层窗前只有寄生植物伸出细枝嫩叶。

　　虽说自古以来此塔禁止攀登，但是想起了传教大师入唐时代曾登上过此塔。我们想象着空海大师[1]和他的弟子义真、丹幅成等一起登上了此塔，在塔上一览无余地观赏天台山麓的风景，真是感触颇深呀！

　　去年正月底，为修缮部分塔楼有人曾有幸登塔，当时在塔的第二层发现了道师菩萨、药王菩萨、文殊菩萨、普贤菩萨、观世音菩萨、势至菩萨等七佛大理石的板碑，另外也发现了很多其他的佛像神像等小石像。虽然这些佛像神像中大部分都丢失了头部，但是每一件都是隋朝的珍品。正如保存完

---

　　〔1〕　空海大师(774—835)：原名真鱼。804 年，空海受派到唐朝学习佛法，是从日本来唐求学取经的先驱之一，也是日本佛教真言宗的始祖，谥号弘法大师。

好的是七菩萨的板碑一样,在高三尺七寸、宽一尺五寸的大理石上采用细纹雕刻的方法,雕刻的线条流畅美丽,不得不感叹:真是漂亮极了！非常值得一看的美物呀！

这个与奈良东大寺的莲瓣大佛所采用的阴文雕刻法所雕的佛体相貌极为相似,虽然对于阴文雕刻法也大致类似这一点,着实让人感觉颇为有趣,但是这七个佛像相比右边的东大寺的莲瓣大佛,采用的是更加细腻的阴文雕刻法,明显更胜一等,这也让我们略微察觉自己在美术方面是个门外汉。

现在在国清寺正殿前,右手佛学研究室与三圣殿之间仅一墙之隔,不管何时都可以观赏。在巡游中经常看到很多寺庙都是将古代石雕镶嵌在墙体上成为墙的一部分,这样的装饰方法在中国被广泛采用。我们一行人在归途之际,还被陪同匆忙参观了这七个佛像和其他的神像佛像,虽然未能充分考察,但确实觉得真的是非常难得的珍品。

寺院门前从左到右分别排列着释迦牟尼佛、拘那含佛、毗婆浮佛、毗婆尸佛、尸弃佛、拘留孙佛、迦叶佛等过去七佛供养塔,现存的过去七佛供养塔是在康熙二年仲春时期重建的。

在它背后悬崖上面的树丛和杂草之中,修建有唐代一行禅师的供养塔。

一行和尚是顺晓阿阇梨的师傅,顺晓阿阇梨又相当于传教大师最澄的师傅,换言之,传教大师于贞元二十一年四月廿八日在龙兴寺的山顶道场,由顺晓阿阇梨附属三部三昧耶,并接受了灌顶传教。法脉传承如下:善无畏三藏、一行禅师、顺晓阿阇梨、传教大师最澄,虽然相当于第二附属传授者的右一行禅师塔是重新修葺的,并没有显得太过古老,但也应该值得重视。

国清寺建于隋开皇十八年(智者大师圆寂的次年),为隋炀帝敕令司马王弘建造的,初名天台寺,后受"新结构的寺庙建成,国家就可以清平,百姓即可安居乐业"的梦境预告,取"寺若成,国即清",即改名为国清寺。国清寺的由来传说如此。

国清寺门口的天台溪潺潺往北,淙淙而流,渡过满是苔藓的丰干桥,苍劲的大树古木萌发出嫩枝绿叶,被五月的雨水淋成落汤鸡一般,在如此别具风情的环境下造访这座沐浴着阳光的古寺真的有趣极了！

穿过大写着"今春传戒"字样的寺外壁,就立即看到了称作金刚殿的山门。正面马蹄形的入口上方,王弘亲笔所书白底黑字的"国清寺"的匾额很清晰地浮现在眼前,这个景象也让人很是怀恋呀！

门的左手边有个进入放生池的小门,从这里进去走到尽头的地方是最近才建造的美丽的洗心亭,登上洗心亭,青色屋顶配着白色的墙壁,红色的柱子之间装饰着绿色的扶手栏杆，在这样所谓中国式亭子旁边有一块书写着"鱼乐国"的石碑，石碑与前面的放生池相映生辉，极具美感。

虽然连一条鱼都没能观赏到，但是欣赏到了在其环绕的内壁上横着书写的"南无观自在菩萨"几个大字，每个字有二尺大。在中国经常可以看到各寺庙的墙壁、石壁上有"南无观自在菩萨"或者"南无阿弥陀佛"的大字图案，自不用说也能体会到真不愧是文字大国的寺院呀！一进入寺院房舍必有书联，遍地挂着诗文。如果仔细收集起来的话，我想应该可以特别整理出一本来吧。

山门前左右各端坐着一头巨大的石雕狮子，非常滑稽有趣的面貌，朝气勃勃、精神饱满的神态，和我们平常所见的狮子相比，真的颇具特色。

山门中，怪诞的仁王尊[1]相对而立，相隔不足两丈，仁王尊身板非常宽，色彩也比较滑稽可笑。

殿堂中央放置着布袋和尚的佛像，这个也是中国全国各地寺院里常见的佛像。因为布袋和尚是弥勒佛的化身。

穿过山门，左手边是钟楼，右手边是鼓楼，正面是雨华殿。殿中供奉有"四大天王"神像，佛像类似仁王尊，极其不具（有）近代美术价值。

相传天台宗祖师智者大师曾在此讲经，其精诚所至，感动天庭，天上下起法雨天花，故得此名。

正在参拜雨华殿时，于殿堂昏暗的角落，我们看到一位貌似寺院和尚的人正在那里不停地雕刻佛像，心想真是悠闲自得、无忧无虑、开心自在呀！

雨华殿更往里走，右手边呈现出一丈左右石崖的一角，在它南边立着大气的正殿大雄宝殿，它正面石阶的下面前庭的两端高高地耸立着四棵大树。

离正殿距离较近的两棵树叫柏挺或者翠柏或者璎珞桧，正如它们的名字一样，柏树枝犹如璎珞一般垂下，这种柏树是天台山特有的植物。在它的前面两棵大樟树葱翠挺拔，郁郁葱葱。大樟树高三丈左右，真是叹为观止！

现存的正殿是清朝雍正十一年下令复建的，是距离现在两百零三年的建筑。

释迦三尊佛作为本尊供奉在正殿内，佛像是近代世人所称的涂了白檀的两丈有余的大木像，是用樟树木材制作的。

---

〔1〕 仁王尊：俗称哼哈二将。

　　讲讲罗汉像和佛教跪拜坐垫的由来吧。几十个圆形跪拜垫整齐地排列着,这些跪拜垫是从前数十人的僧侣在读经的时候所使用的。中国的寺院不管何处,在木鱼的前面都摆放着叫做跪拜垫的圆形的跪拜垫子,也可以在这个上面坐禅。往更早追溯的话,相当于日本叫做座蒲团的东西。

　　另外在周围的坛座上供奉着威严的十六罗汉塑像。

　　关于这个罗汉像,至今流传着一个不可思议的传说。传说宋朝一个叫济公的和尚,在他出生的时候这些罗汉像都倒塌了,另外据传明朝甬上屠隆出生的时候,罗汉像也崩塌了。到了近代清朝康熙末年,罗汉像又再次崩塌,于是重新建造了。这就是现在罗汉像的由来,这是从古至今不可思议传说中的一个,是一个非常有名的传说。

　　面向正殿,它的右手边是伽蓝殿,里面供奉着伽蓝菩萨。另外圣杯也出自此殿前。所谓圣杯,换言之就是与普通的签不同,用竹子的根部制作出来的茄子形状,且左右分隔开的用来求神灵指示的工具。使用时左右两边合在一起,叩拜三次,往下掷三次,通过掷出的正反面来判断阴阳的抽签方法。这样的求佛指示的抽签方法真的很有趣。在华顶寺也有同种形式的抽签。下面这个表(表 1)是我在国清寺所求的签。

表 1　国清寺签

| 寺清國 |
| 簽靈藍伽 |

陽陽聖

踏遍江南路未通　　人心機變不相同

欲去他鄉無故舊　　正如烏鴉喚歸踪

民國三年　　文鉦齊助刻

佛签不算是太过古文形式，反而比较简单有趣。佛签的意思是开始踏足江南时路就不通，后来踏遍江南发现道路也更加不通，所以不得不放弃。但最后得到了仿佛在说"还是庆幸自己来了天台山，比不来要感觉要好"的佛签，真的很开心。

在伽蓝殿前面有一棵叫做隋梅的古梅树，枝繁叶茂，犹如稀世珍宝一样被呵护着。在隋梅的旁边竖立着一块告示牌，上书："此梅系古迹名胜关系，应在保护之例，祈游人君子万勿攀折，如违责罚莫怪，是告。"由此可见，寺院真的非常重视隋梅。这座殿堂的上方是方丈楼，与伽蓝殿比邻而居的是斋饭堂、客堂。我们一行人将这个客堂当作宿舍，在登山前和下山后各留宿了一夜，一共在这里留宿了两夜。

客堂的前面左下方是香积厨，是寺院供应斋饭的大厨房。据说我们一行人来的这段时间，提前三四天准备斋饭，忙得热火朝天。

正殿和客堂再往里就是大山，松柏枝繁叶茂，郁郁葱葱。正殿里有一口叫锡杖泉的井，据传隋朝有个叫普明的和尚，坐禅时想喝水，锡杖叩地，一股泉水就顺着锡杖突突地往外冒。令人遗憾的是，这次我漏掉了这个景点。

国清寺住持越德可兴禅师是一个性情敦厚的人，非常热情地招待了我们一行人。在我们回来之际，越德可兴禅师为我们每人赋诗一首，每人的诗文各不相同，赠与我的诗文如下：

> 志求佛道到天台，山明水秀胜难采。念寻佛祖西来旨，一帆风顺到蓬莱。

入夜在这座千年古刹的房间里，听着雨声，远处的雷鸣也不绝于耳。

大概在写这篇文章前后，晚饭是精进料理，非常美味可口，就连东京、京都的普茶料理都无法匹敌。和日本的精进料理相比，不论菜的种类也好，还是味道也好，已经完全不同了。总的来说，虽然有点辛辣味，但是很好吃。所做的斋饭菜的种类竟然多达十七八种，但是这些种类的菜肴没有重复，各不相同，真的可谓是大料理呀！

寺院里做斋饭的师傅一定有好几人，他们从先祖那里，代代相传着各种各样的料理秘制方法，真是件了不起的事情！因此听到前面所说的要提前三四天准备斋饭也不觉得奇怪，能够理解了。

在天台山分别吃了方广寺、华顶寺、高明寺的斋饭，不管哪顿斋饭都非常美味可口。真的做梦都没有想到，能在这样的深山中有幸吃到如此可口的美食,在记忆里更加深深地刻下一笔。深山的斋饭比起在上海的饭店或者杭州周边住宿地方所吃到的普通的中国饭菜,不知道要好吃多少倍呢!斋饭虽然看起来不精致,但是味道很美味可口。能够吃上这么美味的斋饭,归根结底是因为寺僧日常饮食极其简单俭朴吧。

其中还有一个让我念念不忘的是床铺旁边煤油灯的灯光。中国床铺睡起来感觉也不糟糕。

凌晨三点钟声惊醒了我,外面好像下着雨。在寂静的大寺院一角真真切切感受到钟声悠扬,余音袅袅,余韵无穷。寺僧们应该起床在准备晨练了吧。之后再次进入梦乡,睡到早上六点半左右起床。禅室前的走廊上已经来了四五个卖佛珠串和土特产的商人。一行人中早起的同伴已经开始频繁地砍价了,砍价方面貌似不会输哦。

我们一行在护卫军警(军人兼巡查)的陪同下,挑选买到了天台菩提的安念珠。他们将实弹别在腰间的皮带上,步枪通常挂在肩上,保护着我们一行人。川柳说了一句:"护卫兵也买了国清寺的佛珠串。"大家可以想象一下这个场景,有没有觉得特别有趣好笑呢?

站在客堂前面,可以清楚地看见隔着挺远的地方耸立着隋炀帝敕令建造的九重塔。朝阳照耀着雨后的丛林,何其美哉!不知何处的小鸟也唱起清脆的歌谣。登上深山的话,可以看到三四只松鼠身轻如燕,在松树之间跳跃,乐不思蜀地往返于高高的树枝间。什么都不必说的清爽的早晨,在正殿参拜诵经的我们一行真的是很幸福。

接下来按照各殿的参拜顺序记录,面向正殿,左手边是祖师殿,殿上挂着"台教开宗"的匾额,殿内中央供奉着天台智者大师的木质尊像,三尺有余,左右并列着临济正宗第三十三世到第四十五世的灵位。在殿堂的角落,寺僧正在用僧服和深红的麻布裁制二十五条袈裟等,祖师殿兼裁缝室真不愧是颇具中国特色的呀!

祖师殿再往上是三贤祠,供奉着三个有名的和尚,分别是丰干和尚、寒山和尚、拾得和尚。在它的外面是罗汉堂,里面供奉着五百罗汉像。再往上是藏经阁。往下祖师殿的左边是三贤殿,里面供奉着释迦、观音、势至三尊佛像。与三贤殿毗邻的是佛学研究室,据说会偶尔开讲经典的佛法,但好像也没那么值得一提。

听说寺僧有近三百人,寺院宽阔到竟然不知道这些寺僧到底寝居何处。但是因为诵读学问、文学的僧侣极少,通过研究推敲应该也可以知道吧!只是说这些僧侣几乎每天都默诵念经,虽然不知道到什么程度,但是我们巡回参拜了中国的各个寺院，发现除了上海的居士林，几乎其他的寺院都设置有佛学研究室。大概是因为国清寺是排位靠前的大寺吧！

研究室的相邻墙壁上镶嵌着巨石雕刻的王右军书写的"鹅"字。另外这里走廊的墙壁上镶嵌的是前面所述的从塔里发现的七佛板碑、神佛小石像等。我认为这些更具深一层的研究价值。

传教大师最澄师从佛陇寺的行满大师时，从国清寺的惟象和尚那里接受了大佛顶大契曼荼罗仪式的传教。这个由来可以从佛门谱系追溯而知，但是关于惟象和尚的事迹就无法从现在的国清寺了解到了。

如前面所述，这次仅在国清寺留宿了两晚，对其史迹踏查时间非常短暂，所以没有能进行充分的视察。这一点让我深感遗憾。

> 于国清寺
> 微风轻拂着斑驳的高塔，
> 沐浴在五月雨中的千年古刹——国清寺，
> 初夏的松柏高大挺拔，守护着它。

浙东环游记

选

　　载于《道路月刊》1936 年第 50 卷第 3 期。《道路月刊》1922 年 3 月
创刊于上海,为中华全国道路建设协会的机关报,1937 年 7 月 15 日上
海沦陷时停刊,共出版 54 卷,属交通刊物。"选",其人不详。1935 年,
浙东南公路网建成之后,从上海、杭州至天台旅游变得十分便利,本文
作者详细介绍了从上海乘车往游天台等景区的路线、里程和景观,可作
民国浙江省公路旅游指南读。

　　浙江省近一二年内公路建设一日千里,尤以浙之东南为最普遍。各路
以杭为中心,东南西北,四通八达。主要干路计有杭沪、杭徽、杭京、杭兰、杭
永、杭丽、丽嵊诸线,此外则有与闽赣接通之路。上海汽车虽不能直达广州,
今已通至韶关(曲江),而通闽大道亦将直达福州,至于自沪经南昌而至长
沙,亦能直接通达云。

　　浙江名胜区今均可自上海径往,各设支路以便游者,如莫干、黄山、天
台、雁荡、钓台、方岩等。故游黄山者侵晨上海出发,薄暮可抵汤口(山麓一
大镇,为入黄山之门),可谓便矣。如作雁荡、天台之游,三四日可往返矣。
若为长距离之游行,往返不由原路,大可环道而驾。以浙东南而言,自杭启
行可先游天台、雁荡南行至永嘉,折回而西进取道青田、丽水,乘便一游方
岩,复回至嵊县而返杭州。如是全程亦只八百公里,有四五日之空闲亦可
为之。

　　本文即就上述之路线而作一有统系之游程,将所经之地方,可游之名
胜,路面情形,何处渡江,各域距离,停宿之所,一一表而出之,藉备游者之参
考云尔,兹分段列后:

一、上海至杭州

路长一三三英里，车行四小时。此路早已通行，惜无特殊风景，除海宁可略观海外，乍浦之黄山本可登临，但久已封禁，只可望而不可入，故许多人主张放弃此一路，改乘夜快车赴杭，而以杭州为出发点。次晨渡江后与〔于〕萧绍公路总站租车前往，比较费用省，且沿途之四处渡江手续可不必顾问矣。（租车前可事前与绍兴五云站函洽，俾先约定时日，派车在江边迎接也）

二、江边至曹娥

路长五十三英里，即江边至绍兴三四里，与绍兴至曹娥之一九里，需时一小时半，因路极好，可速行至每小时四五十里也。沿途风景比沪杭路为优，尤以柯桥至绍兴之一段，路平直如砥，而路旁密植杨柳，迎风摆摇，颇有诗意。车将到绍，必先有大堆之酒坛。绍兴系一大城，地方颇广，因之汽车站有五处，而以五云为总站。计自江边起所经之大地方只有萧山与柯桥二处。绍兴以西直奔曹娥以江边为止，渡江即可往宁波奉化。此一节路以东关站比较大些。

三、曹娥至嵊县

路长三十二英里，车行一小时，自江边起路系由东而西，曹娥以上改为自北而南。全线沿曹娥江之左岸而行，自曹娥起先经一长水泥桥。沿途风景亦渐改变，路逐步进入山谷，且多曲折，不复平直。此段之蒿坝系一大站，此外尚有七站始到嵊县。城一半在山上，有一七层高塔，十余里外已可望见。嵊县起路分两枝，一东南行经拔茅复南下直通天台，一西南行经长乐、东阳以至永康。

四、嵊县至天台经新昌

路长四十八英里，因有高岭，车行山中，不可太速，故此一段之时间较多，约二小时左右，风景则最美，有山有水，忽高忽下，路面亦平。嵊县至新昌只十里强，又五英里至拔茅，此处路又分出，成一三叉口，北至嵊县，南达天台，而东北行则径往奉化之溪口矣。拔茅以南全是山路，先经赤土岭然后开始翻会墅岭，上下二英里，大转弯三四处。最惊人处在至岭上时，峰路回转，有小亭焉，可稍停留。自高下望，路线如一长蛇，蜿蜒曲折，工程颇伟大，盖路系在山崖开凿，及经二长桥后，又越一岭，名曰关岭，路亦长二英里，然已不如会墅之高而险。从此路复平坦,再十二里即达天台车站,站在城外,游山者另有一枝路,计长二英里。自杭州清晨七时启行,至天台山下约在午正,可先在国清寺进餐以便下午上山略游主要之名胜如高明寺、石梁瀑布与华顶寺等,夜在国清寺宿。寺为一大庙,食住均便。车自天台站入山,必经一高塔,矗立路旁。及将到寺,则见有小塔七并行成一直线,车可穿塔空间而进,至此古木参天,确是胜境。

五、天台、雁荡经临海与黄岩

路长一百零六英里,计分三段,即(甲)天台至临海四十一里,(乙)临海至黄岩二十三里,(丙)黄岩至白溪四十二里。此路颇费时间,因有四处须渡江,尤以临海之渡无定时,必候潮涨,普通在中午者多,最好在天台站早一日打电话问明,如是次晨不必太早离天台。总计此路之车行时间约七八小时之久。天台、临海一段,路面尚佳,惟多山路,登降费时,最高为野猫岭,将至临海,远望有山,山上有塔,沿途风景甚秀。临海原名台州府,城内亦可通汽车,渡江处去车站不远,江名灵江,水混〔浑〕浊,流颇急,渡约十分钟即达对岸。临海至黄岩一段又多山路,越岭有四处即长岭、杨梅岭、大豆岭与黄土岭,上下曲折极有趣味。长岭之路约一英里,须十分钟,车行可谓慢矣。黄岩之人都植梅橘,沿路可见橘林,分植田间。黄岩北车站即在江边,城在对江,有塔,渡江只十分钟,登岸在南车站,路穿城而南行。黄岩至白溪,路虽四十里,中间有处渡江,即水涨渡,距白溪只五里,此段亦为山路,有小溪岭上下颇多曲折。自白溪另有一枝路通雁荡,长一英里。若中午在临海可渡江,则上午十时在国清寺动身,午后三时后可到雁荡山。预定当日有二三小时之光阴,可先游灵峰一带及北斗、观音二洞,旁〔傍〕晚至灵岩寺宿(山中已有人力车往来二洞与该寺)。寺为三开间楼房,高爽清洁(观音、北斗为道院屋,在洞内高至四五层亦奇观也)。推窗一望,则天柱、展旗诸巨峰骈列在眼前。如为月夜,更妙不可言矣。翌日乘山轿自寺经上下灵岩村越马鞍岭而游大龙湫、能仁寺等,西内谷各大处,仅一日之时光,可以走到(按上段之路中有二大站,一为路桥,有一枝路通海门;一为泽国)。

六、雁荡至永嘉经乐清

路长四十九里,乐清适在二者之中。自白溪西南行十英里至清江,渡江,江面宽,江边行车之坡颇峻,需时最多。白溪、乐清之中以虹桥为一大镇,乐清系一县城,但不甚大耳。乐清以下路线改为西行,距永嘉(旧名温州）之十英里路面最恶劣，在浙不多见。渡江处在城外即瓯江之支流上，渡江时间亦长。入城须越大江面，见有三宝塔即是城厢矣。

七、永嘉至丽水经青田

路长七十八里，车行三小时，均在瓯江之右岸，曲折极多，因江流亦多曲线，中有数处，江上风景颇如富春江，江水清澈见底，帆船四五排列而行，江岸多砂滩，水流湍激，自温州经三十一英里而至青田县城，又十二里至船寮乃一大镇，再西行十三里为石门洞名胜区，洞在江之对岸，路线渐入山中。又十二里为一长桥名天字桥，桥在崖下，瀑布在前，此处风景最美。再十二里，已得见丽水之塔，塔高九层，在塔山上。越塔下过好溪桥而入城郊，城外及城上多树颇雅致。丽水原名处州，为浙南一大城，汽车可入城，车站颇大，自此北上永康，南下则经龙泉而入闽至浦城。

八、丽水至永康经缙云

路长四十五英里，车行一小时半可达。自丽水至缙云，路改自南北上，乃回程也。沿途多山，路狭处只容一车，山边正在开宽，至此渐见碉楼为防匪者。路多曲折，距丽水十四里有一长桥跨一深谷有瀑布焉，因名曰瀑布桥。此一段亦沿河筑路，河名好溪，实山溪中之最大者。缙云城依山而造，城门极窄，只容一车。缙云北行约九英里至黄碧站，有一枝路通仙都，亦一名胜也。再上十三里即为永康，注意此处为叉道。北上到东阳，西南另一路线则通金华（长二十五英里），与浙赣铁路连接。永康可游之名胜曰方岩，地在永康北十英里之世雅站，特造一支站长四英里，直达岩外，可观各岩之峰及五峰书院。

九、永康至嵊县

经长乐，路长八十四英里，车行三小时半，如到方岩稍停留，则需五小时。此段路尚平，山不多，惟长桥不少，所经以东阳为一大站，其地以出火腿著名。去永康之北三十八英里，在未到站前之庐宅车站，注意有一叉路通义乌（浙赣铁路之一站），东阳北上至长乐为三十三英里，长乐以上均是平原矣。及至嵊县，此环行之游完成。

十、嵊县至江边经曹绍原路

五十三英里，总而言之，此十段路之里数可分列如左：

（一）上海至杭州　　　一三三里

（二）杭州江边至曹娥　　五三里

（三）曹娥至嵊县　　　　三二里

（四）嵊县至天台　　　　四八里

（五）天台至雁荡　　　　一〇六里

（六）雁荡至永嘉　　　　四九里

（七）永嘉至丽水　　　　七八里

（八）丽水至永康　　　　四五里

（九）永康至嵊县　　　　八四里

（十）嵊县回江边　　　　五三里

此环行路线在地图上画之，适成一有趣味之梨影〔形〕，绍曹一段乃梨之柄，自曹至永嘉经丽水而折回，则正成一非正式之圆圈，而全段之路程为五百五十英里强也。

天台福溪果园生产合作社参观记

昭　德

　　载于《浙江合作》1936 年第 4 卷第 3 期。《浙江合作》是浙江省建设厅合作事业室为加强合作社宣传和运行而刊行的半月刊,1933 年 7 月创刊于杭州,抗战全面爆发后停刊。昭德,即徐昭德,其人不详,根据其在《浙江合作》发表调查合作社和考察农业、渔业等文章,其人应为浙江省合作事业方面的职员或官员。作为旅游胜地的天台山水果资源丰富,本文是一篇考察记游,一定程度上可以了解民国时期天台农业合作社的发展状况。原文附有照片 3 张。

　　我还记得,上届台区合作促进会在黄岩开会,会后曾参观该县白峰岙林业生产合作社,所得的印像〔象〕很好! 此次在天台开会,出席的人数较前几届为多,因为天台各乡的合作社理事们都来参加,我们虽然因时间关系,不能到每一所合作社去参观,但他们都能够来参加,我们就可听到他们告诉本社业务的机会。

　　议事程序中预定会后至较近的福溪果园生产合作社参观,开了会,整理了提案,我们一行十余人就在濛濛的细雨中向南门出发,经过了木桥、砂滩,又经过金黄色的麦田,理事许审机指着前面的围墙说:"我们的合作社就在这儿。"目的地到了,门首遍贴欢迎文字,踏进了门,就是整齐的葡萄棚一直通到客堂的前面,堂中贴着社员须知、理监事须知等。稍休息一下,就由理事们陪到后面广大的果园中去参观,在园的左边,有一座用石子叠成方形的平台,据说在以前,园之四周石子很多,倘使搬到外面去倒,又很不便,经过大家商酌,还是利用它来筑个方台,一个筑了还有余,就再来一个,一个小一个的上去,结果叠成这很高的平台。站在顶上,如无雾还可见到国清寺的塔,这种劳动服务的精神,使我们很佩服。

一会儿,理事们备了茶点,叫我们来喝茶,用点心。在谈话中知道该社的大概情形:该社是在二十四年九月二十六日成立,以前是振华果园,于二十年间成立,大家因为觉得果园不是少数人所能管理的,于是他们就需要合作,后经周指导员的指导,决定改组。该社共有社员二十二人,实收社股九百五十二元,租地十八亩,每年租金一百二十元,种植玉露桃百余株,黄露桃二百株,早桃四百株,橘四百株(因土性不宜,活者仅半数),尚有梨、蟠桃、葡萄等共约二千余株,特设管理员负责管理果木,以四周隙地所种植之蔬菜杂粮等代为酬劳费。如有盈余,则提出百分之十五为公益金,并在公益金内提出十分之七为当地福溪小学之教育经费。

总之,该社的一切实施,均使我们满意,这些成绩,当然是理事许审机和许碧山等的热心整理与周指导员的努力指导所致。以后,他们拟设法购买各种果苗来补种。我们认为这种果园生产合作应该提倡,论时间虽与林业生产合作方面一样地长久,但平时常在果园中实地研究,的确是很有趣味的。我们以为果园生产合作社最好是自行育苗,并兼营果苗及果品运销业务,那末经济方面就可较为活动。

末了,由周指导员将果园摄了一影,我们又为理事及周指导员在社址的前面摄了一影,以留纪念。〔1〕

---

〔1〕 照片共 3 幅,园内照片、作者参观时的照片和参观后社员合影,录入本书时删去。

天台国清寺略志

纪一介

　　载于《佛教日报》1936 年 4 月 2 日,第 2 版。《佛教日报》1935 年 4 月 10 日在上海创刊,总编辑范古农,属宗教小报,1937 年 8 月 23 日起改为 4 日刊,1937 年 12 月 28 日因上海沦陷而停刊。纪一介,其人不详。本文为游览国清寺的简单记游之作。

　　浙省天台,素负盛名,昔王思任《天台山游记》,有"山清、水清、松清、塔清、钟清、鸟清、桥路俱清,僧更清,而予所居塔左静益舍又清"等语,令人想见清净世界、蒲团清课之景象。

　　天台有国清寺,始建于隋开皇十八年,大业元年赐额国清,重建于唐大中五年,至宋景德二年,改称景德国清寺,建炎二年重建之,前后赐珍物颇多。明洪武时,为大风雨所毁,隆庆时再建。至万历间,并赐藏经,建藏经阁,规模宏大,逾于西湖之灵隐。寺前有大塔一,高九级,系隋代为智顗大师建,路旁有小塔七,据志载亦系隋时所筑。昔人以齐州灵岩、润州栖霞、荆州玉泉,并天台国清为四绝,故国清寺在中国佛教史上,实占重要地位。闻日人之研究佛教来中国游历者,无不游国清寺,礼谒大师塔[1]。

　　转过大塔,有桥跨溪上,称"双涧合流""浮屠插汉",可谓名副其实,寺有五峰,曰八桂,在其北;曰灵禽,在东北;曰映霞,在西北;曰灵芝,在西南;曰祥云,在东南;号称"五峰回环"。

　　寺有三贤堂,祀丰干、寒山、拾得,其东院有寒山、拾得旧灶,为千余年前故物。《高僧传》云:"丰干师居天台国清寺,出云游,适闾邱〔丘〕胤出守台州,问彼有贤达否? 曰:'寒山文殊、拾得普贤,状如贫子,又似风狂。'闾邱〔丘〕胤至任,入寺见二人,遂拜之,二人曰:'丰干饶舌。'便连臂走出,寻其遗

　　〔1〕　原注:天台山有智者大师肉身塔,在真觉寺,与国清寺相距约十五里。

物,见拾得偈词。"据此,则三贤皆唐贞观年间寺僧也。

由天台县城至国清寺,可分两路,一出小北门,过万松径至寺[1],约七里。一出小西门,往西北,约七里至赤城山[2],再折东北入天台山,约五里至寺。

---

〔1〕 原注:万松径松林茂密,有"万松径"擘窠大字三,刻于山石上,其地苍寒逸趣,瀑响松声,令人萧然意远。
〔2〕 原注:赤城山山石皆赤,状如云霞,望之如雉堞,故名。

天台三胜

沈轶刘

载于《申报》1936 年 4 月 13 日，第 14 版。又连载于《盛京时报》1936 年 4 月 28、29 日，第 9 版，名曰《记天台三胜》。沈轶刘（1898—1993），名桢，上海浦东高桥人。早年毕业于上海中国公学中国文学系，长期从事报刊工作。有《繁霜榭诗词集》等。本文为作者游览螺溪钓艇、铜壶滴漏、琼台双阙三处胜景的记游，故名之"天台三胜"。

　　高明寺处万山中，幽阒奇秘，冠绝天台。自金地岭下，更越一岭，及门甬道如绳，山溪环其前，潺潺作清响，高树簇群绿，交映无际，炎汗遽消。入内，禅房重复，鸟声俱寂，索饭已，寻道探"螺溪钓艇"。山程七里，陟降困人，行渐曲折，有入山愈深之想；既而道尽，行溪石中，践乱流而渡，有顷，望一台在谷底不可即，导游者援以手而趾不能容，更以一人持其足而升之，遂登台。忽睹对岩石罅中，有大瀑如匹练挂空，夺窦而下，约二十丈，作二折，上折由石门坎顶来，其下深潭莫测，巨石蔽隙，澎湃汹涌，稍外便不得睹；四围高峰插天，围作天井，中有危崖，矗立水中，形如笔尖，号曰"石笋"，深翠重罩，奇花纷披，四山无人，斜日在树，万籁尽泯，惟闻水声潇潇，翛然作出尘想，此境盖非黄山所有。出溪登山，绕行而上数百级，两石壁立，中露微隙，仅容一人过，曰"石门坎"，略如黄山天门坎。其上有亭，可舒喘息，俯视石笋，转在脚下，螺溪之瀑不见影，唯一碧无缝而已，大乐，以短古写其胜："平台藏螺溪，石门锁重险。绿林不见渔，穷源略疑剡。兀笋脱天衣，飞瀑泻寒潋。仙艇横空山，人影碧如染。溪径闻樵歌，水光微一闪。"坐久微凉，循原道返，与山僧话景，余味犹醉醉也。

　　一宿径发，五里至塔头，真觉寺踞山巅，为智者禅师遗龛，丛竹交画，飒飒风声，顿忘行暑，香火清净，梵呗不作，下榻胜地也。东北度大寒风阙，虽天日晴和，微风不生，而遥飔过阙，猎猎如虎，导者曰："严冬过此，颇不能耐。"例以当时状,可畏也。十五里至龙王堂,居天台之中,孔道四出,有小市集,售米盐酒果之属。东趋华顶,北达石梁,西通桐柏,距程各十五里。就市楼庑下,瀹苦茗解渴,噉煮薯有奇甘,少选北进,地势广邃,曲窈多致。抵方广寺,清旷凉寂,丛阴蔽天,危楼一角,据石梁顶,曰"昙华亭"。琉璃作窗,开窗启牖,徙倚须臾,沸瀑水烹本山茶,风味远出。饭罢,循甬道出后户,径探"铜壶滴漏"。行七八里,樵径半辟,山容愈静,既抵有亭,山民煎茶奉客,小憩寻源,悬岩中虚如环玦,类半筒形;俯而窥,圆窦如井,急瀑悬井直下,约四五丈,为第一折。底有缺口,裂如壶嘴,由嘴喷薄而出,得第二折,厥状绝类斟茶,势最雄伟。广潭十亩许,作太极形,内半深不可量度,外环则浅仅及腰,可以为水嬉。遵磴下趋,越危石数十至潭旁,濯足清流,栩栩欲化。潭水下溢,垂为第三折,其状一如首折,瀑势则广漫如弛绘,平展几十余丈,而微作坡形,是为第四折,名"水帘瀑",象其态也。全景共四折,自上而下,亘二里,夺天地之巧,穷造化之奇,不特天台之冠冕,抑亦宇宙之灵秘,顾名思肖,实属巧不可阶,以四十字宠之:"天台无奇景,铜壶出其范。一折入瘖[1]井,再下势深湛。皑皑三四折,平空落天槛。独有水珠帘,脱鞘作泛滥。"天垂晚,林晖黯无色,微风送客,陶然赋归,倚昙华亭,纵目晚眺,鸣泉扑槛,凉月在天,历历前尘,禅机触发,吸苦烟,奇趣横生,一灯秋壁,虚室若死,悠然入梦。

次日访"琼台双阙",出庙西北行七里,群山忽严,奇岚飒至,天台本病无峰,不意琼台一角,竟弥缺憾。石骨槎枒,悬塾无地,曰"百丈坑",小具黄岳[2]面目。里许转层坡,一冈秀出如半岛,似黄山清凉台。四周溪谷深窈,乱青无际,天风披拂,衣袂飘举,其前孤峰特立如石笋,峰腰有小径缀平冈,缘径下,升峰巅,危耸壁立,仅可扪葛行;逾顶再下对方,愈不可步,下及半腰,有石磴一亭,平展其腹,穴壁如胡床,受二人。坐其上,群山万壑,排闼而前,天宇旷于上,绝涧断其下,高青大绿,扑眉翠欲坠,是谓"琼台"。对面双阙嵯峨,左右并峙,与琼台相呼应;风过处,万绿如波,排空直泻,天地之奇观也。状之六韵:"桐柏束东南,琼台出其下。中有百丈坑,双阙如支厦。巍巍仙人座,战栗不可把。翘首暮云飞,奇峰渐入复。桃源失西爽,刘、阮久成假。寥落古仙人,惟见天花洒。"返冈西望桃源,杳然烟雾,废然遂返。

---

〔1〕 瘖(yuān):干枯。

〔2〕 黄岳:即安徽黄山。

天台国清寺记游

秦俪范

载于《佛教日报》1936 年 8 月 23 日,第 2 版。本文为作者游览国清寺之后的简单记游之作,作者认为天台山名胜甚多,而以国清寺为最著。

初到天台,观感所及,并无想像中所有之伟大,但一经入山,便觉峰峦重叠,气象万千。据《名山图会》云:"天台山高一万八千丈,周围八百里。"当自新昌向嵊县进发时,遥望之,此种数字,当非虚语。相传汉刘晨、阮肇,入天台采药,在山径邂逅二女子,及归家时,已与尘世相隔七世。余如丰干禅师、寒山、拾得等故事,亦为世人所熟知。天台最高处曰华顶峰,另用画面表之。

国清寺之名,因丰干禅师、寒山、拾得等故事而益著。自台州正道入山,第一个名所,即为国清寺。入山时不觉甚峻,其实此处山势已高,回首望去,天台县城,宛如已在下界。

出天台县城不五里,形似石笋之古塔,在苍郁之林影里,已能窥见。渡丰干桥,则悬敕建国清寺匾额之门楼,已赫然呈于目前矣。

全寺虽渐就荒废,但只观其轮廓,已可想见当时建筑之崇宏。寺外市廛凋零,闻每当清明节香汛时,则有临时商店之集合,平时则慑于土匪,都以迁地为良矣。

国清寺之厨房,不论中国人与日本人见之,同样可以引人注意,规模之大,较金山寺或普陀前寺者,似均有过之无不及。大雄宝殿之左,堂宇轩然,署有三贤遗迹,为丰干及寒山、拾得之祀。

山中名胜甚多,而以国清寺为最著,石梁胜迹,尤为唐宋以来骚人墨客游观之所。

到国清寺道中,除真觉寺差强人意外,别无他处足供流连。山中行经小学校一所,占地不多,而布置井然,就山边隙地种植菽麦蔬果之属,颇堪自给，日常所需，不必外求。

过真觉寺后，翻越一岭，眼界顿为展开，山岚起伏，连绵东北趋，高高下下，尽收眼底，沿谷转去，止于石梁桥，一时觉得过去之历史古迹，一一涌现脑际，此身仿佛与隔世之古人为伍，一种不可思议之兴奋感觉，有非楮墨所能形容者。

路边野生之海棠枝上，白头翁之啼声，间或得闻，又如山中女神之声声迎客焉。入方广寺，住持出山茶相飨，香沁肺腑。款谈时并为言前年土匪来袭，被斫去一踵，出示则伤痕宛然，言时犹不胜唏嘘，微僧此言，不知此身之尚在此现实之尘世界耳。

溪

陆 蠡

　　载于《文季月刊》1936 年第 1 卷第 6 期。《文季月刊》1936 年 6 月 1 日创刊于上海，巴金、靳以主编，良友图书公司发行，以发表进步作家的中、长篇小说为主，兼及剧本、短篇小说、文学评论及译作，停刊原因及时间不详。陆蠡（1908—1942），原名陆考源，字圣泉，笔名陆蠡，另有笔名陆敏、卢蠡、大角等，浙江天台人，散文家和翻译家。1931 年毕业于上海国立劳动大学工学院机械工程系，先后在泉州平民中学、上海文化生活出版社工作，1942 年在上海被日本宪兵逮捕杀害。本文叙写了家乡小溪的景色、景观、儿时记忆、传说和家庭，表达了作者努力抛开个人家庭不幸的襟怀以及对家乡的热爱和眷恋。

　　你说你是志在于山，而我则不忘情于水。山黛虽则是那么浑厚、淳朴、笨拙、呆然若愚的，有仁者之风，而水则是更温柔、更明洁、更活泼、更有韵致、更妩媚可亲，是智者所喜的。我甚至于爱沐在水底的一颗颗圆洁的卵石，在静止的潭底里的往往长着毛茸茸的绿苔，在急湍的浅滩中则被水磨挲得仅剩一层黄褐色的皮衣，阳光透过深浅不一的水层，投射在磊磊不平的石面，反映出闪动的金黄色的光圈。一粒之石岂不能看出整座的山岳来吗？卵石与粒沙孰大？山岳与世界孰小？倘能参悟这无关闳旨的微义，将不会怪我故作惊人之语了。"给我一块石，便可以造出整个的山来。"也不过是一句老话的脱胎。

　　不知你有否打着赤足渡过一条汩汩小溪的经验？你的眼睛只能望着前面的一个目标、一株柳树或是一个柴堆；假使你塞着衣裳呢，则两手便失却保持平衡的功用了；脚下的卵石又坚硬，又滑，走平路时落地的总是趾和踵，足心是娇养惯了的，现在接触上这滑硬的石子，不好说痛，又不好说痒，自然而然便足趾拳曲拢来，想要缩回，眼光自动地离开前面的目标，移到滔滔流逝的水面,仿佛地在足下奔驰,感到一阵晕眩。此时你刚走过小溪的一半,水淹没了半条腿的样子,挟着速度的水流从侧面一阵推荡,便会"啊呀!"一声被冲倒。等你站直身子来,已襦裳尽湿了。

我初次爱水有甚于山的时候,是在黄梅久雨后的晴天。雨丝帘幕似的挂在我的窗前有半个多月了,"这是夏眼〔眠〕呢,"我想。一天早晨靠东的窗格里透进旭红的阳光,霍地跳起身来,跑到隔溪的石滩上。松林的梢际笼着未散尽的烟霭,树脂的气息混和着百草的清香,尖短的柳叶上擎着夜来的雨珠,冰凉的石子摸得出有几分潮湿。一片声音引住了我,我仰头观看,啊!沿溪的一带岩岗,拍岸的"黄梅水"涨平了,延伸到水里的石级,上上下下都是捣衣的妇女。阳光底下白的衣被和白的水融成一片。韵律的砧声在近山回响着。"咚!"一只不可见的手拨动了我的一根心弦,于是我爱上这汤汤的小溪,"洋洋乎志在流水"了。我摹绘着假如这是在月光里,水色、衣色和月色织成一片,不见捣衣的动作而只有万山齐应的砧声,"长安一片月,万户捣衣声"。那便未免有玉关哀怨之情,弥漫着离愁之境了。我宁愿看到晨曦里的浣妇,她们的身旁还玩着梳着总角髻的孩子,拿一根柴枝,在一片树叶上或一团乱草上使劲地捶,学着姐姐和妈妈们的动作。

我初次爱水有甚于山的时候,是在我游罢归来之后。自从泛迹彭蠡[1],五湖于我毫无介恋,故乡的山水乃如蛇啮于心、萦回于我的记忆中了。我在别处所看到的都是莽莽的平原,没有一块出奇的山。湖沼是有的,那是如妇人在晓妆时被懒欠呵昙了的镜,或如净下一脸脂粉的盆中的水,暗濛而厚腻的;河流也见得很多,都是黄,或者发黑,边上浮着朱门里倾倒出来的鱼片、肉片、菜片,如同酒徒呕出来的唾沫。我如怀恋母亲似的惦记起故乡的山水了。我披着四月的雾,沐着五月的雨,栉着八月的风,蹈着腊月的霜,急急忙忙到这水边来。倘使我做了大官回来,则挂冠之后,辟芜芟秽,葺舍读书于山涯水涯,岂不清高之至!而我往来只是一条穷身,所以冒清早背着手来望这一片捣衣了。

人每每有溯源穷流的爱好,这探索的德性我颇重视。你问这溪流源出自什么地方,这事我洽洽〔恰恰〕知道。我就很小的时候开始用"呜呼"起头做作文的时候便知道了。那是一位白须的先生告诉我的。我以后也没有去翻考县志通志,所以我知道的只限于此。我讨厌别人背诵着县志里的典故

---

　　〔1〕　彭蠡:即彭蠡湖,为鄱阳湖古称。

和诗词，我也不看名人壁上的题句，我不愿浪费我的强记。你该以我回答你的问题为满足了。这溪流发源于鹧鸪山，用这多啼的鸟名山，是落入宋人风格的，则此山的命名肇于宋代可知。那也该在南迁之后，则我的祖先耕牧于这山水之间，已八百年于兹了。

你看这溪流曲折，在转角的岩壁之下汇成深潭。潭中有很大的鱼，一种有着粗的鳞、红的鳍、绿的眼、金黄的腹和青黑的背，是极活泼的鱼，我们叫做"将军"，在水中是无敌的，一出水立刻便死了，这颇合于英雄的本色。这潭里的鱼虽肥且多，可是不准捞捕，岩上不是镌着"放生"的大字么？垂钓是可以的。你有"猫儿耐心乌龟性"么？当然可以披上衰〔蓑〕衣，戴上箬笠，斜风细雨中，把两根钓竿同时放在水里。我也钓过的，那是阴雨迷濛的天，打在身上的雨好像雾一样，整半天也不会潮湿。这样的雾雨落水便无声了，只把水面罩上一层轻烟，而水中的人影便隐约得好像在锈上了铜绿的被时代遗弃了的古铜镜里照见的面颜。说鱼儿是因为看不清钓者的脸，才大胆地浮上水面来游戏呢。这里我不想引物理学析光的原理来证明鱼在水中所能望及水岸上的可怜的狭小的视野。不是在谈钓鱼么，我钓鱼了。我袋〔带〕了几把米，罐里放了几条虫。我怕虫，还是央邻哥儿替我钩上去的。放钓了，在虫上啐了一口吐沫，抛了出去，"唑……"在水面上撒上一把米，说"大鱼不来小鱼来"啊，便耐心等着，许久，不见动静，"唑……"复撒上一把米，等着，等着，仍是一丝不见动静，邻哥儿却捞了半尺长的金鲤鱼了。"唑……唑……"，我复撒上一把米，白的米在水中一摇一晃地沉下，我的浮标依然不见动静：我开始想这撒下白米是什么意思？这无齿的鱼！是听见"唑……唑……"的声音便疑是坠下什么东西来了前来觅食么，还是看到这白色耀眼的米来察看究竟是什么的出于好奇之感？看看衣袋里的米撒完了，我抓了一把沙，"唑……唑……"，毫不吝惜地撒下去，过了半天，浮标动了，捞上来的是半寸长的鲫鱼。我笑了，我的半袋白米！我以后就简直灰心得懒得垂钓了。

你不看这溪岸么？山岗自远处迤俪而来，到这溪边成了断壁。壁下被流水冲空了的岩麓像是巨龙的口，像是饮水的巨龙。那向左蜿蜒起伏的便是龙尾。对，此地便名叫龙头。这头上有一块草木不生的岩皮，告诉你一个故事吧，这故事不载于府志，不载于县志，不载于"笔记"，不载于"志异"，而我洽洽〔恰恰〕知道。原来这片岩岗是活龙头。从前一位堪舆先生说这龙额底下是大吉祥之地——你知道么？这龙额下正是我的家，——卜宅在龙额下是"福禄寿考"的，当时我们的祖先不信，他便说："你去站在龙尾，我站在龙头大喝一声,龙尾便该拨动起来。"他们这样做了。堪舆先生站在龙头大喝一声,龙尾动了。于是站在龙尾的便派了一个孩子传语道:"龙尾动了。"而这孩子口齿不清传错了说:"龙不动了。"堪舆先生大怒,遂喝道:"畜生,该剥皮哪!"于是龙头上便成了一个疮疤,一年四季不生青草。这疮疤在龙的额上,而这额下便是我的家。

"这吉祥的土地。……"

"但福祺却永远闪避开我的家。我们年来只是遭遇丧忧。"

"怎样,你声音低噎了么?说你们年来遭遇的只是丧忧。"

"原来说山说水,是要把这些忘怀,而不幸这山中水中有了我的家。'人徒然想襟抱着自然,而在整个自然中他所系念的只是小小的一点……'一位浪漫诗人曾说过这样的话,人的天地竟狭小得可怜!然而,看你的目光移上这溪边东西两端的两颗〔棵〕大树,让我把所知的再告诉你罢。"

既然是龙头,则龙头岂可无角?是哟!这溪东西两尽头的两株十数围的大樟树,岂不是嵯峨的两只龙角?因为是龙的角,所以十数年前樟脑腾贵的时候幸未被商人采伐制成樟脑运销到金元之邦。东端的树下我是熟识的,秋时鸦雀吞食樟子,果皮消化了,撒下一颗颗坚硬的乌黑的种子,亮晶晶地看来一点也不肮脏,我们是整衣袋装着,当作弹子用竹弓打着玩的。樟树朝南向溪的方向,挖了一个窟窿,这是无知的妇女所作的伤残。她们求樟神的保佑,要给她们中了花会——这是妇女们中间流行着的一种赌博——竟不惜向大树跪拜,许愿说着了之后拿三牲福礼请它。结果是没有中。愤怨使她们迁怒于树身,便在树根近傍凿了一个窟洞,据说凿时还有血浆流出来哩。这树底下是我们爱玩的地方,这树荫覆着我的童年,愿它永远郁茂葱茏罢。至于西边长着另一株树的地方是一个幽僻的所在。那儿一带都是无主的荒坟。说时常有男女到那里去幽会,那想怕不是真的。直到现在我还不曾细细去踏一遍。我仅遥望着树下双双的池塘,被蓼芪和菖蒲湮塞。夏初布谷从乱草中吐出啼声来。

让我们的幻想不要窜进那阴暗的坟窝,让我们记忆的眼睛落在昼夜不息地渲潺着的小溪的岸上。浣衣妇一一携着衣篮归去了,把白的衣被无次序的铺晒在岩上、石上、草上,令远处望来的人会疑是偃卧着的群羊,恍如闹市初散,溪边留下一片寂寞。屋背的炊烟从黑烟变成白烟了,那是早饭要熟的时节。我颇不想离开这可爱的小溪。想到会有一天仍将随着溪水东流而下,复回复到莽莽的平原去看看被懒欠呵冒了的妇人的妆镜和洗下油脂腻粉的脸水似的湖沼,或到带着酒气和血腥的黄浊的河流边去过活时,不胜悲哀。

天台山游记

李书华

载于《禹贡半月刊》1936 年第 6 卷第 1 期。又有禹贡学会 1936 年单行本。《禹贡半月刊》为中国禹贡学会会刊，顾颉刚主编，1934 年 3 月 1 日创刊于北京，1937 年 7 月卢沟桥事变之后停刊，共出 82 期，属历史地理专业刊物。李书华（1890—1979），字润章，河北昌黎人。曾赴法留学，获博士学位。1922 年回国后任北京大学教授、物理系主任，中法大学代校长、教育部政务次长、中央研究院总干事等。著有《原子论》《碣庐集》等。民国二十五年（1936）四月下旬，作者与吴稚晖、蔡元培相约往天台山旅游，29 日，一行 6 人从杭州乘车，经绍兴、曹娥江、嵊县、新昌、拔茅、会墅岭抵达国清寺，随后数天里游览了国清寺、高明寺、真觉寺、华顶、石梁、铜壶滴漏等胜迹，5 月 1 日，返至国清寺，结束旅行。本文对游历的里程、时间、温度、海拔等详细记录，可以看出作为学者的作者严谨求实精神。随本文附载有游览照片 9 张、地图 2 幅，整理时选取照片 2 张。

民国二十五年四月下浣，在京与吴稚晖[1]、蔡子民[2]两先生约定于是月二十八日同经杭州，出游天台、雁荡。吴、蔡两先生，早岁奔走革命，足迹几遍全球。近十年来吴先生已遍游国内名山大川，行踪所至，东极于海，西暨川陕，南入云贵，北抵蒙古。就名山而言，凡五岳及黄山、匡庐、天目、三峡、峨眉诸胜，均已先后登临，其未至者独天台与雁荡耳。往者数约余同游，

---

〔1〕 吴敬恒（1865—1953）：一名眺，字稚晖，以字行，原籍江苏省常州府武进县，出生于江苏武进和无锡交界处的雪堰桥。中华民国开国元老、中央研究院院士。著作有《荒古原人史》《天演图解》《上下古今谈》等。

〔2〕 蔡子民：即蔡元培。

然皆未果，及今乃得重提旧事，相偕一往。吴先生今年七十有二，硕壮无朋，喜山行，日行七八十里，仍毫无倦容。蔡先生少于吴先生两岁，精神矍铄，游兴至浓。余此行得随二老之杖履，增加游山之经验，为至幸也。

第一日〔1〕由沪搭火车赴杭

廿五年四月廿七日，蔡先生及蔡夫人由沪径乘汽车赴杭，余则与吴先生于是日下午三时，由沪乘京闸特快通车赴杭，车中遇熊秉三〔2〕先生及夫人。七时抵杭，适值天雨，徐季荪先生(锡骥)〔3〕到站相接，告以蔡先生及蔡夫人已至其宗〔家〕，及相偕去站，同至徐宅，晤蔡先生，始知季荪先生已为余等备妥住室。晚餐毕，聚谈至夜十时半始寝，是夜大雨不止。

季荪先生乃烈士徐锡麟先生介弟，少岁留学日本，治药学，归国后，自制药品极多，盖能以所学致用者。暇时辄喜遨游山水，闻其自天台、雁荡归来未久，而仍愿作导游同往，盛情至可感也。徐宅在杭州大方伯银枪巷，即广济医院之后。曾忆民国廿三年二月，余与翁咏霓〔4〕先生同游西安，出席北平研究院与陕省府合组之陕西考古会第一次会议事毕，余回平，咏霓赴京，于京杭国道中覆车受重伤，即在广济医院疗养。余于是年四月间，与任叔永〔5〕、高曙青〔6〕两先生，由丁在君〔7〕先生之引导，曾一视咏霓伤。今旧地重游，而在君逝矣，往事回思，不禁有邻笛山阳、黄垆再过之感。

---

〔1〕 原注：二十五年四月二十七日。

〔2〕 熊希龄(1870—1937)：字秉三，别号明志阁主人、双清居士。出生于湖南湘西凤凰县，祖籍江西丰城石滩。民国时期著名的教育家、社会活动家、实业家和慈善家，北洋政府第四任国务总理。今辑有《熊希龄全集》。

〔3〕 徐锡骥(1883—1953)：字季荪，浙江山阴东浦人。辛亥英烈徐锡麟四弟，早年加入光复会，一生主要从事实业。

〔4〕 翁咏霓：即翁文灏。

〔5〕 任鸿隽(1886—1961)：字叔永，四川巴县人。著名学者、化学家、教育家和思想家。辛亥革命元老，中国近代科学的奠基人之一。

〔6〕 高鲁(1877—1947)：初字叔钦，后改字曙青，福建长乐人。早年就读于福建马江船政学堂。1905年赴比利时布鲁塞尔大学留学，获该校工科博士学位。曾任中央观象台台长、中央研究院天文研究所所长，发起筹建紫金山天文台，参与选址工作，是中国天文学会创始人之一。

〔7〕 丁在君：即丁文江。

第二日〔1〕因雨留杭

晨六时起,本拟于此时起程赴天台山,因雨仍未止,遂不果行。是日稍凉,气温摄氏表一六度。稚晖先生因眼疾小作,偕余至广济医院对门之杭州药房购硼酸水一瓶,用以洗眼。旋即回徐宅,因雨大,未再出门。

下午雨仍未止,蔡先生仍留寓中。吴先生与余乘人力车,至西湖湖滨第二公园散步。信步至西园茶社楼上品茗,俯临湖光,至足悦目。游兴骤发,不可遏抑。遂与吴公下茶楼,觅小舟徜徉于烟波浩荡中,水天一色,直视无际,此身如在图画中矣。及荡舟至楼外楼,即舍舟登岸,径返徐宅,时已傍晚,万家灯火矣。饭后,九时半就寝。

第三日〔2〕由杭赴天台山,晚宿国清寺

晨六时起,天仍微雨,室外温度摄氏表一五度。吴、蔡两先生暨同游诸君,以天晴无期,遂决意冒雨前行。

今晨杭州报纸载有稚晖先生游杭新闻,文长至半页,所记事亦极详尽:如云在某某茶馆吃茶一杯,小洋一毛,又在某地吃面食一碗,小洋三毛,同时又游灵隐寺等词,盖皆出之意造,迥非事实也。

晨八时四十五分,余等由徐宅动身,分乘汽车两辆,一系蔡先生自用车,一系赁自浙省公路局。是日同游者六人,蔡先生及蔡夫人、吴先生、徐先生、陈仲瑜(政)〔3〕先生及余也。仲瑜为北大旧同学,曾服务铁部,时正寄居杭州。

留杭两日,徐宅菜蔬异常丰美,点心亦极讲究,因之两日口腹工作,极为紧张;而季荪先生更殷勤款待,使余等有如归之乐。出发时,更为备精美食品,以为山行之需,其用心周至,使余今日思之,犹觉不能忘情也。

晨九时至浙江第一码头,即钱塘江之杭州码头。时雨渐止,余等汽车乃登至渡船上渡至彼岸。按渡船系两个大木船平列接连而成,其前则以汽船拖之而行,此种渡船,乃浙江建设厅所主办。余于民国廿一年由杭赴绍,曾于此处坐渡船一次,此为第二次矣。现时第一码头之上流,正在建筑钱塘江

---

〔1〕 原注:四月二十八日。

〔2〕 原注:四月二十九日。

〔3〕 陈政:字仲瑜,浙江绍兴人。毕业于北京大学哲学系,曾任教于浙江大学文理学院。

大桥,此桥筑成,行旅当极便利。

晨九时半,渡船开行;九时五十分,即达钱江东岸之钱江义渡码头。此处为浙赣铁路之始点。十时汽车由码头向东开行,经萧山县城,至衙前,有沈定一先生纪念塔及其造像,巍然独立。更前为阮村、柯桥、西郭,过此乃达绍兴城西站,时为上午十一时零五分。绍兴为春秋时越国国都,浙东之名城也。绍兴有汽车站三:西站居其一,余二站,曰北海、曰五云。蔡先生旧居在城内笔飞弄,距北海站甚近。蔡先生谓:"笔飞弄相传为王右军掷笔处。昔王右军以书名,求书者踵相接,王颇厌之,掷笔于地,笔旋飞去。此亦齐东野语,无可征信,以之作茶余谈料可也。"出绍兴城东行,过东湖,为昔时凿山开石所成。陶心云先生浚宣[1]别号稷山者,就湖筑别墅而居之,别构仙桃、陶公诸洞。复创东湖书院,后改称通艺学堂,以建筑精巧,别具匠心,又饶天然风趣,故近日已成绍兴名胜,为游旅所乐道。今主管其事者,为心云先生之孙,陶缉名先生;克绍箕裘,上继心云先生之志,亦可为此名胜庆矣。余于民国廿一年六月,来绍游兰亭、禹陵诸胜迹,曾居东湖三日,得从容领略佳胜,至今犹感贤主人不置。

绍兴,业酒之肆甚多,盛酒之坛累累,触目皆是。附近水上多小船,船夫坐船尾上,以足摇左右两船杆,其行甚速。城外野间坟墓颇多,据言棺木皆系平放地面,外包石椁,或覆以土,或露地上。凡此种种皆绍兴之特点也。

再东进,达曹娥江西岸之娥江站。车至此暂停,余等至江边,遥见水天一色,三五小艇,错杂于缓流之上,如孤云出岫,任其所之,心胸为之一爽。江之东岸为百官,火车由百官可通宁波。江上无桥,汽车过江,须用渡船载渡。此时季荪先生取出所带来之点心,牛肉干、糖果、豆腐干、蜜橘等物,与余等分而食之。

正午十二时,乃开车向南行。公路距曹娥江甚迩,与江平行,路直且坦,其宽可容两汽车并行。浙省公路四通八达,洵为各省之冠。由娥江站起身后,天忽阴雨,但未久即止。沿路多黄杜鹃花,田中多乌桕树林。乌桕树果实之油,可以用之制蜡烛及肥皂。用此油所制之烛,纯系真素,故寺庙祭神咸购用之。

过三界站后,即有往来竹排及皮笼。竹排为竹所制之筏,放之水上,其行极速。皮笼为长方形之轿,以两人抬之。

---

〔1〕 陶心云先生浚宣:即陶浚宣。

下午一时二十分至嵊县，渡剡溪桥〔1〕。一时四十分抵新昌，稍憩。一时五十五分复前行。二时五分至拔茅，此处公路有岔道二，东道可达溪口、宁波，东南道可达天台。二时半至会墅岭，因连日天雨，公路旁土坡之石子及土块，被雨冲下，车行至此，大感不便。是时，司道工人正在修理，因道不平坦，汽车至此，发生阻碍，修路工人帮同推行，得以勉强通过。经会墅亭而达会墅岭之最高顶，海拔三六〇米。岭上多红色杜鹃花，灿烂眩目，亦足以启发游兴也。旋达关岭，海拔三一〇米。过关岭而下，渐次至平原。三时四十五分过天台县城，旋向左转湾〔弯〕，取道支路，于三时五十五分抵天台山之国清寺（图1），海拔一三〇米。此时气温为摄氏表一八度，寺门则南向者。

图1　国清寺大门

考国清寺建于隋开皇十八年，寺图为智者大师所勘定。隋炀帝为晋王时，始命王弘督工监修，时智者大师已于二年前圆寂矣。按智者大师为天台宗始祖，名智顗，字德安，颖川人；年十五入沙门，陈宣帝太建七年入天台，度石梁，宿定光禅师庵中；隋炀帝为晋王时，最崇奉之。居天台山二十三年，募修道场凡十又二，国清寺其一耳。

国清寺前山坡上有隋炀帝所建之报恩塔，塔为九级，高约十余丈，为六边形。距大塔不远，列于道旁有小塔七，盖皆寺僧墓也，俗呼七星塔。

寺之四围，古木参天，浓阴匝地。寺前左右两深涧，山水流过，潺潺有声。其上石桥曰丰干桥，过桥即达寺门；所谓"双涧回澜"之胜，即称此景。又桥南照壁上，有"教观总持"四字，为王震先生所书。

余等于丰干桥畔下车，即见寺僧来迎。余等信步登桥，纵目所之，山光水色，顿使车尘一涤。度桥入寺，首进为雨花殿，钟鼓两楼，分峙于左右，而

〔1〕　原注：在曹娥江上游。

大雄宝殿居其中；殿前柏樟各二株，均极苍老。寺僧引余等至寺左新建之待客室中，余等分居于楼下。闻邵翼如[1]先生及夫人张默君[2]女士，昨已到此，居于楼上，本日晨已入山矣。楼上下房间极宽阔，能容二三十人，余等居之，亦甚觉舒适。寺中方丈越德[3]，人极诚笃，相待亦甚殷勤。

稍憩片刻，即由寺僧引导，绕全寺一周。其伽蓝殿前，有古梅一株，干已枯而枝叶尚茂盛，寺僧谓为隋代所植，然在植物家未证明以前，亦惟姑妄听之而已。次至方丈院，横额题曰"晋唐古方丈"，为嘉庆时阮元所书。过香积厨，见有大漏沙锅，直径丈余，亦奇观也。

三贤祠在大殿之右，内奉丰干、寒山、拾得三子；三子者，皆唐代高僧也。旁为罗汉堂，奉五百罗汉像。前为三圣殿，祀势至、释迦、观音三像。殿旁嵌有王右军书"鹅"字石刻，乃曹抡选补书者。寺前一院，亭池宛然，有石刻"鱼乐国"三大字。复前行，过丰干桥左转，沿溪岸行半里许，始返寺。时已天晚，季荪先生已预将所带来之各种食品，分置桌上，每人一份，并购得大新竹笋二根，烹以佐餐，其味鲜美异常，闻此笋即产自此山中云。

进餐时，谈及食菜所用之筷子历史。蔡先生云："汉张良时已有箸，箸即筷子。筷子之流行普遍，系在六朝时。南方行船要快，而古时'箸'字之读音，与'者''迟'同，故后改'筷'从'快'。又如行酒令之'快喝酒'取喝酒之酒与'九'同音，但'九'与'久'又同音，恐船迟到，又加以'快'字。盖均船上寻常所说之语"。云云。筷子本为每人所用之物，但知其历史者甚鲜，因特为记录。饭后已九时，稍憩即寝。

第四日[4]游高明寺、真觉寺、拜经台，晚宿华顶寺

晨六时半起，气温摄氏表一六度。昨夜小雨缠绵，今晨仍未放晴，寺僧已代雇妥藤轿六乘。早餐后，已七时半，同乘轿出发，吴先生亦破例坐轿同

---

〔1〕 邵元冲(1890—1936)：初名骥，字翼如，浙江省绍兴人。早年加入同盟会。曾任孙中山行营机要主任秘书、国民政府委员等。1936 年 12 月 12 日西安事变时被士兵开枪击伤致死。著有《邵元冲日记》等。

〔2〕 张默君(1882—1965)：原名昭汉，字默君，号涵秋，湖南湘乡人。同盟会员，邵元冲夫人，曾任《大汉报》主笔、国民党中央监察委员、立法委员。书法四体兼擅，有《默君诗草》等行世。

〔3〕 原注：字可兴。

〔4〕 原注：四月三十日。

行。近七八年来，余与吴先生远近同游，不下数十次，从未见吴先生坐轿，且每次均在他人之前，健步急行，同游者或为中年人，或为青年人，有时在途中力尽声嘶，叫苦不置，而吴先生则步履从容，无少倦容。尤忆民国二十二年六月中旬，吴先生与褚民谊[1]先生及余同游南岳衡山，同行尚有胡庶华[2]、余籍傅[3]、张仲钧[4]诸先生。当时颇蒙湘省主席何云樵[5]先生盛情招待，事先曾为备妥轿子，吴先生仍步行上山下山，轿夫不得不抬空轿随行，吴先生则始终未乘。此次吴先生乘轿游山，真颇天荒之创举也。

过丰干桥后，沿溪向北行，水流甚急，而地则渐行渐高。山中树木颇多，而以杜鹃花为尤夥，花分红黄两种。九时十分抵高明讲寺，海拔三八〇米；寺后即高明岭，故名。考此地亦为智者大师所开，建于唐昭宗天祐七年，初名高明寺，宋真宗大中祥符时，易名净名寺，后又复旧名；明清两朝，均复重葺。

高明寺正殿奉铁佛三尊，高均逾丈。寺僧见余等至，乃出寺中传代之珍品四种与观：（一）袈裟，系丝织品，据云：为隋炀帝所赐之物。（二）紫金钵，系铜制，径约及尺。（三）《贝叶经》，系梵文，计十余页，长均尺许，宽均二寸。（四）《陀罗尼经》，据云：旧者为智者大师所手抄，今已遗失，现存者为元通和尚所补抄。寺僧又云：此四物除《陀罗尼经》已散失外，其他三物，皆智者大师之遗泽，至可宝也。

九时四十五分，由高明寺起程。十时二十五分抵真觉讲寺，海拔五六〇米。寺前有唐宪宗元和四年智者大师道场碑，盖由大慈寺中移来。按大慈寺故址，在东冈，今仅存破屋数楹，亦沦为民居。真觉寺正殿中，一塔矗立，高约二丈，通体石制，雕刻精巧，油饰亦丽，即智者大师之墓。盖大师于隋文帝开皇十七年圆寂于新昌之大佛寺中，其徒葬之于此，建此塔院；至宋真宗

〔1〕 褚民谊（1884—1946）：字重行，浙江湖州人。中华民国时期著名政客、外交官、中国国民党元老，抗战期间叛国投敌，沦为汉奸，成为汪伪政府要人。抗战胜利后被国民政府以汉奸罪逮捕，1946 年 8 月 23 日被执行枪决。

〔2〕 胡庶华（1886—1968）：字春藻，湖南攸县人，教育家，冶金学家，曾任重庆大学、同济大学、湖南大学校长。

〔3〕 余籍傅：湖南长沙人。曾任湖南省建设委员会技正、湖南省建设厅厅长。

〔4〕 张仲钧（1891—1941）：湖南长沙人，同盟会员，1941 年 10 月因抨击湘省时政被暗杀。

〔5〕 何健（1887—1956）：字云樵，湖南醴陵人。民国将领。保定军官学校毕业，历任营长、团长、师长、军长等职。

大中祥符元年,始称真觉寺,又名塔头寺。

十点四十分,由真觉寺动身。正午十二时抵龙王堂村,海拔七五〇米。此村附近多稻田,盖平地多也。村有岔路二:一东向,可至华顶寺;一西北向,可至方广寺及万年寺,盖龙王堂村实为天台山诸路交会处。村中有小饭铺,轿夫在此用午餐。季苏先生又取点心,分与同游,以代午饭。

众进食毕,稍憩,复东行,就华顶道蜿蜒岭上,颇平坦易行。下午二时至华顶讲寺,海拔九〇〇米。是时气温摄氏表一二度半。按华顶寺昔称善兴寺,门略向西南,寺肇自晋代,智者大师曾于此礼禅,寺凡数遭大劫,剥落几尽;近又重修,尚未竣工。已修成之客堂至为宽阔,两旁寝室可容二三十人之谱。住持兴慈出而招待,略进饮食,即准备赴拜经台,一游天台绝顶。

下午三时四十五分,由华顶寺赴拜经台,蔡先生及蔡夫人乘轿,余者均步行。路虽渐高,而道则平坦易行。夹路多婆罗树,亦此间特产,途经太白堂未停,准备下山时再游览,盖急欲先登峰造极也。

吴先生至此游兴益豪,大步前行,众随其后。吴先生游山,每喜由险路而行,尤喜于荆棘中攀登而上,一般游人所行之山路,先生则不欲行也。此次由华顶寺至拜经台之路,逐渐登高,然却平坦易行,直如康庄大道,即道旁之山坡,亦无险峻难行之处。吴先生至此,亦无由偿其宿愿,惟以其自然之大步,与其习惯之急行,先众人到绝顶而已。季苏先生谓:"吴先生无所争,必也走乎!"而同游亦竟无能对此下句者。

下午四时十五分,抵拜经台,即华顶峰,为天台山之绝顶。相传此地为智者大师拜经处,故以是为名。以高度表测之,知其地为海拔一一〇〇米。山顶有庵。入门有"隋智者大师拜经处"题字刻石,又有石刻"天台第一峰"数字,庵前有短石碣,刻"拜经台"三大字,已破一角。余等至此石碣上,置大碗一,满盛以水,使一眼在碗后与水面齐,沿水面之延长线(水平线)对准周围各峰测视之,则见群峰皆略低于此水平线,以是知此峰确为最高。居高远眺,旷然四望,俯视诸山,层叠罗列,心神为之一快。庵后有塔名降魔塔,乃新建者。余等在拜经台短碑及降魔塔两处,皆曾合摄一影。

旧传:"天台山高一八〇〇〇丈,周围八〇〇里。"若周围有八〇〇里,则自山脚至山顶,当有百余里之数,故有一八〇〇〇丈之说。盖古人所谓高者,殆指缘山坡由脚至顶之距离而言,与今人之所谓高度或海拔者绝对不同也。

考天台山之名,始自《内经山记》。《天台县志》云:"天台顶对三辰,或曰当牛女之分,上应台宿,故曰'天台'。"至于台之为郡,推原于汉,唐改台州,而天台故始丰地，至宋太祖建隆时，始改为天台县，盖均以天台山而得名也。

游毕，旋即下山，过太白书堂，以其无甚可观，稍留即去。传李太白昔曾游此，后人附会，为建此堂。堂前有池二：一称龟池，以池中有石隆起如龟形，因以得名；一称墨池，相传为王右军洗笔处。殆皆虚设之词，非史实也。

回华顶寺，进晚饭，于寺中又得许多鲜笋，蔡夫人与季荪先生同任烹调，菜味至美，大饱口福。吴先生笑谓："不但游山，今且吃山矣！"语颇解颐。饭后，九时就寝。

第五日[1]游方广寺、石梁飞瀑、铜壶滴漏，晚宿国清寺

晨六时，天晴，室内温度摄氏表一二度。七时起程赴石梁，下山之路，甚易行。时满山红杜鹃花盛开，如笑脸相迎，使余等顿起美感，精神为之一振。

八时二十分，抵方广寺。晋时昙猷尊者曾在此结茅庵，宋徽宗建中靖国时建寺。初有上方广、下方广二寺，石梁介乎其中，昙花亭则在石梁旁，后改称昙华亭为中方广，自是方广乃有三寺。

上方广寺坐西向东，附近树木甚多。寺前金溪，水由南向北流。僧塔七座，排列于寺前。过桥入寺，殿中十八罗汉像，雕塑至工且巧。正殿之后为方丈，其左为罗汉堂。余等略一瞻仰，即步行循金溪，赴中方广寺。金溪堤上绿阴蒙密，鲜花杂缀，溪水激荡，其声甚大，景之清幽，信足以娱悦耳目也。

过桥右折而下，至中方广寺，海拔五〇〇米。沿寺外之石级而下，即至石梁东端，俯视深潭，清冽逼人。上流金溪至此，与西来之大兴坑合流汹涌，从石梁洞泻下而为大瀑布，即石梁飞瀑，高约二十丈。而飞瀑上之石梁，乃一天然巨石，东西向，架于两岩之间，长约三丈，厚约丈许，宽约一尺，其狭处仅五寸。石梁西端有铜龛（图2），高三尺余，铜龛后有大石壁立。

石梁之南，镌"前度又来"，下方刻"万山关键"。旁有康南海所书"石梁飞瀑"，挺秀可喜。余字尚多，已不复忆及矣。

中方广寺坐东南，略向西北。寺中客厅旁有客房三间，各有寝榻四五具，可容旅客十余人。客厅对面正东悬"昙花亭"额。客厅西窗，下临石梁，推窗一览，则全景皆入眼帘中矣。壁上悬傅沅叔[2]先生所书横条，中有"奇情壮采，冠绝宇内"之句，即为石梁瀑布而颂也。

余与吴先生顺石梁左侧之小路而下，过竹林，登溪石，仰观石梁，如横悬

----

[1] 原注：五月一日。

[2] 傅沅叔：即傅增湘。

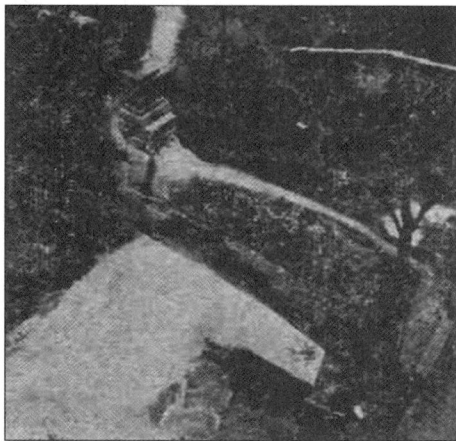

图 2　石梁及其西端之铜龛

空中；而瀑布飞流，从空而下，声振耳鼓，水花四溅，如细雨然。少顷蔡夫人、季荪、仲瑜两先生亦至，蔡先生则独留中方广寺未来。余与吴先生在此摄影多幅，以志印痕。

　　石梁前对仙筏桥，余等登桥仰望，益见石梁飞瀑之奇伟。吴先生谓余等曰："此桥若名之曰观瀑桥，似觉名实相符。倘桥旁再建一观瀑亭，以为游人品茗观瀑之所，则更完美矣。"下方广寺距此甚近，亦为东向者，余等以将近饭时，过门未入，即回中方广寺，用午餐。

　　十二时半，由中方广寺动身赴铜壶滴漏。出寺门东转，越岭而下，沿溪行，过铜壶村；复前行，则一峻岭峙前，下轿行，即达所谓铜壶滴漏者，时已下午一时半矣。此地海拔四二○米。水由石崖绝顶之石缝流下，成大瀑布，高约四至五丈，直注入潭；由潭中流出，复折而下降，又成瀑布，高约十余丈，注入又一潭中，由潭再泻至坑底，由顶至底，凡成三级，绝崖石缝，宛似无嘴水壶。盖以水流摩擦，而痕迹日深，名之为铜壶滴漏，不过取其形似，而实不相似也。飞瀑直下，稍类石梁，但雄伟稍逊，不能与石梁争奇。旋下至涧底观水珠帘。所谓水珠帘者，以水下落，变为泡沫似珠帘。余等乃据石而坐，玩赏久之。复由原路至一茶亭，稍进茗。于一时五十五分，复乘轿动身。

　　二时五十分回抵中方广寺，略用茶，三时五分又动身。越桥向西南沿大兴坑山沟而行，左右皆山。三时五十分，至大兴坑岭。稍憩，复前进登至岭之最高点，海拔八○○米。复下岭南行，过龙王堂。再南行，于六时二十分回至国清寺。邵翼如先生夫妇，已先余等而归，见面畅谈，互道山中所见。晚饭后，九时就寝，并准备明晨偕游雁荡。

余　论

总余此游所见，以石梁飞瀑之雄奇，堪称此山之绝胜；风景则以方广寺一带为佳，寺宇以国清寺规模最大。按山中诸庙，僧寺为多；惟桐柏宫则为道士庙，惜以时间太逼，未获一游。此外赤城山、螺溪、石笋、万年寺、桃源亦未一至，留俟异日。

此游承季荪先生热诚招待，轿金及寺庙膳宿与小包车各费均为代付，令人铭感不已。

天台山交通便利，逐日由杭州至临海（台州），有直达之公共汽车，经过天台县城，下车转国清寺，至为捷近。

此记承张江裁[1]先生整理稿件，李至广[2]先生参照北平研究院及地质调查所所存地图，绘成《天台交通图》及《天台山游程路线略图》，并此志谢。

二十五，八，十二，北平。

---

〔1〕　张江裁（1908—1968）：原名仲锐，字次溪，号燕归来簃主、燕归来籍主人，广东东莞人。曾任北平研究院史学研究会编辑，精史料掌故。著有《燕都名伶传》等。

〔2〕　李至广：即李子延，又作李子言，时任北平研究院助理研究员，擅绘图、摄影。

台宕纪游

江眉仲

　　载于《游行杂志》1936 年 10 卷 10 期。江家瑂(1896—1955)，字眉仲，江西婺源人。毕业于江西陆军测绘学堂，历任宝山、上海县长，浙江公路局局长，川黔铁路特许公司秘书长。著有《一载心声》。1936 年 6 月 17 日，江家瑂和李立民等三位友人自杭州出发，一路游览普陀、雪窦之后，21 日抵达国清，随后数天游览石梁、铜壶滴漏、琼台、螺溪钓艇等景观，于 23 日离开国清赴雁荡游览。本文原有照片 8 幅，整理时略去。

　　共和纪元二十有五年六月十七日晨，与李立民[1]、徐义衡[2]二兄，贡先三[3]兄发自杭州，作台宕之游，便道过普陀、雪窦，义衡照相术至精，摄取胜迹，胥义衡任之。

　　是日过午，抵慈溪，承戴时熙[4]县长备饭相待，过宁波，小憩公园，径趋育王寺借宿，住处小有花木，静雅宜人。

　　十八早，游觉全寺大殿，颇明敞，构造得法。藏经楼经籍完好如新，并请观舍利子，吾等所见皆白色，心地清白，当得邀我佛鉴察，一笑！午过定海，参观水产试验场，陈同白场长伴游公园。公园旁有膳宿浴合作社，组织新颖，似颇合外县需要，不知办理如何？是夜宿沈家门。

　　十九日微明，抵普陀山。行装甫卸，即步游前山普济寺，气象恢宏，大殿佛座前有玉睡佛，并得瞻拜寺门前老树，颇有奇致，为普陀希见景物。

---

　　〔1〕　李立民(？—1947)：安徽含山人，民国期间曾任广东省政府秘书长、行政院院部秘书、交通部参事、浙江省政府秘书长、浙江省政府委员等职。

　　〔2〕　徐义衡：浙江杭州人。张道藩妹夫，曾任江苏省银行总经理。

　　〔3〕　贡先三：其人待考。

　　〔4〕　戴时熙：日本京都帝国大学经济学士，云南人，1935 年 8 月任慈溪县县长，1938 年 1 月卸任。

盘陀石石上叠石,石虽顽,亦有足观者。二鱼听经石颇妙,侧面一鱼尤逼肖;余苦思攀登不得,废然而去。

路经南天门,未往,在观音跳、潮音洞两处纵览移时,遂回旅舍用膳。普陀之胜,在海潮音洞,怒涛冲入洞内,撞洞壁复出,出者入者,相激相荡,轰然发巨声,较梵音洞为壮。

余与贡兄昔尝游普陀,无多意兴。下午遂在旅舍屋顶上坐揽海景,迨立民、义衡游后山归,已上灯矣。

二十日,前往雪窦,先于溪口参观武岭学校及蒋氏宅第,继登蒋母墓小坐饮茶。及抵入山亭,乃各乘舆入山,从大道转入小径。在仰止桥上,仰观巨瀑。登妙台过飞高雪亭,游览雪窦寺,赴中国旅行社招待所寄寓。

余游雪窦,此为第三次。初见千丈岩瀑布,水量甚小,而绮曼多姿。再来时水量甚大,激射成雨,立仰止桥上,衣履尽湿。今复睹其恒态,此瀑高度,在台宕诸瀑之上,虽姿态逊于龙湫,气势弱于石梁,论浙东诸瀑,自成鼎足之势。贡兄有七古长篇咏之。岩上对瀑建亭,极见匠心,坐亭中,烹好茗,赏此飞雪,不啻清凉世界矣!

妙高台庄严雄伟,蒋氏有别墅在焉。临崖下视,咸有戒心。义衡方游黄山归,为道文殊,险仄逾甚,然此地宽广,能建楼台恣游乐,又非所及。余游黄山在十数年前,已不复忆。雪窦寺晋柏唐梅,虽年代不可稽,自是数百年古物,到时已晏,离山又匆匆,竟未取影。

二十一破晓,冒雨游三隐潭。中潭隔山遥望,上下潭各有幽趣。徐凫之游,期以异日。遂辞雪窦,向天台前进。

过午,抵国清寺,庞镜塘[1]专员、梁济康[2]县长先陪书画家柯华一君到此。饭毕,遂联伴前往方广宿焉。

石梁不假人工,天造地设,飞瀑冲石梁而下,为方广特具之胜。余昨岁游此,立石梁上,烦莫茂如兄为摄一影,惜片坏去。后见蒋竹庄[3]先生《天台游记》,尝坐石梁上留影,引为平生壮举,则余益足自豪矣。其实过石梁何

---

[1] 庞镜塘(1900—1977):原名庞孝勤,别名黑园,山东菏泽人。国民革命军军事将领。北京大学肄业,1927年任黄埔军校政治教官,曾任国民党中央组织部秘书、国民党参政会参政员等,济南战役中被俘,1960年11月第二批特赦。

[2] 梁济康(1897—1954):安徽巢县人,1936年6月任天台县县长,在任期间积极组织抗日。

[3] 蒋竹庄:即蒋维乔。

难，只要心定足稳耳。贡兄咏石梁飞瀑五律一首，颔联云："龙湫无此壮，雪窦先〔失〕其雄。"徇庞、梁两君之请，由柯君书为楹帖，贤长官表扬名胜，其意弥勤！余次晨亦成五律一首，录于下方：

　　　胜侣无宾主，深山乍雨晴。熊咆银瀑堕，龙卧石梁横。烟霭幻如此，风雷郁不平。小楼难入寐，长想自怦怦！

二十二日续游各名胜。

铜壶滴漏、龙游枧、水珠帘为一瀑，连贯而下，壶也，枧也，帘也，形皆似。壶心颇不易见，余立处已难，更前，须伏地探首岩外乃得见之。

天台诸瀑，气势雄壮，为瀑正宗。雪窦三隐潭，雁荡三折瀑，皆不能一气贯注，视此亦有逊色。独惜诸瀑均不甚高耳。折回，登华顶，天台壮观，悉归一览。苦难久留，归云与日出，惟有想像存之。

到琼台，大风雨骤至，余与义衡仍往仙人座，同游相顾骇贻〔异〕，余二人不自觉也。余极喜琼台山色，义衡谓似黄山，余乃猛悟口占一绝云：

　　　一天风雨到琼台，座上仙人二度来。喜是客中温旧梦，黄连山色在天台。

余于台宕二名山，别有所见，屡向人道之，途中作成短句云：

　　　天台多巨瀑，却逊大龙湫。雁宕多奇峰，又非琼台俦。台宕夙并称，奇壮各不侔。我复标异见，自笑亦蜉蝣。

是夜回国清寺宿。

二十三日往游螺溪钓艇，以水涨桥毁折回。余三游天台，未见钓艇，何缘之悭耶？

是日遂赴雁宕。到水涨，山洪暴发，汽车不得渡，久之以竹排将人渡过，电雁宕车站放车来接，乃于深夜到雁山旅社。

二十四日游灵峰、净名、灵岩一带，及大龙湫，宿龙壑轩。灵峰诸峰，当以合掌峰为最奇伟。

观音洞在掌缝中，层累而上，最高层旷若堂奥，钟乳纷垂，玲珑剔透，洵妙境也！吾等在底层品茗，倚栏对双笋峰，数步外，岩水下滴，真如珠帘，颇恋恋不能舍去。观音洞外须与云岩卓笔峰合看，可想见造物者之伟大，而西国人工装置为多事也，一笑！过北斗洞未入。

三折瀑下折稍逊，上中两折，皆轻清倚丽，有大龙湫丰韵，上折又幽邃可爱，中折布置特佳，游人能环瀑一周，面面看到。

　　自上折瀑下过梅花桩,达铁城峰,精奇伟大,各擅胜场。梅花桩古色斓斑,不辨是木是石。贡兄题咏有"已无调鼎分,宁有补天心"之句,可谓天成。铁城峰浑如黑铁制成。外寇凭陵,无此铁城,真不足以言捍御,不禁感慨系之!游览铁城峰,宜由外入,兹由内出,视昨岁来游,便觉减色。三折瀑又宜自下而上,山路虽通,于游览方法,尚费斟酌。净名寺外之老猴披衣,近在人前,维妙维肖,象形之石,无逾于此者。

　　赴灵岩道中,奇峰怪石,不可胜计。既到灵岩,奇峰怪石,更不可胜计。左展旗,右天柱,壁立千仞,气概当与黄山文殊院[1]颉颃。寺侧小龙湫,以瀑论自非绝佳,然清幽秀伟之境,萃于一区,亦仅有也。雁宕以二灵著称,灵峰似不得与灵岩比。

　　过能仁寺,看大镬,遂投宿龙塆。大龙湫瀑布别具一格,水量不大,出口即遭风吹之使散,如轻烟,如薄雾,下注碧潭,其声泠泠然,如击磬,如调琴,日光照临,又如花雨。试与石梁千丈岩两瀑布较,则石梁似伟丈夫,千丈岩似高士,而大龙湫似好女子,而余之爱好女子,则逾于伟丈夫高士也。贡兄留题额联,得"日映缤纷雨,风吹缥缈烟"十字,工整贴切,得未曾有。龙塆中一峰特起,自外视之名剪刀峰,自内视之名一帆峰,一实异名,亦属胜景。许蟠云[2]专员尝以"雁山一雨奔千瀑"句子征对,余以"龙塆千峰送一帆"应之。将到龙塆,有岩名千佛山,石颇皱绉可喜。雁宕峰峦特奇,第山石近顽,得此亦足以稍弥缺憾。

　　二十五日游西石梁梅雨潭、罗带瀑、陟雁湖、下龙溜,宿散水崖。

　　西石梁梁无足道,瀑在雁宕诸瀑中最为雄伟,曾养甫[3]先生极赏此瀑,谓足压倒大龙湫,则以厥性喜雄伟,故云尔也。含珠峰在赴梅雨潭道中,两峰相并,中含一圆石如珠,巧极。梅雨瀑题名甚韵,其妙在瀑布下坠撞潭中一石,散为梅瓣,爰锡此佳名云。

　　罗带瀑发见未久,瀑顶有一石,将瀑析而为二,过此石又合而为一,其上

---

　　〔1〕 黄山文殊院:位于黄山风景区天都、莲花两峰间,后依玉屏峰。文殊院风景绝佳,左天都,右莲花,背倚玉屏,四顾奇峰错列,众壑纵横,附近又有迎客松、蓬莱三岛等胜迹。1952年冬,寺庙失火,尽毁。1955年,在文殊院旧址建玉屏楼宾馆。

　　〔2〕 许蟠云:浙江黄岩人,1936年6月任浙江省第八行政区督察专员,1937年1月兼任保安司令。后任浙江省政府委员、立法院立法委员等。

　　〔3〕 曾养甫(1898—1969):原名宪浩,字养甫,以字行,广东平远人。曾任国民党中央执行委员、广州特别市市长、广东财政厅长、交通部部长等职。

宛若带围。昨岁蟠云拟以丫字瀑名之,今定名罗带甚好。赴罗带瀑道中,峰回路转,翼然一桥,亦曲折有致。

雁湖久废,余等穷半日之力,历石磴六七千级,乃达山颠。湖犹有小片可见,惟浓雾漫天,欲求远眺,望而不可得,斯为可憾! 龙溜以石言胜,天台龙游枧以瀑言,则不及散水崖,亦为名瀑。瀑下坠撞石而散,与梅雨潭相似,但一以壮阔胜,一以清丽胜,又自不同。

二十六日游显胜门、石门潭、东石梁,还雁山旅社。

显胜门固亦雄伟,然较之琼台双阙,逊色多矣。全景片中,崖石极美,余最爱之。游琼台适逢大雨,双阙未得留影,倘能摄取,不知视此又何如?

石门潭深不可测,潭水澄碧,岸石陡峻。东石梁较西石梁佳,但与天台石梁比,仍远弗逮。谢公岑道中望接客僧极似。吾辈即将离山,其为迎耶? 抑送耶? 不可知矣。

二十七日晨,与雁宕告别,过永嘉,承蟠云款以精馔,大快朵颐。下午过青田石门洞,为大雨所阻,未游,夜宿丽水,便游三岩寺,结构小而精。二十八日,过永康方岩,在五峰书院进餐。五峰亦颇雄奇,折赴新昌大佛寺一游,遂返杭州。

此行路线,即前东南交通周览会拟定之第二线,沿途名胜最多,公路工程至艰巨,过新昌多盘山而上,惟台宕间隔三渡,仍苦不便。过永嘉改沿江行,凿山成路,曲折回环,行车殊不易。名胜区管理,则雁宕工作较多,天台方着手经营也。

共游十二日,酣畅极矣。游观之余,上天下地,出庄入谐,无所不谈,益增游兴。立民作有三十年日记,未尝一日间断,此行记述甚详。贡兄于台宕诸胜,各有题咏,共若干首,皆足供此行回忆,并识篇末。

天台雁荡记游（节录）

何清隐

载于《旅行杂志》1937 年第 11 卷第 5、6 期。何元晋，字清隐，浙江大学电机系无线电技术员，竺可桢的外甥。民国二十五年（1936）八月十三日，作者自杭州出发，乘车经绍兴、嵊县、新昌抵达天台，他详细制定了游程，遍游天台诸胜景。十七日，自临海赴雁荡，开始雁荡之旅。本文记叙了作者游历天台的经过，对日程、路程、景观、遗迹的细致描写是本游记的显著特色。原文附有地图 2 幅，天台山风景照片 9 张，整理时选取照片 2 张。

（游程概要）第一日，由绍乘绍曹嵊汽车，至天台站，寓国清寺。第二日，上山游览，至华顶药师庵宿。第三日，下山游琼台双曲〔阙〕等，下午至桃源洞。第四日，由桃源洞出发，游寒明两岩，回途游赤城等，当日至临海，宿于中津。第五日，由临至黄岩，摆渡，换车至泽国，由泽至路桥，而抵雁山站，三里，寓雁荡旅社。第六日，游大龙湫等，宿于西石梁。第七日，游雁湖、显胜门等处。第八日，上百冈尖，下午游灵峰区，越谢公岭，止宿于大荆镇。第九日，由大荆至海门，乘轮至宁波，回绍兴。

廿五年秋，八月上浣，由金陵返浙探亲，连朝天时亢爽，秋气袭怀，居深思迁，拟入天台、雁荡，作平原十日游，以扩胸襟，增识见。行前粗事准备，约计旅费、收集路程、时刻表等，略携应需物品，作一简单行囊，易于提运，兹将逐日见闻，记述如次，以供后游者参证。

十三日，清明，昨日整束简略行装，一切用具就序，晨九时二五分，由绍之东关镇，乘绍曹嵊汽车至曹娥，换乘由杭开来之临海通车，至天台站，票价为三元二角六分。上午十时，由曹开行，同车遇中国旅行社之雁荡游览团团员六人，孤单行旅，得如许人同游，颇增游兴不少。中午，至嵊县，停约一句钟，站旁设有饭馆，旅客可随意小吃。一时半许，入新昌县境，经拔茅站，此处公路分歧〔歧〕为二，东至溪口、宁波，西入新昌，据云：去大佛寺仅十余里，寺内佛像高十余丈，建筑伟大，传闻此石像经石工三世之雕刻始成。穿凿附会，姑信之，惜时间匆促，不克瞻仰。车行自此渐入山谷，峰峦变幻，移位换形，势绵亘不绝，溪流如河域，时有浮竹排撑行，浙东上游之货物，全持〔恃〕此竹排之运输，以其运费至低廉故也。山路颇崎岖，上下转折，人体俯仰无主，至横板桥站，山势逾趋崛强，路约系拓山岩而筑成，工程浩大；闻兴工之始，工人三万人，拓山筑路，计费时三月阅，始完成此百里之程。俯视平壤，屋宇人物，已如蝼蚁，大抵离地面已六七百公尺矣。山野树木葱郁，山地多开拓成梯田，农作物大致以稻、竹笋、麦、蕃薯为大宗品。沿途第见黄稻达阡，大有丰年之兆。至西山路，渐入坦途，时"丽日耀幽林，松风韵溪语"，心府为之一扩。

下午二时半，达天台站，站设于城外，除十余车夫外，阒无行人，而不若沪杭等处之码头嘈杂也。车夫须招之始来，即雇车一辆，至国清寺计车资二角，据云："天台土著，颇忠实，不欺外客，且不二价，无衡短论长之繁。"站至寺约三里许，行径〔经〕万松径，山壁刻石题此，昔时松林茂密成障，故名。今则屡遭斧斤之灾，松亦随时代而殊稀，存者必遇十余老干作门面耳。车中西望赤城山，山色若晚霞，秀气迎人，一塔巍然，高插云表，行约二里，有一小山阜，上设一气象测候所，额曰"天台测候所"。视之寂无人迹，闻已停办，中国科学事业之落后者，即如此类之一暴三寒也。路渐左侧，前望丛林密障，微露古刹殿角，即国清寺也。林外契然高耸者，古塔也，塔旁溪流回带，声韵悦耳。稍进有小塔七，雁字排列，曰七星塔（图1），为焚化纸帛之库。国清寺兴于隋开皇十八年，僧智顗建，先是顗修禅于此，梦定光佛告曰，寺若成，国即清。大业中改名国清。五峰耸秀，双涧环流，为天台四绝之一。寺历遭回禄，其中古迹毁殁者不少，至万历间，始修葺成旧观，然非昔比矣。洪杨之乱，以雾气迷漫山谷，得未遭劫，故尚有今日之伟观存焉。寺之规模洪大，僧众约计三百余人，可称海上名刹矣。足〔是〕日停宿于寺之西厅，厅系新建，陈设均整洁，略带欧化。寺以历史幽久，古迹可足称述者颇夥。寺外有隋王弘所建观音塔，塔尚岸然独峙，然砖石破落，经风雨剥蚀所致，塔中石刻佛像，刻镂精工，今已移嵌寺中东殿壁。殿西有隋漏沙锅，口径约八尺余，足容千人粮，相传漏沙不漏水，细察锅无罅隙，传说不足信也，然由此观之，斯寺昔日之雄伟，以及食僧之众，尚倍蓰于今日，信然。前殿有王羲之鹅字碑，修

图 1　国清寺前之观音塔及七星塔

七尺余，曹寿人[1]得右军残碑，补摹而成。殿侧有放生池、御碑及董其昌等之碑楹，罗列其中。三贤殿奉寒山、拾得、丰干像，据传为开山老祖，殿后十余步，尚有寒、拾旧灶石可寻。卓锡泉在寺后，水白如乳酪，《志》称智𫖮振锡杖而成。殿后之伽蓝殿前，有隋梅一，枯枝节屈，露干干根，已类朽木，然花时倍于常梅，香风溢四野，可闻十余里，今虽非花时，而绿叶扶疏，古气盎然。殿中供伽蓝佛，颇灵异，故祈梦求福者，横陈直寝，殿无虚隙，且男女间杂，恬不为耻。愚民迷信之深，诚属可怜可笑。游罢，暮色已笼烟，鸣蝉唱晚矣。餐于寺，尚觉素味可口，旋与方丈可兴和尚谈禅，并询其天台山之游览路径，复与余预拟者互相对照，得游程如下：

　　第一日上午，由寺出发游下列各处：塔头寺、高明寺、龙王塘、中方广（午餐）。下午，铜壶滴漏、药师庵（在华顶宿）。

　　第二日上午，由药师庵出发游览：拜经台、华顶峰、降魔塔、桐柏宫（午餐）。下午，仙人迹、琼台双面[阙]、百丈坑、桃源洞（止宿护国寺）。

　　第三日上午，由桃源洞出发游览：寒岩、明岩（饭于明岩寺）。下午，

---

　[1]　曹寿人：即曹抡选。

桐柏瀑、赤城山。

是晚预雇挑夫一，至九时许，始入寝，而木鱼钟声，梵呗喧杂，整夜未休，转辗不能成寐，幸山间清气吹袭，晚风舒和，虽未睡觉，亦无所苦。

十四日，晴，昙[1]。昨夜半，闻雨声甚急，颇增忧虑，五时许，披衣起视，檐雨虽未休，而漫雾中，时现星光，喜不成寐，醒而待旦。六时，雨止，露晴意，乃整束行李，令担夫前导，别国清入山。按《幽明录》，汉明帝永平五年，剡县刘晨、阮肇，共入天台，取谷皮，迷不得返，经十余日，粮乏食尽，饥馁殆死，遥望山上，有一桃树，大有子实，而绝岩邃涧，了无登路，攀葛乃得至，噉数枚，而饥止体充。复下山，持杯取水，欲盥漱，见芜菁叶从山腹流出，甚鲜新，又出有胡麻糁，相谓曰："此之去人境不远。"度山出一大溪，溪边有二姿质妙绝女子，见人至，即持杯呼名而笑迎，若素稔者。刘、阮遂家也。后半年，怀归别。既出，亲旧零落，邑屋全异，无相识者。问得七世孙，传闻上世入山，迷不得归。继以孙公《赋》，显扬海内，方知天台名也。

山源分九大峰，中华峰、东摘星、东南东苍、南狮子、西南火番、西葛阆、西北香炉、北秀柏、东北菩提，是为九脉，今所游者，为中华峰与东摘星而已，余则漫无足道，故略。循寺侧小径而上，山势综合，路尚平直，渡溪越涧，行约二里，至药师潭，潭水清浅。三里，至二度桥，又名遇仙桥，涧随路转，潺湲之音，发人清响。自此溪涧较狭，而面对金鸡岭，入山者，必须越岭。岭路分新旧二支，新路梯级峻峭，旧道纡缓曲折，余乃从新路上岭，登梯级凡千余步，初则十步一休，继则二三步即止，此岭即为天台岭路之最陡者。南望云山漂渺，溟濛混沌，山之开合处，白云环缀，为芝翠，为琼花。时旭日初上，金映光照，天台城市河流，微纤毕露，虽步履觉困，至此心神复交泰，口渴甚。向附近茅庵就饮，泉水甘洁。再三里，至塔头寺，亦系隋建，为智者大师修禅处。塔在大殿中，凡二层，石刻古雅。出寺，北向行，沿途土著，均担柿栗，赴市就售。每担足售约一元余，得换米菜而归，博蝇头微利，而谋生计。虽日赶程百余里，不以为苦。由此可见天台农民生活之艰苦也。二里，道分二支，西北行可至龙王塘、万年，东去高明寺、螺溪钓艇。约六里，余遂向高明寺进发。自此，山坡势渐下落。俯视四周，山群环拱，中成盆地，山坡多植竹木。三里，抵寺，寺处两峰之间，瞻遥望远，但见竹树葱笼，红树白烟，真仙境焉。寺创建于隋，为无量讲师参禅处，内有袈裟、铜钵、《贝叶经》等遗迹，为

---

〔1〕 昙：云彩密布，多云。

隋帝赐赍之珍品，向僧索观，服饰尚新，恐非真的，赝品欺人者。左有寒明楼，凡三层，中悬铜钟，撞之声振山谷，音遥响数分钟，据寺僧云："昔日此楼藏名人诗稿甚多，惜年久为鼠虫所煌〔毁〕，且寺历遭回禄，残损无存！"嗟乎！昔人刻缕心神，毕生著此，所谓藏之名山，究未足恃也。楼侧依洞诸胜，有松风阁、圆通洞、灵响岩，寺右有舍，曰莲船阁，壁嵌《楞严海印三昧坛仪碑记》，虞浮〔淳〕熙撰文，董其昌书，陈眉公篆额，分五片，均完好。在寺略进茶食，偕僧智明往游圆通洞，两崖并峙，垂成千仞，崖上有丈许"佛"字，为清石梁僧兴慈书，洞不甚大，仅足容人，洞为释寂配修真之所，有额曰"圆通"，字大尺许，洞旁则纵横石壁，上接层霄，下临深涧。

东下里许，抵螺溪，北望峭石中空者，悬飞瀑，泻而为飞泉，琼玉弄珮，声峥嵘然。细察溪源，由上临下，曲屈环转成螺形，故得名也。僧曰："最西下，有螺溪潭、石笋峰。其中飞瀑流泉，重崖映对，尚有奇景可搜。"余以时间短暂，决不游，还寒明楼，付茶资三角别僧。西北行，十二里，至龙王塘，一路无所流连，惟山谷多村落，村周围多树竹林，山土稍肥沃者，多垦为梯田，每亩价上等者六七十元不等，次者仅三四十元耳。种植时取水维艰，若逢亢旱气候，则无颗粒收获。龙王塘为一小镇，亦可称为天台山之中心区，以其东邻高明，南接国清，西去万年、桃源，北至石梁、华顶，四联相接攘，且道路相差，各仅十余里耳。乡人赴市，多辏集于是，故镇中人烟，亦较繁杂也。是时，雁荡游览团亦适来此，数度邂逅，倍觉亲昵。此去万年、三井潭尚有十余里，且足以览赏之景物甚稀，故作罢。东北行七里，山峦起伏，行脚升降，移步换形，时炎日畏人，挥汗且饥，神倦力疲，行路亦滞缓。四望山势平伏，度其高度，已在千公尺之上。而身历其境者，况若在数千亩之广野中，华顶尚企踵莫及，始知天台山势之雄伟广漠，止此即可想见矣。

行里许，心积气沮，忽瀑声自远涧传来，若洪钟，若惊涛，而形迹未得窥露，然心神畅适，与声殊驰；由此山涧溪流渐宽阔，路亦渐低落，群峰相攒匝，流派向溪下注，水势骤急，凡数折，泻落为瀑，长约八九丈，浸入下流。一途所见者，低瀑凡五。山势复数折，里许，中方广突现足底，周围里许，遍植丛杉篁竹，微风渗渗，凉沁肺腑。下阶三十余级，越溪左行，渡仙筏桥，桥侧水势汹涌，短瀑飞流，声如雷鸣。视悬瀑自方广南胁奔腾飞合，东瀑委蛇曲折，经上方广寺前，而直至中方广，出仙筏桥而下。南瀑赴涧直泻，乳花喷石，势如奔流，复与东瀑相交会，激浪振雷，声瀑俱急，偃仰而趋石梁。梁如卧虹，中凸端垂，石色苍古，苔藓满缀，斑似龙纹，梁横涧，修二丈余，阔只尺余。梁对面有铜龛，中雕罗汉五百，一僧着袈裟，跪拜礼佛，起立自如，毫无恐怖。

余在中方广寺，略事休息，复下楼，循路抵石梁畔，梁上多名人题咏摩崖，如曹抡选之"万山关键"、李鸿章之"妙觉圆明"、陈瑀"神龙掉尾"，又如"前度又来""枕流激石""洞天""瞻云"等石刻，举不胜数。余拟越脊梁而观瀑之壮概。遂蛇伏向前，骑梁正中，脊背隆起向阳，其底天然，斫削成孔阙，阙穴容瀑，左右瀑交合，而怒势向梁之阴，夺隘泻落，而冲扼于穴隙者，则嘘啸环回，惊崖撼石，若欲掀潏，声振山谷，如龙吟虎吼，如雨狂风啸，飞波若舞，散沫旋珠，满身衣履尽湿。俯视梁之阴，绝壑千仞，瀑直下注，心目摇震欲昏，乃狂啸数声，委伏而下梁，回顾故处，心犹忐忑。已复跨涧拾级，而至下方广，夹路幽篁穿径，芒草丛杂，拨荆棘，越溪石，仰瞻"石梁横霄汉，匹练落九天"，势如神龙之掉尾，虹蜺之饮涧。时丽日掩映银涛，光染五彩；翠竹微洒雨露，色若练金。余或伸仰于乳石，或拨湍流以为戏，据巅俯视，蹲石仰瞄，石梁飞瀑之形，尽得之矣。或曰：瀑之韵何在？曰：处杂响繁音中，而赏其寂，飞泻乱流中，而得其趣。若夫在月白风清之夜，清秋气爽之天，置酒衔杯，静以度曲，则高山流水之音，不难激发云外之节焉，天台之胜首石梁，诚哉非虚。

寻复还寺，日已当午，稍进茶饭，主〔住〕持僧伴食，意颇勤恳，饭后扶窗闲坐，见旅行团中之钱君、吴君，伏潭泯浴，状甚发噱。余以长途跋涉，汗流浸衣衫，亦往浴，泼水为嬉，跨波击浪，心意消散，既疑此身非在人间矣。浴罢，登县花楼品茗，甘冽异于寻常，掮夫以路遥远，相催数度，乃置行李于寺，随夫而往观铜壶滴漏（图 2）、水帘珠诸胜。

经县花亭，踰岭，北向五里，此段路颇难行，石碎路崎，布履被穿，过断桥，二里，抵铜壶滴漏，崖壁高削，石色黝黑，两峰相夹，一瀑飞下，瀑注入壶。铜壶者，四五岩石，天然相聚，包环成壶形，缺其一面，水入壶，而复喷嘘超壶口，鞺鞳之声悦耳。拨丛莽，去葛藤，里许，树隙窥见龙游筅，长寻丈，石凹如筅，以泉水终朝川流，石光滑如明镜，筅右泉流，泻落为瀑，丝联珠贯，徐徐下杼，行过涧，对面向瀑，珠帘障面，形神毕肖，天工巧夺，于此云极矣。此瀑之奇，奇于缓流成丝纹，不若他处之汹涌也。回路，野兰芬芳，解我行脚疲劳，回中方广寺束装，赠僧茶资餐费一元而别，笼人景色，带韵水浪，犹回首频数，不忍别焉。

经上方广寺，未入山，坡渐高而未陟。七里，山势绵绵，路循峰脚，曲屈凡七八折，时天云布墨，微雨润衣，东北峦头，青翠欲滴，夕阳犹照其巅，行云

图 2　铜壶滴漏

行雨,真仙境也。二里,雾迷进程,前途多松杉丛草,宛若画中米家烟景[1],
中即华峰之大寺。半里,抵药师庵,茅亭古屋,幽韵深沉,时已途昏更深矣,
知客导余[2]至客堂,洗涤手足,晚膳已备,菜四汤一,菜虽寡陋,而田瓜野
荽,风味特佳。今日自晨至暮,行百余里,两脚微作痛,恐愁来日不能下山。
窗外寒气浸骨,衣棉犹未足,所谓"天台高处不胜寒",诚然。忽夜雨雷声,阵
歇未休。饭后,与知客僧闲话天台。据云:"天台气候,春夏之交多梅雨,秋
冬晴朗之日多,温度每较地面降五六度,冬日尤甚,夜间多山谷风,故无日无
之,有时爽朗晴日,忽漫云遮日,雨雪交驰。山上土质虽肥厚,以地高亢旱,

---

〔1〕　米家烟景:北宋米芾、米友仁父子擅画山水,能得江南云山真趣。后人用米家
山水或米家烟景来形容山水之美。

〔2〕　导余:原文为"余导"。

水分缺乏，不能种植，故地虽广，而无开[1]拓人，丰草盈野，亦无人割除，以其工贵于物价故也。山中居民，生活维艰，全持〔恃〕肩舆负重为生，粗米野菜，以为甘，然民风朴厚，路不拾遗，言必有信，有古君子风。"天台人民，确乎厚道，忆余经龙王塘时，曾遗失照相三脚架于小商铺中，余尚未发觉失物，而乡人已追赶来还，赏以钱，坚不受，故知客之言不虚。闻明日下山，道路可以揽胜之处不多，尚欲往桃源探胜，腰脚恐不胜，决计向僧雇轿夫二人，嘱其明晨五时即来寺，价言定每人每日一元，供膳，略给酒资，僧辞去。整顿今日游程所见，九时入寝，梦中时遇风瀑。

十五日，晴。五更即起，不待天色大白，探窗外斜月弯弓，满天星斗，即向僧索水盥洗，不暇晨餐，令夫役肩舆上华顶，寒风凛冽，天色昏黑，路无所见，三里，达华顶，坐待日出。约一刻钟，东方紫雾笼障，云霞散采，四山云雾堆涌成海浪，山峰耸拔云外，若海中岛屿，日光渐射，发金色，云海波纹，亦逾鲜现起伏，初尚摇挹可得，数分钟后，云海突现足下，四野"紫岚含旭日，清气入幽怀"，惟日出如平地同，无如泰岱日观峰之奇。华顶居天台最高巅，四支群峰，环拱朝阙，如朝露之芙蕖，簇拥水上。谒拜经台，台为智者大师拜经处，今已废，台旁有茅庵，门前壁上有"天台第一峰"字样，庵侧有降魔塔，高约丈余，镌石像于上，相传为智者僧降魔于此，后人立塔为志。此峰顶平，广约三亩，草莽修岸[2]过人。复乘轿下山，经太白书堂，盖为唐李太白读书处，无足观赏，未入。沿途杪椤茂密，惜未在花时，否则亦得一去尘俗。至药师庵，早餐，主〔住〕持僧导观药师佛子东楼，佛卧于龛中，绣被覆体，据云祈梦甚显效。僧出所藏金钵、玉印、椰瓢，亦无甚异于常者。门外小圃，多植茶树，以山高云多，雾覆茶润，味幽香清润，名曰云雾茶。给茶饭资一元，遂发。经大寺，即善兴寺，正在修葺，以无古迹，未入游，寺前古柏参天，大四五围，千年物也。

下华顶，二里，路忽分为二支，西去石梁，南下龙王塘，路以石块堆嵌，整洁宽阔，山中大道也。过察岭，云海时浮眼底。十五里，至龙王塘，又西南行十里，山渐下向，经石桥，一名中桥，对面为桐柏山。五里，至陈田洋，西行过街岭，岭下村落数十家，山围势胜，数折，抵桐柏宫。宫外九峰环裹，三井元堪，址如仰盂，接平田数十顷。宫为天台第一道观，唐睿宗景云二年，司马子微建，曰崇道观，又号金庭洞天。"《真诰》记，吴有勾曲之金陵，越有桐柏之

---

〔1〕 无开：原文为"开无"。

〔2〕 修岸：又高又长。修，长；岸，高大。

金庭，三灾不生，洪波不登，是宫肇于周，灵于晋，盛于唐，扩于梁宋，其为瑶池蕊室，玉宇丹台，白鹿青禽，灵芝瑞草者，不可胜记。"[1]至清世宗时，拨帑兴建，规模益宏，中复遭火劫，今存者，仅西道院十余间，灵光殿及清圣殿各一耳，守者仅一寒道士，黄云故堂，败壁零残！赤丘仙药，丹台久废！何盛衰悬绝至此耶！然道士犹能指点葛仙翁[2]之丹井、王子晋之箫台，一一在寒藤苍藓中也。观内清圣殿，供伯夷、叔齐像，像背镌伯、叔名，王茂瑞[3]道人，治齐高帝母后疾愈，不受赏赉，惟乞此二石像归。天台修道，帝屡召不起，事母甚孝，年九十八卒，亦可称为道教中之矫矫者。殿壁多题咏，匾额有朱伦瀚"百世兴起"，及齐一峰[4]"首阳片石"等，殿西废垣中有乾隆御碑一。时已午刻，进粗面，向道人借《天台山志》阅读。

阅罢，复向前进，骄阳如虎，衣单独汗。三里，山峦复高起，石阶渐升，观仙人迹、吹箫台，遗响绛云，渺无空处。里许，琼台双阙至矣。昔人论台山风景，秀雅惟尊琼台为第一，今既瞻仰，有目不暇接之概，嵯峨峦势，鼎列成危崖。中峰突趋，俯瞰丛壑，峰巅阙如双髻，各相对峙，即双阙也。四周高兴之崖岸，曰琼台，回环积翠，深峪千寻。中有鸟道曲折，溪流淹没回旋，循道侧向而东趋，琼台之奇，奇于峰削壁立，其群立于平峦远岫中，如鸡群鹤，如鱼中龙，且杂花生树，怪石含烟，韵凑气接，尤为山灵生色。视琼台外露，底脚若无根基，一坡横托，异迹天成，若遇烟幔雾帼之天，境界不知复当如何增秀焉？随行而随地拾景，诗情画意，不知如何形容。里许，下百丈坑，石级如天梯，级仅容趾尖，左边近峭壁，右边临深峪，弃肩舆，换芒履，依次踟蹰而下，岩壁时或障面顶冠，俯伏跍步，而至半坑，对山双瀑，流注涧谷巨石，声若山吟，龙潭即孕于斯。复下，至麓，仰视台巅，已在重霄，自顶至踵，凡千余级，观龙潭之水，跨乳石之溪，丛秀夺怀，兴为之狂。

嘱夫役向桃源进发，此去桃源尚远，轿夫数度留难，允给额外酒资，始休。视时间正亭午，往桃源之路，险陟难行，时则大石怒立目前，肩舆起落踬跛，而两崖苍壑乱撑，峦岫如带，与龙潭之溪流俱西。四里，至护国寺，寺废圮，断垣败瓦，居僧三四人而已。寺外有钱太师墓，墓旁古木参天，松杉成列，古气盎发。由此东北，二里至刘阮洞，行里许，"绣壁列高下，涧流逐参

----

〔1〕 这一段引文出自明代王思任《游天台山记》。
〔2〕 葛仙翁：即葛洪。
〔3〕 王茂瑞：亦名灵宝，北宋时天台道士，高寿，著有《灵宝教法秘录》十卷。
〔4〕 齐一峰：即齐其仪。

差"。观绿波涟滟，聆寒音潺湲，如环佩迎风，如莺簧出谷，名之曰鸣玉涧。东有坞，丰草老干，树桃约四五亩，曰桃花坞。惜秋深叶谢，不能尽其幽致，昔人食桃轻举，韵事流传，不觉心眩影随，况若列身于万英缤纷中，仙女围坐于绿妍芳草上也。自坞以北数百步，峰攒翠绕，拥回左右，中有涧流曲折，随山转势，道依涧筑，及水穷而道尽，有潭，清光可鉴毛发，碧绿群翠，倒映其间，浮绿摇荡，水光折叠。潭侧有洞门，洞壁苍藤幔结，挥之有摩崖，曰桃源洞。洞仅容人体，而深不可测，僧云："此潭虽淫霖瀑注而不盈，大旱焦山而不涸，此即宋景祐中，僧明照采药于斯，而见金桥跨水，光彩眩目，二女未笄，戏于水上，如刘、阮所见，即其处也，故名之曰金桥潭。"潭之南浒，浅沙漾水，中有盘石凡三，石浮水面约数寸，可坐以饮，流杯交盏，飞觞漾波，如在几案，此群仙会饮之所，曰会仙石。仰瞻三峰鼎峙，屈其一面，而峰云掩日，寒光侵人，危崖荡翠，红叶散乱，东峰孤撑天表，雄奇特出，上缀双石如髻，名曰双女；西峰壁立千寻，巨岳连亘，当旭日升腾，朝阳初挹，故名迎阳；中峰居东西之间，以双女迎阳辅其左右，掇群山翠合而有之，故名合翠，三峰掩映中，草木争胜，林石瑰异，接石桥合涧之水，带琼台双阙之山，白云絮缕，绾灵气之接合，清风微飚，闻香草之曼芳，既疑置身仙境，不知人间之卑蹙，涉世之有累焉，因名之曰迷仙坞。出坞，目接迎阳峰麓，横偃巨石于山腹，广数丈，僧因石为址，结茅其上，清溪临于前，浮杯接于下，波光弄樽徂〔俎〕，浮影耀盘觞，故亭名浮杯。所谓鸣玉双女，无非为神仙眷属，留志风流胜事，嗟！今壁坞奥邃〔邃〕，陣崖曲折，葳蕤锁径，洞迷黄叶，似人间亦非人间，胡麻无见，仙音邈若，不禁怅然而返。今日若回途至国清，恐不及行，遂留宿护国寺，并分发舆夫去讫，独留肩夫，为明日游寒明两岩之导。四时许，忽风狂雨骤，天地为昏，幸未回途，否则半路无避雨处，将淋漓尽致矣。寺僧颇穷苦，饥色堪怜，晚餐虽未丰盛，然割园中新蔬，烹灵溪鲜鳞，殊觉可口。饭后，雨止风息，残阳一鞭，吐露兽云之外。山雨过后，斜晖依峰，岚气与金紫并辉，乐然。涧水泉涌，乃跣足踝跖，掀流逆波而上，如临波仙子，如赤脚散人，上溯再至浮杯亭而还，暮色入怀，山含恐怖，急顺流而下，至寺已觌面不见人，寺僧正迎烛来觅。卧室尚洁，命仆汲涧泉新水，煮云雾之茶，与僧对茗，僧尚有慧根，谈论蕴藉，趣味风生。余询其明日至明岩简道，据云："大道，惟百丈坑而下，经国清寺，二十里，而至明岩；小道，向桃源东去十五里，即至，然乱石鸟道，行人绝迹，虽近而难行。"余遂决由小路进。夜十时入寝，一夜安眠，无多恶梦。

十六日晨阴晴，睡起，僧已端洗沐水在房外候。盥洗毕，进粗面，因见僧清苦,酬以二番,僧再四道谢,复送余等约三里乃别。途经郎寺,观岩石亦奇,循董家庙小田铺,涉三四溪,至广严寺,阅贫婆钟,谒荣师肉身像。师为宋淳化间人,习禅定,多灵异,时人称为荣罗汉,死而尸不腐朽,遂装金,塑而为像。寺后垒,多千年古松,旁有巨塘,清浅可鉴。紫凝峰,在数里外,寂历可数。向僧问访寒岩路,遂前进,岭路渐高,草木恶塞,一线黄泥,断续入天,即登紫凝也。盘岭约四五里,至麓,离明岩已不远,东南行四里,满途乱石堆积,足趾印迹生痛,忽溪回路转,石岩阻前,稍转,有路分支为二,东去寒岩,南入明岩,遂先游寒岩,左侧危峰列列,目动神飞,不觉足之疲困矣。里许,寒岩寺在目前,按《志》〔1〕:"寒岩寺旧名崇福,梁开平元年建,盖寒山子栖遁处,周显德中,改圣寿,照仪孙氏重新之。"四山耸秀,水流乱激,殊景也。院宇深藏岩下,窗扇轩户,开辟于烟云紫翠中,寒岩即据寺后,洞广邃〔邃〕如大厦,可容百驷,洞前方正可坐,传为寒山宴坐处。其左有石龟石笋,形颇毕肖。视梵宇亦宏敞,惜蛛丝鸟迹,经营不善,致犟阁残,雕槛缺,可叹!洞无可观,洞西上视,两石分架,名石曰鹊桥。左转,有泉乱洒岩穴而下,水势分披若须,穴名龙须,寺僧以縻竹鞭引之,而供饮料,亦一简法也。穴前有大石数丈,五色交错,石名绶带。寻旧路下山,东溯溪行,入南至明岩寺,《志》载:"寺旧名云光院,号暗岩,周显德四年,吴越照仪孙氏,舍资,俾天台镇将陈希靖建,即僧全宰栖禅处,更名明岩。"寺介居岩谷间,道狭不容轨,入门两石夹峙若门,号石门。前对幽石,横厂飞阁,岩窦嵌空,堂宇半居岩下,若寒石山寺,四面环围,只乎八寸关,仅通一线,而层峭屹立,怒石纷起,栈巘巉崄,若执械以儆不若者。洞口有帽影马迹,相传太守间丘引〔胤〕追谒寒山、拾得,二人长啸入岩,岩阖,而间蜕化,此其遗迹也。寺前有磐石,名晏坐峰,峰上有石室,旧名拊石洞,米芾题曰"潜真"。望四山拱揖如郛郭,上蠚云汉,其下嵌空置石屋。尚有索幽石、瀑布、水响岩,未及观,老僧促午膳。午后,随行揽景,吟寒山子诗"重岩吾卜居,鸟道绝行人"句,深悟味长。

东南行十五里,折西北里余,观瀑桐柏〔2〕,无甚奇,乃向赤城进发,五里,山幛屏立,紫气迎人,赤城在目前矣。"按赤城山,一名烧山,又名消山,石皆霞色,望之如雉堞。"杨文聪〔骢〕《赤城赋》所谓"鸿包瑰璃,纡郁崛隆。云嵦嵦以照面,赫炜炜而华宫。渺干汉之飞阁,影乘虚而偕穹。蹲如踞虎,矫若翔龙;立雄骨骏,体卧桃花。渚赭膺门,走血渥注。将葛洪之炉炭未灰,

---

〔1〕 《志》:指《天台山方外志》。

〔2〕 桐柏:原文为"柏桐",据实改。

将茅楹之丹砂未死，将魏夫人之绛帐挑空，天冠氏之塞门尽紫。甚有惊飞洞庭之艳，遥横赤壁之似……"此虽文人形容过甚，而赤城之神貌，视此文而俱全矣，且山亦以其形色而定名。山之麓，有岩深广，晋义熙初，僧昙猷造寺，号中岩，齐僧慧明，复塑卧佛一。又有岩二，曰结集，曰释签。盖隋初灌顶、湛然遗迹也。西至玉京洞，洞北有金钱池，相传昙兰憩此诵经，有神献金钱，僧弃池中，故得名。又西为洗肠井，昔昙猷礼石桥应真，怪其腹中韭气，猷出肠洗之，至今井边犹生韭，丛茂如昔，即其灵验也。绝顶表以浮屠，即兴公所称"霞起建标"处。山址清溪环绕，汇大盘、国清、桃源三水。跨石桥，中流有削石，不利舟棹，土著称此溪曰大小恶，即李白所称之恶溪也。赤城山大抵皆峭壁，不可登，闻上有仙人井，飞流喷沫，冬夏不竭。其余宫殿，大抵昔日所谓洞天福地，宫桷殿楹者，今皆瓦砾成堆，在漫烟荒草中，尚有铜环兽柱可寻。昔日之所谓神仙眷属、大金仙人，今则为俗不可耐之泥人矣。岂人轮逐时，逾趋下流乎？时清风拂径，黄叶散落，思深入微，不禁神往有顷。今日以尚欲乘车，赶赴临海，急足捷进，四里抵天台县城外，视天台之商业，亦外畅内枯，人民多布衣，素朴可风。二里抵天台站，归束行李，付肩夫三日工资，合给二元，再三道谢，并约以后期，民风敦和，殊可钦佩，而其生活程度之低落，于此可见一般〔斑〕矣。

余综观天台志乘，凭诸探讨，天台之溪流潆洄，势若涛浪，其最大之溪流，首推大溪，考其源，大致出自大盆山，合寒明二岩，鹧鸪诸山溪壑、桃源瀑布，及始丰湖。众流萦绕县境，演漾清冽，环抱如带，蜿蜒出东横山侧，而东抵凤凰山侧，复会于宝华大源、五百灵溪、观溪等水，经大觉寺山麓，折流而南至临海界，入三江而达于海。今录其较著称者，县西有始丰溪，源发于大盘山，与青溪合，而入大溪。县北有青溪，源发天台山，南流至桐柏，又南流三里，经三井，下流为瀑布，入于大溪。县西乾溪，源出自石井山，旧传僧昙猷飞锡救老姬，溪水立涸。左溪源发自峇，与关岭接，委蛇曲折，凡七十里，至大溪。居县西北者，则有灵溪，在福圣观前，玉女溪在桐柏观前，源来自洞天山，过女梭，泄为瀑布，下入灵溪。铜溪源出自桃源洞，以其水色黄如铜汁故名。赤城溪源出自赤城，南峇溪源出自大慈山，过国清双涧，以上诸溪，均会合于大溪。居县之东者，有楢溪，孙绰赋所谓"济楢溪而直进"是也。源发自华顶，东南流，与桐柏灵溪诸水合，经大觉寺前，入大溪。响山溪源出自响岩，亦会于大溪，居东北者，有神迹石溪，俗名白鹤溪，接国清之水，至庙侧分支，一入临川桥，一入孝义桥。折溪源发于黄潭，即螺溪，经国清溪。幽溪源发自大慈山，流入螺溪。以上三溪，均会合于大溪。居县北者，有国清溪，源来自佛垄山，南流至神迹石，会于大溪。福溪其流西入于剡，罗木溪在罗公岭南，源自华顶流入剡。水母溪在摘星岭南，源出华顶，入宁海界。天台溪流，百派所向，大致均会合于大溪，而大溪之源，则出自东阳县界：以其受始丰青溪，桐柏国清众流之集，故水势暴涨，汹涌如涛波，大抵均发源洞峪，易盈易涸。凡经一百一十七里，蜒流至郡，力可胜四十斛，水缓时，可行舟，其余小溪不通舟楫。

回途中，初则热闷异常，寻复浓云密布，至车站，狂飙骤起，继以倾盆雷雨，天地为昏。五时许，雨止风平。五时半乘临海车出发，票价一元六角五分，车小人挤，行旅为苦，窗外斜阳，暗露云外；照耀山派水流，沿途牧牛成群，见车惊逸，散乱于原野，的是一幅天然画图。晚炊时节，昏黑渐呈，饥肠辘辘，心神恍惚，时车行黑暗中，将至临海时，忽前途火星明没，似有多人排立在汽车夹道，车中旅客，俱呈惊惶，以为途遇短劫，将不免矣。车夫亦为担忧，以前星期，车正遭劫，余此时心胆亦恋恋。侍〔待〕车至目前，夹途人夫颇众，手持旗伞，举火炬，锣鼓声喧，夹以杂唱，且行且焚纸帛，余等至此心始稍安，叩询之，乃悉今日为废历七月三十日，为地藏皇诞辰，本地风俗，是晚须赛会致庆，途次残香剩灰，处处皆是。约十五分钟，抵临海站，寓于中津旅馆，尚清净，宿费超等房，连餐费每日四角五分，可云低廉矣。临海即昔之台州府，街市冷落，洋货冲塞，商业萧条，出产以鱼类为多，鲞鱼颇著名，味亦鲜美，居民以捕鱼为生计者众。即晚购布履一，罐头食品数，以备入雁山之需，回寓，探询去雁途程。

十七日阴昙，晨六时，渡灵江，江阔约里许，桥渡以各等之江船，联贯铁索，上铺木板而成，遇风浪，则波动颇剧，不能行人，且帆樯往返于灵江者颇夥，经必解索离船始可，事殊繁而法不简，且灵江为金瓯台嵊水路捷线，如此设使，有碍货运，望当局亟宜改善。渡中望"遥山横黄水，帆樯逐江波"及隔岸"古寺浮三塔，丛翠秀松杉"，俱含清新境地。临海楼房建筑，叠盖三层，甚至层上加阁，视其基脚直壁，材粗料薄，木石为之，建筑形式，似与浙省他县各殊，询之土著，以累年江水涨落为患，大水屡没及屋，致不能居人，层楼高筑者，为避水计耳。且屋高年久，屡有倾覆。余以为危水与覆巢，同遭陨越，此计何其谬也，不若根固其基，疏水支流，以防未然，为久远。里许，至临黄车站，此段公路系商办。至八时十五分，始乘临黄车直达黄岩，车价七角四分，路尚平坦，无甚剧振。十时一刻，抵黄岩，复渡江，渡桥与临海渡类同。北行里许，抵站，离开车时间尚早，遂循路游览黄岩街市，黄岩出产品，以橘子著称，惜时未至，闻每担只值二元左右，运销京沪粤等地，价格倍蓰，产量总额年值七八十万元。是以沿路空隙土地，满栽橘树，百里之内，无禾黍种植。其次以渔业为幅〔副〕产品，以其地近海滨。市上海产特盛，价较内地廉数倍，商业景气，亦较临海转佳。

……

余此游焉，计程凡六百余里，计时凡十日，居天台者三日，游雁荡者四日，道途奔波者去三日，足迹遍台之全境，雁之奥区，传闻所得，道途所见，增益非浅。游目驰怀，最足引人入胜者，如石梁飞流、龙湫壮概，既穷飞瀑之形；琼台双曲〔阙〕之幽、桃源迷津之丽，则孕育天台之灵气；雁顶迁景，显圣异迹，则尽雁荡之大观；致乎华顶峰之云涛絮涌、百冈尖之燕狄惊逸，则观止于天下之奇象也。虽得其万千之一隅，而或有失于交臂。然神龙掉尾而不见首，留以后味可也，故杨文骢曰："天有得而不欲失者，人情也；有得而必欲失者，天道也。"且上帝忌盈，清福不永，吾岂能违天道，悖人情而已哉？噫！思深饮啄，随之一身，权宜吾骸，随地而安，夫岂特山游，而作如是观耶？

宁绍台十日旅行记

讱　庵

　　载于《游行杂志》1937 年第 11 卷第 1 期。讱庵，根据当时报刊文字推测，其人可能是林葆恒（1872—1970），字子有，号讱庵，福建闽侯人，林则徐侄孙。光绪十九年（1893）举人，曾任李鸿章幕僚、湖北劝业道等。谙于书史，勤于词学，在天津组织词社，后至上海，创建沤社。著有《讱庵词》《集宋四家词联》。民国二十五年（1936）九月十八日，作者偕妻子自上海乘船，至宁波，改乘汽车经新昌，十九日下午两点四十分到达天台。随后数天乘肩舆游览了国清寺、真觉寺、石梁、铜壶滴漏、赤城山诸胜迹。本文对出发时间、里程、线路、站点、景观、开支等记载甚详，有为后来者导游之目的。

　　余自游雁荡归来，以天台与雁荡齐名，欲往游者久矣，第以游天台须由临海陆行百里，乃达山下，惮舆行之劳，遂久久不往。近闻浙江公路已达天台县城，距国清寺仅七里，乃决计于九月十八日偕内子同往，以十七霜降，十八后必有红叶也。归途并取道宁波、绍兴，期以十日回沪。此十日中饱览溪山之胜、霜林之美，庶不负此行矣！

　　十八日晴。先期由中国旅行社购定新江天大餐间船票二张，每张十二元，据称五时展轮，遂于四时半登舟。睡舱两铺对面，旁有沙发，可以散坐。五时船即开行，足见招商局近来开船钟点，渐守信用，不使人浪费时间，亦可喜也！夜七时，与船员同饭，肴疏甚美。饭后散步舱面，残月渐升，而海风劈〔1〕面，不能久立，遂归舱阅报安睡。

　　十九日晴。晨五时半，船已抵宁波码头，先夕预戒船中代备早茶，以到甬过早，恐来不及上岸用点也。用点后，雇车到奉化汽车站，以宁波有三汽

―――――――

　〔1〕　劈（lǐ）：割；划开。

车站,故必须声明奉化,每车小洋二角,行数里抵站,询开溪口汽车,须七时三十分开,遂属站中茶房代为买票,并以铺盖衣箱等付之,给一收据为凭。由宁波至溪口,每人八角七分,行李免费,比上车而汽车后面行李间空空如也,方以为行李不及上车,此去到溪口再候行李送到,必不及更上新昌之车矣。七时三十分开,其经过各站如下:

段塘　石碶　栎社　横涨　前王　江口　横潦　柳荡　奉化　大埠　畸山

八时三十分抵溪口,下车询行李,则早已到站,盖行李系另一车行,已先到矣,亦足见该公路办事之敏捷也。询新昌车站距站尚二里许,幸街道极平,皆洋灰砖平铺,可以安步而往。到站购票上车,每人票价一元一角七分,独行李不能免费,站中属多购一票,始代装入车顶。九时一刻开行,其经过各站如下:

三石　塔下　珀坑　下跸驻　上跸驻　六诏　晚香岭　剡界岭　沙溪　溪合　棠家洲　竹岸　绍周　西山　拔茅

十一时十分到新昌,下车,询开往天台之车,尚有一时许,遂在站取所带面包、火腿、茶壶等就站冲茶啖之。以站处荒凉,除茶座外,别无可以购食之处也。此去仍经拔茅,行人多于拔茅,候换车以濒行。沈昆三兄谆属须到新昌换车为宜,以新昌系起点之站,车位较宽,到此换车,庶不感拥挤之苦,若到拔茅,则新昌上车者,早已坐满无余地矣,此亦游人所不可不知者。十二时三十分开车,每人车票价一元二角,其经过地点如下:

拔茅　蓝沿　赤土　旺竹　横板桥　横渡街　楼下　大桥头　上西山　白鹤殿　新楼　何方站　泉亭村

二时四十分到天台县小北门下车,询国清寺尚有七里,托站上代雇肩舆二乘,挑夫二人,每人三角,三时四十五分到寺。门前树木阴翳,溪声沸耳,且有古塔,为隋时之建筑。寺门口又有七如来塔,置列道左。过丰干桥入寺,知客海云,宝庆人,邀游寺中。殿左即方丈,有阮元书额,再东为修竹轩,即宿其中,尚轩敞可住,铺盖亦尚洁净,孤身来客,亦尽可住宿也。轩前有漏沙锅,即寺僧亦谓其已非真品。殿前有三贤祠,供丰干、寒山、拾得三子,皆唐诗〔时〕圣僧。更前为三圣殿,有王右军鹅字石刻,为邑人曹抡选补书。此外尚有摩崖,倦极不及再访矣。夜寺中备素肴六品,亦尚可口。托寺僧代雇肩舆二乘,明日上山,每舆轻者二人,重者三人,另挑夫一人,每人每日力资一元,酒饭钞在外。

二十日晴。六时兴,七时廿五分行,五里岭脚庵,无人家,仅有一僧募化，五里真觉寺，俗名塔头寺，以寺内有智者大师真身宝塔也。入寺循览，殊无可观；但门外有古井，名甘泉井。再西竹林极盛，间以红叶，极为有致。又五里陈田洋，有人家三两，对山亦有红叶，询以何树，则语音不通，殊难辨识。又五里龙王堂，有店铺十余家，舆夫索点心钱，以一元与之。又五里长明岭，又五里何家溪，又五里抵中方广寺，沿途红叶极多。寺门东西，皆有瀑流，北流至石梁，合并穿梁下而过，即为石梁瀑布，石梁长三丈，对面有铜亭，寺僧晨夕履石梁而过，拈香而返，余辈只能循昙花亭门外石级而下，抵其东端，远望兴叹而已！然石梁厚逾二丈许，实不类石梁，无宁谓为石门，尤为惬当。其南即诸瀑来处，其北即瀑布，然亦不过一二十丈也。昙花亭有楼可下瞰石梁，坐此听泉，最为有致，其后即大殿矣。越溪而过，下坡即下方广寺，殊褊小，无足观。寺前临溪，竹林最盛，出竹即睹由石梁下泻之瀑布，若能于此删竹伐木，建一听瀑亭，俾游山者得于石梁下方饱听瀑布，当尤佳胜。入寺用午饭，饭后即上山，入上方广寺，较中方广寺规模略壮。有藏经阁、罗汉殿等，然亦不大。出寺又上坡，行里许，询舆夫以铜壶滴漏，据言在中方广后，询以何不便道一往，则言再往，今夕必不及宿华顶寺，只好明日再往，时已近三时，遂亦听之。又行十五里至华顶寺，遂便道去拜经台看落日，丹枫映日，至为可观。拜经台为天台绝顶，东望群峰竦出，窃意可望日出及大海者，恐亦虚语耳！寒气袭人，急下到华顶寺宿。寺为晋天福时建，十七年甫毁于火，近始建佛堂客堂，其大殿及方丈，尚未动工。寺僧言：寺左右原有七十二茅蓬，近亦不过十余而已。客堂即在佛堂楼下，钟梵震人，未明即不成寐矣。

廿一日晴。六时兴，六时四十五分行，八时三十分已抵中方广寺，遂属寺僧备午饭相候。仍穿昙花亭绕寺后，过盖竹洞天石刻，行八里至铜壶滴漏，亦不过水泻入岩，绕岩下视之，则寻常一小瀑布下注于潭而已，无所谓滴漏也。再下行为龙游枧，水行石槽中，悬想夏时水大，奔腾直下，或似龙游，此时则浑不似矣。询以水珠帘，亦不知在何处，后归询昆三，乃知须由龙游枧下行里许，乃得见之。舆夫贪懒，误人不浅。十一时十五分，到中方广寺饭。又二十里，抵塔头寺。东下坡五里，抵高明寺宿。寺亦智师所创，闻智师讲经，忽为风翻，乃杖锡追寻至此，爱其峰峦秀发，乃营净居，故寺内尚有翻经堂，大殿有铁铸佛像，后为楞严坛，右为不瞬堂，即寓客之地也。翻经堂下有西方殿，壁嵌董其昌书《楞严海印三昧坛仪碑》，尚完好。寺中又出智师遗物，即隋炀帝所赐袈裟，及紫金钵、《贝叶经》，钵已缺一角，经用铜钉横钉，仅能旋转，不能翻阅矣。寺左有圆通洞，乘未暮访之，至则仅一石横架，不足者以人工构木支拄之，但沿溪景色清绝，见"伏虎"及"佛"字石刻。

廿二日晴。六时兴，六时四十分行，过圆通洞"佛"字摩岩，即缘磴而下，路极陡险。抵平地后，缘溪而北，行八里，抵一木桥，舆夫谓即螺溪，但遍觅不见石笋所在。乃过桥上山，舆夫指山旁一峰，谓即石笋，望之殊不似。幸磴路宽平，仍上山，行尽处得石门坎，越坎下山十余步，即见石笋，耸然特出。下行至溪边，始见石笋一峰，与两山分离，独立其上，尖斜恰似紫箨未坼。沿途山色，颇似川江之瞿塘，而石笋即滟滪也[1]，特其下不能通舟而已。由石门坎下山，乘舆行二十里，皆平路，抵国清寺饭。饭后行七里，抵赤城山，山石皆赤，信乎其为赤城也。山洞极多，游香云、瑞霞、华阳、玉京各洞，皆极逼仄。大抵岩石侧出，外接以人工之楼阁，殊无可观。玉京最高，再上尚有一洞，亦方建筑楼阁，不及上。东行数百步，抵金钱池。池亦有螺，但有尾，与常螺无异，所传高僧取去尾之螺，置池中复活，以后产螺，尾皆扁平者，亦殊不可信。下山，抵紫云洞，较前诸洞为高深，但建楼七间，几抵洞顶。上楼见诸佛丈六金身，皆成三尺童子，亦可笑也！洞前芙蓉初花，间以蕉竹，清景翛然，乃瀹茗而去。又行七里，抵济佛院宿。监院慧求招待甚殷，云此为济颠僧故里，故建此院为华顶寺下院；距车站仅数武，如晚车到县，不及登山即宿该院，次晨亦可直达华顶云。院距小北门甚近，入城一游，殊冷静，但宗祠极多，足见风俗之厚。

廿三日晴。五时兴，六时步至车站，甫开门也。六时二十分开，八时二十分到新昌，改乘溪口汽车，八时五十分开，未至沙溪，车机忽坏，烟雾迷漫，勉到沙溪，灌以开水，略加修理，耽阁〔搁〕一时许乃行，十一时三十分到溪口，询雪窦寺距此仅十五里。饭毕即雇肩舆入山，每人七角。二时行，二时四十分已抵入山亭。知客慈根为言溪口至此，可乘小汽车，每次不过一元八角五分，惜余不知也。仍乘原舆上山，过寒华、赐书两亭。四时半抵寺，知客远峰，蜀人，为雇两舆，乘未黑游妙高台，台距寺二里，有蒋氏别业，上台俯瞰，诸岩巉出，红叶烂漫，几如美女簪花，临风招展，爱不忍去。又循妙高路下至飞雪亭，则对面即千丈岩，岩壁削立；而寺前青锁亭之水，沿壁直下，约四五百尺，若在夏秋雨后，此瀑当如喷玉飞雪无疑也。由此回寺，不过半里，寺左有新建筑，闻为旅馆，尚未开幕，来岁重来，可不扰及寺僧矣。雪窦寺规模亦宏大，山门方在重修，藏经阁前有唐梅晋柏，枝干如铁，若正月冒雪来此寻梅，亦佳事也。

〔1〕 瞿塘、滟滪：瞿塘即瞿塘峡，长江三峡之一，在四川奉节东，以景美雄险著名；滟滪即滟滪堆，瞿塘峡口的大礁石。杜甫《所思》："故凭锦水将双泪，好过瞿塘滟预堆。"

廿四日晴。六时兴，七时行，五里许至上隐潭，双崖陡峭，中有石磴，下行二百三十余级，至洞底，坐溪石上，仰视瀑布，自岩端下垂，俨如匹练，凉气侵入肌骨，左右皆悬岩，间以红树，令人有出尘之想。坐溪石徘徊久之。上山，又行十里，到徐凫崖，远望岩石，下有一潭，四周无树，毫无障蔽，风景远不及上潭。舆夫惮行，遂舍之而至下隐潭，未至已闻泉声，下山至潭上，见一洞突出，瀑出其傍，下注于溪，较上潭为轩豁，若能移潭水使中流，由洞上直下，成水珠帘者，当尤妙。舆夫携饭盒在此午餐，余亦出面包水果啖之。又下山至千丈崖下观瀑桥，逼视千丈崖之飞瀑，终惜瀑流过细，不及上下两瀑多矣。下山，到入山亭，属慈根以电话代呼汽车，乃竟无之。以溪口车少雇客多时，即无车应客，乃仍乘原舆行。二时至溪口，到胡万昌饭店小憩。到车站询二时半汽车已开，步行至文昌阁，一望依山傍水，当为溪口最胜之区矣。四时十分附汽车行，五时十分到宁波，宿衡通饭店。此店新开不及一年，一切器具，皆采新式，夜饭于西粤楼，亦尚可口。枕上闻雨声淅沥，知明日游踪，当为雨阻矣。

廿五日晨兴，尚有微雨，乃冒雨乘车赴宁嵊汽车站，乘九时车行抵育王，即入寺瞻览藏经阁、舍利殿等，皆极宏壮，闻寺僧四百余人，信巨刹也。天雨已止，询天童寺仅十五里，乃属寺僧代雇肩舆两乘价八元，先付，行十五里，达五宝塔，闻距天童尚十里，乃知为廿五里也。十二时到天童寺，寺门有伏虎、景蒨两亭，夹道松杉，间以丛竹，极为幽静。寺规模亦宏大，不亚育王。方丈圆瑛[1]，莆田人，已陪林森[2]赴沪，民国僧人，更不能不势利矣。在知客寮一饭，即乘舆回育王，恰趁四时车回宁波，闻过五时即无车矣。仍宿衡通饭店。

廿七[六]日，阴晴相间。晨七时三十分赴车站，趁曹娥火车，八时十五分开，经过地点如下：

洪塘 慈溪 叶家 丈亭 蜀山 余姚 马渚 五夫 驿亭 百官

十一时十五分抵曹娥江，过江，换乘五云汽车，十二时十五分开，经过地点如下：

---

〔1〕 圆瑛（1878—1953）：法名弘悟，字圆瑛，号韬光，又号一吼堂主人。俗姓吴，福建古田人。近代高僧、佛学大师。早年出家。历任宁波天童寺，福州鼓山、雪峰及南洋槟城极乐寺等名刹住持。著有《圆瑛法汇》《一吼堂文集》等。

〔2〕 林森（1868—1943）：字子超，号长仁，福建闽侯人。国民党元老，曾任中华民国临时参议院议长，立法院副院长、院长，国民政府代主席、主席等职。

东关 泾口 陶堰 樊江 皋埠 东湖

一时到五云,即绍兴府之东门也。寓龙江旅馆,尚洁净可住。饭后乘人力车出稽山门,行十五里,抵禹陵,已焕然一新矣。入庙瞻谒,并观窆石亭及禹穴石纽两石刻,又到陵下一望,即出。仍入稽山门,沿城到五云,呼舟至东湖,据云十里,而舟行不及四十分。东湖为陶心云[1]年丈所筑,有小柴桑、小停云馆、水乐庵、听湫亭、霞川桥、饮渌亭、仙桃洞、陶公洞、香积亭、万柳桥、宾花邻鸟馆诸胜,惜倒塌过半,知陶氏之子孙微矣。仍掉〔棹〕舟回五云,乘车到一一新京饭馆,饭有越鸡及鸡腰,皆极美,越鸡肥嫩而鸡腰尤胜,据云为绍兴特产,不特他处不易得,即绍兴寻常小馆,亦不易求也。

廿七日阴。六时兴,七时赴五云,乘五娥车到樊江,仅十五分耳。买舟游吼山,虽云距车站三里,行一时许始至。入傅岩小筑,则所谓云萝洞、万寂庵,皆在其中。庵洞皆人工凿石而成,与东湖同,特下仅小池,不如东湖幽邃也。出门,循田塍登山,观云石墩、棋枰石,瘦削孤立,上覆横石,一如棋枰,亦有奇致。仍棹舟归樊江,乘车归,又饭于一一新,食鲈鱼极肥美,盖湘湖名产也。十二时赴绍兴站候车,一时四十五分行,其经过地点如下:

西郭 尊仪 弥陀 柯桥 阮社 秦望 钱清 衙前 吟龙 莫港 转坝 萧山 西兴

二时四十五分抵江边,经木桥二里许始达义渡,又候小轮来拖,渡后又经石桥里许,始达三郎庙,换人力车赴西湖饭店,而宁绍台十日之游,于此终了。

今综所经为读者告:

一由宁波赴天台,半日可达,若自雇汽车,可以直达国清寺,且无须半日,但车价须贵至数倍而已。公共汽车每人仅三元有奇也。

一天台游程,二日可了,第一日多上山,宜由国清寺至螺溪观石笋,饭于高明寺。下午上山,宿华顶寺。第二日多下山,由华顶寺到中方广寺,观石梁后,再观铜壶滴漏、龙游枧、水珠帘,回中方广午饭。午后下山,游真觉寺,后宿国清寺。第三日即可回宁波,若欲游桐柏宫、琼台双阙及赤城者,须延长一日。

一天台车站赴国清寺仅七里,轿金每人三角。国清上山每人力金一元,在各庙食宿,均由寺僧供应,故酬金宜从丰,鄙人此次连夫共八人,每饭给五元,每宿十元,固不为丰,然亦不甚菲矣。

─────────

〔1〕 陶心云:即陶浚宣。

一由宁波赴雪窦，宜直乘小汽车，虽贵而时间较省，若在山无甚耽阁〔搁〕，可赶当日轮船回沪。入山寺到各处游览之轿，可托知客代雇，具有定价。

一雪窦名胜以上下两隐潭为最，便道游妙高台、千丈崖、观瀑亭，半日可了。

一育王寺可坐小汽车，天童非坐轿不可。可托寺僧代雇，每人来回约一元六角。

一宁波赴绍兴，以火车为安逸，闻亦可坐小汽车。绍兴南北皆有公路，更可坐汽车矣。

一绍兴名胜，不止禹陵、东湖、吼山，尚有兰亭、柯岩、鉴湖、快阁、香炉峰等处，视游客时间是否从容为断。

天台山游记

慧　云

　　载于《佛教公论》第 12 期(1937 年 7 月)。《佛教公论》1936 年 8 月
创刊于厦门,由闽南佛教养正院法师广洽、广义、慧云等发起,会泉法师
为社长,慧云法师为编辑。1937 年底因抗战原因终刊。慧云,闽南佛教
养正院法师,《佛教公论》编辑。1936 年 10 月 26 日,慧云与妙乘、自然
二位法师自杭州出发,乘车到达天台,随后数天游览了国清寺、真觉寺、
华顶、石梁等胜迹,由于作者僧侣的身份,对寺庙景观、遗迹探寻和记载
尤详,本文对了解民国期间天台山佛教及遗迹较具价值。原文附有慧
云摄"天台山隋代古塔"照片 1 张。

小　引

　　从小便有着好游的癖,披剃以后,到处飞锡,更看了不少的异水奇山,所
以我对于山是特别有缘。李白的名句:"五岳寻山不辞远,一生好入名山
游。"是我小时就喜欢吟的,同时对于旅行却因此养成一种美与乐的憧憬。
十年前我专门喜读一些古人的游记,给我印象最好的是晋孙兴公《游天台山
赋》:"天台山者,盖山岳之神秀者也。涉海则有方丈蓬壶,登陆则有四明天
台。"这篇名文想来是大家所熟读的。我因为读了这篇游记,对于临水登山
更有一种乐趣。涉海已到了一些类似方丈蓬壶的地方,四明也是十年前便
游过了。惟有天台以交通不便,终未能一游,这也是因缘尚未成熟吧。
　　二十五年秋天,我在杭州六和塔挂锡[1],看了钱塘江的秋潮、满觉陇的
迟桂花、西溪秋雪庵的芦荻,忽然想起天台山来,不知是谁说的,阴历九月十

―――――――――

　　[1]　挂锡:亦称挂单,指行脚僧投寺院暂住。原西域僧尼出行必持锡杖,至室中锡
杖不得着地,须挂于壁上,名为挂锡,用以指止住之代称。

五日，蒋委员长的令妹要在天台山国清寺打千僧大斋为乃兄祝寿，并且遍贴报单，邀请赴会。于是我便动起念头决意要偿我多年的宿愿，妙乘、自然二兄也忽然高兴起来要和我同游，我们小小的天台山旅行团便成立了。

浙江年来公路发达为各省之冠，自杭州至临海有杭临通车，天台就是距临海不远的一个中站。它是处于浙江省的万山丛中，其高度为海拔四千一百二十五尺，李白所谓"天台四万八千丈"也只是形容其高而已。

十月二十六日（晴）

我们一行三人于早晨，从湖滨的田宝永居士家里动身，至湖滨车站，购了至天台站车票，每张客票四元八角四分，车即杭临通车。七时自湖滨开车经南星桥，连同汽车渡江，此为我生平乘坐汽车过渡第一次的经验。过钱塘江经萧山，绍兴至嵊县午尖，车停约一小时，公路两旁树木异常整齐，且沿路预备着不断的沙堆，不时由护路工人填补，车路平坦如砥，看来浙江公路管理处是很有精神的。

这时是深秋的季节，车离嵊县，一路便是广野枫林，红艳可爱！想起唐诗"停车坐爱枫林晚，霜叶红于二月花"的名句，却恨我们的车走得太快了。经菖坝新北站，沿途公路，俱至平坦。至会墅岭路陡峭，依山曲折凿道，岩石嶙嶒，俱为人工征服。昔日羊肠石道，今仅为樵人捷径而已。至天台县已午后二时，附近山坡均种玉蜀黍及高粱等农作物，颇见农家之勤劳。

自天台山至国清寺约二公里许，途中有"万松径"三大字镌于路旁石上，忽然仰见一砖塔耸立于天台山南麓，四围林木翁郁，令人起了一种怀古之幽情，想起智者大师之高风，把长旅的疲劳都忘记了。一切入眼的景物，都是新鲜而有趣，想不到这样的深山会有这样的古刹。

这座砖塔是隋炀帝为天台智者大师敕建的六面九层的塔，高约二百尺，各层的塔窗已长满了寄生植物，仅存着往日的面影，我们看见了这座一千年前的建筑物，阅尽了人世的春秋，真有无穷的感慨，这塔自古是禁止攀登的。前年因为要修葺塔的一部，自其第二层以上发见了道师菩萨、药王菩萨、文殊菩萨、普贤菩萨、观世音菩萨、大势至菩萨七菩萨大理石的版碑。又在第七层发见《法华经弘传序》的碑石，和其他大小佛像等，多数已缺失了首部，然都属隋代的佛教艺术作品。比较稍完全的七菩萨版碑，纵约三尺七寸，横约一尺五寸的大理石，雕线极其美丽流畅，而且都是纤细的阴刻法。

国清寺的山门有过去七佛供养塔，自左至右为释迦牟尼佛、拘那舍佛、毗婆浮佛、毗婆尸佛、尸弃佛、拘留孙佛、迦叶佛七塔，乃康熙二年（一六六三年)仲春再造的。

国清寺是隋开皇十八年(西纪五九八,智者大师灭后之翌年)炀帝命司马王弘所建造的,始名天台寺,因得"新寺构成国则清平"的梦告,乃改称国清寺。这就是今日天台山最大的古寺得名的由来。寺额三字据传还是王弘的手书。

国清寺门前的天台溪,依然淙淙地向北流去。跨过长满绿苔的丰干桥,老木掩映间,透出寺楼的轮廓来,尤其是江浙古寺特有的黄色寺墙,从万绿中露出来,真使人有仙山琼楼之想。《天台山赋》所描写的:"朱阙玲珑于林间,玉堂阴映于高隅。彤云斐叠以翼棂,曦日炯晃于绮疏。"今犹仿佛如在目前。

寺壁有大书"今春传戒"四字,入外壁即所谓金刚殿的山门。通过山门左手有钟楼,右手有鼓楼,正面即雨华殿。雨华殿之起名,乃因智者大师于此讲经之时,诸天龙神欢喜散华降地成雨而得名。

在雨华殿之上即雄壮的大雄宝殿,近于殿前有挺然二株大树,名翠柏或名璎珞桧,枝如璎珞下垂,为天台山特有之植物,想来都是千年以上的老木了。其前有大樟二株,高约三丈余,青翠可爱。现在的大雄宝殿是清雍正十一年(一七二三)敕命再建的,距今是约二百年前的建筑。

雨花殿旁有普贤殿(?)[1],漆黑不能辨物,殿后有漏沙锅,直径大约八尺,深五尺许,相传为普贤菩萨化身任国清寺饭头时所铸。锅底有小孔,煮时能漏去沙砾,亦名山一种佳话。

又大殿里有一井名锡杖泉,相传隋代普明禅师,于坐禅中欲得水,以锡杖卓地,泉遂滚滚而出,因是得名,为寺中名胜之一。

大雄宝殿之旁有伽蓝殿,供置伽蓝菩萨,殿庭有隋代古梅一株,枝干苍古,仅存一根以续其生命,为寺中名贵之一种植物,与雪窦寺的隋梅并阅千秋。梅树之旁有木牌一方,上书:"此梅系古迹名胜关系,应在保护之例,祈游人君子,万勿攀折,如违责罚莫怪! 是告。"可见寺中对于此梅的重视。

大殿之左有方丈楼,前为库房,后为客舍,在方丈楼之前为斋堂,斋堂之前为客堂,客房之前左方为大香积厨。大殿之右有祖师堂,堂上挂着"台教开宗"的一个横额。堂内中置一尊三尺余的天台智者大师的木像,左右是临济正宗自第三十三世至四十五世的灵位和其他并立着。此堂之上有三贤

---

〔1〕 "?"为原文即有,应该表示作者不能确定。

祠,祀有名的丰干、寒山、拾得三圣僧。其外有罗汉堂,安置五百罗汉之像。其上有经藏。再下祖师堂之左有三圣殿,安置释迦、观音、势至三像,其邻即天台宗佛学研究社。

据研究社的学僧一览表上看来,约有五十余名学僧,课程似乎是很单纯的。主任静权老法师[1],为台宗硕德,垂老犹讲学不辍,殊令人起敬。

在这间研究社的隔壁,嵌着王右军所书的"鹅"字大石刻。又廊下壁间是嵌着前述从砖塔取出的七菩萨的版牌及神佛小石像等,这些在佛教美术上都是值得一番研究的。

国清寺住僧平时百余众,住持可兴和尚,态度和蔼,看来是一个可亲的长老。

却说我们一行三人到了国清寺以后,即往见寺中监院海照法师,海师在杭已有一面之雅,承他殷勤招待,安置客单,一宿无话。

十月二十七日（晴）

昨夜,我们互计划了在山几天的游程,决议先到华顶过夜,再游石梁。今晨六时起床,承海照法师盛意为我们备了几碗汤面,食毕,即开始出发。国清寺本有轿子供游客乘坐,我因要领略山水,提议步行,大家都同意了。

因为已经近于初冬的天气,而且高山的气候格外来得寒冷,天才破晓,寺屋已结成一层薄薄的霜,我和妙成、自然二兄各索到一根藤杖,就向寺左沿天台溪直上。两面山势陡斜,松树森然,溪风袭面,如沐寒冰。听说天台溪上常有菩萨化身,乘溪流暴涨时试探罗汉的心机,这是禅和子[2]常谈的。可惜初冬的流水已很枯竭了,山涧高低处亦仅能听到浅水急流的声音而已。想到《语录》上记载着天台溪暴涨的情景,多少圣僧在此以神通示现,真恨自己太没有缘份了。行八里至金鸡岭,一路仅见一二山家村落,或偶从高峰松林间隐约看见几家茅蓬而已。至此山峰逼人,四面无路,目力尽处,见一小径直下,我的脚已经软了,忽见成群的禅僧满背着衣单而下,我们乃奋勇上升,载息载行,有如登天梯之感。这些禅僧是要到国清寺去赶千僧斋的,他们每人都怀着一种希望,这,对于他们的长途跋涉会减少许多疲惫的。

再行五里至塔头即真觉寺,四围巨木蔚然,下望谷底可见高明寺,寺为

---

〔1〕 静权法师(1881—1960):俗姓王,名良安,法名宽显,浙江仙居人。佛教天台宗现代高僧,与如山法师、海灯法师并称天台宗三大法师。

〔2〕 禅和子:亦称"禅和者",简称"禅和",中国佛教对参禅人的通称。

烟笼，仅见屋角。真觉寺为智者大师肉身宝塔所在，现为授松法师主〔住〕持。寺额"真觉讲寺"四字为清嘉庆间阮元所题，再进有李鸿章所书"妙觉圆明"横匾一方。寺旁有《日本龙藏法宝》一部，清光绪间日本所赠，经屋为住持敏曦和尚重建，寺中仅见二三僧人。想来这些藏经未必有人看了。正殿即供养智者大师肉身宝塔。曲园居士俞樾题一联云："五蕴皆空，何处无真身示现；一尘不染，此中有妙相庄严。"又陈玉衡[1]一联云："卓锡遍灵岩，曾记取匡山感梦，华顶降魔，现丈六真身，作前代帝王师范；布金新梵宇，尚流传贝叶藏经，莲花法钵，开大千世界，结众生香火因缘。"联语不见得怎样佳，只是写实而已。

真觉寺左侧有《修禅道场碑铭》一方，为唐元和三年所建。这片碑铭在天台山为极有价值之历史材料，闻埋土已久，近始为授松法师所发见云。碑文已略有残缺，全文长千余字，可惜我没有时间全抄，仅录其梗概如左：

> 台州隋故智者大师修禅道场碑铭并序
> 右补阙翰林学士梁肃撰
> 朝散大夫台州刺史上柱国高平徐放书
> 唐元和三年十一月十二日僧行满建

> 天台山自国清上登十数里曰佛陇，盖智者大师现身得道之所，前佛大教重光之地。陈朝崇之，置寺曰修禅；及隋建国，废修禅之号，号为道场。自大师殁一百九十余载，大比丘然公光昭大师之遗训，启以后学，门人法智洒扫大师之居以护宝所。……得大师之门者千数，得深心者三十有二人，纂其言施行于后世者曰章安大师。……自上元宝应之际，此邦寇扰，缁锡骇散。而比丘法智实营守塔庙，庄严佛土，回向之徒，有所依皈。

真觉寺为清光绪初年敏曦和尚重建，寺旁三塔，为台宗六大师灵塔，亦敏曦所重修。

其一

隋天台教观慧瑶尊者谥宏法大师宝塔

---

〔1〕 陈玉衡：清末人，生平不详。

其二

唐五祖结集教藏章安灌顶总持尊者灵塔

唐六祖传持教观法华智威圆达尊者灵塔

唐七祖传持教观天宫慧威全真尊者灵塔

唐八祖传持教观左溪元朗明觉尊者灵塔

其三

唐天台记主荆溪湛然大师宋谥圆通尊者塔

光绪十二年真觉寺嗣孙敏曦重修

所谓佛陇就是天台宗的发祥地，现在已变成为一片百余亩的农田，陇中有平屋数间，还供着几尊菩萨。陇头有石刻"天台山"三字，据称全山即以此得名。陇中有修禅寺、定光寺遗址。我们正在徘徊之间，恰遇一位昨晚在国清寺相识的式悟大师，他本是坐着轿子，到了佛陇，特地下轿和我们步行。承他指点着佛的圣迹，这里是藏经楼，那里是大殿，那边一个斜坡是修禅寺的山门等等，使我们猛然想起一千年前的盛况，不禁有华屋山邱〔丘〕之感！

今夏偶读日僧上杉文秀所著的《日本天台史》，记载最澄大师（即日本天台宗开祖传教大师）入唐求法，至天台山时的景况，和今日一比，真有"萧条异代不同时"的感慨。

最澄大师自日本来华，出航时因波浪激烈，不能到达豫定之明州（即今宁波），竟费三十四日之海程始达福州。复经二十一日始至天台县。时为唐德宗贞元二十年（八〇四）九月一日，到山之日，国清寺僧众，递相慰问，叹其求法之壮志。旋于九月二十六日谒见台州刺史陆淳[1]，因彼之斡旋，乃得亲近天台修禅寺之道邃和尚，道邃为荆溪湛然大师弟子，以佛家之学《摩诃止观》要义传之。复于十月七日访佛陇寺行满座主，得授《天台法华疏》等一百二部二百四十卷，嘱以弘法东国，为天台教门之相承者。今日天台一宗在日本之兴隆，都是最澄的力量，反观我国天台山的现状，真要为之一哭。

我离开真觉寺，看见沿途疏林间满开着的野茶花，又使我想起最澄当日

---

〔1〕 陆淳：即陆质（？—806）字伯冲，后避唐宪宗（李淳）讳改名质。吴郡（今江苏苏州吴中区）人，经学家。历任信州、台州刺史等。著有《春秋集传纂例》《春秋微旨》《春秋集传辨疑》等。

于修禅寺,春寒料峭勉学困惫之时,一面啜着道邃和尚所赐的苦茗提神,一面看见庭中培植的茶树,心想归朝之时必欲移植于日本,以为他日山房学侣之医料的情形来。日本人最先知茶之美味与移植的历史,要以最澄大师为第一人了。

自佛陇至龙王堂约十五里,此处为天台山交通之中心;华顶、石梁、万年诸名胜,均由此分道。有小学校和小杂货店,地势四面环山,形成一个平原,最近天台县政府在此建筑第一座洋式大楼,预备招待来山游览的贵宾。巷口十字路,竖着"天台县名胜区指示牌"一方,将天台全山名胜画成交通路线,并附记距离若干公里,便利游人不少。

自龙王堂至华顶讲寺又十五里,寺前年不戒于火,今方重兴,规模颇大。主〔住〕持兴慈法师、监院授松法师,都是有心复兴台宗的大德。近寺十余里,山路坦平,宽可五尺,为授松法师募资所开辟,闻共费四万余元,且沿路有避雨小屋,为游人称便。

华顶一带,杉树独多,竹林亦蔚然其间,此处有茅蓬七十二家,以药师庵为最大,承该庵当家式悟大师的殷勤招待,使我们于华顶之游得到不少的便利,此间有武装警察四人长期驻守巡逻,故山居似甚和平。

自华顶讲寺至智者大师拜经台约五里,此台所在名华顶峰。拜经台石已毁其半,下有茅蓬一家,叠石所成,门外立有"隋智者大师拜经处"及"天台第一峰"两石碑,东有智者大师降魔塔一座,为兴慈法师新建,高丈余,有兴慈法师降魔塔记,述其因缘。在此下瞰诸山,俱在脚下。李白《天台晓望》诗云:"天台邻四明,华顶高百越。门标赤城霞,楼栖沧海月。凭高澄远览,直下见溟渤。"就是写这里的风光。华顶本为道家栖息的地方,晋代白云先生,其尤著者。后来道家衰落,便落到僧徒之手,今日已看不见道家的踪迹了。

夜宿药师庵,庵中设备尚佳,有斋田数百亩,清光绪间晓然和尚所建,为天台山最富的一个茅蓬。比较相当的施主或游客多在这里打茅蓬斋。茅蓬的建造非常整齐,因冬雪久积难消,故纯用一种茅草盖顶,厚可一尺,可以经十多年风雨的剥蚀。这种茅草的崖顶,冬暖而夏凉,且带一种质朴的颇似北欧农村的风情。

十月二十八日(晴)

晓起,昨夜同宿的施主等设茅蓬斋于药师庵,一早应供者二百余人,为近年山中希有的盛会。此辈岩栖谷饮的头陀,终年寂处山中,凡此等斋会类皆踊跃趁斋,无分远近,一种清苦淡泊的生涯,令人致其无限的敬意。

　　七时半与式悟大师话别。出药师庵，仍循原路下山。离华顶约三里，折北下山，一路石道仍甚平坦，行十五里至上方广寺，寺屋已旧得不堪，门前金溪，风景幽静，有藏经阁一座，下有联写得极佳，联云："四山滴翠环初地，一路听泉到上方。"我们急着要看石梁，就到大殿礼佛而别，下行半里至中方广寺，寺建于石梁右方，万木掩映，两溪夹流，汇成一条巨大的瀑布。石梁是天台第一绝景，为古今游记所盛称。中方广寺有飞楼一座，临流而筑，布置适宜，游客可凭窗下览瀑布。楼中有联云："龙湫无此壮，雪窦失其雄。"书法联语均佳，为近人所不易见。惜初冬天旱已久，否则瀑布之雄奇，必大有可观。石梁瀑乃汇上方广之水与另从一面奔来之水而成，山势至此蔚成曲折奇突之妙。石梁厚约七八尺，长约三丈，上宽尺许，下临无地，游人屡冒险而行以练胆。昔读孙兴公《游天台山赋》所谓："跨穹窿之悬磴，临万丈之绝冥。"今日身临此境，亲证古人之诚言。石梁下悬空五六尺，为瀑布湍流而过，水声轰然，如苍龙喷雪。梁上镌有"万山关键""前度又来"八大字，梁下可望下方广寺，游人罕到，闻兴慈法师出家即披剃于此。据寺僧云，看石梁瀑布最好在五六月间风雷急雨之后，才能全览石梁之雄奇。石梁附近游人题字极多，均不足观。盖此辈好留题名山企图不朽的人，不是显宦就是豪商，他们那能欣赏大自然的奇妙呢？

　　自石梁至万年寺，尚有十五里，恐怕一天赶不及回国清寺，只好不去了。九时半离中方广寺，向西山行，十五里，至龙王堂已午。在一家小铺吃了两碗地瓜稀饭。再行十五里复至佛陇真觉寺，我很想折路去看看高明寺，同伴已无勇气，也就作罢，就在真觉寺路旁一间祖师亭小坐，亭前为通路，内部设着小学，几个小学生看见有人都争先跑出来，他们好像终年不易看见人似的。亭中四壁满贴着教育标语，在这样的深山可以说是很难得了。

　　亭子正对着修禅寺的遗址，所有寺田都被俗人占尽。前年授松法师曾向天台县政府请求拨还，为复兴天台山的基本道场，县府已允设法通令业主迁让，但它的代价仍然须一笔巨款，一时恐难以实现。我们希望天台宗的有力后裔，援助授松法师的计划，把这个开宗教祖的基本道场复兴起来，比较在大都市多建几家丛林不是更有意义吗？

　　午后五时归国清寺，计今日所行约五十余里，两日合计共百里余，脚力已不胜其苦，而精神却颇为舒畅。

　　夜为千僧普佛，远近妇女均预备来寺，环观如堵，寺中各殿及走廊，俱为彼等占尽，实开天台山千僧斋空前未有的盛况。佛教仪式的伟大号召力尚能保存至于今日，不能不令人惊服。

十月二十九日（晴）

今早为庆祝蒋寿的千僧斋大会，满寺尽是和尚及昨晚来寺的妇孺观客。自晨五时起，客堂和丈室的两个丹墀，一桶一桶的菜饭端了出来，无论僧俗一律结缘。饭虽粗糙，而菜还过得去，比较普陀山的千僧斋的饭菜要好得多了。至八时斋饭略毕，开始在天王殿由警察散发结缘财物，每僧得法币一元，衣料一件，无布者以二元代之，但分发时须以戒疤为凭，以防冒充。于是戒疤在这里发生效用了。大家争先恐后，秩序大乱，警察竟持长竿向群众头上乱抽，但人波动如故，俨然如避乱的情形。全寺前后大小门又均紧闭下键，仅天王殿留一扇门出入，而俗人不发结缘者亦一律被阻，出入壅滞，人声嘈杂，至十二时始觉稍松，亦可见当局办事之欠斟酌。

我们急于要去游天台县城，午后一时始觅得旁门出寺，时结缘尚未散了，自旁门出，当然只得牺牲了。

天台县是一个很小的山间的城市，街路和其他内地县城一样狭小，行人亦寥寥可数，只有西大街有几家较大的商店而已，我们就在一家"菩提春"小素菜馆，吃了午饭，随意从街上逛回国清寺。

十月三十日（晴）

早晨起来，天台山的游兴已尽，遂和可兴和尚、海照当家等告辞，离国清寺，再作雪窦之游，因与本记无关，不在话下。

天台山探胜记

梅 翁

载于《铁报》1937 年 4 月 15 日，第 4 版。《铁报》1929 年 7 月 7 日由毛子佩创办于上海，邵飘萍、张恨水曾先后负责，海派小报，1949 年因上海解放而停刊。民国期间，报刊上署名"梅翁"者有多人，综合考量，此"梅翁"可能是姚敏（1917—1967），原名姚振民，笔名梅翁，祖籍宁波，出生于上海，20 世纪三四十年代著名作曲家，他的歌曾经唱红了从周璇、李香兰到邓丽君、凤飞飞、费玉清等几代歌星。本文为作者游览国清寺和赤城山两处胜迹之作。

天台山为东南胜境之一，每当春秋佳日，前往游历者甚多，笔者日前曾作半日之游，略记如左：

出县北七里，即见国清寺外之大塔，高出云表，小浮图七，□列道旁，左右虬松古樟，绿阴蔽天，苍翠可爱。山有五峰：一八桂，二灵禽，三祥云，四灵芝，五映霞，耸峙寺外。其下有双涧回澜，涧之水颇有佳趣，过丰干桥，即至寺内，殿之正中，门悬国清寺额，书法秀劲，相传是王宏笔。进门为雨花殿，拾级而上，古樟翠柏，挺立四隅，枝干高耸，风景不凡。再上为大雄宝殿，殿凡七楹，气象巍峨，高三丈有奇。殿后为杖泉，冈上岩镌有柳公权书"大中国清之锡寺"，朱晦庵书"枕石"，米芾书"秀岩"等字。大殿之左为伽蓝殿，殿前有古梅数本，与"洗尘"二字，过此为方丈楼，楼上有阮文达[1]书"晋（唐）古万丈"额，内有刘令引之[2]联云："三度入天台，挹寒山袖，拍拾得肩，是佛是仙，追往事却成梦幻；半生充隐吏，餐赤城霞，饮浣江水，为官一邑，待何年克遂皈依。"进而为修竹轩，结构新颖，是招待游客之所，外有"竹影松声"额，内

---

〔1〕 阮文达：即阮元。

〔2〕 刘令引之：即刘引之。

有"梦里画山川，双洞五台〔峰〕开佛国；云中绝凡〔尘〕俗，北齐南岳溯禅宗"之联。方丈楼后，新建琼楼五楹，以备各道善男信女游山驻札，结构精工，有目共赏。方丈楼前为膳堂、客堂，其下为香积厨，云旧有漏沙锅一，现移上面新宅，以便游观。相传漏沙不漏米，系观音圣迹云。大殿之右为三贤祠，祀寒山、拾得、丰干等唐代高僧，留异迹于国清寺。祠下为罗汉堂，供五百罗汉，其上藏经楼，储藏累朝敕施经典。前为三圣殿，有释迦、观音、势至三像。殿前有荷花池，殿内设有佛学研究社，布置愈雅，旁为莲船室，壁嵌右军"鹅"字碑，邑人曹抡选序称："于华顶墨池侧，发现右军鹅字碑半壁，乃摹仿成全笔"云云。其右旁中屋，嵌隋时佛像多尊，并置碑以纪缘由。屋前旧为菜圃，现浚放生池，四周树以花木，及晦翁"福"字、董其昌"鱼乐国"、乾隆敕建各碑。东南有亭阁一座，以为游客憩休之所，可谓寺中之特色。

赤城山为天台胜景之一，山洞颇多，先至"紫云洞"，上嵌"赤城霞"三大字，洞宽十余丈，深广七八丈，有西式房屋几层，光明清洁，登楼凭眺，古柏松篁，交相辉映，风景宜人。从紫云洞西上，磴道盘旋，有十八盘之称，左为瑞霞洞，右为香云洞。瑞霞结构最佳，上供济佛，最奇者左寝凤沿，水从上滴，澄澈无伦。由瑞霞洞而上，至华阳洞，其地峻峭显露，房屋不及瑞霞之雅观。西上百余级，其名玉京，高敞堂皇，前植梧树，茂林绿竹，风景甚佳，殿内有蔡元培联云："山中习静观朝槿，竹下无言对紫茶。"阶前有金钱池碑。转洞之右，有亭巧小玲珑，上悬"天开文运"额。又右数十步，有孙节妇坟墓，在亭旁住十余年，闻生前矢志守贞，前黎大总统[1]奖给"秋霜比洁"匾。左有掬井，胡令远芬赠以诗："掬土何其掬井成，井成水合映霜清。而今饮水难盈掬，为忆当年掬泪情。"由此上，是洗肠井、仙人井、紫湾，岩镌"旷人眼目"。登览有顷，气象万千，周围数十里山川景物，历历如画，此即赤城山之大观也。

---

〔1〕 黎大总统：即黎元洪（1864—1928），字宋卿，湖北黄陂人。民国时期曾两任大总统和三任副总统。

自雁荡至天台道中

郭兰馨

载于《申报》1937 年 5 月 12 日，第 17 版。郭兰馨（1907—?），江苏南汇人。作家、书法家，星社成员，杜月笙门生，著有《烽火下的萍踪》《梅瓣杂记》《织露丝姑娘》《灵肉之间》等。1937 年暮春，郭兰馨偕友人陆京士等游览雁荡、天台，本文主要记录离开雁荡至天台的行径路线，是作者《浙东纪行》的部分改写。本文原附有"雁荡奇峰""天台山珠帘瀑布"照片 2 张，整理时略去。

百二奇峰收眼底，三千飞瀑吞胸中，畅游天下奇秀的雁荡山之后，我们再由公路到天台去，自雁荡到天台的道中，其风景的奇丽怪险，真出人意外的叹为绝胜。

自雁荡东谷乘车至白溪，先沿山行，后越高岭，路似奇文不见平。至水涨溪，雁荡山之溪水由此汇流，虽不甚深，其流殊急。公共汽车用木筏渡溪，经湖雾，此地后一日忽现山虎，噬毙乡孩。至舟山头，车行山麓，环山之中，水涨溪溪流到此涵成一湖，过此即绕山入海了。中有小岛似绿洲，有渔舟帆影，可以缘窗而望，风景幽丽。

过舟山头至大溪镇，这段的路程，堪称奇绝，山上有山，山外有山，谷上有谷，谷内有谷，高崖壁立，绝壑千寻，溪流淙淙，沿路作响。车行忽上高岭，转入深壑，而穷谷之内，忽现平原，有田畴茅舍，牧童樵子，有站曰三界，而峰回路转，乃知仍在山顶，所现的田畴，原来是在群山上之谷内的，使人为之叫绝，谷内好像世外的桃源。

至温岭安乐乡，过丹崖名胜区，到了泽国镇换车，此地分二路，一路通海门，一路通黄岩。至黄岩县城中，产橘，夹路都是橘树。至此须渡澄江，江上有浮桥，用数十舟并排江中，架以木板，两岸系以粗长铁链。渡江换车，数越岭，有黄土岭、马家山、杨梅岭，可以悟"一水护田将绿绕，两山排闼送青来"

的诗意。马家山是屏山带水筑的路,路濒临江,路险而景胜。过杨梅岭而至临江〔海〕县,即前台州府治,甚为热闹。我们渡临〔灵〕江也是在浮桥上过去的,较澄江为阔,过江后又须换车。

临江〔海〕至天台道中,以猫狸岭为最险,其山岭虽高峻,路径甚曲折,车行山壁间,心胆为之战栗,稍不慎即可葬身悬崖下绝壑之间。咫尺之前,辄迷前路,偶一回首,已在高岭之上,经仙人桥站,过赤壁,其险始夷,经此始安抵天台,再没有峻岭了。

至天台县,望天台山群峰高下,华顶云封,已神驰千〔至〕石梁飞瀑之前了。以时晚进跃龙门,宿赤城旅舍,期明日作天台山之游。

浙东纪行

郭兰馨

载于《旅行杂志》1937 年第 11 卷第 8 期。1937 年暮春，郭兰馨偕友人陆京士等游览雁荡以及天台之国清、石梁、琼台等胜迹。本文对旅游路线和沿途景致记载详细，可作旅游图经读。

浙东山水奇秀，而雁荡、天台之灵峰怪石、飞瀑幽泉，尤为绝胜，梦想之至游者已三年矣。丁丑春暮，偕陆子京士[1]、张君克昌[2]诸人，买舟抵温州，经途埠头皆作小游，乐清码头旁为镇瓯炮台旧址，残垒三折，废炮数尊，使人有荆棘铜驼之感。船在坎门待潮，夜起看月明海上，苍茫四顾，别有境地。越两日乃入瓯江，泊温州岸，有江心寺耸立江中，较小长江之小孤山。予辈留温者数小时，街市以中山路最为繁荣，而言语则甚䯀舌难解，与闽音为近。于是日下午渡瓯江，自馆头乘长途汽车经白象、柳市过乐清县城而至虹桥，数数经山临水，如在画中。虹桥为小镇，五日一市集，市集日四乡人以有易无，纷来交易，有上古日中为市之遗意。是晚下榻于瓯庐，主人留客情殷，并承虹桥诸子设宴招待，厚意可感也。翌日，大雨如注，先雇小舟至凤岙

---

〔1〕 陆少镐（1907—1987）：字京士，以字行，江苏太仓人。1924 年考入上海邮局当邮务生，次年加入国民党，历任国民党上海市监察委员、上海市总工会常委、劳工部副部长等。1949 年去台湾。

〔2〕 张克昌（1905—1953）：上海嘉定人。毕业于江苏省立第一商业学校，1923 年 7 月考入上海邮局为邮务生，1928 年加入国民党，历任上海邮务工会常务委员、上海市总工会常务委员、汪伪国民党中央社会部副部长等职。1953 年 6 月 15 日，嘉定县人民法院以汉奸罪判处其无期徒刑，同年病死狱中。

村吊赵君树声[1]之墓,树声兄以不可死之人而竟死,以不能死之人而摧折,天道之不可知,人事之无可奈何者也。因雨,乃留鲜花一簇。返虹桥,乘车至清江,坐小划子渡江,雨色空濛,别饶奇趣,改乘汽车轻[经]白溪而入雁荡之东谷,宿雁山旅舍。期翌日,游百二奇峰,三千飞瀑。

　　雁荡山起自括苍山脉,至乐清县东乡九十里,蔚然蟠成百二奇峰,旧其西出峰顶有湖,中芦苇成荡,秋雁宿之,遂以鸟名其山。相传晋永和时有阿罗汉诺讵那率其子弟三百居此,后于龙湫坐化,故称诺讵那为开山祖师,唐一行禅师有赞曰:"雁荡经行云漠漠,龙湫宴坐雨濛濛。"谢灵运守永嘉,凡佳山水游历殆遍,于雁荡亦及南外谷之斤竹涧,曾有诗纪之。唐杜审言[2]有游龙湫题名,此为最古游人之可考者,至宋道场日盛,始显其灵秀于天下。王思任曰:"雁荡山是造化小儿时所作者,事事俱糖担中物,不然,则盘古前失存姓氏大人家,劫灰未尽之花园耳。山古石怪,有紧无要,有文无理,有骨无肉,有筋无脉,有体无衣,俱出堆累雕琢之手。"沈括[3]谓:"天下奇秀,无逾此山。"杨龙友[4]曰:"雁荡之胜,奇不足言成于怪,怪不足言几于诞。"江弢叔[5]则称:"欲画龙湫难着笔,不游雁荡是虚生。"山高四千余尺,百冈尖为雁荡之绝顶,高耸雄杰,远出诸山之上,《旧志》谓雁湖在雁荡绝顶者实误,登百冈尖可以俯视群山,远望大海,然山径崎岖,非嗜奇之士,莫得而上也。雁湖连霄岭而上,可分上中下三湖,已草塞荒芜,惟其土尚软,中湖之形迹可寻,今雁山建设委员会方在开浚中。

　　瀑布以大龙湫为最胜,新雨之后,尤成伟观,匹练悬空,银河直倒,若矫然白龙,怒从天堕,山谷为之震响,百步之内,瀑水与潭石激荡,细雾濛濛然

　　[1]　赵树声(?　—1936):字如性,又字秉先,浙江乐清人。毕业于浙江省立第十中学,1923年考入上海邮局任邮务员,历任上海邮务工会委员、上海总工会执行委员兼秘书长等。
　　[2]　杜审言(645—708):字必简。祖籍襄阳(今属湖北),迁居河南巩县,杜甫祖父。高宗咸亨元年(670)进士,官至修文馆直学士。有《杜审言集》。
　　[3]　沈括(1031—1095):字存中,杭州钱塘(今浙江杭州)人。北宋科学家、政治家。著有《梦溪笔谈》。
　　[4]　杨龙友:即杨文骢。
　　[5]　江弢叔:即江湜。

喷人，不能逼视，袁子才[1]之"疑是玉龙耕田倦，九天叹唾唇流涎"，施闰章[2]之"惊涛一泻五千仞，曳为素练飞紫烟"者，皆所以象其极致也，洵宇宙之奇观。旁有珍珠瀑，西石梁之大瀑，如深山之奇士，跌宕豪放，不可一世，其下有潭若釜，深不见底，天柱门内梅雨潭瀑布若高僧，罗带瀑、飞湫瀑、燕尾瀑则娟媚如西施浣纱溪上，未入吴宫时，其姿态各不相袭，洵雁荡之多瀑也。至若溪涧随山作响，缘路争流，无止千溪万涧，雁荡之峰峦岩石，强半皆象形立名，若天柱、剪刀、石笋、含珠、僧拜石、老猴披衣、仙杖、孔雀、卧龙、展旗、玉女、芙蓉、莲台、排云、合掌、听诗叟等皆是，所谓石巧皆成象，峰多不记名。其移步换形，转侧变态，如大剪刀峰之横看为剪，侧成一帆，高八十余丈，尤为雁荡之卓异，登三折瀑之上折瀑，可以左灵峰而右灵岩，环侍二灵者胜景汇集，康衢坦直，故游雁荡者皆趋焉。灵岩寺上有龙鼻水，两峰之间露一隙，中有龙化石，龙鼻已不见，于今只留一爪若画中所见龙爪然，相传旧龙鼻二窍有水，有孕妇以手触其一，泉流遂涸，其石闻可治病，今遂一鼻不留，爪已护之木栏。云峰之内为观音洞，上有洗心泉，僧雏放以寸许爆竹，响若巨口径之炮声，亦一奇也。雁荡之突邃幽秘，以显胜门可以压倒一切，其地处群山之隩，两岩危崖壁立，东西分若双门然，中泻流泉，入门须伛偻攀缘石梯而登，豁然中空，有石若横台，可以内望飞湫瀑，其东门之壁有石佛洞，中有石佛三尊，非人力所能雕琢，亦一奇也。予辈游之翌日，溪流冲破石梯，不可得而上矣，峰顶时有块石下堕，游者须留意及之，予几被中一鹅蛋石，境奇而险亦为最。

雁荡峰奇、石怪、瀑飞而少树，无千尺之虬松、百围之古木，崛峭有余，翠妍不足，能再植松植梅植枫植芙蓉于山之名胜地，可以增润山，可以生利，闻雁山建设委员会正在设计中。雁荡鱼鸟及兽产五珍：即塞根潭之金香鱼；黄色而小之山禽金雀，及群鸣之鸟，其声相抑扬之山乐官；兽有山羊如鹿大，健而能历险，其毛如白雪；金线猴其毛如绒者，此亦鸟兽之异也。山中有采石斛人，出金数番，可嘱其表演，自天柱峰顶下坠，其悬绳若蜘蛛之由一丝而下，兼作左右前后飘荡之举，为之骇绝。尚有一种，悬长绳索于天柱、展旗二峰之巅，若卖解之走绳索然，其人可绳缘而过，洵奇人绝技也，名仇家都，年

---

[1] 袁子才：即袁枚。

[2] 施润章（1618—1683）：字尚白、屺云，号愚山，晚年又号矩斋，宣城（今属安徽）人。顺治六年（1649）进士，历官刑部主事，山东学政、翰林院侍读等。有《学余堂文集》《学余堂诗集》。

六十有四矣。天柱峰之"天柱"两字,即为所书,游雁荡者不可不观之。予辈留雁荡者凡三日,虽不能穷其秘蕴,然名胜得之矣。临别书"百二奇峰收眼底,三千飞瀑吞胸中"联赠雁山旅舍。

　　游罢雁荡之明日,乃赴天台。乘公路汽车经白溪,先沿山行,后绕峻岭,路似奇文不见平。至水涨溪,雁荡之溪水由此汇流,虽不曾深,其流殊急,汽车用木筏渡溪,前为湖雾站,后一日忽现於菟[1]伤人。至舟山头,车行山麓,下泻大溪,水涨溪至此涵成大湖,过此即绕山入海,中有小岛似绿洲,有渔舟帆影,水鸥默默,绿窗掠眼,风景幽丽。过舟山头,路愈奇绝,山上有山,山外有山,谷上有谷,谷内有谷,高崖壁立,绝壑千寻,水声潺潺,沿路作响。车行忽上高岭,转入深壑,而穷谷之内,忽现平原,有田畴茅舍,牧童樵子,站曰三界,峰回路转,仍在山巅,三界田舍,盖在君平山上之谷内,为之叫绝,仿佛误入世外桃源。至温岭安乐乡,过丹崖名胜区,至泽国换车,岐[歧]分二路,一入海门,一通黄岩,至天台者取道于此。至黄岩城中,产小橘,夹路皆橘树。至此渡澄江,上有浮桥,排数十舟于江中,架以木板,两岸系以粗铁练[链],再越岭三,有黄土岭、马家山、杨梅岭,人在车中,牾[悟]"一水护田将绿绕,两山排闼送麦来"诗意。乃至临海县,即前台州府治,街市马车辐辏。渡临[灵]江换车,过最险之猫狸岭,山甚高峻,曲径崎岖,车行山壁间,心胆为之战栗,稍有不慎即可葬身于危崖绝壑之中,而咫尺之间,辄迷前路,偶一回首,峰峦重叠。经仙人桥,过赤壁,其险始夷,安抵天台。望天台群峰高下,华顶云封,已神驰于石梁飞瀑之前,以时晚进跃龙门,宿赤城旅舍,明日作天台之游。

　　天台在县城之北,仙霞岭山脉之东支也。西南接括苍雁荡,西北接四明、金华,蜿蜒东海之滨,如衣之有缘,为浙东四绝名山。无雁荡之峭拔,然别有苍秀。是日遇雨雾,乘软舆至国清寺,其瑰丽辉煌,有僧三百余人据,香火甚盛,天下名山僧占多,为之羡妒。旁有迎塔楼,吴稚晖联:"物外千年寺,人间四绝名。"游客施主之富有力者,可得而寓焉。五蕴皆空之僧人,岂未能忌[忘]其利欤?有隋梅一株,于伽蓝殿前,绿叶成阴矣。伽蓝殿中满铺草褥,闻入夜男女求梦者甚多,藏塔[垢]纳污之地也。

　　虽国清寺至石梁约六十里,上金地岭,至塔头,有真觉讲寺,中葬天台开山祖师智者,历一千四百年矣。俞曲园联:"五蕴皆空,何处无真身示见;一

---

[1]　於菟(wū tú):古时老虎的别称。

尘不染,此中有妙相庄严。"有塔头小学一所,农忙时节,学生寥寥也。上山愈高,浓雾愈重,咫尺之间,顿迷前路,如行大海中,迷雾若水,群松如水草,远山似暗礁,我其为鱼乎? 至龙王堂小驻,向山腰村家,购鸡子豆腐浆炒面果腹。自龙王堂至石梁途中,大雾忽敛,奇境突现,两山夹路,一溪缘麓,山鹃红映,芳草绿凝,幽禽时鸣,仄径曲折,若不在此人间世者。忽闻水石相激,声自前修竹林中出,舆人喜呼石梁至矣。石梁旧旁有昙华亭,台建中方广寺,榜"昙华亭"三字,寺楼心识旧,石梁即在寺旁,长三丈,阔尺许,架两山坳间,上有"前度又来,万山关键"八字。由东西二桥之瀑,汇为一流,经四折而泻堕梁下,其初折之水,如万道银鱼,逆流争上。再折若尺许珠篇〔帘〕排悬如流苏〔1〕。三折则似万斛明珠乱倾,经四折与巨石相激荡,吻石梁而下,其奇丽叹为观止,僧雏能越石梁,予下瞰深潭,毛骨悚然,坐石畔声观者炊许。

离石梁之下流,尚有铜壶滴漏、珠帘瀑、龙游枧诸胜,乃寻径往,至则乱石中溪水急流,下成深潭,似涵铜壶再由潭石阙处夺出成瀑,徐霞客所谓断桥者其或此欤? 其源下流,过阔石而堕,滔滔汩汩,其势散缓者珠帘瀑也。旁有十〔石〕瀑为龙游枧。铜壶旁有茅亭,买村姑茶,味清凛,小坐移时,不知天色之欲暝,乃返石梁,宿中方广寺,月下看石梁泓虹,飞瀑喷雪,声若轰雷作响,几不欲卧矣。

明日离石梁,再经龙王堂至桐柏宫,有伯夷、叔齐二石像,宋宣和时物,亦千年瑰宝也。康南海诗:"桐柏金庭绕九峰,夷、齐遗象自清风。不必首阳采薇蕨,琼台为阙有仙逢。"留膳于此,天阴晁,欲雨未雨时也。自桐柏宫出,行抵山麓,有小庙曰琼台庙,一古柏穿屋而出,苍劲有致。琼台所在有二说:一在过塘里村由高冈行临大谷,其上左有平坛,大可十亩即为琼台;又一在百丈坑顶岩背尽处峰顶。一以清旷胜,一以出奇胜,各擅其美也。天台之山至此始露其管,下百丈坑,径之仄、之险、之曲折,以此为最,下坑后旁有龙游瀑,前两山对峙,绝壁森倚,岩石崚嶒都是为双阙〔2〕,天台峰峦溪壑之胜萃集于此。时山雨骤至,不可久留,乃赋归欤,甚恋恋也。雨中远望桐柏瀑布,如横素练于山。经落马桥入城,明日越关岭之险,经新昌、嵊县、绍兴、萧山,渡钱塘江而归,此行经四千数百里,平生游踪,此为第一。

---

〔1〕 流苏:是一种下垂的,以五彩羽毛或丝线等制成的穗子,常用于服装、首饰及挂饰的装饰。

〔2〕 按,此句的"都"字疑为衍字,断句为:"岩石崚嶒,是为双阙"。

雁荡天台纪游

雪

　　载于《道路月刊》1937 年第 54 卷第 1 期，又连载于《时事新报》1937 年 5 月 12—14 日，文字略有不同。"雪"，其人不详，民国报刊署名"雪"者甚夥，确定困难。民国二十六年（1937）春，道路协会发出通告，组团前往雁荡、天台旅游。4 月 24 日，作者自上海出发，乘船前往雁荡、天台游览。游毕雁荡之后，于 4 月 30 日抵达天台，随后游览了国清寺、石梁、铜壶滴漏诸胜景，5 月 2 日乘车经新昌至杭州转乘火车回到上海。5 月 5 日，作者在上海完成此文，该文对抗战全面爆发之前浙江旅游开发及发展状况研究有一定参考价值。

　　本文照片由蒋蓉生君所摄[1]。

　　雁荡风景之幽伟，耳其名者久矣。曾忆吴稚晖先生于游罢归来批评云："散而为雁荡，聚而为黄华，列而为三峡，蹲而为桂林。"又详言雁荡之胜云："奇峰怪石，不可胜数，散布平畴杂岭之间，占广大之区域者，雁荡是也。"余性好游，屡拟一览其胜，以人事鞅掌，未能如愿。上月中旬，得道路协会通告，有雁荡天台之游，去程从海道出发，归程经公路由杭旋沪，且有山民表演缒绳之举，尤为其他团体所仅有，因即欣然报名前往。于廿四日下午四时登台州轮船，由该会职员蒋蓉生、符国敏两君妥为招待，布置颇形周密。五时许，启椗，晚膳后，出淞口，微雨如丝，毫无所见。夜半，风急浪高，颠簸益甚。翌晨舟抵定海，停一小时。午十二时，过石浦，薄暮抵海门。蒋、符两君邀余等登岸一行，并在四海楼小叙，鱼虾鲜美，颇觉可口，街市亦尚繁盛。须臾，

　　　〔1〕　原文附有蒋蓉生所拍照片 8 幅，整理时略去。蒋蓉生，时任中华全国道路建设协会工作人员，曾与陆丹林等合著有《道路全书》，上海道路月刊社 1929 年版，又校阅顾在埏译《都市建设学》，中华全国道路建设协会 1930 年版。另外，鲁迅在浙江两级师范时的学生中有位绍兴人名蒋蓉生（庸生），此人长期在宁波、温州、绍兴等中学任教员，推测此"蒋蓉生"非本文提到的"蒋蓉生"。

归舟就寝。

廿六日晨兴，携行囊离轮，步行至汽车站，购票登车，至泽国换乘泽清永线汽车，从大溪湖雾水涨（汽车摆渡水清鉴底）而达雁荡站，已十时许矣。时该会职员李春晖君，已率逆旅侍者持旗帜迎于车站，即乘人力车前进，止于雁荡旅馆。午膳后，徐步游灵岩寺，寺居丛山万岭之中，绝壁四合，后倚屏霞嶂，上有莲花洞，右为天柱峰，矗立云霄，左为展旗峰，各高百丈，万峰竞秀，森然环侍。小坐移时，神怡心旷。寺悬楹帖甚多，余最喜黄岩俞信厚所撰之"造化敷设，有此大观，山雁荡、水龙湫、洞石佛、百二峰拔地凌云，南戒雄奇推第一；我辈登临，更惊异境，右天柱、左展旗、后屏霞、数十仞神工鬼斧，灵岩名胜数无双。"寥寥六十二字，将灵岩寺风景包括无遗。续游小龙湫，乍巨乍细，变幻颇多。龙鼻水为两山夹龙鳞爪毕现，鼻端流水潺潺，境颇清幽。途经天窗洞，顺道往游，石级颇滑，经舆人扶持，始得一登，其形似雀牌之二筒，亦一奇境也。行经蒋叔南墓，余等同往凭吊，蒋氏经营雁山，与储南强[1]之经营宜兴两洞，苦心孤诣，异曲同工。惜乎天不假年，未竟全功，死于非命。余拟留影志念，惟以马鬣[2]新封，丰碑未立，作罢。返步灵岩寺，则会中预备之缒绳表演，已在开始进行，由天柱峰悬绳至展旗峰，相隔计一百二十丈，表演者时而跳跃，时而歌唱，且出炮竹燃放，山鸣谷应，叹为观止。徐缒至展旗峰，解缆而下，计廿五分钟毕事。余等叩其姓氏，知为万为才，年方弱冠。其师周如立，年已六十六，周之师为仇家都，年六十四。蒋君为之摄入镜头，以志纪念。表演告终，往游灵峰，途经雪花天、将军抱印、睡猴朝天鲤、听诗叟诸胜，沈君新三戏语曰："听诗叟面目清癯，颇似蒋君蓉生。"蒋亦一笑置之。嗣经蓼花嶂，达净名寺。按寺旧名净名庵，宋太宗太平兴国二年建，仁宗嘉祐八年赐额，清乾隆间再建寺，后有魁星池，池水清冽，岩石倒影，呈魁星像，故名。出游老猴披衣、莲蓬、蝙蝠、伏鹰诸峰，惟妙惟肖，各擅其胜。徐抵铁城嶂，两峰并峙，高各数百仞，石质黝黑如铁，故名。惜因天色阴暗，未能收入镜头。旋经游丝嶂、金鼎峰、水帘洞、梅花桩、维摩洞而达中

---

〔1〕 储南强（1876—1959）：字铸农，又名青绾，别号简翁，江苏宜兴人。1898 年由廪生拔为贡生。辛亥后曾任南通县知事、江苏省省会议员等。1925 年脱离仕途之后，变卖田产，自己设计，整修善卷、张公两洞，历时 10 年，耗资 10 余万银元。1934 年，两洞正式开放，解放后捐献给国家。

〔2〕 马鬣（liè）：坟墓封土的一种形状，指坟墓。李白《上留田行》："古老向余言，言是上留田，蓬科马鬣今已平。"

折瀑,时巨时细,随风转移,蒋君曾于巨瀑淋漓中,摄得一影,观其全身,已淋漓不堪矣。时钟鸣五下,密雨淅沥,乃雇人力车返逆旅,七时晚餐,十时始卧。

廿七日晨,舆游马鞍岭,山高路滑,舆夫喘息而登,乘者颇有戒心,山岭有息征亭,备行人驻足之所。少焉登舆,经蹲虎峰、天柱门、含珠峰,峰在宝冠山,两岩并峙,宛如蟹螯,中端含石如珠,故名。舆至梅雨潭,瀑布自梅雨岩端倾泻而下,细若烟雨。再上经骆驼桥,路颇曲折,举步尤艰。逾桥观罗带瀑,匹练千寻,宛如罗带,余请蒋君摄影一帧,以志勿忘。出游西石梁,就寺中午膳,盘飧市远,饶有农村之趣。仰观石梁,险不可登。饭后,经华岩岭而达大龙湫,悬岩飞瀑,高齐天际。余等在楼上小坐,羽士以茗点进,仰观一帆峰,矗立云霄,又名天柱峰,亦名剪刀峰,左右前后,观之各有所似,亦峰中之最奇者。旋经阎王鼻、连云嶂、大锦溪、瑞鹿寺,止于能仁寺。寺在丹芳岭下,宋真宗咸平二年僧全了建,名常云院,徽宗政和七年改号能仁,高宗绍兴十二年赐额,遂与雁山大道场及钱塘三竺、宁波白莲等寺,称教院五山寺。后有大镬,惜已残缺,叩之铿然作声。旋观燕尾瀑,沿山而下,分左右形似燕尾。返途仍逾马鞍岭,经观音峰、纱帽峰、上山鼠、落山猫、方洞、关刀洞、送子观音诸名胜,形象逼真。最后达仰天窝,为蒋叔南之住宅,上筑炮台。闻昔时匪风甚炽,经蒋氏诱杀四百余人[1],萑苻为之敛迹。宅畔绝壁,上架木桥,入夜即撤,石端镌"鸟飞不到",其防范可为周密矣。叔南撰联颇多,余最喜"筑屋数椽,遂与世人间隔;当阶一水,还思天下澄清"。又"瓢饮惟三径,岩栖在百层"。舆夫告余曰,屋巅大雪不积,是耶非耶,吾不得而知之矣。时已钟鸣五下,全体下山乘舆言旋,晚膳间各道两日来游程,浅斟低酌,至十时始寝。

廿八日晨舆经灵峰,达真济寺,寺系康熙间重建。越马家岭而达南閤村,吊章大经[2]墓,章仕朱明任尚书职,殁后埋骨于此。望仙游洞小屋数楹未入,经会仙峰、仙岩洞,而至龙溜,瀑布奔腾,一泻千里。余乃抠衣倩舆夫

---

[1] 指隘门岭事件,1930年6月,中国工农红军第十三军第一团永嘉徐定魁部,途经乐清大荆隘门岭时,突遭以蒋叔南为首的大荆反动民团伏击,当场牺牲和被俘杀害者共计471人。

[2] 章纶(1413—1483):字大经,乐清雁荡山北麓卓南乡南閤村人。明正统四年(1439)进士,曾任南京礼部主事、礼部右侍郎等,谥恭毅。著作有《章恭毅公集》《困志集》。

越涧而过，水流湍急，其声轰轰。同游者有越顶观湖南潭，余谨谢不敏，自笑胆小如鼷，不及童夫人远矣[1]。时饥肠辘辘，全体趋散水岩寺中进膳。寺系新建，尚未落成，寺僧招待来宾，颇为周到，坚请余等留题，以志鸿爪。愧余不文，乃公推蒋君蓉生下笔，蒋乃不假思索，题"游者如斯夫，不舍昼夜"，引用成语，恰到好处。饭后越山谷坑，登显圣门，石级未曾修复，缘壁蜿蜒而上，得舆夫扶掖，始得诞登彼岸。上有石佛洞。风景之幽，不同凡俗。夏日逭暑于此，骄阳无所肆其技矣。归途有方迎婚者，余等于无意中一瞻民间风俗。舆夫告余云，此家结婚所需只六十元。吾辈一次旅行，竟与乡民结婚之费相埒，内地俭朴，可见一斑。略一探视，登舆言旋。途经莲蕊、老鹰、垂莲诸峰，随时欣赏于零雨濛濛中，骤归逆旅晚膳。时隔座有商务书馆唐君文光因公赴瓯，顺道来游，临时与沈、徐、蒋诸君痛饮数觥，萍水相逢，顿成知己，亦堪纪念事也。

廿九日晨，舆游谢公岭，即东内谷观老僧、金钟等岩，美女开箱、东石梁诸胜，旋渡大荆溪，至石门潭，为叔南投潭之处。余登临其上，大有山河依旧、人面已非之感。雁荡名胜，经叔南苦心经营，始得有此相当建设，吾人今日得游胜境，未始非拜叔南之赐；俯视空潭，潭水长流，为之唏嘘不置。返程至灵峰禅寺，午膳后，游玲珑岩、绮阁、宝印峰、双笋峰诸胜。登观音洞，洞为宋熙宁五年刘允升[2]所辟，洞口两石相倚，名一线天，额题"洞天福地"。洞内楼屋九层，坡计三百余级，洞奉大士像，旁列十八应真，壁间新缀三百应真，雕刻精良。有洗心、漱玉、一缕绪[诸]泉，一缕泉自洞顶石隙喷下，散为珠帘，境颇幽绝。余等品茗其间，大有乐不思蜀之概。须臾出游驼[鸵]鸟、金鸡、伏虎、斗鸡、绀珠、凌霄诸峰，并在果盒桥、果盒岩稍憩，沈君新三合摄一团体照，以为他日重来之约。徐步经诸讵那说法台、犀牛望月、锯板岩、孔雀岩诸胜，徘徊瞻眺，薄暮晻曃[3]始归。

卅日晨，整理行装，同游者面面相觑[觑]，咸具依依不舍之感，雇车赴站，微雨相送。七时四十分开车，途经"水涨"，因连日大雨，溪水涨满，不能遽渡，须下车至对岸等候来车，水涨之名，名副其实，然而行者苦矣。候至九

---

[1] 原注：同游者有童采宸先生伉俪，童夫人健步如飞，为吾侪冠。蒋君虽善跑，结果亦逊童夫人。

[2] 刘允升：南宋临安府人，刘懋之子。绍兴末，官至和州防御使、知閤门事，后任荆州防御使、福州按察使。

[3] 晻曃：即崦嵫，指日落时分。

时半始行登车,至泽国,换车至黄岩,由黄岩至临海,过江易乘至天台汽车,至站已钟鸣五下矣。少息,再乘原来汽车径驶国清寺。寺在天台城北约十里,位于天台山脚,为天台公路支线终点,山中最大之丛林也。寺之前后,古木参天,幽径深蔽,前有厥形六角九级之巨塔,为隋杨广所建,旁有小塔七,余等入寺,寓于迎塔楼下,楼凡二层,为新式房屋,额为蔡子民题。因其面对隋塔,故名。

五月一日晨兴,山巅烟雾笼罩,风雨交侵,登舆至方广寺,舆虽藤制,系卧式无容足处,乘之颇感不适,行四小时方达,已茶惫[1]不堪矣。寺有上中下三,石梁飞瀑即位于中方广寺,会合两溪,奔流穿过,石梁后随岩折为四级,逐层飞跃而下,下则陡壑十余丈,如虎啸狮吼、万马齐奔,结构之奇、气势之壮,实叹观止。瀑心激成水壁,高可数尺,石梁横跨其上,长可丈余,阔不盈尺,尽端铜殿矗立,高可四尺。寺僧告余云:中有五百应真像,僧人及理佛老妪往来参拜,履险如夷。余则无此勇气矣。午正就寺进膳,香积厨中滋味,胜于燕翅。食后舆游铜壶滴漏,大石重叠,当溪而立,中空一窦,水自窦中怒吼而出,下有大石纵横,水流翻滚不已。企予望之,目眩心骇,亟命舆夫赶程下山,止于赤城旅社。钟鸣七下,旋进晚膳,至十时始寝。

二日晨兴,提行囊至汽车站,符、李两君另有别项任务,转往黄岩,购票送余等登车,分程而别。七时卅分离天台至蓝沿站,因桥梁不能载重,步行过桥,转至新昌,已天朗气清。再由新昌乘车至仙岩,换车至蒿坝。午膳后,登车至五云,再换车至江边,渡江至南星,已五时廿分,换乘沪杭铁路特快车返沪。

本文结束后,有附带报告者:雁荡山中树木太少,希望建委会广植松梅枫柳等树于各名胜地,既可增妍,又可生利。至台州轮船于停泊定海、石浦时,辄有丐儿登轮求乞,航警不加干涉,茶役视若无睹,偶一不慎,即有失窃之险;希望航局加以制止。天台之舆夫骄傲之状,令人可憎,随时需索酒资茶钱,亦属可恨;宜由县政府明定价格,标明至某地者每名若干,庶免随时争论之弊。道路协会此次举行远程旅行,尚系破题儿第一遭,先派李君春晖赴雁布置一切,又派符国敏、蒋蓉生两君随同照料,规画周详。符君之倜傥潇洒,蒋君之诙谐百出,尤足以打破旅行之寂寞,诚可感也。泚笔记此,藉志心影。

二六、五、五,上海。

---

〔1〕 茶(nié)惫:疲惫。茶,疲倦,精神不振。

天台游记

胡行之

　　载于《旅行杂志》1937 年第 11 卷第 9 期。胡行之(1900—1977)，学名钟秀，以字行，戏曲史家胡忌之父，浙江奉化人，毕业于宁波省立第四师范学校，1925 年后赴日本留学，1927 年毕业于东京高等师范学校。曾任上虞春晖中学教师、浙江图书馆文史部主任。著有《宜庐诗稿》《波痕》《中国文学史概论》等。民国二十六年(1937)四月七日，作者自奉化出发，乘车经新昌、拔茅、会墅岭、关岭到达天台县城。随后四天在松增和尚的导游下游览了国清寺、上方广、石梁、铜壶滴漏、华顶等胜景，十一日晨自天台乘车，原路返回杭州。本文一路所记，游历清晰，更以诗咏穿插其间，雅俗兼备。

一　从奉化到天台

　　天台为浙省东南主峰，形势高峻，西南接括苍、雁荡，西北接四明、金华。赤城霞标，佛国胜地，自昔刘、阮入山采药，传为佳话，迄今信仰佛教者，亦多瞻谒丛林，顶礼参拜。我虽不是一个佛弟子，亦久有台游之想，藉扩胸襟而结名山胜缘，春日回里，适有族人之邀，遂得达此目的，也算是偿我的一个宿愿。

　　四月七日晨六时，我和大儿畏，从葛溪舅氏家雇人力车出发，八时抵奉城，赴育婴所晤族人次乾先生。九时往汽车站，复会合次乾夫人、周君及青莲寺方丈松增和尚，一起六人。九时十分车开，至江口换车，达溪口，转至新昌拔茅休息。

　　从溪口到拔茅的公路，是奉新路，这是我第一次乘坐。这奉新路是打从山坳中驰驱，公路完全辟自山麓，有时两山相夹，中为险涧，汽车盘旋而行，一不小心，颇觉危殆。

奉新以剡界岭为界,自剡界岭以下,即为新昌。一路山多垦辟为农艺区,或植果木,或种烟叶,或树茶,或艺麦,此因人多田少,所以不得不从山地着想。把一座座的山,都弄得千层饼般的,一方一方划种五谷,虽然也有几处是仍为森林,但地土较佳的处所,是莫不当做农田看待,于以知这种地方人民的勤谨,但也是由于地理环境,其耐劳俭朴的精神,便不言可知了。

车过西山时,见山顶如盘,到处艺着农作物,而且土已显著赤色,上面有红的桃花怒放,相互辉映,真不啻如入桃源境界。除桃树外,麦浪青青,茶色褐绿,又显出一片翠霭,我觉得这样的山景,是难得碰到的。

十二时车抵拔茅,原打算十二时卅分车到天台去的,不料游客甚多,迁移复迁移,直等到二时卅分方挤上一车而开行。

经过奉新路,自以为这山中车行,已经是难得趁了,孰知从新昌到天台去的一段公路,更为险恶,其中尤以会墅岭之车路,觉得奇观。崇山峻岭,不能直上,即在一箭之地,打了一个大湾,成为一大 S 形,人在车上,俯瞰山景,犹如坐飞机而下望八达岭,煞是雄峻。

过会墅岭、关岭(为新昌与天台分界处)、横渡桥,汽车曲折盘旋而下,盖已由高处而再下降,天台县城是落在四山圈中,真是一个山城。

车至大埠头,忽因螺丝宽松,而不能前进,即在大埠头车站抛起锚来了。据说这汽车还是新买的,可知爬山的汽车要比走平地来得厉害的多。

抛锚一小时多,总算来了辆救济车,才把它修理好再开车前进。预订三时多些可到天台县城,直至四时余方始到天台西门车站。

那时有从上方广寺来接的山轿,等在那里,因为轿只四把,我即挈畏儿另雇一辆人力车前行。以天已晚,不能上达方广,即在国清寺留宿。

这一天从奉化到天台,路已经过不少,盘旋曲折,爬过许多的山岭,乃到赤城境界,我即赋一诗以纪之:

> 几经曲折到天台,无数峰峦伏又开。一日车行三百里,始知云路隔尘埃。

二　国清寺

天台丛林,其著名者有方广、华顶、万年、国清。其实方广虽有名,而范围不大,华顶、万年均被毁于火,迄未完全恢复,而近时之最完整者,则首推国清。

国清方丈神通广大,多与党国要人相雅知,凡游天台者,无不先抵国清,而以国清为行辕，因是香火因缘亦盛。寺内建筑都极整齐，新筑迎塔楼一座，专为招待宾客之所，里面设备都现代化，我的畏儿说，这好像是一所旅馆，的确不错啊！

国清外面，未抵寺前，先有一座八级宝塔，全用砖瓦砌成，玲珑挹秀，较雷峰[1]为瘦，而较保俶[2]为雄。由佛家相传，是十八罗汉所造，这原不是可信的话，但因天台为佛地，且云是罗汉的守真之处，便有这样的神话流传下来了。

寺前双涧萦流，五峰耸翠，本为天台胜景之一，现恰全为国清点缀似的。山门外大树合抱，由双涧会合而成一大溪流围环其前，山峰壁立，雄巍崇峨，颇有杭州灵隐景象。所差者其山峰与其他诸山相连，没有一个飞来峰罢了。

寺门右侧有放生池，池旁新建一亭，围池皆有通路，景物清幽，竖有"鱼乐国"石碑，亦颇近清涟观鱼之玉泉，但无五色鱼，而未能引起游人的欣赏。

寺内有各种佛堂，范围颇大，据说最灵显者，则为伽蓝殿。伽蓝殿并不大，但香火最盛，每晚到此求梦者达数百，即此而可推知。

伽蓝殿前有古梅一株，为隋代所遗，四周围以木架，壁间凿有"隋梅"二字，以为纪念。老干横柯，但新叶极嫩，雅有老大而转青春之象，这伽蓝殿之显，到底是菩萨的灵，还是古梅的精神所托？我们游者，倒有些在此而不在彼之感，梅之瑞，也可以说是梅之神啊！

迎塔楼为西式楼房一幢，这三字为蔡孑民先生所书。楼上悬有近时党国名人名画，大约皆系游天台时所作，不但是"天下名山僧占多"，而且翰墨因缘，亦皆与僧寺相结，我真有些羡慕出家人的清福。

我们六人，有老僧，有小孩，有夫妇，有父子，人虽不多，而颇多变化，国清一宿，也是难得机缘。

天台本重清规，从前向有"万年屋宇，国清规矩，华顶斋水"之称，现今和尚的规矩如何，非我们所知道，但迎塔楼中麻雀牌声通宵达旦，以内地旅馆尚不能有此，而在寺中可以如是，是已十分现代化，而不能像从前的清寂了。

或者说，若不如此，便有妨碍香火的发达，则我欲无言。

寺外立有"一行到此水西流"的碑石，我为足成一绝如下：

---

〔1〕 雷峰：即雷峰塔，又名皇妃塔、西关砖塔，位于杭州西湖南岸夕照山上。

〔2〕 保俶：即保俶塔，又名保叔塔、宝石塔等，位于杭州宝石山上。

五峰双涧擅清幽，宝塔长松映佛楼。色相庄严真胜地，一行到此水西流。

三　到上方广

为慕名山不计忙，非僧非法亦非狂。松涛册里应鸣螯，一路听泉到上方。

这为我到上方广后所作的一首诗。

从天台山脚到上方广，是要走四五十里的山路，这四五十里路的山景，自然有很多可写，但最感到清澈者，为山旁奔螯的泉声，和山上的松风，可是山高风大，松风也变做涛声，于是螯的流、松的吹，一响一和，都并作泉声了，所以有"一路听泉"之句。

八日晨从国清起雇山轿而上，即是鸟道石径，层层高峻，其间以金鸡岭一段，最为壁立。那时我即下轿与次乾、周君徒步而行，小儿畏年虽九龄（实足七岁），倒也能举步相随，不觉吃力。

过金鸡岭到石塔头，已十时许。石塔头有隋天台宗开山祖师智者大师塔，由松增老和尚领导，相偕而至该处游览。寺外有唐碑一，为唐元和□年建，文之题目为"台州隋故智者大师修禅道场碑铭并序"，梁肃抚〔撰〕，徐放书。

碑文清楚，书法遒秀，惜因时匆促，未抄录其全文。寺内即以大师塔为神座，旁有一室，行者打坐，四旁悬有日人字画并影片，想在前有日僧在此修道。天台宗本为法华宗，日人信仰者极多，故有流传至于日本。

十二时抵龙王堂，该处为天台山要道，一通华顶，一上方广，一往万年，均在此分界。

龙王堂居户虽不多，以其通路要道，故形成为一小镇，上山者都在此休憩，随便进餐。我们以时已中午，饥肠辘辘，乃在一所小饭店，据案而坐，先进番茹、角黍，后喝黄酒，再唉炒面，方才把饿腹装饱。这时轿夫也都喝酒的喝酒，吃点心的吃点心，杯盘狼藉，足足费了一小时，权当做山行的补剂。

现在龙王堂正在建筑招待所，以为游客的休憩地。将来落成之后，当更能舒服一些吧。

自龙王堂再上十五里，即达方广。

天台山峰林立，起伏回旋，犹如连珠。山径蜿蜒，曲折而上。峭处如壁，乘轿者上时头为之倒垂，下时足为之悬下，加之涧流淙淙不绝，颇可寒心。

好在天台轿夫,都是经过长时期的训练,所以都能胜任愉快,如他处平地之轿夫,必不能担当得起这责任。可是罪过,阿弥陀佛,我们空手走去,犹觉气喘力乏,他们还要扛抬而行,这是多么对不起啊!在人道主义的立场,这是万分的不应该;可是没有科学利器替代以前,这是不得已的。

方广分为上中下三所,我们的目的地为上方广寺,到上方广已二时有余,稍息,游览各处。迨晚回宿于是。

四　石梁与铜壶

天台的唯一胜景,即为石梁。古今来不知游历过的(有)多少人,题咏过的也不知有多少。

石梁位于中方广之前,在万山重叠中,突有这一条如锁般梁栋,横贯其间,下面飞瀑奔流,的是奇观。

在石梁之上,有两涧分流而下,汇于一处,经五折而流至石梁,故气势更为雄壮,有人谓"龙湫无此壮,雪窦失其雄",确是实景。

这石梁长约二三丈,厚可五六尺,但其梁面,广处二尺,狭处只有尺许,且在起首一端稍有弯曲,所以游客大多是不能履行的。在其另一端,置有一佛龛,小和尚每晚过往燃香,令人惊骇。我们游该处时,适另有一女客,亦从容过往礼拜,其胆量不可谓不壮。以如此狭的梁面,其下飞瀑滚雪,响声如雷,怎能不为之震惊呢?

我们从中方广而出,沿山行而下往石梁之脚,仰视石梁高悬,赛如龙舌相挽,故有传为观音把龙舌结合而现化之说。瀑布下注成潭,悬崖壁立千仞,六月寒生,四时雷响。在石梁之前面,刻有"万山关键"及"携手弄云烟"等词句。

其他各处,如康有为、屈映光等名人题刻也极多,但往古遗刻,渺不一见,难道这里以前是没有什么人镌刊吗?

从石梁下面而到下方广寺,再由下方广而回到上方广,时已傍晚了。

九日晨起,七时半出发游铜壶。路虽七八里,但因逼仄难行,达目的地需时一句钟而有余,经板桥抵茅亭小憩,茅亭之前,即为铜壶滴漏。

所谓铜壶,形景逼似,石岩成匜〔1〕形,从上涧汇流而至匜处冲出,像赛〔塞〕一个壶嘴,下成龙湫,日夜从铜壶滴下,故名之为铜壶滴漏。实际这也

---

〔1〕　匜(yí):一种舀水的器具,形如瓢。

不过是一个瀑布,不过他处瀑布,在流下处并无成台〔壶〕形,此其所以异者。

我当时因形景所感,因即口成五绝一首:

> 上视铜台〔壶〕状,下观滴漏容。川流常不息,万古一时钟。

在铜壶滴漏之下,又有龙游涧与水珠帘。所谓龙游涧者,即是一方悬岩,中有如龙游过的一条裂罅,但可惜其裂痕并无多长,且未到脚,并没有多大奇观。在龙游涧之旁,有一瀑布,名为水珠帘,这瀑布即是从铜壶而来,到此发散流下。远望真好似一幅珠帘,如雪珠,如飞沫奔流而下。正因其岩石并不是壁峭,先经斜度而后直立,故其泉流亦显曲折,斜处之瀑,顿起波晕,一面面的成为三角形的瀑痕,像巾帛般的拖洗而下,叶叶飞舞,煞是美观。惟大体似一珠帘,随风飘荡,琤琤作响,听之如银铃,望之如碎锦,日光返照,更为绮丽。

我们坐在竹山中,远望飞瀑,真有出世之概〔慨〕。

从水珠帘看后,再回抵茅亭饮茗,泉水清冽,香入肺腑。缓步而回至上方广,已十时半了。

到方广作假寐,遽朦胧〔蒙眬〕入梦,惊游石梁之险,醒后为题一绝于日记中:

> 万叠关山贯石梁,不因神女梦高唐。禅心赛似天桥险,莫使人间枉断肠。

五　拜经台

> 智者拜经处,天台第一峰。终年寒雾发,经日白云封。大脉三支远,诸山万八重。最高开极乐,到此识南宗。

天台之最高处为拜经台,我们于上方广午膳后,二时往华顶,拜经台在华顶寺之右,以天尚早,即先往游该处。

拜经台立有二碑,一为"隋智者大师拜经处",一为"天台第一峰",是拜经台之著名,一在其高,一为智者大师修道处。二者固都是天台得名的要素,故凡游天台者,莫不一至该处,一以觇天台的高峰,一以礼谒智者大师的遗迹。

拜经台在万山之中,为独立主峰,四围峰峦,好似万马奔腾,群赴腋下,立于顶上,天风回荡,胸襟大开,俗虑为之顿消。

从拜经台分三大支,一支向东,一支向南,一支向北。由西南而接括苍、雁荡,由西北而接四明、金华,东而奔入于海。

山峰突兀,雄峻非凡,像一匹匹的骆驼,一起一伏,踡聚其间,我从没有登上这样的高山,此时眼接者皆为峻岭与奇峰,觉得一般都是伟大的所在,小巧玲珑、偏狭逼窄的观念,都不期然而逃去,我不禁要喊出"伟大啊天台!崇高啊天台!"之语,很希望弄小聪明,怀偏窄的心地的人,到此来领略领略,或者也会改变些吧。

山上有古寺一,四围筑以高墙,屋在墙内,满堆铅版,以避风之袭击。寺外新建智者大师降魔塔一座,传说昔由大师筑此塔以镇压虾蟆精,迄今一脚在塔,一脚伸出东海,但未能逃去以惹祸,故今为之重修。

由拜经台而抵华顶寺,时已四时,自华顶至拜经台一带周围,有娑罗树,夏初开花,色白或粉红,芬香异常,僧众称此树为树王,据云不能下山,下山即死,甚称奇异。可惜我们游时,尚未着花,否则当可领略一番。其树叶大而下垂,闻花大如绣球,因未开,特携取一株,以备试植,或为标本,权作游天台的纪念。

华顶附近茅篷极多,可分东路与西路两处。

东路以药师庵与太白读书堂为较大,西路以弥陀寺为较著。

所称为茅篷者,多在山坳僻处,建立小屋,上盖以茅,厚至数层,横压以木,复以绳索贯穿,系之于椽,不致为风所吹。大者五楹,小者三间,近亦有髹漆华丽,而以铅版、玻璃等为之饰者。

天台高而清寂,禅家修道,确最相宜,而尤以小茅篷之养心念佛,得可参悟,我以为出家人正当寻此静地,真心修养,否则赶热闹,想繁华,在大都市中混迹参禅,其为野狐禅,可无疑矣。

弥陀寺中有一长老,名静慧,年已九十有二,为天台山中之最年长的老僧,凡佛徒参谒,莫不顶礼有加。他年虽大,但体甚健,当也是清静寡欲之所致。

我对茅篷亦曾赋有一诗:

白云深处多茅篷,一佛一僧一世界。旁人莫笑道者痴,几辈能偿清净债?

六　华顶寺

华顶寺范围极广,惜因被火,把庄严的佛地,都烧得精光。今赖方丈兴慈暨监院授松和尚之力,业已大部恢复,但大雄宝殿及方丈殿等还未筑成,闻已费金二十余万,将来各处修成,当尚费此数,僧界的魄力,亦可称浩大了。

现华顶所筑成者,俱为一式洋房,系走马楼式的建造,可作佛堂,可作住舍,大部则为招待游客及香客,以冀先有人的安居之所,俾得募化香金,再造佛殿,这盘计划,倒也打得不错。

因华顶在天台之顶,地位甚高。所以建筑很是吃力,即就运费一项,在原料价格之上,闻一条大的木材,总需百余元,一片定制的瓦,到运上山顶为止,需要费乙元,这样计算,即可推想其造屋之费了。

我们于九日晚,宿于华顶寺。

当晚由授松和尚的招待,有很丰盛的素馔,以享我们,这一半虽看想我们为大主客,一半却由于松增老和尚的缘故。

松增原在天台出家,当过上方广的方丈,并于华顶附近造有茅篷,在天台的僧寺中,是很有历史与清誉的。他这老和尚德行颇好,极守清规,算是一难得的比丘。所以在天台的僧众,都很崇敬他,这次他为我们作领导,处处地方,都是沾着他的光的。

华顶为招待松增和尚及我们远来之客,所以馔看极盛,在一餐之间,点心数道,中西杂陈,可惜是没有酒,只以清茶为代,这于我以茶当酒,是第一次的碰到,但也经过几巡,方始吃饭。华顶斋水是有名的,真不虚传了。

十日午餐,即由松增及我们出面,打一僧众斋饭,以结胜缘。因华顶附近茅篷极多,既到佛地,尤其为有历史的松增和尚,不得不和众僧结缘,所以出资请华顶代办,以尽客谊。

我们于午餐后,本拟即行下山,奈以兴慈和尚适在讲经,遂乘机带便一听。

佛教的教义,本是很高深的,讲经是一桩不容易的工作。我在髫龄之时,曾在本乡青莲寺听过一次经,但那时晓得什么,只不过依人参加盛典而已。这次兴慈和尚讲经,所以也乐得去听一听。

兴慈讲的是《佛涅槃六经》,这天所讲,为《大乘方广总持经》(隋天竺三藏毗尼多流支译)。先由两童僧接引兴慈入座,入座之后,共先诵念佛经一番,再由各听众,不论僧尼与居士,先后跪拜,这时讲经的法师,已成功一个活菩萨了。——但我们并非佛教信徒,没有礼拜,一笑。

参拜既毕,戒尺一声,即行开讲,是时听者二百人,全堂肃静,鸦雀无声,群在昂头听他说法,可是没有数分钟,颇有几多听众,如为他所催眠,皆打瞌睡,不时的在点头,这到底是因生公说法而顽石点头吧?还是莫名其所以而入睡乡呢？我也有些疑惑起来了。

平心说，讲经不是容易，而听者尤须程度，若把一无所知的会于一堂，徒在照书讲解，这有什么多大意义呢？

听经完毕（二小时），我挈畏儿及次乾先生，即行雇笋舆下山，但住天台两日，也算得清闲一回，不可无诗，即赋五律一首以记之：

> 两日天台住，遨游缘不悭。龙泉喷万壑，鸟径界千山。翠壁云如盖，华巅月可攀。携儿同到此，难得一清闲。

七　入天台城

从华顶下山，经十五里而至龙王堂。这路新修得很阔，是华顶寺所做的功德。

由龙王堂而下，直至国清，这三十里路是和起先来的时同一径途。满山栽有松秧，闻是天台县政府所植的，倒也难得。

二时启程下山，抵天台城，已六时余。

我们觅得一所天台旅馆，旅馆虽不大，倒颇洁净。门外有一匾，叫做"岩园别构"，一进门，是一个小小的庭院，有一株大桂树，显出幽静境界。

客厅里面的两壁，悬有两幅大墨梅，中挂一联，句子是：

> 天下一家，箫斋合置高人榻；台山万丈，大道频来长者车。

做得颇是允当，我们安置了行李，既有了宿所，次之所急应解决的，为吃饭问题。闻天台麦饼颇有名，我们就想以麦饼充饥。

先由侍者领导，介绍到一所小饭店去，顺路为观光起见，特巡行台城一周。

只见台城里面的民居，都很不错，一带崇垣高宇，屋舍巍峨，我们由侍者引导去观览时，且见屋主殷勤招呼，不但不觉惹厌，反显出他的诚意，这比其他各地大异，就可见天台是山乡，而为极醇〔淳〕朴的民族，是不言可知了。

道路宽广，且都清洁，新生活运动[1]也极注意。

进了小饭店，是一间幽暗的旧室，中间置一圆桌，上挂着一盏保险灯，其内即为厨灶之所在，有一少女一少妇招待客人，并造作麦饼。

---

〔1〕　新生活运动：蒋介石在1934年发动的一场旨在恢复中国传统道德、改造民众日常生活习惯，从而改造国民素质、振兴国家的社会运动。

据云这家小店,在台城是颇出名的。麦饼中嵌鸡子及猪肉,是最讲究的吃法。我们沽酒一壶,即以麦饼为膳而兼作饭,一边谈着,一边吃着,在这样一个山城里,到这样一所小店来吃麦饼,也是很难得的机会。

吃了麦饼,蹀躞而回。我因连日匆忙,须已满绕颊腮,便偷闲到理发店去修容。回抵寓所,已九时余了。

从游天台以来,无日不是紧张。每天早晨六时起床,直至晚十时方睡。但在睡时又不能好好儿地入梦:宿国清寺迎塔楼,间壁房内作竹城之游,通宵达旦,牌声劈拍不绝;宿方广及华顶,则因近佛殿大做其佛事,木鱼钟磬及阿弥陀佛念经之声,又早晚不休;豫想今晚必能佳睡,不料入得门来,在客厅内又有方城之戏,我们房间,通在客厅之旁,于是又要扰人清梦了。

好在疲倦敌得过打扰,不久便朦胧〔蒙眬〕入黑甜乡了,一觉醒来,已东方大白。

八　石佛寺

这次天台之游,所引为遗憾者,因时间不够,未至万年寺一观光,及到赤城山一游。

但在国清回至天台县城的一段途中,远望着一座赤城山,孤立高耸,且见山上一塔,矗立如一美人,颇觉雅胜。据云其下有一大洞,除建造房舍一进外,尚空数丈之地,其大可知。我们只有凝望以充饥,他日有暇再来一游,姑留此以为未尽地步,我觉得任何事物,当有一余地,否则看尽了,做尽了,反觉乏味,我想虽没有游赤城山,为一恨事,而这样一想,倒反愉快了。

十一日晨,六时起床后,即乘汽车与赤城作别。汽车仍须经关岭、会墅岭而回抵拔茅,忆先时因山行曲折,汽车之行,须兜大圈,其公路回环,赛如写着无数哀司(S),曾另有一诗,为补录如下:

> 一山峰过一山迎,世路崎岖本不平。画出几多哀司字,方经峻岭达台城。

这个景象,仍然现在目前。约九时半抵拔茅,经平水庙过斑竹,一路见赤土泥。其实赤城虽为天台别称,赤土则不止天台所有,新昌与天台及和奉化交界之处,都有赤泥。这种赤色泥,弥山撒野,远望赛似红云,所以丝〔孙〕绰《天台赋》有"赤城霞起而建标"之句,因而把新昌之赤土掩盖,而一般只知天台为赤城了。

十时许,抵新昌西站。

我以新昌的大佛寺，亦称名胜，便以时间所及，顺道一游。

自西站到大佛寺，约为十里。下车后，挈儿行过竹桥即为新昌县城。我与次乾各雇轿一乘，共赴宝相寺。

宝相寺在南明山，昔称隐岳洞。系在县城之南，故须穿城而过，此时微雨霏霏，天容顿改，不若游天台时之光明化日，差幸业已下山，亦不为意。

出县城，抵南明山麓，又须上岭入坳，大抵寺多藏于名山，初不易为外人所见，故"清静"二字是禅家的特有。

岭上有亭翼然，风景幽胜。下岭后，即望见宝相寺，但在寺外有二大放生池，马路宽广，即以为堤，局面颇称壮大。

徐徐入山，山前突起石峰，即所谓大佛的背景。近以此寺有大佛，众只知道大佛寺，而不悉其原称为宝相寺了。寺门外一亭，建有二石碑，一为"南明山"，抚〔撰〕米南宫〔1〕字，一为"天柱屹然"，传旧朱紫阳〔2〕书。

十时半抵寺中，觉腹已饿，即各以麦饼及豆乳充饥。

少食后，细览各处，仰见殿内大佛，确为雄巍，高约五丈，大可三丈，其手掌相叠之胸前，宽能置一八仙桌，手上股上各可立人，诚南方之大佛也。惟闻北方真定，有一大佛，高可八丈，那末这大佛又等而下之了。

佛本石制，现全涂饰以金，乃为犹太哈同所出资者。依碑记，在〔此〕石佛为梁天监十二年所凿，寺敕建于晋，是到今已有千四百余年，可说有悠久的历史了。我在此曾作有一诗，不妨直记如下：

> 翠壁天开石亦仙，庄严大佛坐青莲。金身自落人间世，香火因缘千四年。

为纪实之作。

石峰如天柱般的屹立着，石佛即在阴面刻成，而大雄宝殿即依山随石而造，层层高筑，计分四叠，最上名曰"逍遥楼"。殿则内向，和别处之向外者不同。

在寺旁之左侧，别有幽径，可通"新社"。这新社为张暄初（载阳）先生所建，为一别墅式的房舍，花木亭阁，颇称幽胜，是暑间纳凉的佳处。

游大佛寺后，从汽车路回抵新昌北站，即与次乾作别，他回奉化，我和畏儿却往武林来了。

---

〔1〕 米南宫：即米芾。

〔2〕 朱紫阳：即朱熹。

九　回杭道中

十二时零六分从北站开车,未岁〔几〕另换萧绍嵊公司的车,以便直驶江边。

中间所经过的都是原野,不再像新台一路之多崇山峻岭,气象为之一新。从新昌到曹娥的一段公路,我也是第一次趁,其中所经过的,以嵊县、章家埠、蒿坝等站为最大。嵊县我虽没有下车,但望见人烟稠密,商务发达,是一个热闹的城市,较之新昌天台,要景气得多了。

车过嵊县后,大雨如注,疾行原野中,好似一匹奔马,真令人有寂寞之感。

好在这时车中,碰见了一位中国旅行社的戴欲仁先生,相互谈着旅行之趣,以慰岑寂,戴先生广游名山大川,体格甚健,兴致甚豪,他谈着游华山的情状,闻之心悸。可惜他因往游绍兴,即在五云下车,以致车中顿失良友,一时又归寂寞。

四时余车抵江边,为着渡江的人很多,等了不少时光。渡江后,即雇人力车回抵西湖寓所,那时小别了西子,新增一番景象,令人一半儿兴奋,一半儿惆怅。

西湖是我年来常住之所,在久住于这里的时候,到〔倒〕也不觉得什么,而且反有单调之感;但新从天台归来,忽莅此地,则便起一种不同印象,这印象是有说不出的美妙。

尤其车过断桥,入里西湖时,只见红白相间的重瓣桃花,夭艳发笑,翩跹起舞的长发柳条,迎人飞媚,而平静如镜的西湖,这时雨后阳光重现,反照入镜,好似千百条的金蛇,闪闪游动,这个美丽的景象,是不能以笔墨所可形容的。

秀丽的西子湖啊,我又重回到你的怀中了。

游天台时好似老僧入定,而见了西子湖,又不免掀起凡念,环境移人的力量真大!但我不能为了西子湖,而忘怀天台,我要有天台的崇高,也要像西子的活泼,这是我游了天台而回到杭州时的二重意念。

天台纪胜

沈瓞民

　　载于《制言》1939 年第 50 期。《制言》为民国著名学术期刊、章氏国学讲习会会刊，半月刊，1935 年 9 月创刊于苏州，章太炎主编。该刊原名《制言半月刊》，由苏州章氏国学讲习会编，1939 年第 48 期起更为《制言月刊》，改由上海制言月刊社编辑，期数续前，1940 年 3 月终刊。沈瓞民（1878—1969），别名祖绵，字瓞民、迪民，杭州人。沈瓞民幼承家学，及年长考入浙江大学堂，毕业后留校任教习。光绪二十三年（1897）留学日本早稻田大学。参与反清、"二次革命"等活动，中国近代革命家、国学家。著有《读史方舆纪要校补》《中国外患史》《三易新论》等。民国二十六年（1937）五月十一日，作者自苏州出发，经嘉兴、杭州、嵊县、会墅岭、关岭，十二日抵达天台，随后费时数天，游览南山、国清寺、石梁、铜壶滴漏、华顶、桐柏宫诸名胜，十九日游毕原路返回，历时 8 天。本文最大特色是以前人记载证之自己目见，既可见作者有备而来和渊博学识，也可见作者严谨求真的探索精神。

　　余生平不作游记，今游天台，以先子[1]于光绪戊子年游此，屈指五十年矣，故作此以志风木[2]之痛。先子住天台约半年，尝辑昔贤《天台诗文录》四卷。是作采古人游记，始于徐霞客，徐以前者已载入《天台方外志》诸书，故不录。

　　徐宏祖《游天台山日记》（简称《徐记》）。宏祖，字霞客，南直隶江阴人，

---

　　〔1〕　先子：旧时用于自称去世的父亲。《孟子·公孙丑上》："或问乎曾西曰：'吾子与子路孰贤？'曾西蹴然曰：吾先子之所畏也。"先子，即曾参，曾西之父。
　　〔2〕　风木：比喻父母亡故，不及奉养，典出《韩诗外传》卷九："树欲静而风不止，子欲养而亲不待也。"

游时年二十三岁。嘉靖三十二年癸丑之三月也。自三月三十日至四月初八日，计九日，由宁海县筋竹岭入天台。又《游天台山日记后》（简称《徐记后》）。霞客时年四十二岁，隆庆六年壬申，三月十四日至三月十八日，计五日，由宁海县入天台。

邹之峄〔1〕《游天台山纪略》（简称《邹纪》）。之峄，字未详，浙江杭州人。此篇未纪年，明末遗老也。由杭至天台，自云行于四月十八日，归于是月晦日，计十三日也。

蒋薰《天台山记》（简称《蒋记》）。薰，字闻大，浙江海宁人。崇祯十四年辛己〔巳〕中冬，不计日。由临海县入天台，是记多浮词。

潘耒《游天台山记》（简称《潘记》）。耒，字次耕，江苏吴江人。康熙四十一年春游此，不计日，惟云盖几一月，由奉化县至宁海县入天台，是记结论颇佳。

袁枚《浙西三瀑布记》（简称《袁记》）。枚，字子才，浙江钱塘人。文云："壬寅岁。余游天台，时乾隆四十七年也。"考枚撰《齐召南墓志铭》云："别四十七年，余老矣。游天台山，公死已久，且葬。乾隆元年子才与次风，同举词科，相遇于京师也。"是文仅说石梁之胜，题误，三瀑布皆在浙东，非浙西也。入山路程未详。

洪亮吉〔2〕《游天台山说》（简称《洪说》）。亮吉，字稚存，江苏阳湖人。文末句云："嘉庆□年二月十一日也。"文多泛词。自云凡宿清凉寺、方广寺、桐柏宫各一夕，雨阻国清寺者二日，则为程五日尔。顾鹤庆《次壁间洪稚存太史韵》，作《国清寺诗》。顾于嘉庆十年游天台，是洪在前也。

顾鹤庆〔3〕《天台游记》（简称《顾记》）。鹤庆，字鸣皋，江苏丹徒人。自云嘉庆十年，岁次乙丑，十月初八日，自剡山书院携奴子绍衡，往游天台。游程十月初八日至十一月初一日，中多淹留，实则不过三四日尔，由嵊县入天

---

〔1〕 邹之峄（1574—1643）：字孟阳，明万历间钱塘人，校刻过晋郭象《庄子南华真经注》10卷。

〔2〕 洪亮吉（1746—1809）：字君直，又字稚存，号北江。江苏阳湖（今江苏常州武进区）人。乾隆五十五年（1790）进士，官编修，充贵州学使。因上书批评朝政，谪戍伊犁，不久赦还，回归故里，读书著述以终。经学与孙星衍齐名，诗与黄景仁并称。著作极为丰富，诗文结集为《洪北江诗文集》。

〔3〕 顾鹤庆（1766—1830）：字子馀，号弢庵，江苏丹徒（今镇江）人。诗人、书画家，有《弢庵诗集》等。

台。其人能画，文中屡及之。

杨葆光《天台游记》（简称《杨记》）。葆光，字古韫，江苏华亭人。光绪十二年三月随台州知府陈璚游此，游程自临海县至天台。

高恒松《名山游访记》（简称《高记》）。恒松，字鹤山〔年〕，江苏兴化人。光绪二十一年乙未初游天台山，为日三月十五日至四月十二日。二十四年戊戌重游是山，为日三月初九日至二十三日。民国十年复游天台，五月十四日入山，七月十六日出山。鹤年居天台颇久。

范铸《天台山行记》（简称《范记》）。铸，字寿金，一字柳堂，浙江镇海人。民国四年乙卯五月廿八日，自慈溪游天台，游程五月廿八日至七月初一日，然在新昌淹留多日。在天台亦不过一旬而已。又《天台山行后记》（简称《范后记》）。民国五年丙辰六月十九日重游，游程六月十九日至二十四日，计六日。

蒋维乔《天台山纪游》（简称《竹庄纪游》）。维乔，字竹庄，江苏武进人。民国五年十月二十四日，由上海至临海县，纪中有三十一日，是用国历，游程由临海入山，计七日。

金天翮《天台纪游》（简称《金纪》）。天翮，字松岑，江苏吴江人。民国七年戊午八月十二日由上海至宁波经百宫、嵊县、新昌入山，计九日。

钱文选《天台方岩游记》（简称《钱记》）。文选，字士青，安徽广德人。民国二十四年十月五日，由杭州至天台，间道至方岩。至九日归，为时五日。

李书华《天台山游记》（简称《李记》）。民国二十五年四月廿九日至天台，计游五日。游记载《禹贡》六卷一期。

阙名《游天台山记》（简称《阙名记》）。撰者人名未详，自云辛巳九月二十九日至天台县，明日入山。

金玉冈《天台雁宕纪游》。玉冈，直隶天津人，在《屏庐丛书》中，其书友人借观未归，故未引。

右记金玉冈未引外，供参考者，计十七篇。

民国二十六年五月十日，张君席卿来约，明日赴天台。

十一日，六时张君来，同赴苏州车站，乘苏嘉车至杭，至嘉兴换车，便游沪杭甬苗圃，约一时余，乘沪杭车赴杭，车中遇支君爱胹。抵杭站，韩君景绥来迓，至韩君寓午膳，即雇汽车至徐村，谒先祖墓。继至九溪口，步行至龙井，登里坞头，谒先子墓。归取捷径，至风篁岭，误入歧路，欲速不达。步荆棘中，一步一滑。至过溪亭小憩，电告蝶来饭店，雇汽车来迓，抵蝶来后，即赴高君子白处晚膳，归遇大雨，寝不成寐，甫交睫即醒，张君亦然。

十二日，七时乘汽车，过钱塘江，赴天台，车行历数百里，五年未经，风景依然。昔日所无者，为钱江大桥、杭甬铁路。午刻至嵊县站，入店午餐。遇梁君生昌，张君旧僚属也，执事嵊站，亟邀至站中，为东道主。站后厅事，左右修竹，景色宜人。饭罢即乘车，过拔茅，此地有路通奉化溪口，成往来大道，土木正兴，至斑竹，不若昔年之繁盛矣。曩游尽此，故过斑竹，则为陌路，如刘、阮初入天台矣。过会墅岭，路势曲折，盘旋而上。至关岭，复入坦道，至白猴殿。张君族人月棠诸君来迓，并邀午膳。余等已在嵊饱餐，略饮数杯，即至镇中。双溪环流，远望天台山色，爱不忍去。同人催行，亟乘舆。途中大风起兮，地近海，势甚猛，舆人勉行。未五里，大雨，息路亭，约半小时始止。复行，至平镇，天台县首镇也。人烟稠密，张君族人聚居镇后，迎于道左。镇在平原中，四围皆山，南北二山中，巨石巉岩，高耸云表，为他处所罕见。舆夫称之曰峷，《尔雅·释山》：峷者厜㕒，郭璞[1]注谓峰头巉岩是也。邢疏[2]以山顶冢峷者厜㕒二句合释之，以为同义。并举《诗·十月》云"山冢峷崩"为证，非也。盖冢者山皆有之，峷者山不数见。每读《尔雅》，"冢峷"二字，颇以为疑。今始知之，实一字之师也。即赴张氏宗祠少憩。七时族中公宴张君。天台在万山中，食少鱼，烹调之味，较绍兴稍淡，较宁波少膻，与临海、黄岩等处亦异。食必有醋，色味殊佳，酒味略酸。饮时和以冰糖，肴中莲羹海参，烹调适口。虽通都大邑之名厨，亦不能与之争衡也。惟制鱼翅，则非所长，糖果中，家制山查〔楂〕糕颇美，惜无购处，宴罢返寓宿。

十三日张君在宗祠主祭，庆谱成也。余独游平镇一周，两溪环流左右。未几张君祭毕同游市外，旋赴祠午餐。各支祠领谱者络绎于道，鼓乐仪仗前导，置谱彩舆中，子孙随谱，迎至各支祠中，足见浙东族制之严。餐后同张君赴西庵，地势平坦，间有高皋，高不过数丈而已，土皆赤色。西庵亦张君族人聚居处也。大溪曲折，环抱村前，源出东阳县境，一雨横溢，稍霁即涸。多筑塘砩，以备旱涝。惟每争水利，酿成械斗。近年农村破产，森林斫伐殆尽，又伐而不植，水患今后恐益甚矣。邻县东阳、义乌，生齿日繁，辟山为田。雨

〔1〕 郭璞（276—324）：字景纯，河东闻喜（今属山西）人。两晋时期著名文学家、训诂学家、风水学者，曾为《尔雅》《方言》《山海经》《穆天子传》《葬经》作注。明人有辑本《郭弘农集》。

〔2〕 邢昺（932—1010）：字叔明，曹州济阴郡（今山东曹县北）人，北宋学者、教育家。代表作《论语注疏》（何晏注）、《尔雅注疏》（郭璞注）和《孝经注疏》（李隆基注），均收入《十三经注疏》。

后，水即挟沙土而下，致下流壅塞。昔日可行竹筏者，今则如瀚海。土地瘠硗，沿山尤甚。大雨冲刷浮土，如剥兽革然，土石尽露，十余年不生草木，非经若干年风化不能种植也。人民勤苦耐劳，节衣缩食，所产之米，供邻县新昌者，几占三分之一，且缺乏肥料，米质粗硬，若供三吴人食，几不能下咽也。民食以玉蜀黍制饼，佐以盐渍东瓜。即至梅阶君处晚膳，亦张君族人也。饭罢归镇，即往观剧。伶人来自临海，昆弋平调乱弹悉有，盖宗祠庆谱成，雇之来者，期以六日。

十四日晨，乘舆赴南山观峯，距平镇约五里，过大溪，有木桥长数十丈，水清见底，至峯无甚可观，归赴学东君宴，回寓少憩。有张君族人，欲入军队，以高度不合未入选，意颇怏怏，坚请张君设法为之入伍，可见民风之强钦！是日大风，无雨，夜赴学泮君宴。宴罢，又观剧，归寓，拟明晨赴天台山，月棠诸君坚留，力辞始可，夜谈甚久。知天台乡镇，皆五日一市集，时在午后，百物云集，以谷类茶叶竹木为大宗。居民多业农，以商为副业。至市日，则释耒耜而持筹握算。平镇工业，有棕榈所制之绳线，运销江浙各地。惟原料来自四川，运费至贵，故利甚微。

十五日，晨起，乘舆至天台山国清寺，张君族人陪往者五人，月棠诸君，依依不舍，直送至平镇东市稍，离其家约二里，始别。傍午将至天台县城，与所雇汽车遇，即分批至国清寺，到山门，大非昔比，门庭一新，今住持可兴上人革故之功也。上人来迓，导入新建厅事楼上，风景殊佳，楼正对文殊塔。徐灵府《天台山记》云：

> 国清寺在县北十里，皆长松夹道，即隋炀帝开皇十八年为智颛禅师所创也。寺有五峰：一八桂峰，二映霞峰，三灵芝峰，四灵禽峰，五祥云峰。双涧回抱，天下四绝，国清第一绝也。

寺旧名天台，据《赤城志》云：

> 旧名天台，隋开皇十八年为僧智颛建。先是，颛修禅于此，梦定光告曰："寺若成，国即清。"隋大业中遂改国清。李邕所谓应运题寺是也。

国清命名如是，徐灵府谓开皇十八年建，《赤城志》同，又云炀帝开皇大误，开皇乃文帝年号，非炀帝也。灵府唐时人，去隋未远，不应有如此之误。

智颛《北史》《隋书》均无传，事迹载《景德传灯录》，为天台宗之祖也，即智者大师是。于五宗之外，考明六时，别立一门，其弟子灌顶，著《天台教苑》，即今日所谓讲宗是。《景德传灯录》谓炀帝受戒于大师，以为佛教光，岂知佛旨，四大皆空，天子匹夫，视本平等。夫炀帝受戒与否，本可置而不论，惟其罪孽深重，既受戒矣，自当改过迁善，而又怙恶不悛，为万世罪人，是智者有此弟子，辱孰甚焉。《传灯录》所云，恐传闻之误也。寺门外新树陈君一阳[1]所书"一行至此水西流"题字。考《唐书·一行传》云：

> 初，一行求访师资，以穷太衍，至天台山国清寺，见一院，古松十数，门前流水，一行立于门屏间，闻院僧于庭布算声，而谓其徒曰："今日当有弟子自远求我算法，已合到门，岂无人导达也?"即除一算。又谓曰："门前水当却西流，弟子亦至。"一行承其言而趋入，稽首请法，尽受其术焉，而门前水果却西流。

刘珣[2]所云如此，方伎家最多怪诞之说，偶得末技，动辄云某于名山遇异人，投我秘术，以欺无知，此种口吻，想唐时已盛行之。刘氏未至此地，信笔书此，盖取诸传闻而已。寺东系白云峰，既高且峻，障水西流者，即此峰也。金地之水，曲折由寺前西行，会赤城之水，南绕天台县城而去，以理度之，无东行之理也，刘说误。

民元曾至此，取道临海，今日重来，见可兴上人经营之力，精神焕发。寺有文殊塔、智者大师讲堂、仙人灶、丰干桥、锡杖泉、三贤堂[3]。金石有重摹右军"鹅"字，柳公权书"大中国清寺"，朱文公书"枕石"，米元章书"秀岩"等，碑碣摩崖，佳者至鲜。因天台之石，质脆而不能奏刀，如选涿州、太湖等石，则运输至难，且镌刊者系石匠，较苏州小小庵庙，皆有碑碣者，不可同日而语也。或谓浙人尚质，苏人尚文，人民之性情不同，故物质亦异。余谓不然，此地欲作方碑圆碣，无石可选，只能因陋就简尔。殿东有伽蓝殿，祈梦者至众，庭前有晋梅，巨干大枝，虽非晋物，宋时物可无疑，因较吾杭超山宋梅为古也。

国清天然风景，《潘记》云：

> 寺在台山南麓，五峰环抱，余支折而屏蔽者数重，左右溪翔舞而下，会于寺门，澄泓绿净，万松交柯，不见白日。七塔鼎峙，一塔云耸……气象弘阔。而山藏水曲，一径幽深，胸中即有万斛尘，到此自然消尽。瀑

---

〔1〕 陈一阳：即陈钟祺。

〔2〕 刘珣：应为刘昫(887—946)，字耀远，涿州归义(今河北容城县)人。五代时期政治家，《旧唐书》的署名撰者。

〔3〕 原注：堂祀丰干、寒山、拾得。

声松声，无非寒、拾咳唾，何必求诸破灶间也。

所叙国清之胜，甚能传神，惟万松交柯，不见白日，则与昔时异，可兴上人未住持时，山中树木，被人斩伐殆尽，今虽培补，然尚未成林也。

饭后可兴上人盛称螺溪钓艇之幽邃，人迹罕至，余等即一游。《徐后记》云：

> 十八日仲昭坐圆通洞，寺僧导余探石笋之奇，循溪东下抵螺溪，溯溪北上，两崖峭石夹立，树巅飞瀑纷纷。践石蹑流七里，山回溪堕，已至石笋峰底，仰面峰莫辨，以石崖掩之也。从崖侧逾隙而下，反出石笋之上，始见一石蠹立涧中。洞水下捣其根，悬而为瀑，亦水石奇胜也。循溪北转，两崖愈峭，下汇为潭，是为螺蛳潭……潭上石壁中分为四岐，若交衢然。潭水下薄，不能窥其涯涘。最内两崖之上，一石横嵌，俨若飞梁。梁内飞瀑自上坠潭中，高与石梁等。

《顾记》云：

> 午斋罢，约同能上人，由竹径中过圆通洞，往螺溪……抵石笋前，两边尖峰刺天，皆大青石，绿赭墨相间……瀑流三叠约数十丈，中一倒悬石突出，秀挺圆健。顶有三石，斜插如箨叶尖叉，俨然笋迸土状，极为奇诡。

《顾记》所云，似仅至石笋，而未至螺蛳潭，且原文过于奇诡，兹节录而已。盖古人游记，每记夸张语，若身历其景，一加考察，则是非立辨。《高记》云：

> 溪中螺蛳潭，水添数十丈，上有石笋崖，高峙柱空。于此稍坐，水光潭影，照空我心，螺溪钓艇，八景之一也。

余等过白云岩，至钓艇峰，舆夫云：昔时路险，开辟新道，成康庄矣。鹧鸪声声，在万籁俱寂中，音益清扬，山花盛笑，清香扑鼻，与朱晖相映，颜色愈艳。花之夥者，为金樱子、金银花、杜鹃、凌霄之类。至钓艇峰下，本有一桥，为水所损，遂践乱石而过，地系螺溪发源处，局窄势隘。余与张君，生长山乡，此等风景，司空见惯，即略涉石笋螺蛳潭，无意再上，然相距不过二三十武而已。后经同行者告知，悉与《徐后记》合。凡大溪之源，厥状类如此，放翁句"山重水复疑无路，柳暗花明又一村"，此系山穷水尽之处也。若再山水重复，则胜矣。询舆夫山最高处何名，答系寒风阙，云须寒风岭至彼，若在阙上望之，则俯察一切，差足观矣。归途经圆通洞。《蒋记》云：

> 有洞曰圆通，四际玲珑，上覆大石，如帷幕然。

《范记》云：

> 游圆通洞，洞北向，三石磊成，石缝尺阔为之门。洞前层岩叠嶂，蠢翠横青。恐海岳研山，无以过之。

《竹庄游纪》云：

> 洞口对狮子峰，峰下大石突兀，上镌有"佛"字，径可二丈余，为石梁比丘兴慈所书，其上有看云石。

天台诸山，质系砂石，故以瀑布胜。洞则浅窄，既有瀑，似不必再有洞，欲求二难并者难矣。洞中西望，深涧叠嶂，杜鹃盛开，与青松翠竹，红碧映辉，亦足观焉。至响岩，在峭壁下，随人呼唤，即传声焉。回声不若西湖孤山之洪大。至高明寺，时已薄暮。高明为智者十二刹之一，拟住宿，明日赴华顶，路程可省十五里。舆夫谓高明被铺不洁，规矩不好，乃决计回国清。后思几事若有数存，若宿高明，则与授松上人道左，恐此行无如此畅游矣。《台州府志》云：

> 按旧图经："本名高明，唐天祐七年建。"今考钱氏所藏遗墨，乃清泰三年，号智者大师幽栖道场。今殿前有石经幢，刻"天顺二年舍入幽栖禅院"，可验也。

考天祐七年，系唐亡后三年，即钱氏天宝三年，似钱氏建号后，犹奉唐正朔尔。清泰三年，后唐末帝年号，是年国亡。距天祐七年，为二十七年。天顺者，唐昭宣帝天祐，一作大顺也。宋实颖[1]《黜朱梁纪年图》，以晋岐淮南吴皆以天祐二十年纪年，至后唐庄宗同光元年，不知吴越亦奉唐正朔也。品茗后，归国清，已炊烟四起矣。过金地岭，望天台县城，灯火隐约，归至国清，可兴上人具斋餐余等，烹调之美，较杭州烟霞洞学信在日手制者，有过之。斋毕请上人介绍华顶寺方丈。上人云："授松上人，系公旧识。顷至此，今日本赴临海，知公至，已辍行。明日拟陪公等同游。顷至天台城，如回国清早，

---

〔1〕 宋实颖（1621—1705）：字既庭，号湘尹，江苏长洲（今苏州）人。顺治十七年（1660）举人。官兴化县教谕。实颖淹贯经史，博综旁搜，当时推为名宿。著有《读书堂集》《老易轩集》《玉磐山房集》等。

当来访云。"闻之喜甚，乃寝。

十六日晨，将赴华顶。至方丈，与授松上人遇，叙阔别之情已，即同游，仍由金地岭行，赴真觉寺，俗名塔头寺。智者大师塔在焉。《徐记》云：

> 有智者塔已废。

《邹记》云：

> 塔头寺……志名真觉寺，……今于越钱君修葺之，龛塔虽具，其僧存庵不戒于火，遁入昙花亭，寺今鞠为长林丰草，可慨也。

《顾纪》云：

> 至真觉寺，晤高明退居方丈实轮，年七十余，与谈螺谿〔溪〕行径。

可知是寺重建于清乾嘉时。《杨记》云：

> 由金地岭访智者大师蜕骨处，则真觉塔寺在焉。四山围合，曲折十余里，向之矗立云际者，至是俱罗列下方矣。

《李记》云：

> 真觉寺正殿中一塔矗立，高约二丈，通体石制，雕刻精巧，油饰亦丽，即智者大师之墓。盖大师于隋开皇十七年圆寂于新昌大佛寺中，其徒葬之于此，建此塔院。至宋真宗大中祥符元年，始称真觉，又名塔头寺。

诸记中言塔头形势则推杨氏，言事迹则推李氏，此寺今属善兴，门本巽位，尤君雪行为改坤位。门外有徐凝碑，惜石质不佳，属上人筑亭以护之，免为风雨蚀剥。茗后访定光道场遗址，在金地岭西，上人拟重建也。余谓金地新旧二岭之间，建一茅蓬，为行人憩息之所，上人深然之。复归真觉寺，时促，大字岩不及观矣。寺竹结实，形如米，上人以为不祥，余曰戴凯之《竹谱》云：

> 竹生花实，其年便枯死。竹六十亦易根，易根辄结实而枯死，其实落土复生，六年遂成町。

是竹种植已久，旧根不芟所致，实俗呼竹米，余始见之。出寺过寒风岭，沿山多梯田，叠石如梯，上下成田，农人正插秧，以嫩柴叶为肥料，询舆夫谓较草为肥。抵龙王堂，其地为诸道交会处，分四道，南至国清，北至方广，东北至华顶，西北至万年，路长短相若。《范记》云：

四面山坪大开,水田漠漠,宛如郊墅光景,几忘其在万山顶上也。……盖此地形如北向而展折扇,龙王堂为扇根,善兴[1]、方广、万年,乃扇之面也,而国清道则又如折扇之施柄耳。

《范记》言形势颇确。有村店八九家,舆夫至此沽酒而饮,出舆散步,有小学,及新构洋房,在丘阜上。道旁有娑罗树,花正盛开。上人云:华顶娑罗最繁,此地亦发花,惟色香次之,在国清则不发花矣。按娑罗,《徐灵府记》作苏玡,音之转也。《天台胜纪》云:

花有鹤铃,在石桥东,五月开花,非常奇异,移植之不活。

《名山记》云:

天台山有娑罗树花,一名鹤铃,出华顶峰,以多经风雪,树不高大,树数百枝,枝数百头,头六七叶,经冬不凋,花如芍药,香如茉莉。

谈迁[2]《枣林杂俎》亦引此,惟婆作娑,下有"唐天宝初安西道进娑罗树"十一字。花如水绣球,与芍药不同,喜阴畏阳。华顶四时多云雾,不见炎阳,故花能繁植[殖],香味亦与茉莉不同。《名山记》所云,似未见此花也。此花叶如绣球,高亦相等,花笑时同,花状则异耳。《邹记》云:

曰善兴寺……庭际有芍药娑罗,娑罗已花,色白微香,花类萝卜。而色香俱淡而有致,远胜之耳。

《邹氏》所纪是也。盖邹氏来此时,正逢孟夏,目睹此花盛开,故能知真相,与他说异。至此天气甚阴,乃舍舆徒步,至大深坑岭始乘之,地势平坦,实不能减舆人之劳苦。天台舆人之健,非杭州可比。过大深坑岭,沿途瀑声不绝,至中方广寺,即昙华亭,亭畔为石梁,孙绰《天台赋》云:

跨穹窿之悬磴,临万丈之绝冥。践莓苔之滑石,搏壁立之翠屏。

《孙赋》写石梁之景至矣。余度梁,见梁上无莓苔,因系砂石,梁又高堘,焉能生莓苔哉?梁之上下,瀑布所经,则莓苔丛生。至壁立翠屏,山中随地皆是,惟石梁尤佳。《徐灵府记》以桐柏山翠屏岩为《孙赋》之翠屏,殊未当。以赋观之,则翠屏是指石梁无疑义。因孙赋陟降信宿,迄于仙都下,方赋桐

---

[1] 原注:即华顶寺。

[2] 谈迁(1594—1658):原名以训,字观若;明亡后改名迁,字孺木,浙江海宁人。史学家,著有《国榷》《枣林集》等。

柏山也。顾恺之《启蒙记》云：

天台山石桥，路径不盈尺。长数十步，步至滑，下临绝冥之涧。

《御览》四十一引《启蒙记》注：石桥长数十丈。丈系步字之误。《徐灵府记》云：

石桥头有小亭子。石桥色皆清，长七丈，南头阔七尺，北头阔二尺，龙形龟背，架万仞之壑。上有两涧，合流从桥下过，泄为瀑布，西流出剡县界。从下仰视，若晴虹之饮涧。桥势峹峭，水势崩落，时有过者，目炫心悸。今游人所见者正是。

观灵府所记，似未过石梁。诸游记中，均言石梁，然度梁者不多。惟《徐记》云：

上昙花亭，石梁即在亭外。梁阔尺余，长三丈，架两山坳间，两飞瀑从亭左来，至桥乃合流。雷轰河隤，百丈不止。余从梁上行，下瞰深潭，毛骨俱悚。梁尽即为大石所隔，不敢达前山，乃还。

霞客此记，言度石梁系实在。《袁记》云：

余游天台石梁，四面崒者屡巘，重者甗隒，皆环梁遮隒。梁长二丈，宽三尺许，若鳌脊跨山腰，其下嵌空。水来自华顶，平叠四层，至此会合。如万马结队，穿梁狂奔。凡水被石挠必怒，怒必叫号。以崩落千尺之势，为群螺砢所挡柲，自然拗怒郁勃，喧声雷震，人相对不闻言语。余坐石梁，恍若身骑瀑布上。走山脚仰观，则飞沫溅顶，目光眩乱，坐立俱不能牢，疑此身将与水俱去矣。

《袁记》言长宽尺度，均不合，以理度之，似袁仅坐昙华亭畔看瀑而已。《洪记》云：

最奇者为石梁，长不及丈，狭仅盈咫，潜蛇窥而甲悚，飞鸟过而魄堕。余斋心既空，往志益奋。青苔十层，朱履不啮，飞泉万仞，来目未眩，遂休神于蓝桥，啸咏于碧涧。

北江此文，似曾度梁者，究其实在，恐与子才相同，如长不及丈，非也。青苔十层，袭孙赋意暨《御览》四十一引《异苑》语。梁上实无苔也。袁、洪二记，皆文士之文而已。

《高记》云：

中方广寺，古昙华亭也。三面临空，背依崖头。旧传五百应真隐于其中，两山相连，有石梁架两崖间，龙形龟背，广不盈尺，长约二丈许，甚滑，不易度。桥西有小铜殿一坐，高三尺，阔二尺，内有铜佛像，明太监供奉。是日朝山者十余人，唯余与王君等三人度过，拈香而回，众为色战，不自觉惧。

又云：

余等未入方广，直至桥边脱鞋，与王君三人，走过石梁，朝礼铜殿，飞瀑如虹，悬崖飘曳。过时心虞，忘却危险，随后思之，仍觉可怖。

鹤山所记，似两度石梁者，《竹庄游纪》云：

石梁长约三丈，两端削下，而中央隆起。其狭处，仅四五寸，正值降雨，路滑不能着足，下视瀑布，一落千丈，令人胆栗。……渡梁而前，颇觉履险如夷。梁之对面，无去路，惟一铜龛，内有五百罗汉，亦用铜铸，龛上镌明朝天启年间，太监徐贵，五台山沙门如璧募造……余欲坐石梁摄影，同游皆尼之，菊生〔1〕阻之尤力。……始己，既而三公先行，余独留指挥摄影师，迫摄石梁全景，乃踞石梁之脊，将我纳入风景之内，心乃大快，惟人小如豆耳。盖心神若能静定，外界固不足以乱之也。余但觉濠梁之乐，"危险"二字，胸中固偏〔遍〕寻不得也。昔徐震〔霞〕客度石梁时，尚觉毛骨俱悚，余差足自豪矣。

竹庄亦是两次度梁者，余至此，即弃杖度梁。梁下水声雷震，溯澎奔溧，声若十万军人，齐声唱凯。下瞰瀑布，矫若游龙，立铜龛下良久，摄一影以志鸿雪，同游诸君，咸以为危，余自若也。岂《孙赋》所谓虽一冒于垂堂者耶？折回，复自梁下，布板越涧。至下方广寺前，攀援登大石上，共摄一影，昂头见中方广在上，拟取捷径而登，如隋九折，误践涧潭。履湿足重，行更趑趄矣。经同人后推前援，始得小径。心中自笑，物必有偶，与隋龙井风篁岭相同也。且默记《孙赋》"践莓苔之滑石，搏壁立之翠屏。揽樛木之长萝，援葛虆之飞茎"之句。想兴公当日游此亦同尔。至此益证徐灵府以翠屏岩为翠屏之误也。

至中方广，具火盆烘履，备斋，因授松上人命人预为告知，故烹调极精。余赤足饱食。饭罢，游铜壶滴漏。《徐记》云：

---

〔1〕 菊生：即张元济。

闻断桥、珠帘尤胜，僧言饭后行犹及往还，遂由仙筏桥向山后。越一岭，沿涧八九里，水瀑从石门泻下，旋转三曲，上层为断桥，两石斜合，水碎迸石间，汇转入潭。中层两石对峙如门，水为门束，势甚怒。下层潭口颇阔，泻处如阙，水从坳中斜下，三级俱高数丈，各极神奇。但循阶而下，宛转处为曲所遮，不能一望尽收。又里许，为珠帘水，水倾下处甚平阔，其势散缓，滔滔汩汩。

《潘记》云：

方山言断桥、珠帘之胜，质明，曳杖而前。北踰小岭，复下四五里为断桥。两山不合者数武，巨石约略如桥，瀑出其中，疏为数道，坠于一潭，有声钺然，名铜壶滴漏云。又下五里，为珠帘泉，坐泉畔，不见其奇。自崖下，取仄径，穿菁篁中，至泉对面，始见万斛明珠，自天倾泻，轻若无声，柔若可卷，从风摇曳，飞沫著人。而上层石壁横歆，水披覆其上，自然成文，如间花罗绮。石梁之瀑，锐师十万，跳荡无前，而此则雅歌投壶，舂容潇洒，是瀑之至文者也。

《顾记》云：

过岭，见一桥，询之园佣，云即断桥。余疑断桥系两山壁立，悬瀑中断，必无桥……行数里，乃见两山并峙，大圆石三五块塞之。佣曰："此铜壶滴漏是已。"相与挽手一窥，骇胆悚魄。对面一巨石峰，中凹，上俯圆溜浑脱，旋转如螺，下如万丈深井，瀑飞注其中。一石宫而环之，其响锼锼然，如汲井声，铜壶譬之有以也。取山腰一径，访水珠帘，当面悬峰如坠，直下涧底。右转，回顾所谓珠帘者，阔二丈许，飘洒低垂，势极疏散，如雪之至地。且所注之潭，清浅可掬，故了无恐怖，俨若房栊之可接也。

三记皆言铜壶滴漏、珠帘，未能指断桥之所在。余如《范记》，更觉含浑矣。断桥在铜壶滴漏上一里，两岸石壁立，本有瀑，上有巨石，后为大水冲去，瀑遂涸，惟积雪时，涧中如梁矗起，颇可观，故曰断桥积雪，为天台八景之一。《徐记》所分三层，皆在铜壶滴漏范围，与断桥不相干也。至珠帘，地势益平，水势益缓，瀑溅如珠，故曰珠帘。铜壶滴漏中层，须偃卧而观之，余观时，同行者两人，持余足，以防下坠。中有石笋，为水冲激，光洁可鉴，水声汹涌，亦一奇景也。然无石梁之奇，而崖石为水所冲击，光可以鉴，亦奇景也。

《金纪》云：

　　壬申访断桥、珠帘,以沙弥导,由昙花亭北踰岭,五里至断桥,复三里为铜壶滴漏。巨石十数,环涧如瓮城。人偃卧石上,听水作金鼓鞺鞳。又里许,为水珠帘,帘布倾崖之上,水花万片,如绳缀丝联,徐徐下杼轴,幻成纂组之文,不知珠帘之在其下,步涧石对面,迎目视之,乃绝肖云。

　　《金纪》较徐、潘、顾三记为翔实。

　　此处道路已治平,并新葺茅亭,为游人休息。余等品茗片刻,仍回中方广。复由奇观桥东南,入上方广寺,亦名刹也。虽系丛林,而地势狭小。门前溪水萦绕,溪外七塔矗立,与国清相似,幽邃不若焉。寺建于宋建中靖国元年,又名石桥寺,以石梁得名也。

　　东南至仰天窝,又五里至掣桶档,劫风吹人,令人寒栗。游历所经,风之令人难当者,惟此与五台大螺顶而已。地为至宁海县大道,冬季风烈尤甚。档下积雪盈丈,吹人崖下,活埋雪中者,时有所闻。档在两崖之间,相距不过四五丈。若此处仿苏州天平建一童子门,门内别筑石室二间,为行人憩息之所,则化险为夷矣,告上人甚首肯。上人住华顶后,修治道路为己任。方广寺至此,舆夫云昔时路极崎岖,今则平坦,皆师之力云。至善兴寺,在华顶峰之麓,俗名华顶寺。《徐灵府记》云:

　　　　华顶峰,此天台山极高处也。常为云雾霾翳,少有晴朗之时。其高霖似寒先,云幽涧凝,沍〔1〕经夏不消。若遇晴时,则朝观日之所设〔2〕。

　　《台州府志》云:

　　　　旧名华顶圆觉道场,晋天福元年僧德韶建。僧智顗尝晏坐于此,有降魔石、伏虎坛、鬼叠石、白云先生室、井泉先生居。又传有葛元茶圃、王羲之墨池。

　　按白云、甘泉、葛元、王羲之诸事,见《徐灵府记》。《台志》甘泉作井泉,笔误也。白云先生即司马承桢。灵府谓承桢初入华顶峰,遇王羲之学书事,语至怪诞。《晋书·王羲之传》云:

　　　　羲之既去官,与东土人士尽山水之游,弋钓为娱。又与道士许迈共修服食,采药石,不远千里,遍游东中诸郡,穷诸名山泛沧海。

―――――――

〔1〕　原注:按此句有误字、脱字。辑注者按:该句"先"字应为"光"字。

〔2〕　原注:按设系出之误。

《晋书》所云，则羲之或至天台，亦未可知。至墨池之说，则为山阴道士写《道德经》之附会尔。墨池在太白堂内，今为茅蓬，尝读太白《大鹏赋序》云："余昔时于天台司马子微〔1〕，谓余仙风道骨，可与神游八极之表，因著《大鹏遇希有鸟赋》以自广。"是太白与天台方外相接之始。太白有《天台晓望》诗云：

> 天台邻四明，华顶高百越。门标赤城霞，楼栖苍岛月。凭高登远览，直下见溟渤。云垂大鹏翻，波动巨鲸没。风潮直汹涌，神怪何翕忽。观奇迹无倪，好道心不歇。攀条摘朱实，服药炼金骨。安得生羽毛，千春卧蓬阙。

太白又有《早望海边霞》一诗，亦咏天台山事。惟太白何时至此，则不可考，疑在天宝元年，时游会稽，与道士吴筠，共居剡中，以召赴阙。荐之于朝，乃下召征之，以诗证之，则登华顶峰无疑义，世人以为附会，不加考索所致。唐之诗人，多方外交，天台游者，不仅太白，如王建、孟浩然、张祐〔祜〕、徐凝、李绅、皮日休、杜荀鹤、许浑、张佐、曹松、顾况、姚合辈，皆有诗，且李绅亦有《华顶诗》，韵节不及太白之高。昔先子游天台，尝谓孙赋、李诗、沈记、梁碑为四绝。沈记即沈约《桐柏金庭观记》。梁碑即梁肃《智者大师碑》也。

入寺见美奂美轮，大殿尚未竣，藏经楼正在规画，规模与国清垺〔埒〕。《徐记》云：

> 寺有僧三十，号丛林，亦编茅代瓦。

由《徐记》观之，则远胜于昔矣。今日能如此者，实兴慈、授松两上人之功。茗罢，授松上人导游寺之前后，寺右涧边，娑罗树成林，薄暮花开尤盛，地湿，水浸履中。盖积雪犹未溶尽也，寺在华顶峰之下。时已暮，不及上，拟明日观日出再上。上人具斋供养，肴中葛粉，制法殊美。鲜葛仙米，清香适口，异物也。国清、中方广、善兴三寺，烹调味各不同，然均精美非常，较杭沪苏扬等处素食，千篇一律者有别。饭后将就寝，见金星明朗，私幸明日可观日出矣。是晚倦甚，上床即睡。

十八日晨，五鼓，闻敲门声，即起，上人来，谓今日可观日出，即食葛粉羹，加毳褐二袭。余同张君乘舆赴华顶，余则步行，鼓勇直上，因山路殊平坦

---

〔1〕 此处引文有误，原文是："余昔于江陵，见天台司马子微。"

也。曙光初放,沿途茅蓬,佛火隐约,娑罗满山,花枝碍帽,宿露滴衣,虚空清幽,似非人境,至望海尖,风殊烈,落帽者屡。余与张君至拜经台,恐不能一览无余,乃至降魔塔,云路茫茫,自东而西。导者谓云到新昌,不能再西。故新昌茶味,逊天台,少云雾也。盖云气随海风而至,至新昌境,而日已出,蒸气为日光所收,故云气不见。台山东濒大海,山谷纵横,云海尤奇。今日东风猛而益浓,惟日色少减矣。余目力较佳,凝神东望,一丸跃海上,如鸡卵然。金云未见,已二跃矣。至三跃后,其状如满月,上升数十丈,红色夺目,较玫瑰花尤艳。渐升渐大,至径丈余时,其光鲜红,凡人世所见之色,皆不能与之拟议也。余等深幸眼福不浅,而舆夫等云,今日日色未佳,盖渠等见惯,所谓"曾经沧海难为水"矣。

余观日出,凡五次,泰山、劳山、南高峰〔1〕、马鞍山〔2〕暨此地,南高峰、马鞍山,东首无山,仅曙色而已,泰、劳二山,东首山谷,亦不及此地之崇,故云海亦无如此之奇也。

归善兴,晨餐。饭罢,上人在寺稍事部署,嘱余等一游寺西各茅蓬,然后陪游桐柏宫。初以其地无甚可观,姑行,岂知曲径通幽,心胸扩然,无复有尘寰之想。流泉漪竹,夏木古桧,爱不能舍。张君谓此行不虚,惜为时过促,未能探黄经洞耳。出谷,上人已立而待,即乘舆赴桐柏。途中上人属余题诗纪事,即口占三绝以报之。诗俗陋,故不录。越挈桶档、察岭、寒风岭至桐柏宫。《徐灵府记》云:

> 有金庭不死之乡,在桐柏之中,方圆可三十里,上常有黄云覆之。树则苏玗琳碧,泉则石髓金浆,《真诰》可〔所〕谓"金庭洞天是桐柏真人之所治也"。真人,周灵王太子乔,字子晋,好吹笙作凤鸣于伊雒间。道人浮丘公接以上嵩山三十余年,复求之不得,偶乘白鹤谢时人而去,以仙官授任为桐柏真人右弼主〔王〕,领五岳司,侍帝来治兹山也。

徐说怪诞不经,王子晋事,见《国语·周语》暨《逸周书·太子晋解》,《逸周书》有王子曰,吾后三年,上宾于帝所。遂起后人之附会,列为神仙。然子晋无至天台事,释道两家,因《孙赋》"王乔控鹤以冲天,应真飞锡以蹑虚"两句,以王乔附会桐柏宫,应真附会方广寺。其实兴公游时,山中僧侣道友,栖隐者已多,故借王乔、应真以写方外而已。细读赋意,当知假托之辞也。灵

---

〔1〕 原注:在杭州。

〔2〕 原注:在绍兴。

府又云：

观即唐睿宗景龙二年为白云先生所置，白先生[1]乃司马天师也，名子微，字承祯，河内温人，事载在碑中，……先生初入天台后，睿宗皇帝诏复桐柏旧额，请先生居之。其降敕书曰："吴朝葛仙公废桐柏观在天台山，如闻始丰县人[2]研〔斫〕伐松竹，毁废坛场，多有秽触，频致死亡。你〔仰〕州县官与司马炼师相知，于天台山中僻方封取四十里，以为禽兽草木长生之福兆，量〔置〕一观，仍还旧额。"

按《唐书·隐逸传》，承祯，字子微，河内温人，尝遍游名山，乃止于天台山。《新唐书》同。灵府所记，名号与《唐书》互更，未知孰是，至葛仙公即葛元，见葛洪《神仙传》，及《抱朴子·金丹》及《地真》二篇，而同书自叙，未尝涉及元事。至《金丹》《地真》二篇，文笔错乱，后人因洪《神仙传》，妄增入之者也。唐崔尚《桐柏宫碑记》，故老相传，云昔葛仙翁始居此地，措词稍得体也。

桐柏宫形势宽大，惜乾艮二方均陷，故兴废无常。观名崇道，梁时金庭观，不知是否即此，不可考矣，《徐后记》云：

上桐柏山，越岭而北，得平畴一围，群峰环绕，若另辟一天，桐柏宫正当其中，惟中殿仅存，夷、齐二石像，尚在右室，雕琢甚古，唐以前物也。黄冠久无住此者，群农见游客至，俱停耕来讯。

《蒋记》云：

予乃缘玉女溪，至桐柏宫，道书云："桐柏金庭洞天，王子晋所治也。"回环九峰，隐见三桥，风景敞豁，胜于万年，宫废后，荆棘蔽野，阒无居人，所称云台炼室，龙阁凤台，泯无存焉。偏有夷、齐石像，弹指铜声，背镌四隶书甚古，读壁上碑，夷、齐为九天仆射，治天台，祀此其然欤？

《潘记》云：

得桐柏宫遗墟，是道家金庭洞天也。紫霄、华琳诸峰耸跃环抱，石髓、金浆、琪花、瑶草诸药多产其中。自葛仙公、司马子微之徒居之，人

---

〔1〕 原注：按白字下脱云字。
〔2〕 原注：如字疑误。

主加以隆礼，而宸翰天章，照耀山谷，璇题霞栋，填溢涧河〔阿〕，今皆鞠为茂草矣。惟存三清殿一间，雨琳天尊面，泪下苏苏。

子耕较霞客又迟一百二十年，写桐柏宫残废，又甚于昔时。清雍正十年，奉旨赐帑重建，遣官督视，十二年正月讫工。盖雍正未发极时，奔走江湖，喜交结方外之士，盖中兴是观之道士，亦其友也。后建是观以报之，规模弘大，较国清而过之。《顾记》云：

> 越一涧，至桐柏宫，晤同乡赵、顾二道士……拜夷、齐二石像，及葛仙、司马诸祠，观宋乾道年间碑，邀顾道人饮酒，宿紫阳楼上。

是皋鸣游时，桐柏宫尚未毁也。《范记》云：

> 至瀑布山麓，北上二里有石坊，曰桐柏天宫。又北上，折而西南上，二里余而至鸣鹤歇焉。是日暑甚，待日西，乃直登瀑布山头，左折而曲曲西北行，盘出山缝中，有石坳焉，如门，入门北向，则豁然山开大洋，良田千百顷，桑麻竹树，村居历历，烟火相望，鸡犬相闻，宛然一小县治，是何地？盖即桐柏宫之区域也。泱泱乎大观也哉！龙王堂不足言矣。宫正当区域之中央。入宫茶憩，复向右偏祠中，拜伯夷、叔齐二石像，传为唐制云。桐柏虽殿宇兵火十毁其九，而所遗扁联画壁等，题字俱高妙，正不独唐像之可宝耳。穹碑林立，想亦初唐物，而于今可宝者，惜乎荆棘蓁蓁，暑气又酷，日暮力尽，不及一梯览之耳。

《范记》言桐柏形势至矣，惟大殿前穹系碑雍正上谕，字效董香光〔1〕，非唐碑也。《钱记》云，得唐时残碑，急询此碑，因方丈远出，佥云未知，不知是崔尚碑否，惜未见之也。

夷、齐二石像雕凿之工，云冈石刻，无如此之精也。张君谓其像怡然自得，若甘饿死者，甚确也。祠名清圣，取子舆氏〔2〕"伯夷圣之清者也"之意。明建，原名清风。《萧文记》云：

> 余游天台桐柏宫，入法堂，见夹室有二石像，衣冠甚古。叩其石，甚坚缀。背有古篆字，拂尘视之，一曰伯夷，一曰叔齐。余问所从来，道童曰，相传赵宋时，有黄道士者，知医，宣和天子召治母后疾，疾愈，官之，辞，赐之金帛，辞，独乞此二像，载以归。

---

〔1〕 董香光：即董其昌。

〔2〕 子舆氏：即孟子，名轲，字子舆。

萧说虽出诸传闻,差可信。盖宣和时,因花岗石,搜索民间各石,似此像亦在其中。若非黄道士所乞,亦将付诸捶余矣。今祠所贴祠记,即损益萧氏文。清康熙五十六年知府张联元,奉檄重建,更名清圣。《张氏记文》有云："今制府满公修建此祠。"是可证建虏[1]无知。妄谓夷、齐为九天仆射,治桐柏山,并妄称祠为宋时九天仆射祠,与萧氏所记岐出,厚诬夷、齐甚矣。宫有琪树,《孙赋》云：

> 琪树璀璨而垂珠。

李善注以《山海经》玗琪树,疑非是,唐李绅诗注云：

> 垂条如弱柳,结子如碧珠,三年子可一熟,每岁生者相续,一年绿,二年碧,三年者红,缀于条上,璨错相间。

询观中人,云尚有之,地气衰竭,结子不多,询其状,与李绅所云同。惜时促不及一观尔。饭罢,游琼台双阙。《御览》四十一引《会稽记》作璇台,地距观约五里,在百丈岩下,台下为百丈潭,是岩在上,潭在下也。游者不察,多并为一谈,误矣。《孙赋》云：

> 双阙云竦以夹路,琼台中天而悬居。朱阙玲珑于林间,玉堂阴映于高隅。

游毕,张君云："双阙琼台,已游衍矣。惟朱阙玉堂,今不知在何处也。"斯言也,非读书有问者,不能道也。顾恺之《启蒙记》云：

> 天台山列双阙于青霄中,上有琼楼瑶林醴泉,仙物毕具。

读《启蒙记》,知琼楼,即琼台。朱阙玉堂之外,又有瑶林醴泉诸名胜,名目繁多,殆文士之形容而已。《徐灵府记》云：

> 自桐柏观西北行七里,乃至琼台。中天以悬居,自百丈岩无上琼台路,皆水石深险,不可登涉。事须登仙坛取桐柏路,方可得到,即平视琼台,而下望双阙。而游者多惧琼台不可中天,双阙不在云表,犹在山上观之然也。若自下仰视,则琼台不啻中天。双阙[2]五里,侠云[3]溪而行,翠壁万仞,森倚相向,奇花秀桂,牙[互]发芳蕊,珍禽灵兽,造杨清

---

〔1〕　建虏：明末清初及近代对满族统治者的蔑称。

〔2〕　原注：此下疑有脱字。

〔3〕　原注：侠即夹,云疑灵字之误。

音。余曾寻琼台，下云[1]溪衍流北行三十里，其平则三里五里，或潭洞院香，其深则千丈万丈。怪石崚嵒，水色明鲜，历历在底。纤鳞莫隐，造之者不觉忘归，非神仙之窟宅，曷能若此？

灵府记与今日情景殊异者，惟百丈岩，有路可通琼台尔，余无异。地极幽邃，两山夹涧，白昼少见日光，系极大之一线天也。若月夜登此，水光山色，益见清幽，古人称琼台夜月，非有山水癖者，不能识此也。《徐记》云：

> 初四日，是日余欲向桐柏宫，觅琼台双阙，路多迷途，遂谋向国清。

《徐后记》云：

> 游桐柏宫……群农游客至，停耕来讯，遂挟人为导。西三里，越二小岭，下层崖中，登琼台焉。一峰突瞰重叠，三面俱危崖回绕，崖右之溪，从西北万山中直捣峰下，是为百丈崖，崖根涧水至琼台脚下，一泓深碧如黛，是名百丈龙潭。峰前复起一峰，卓立如柱，高与四围之崖等，即琼台也。台后倚百丈崖，前即双阙对崎〔峙〕，层崖外绕，旁绝附丽。登台者从北峰悬崖而下，度坳脊处咫尺，复攀枝仰陟而下，俱在侧石流沙间，趾无所著也。从台端再攀历南下，有石突起，窟其中为龛，如琢削而就者，曰仙人坐。……忆余二十年前，同云峰自桃源来，溯其外涧入，第深穷其窟奥。今始俯瞰于崖端，高深俱无遗胜矣。

《徐后记》写琼台之胜，蔑有加矣。惟"北峰"二字，易使人疑虑。北峰即百丈岩是，由岩端登仙人坐，若就石凿十余级，则为坦道，使人无攀援之劳。归语可兴上人嘱转告管理诸君，上人谓曾有人言之，以为一凿磴则景不奇，使游者无以流连忘反〔返〕之意。余曰："无伤也。今庐山拟建升降梯，此不过数级而已。虽天台民风古朴，以留客为殷勤，今欲以仙人坐留客，势所不能，不如凿之，使游人得宾至如归之乐。昔先子居天台半年之久，为养疴尔。昔贤游者，皆不过数日，公路既通，地益缩短。若不早为便利计，恐游琼台，皆裹足不前矣。"《蒋记》云：

> 桐柏西行五里，至琼台，转南至双阙，龙湫百丈，苔巘万仞，仙家所处，尘臆都尽，惜无贤主，难久居也。

《潘记》云：

---

[1] 原注：疑灵字。

从桐柏西行，上小岭，山势一变，皆峻嶒骨立，拔地干霄，缘崖数转，樵苏路尽。忽见危峰四插，绝壑中开，则琼台双阙在焉。琼台如一茎灵芝，单抽独立，唯峰腰有悬磴可度，但上下绝壁，一失足即坠九渊，余贾勇而下。……上琼台之巅，㠑风蓬蓬，白云在下，怳皆化人而升中天之台矣。台旁有马鞍石、仙人座，俯适绝壑。望双阙在对面，两峰对耸，灵溪在中，如龙门凿而伊阙开。欲遂下谷底，循溪以出，而琼台上丰下削，非悬縆千寻，不能到地，复寻故道还岭头。

《顾记》云：

至桐柏宫，晤同乡赵、顾二道士，旋约往琼台。从宫后左门取道，越小岭，过山村者再，忽睹石峭森列，下临无地，道人曰：“此琼台门户也。”再行里许，皆缘山岭，侧足跋石上，升降两大石巅，琼台出焉。台俱卵石台成，上丰下削，巅上重起小峦，如佛顶状。双阙对峙，排牙列戟。……琼台绝顶有茅蓬，似鸟巢，旁树一镫竿，滇南邓法师枯坐其中。

《范后记》云：

二十一日，将息观中，乃引道士问，以余昨自西来，将近桐柏岭脚，当大瀑布之西，有双岩高耸，紫翠干霄，何也？答曰：“不知。”余心知是双阙，复问双岩内，得无是琼台山乎？复答不知，既而云，双岩内有山，山有石窟，曰仙人座，可以望月。余于是知为琼台双阙，确然无疑矣。

今已整理，游者至此，无复如昔日之心目悸怅。《钱记》载余樾园[1]《题琼台双阙图》云：

琼台双阙路极险仄，往时游者裹足，最近始由徐君卓群兴工砌级，略可跻攀。故知极鲜，即土人亦不能确指其所在，但知百丈坑而已。

樾园谓土人亦不能确指，非也。其实此地人但知琼台夜月，不知琼台双阙尔。余至白猴殿，询人以琼台双阙之所在，佥云未知。继使指示山名，在瀑布山西者，云琼台夜月，风景极佳，上有仙人坐，为看月处。合《范记》观之，如出一辙，总之言语不通，风俗又朴，一音不同，即不敢妄答尔。

至双阙诸家所记者，余皆为不然。阙，《广韵》：阙在门两旁，中央阙然为道也。则两峰对峙为一阙。夫所谓双峰者，必有四阙对峙可知。今皆以琼

---

〔1〕余樾园：即余绍宋。

台东，灵溪左右之崖为双阙，是仅一阙而已，非双也。然自琼台望全山，百丈岩二峰对峙，亦系一阙，双阙之名始符矣。

由百丈岩循阶而下，观龙头龙潭，灵溪上源也。天台山脉之水系，自石梁西流者为剡溪，自琼台东南流者为灵溪，自华溪东流者为海游港。出百丈岙口，地势平坦，停舆观桐柏山瀑布，巨瀑也。水从南岩悬注，望之如曳布。观毕，游赤城山，土赭色，多山洞，如紫云、华阳、玉京之类皆不深邃。《钱记》谓方岩似千层糕，此处亦然。《志》云山产铜。探得草苗，系硫化铜，苗浅而露，则地有温泉可知。福州温泉最多，皆赖人工凿成。此地若仿行之，又多一名胜矣。归国清与可兴上人散步寺外，日暝方回，晚餐后，静权上人来访。别后，同张君赴讲坛听经，归乃就寝。

十九日晨，下山，可兴、授松、静权三上人送诸丰干桥前。十时至新昌，间道赴南明山。午刻至绍兴五云站，金君汤侯[1]邀余等午餐。十二时过江，乘沪杭车至嘉兴，换车至苏州，已日暮矣。

此行为期仅八日，在天台山中三日，苟无可兴、授松两上人指导，恐未能如此畅游。惜未至万年、明寒两岩、桃源尔，且三日之中，天晴无雨，亦一幸事也。

《潘次耕记》有云：

> 盖几一月而台山之游略遍，虽十得五六，颇多前所未到，于此山缘亦不浅矣，吾今而后知台山之大也。吾足迹半天下，所见名山岳镇多矣，大率山自为格，下能变换，掩众美，罗诸长，出奇无穷，探索不尽者，其惟天台乎？华顶高旷，罗浮之飞云峰[2]也。东苍秀润，泰山之御帐屏[3]也。幽溪苍寒，五台之清凉石[4]也。螺溪刻削，西山之秘魔崖[5]

〔1〕　金君汤侯：即金汤侯。

〔2〕　罗浮之飞来峰：广东惠州罗浮山之顶峰飞云峰，海拔1296米。

〔3〕　泰山之御帐屏：一般作御帐坪，在岳之中道，即秦封五松之地。宋真宗东封，驻跸于此，故名。

〔4〕　五台之清凉石：指五台山清凉寺。清凉寺在清凉谷，始建于北魏孝文帝时。

〔5〕　西山之秘魔崖：在北京西山"八大处"第七处证果寺西北，是一块悬空伸出的岩石，石下有洞。

也。寒岩峭特,其霍山之天柱[1]乎?明岩诡异,其劳山之华楼[2]乎?珠帘娟秀,不减匡庐之三叠泉[3]。龙潭幽险,岂逊九华之鱼龙洞[4]?桃源隽永,有武夷九曲之势[5]。赤城绮拔,有丹霞万仞之规[6]。国清之静深,可以敌曹溪[7]。桐柏之萧远,可以俪勾曲[8]。至若石梁飞瀑之雄奇巧妙,琼台双阙之灵异清华,吾遍拟之而不得也,则台山之独绝乎!台山能有诸山之美,诸山不能尽台山之奇,故游台山不游诸山可也,游诸山而不游台山而不可也。

《竹庄游记》云:

> 大抵天台之宏大,实可称岳,或峰,或瀑,或森林。若移其一在他山,即可得名,而天台到处皆是,虽有而不名其名者,乃他山无所也。

二说评论天台形势皆是也,故别录之。至天台高度,据《李记》录之如下:

| 国清寺海拔 | 一三〇公尺。 | 中方广海拔 | 五〇〇公尺。 |
| 高明寺海拔 | 三八〇公尺。 | 铜壶滴漏海拔 | 四二〇公尺。 |

---

[1] 霍山天柱:南岳山位于安徽霍山县南,原名天柱山,亦名霍山,又名衡山,以山体陡险著称。

[2] 劳山华楼:青岛市崂山华楼主峰海拔409米,顶部突起一长方形,由一层层横向排列的岩石堆叠而成,石高21米,就像一座高楼直插云霄,故名华楼。

[3] 匡庐之三叠泉:匡庐即庐山,相传殷周时有匡姓兄弟结庐隐居于此而得名。三叠泉是位于庐山东部的一处瀑布,源出大月山。其为溯源侵蚀和河流袭夺形成,由于地层岩性不同,经过长期侵蚀后,形成了三级阶梯,水流顺阶倾泻,先从五老峰北崖口垂直落到大磐石上,再经过两次折叠分散后重新汇聚,又再次下泻,故名三叠泉,落差共有155米,有"庐山第一奇观"之称。

[4] 九华之鱼龙洞:位于安徽省九华山南阳湾,洞口如张开的鳄鱼嘴,一泓碧水淙淙而出,终年不涸,该洞全长5000余米,有清澈的地下河贯穿始终。

[5] 武夷九曲:福建崇安县南武夷山中的九曲溪,发源于三保山,盘绕山中约7.5公里,有三弯九曲之胜,乃武夷山风景区之精华。

[6] 丹霞万仞:丹霞山位于广东省北部的仁化、曲江两县交界地带,山体由红色砂砾岩组成,沿垂直节理发育的各种丹霞奇峰极具特色,被称为"中国红石公园"。

[7] 曹溪:即南华禅寺,位于韶关市城东约6公里处,在曹溪河北岸、宝林山麓,为禅宗第六代祖师惠能弘法之道场,素有"禅宗祖庭"之称。

[8] 勾曲:在今江苏句容市东南,又称地肺山。又因山形弯曲如"己"字,故又称己山。相传汉茅盈与其弟固、衷修道于此,故又称茅山,道教定其为金坛华阳洞天。

真觉寺海拔　　五六〇公尺。仰天窝海拔　　八四〇公尺。

龙王堂海拔　　七五〇公尺。善兴寺海拔　　九〇〇公尺。

大深坑岭海拔　八〇〇公尺。华顶海拔　　　一一〇〇公尺。

　　螺溪、桐柏宫、琼台双阙、赤城山，李氏未游，海拔未详，此行未携测高器，颇为遗恨，俟异日补述之。

天台记行

钱一鸣

载于《大地图文旬刊》1938 年第 1 卷第 7、10 期。《大地图文旬刊》1938 年 4 月 1 日创刊于上海，《大地图文旬刊》编辑部编辑，大地出版社发行，停刊原因及时间不详，属于时事刊物。钱一鸣，安徽人，毕业于华东联中，做过教员、编辑、作家，著有《记叙文描写辞典》《公文程式全书》等。本文记录了作者从绍兴出发游览天台县城和国清寺的经历，对抗日战争期间天台军民、僧人备战情形多有叙及。

一、从绍兴到天台

在凄风苦雨中，别开了故乡——绍兴，因生活的驱使，踏上了茫茫的征途。当时宁绍公路车，因调用前方，暂停行使，乃改由水道进发，抵蒿坝车站，始就陆，时已下午一时许，站中乘客济济，户限几穿，尤以军人为最多，耳目所触，处处皆满布着战时之紧张空气。一方面又盛传蒿新公路车，因某种关系，亦将暂停行驶，以致许多乘客，靡不争先恐后，形色张皇，购票入车厢，人愈拥挤。少顷车即开行，时正微雨凄迷。向车窗外望，但见一片山色，在烟雨空濛中，亦不能辨其面目，愈进愈深，山道滔滔不穷，盖公路线咸由山谷中开辟而成，其建筑工程之浩大可想。约三时余，抵嵊县县城，雨稍霁，乘客下车者过半，车厢中顿觉宽适。按蒿坝至嵊县，以公路计，为七十六华里，向北进，可通诸暨、东阳、永康等地。自嵊县起，地势渐高，岗峦起伏，怪峰嵯峨，削壁悬崖，历历在目，山道愈觉崎岖艰险，迨抵新昌车站，时已暮色苍茫矣。下车四瞩，荒山罗列，方向几迷，山鸦结群夜啼，培〔倍〕感征人心弦。循路入县城，夜已深黑，略进膳后，再投宿，盖新昌县城非嵊县可比，街道狭窄，地势低洼，由城中望公路车站，遥然似在山巅，无一处不充满着真的山乡风气，且气候极冷，饮食方面，除仅茶叶一种确有天真香味外，他如红米黄麦，类皆不堪入口。宿店主人林某,和蔼可亲,殷勤备至,大有"宾至如归"之诚,着小使烹茗,相与作长谈,道及该县战时之民情颇详。据说该县初时原属嵊县所管辖,此间距嵊县仅四十华里,后因行政上感到不便,遂由政府划分界限。本县出产甚微,素来地瘠民贫,惟民众性情,向传为浙东最强悍之地,因其职业,大部服务于军界故也。凡在家务农者,生活均非常低苦,原因为本县每岁生产与消费,不足相抵,故盗匪出没甚多,自战事发生后,经政府通令,除蠲免山田粮赋外,并广为招集该批盗党,尽量收容,肯自首者,并不取罪,更反加以相当抚慰,同时将其编入游击队,予以训练,故近来盗匪已告绝迹。目前本县抗敌自卫委员会,奉令切实注重民众游击训练,工作殊形紧张,将一部份〔分〕成绩较优之队员,业已分发入正式军队中实习。近年各处后方医院及各路军队,开抵本县者甚夥,故敌机亦不时来此窥察,幸本县民众对于防空知识与秩序,均极良好,未曾遭过轰炸惨剧。日前当局命令,为防止汉奸计,凡外来客商,如须住宿,必须有相当之保证,否则须受一宵之幽禁,不得自由行动,故本县汉奸,已无发展可能云。

　　新昌一宿,经过了四次的检查,睡神已经远远的走了,只有坐而待旦,次晨在晨光熹微中,整装起行,因时间尚早,不待车而循公路徒步,山风扑面,精神毫不疲倦。沿线曲折山道,约经三十余里,抵拔茅站,该站为奉化与天台公路线之分界区,东向奉化,南达天台。因时间关系,乃改乘新天临黄路公路车进发,道经关岭、白鹤殿等地,其山势之雄伟险要,较过去其他为最,颇值一记。据说关岭已接连雁岩山脉,高不可盼〔攀〕。自平地仰望,云烟迷漫,不复见其巅,高度达数千丈,为浙东之最高山岭,登顶可俯瞰浙东全境,遥望钱江带水,如在几席。凡新嵊往天台,为必经之路,故步行者,莫不视为畏途。至该岭原有公路线之开发,系筑成螺旋形,沿山盘旋而上,工程当较其他各处为浩大,当车行岭上,驰骋起伏,恍若凌空,侧视周围群山,嵯峨突兀,艰险不啻蜀道。凡体格稍弱者,车登岭,必呕吐,相传洪杨[1]兵燹时,李秀成[2]亦率部抵此,因视山势艰险,乃令部属不复进前,故天台得幸免此浩劫。最近该岭有我军十六师部队驻防于此。

　　天台地处浙东中心,兼有此天然雄伟之屏障,确为浙省之唯一安全区域,名胜古迹之夥,尤复不一而足,刘、阮遗址,迄犹存在。最近浙省府为救

---

　　〔1〕　洪杨:即洪秀全、杨秀清。

　　〔2〕　李秀成(1823—1864):初名李以文,广西藤县人,太平天国后期著名将领,封忠王。1864年6月,湘军攻陷南京时被俘,8月7日被杀。

济失业工人，及实施战时建设，拟计划创办大规模之各种工厂，闻设立地点，亦择定为天台云。

二、天台记行

匆匆旅程，从拔茅站乘车进发，经过了许多崎岖艰险的山道，而达天台。该县风色，与其他迥然不同，四围高山屏障，中间平旷一隅，即为得天独厚之天台县治，眼帘中觉又更换了一番新的印象。天台山山脉，素有南山北山之分，北山一片山峰，嵯峨起伏，苍翠万状，山道绵延不绝，可通雁岩括苍等诸大名山，"刘阮遗址""铜壶滴漏""石梁悬瀑""华顶归云""螺溪钓艇""国清晚照"等等素负盛名之天台八景，亦均在北山一带。南山可通仙居、缙云、丽水等县，昔时有人曾以"居仙天台"对"龙游丽水"，盖四县咸为浙属，字意切合，犹为今人所称赏。南山之麓，有始丰溪，可通外海，即内河航行线之一，凡由水道往临海、黄岩、平阳、乐清、永嘉等地，莫不以此为水道之起点。沿山溪流若带，蜿蜒百余里，远通瓯江，风光绮丽，与北山各有不同，北山是一派雄伟艰险，层出不穷的山道，南山是一带窈窕美丽曲折的溪流，确实是山明水秀，各有动人欣赏的境界。溪阔约可三丈许，溪上多置木板竹排，可供人往来。山距溪，约有三里遥。溪旁一派砂堤，遍植垂杨。堤上有几间茅舍人家，点缀得非常有致。每当春季，远望柳叶丝丝，一片丛丛绿色，与褐色的茅舍相映，真是一幅富有诗意的风景图涧。从各方面看来，确较杭州西湖之九溪十八涧，妙美得多，惜到天台游者，咸不知南山亦有引人入胜之所在也。

下天台县城，在一片军号声，咽鸣长鸣，不问而知为军事上之行动区域，就各方面空气观察，较过去之新昌、嵊县为好。眼目所接，随处皆是武装同志。盖天台民性强悍，人民均有服务兵役精神，壮丁及游击训练，亦较他县为严格。

投宿赤城旅馆，入晚找饭馆进膳，鱼肉均有，代价尤廉，饱饱一餐，所费不过一角，其生活程度之低，已可想见。因该县人民食品，向以麦豆为大宗，全县统计，吃米饭者，占不到十分之四，对营养方面，确是低苦极点。餐毕出饭馆，夜色如墨，街道兔起鹘落，高低不平，市上大小店肆，均燃油灯，黯沉沉，星火疏落，颇不便步行，天台原有电火装设，新近始由当局下令，为防敌机夜袭，入晚不准发电。归寓，呵欠频频，颇觉疲倦，上床入黑甜之乡。

梦境方酣，山鸡晓晓，清晨该县县党部干事袁君及许多好友，接踵过访，济济一室，作半日清谈，渠等道及最近天台之民情甚详，据说目前该县虽非战区，但已成为后方补充之重心地，所以表面空气，非常紧张，对于战时之各种组织与训练,尤为积极,近来台属六县中,游击队已有惊人发展,据可靠方面统计,人数已达八万余,由浙省党委赵见微所统率。该批游击队,均系就地民众训练而成,精悍非常,且人人咸具有保家卫乡之信念,尤能与正规军密切合作,颇属不可多得。日来我方各路军队,调动频繁,沿公路线一带,终日络绎不绝,驻扎天台等,亦有一师之众。自抗战(全面)开始至今,敌机光临,截最近止,仅仅九次,且均系过境者,有时即来窥察一周,亦即逸去。盖自高空鸟瞰下,但见一片苍茫荒山,毫无目标可循也。

当日下午,承袁君陪同参观该县"抗敌自卫委员会军事人员干部训练班"训练状况,迄晚方归,次日值星期例假,各机关停止半日办公,复应邀,作国清寺之游。

国清寺为天台名胜之一,即"国清晚照"是也,寺距县城可七华里,向因山途崎岖,游人须徒步可达。于民国十七年时,蒋夫人宋美龄女士,一度往游后,始令该县县长,辟一公路线,以利游人。目前车辆均可直达寺门,游人莫不称便。国清寺为天台五大丛林之首,位于曲折山窝中,殿宇巍峨,庄严万状,松柏葱茏,清幽非凡。寺址面积宏敞,广可五十余亩,内有僧人四百余。相传该寺为乾隆帝时所敕建,考昔人有诗云:"北齐南岳溯禅宗,一派天台道不穷。五岳盘桓已游四,国清殿宇最隆崇。"除国清寺外,在"石梁悬瀑"附近,尚有上方广、中方广、下方广等四寺,颇为一般游人赏识(惟方广虽然清幽,惟总不及国清之庄严崇隆)。寺外有大小云塔九座,其一最高者,巍然矗立空际,门前有黄色照墙,上镌有"教观总持"大字四,为吴兴王一亭[1]所书,山门左右,有溪流两道,水势涓涓颇湍激,绕寺院前后一匝,而向外直泻,其声潺潺,昼夜不息。溪旁有岩石突出,两面刻有"双涧回澜""五峰耸峙"大字八,笔法奇古,有年月,已模糊不可辨。寺中富莳花木,颇蓊翳,有凉亭、台阁、石池点缀其间,亭中高悬"听涛轩"横额一方,其上复有"五峰胜境"大字四,均为戴传贤[2]手笔。池中碧水,澄清澈底,游鱼可数。四周围以栏杆,颇宜俯栏观赏,亭旁古柏参天,浓荫蔽日,亭亭若华盖,虽当盛暑,气温极低,置身其间,但闻一片梵磬木鱼声,悠扬离结,与松涛溥流声,互相应答,确有超尘出俗之感。该寺住持,名可兴,性豪放潇洒,善文,尤能书画,朴有古风,

---

〔1〕 王一亭:即王震。

〔2〕 戴季陶(1891—1949):名良弼,又名传贤,字选堂、季陶,笔名天仇,晚年号孝园。原籍浙江吴兴,生于四川广汉。政治家、教育家、书法家,中国国民党元老之一。

与本省[1]之党政要人，均有往来。自战事发生后，一般党政僚属之内眷，来寺避难者，踵相接。最近寺旁鸠工新筑"国清别墅"一所，雕梁画栋，气象万千，业已建筑竣事，为专供各方人士之借租者也。室内装设堂皇，古雅有致，悬名人笔墨颇多。记者身登其境，琳琅罗陈，大有目不胜收之感。兹尚在记忆中者，仅浙江省委许蟠云所书赠该寺补壁联对一副，其联云："落花禅旁连云扫，修竹临窗待月描。"笔法挺秀，颇可鉴赏，他如于右任、戴传贤、庞景塘、曹伯闻等等字笔，亦复不少。寺中东厢，为病僧疗养室。布置精美雅致，闲人不得擅入，其门虽设而常关。该寺原有僧人四百余，业由政府许划，拟编制"僧侣救护训练队"，加以训练，不久即将付诸实施云。

---

〔1〕 "与本省"，原文是"本与省"。

天台山茶区记游

吕允福

载于《茶声》1939 年第 8、9 期。《茶声》于 1939 年 6 月 20 日创刊于安徽屯溪,财政部贸易委员会安徽办事处主管,《茶声》半月刊社主编,社址在屯溪(今安徽黄山市区)交通路 49 号,属茶叶专业刊物,1940 年 7 月 20 日停刊,共发行 24 期。吕允福(1907—1990),曾用名吕超,浙江新昌人。1931 年毕业于上海国立劳动大学农艺系。茶学家、茶树栽培专家,西南农业大学茶学专业创始人。20 世纪三四十年代筹建浙江茶业改良场,改良浙茶。1949 年以后,执教重庆,培养了大批茶叶专业人才。天台山茶叶古来闻名,民国二十八年(1939)七月二十九日,作者自新昌澄潭出发,经东阳蟠溪、鞍顶山,至天台山茶区考察。本文虽然为考察茶区的记游之作,但所述内容涉及天台民情、教育、备战等,对了解抗战时期的浙江社会、经济、文化也兼具价值。

一、蟠溪道上

每年出产十五万担价值八百万元著名全世界最大茶区——平水茶区,它是由会稽、天台、四明三大山系构成的,越是最偏僻最高的山上,所出的茶叶越多,而且质地也越优良。天台山的华顶高出海面一千四百公尺,会稽、四明两山都未有它高,而且风景也算最好,所以华顶的茶叶品质要算最著名了,它的支脉如东阳的玉山,新昌的烟山、遁山、里山,地势高峻,面积广阔,形成了天台山系许多顶大的外销茶区,我因此于百忙中作天台山茶区第一次视察了。

七月二十九日,乘着肩舆并带了一位十六岁的学生——周雅棠自澄潭动身,至镜岭镇已九时半,我整〔准〕备赶到东阳县之蟠溪午餐,因为镜岭镇至蟠溪仅三十里路,轿夫和雅棠都听了当地人的忠告,到饭店里吃了些冷饭，我不愿勉强吃东西，因为镜镇的商店里还在吃早饭呢，折向南方冒着火烧似的炙暑，爬山过岭，轿是无法可坐了，不知走了多少路，才到了安山，出了新昌地界。看太阳已中午，问到蟠溪还有一半路程。"东阳人的路不用一个钱买的。"轿夫好述神话式的故事，说古时皇帝命令各县量路的长短，以点香作标准，别县的人都很滑头，量时睡觉休息，东阳人特别老实，拿位香很快的跑，所以路程特别长些。一路上看不到乡村，时已二点多，我的肚子饿穿了，却巧到了一个村，就进去烧玉蜀黍饼，因为茶区里是末有米的，他们剩下的冷饼，也觉得好吃。再行约廿里才好容易到了蟠溪，时已傍晚，这卅里路程，比八十里还长些，而且不容易走。蟠溪村四面环山，终年云雾笼罩着，晴天是很少有的，温度又高，土质又肥，因此茶叶抽芽很速，很长，直到五六寸长，还是很嫩，叶张很大，叶内特别厚，故做绿茶是很相宜，品质很好，做绍茶不大适宜，除非是极嫩的叶，简直不能发酵。茶地间作多为玉蜀黍，是用撒播，栽培非常粗放，但以土质肥沃，收成却很好，这是天惠。山腰也种一点稻，非常少，因零冷，科株极小。居民终年食玉蜀黍，有多种烹调法，饭只有元旦一餐，而且末钱的人是末得吃的。蟠溪村有两条小溪流过村中，水声沧，我们很不易睡着。发源处有只〔山〕叫五县岩，可看到东阳、新昌、天台、仙居、永康的境界，现在刚成立磐安县。这五县岩也要改为六县岩了。这里人很老实，真不愧刚才神话中所说的一样，生活很刻苦，我们示范区制茶工场设在一个夜不闭户的大厅中，是该村专供做戏的公屋，里面的东西如茶具、厨具、食粮甚至于值钱的物件从未有少过一点。他们从不坐轿，全村人看到我的藤轿感到无上的兴趣。时事完全置之不闻不问，从不相信日本人会跑到这儿来送死，他们说从前有奸细引长毛〔1〕到此，长毛并不烧杀，反把引路的奸细杀了，为的是引他们到这样僻偏的地方来，亏得老百姓好，否则性命休矣。他们把日本人和长毛相比的。第二天和示范区主持人施丹成、钱明汉二君采些三茶的叶，做了实验的红茶，香气很高，但叶底带暗古铜色，因为太厚不能透明，在春茶期示范区在那儿做了三千余斤红茶，品质尚佳，但发酵异常费时。因为交通过于不便，就和施、钱二君商议迁址。这里茶农搀煤和糊的习惯是末有，因为茶业老大还是软的，做圆茶是不成问题，而且末有黄片，只有连枝带梗的采摘方法和杀青后因茶叶不满一大锅，放置五六天发霉腐烂再炒。这两样习惯最坏，而且是那里独有的，他们还认为这可以

---

〔1〕 原注：洪杨的兵。

增进产量,改进品质,价钱可特别高呢!

二 鞍顶山荒地

宿了二晚,又带了一位熟悉天台山的工人领路,那天经玉山、烟山翻了几条很高很蠢的岭,并通过土匪盘据着的一个区域,下午四点到达鞍顶山——这是我要查勘荒地的目的地,该山有十五个相连如鞍的高峰,是三府三县的交界处,土匪很多,未有人敢来垦荒,过去也常有人去试垦,造了房子种上茶树和农作物,但不久就给别府县的人所侵犯,将房子放起火来,把茶树及农产摧残尽净。所以那山虽有三千亩的尽长着茅草、未有一块石头的深沃土垠,而且都是无粮之地,栽培茶桐及薯木等异常适宜。但给于末有人敢去尝试开荒,便成人口密布的浙东,尤其是新昌等地希〔稀〕有的现象。自这边的峰离那边的峰共有十里长,只有黄牛和山羊成群结队的跳跃着游戏着,黄牛的毛羽丰盛发红,和山羊一样地满身油光,小犊和小山羊在我们前面跳着舞,开我们玩笑。这儿可以望到很多的山都在我们脚下,可以估量出今天来的方向和昨晚住的所在。最奇的在最高峰顶有一个狠〔很〕大的池塘,有十余亩面积,池水终年不涸,而且还有狠〔很〕多的水量流出,这真是天池龙潭。每逢旱年,附近各县的农民总是一群一群地到这里来求雨迎龙,我们目前所看到的虾蟆虫豸,到那时被他们恭请了去当龙神供养! 太阳已落西,成群结队的牛羊都被山脚村庄里的呼声唤了下去,各自归栏。我们也随着引导我们的农夫下山,是晚宿岩下村。

第二天的路程却有百余里,翻过石壁岭,才到天台的平原田野,午后天热得狠〔很〕,各人筋疲力竭,好容易找到一个小村落里的小杂货铺,先交易了许多钱喝了酒,想问他们买饭吃,或者出钱借我们自己烧,始终得不到允许,米也末处肯卖,讲了许多大道理,才找着了这位裁缝好先生,他最近曾受过壮丁训练,他们家借我们烧饭,而且他自己动手,虽然未有小菜,但这餐饭吃得特别饱而舒服,我们给了狠〔很〕多钱,且狠〔很〕感谢他,到天台山地方旅行,险些儿要活活地饿死的!

三 赤城山中

我不愿住旅馆,想住寺院,晚间赶至国清寺,这寺在天台山麓,森林深处藏着,寺前有二条溪涧环绕着,寺宇极宏大,寺僧甚多,仿佛一大市镇,又好像一个大机关,和尚请我们去睡在伽蓝殿,后来晓得我们不是来求梦的,要找住持招待我们。等了半天,我不耐烦便离开国清寺,还是到天台县宿在赤城旅馆。第二天游了赤城山，这是明建文帝度岁处，全山有十余个洞，紫云洞、栖古洞、玉京洞、餐霞洞、香云洞、白云洞、丹丘仙迹……等，以紫云洞最大，洞口都建有房屋，我第一次看到和尚坐关，在佛堂侧一间小小而黑暗的房间，房门紧锁着，贴有封条，只有似车站的售票洞开向佛堂，这是每天送饭的小洞，一个披头散发、灰尘蒲面、半人半鬼似的和尚在里头念经，听说已坐了两年，还有一年另六月，才可满期，这种自动式的坐"监"，意志多么坚强呵！上半山有一洞前有掬井，勒石云："京玉女齐公其幼女也，出字孙天祚妻，因丧亲庐墓于此，饥啮草茎，喝〔渴〕饮山泉，以手掬土造坟，三年墓成，掬土之处已成深井。复十余年寻卒，瘗于公墓侧，其女庐墓计二十载，而足迹终不出于此处云。"并于伊墓顶石壁铸有前大总统题书"洁此〔比〕秋霜"四斗大朱字。不料除和尚坐关外，还有孝女掬井的故事，古今如出一辙，诚难解矣。赤城山景在山势矗立，岩山霞色，层垒若古城，遍赤城山未有发现茶地，这是憾事。薄暮返寓，晚间调查城内茶叶内销情形，均属兼售，并无专业之茶叶店。所谓台山云雾，不过是一种粗茶，制法及〔极〕为不良，且多赝品，售价及销路均不好，殊属可惜。

四　走私

翌晨再度游国清，过龙王塘、塔头寺，登华顶拜经台，是晚宿药师院。龙王塘为自天台城至天台山必由之道，居民百余户，方十里许所在多见茶地，海拨高约八百公尺，茶叶年产可二百余担，在天台境内算比较集中的，而且质量也可称上乘，多为珠茶，向由绍兴方面客人来购。本年天台走私盛行，故本年茶叶大多入走私商之手，由天台之海游地方匪船护送赴沪了，价钱自然很高。讲到走私情形，因为天台接近海口，而且海匪很多，政治势力一时也很难及得到，所以走私这勾当，就自然有一般要钱不要命的商人活动起来，从前平水区各县茶叶都过宁波出口，天台所设茶行是有名无实的。去年开始走私，许多茶行都赚了几万，因之就整备本年大干一下，去年年底就什么都整备好了，今年茶季一到，走私水客大施活动，天台境内茶叶有限，便普及到新昌之烟山、里山、遁山，东阳之玉山……只要是茶叶，不论好坏都要，而且都给很高的价格，因价提高，正当的制茶商，无法着手采办。我到天台那时，因为被政府破了几桩走私案子，而且查得极严，于是已经停止了。但是这儿的茶叶，却已几万担走掉了，走私商已赚得满载而归了。听说有一位走私商，五船走私茶叶被政府拉住没收了三船，这是赚了很多的钱，这样厚利国难财，难怪他们要丧尽天良出卖民族了，不过本年迟迟收茶，这也是造成走私的好机会！

五　华顶风光

华顶是天台山的主峰，拜经台又是华顶的最高处，它的海拔高度是一千四百三十五、七公尺，全峰长着郁茂的软草，那儿的土质都非常深厚而肥沃，最使人惊奇的是这样高的所在，还有这许多瀺瀺不绝的泉水，自许多石隙中拥冒出来，即成为许多水流湍急的小涧，甚至最高的拜经台顶了，还有著名的甘泉。较为平坦的土地或较曲折的山凹，长着许多极茂盛而且极古的森林，以及各种农产物，茶树要算是最主要，满园很整齐地排列着，生长极茂盛，并不施肥，粪是更不用说，绝对禁止，因为茶是供神的，每年秋季茶园中铺上很厚的草或枝叶，到明年夏季翻下去，这是最好的施肥防寒、中耕除草、防旱护土一举多得的栽培方法，这便是茶树生育繁茂的原因。因为天寒，茶叶只摘一次，二茶三茶都不摘。夏季间作物多为杂粮蔬菜，有许多茶地满栽着凤仙花，是天台山僧最需要的常年蔬菜，将它茎叶渍起来，和尚吃凤仙花茎，和我们吃苋菜是梗是同样意义，而且同样吃法，他们以苋菜有毒，所以忌食。

在山凹森林中，一座一座的大小茅蓬，隐隐约约点缀着华顶的全峰，这是华顶独有的风光，这些百余座茅茨土阶的灵宫——其实都是僧院，远胜于庐山牯岭上带着铜臭和血腥的洋房，屋上的茅草盖得有尺余厚度，檐前剪得极齐整，房子的结构都很朴雅而且精致，不独室内陈设洁净可爱，即茅蓬四周泉石篱池、林木花卉的配置，也很自然。我们向着曲径通幽的山径中徘徊着，深深地呼吸那鲜洁芬芳的空气，远远地眺望那层垒无际的山峦，浮游在白茫茫的云海之上，禽歌悦耳，清风拂面，飘飘乎置身仙境——四千尺以上的高度，肥厚的土质，终年弥漫的云雾，以及人工的加意保护，成就它超群拔萃的佳良质量——浓厚的滋味，芬雅的香气，加以烹茶名泉和饮茶环境的佳胜，假令渐翁[1]犹在，必称妙绝！

那晚披上夹衣至寺前去赏识晚采，可惜未有上拜经台去观月出。

六　穿袈裟的茶人

第二天清晨，满天云气如潮涌地冲来，对面不见人，离华顶约十五里，至

---

〔1〕　渐翁：即茶圣陆羽，因其字鸿渐，故尊称"渐翁"。

方广，有上中下三寺，石梁飞瀑在中方广寺旁，扶栏拾石级而下，梁长三丈，如鲫鱼脊，接彼岸岩石，梁端有铜亭，供诸小佛像。梁横于半空，下有极大之瀑布，上流为二较小之瀑布并成深渊，急趋梁下，泻入右边深渊中，成为百仞之大瀑布，瀑声洪若雷鸣，水花成滚雪。这样的奇景壮观，有似井蛙的我，还是第一次看到，庐山、黄山、雁荡山的名胜虽多，但都及不到石梁的奇壮，这是我的评语。我们一行五人，二人走过了石梁再回来，我怕晕倒不敢过去，这真是测验胆量大小的天秤。我想起幼时父亲对我说的故事来了：天台山的石梁桥下深渊中，每年端午正午时候，现出一朵极大极美丽的荷花，因此有很多的人到石梁去舍身。府太爷多方苦劝无效，到端午那天，府太爷只得打发大批人马亲自欢送老娘到石梁去舍身，观者塞途。那里搭着彩棚香案赏〔虔〕诚祈祷，他母亲穿了很齐整的衣服，拜毕神灵，便坐在石梁上，等待着深谷中荷花的开放，准备舍身下去，好乘着白云上天去。这府太爷很是孝顺，心中不忍他亲爱的母亲白白地牺牲在这里，也未法阻止，但他对这事始终怀疑，因为他每年看见舍身去的人，觉着荷花渐渐闭合起来，直至把人闭在里头，这人总是愁容满面，好像不胜其痛苦、很后悔似的，决不是成仙的情形，于是他求他母亲，先用假人试一下，看他有否变化，然后母亲再舍身也不迟。他母亲答应他的要求，府太爷将备就的雄黄麦粉所造的假人，待午时荷花开上水面就推下去，荷花渐渐闭起来，连假人没入水中，不到半小时，深渊中的水翻起大浪来，好像流下去的瀑布要倒滚上来似的，如此约数十分钟，渊中风平浪静了，水面上浮着一条硕大无朋的毒蛇，它是被雄黄醉死了，这恶虫所吃的人也不有几千百个了，如今死在府太爷手中。他母亲看到也咋舌，便打消这个舍身的意志，和府太爷带着人马回去，此后就未有人再去舍身了。如今身历其境，便感觉到很大的兴趣，可惜父亲已去世，不能和他同来游这神话中的风景，这是一大缺憾啊！寺僧告诉我自石梁掉下去死的，单他所亲见的有十六人，有一部份〔分〕是误堕下去的，大多数是舍身的。有一位老太婆，她相信人家说虎〔虔〕心拜佛是不会堕下去的，于是她望着那铜亭前去拜佛，行到石梁中途，因为她是七十多岁的老婆婆，耳听目见这样险景，立脚不稳，便晕倒下去，随着瀑布滚到深潭中去了。有一对父子时〔特〕地来舍身，子先下去，父随后；有一次黄岩县有男女三十六人来此舍（身），为首的告他们随即跳下来，不然牺牲他一人就是了，众人见他跳下去并不见红光上升，于是相率回家，观众也一哄而散；他师父也舍身在这里……中方广有一位和尚，法名云慈，很有兴趣研究茶叶，我由友人介绍特地去访他，他以他自制的红绿茶见示，并且说无师研究，已经有十余年了。他曾经到上海去办制茶机器,他想把天台山的茶叶集中化、科学化、机械化,销路到〔倒〕不成问题。他每年可带到上海佛教会去推销,多多益善,他自信他所发明的制红茶方法,非常高明,而且他确信他的计划必能见成,我欢迎他到茶场里来参观。小沙弥引我们到铜壶滴漏、珠帘、断桥去玩,风景也非常特殊,来回十六里。午膳后过万年寺登山顶查勘荒地,晚宿地藏寺。该处接近新昌,四周各村茶叶极多,本年精益茶厂曾在此间制造红绿茶,品质颇佳,这里茶村有小外坑、前岭、西城、高墙须、廊二平、下岭、四圈、白门庵、马头湾……等,共有茶二百余担,向有嫩采的习惯,对改良茶叶颇具信仰,很欢迎我们去改良,尤其是那住持海仓和尚,他对茶叶改良,具有莫大兴趣,惜这次不在寺中。第二天清早,冒着重雾,去踏勘荒地,并仔细估量寺宇,这寺香火不旺,在此设一分场,各方面都极适宜。我们跋山涉水已有六七天了,共走了六百多里路,工人、轿夫和雅棠这孩儿都已倦极了,本日已是八月五日,要赶百多里路程,必须我步行,而且还要调查一个内销茶集散地(皖茶由温甬出口每箱运费调查,见表1),因此虽然一夜没睡着,清早便起行了。

七　新气象

这次旅行天台山有两件影〔印〕像最深的事,一件是各村落中的妇女暑期学校,是天台县府派员办理的,教室多利用庙宇祠堂,教员也是调用的,学生中有八十岁的老太婆、十七八岁的大姑娘,也有抱着婴孩的中年妇人,她们确是全体总动员了。她们唱歌习字听讲,都非常用功。她们兴高彩烈地自各处集合到课堂里来,更歌唱跳跃着各自回到家里去。我感觉着数千年来蛰伏在闺阁和厨房中的妇女们,现在已踏上大时代的途径,迎头赶上了。另一件使我深刻的影〔印〕像,就是和尚军事训练,天台金〔全〕山,除国清寺外,华顶寺要算范围最大、香火顶〔鼎〕盛的寺院了,目下是金〔全〕山僧众集中训练之处。广大的寺宇,足够容纳着几千自各寺调来的僧众,充他们的营房,大操场上(站)满着一队队全副武装的罗汉,个个摆着雄赳赳的姿势,听着立在寺前参天古移〔树〕下军事教官的口令,演习着最新式的武器,以最整齐的步伐操练着。啊!他们从前念的是阿弥陀佛,现在的是一二三四;他们从前放下屠刀,立地成佛,现在又放下佛珠,立地成兵。自今日起要拿起枪杆描〔瞄〕准敌人,破除杀戒了,非杀尽横暴的倭寇,决不能保全中华民族,更无以普渡众生。啊!全中华民众都武装起来了,最后胜利完不远了!炮口对准三岛的赤城大炮,拜经台上的烽火,国清寺建国道上的灯塔,以及三千英勇的武装罗汉将军们,据着石梁的天险,奋勇作战,歼尽敌寇,凯旋的歌声将在智者大师拜经台广播着。四万万民众在全国各地踏着脚步齐声和唱着，青天白日旗帜，将永在华顶高悬飞扬着，照耀得全世界光明灿烂！

表1　皖茶由温甬出口每箱运费调查

甲：分段运费表

起运地	到达地	距离（公里）	运输工具	运费（元）[1]	备考
祁门	渔亭	三〇.〇	手车	〇.四〇〇	
渔亭	屯溪	四〇.〇	船	〇.三五〇	
屯溪	兰溪	一九〇.〇	船	〇.六〇〇	
歙县	兰溪	一五五.〇	船	〇.四八〇	
兰溪	金华	三四.〇	手车 / 船	〇.四二五 / 〇.一六〇	
金华	丽水	一二〇.〇	汽车 / 手车	二.〇四〇 / 一.二七五	
丽水	温州	一二八.五	船	〇.二二〇	
兰溪	诸暨	一三〇.〇	火车	〇.三六七	
诸暨	娄宫	六〇.〇	手车	〇.六四〇	
娄宫	百宫	四六.〇	船	〇.三五〇	
百宫	宁波	一九〇.〇	船	〇.二六〇	

乙：全段运费表

起运地	到达地	距离（公里）	运输工具 兰金段	金丽段	运费（元）	装卸费（元）
屯溪	温州	四七二.五	手车 船 手车 船	汽车 汽车 手车 手车	三.二八五 三.〇二〇 二.五一〇 二.二五五	〇.二〇
屯溪	宁波	六一六.〇	详甲表		二.二一七	〇.一五

附注：如由歙县运，每箱运费减〇.一二元；如由祁门起运，每箱运费加〇.七五元，装卸费加〇.一元，共加〇.八五元。

———————

〔1〕　甲表运费中的"〇."原表皆无，推敲甲表运费应该是每箱茶叶的运费，故整理时加上。

天台山游踪

张列文

　　载于《旅行杂志》1945年第19卷第3期。张列文,其人不详,从文中可见,他是嵊县人,曾就读天台中学。约在1940年春假第一天,作者与中学同学一行五人自天台县城出发,徒步游历了国清寺、高明寺、华顶、桐柏宫、琼台双阙等胜迹。本文对名胜遗迹如题字、摩崖、楹联、碑刻等描写细致,足见作者乃是游览中之有心人。

　　春间随液委会运油车赴西北,在兰[1]约耽搁一月余,客中无聊,游城隍庙,于一家旧书摊中获得《天台山指南》一小册,惊喜交集,书为宁海徐玮著,民国二十三年六月商务印书馆出版。一时恍若获宝,以法币四元购归,而于二小时内读完。天台一别,迄今已整整五年矣! 回忆五年前,抗战(全面)军兴,上海陷落,奉家长命返浙,借读天台中学。春假中,曾偕同学朱文彬等四人,出发游天台山,而于同月中因故被迫离散。半年来,患难使我们相聚,而各人的命运,又被迫着分散,命运之神何如此捉弄人耶! 兹五年来,海角天涯,同学间音讯杳然,其间虽也曾获得一点消息,但时过境迁,前时热情都已消散。闻正师已毕业浙大,文彬、丹梅则在中正、英士,而我一念之错,一事无成,去年也曾企图升学,终以时间隔久,功课荒疏,短时间不能成功,今春经友人约,远赴甘肃走廊,客中孤单,倍觉寂寞!

　　天台山,离我乡——嵊县约七十余公里,循萧绍台公路二小时可达,以高峰当牛女分野,上应台宿故得名。约可分南北二区,而万年、华顶、国清、桐柏等在北山,山上名胜古迹,梵宇僧舍极多,曰景色的好处,元曹文晦拟《新山十景》:

---

　　〔1〕　兰:即兰州。

"赤城栖霞""螺溪钓艇""石梁雪瀑""桃源春晓""双涧观澜""清溪落雁""寒山夕照""华顶归云"〔1〕"琼台夜月""南山秋色"〔2〕。

明僧传灯撰《天台山方外志》三十卷，又谓天台山有十胜：

山在下望之，不啻千仞，及升其巅，四通八达，其间数十里如平地，其胜一也。

华顶东望大海，南观雁宕，西瞩括苍，北眺钱塘，一览可尽，其胜二也。

俯瞰群峰，皆在其下，罗列环绕，或如莲叶，或如花须，恍疑一朵芙蓉，浮于海上，其胜三也。

僧寺、道院、桑麻相接，钟梵鸣于上，鸡犬吠于云中，其胜四也。

虽极其幽邃之地，皆明爽开豁，使人襟抱荡然，其胜五也。

山与通衢左近，车马络绎其下，胜概罗列其巅，可望而不可到，其胜六也。

山无背向，四面如一，其胜七也。

山有八支，八溪为界，以华顶为车轴，山之周遭，如八轴轮，亦如八叶覆莲，其胜八也。

山产众药，又多肥蕨、黄精，足供糇粮，其胜九也。

山林深远，即居民亦有未臻其奥者，可以避隐，其胜十也。

春假前一日，五人来了个联席会议，五人中，论年龄，牛特十九岁，居长，文彬、丹梅和我小牛特一岁，正师又小我们一岁。论性情，正师个性倔强，文彬遇事好争，我和丹梅颇相像，唯一的是"■■"，牛特则是我们之间的笑料，一举一动都引得大家发噱。讨论事项极简单，主要的是调查上山途径，询问了几位本地同学，知道的都并不比我们多，但据告：山上各处都有指路牌，决定行了再议。其次为费用，预计行程三日，估计每人每日三元，已足应付，当时我们对于这三元钱，并不认作意外负担。其他，文彬提议携带照相机一只，公推由丹梅负责去借。第二天丹梅果然提了只白朗尼方镜箱来，又添了些钱买了二卷软片。此外并没有其他需要准备，临行各人自动携带毛线衣一件，以备山中不时之虞。

---

〔1〕 原注：陈溥十景诗目题"华顶观日"。

〔2〕 原注：《万历志》《康熙志》均易作"断桥积雪"。

"大中国清之寺"

第二天天高气爽，正好启程。文彬提了只小藤篮，盛着五人的洗脸工具。出天台城小北门——跃龙门，过济佛院和凿字岩约五华里，即抵国清寺。据传济佛院即宋圣僧济公发祥地，惟正史并无记载，或向为前人所假托。凿字岩岩壁正书"万松径"三字，字大约七尺余，为宋时僧指堂书，闻前时道旁多松树，故得名。

国清寺占地约百余亩，寺后自东至西，灵禽、八桂、映霞、祥云、灵芝五峰环拱，左右双涧回绕，寺当其中，周围四五里，古木成林，绿荫蔽天，绿叶中，只见黄墙回绕，殿宇嵯峨，梵宇僧舍，起伏青松翠柏间。寺外隋塔高矗，六面九级，高约三十丈。塔系隋炀帝为智者大师建，建筑很坚固，迄今尚很完整。又有七如来塔排列道旁，题"一行禅师塔"五字，字大约一尺，旁署剡上戴澳书。又有"鱼乐国"三字，署董其昌书。寺前涧上跨一石桥，以唐时高僧丰干为名，题丰干桥。桥前后为绝大照壁，高广均约百余尺。过桥入寺，道旁立一短碑，高约一尺，题"一行到此水西流"。相传唐时僧一行抵此，涧水西流，因而著名。一行姓张，唐玄宗时巨鹿人。玄宗很信奉，曾问："国祚几何？前途有留难否？"一行对道："銮舆有万里之行，社稷终吉。"帝再问不答，退呈小金盒一只，告以至万里后开看，后安禄山乱，驾幸成都，抵万里桥，[1]忽忆一行语，开盒则"当归"一片，不久即乱平驾返；又昭宗初封吉王，唐至昭宗而亡，故谓终吉。

入寺为宽约四五尺的白石甬道，二旁围短护墙，外种毛竹数百枝，竹大数握，枝枝挺立。山门有"国清寺"三字额，相传为王弘书。左右建钟鼓楼，中为雨花殿，相传智者九句谈妙，诸天散花，故得名。再前进数百步，高踞台上为大雄宝殿，台下植古柏古樟各二枝，挺立四隅，气像伟大。二旁边殿，钩心斗角，各抱地势，相隔都约数百步。大雄宝殿供三世尊像，高可齐栋，左右供天神、天将及诸罗汉像，都极高大。据齐周华《台岳游记》云："第十五尊罗汉像常崩，世传宋济颠生，而像崩，明甬上屠龙〔隆〕生而像又崩，清康熙末载又崩……"不知何据。

殿左为伽蓝殿，东方丈室、修竹轩、香积厨，伽蓝殿庭中有古梅一枝，高据墙头，近土处数尺已蚀去大半，仅留皮层四五寸。壁上题"洗尘"二字。东

---

〔1〕 原文此处有"？"号。

方丈室有清阮元书"晋唐古方丈"额，前为修竹轩，明窗净几，厅堂轩敞，题"竹影松声"四字，一联云：

> 梦里画山川，双涧五峰开佛国；云中绝尘俗，北齐南岳溯禅宗。

香积厨藏漏沙锅一口，直径约一丈，锅底有孔。据云，漏沙不漏米，且不漏水。

大殿右方为三贤祠、罗汉堂、藏经楼、西方丈室、三圣殿。三贤祠供唐时高僧丰干、寒山、拾得三子像，三圣供须至、释迦、观音三圣像，亦极高大。殿旁莲船室，有王右军"鹅"字石刻，字大如双扉，闻清同治时，邑人赵云龙游武昌黄鹤楼，得此拓本，后经邑人曹抡选转摹于此，序称得于华顶墨池侧，不确。

寺内旧藏钱忠懿王[1]"金涂塔"一座，洋脂白玉佛一尊，塔高六寸零，重三十五两，据《表忠谱记》，塔内镌"吴越国王钱弘俶造八万四千宝塔，乙卯岁记"十八字，而关于玉佛，前人并无记载。

寺后冈上，立清乾隆元年《敕建国清寺碑》，为朱抡翰所书，碑旁旧有锡杖泉，传隋时僧普明坐禅，以锡杖顿地得泉，冈上摩刻题字很多，有柳公权书"大中国清之寺"，米芾书"秀岩"等。

寺创于智顗大师，大师姓陈，字德安，南北朝时颖川人，十五岁作沙门，初住瓦官寺，陈大建七年入天台，陈后主[2]及隋炀帝先后均极信奉，居天台山二十二年，建道场十二所，国清寺即其一，死后葬佛陇，著《止观》十卷，宋天圣中赐名《天台总录》，即佛教中之天台宗。大师为天台十七祖师中之第四祖。按系燃〔传灯〕撰《方外志》天台宗十七祖师题名为：

> 初祖西天龙树尊者。二祖北齐尊者慧文。
>
> 三祖南岳尊者慧思。四祖智者大师智顗。
>
> 五祖章安尊者灌顶。六祖法华尊者智威。
>
> 七祖天官尊者慧威。八祖左溪尊者玄朗。

---

〔1〕 钱忠懿王：五代吴越王钱镠的孙子钱俶（929—988），初名弘俶，小字虎子，改字文德。948—978 年在位，是五代十国时期吴越的最后一位国王。978 年纳土归宋。谥忠懿。

〔2〕 陈叔宝（553—604）：字元秀，小字黄奴，吴兴长城（今浙江长兴）人。南朝陈皇帝，世称陈后主。即位后，不理朝政，日与妃嫔、文臣宴游赋诗行乐。在位八年。后隋兵南下灭陈，被俘至长安。有《陈后主集》。

九祖荆溪尊者湛然。十祖兴道尊者道邃。

十一祖玉行尊者广修。十二祖正定尊者物外。

十三祖妙说尊者元琇。十四祖高论尊者清竦。

十五祖净光尊者羲寂。十六祖宝云尊者义通。

十七祖法知尊者知礼。

　　隋开皇十八年，寺与塔同建，时炀帝为晋王，命司马王弘来山建寺。当时智者已圆寂，而图样为大师先时所手定，并云："寺若成，国即清"。寺初名天台寺，大业元年改国清寺，唐大中五年重建，散骑常侍柳公权书"大中国清之寺"。宋景德二年改称"景德国清寺"，至清雍正十一年又重建，赐额"华岩净域"。国清寺位置清幽平坦，而占地、建筑、佛像、树木、溪涧、峰冈，随处都显出一个"大"字。西湖灵隐虽为东南名刹，惜烟火气太重，尚不及国清干净。作者入川后，经当地人鼓吹，曾游川东第一大刹——花岩寺〔1〕，寺在离重庆四十余华里之待漏山下，惟位置高低不平，山无向背，倘游花岩后，再游国清，一定要叹为"观止"矣！《九域志》：天台国清与润州栖霞、齐州灵岩、荆州玉泉，号称"四绝"。

幽溪道场

　　经国清寺后，即折入山程，一条鹅蛋石径，依山开凿，幽溪曲折盘绕，渐上渐高。山上青松翠柏，郁郁森森，仿佛一幅李思训〔2〕金碧山水，将一张八尺贡宣，渲染得密密层层。最上为金鸡岭，自国清寺至此约八里，回顾岭外诸峰，均在其下，国清寺隋塔巍然挺立，塔后远山隐现，远望天台城如琵琶，始丰溪潆回如带，内心栩栩欲飞。

　　由金鸡岭右折而下，约五华里，至高明寺，康有为题"高明讲寺"四字。

　　寺为智者大师所建台山十二道场之一，唐天佑〔祐〕七年建寺，因后枕高明山，故名高明寺，又号幽溪道场。宋大中祥符时，改名净寺，后又改今名，明万历时僧传灯重建，前后又几经兴废，最近于清光绪末年重建。

　　大殿供铁铸三世尊像，各高丈余，据云，铸自南海，运至海滨，沉没百余年，后始经起出，费许多人力始达巅云云。大殿后为楞严坛，坛右下为四方

---

　　〔1〕　原注：同游者之一仍为陈正师。

　　〔2〕　李思训（651—716，一作648—713）：字建睍，一作建景，陇西成纪（今甘肃秦安）人，唐代杰出画家。

殿,殿内有《楞严海印三昧坛仪碑》四块,嵌于墙壁上。按碑本有五块,每块高一尺二寸五分,广三尺四寸,额篆"楞严海印三昧坛仪碑记"十字,文记传灯造楞严坛经过,款署:"菩萨戒弟子虞文熙撰""香光居士董其昌书""眉道人陈继儒篆额"。相传碑初刊于吴,后十余年,始经人访得携归本寺,嘉善魏学渠为注识碑经过,而不久即毁于火,后经碧云重刊。

寺中藏有智者大师遗物三件,计隋炀帝所赐袈裟一件,长四尺,宽八尺,系以绣帛数百方缝合而成;铜质紫金钵一具,径约一尺;《贝叶经》一部,上作梵(文),原为二十四页,现剩十九页,每页宽约二寸,长一尺,其中略存缺角,各以紫檀木夹之;又有《陀罗尼经》四卷,为大师手抄。据云,最初藏于修禅寺,至唐宋时,失去第三卷,后经宋时四明僧元通习大师书法,补完第三卷,又另写末一卷,明嘉靖时郡守取去大师手书一卷,后据吴江潘来〔耒〕《游天台山》云:"末卷书法灵秀可爱,与第三卷迥异",则大师手书末卷,似尚存。卷末并有康有为等名人题词。

寺左角有钟楼一座,民国十三年重建,上有大钟,重五百斤,相传铸于明万历时,东南有笔冢,为明玉禅师写经秃笔之冢;冢上有小塔,题"明玉大德笔冢",下有碑题"明玉禅师写经笔冢铭"。

寺左有圆通洞,相传明传灯大师曾在此注《圆通疏》,故名。四处摩刻很多,有"伏虎""松风阁""看云"等,又有一大"佛"字,径约二丈,署僧兴慈书。洞外古松数枝,下临幽溪,四周非常幽静。

寺内近年香火不盛,只存当家的及烧火和尚数人。我们即在寺中午餐,菜肴四盆,无非香菇笋尖之类,清香可口,同学们狼吞虎咽,只想着当家在座,不好使出本来面目。用膳毕,赏以法币一元,当家的再三推让,方才收下,作揖送出山门外,弄得我们反不好意思起来!

出高明寺后,闻螺溪景色幽胜,但路极崎岖,有人提议作罢,没有遭到反对,结果,大家便默认了。于是踊跃上坡,折回原路,同学中除我外,都在平原中长大,不擅爬坡,而我生长在山乡——嵊县,故能开门见山,自小就日日在山地里驰骋,虽不能说履险如夷,但同行同学,未免有相形见绌之概了。

台山第一峰

由高明寺返过塔头,北上六里,过陈田洋,抵寒风阙,据云"冬日过此,寒风彻骨"云云。同学们一面赶路,一面拉杂谈谈,阳光从树枝间泻下来,将人影长长地拖在后面,再前进四里,抵龙王堂,折向东如察岑,汉高察曾隐居于此,旧有读书堂故址。天台山产茶,称台山云雾,茶区即在华顶至龙王堂一带，庄茹芝[1]《续茶谱》云："天台茶有三品：紫凝为上，魏岑次之，小溪又次之。"自龙王堂至华顶约十五里，四周均为童山，除种茶外，别无其他作物，谅气候高寒，农作物不易生长。但浙东人烟稠密，荒地极少，倘能利用以造林，不但可增加国库收入，又可培养景物。华顶一带，多云雾，变化倏忽，散聚无定，有"华顶归云"之胜。

华顶寺建于晋天福元年，为德韶大师所创，本名禅[圆]觉道场，又名善兴寺，智者大师曾坐禅于此，寺曾经数次兴废，闻五十年来曾遭劫四次，最近一次在民国十七年一月十八日。现大雄宝殿正在复兴，寺门有王震题"华顶讲寺"四字，寺外松柏苍翠，颇幽致，有万工池，大约二亩。

寺外东西二旁，茅蓬颇多，结构精致，陈设清洁，东茅蓬以药师庵最大，旧藏唐贞观十三年制之金钵，及绿色正方三寸双狮钮玉印一枚。各茅蓬为退院僧所居，闻斋期常达僧一二百人。

当日行抵华顶寺，约午后四时，向寺内画了卯，寺僧招待用点，捧出五碗不大不小的紫云英嫩芽炒榨面来，同学们赶了半日山程，都觉饥饿，一时喜不自胜。用膳毕，又招呼各洗了手脚，便踱出寺外来，只见和我们年龄相仿的小和尚，三三二二散在山上山下，他们大都很壮苗，红光满面，黑白分明，虽剃光了头，但一种青年人的英伟朝气，依然保留着，更觉得可爱。

当晚无话，第二天绝早，天还未亮，寺僧即催促登拜经台。台在华顶峰绝顶，距华顶寺约三里，旧传智者大师向西天竺拜《楞严经》处，台为后人所建，然据传灯《方外志》据《准莹公清话》，但云西望一十八载，未尝言拜也。绝顶建一庵，以铁皮代瓦，四周围石砌护墙，门前一短碑题"台山第一峰"，又一碑题"智者大师拜经处"，庵后有降魔塔，系新重建，由庵前下眺众山，如龙蟠虎踞，作星罗棋布之状，近处峰峦层层围抱，如莲花，峰如花心之顶，故名华顶。

抵华顶峰后，天始启幕，东方微白，一抹紫光，横亘数百里。既而红光忽敛，而又黑暗下来，一时朔风四起，寒气袭人，一会儿，只见籁籁地落起雨来，同行寺僧，告以天气转变，不能看到日出，即冒雨返归华顶寺。

石梁雪瀑

出华顶寺，过揭桶档，折向西，下行十五里，抵上方广寺，寺建于宋建中

---

[1] 庄茹芝：北宋人，撰有《续茶谱》(1223年以前)，原书已佚。

靖国元年，初有上下二方广寺，中有石梁，后改石梁旁之昙花〔华〕亭为中方广，于是方广始有三寺。

上方广寺枕山面水，愈后愈高，寺前金溪北流，又有七如来塔排列道旁，寺内方丈中，名人联额颇多，如翁同龢之"方丈"，俞樾之"禅心自得"，阮元之"当作金声"，方丈左边为罗汉堂，上有五百应真像，罗汉堂前为藏经阁，中藏雍正十三年经文，计十大橱，每橱七十二函，每函十卷，有阮元书"三台宝典"额，联云：

> 四山滴翠环初地，一路听泉到上方。

为朱抡翰撰书，足为方广写照。

沿金溪前进，道旁浓绿不绝，沿溪掩映，流水淙淙可听，水声渐行渐大，约行百余步，过一石桥，右折而下，抵中方广寺。循昙华亭外石级而下，即达石梁东端，全景在望，上流金溪，合西来之大兴坑，汹涌澎湃，层折而下，一出石梁即一泻而为五十丈之瀑布，势若怒涛，声如疾雷，正是：

> 冰雪三千丈，风雷十二时。

同学们一时呆住，凭着栏干远眺，我的心里，彷〔仿〕佛回复到一年前的一天——我在军乐扬抑声中缓步登台，向即将分别的七千军训同学怒吼，一时博得掌声雷动，内心正如怒潮奔放。

石梁长三丈，大约五抱，背稍隆起，其上平处，自五寸至一尺五，梁涧高约七尺，腹正书"前度又来"，署知府刘檬〔璈〕题，又有"万山关键"四字隶书，署曹抡选慕〔摹〕刻，对面西端有铜龛一座，高约四尺，宽二尺，余中镌五为〔百〕应真小像，并有五十二字云："皇明天启元年辛酉中秋吉旦，钦差提督九门太监徐贵等，喜（施）助成金殿，永远供奉天台胜境，石梁桥首，清凉山后学沙门如壁募建。"

石梁附近有"第一奇观""栖真金界""常住真心""寿布""大观""喷雪飞云""神龙掉尾""流雪昙花""石梁飞瀑""二奇""瞻风""飞梁悬瀑"等摩刻。

中方广寺在台山中规模数小，寺面西，相传为宋贾似道所建，前为昙花亭，上有楼，可俯眺石梁。煎茗谈天，颇有逸趣。东北出昙花〔华〕亭，有大篆"盖竹洞天"四字，署："大宋嘉泰壬戌五月奉礼郎知天台县事晋陵丁大荣书"，又有字一行"破上人重修"。

由石梁左侧而下，为下方广寺，寺向东，四周黄墙绕围，惟无甚可看，寺外密栽细竹。坐溪石上，仰观石寺高悬天空，绝壁侧立千尺，飞泉下垂，寒气森森逼人。

丹梅取出白朗尼方镜箱,对于摄影,五人全为外行,结果由正师指挥,在石梁下方向石梁摄了二张。不一会,小沙弥在上招手,于是大家先后返抵昙花〔华〕亭楼上坐地,只见老和尚,已为我们预备香茗一壶,点心四色,但并不是紫云英炒榨面之类,而是"绣球""蛋卷""酥糖""金枣"各一色,同学们面面相觑,明知不配胃口,只好各取一件,胡乱用了。

老和尚谓:辰光尚早,由此赴"铜壶滴漏",往返约十余里,去了回来用膳尚赶得及,一时大家赞成。

出昙花〔华〕亭东行数里,过了几重山冈,只见一湾清泉,由南流来,汇聚成潭,水波漪涟,清澈见底,左右一带,桃树数百枝,当时虽已晚春,但山上气候较寒,枝枝竞放,深浅相间,与青山绿水相掩映,煞是好看。大家行得累了,不约而同停了脚步,坐对桃花发呆。

前进四五里,过铜壶村,溪水南来,迫于山势,已不再漪涟,而上下翻腾。铜壶村农舍五六间,座落万山中,东临小溪,一条板桥,横跨溪上,过桥一块平地,东西约二里,溪边长着数棵杨树,一只大水牛悠闲地躺在地上,我们的行列通过后,村里跳出数只大黄狗来,乱跳乱吠,引得长角的小姑娘,也出来了,睁着乌溜溜的小圆眼,送了我们一阵。

又前进约一里,二旁疏疏长着大毛竹,小溪忽陡落四五十丈,即为"铜壶滴漏"瀑布,由小道而下,抵溪石上,仰观铜壶正面,只见二岩相抱,状如大瓮,腹宽,而口小,石质光滑,似人工琢成,水由岩隙泻出,如喷水之状,故名"铜壶滴漏"。

溪水又下流,迫于地势,四面散开,喷滚如珠帘,即如水珠帘。

由石梁抵铜壶村为下行,故来时并不疲乏,归途而上行,重重越过高冈,腹中又觉饥饿,疲倦万分,沿途行了休息,休息又行,好容易回到石梁,已过日中了。

午膳后,别了老僧,以时光不早,急急赶程,此去万年寺,约十五里,以时间匆促,同学都觉疲倦,乃放弃万年之行,且待后日重游吧!

金庭桐柏

自石梁至桐柏宫约三十余里,下落几重山坡,至里岙村,附近平林漠漠,阡陌纵横,与华顶道上所见不同,仿佛已抵平郊。

桐柏宫座落桐柏山,外对卧龙、玉女、紫霄、翠微、玉泉、华琳、香琳、莲华、玉霄几峰,宫当其中,开豁清旷,占地约四十亩,道书称,金庭洞天为七十二福地之一；相传最早来山为周灵王太子晋，吴赤乌元年，葛玄于此炼丹，建法轮院，后改崇道院。至唐睿宗景云二年，诏为司马承祯建观。五代梁开平中，改为桐柏宫。宋大中祥符元年，又改桐柏崇道观。清世宗梦道士乞居地，于雍正十三年，下诏命粮道朱伦瀚督建，并赐额"法海圆通"。现大殿又圮，仅紫阳楼山门及东西道院尚存。紫阳楼供奉太慈圆通禅仙紫阳真人张伯端像，真人与徒石泰，泰徒薛道光，光徒陈楠，楠徒白玉蟾，蟾徒彭耜，为道家南宗仙祖。观内西道院，供伯夷、叔齐石像，色清白，雕刻奇古，二像皆篆伯夷、叔齐字样。按阮文达《两浙金石志》记其笔法，不若宋人，当为唐人所书，孙方伯星衍《寰宇访碑录》，亦引其刻字于唐，据道书称：二子为九天仆射治桐柏山。宋徽宗时，道士王灵宝医太后，病愈，得像宫中，后载归。于南宋绍兴十一年，建九天仆射祠于桐柏岭下福圣观侧，明代并入桐柏道院。嘉靖时，令钟钮重建，改名清风祠。清康熙时，台郡宋时联元改题法圣祠，旁供司马承祯像，又立台郡名贤如方正学[1]、陈恭愍[2]等二十八人位，以配之。祠有朱熹书"百师兴起"额，墙上有齐其仪书"首阳片石"四大字，壁间刊有明隆庆六年番禺张廷臣撰碑记，民国十三年康有为游桐柏宫，为题"清风祠"额。

观中旧有唐崔尚撰《桐柏观颂碑》，翰林学士庆王府属韩择本八分书，玄宗御笔正书题额，于天宝元年三月立，见《集古录》《宝刻丛编》《通志金石略》《舆地碑目》诸书[3]，明都穆《金薤琳琅》记此碑仅缺廿四字，万历间碑徙城中妙山，仆为三截，现仅存中截七十余字，仍藏桐柏宫。兹抄得碑原文如下：

> 天台也，桐柏也，释谓之天台，真谓之桐柏，此两者同体而异名。同契乎玄，道无不在。夫如是，亦奚必是桐柏耶？非桐柏耶？因斯而谈，则无是是、无非非矣。而稽古者言之："桐柏山高万八千丈，周旋八（百）里，其山八重，四面如一，中有洞天，号金庭宫，即中右弼王子晋之所处也。是谓不死之福乡、养真之灵境，故定观有初，强名桐柏焉耳。"古观荒废，则已久矣，故老相传云，昔葛仙公始居此地，而后有道之士，往往因之，坛址五六，厥迹犹在。泊乎我唐，有司马炼师居焉。景云中，天子

---

〔1〕 方正学：即方孝孺。

〔2〕 陈良谟（1589—1644）：字士亮，一字宾日，原名天工，浙江鄞县（今宁波）人。崇祯四年（1631）进士。历仕大理推官、御史，崇祯十二年（1639）出任四川道监察御史，抵御张献忠，守备甚固。还朝未久，京城破，自缢死。赠太仆卿，谥恭愍。

〔3〕 原注：文记《唐文粹》。

布命于下，新作桐柏观，盖以先昭我玄元之丕烈，保绥我国家之永祉者也。夫其高居八重之一，俯临千仞之余，背阴向阳，审曲面势，东西数百步，南北亦如之，连山峨峨，四野皆碧，茂树郁郁，四时恒青。大岩之前，横岭之上，双峰如阙，中天豁开，长涧南泻，诸泉合漱，一道瀑布，百丈垂流，望之雪飞，听之风起。石梁翠屏可倚也，琪本珠条可攀也。仙花灵草，春秋竞发，幽鸟清猿，晨暮合响，信足尝也。始丰南走，云峰间起，剡川北通，烟岭相接。东则亚入沧海，不远蓬莱，西则浩然长山，无复人境，总括奥秘，郁如秀绝，苞元气以混成，载厚地而安静，非夫神与仙宅，仙得神营，其孰能至斯哉？故初营天尊之堂，昼日有云五色，浮霭其上，三井投龙之所，时有异云入堂复出者三，书之者，记祥也。然后为虚室以凿户，起层台而垒土，经之殖殖，成之翼翼。缀日月以为光，笼云霞以为色。花散金地，香通玄极。真侣子〔好〕道，是游斯息。微〔惟〕我炼师，孰能兴之？炼师名承祯，一名子微，号天台白云，河内温人，晋宣帝弟太常馗之后。祖晟，仕隋为亲侍大都督；父仁最，唐兴，为朝散大夫、襄州长史。名贤之家，奕代清德，庆灵之地，生此仙才，以为服冕乘轩者，宠患吾身也。击钟陈鼎者，味爽人口也。遂乃捐公侯之业，学神仙之事。科箓教戒，博综无所遗。窈冥夷希，微妙讵可识。无思无好，不饮不食，仰之弥峻，巍乎其若山；挹之弥深，湛乎其若海。夫其通才练识，赡学多闻，翰墨之工，文章之美，皆忘其所能也。炼师蕴广成之德，睿宗继黄轩之明，斋心虚求。侃侃然不可得而动也。我皇孝思维则，以道理国，叶帝尧之用心，宠许由之高志，故得放旷而处，逍遥而游。闻炼师之名者，足以激励风俗；睹炼师之容者，足以脱落氛埃。以慈为宝，以善救物，神以知来，智以藏往，允所谓名登仙格，迹在人寰，奥不可测已。夫道坐乎无名，行乎有精，分而作三才，播而作万物，故为天下母；修之者昌，背之者亡，故为天下贵。况绝学无忧，长生久视也哉！道之行也，必有阶也，行道之阶，非山莫可，故有为焉，有象焉，瞻于斯，若舍是居，教将奚依？损之又损之，以至于无为。玄门既崇，不名厥功。朝诸〔请〕大夫使持节台州诸军事守台州刺史上柱国贾公名长源，有道化人，有德养物，尝谓别驾蔡钦宗等曰："且道以含德，德以致美，美而不颂，后代何观！"乃相与立石纪颂，以奋至道之光。其辞曰："邈彼天台，嵯峨崔巍。下临沧海，遥望蓬莱。漫若天合，呀如地开。烟云路近，真仙时来。顾我炼师，于彼琼台。炼师炼师，道入玄微。噏日安坐，凌霄欲飞。兴废灵观，炼师攸赞。道无不为，美哉轮奂。窈窈茫茫，通天降祥。保我皇唐，如山是常。"

山门有"敕建崇道观"五字额，二旁石狮二只，雕刻精致，前照墙已毁，基址尚存，阔四五丈，厚约二尺，田中又存古碑一块，刊"宋乾道二年，尚书省牒白云昌寿观文书"。

女梭溪流经观前，向南注入桐柏坑，即成为桐柏瀑布，二旁印岩，创山极相似，岑上名洞门。北面有透锡泉，甚寒冽，据云：盛于锡瓶中，则渗透于外。

琼台双阙

第二日，辞别道人，寻着山路，向琼台进发。

约行五六里，过塘里村，前望岩冈自山际蜿蜒而出，伸入谷中，凹处如蜂腰，一峰突起，如芙蓉出水，亭亭玉立，即为琼台。

下冈后，我第一个自告奋勇，脱去皮鞋，由石壁蜿蜒而下，又如前向上抵达琼台。正师、文彬、丹梅随后而至，只有牛特不敢尝试，席地枕石休息。琼台面积极小，约可容十余人坐立，上有小松树数枝，松花随风飘曳着，又有杜鹃数棵，正开放着红的、白的花朵，一块石上，镌"绝妙境地"四字，字嵌红漆，色尚鲜明。

百丈坑自西北蜿蜒而来，经过琼台，折向东南而去，二岸削壁千仞，鬼森森如刀山，箭林益侧立，经阳光反射，似铺金缕玉，闪烁心弦，远眺南山诸峰，隐隐可数，不禁有些飘飘然！儿时读东坡居士《后赤壁赋》，每读至至"划然长啸，草木震动"之句，便飘飘然有"出尘"之感！此刻如有鹤来，我将低吟：鹤飞去兮！西山之缺！乎？乎？乎？

由琼台下落百丈坑，约五六里，出百丈呑，一路削壁千丈，怪石嶙峨，几疑已隔凡路！

出百丈呑后，同学大都疲倦，游兴已尽，决放弃桃源之行，于是寻路出山，当晚返校。

补"赤城霞起"

赤城山离县城四五里，天台城又名赤城镇，谅即以山名，山平地突起，自下至上约二里，土色赤褐，远望层层排列如雉堞，故美其名为"赤城"。

山上东南面多岩洞，如紫云、瑞霞、香云、华阳、餐霞、玉京等，但此等山洞，实即利用山岩凸出处，嵌建楼阙而成，倘比作庚桑、善卷（江苏宜兴县境）、虎家盘龙（贵州桐梓县境）则误矣！但大都光明轩敞，登望天台、始夹

〔丰〕，数十里内，一览可收，堪称"快哉"！诸洞以紫云洞最大，在山麓，俗称"下洞"。相传建文帝曾在此驻节，洞内廊檐下有"建文帝夜度处"碑，《致身录》及《从亡日记》二书，均有记载，惟《成祖实录》则谓：帝自焚死。《史明古集》所据《文质府君行状》及《吴匏庵史彬墓表》，均有同样记载，则帝逝赤城之说，恐不确。

餐霞洞，清光绪时，曾有天台节妇孙齐氏居此，节妇名修兰，字婉香，别号玉京女史，能书、诗、擅画，父名齐其仪，诗画即由父传授。夫姓孙，名天祚，二十二岁即夭，生一子二岁即死，初住紫云洞，后迁餐霞洞，居此达三十八年，足迹未曾出山，现节妇及其夫墓均在附近。

又有"金钱池"，大约半亩，按《玉京洞碑》记：晋僧昙兰憩此诵经，有神献金钱，弃之池中，故得名。又传天台山丰池中产"无肠鱼"，相传即指此池，而现在均"乌有"矣。

梁妃塔建于赤城山顶，相传为梁岳阳王妃建，旧有三塔，每塔七级，中藏舍利珠四十九粒，唐会昌五年敕建，咸通六年僧宗玄改建一座，至五代周显德七年，僧德韶重建，中藏舍利珠二十八粒，余二十一粒散藏别寺，现塔只四级，高约十丈，砖有绳纹，台山中诸塔，以此最古。

山上松树很多，绿树与红岩相掩映，颇觉美丽。由山麓至顶，小径依山开凿，坡度很陡，山上岩壁，镌"赤城霞"三字，字大约数尺，又有小字镌"万历癸巳冬霞城王献□书"一行，非藉千里镜，不能分辨，而第十字已坏。

天台游记

吟　秋

载于《立言画刊》1942 年第 199 期。《立言画刊》1938 年 10 月 1 日创刊于北京，周刊，由北京立言画刊社发行，金达志主编，1945 年 6 月停刊，属于娱乐性画刊。吟秋，民国名"吟秋"者甚夥，从《立言画刊》等报刊投稿人推测，可能是蒋吟秋。蒋吟秋(1896—1981)，名镜寰，字瀚澄，江苏苏州人。著名的书法家、金石学家、图书馆学家。自幼酷爱书画金石，早年受业于金天翮、胡石予、汤定之，1931 年任苏州美术专科学校国文、书法教授，后任东吴大学、河南大学等校教授。本游记介绍了作者自杭州出发，经海门、临海，至天台山游览的经历，文字简单，且详于途中景色而略于天台山游览闻见。

天台山为浙省名胜之一，计自台州出发，乘肩舆，遵陆路，向天台县而行，约三日程，即可到达，是为正道。如以宁波作出发点，经奉化行进，则为侧道。假如由杭州，循嵊县、新昌等处入山，则又为里道矣。以路程计，三者无多出入，惟险峻坦易大相悬殊耳。

余等一行四人，拟由正道而往，里道而还，不独可观天台全豹，且可一瞻嵊、新二县风土人情，以广胸襟怀抱。越日抵达海门，须换较小轮船，经四小时可至台州，一路行来，征帆点点，鸥鹭齐飞，水秀山明，景色异常绚丽。岸上垂杨夹径，萱花正开，碧中绽红，红里凝碧。再加茅屋数椽，炊烟袅袅点缀深溪暗树之间，真似一幅绝妙图画。我等抵台，业已归鸦阵阵，夕照衔山，将近薄暮时分矣。

在杭州时，见田园间桃花盛放，麦苗长约五六寸，但自台州入山，陇亩间秀麦齐舒，青翠可爱，且长亦没胫矣。复经燠暖[1]气候蒸发，强烈日光暴

---

〔1〕　燠(yù)暖：温暖。

晒,时时喷出一种馥郁气氛,给人不少陶醉感觉,尤其余等手携竹杖,蹒跚山中,听林间好鸟喧鸣,睹草际彩蝶乱舞,愈益情闲意适,心快神怡,不知四外尚有浊尘寰也。

初抵天台,纵目四瞩,殊无想像中之伟大,迨入山后,但仪态万千也。据《名山图会》云:"天台山高一万八千尺,周围八百里。"当非一种跨〔夸〕大宣传,又据《列仙传》上载:"汉刘晨、阮肇入天台采药,在山径邂二女子,及归家时,已与尘世相隔七世。"余如丰干禅师、寒山、拾得等故事,亦为世人所熟悉,释门所乐道也。

天台与雁荡之风光

大　明

　　载于《妙法轮》1943年第1卷第11期。《妙法轮》1943年1月创刊于上海，上海佛学院编辑发行，月刊，佛教刊物，1945年11月停刊。大明，其人不详，据文中口吻其人应为一位佛教徒。本文作者根据游览经历介绍了天台、雁荡的主要景观，最后说明出家人对待奇山异水所应有的态度是将其视作幻化泡影之物一般。

　　中国的名山，以五岳为最盛，古诗上有"读罢六经方拈笔，五岳归来不看山"之句，足见它是名胜的风景区。然在佛教里亦有四大名山之称——即五台、峨嵋、九华、普陀是也。这四座崇峻高山，都是大乘菩萨创修的道场，入世度生的基地；是以古今来的佛教徒——及信心具足的男女居士们，皆发愿朝拜，求菩萨之真身。五台为文殊菩萨底道场，峨嵋是普贤菩萨现身的地方，九华为地藏菩萨之行化处，普陀是观音大士底选佛场。此四菩萨具足智、行、愿、悲的因地修行，故僧伽居士们多勇猛精进，跋山涉水，虔诚礼拜，求之披卫。此外还有浙江底天台山，也是必履之地，因它是天台宗的发源地——智者大师的化度场所，历代高僧修持的兰若，可是谈到天台，就必定联想到雁荡，因为天台雁荡，是浙省相对的二大名胜，风景绝胜的佳境，所以对这两个名山，有谈谈的必要。

　　天台山在浙江天台县之北，山上瀑布特多，且极美丽，所以人人称道勿衰。古时相传有刘晨、阮肇二名士入山采药，遇二仙女，赠胡麻饭，后来成了眷属。诸如此类的故事，语涉荒唐，近于神话。可是书中亦有如是的记载，我亦不能认为子虚乌有！此山是仙霞岭山脉的东一支，飞峰插云，层嶂耸翠，岩峤秀丽，重峦叠嶂。它最使人流连的地方，就是景致绝美，奇卉精幽。有个最高峰，命名华顶，上有华顶寺，从寺南行至分水岭，岭西之水出石梁，岭东之水出天封；循溪旋转，水石俱幽。南至察岭，与华顶分南北之势。再西南便到了银地岭,上有石塔一座,传系智者大师的灵塔;大悲寺旁有拜经石台,为大师勤修三昧的经行处,也是悟入本来面目的得道基地。惜台塔俱废,字迹漫灭,乱草蔓生,荒凉满目,难以驻足。中国天台挂名的子孙虽多,至今亦无人顾问,乃不胜今昔之感。若游山行人,夜住山中,等到黎明之时,登台远眺,看东方日出的景色,恍如身凌霄汉,天地变小。在东方现着鱼白色的天空中,那遥远的一轮红日,显露目前,顷刻之间,渐升渐高,我们见了此景,真忘却自己的四大色身,是流落在红尘万丈的五浊恶世了!

天台山的佛教胜迹,除智者大师拜经台之外,还有寒山、拾得的隐身地——在八寸关——明岩地方。岩外有一块特石,上立者如两人身,据说就是"寒山、拾得"之相。其他最著名者,即是四瀑——石梁飞瀑、水珠帘瀑、铜壶滴漏、游龙瀑等,总名曰瀑布,而形势却各不相同!石梁飞瀑是山中最好的去处,它的发源在山巅方广寺,有两股溪水会合于寺外,稍稍停顿就由一道石梁下穿出,奔腾似同快马,直落而下。水溜距地数十丈,夭矫的姿态,好像一条银龙在空中飞舞,首尾颤动,使人不可向迩!发音甚于雷霆,近之则震耳欲聋;其水量之洪大,构造之雄伟,气势之超凡,那真是南北鲜见。平常所说的"石梁横涧",就卧伏在这瀑布底上端,长约数丈,脊不满尺宽,远看如一缺弦之弓摆在两石的中间,假若游人站在梁背上下瞰,简直是目眩神昏,恍惚不定,此即石梁之状。徐霞客谓:"从梁上行,下瞰深潭,毛骨俱悚!"诚哉斯言。水珠帘瀑呢?亦有数十丈的高度,水从山顶缘山坡蜿蜒而下,远望如空中悬着白帘,又似水腰积雪,在苍翠色里,露出一段白光,波纹涌泻,上窄下宽,水到山趾,杂流于乱石之间,歧岔百出,青白相映,尤其美观。铜壶滴漏是由象形而起名。此漏距水珠帘约一里许,自上而下,有大石数层,环绕于山中,如瓮城一般。在最上一面的山石中,特有天然石缝一条,水遂从此缝中挤压而下,波花沸腾,远看仿佛是银蛇被兽捉住,翻滚不止一样;水流下注,藉山音的回响,发出金鼓声浪,极其清脆可听!流于下层石上,特有大石阻道,复径而向左,往下分散,漫流到乱石的空隙间,水势渐渐缓;且清明澈底,游鱼往来可数,颇能引起游者的兴趣,与那《兰亭集序》上"清流激湍,映带左右"的情境不相上下。如果雅人骚客,列坐于此,咏流觞之曲,更可以留为佳话!

雁荡山位于浙省乐清县之东,距县城约九十华里,距永嘉县一百五十里。此山突出海边之一角,弯弯曲曲,迤逦不绝,似虬龙蟠在大地之上,有起伏不定之势。周围面积,占数百里之地,统计全山,共分六部——即东内谷、东外谷、西内谷、西外谷、南阁、北阁等是,这六部全景,从大荆镇培风阁遥遥远眺，尽是些巨大的峰头，连亘的山岩，奇异的大石，幽邃的深谷，真是千壑万崖，层层不断；晴岚吐雾，山色争艳斗胜，更是无美不备，处处可以表现出天然之美，几与天台并驾齐驱。它如怒放的鲜花，又似天女出现，使人凡情尽涤，心旷神怡！彼身历其境者，真如平地登仙，得了无生法忍了。游雁荡山，以春秋冬为最适宜，因夏季炎热，草木深茂，山路蔽塞，峰顶常被云气遮盖，像王石谷[1]画的云映山低，山随云断一般。入山走路，踏云而行，往往徘徊山间迷没去途，所以夏天游览者甚稀。

雁荡的景致，最足使人欣赏的，约有四处：（一）灵岩山：两山屹立相对，有的像狮子作扑跌之状，有的似猛虎作蹲立之势，其形雄伟，近之惊人，高约数十丈，山崖之下，有古庙一座，名灵岩寺，寺建筑于山麓，殿壁虽久经风雨剥蚀，但四围尚完整，中为大雄宝殿，前有左右两殿，后有群房，院中绿竹万竿，葱葱郁郁，障翳天日，一望无际，北国罕见，苍翠的颜色，一经雨洗，更觉鲜明而清洁；僧侣并不见多，偶有一二僧蹀步殿间，这是东内谷里的最大丛林。（二）老僧崖：又名僧拜石。此石天然成状，远视如一僧相，头顶香疤，身着袈裟，脚登草履，合掌而坐，神情毕肖，高大无比，人行石下，渺小得似林中的小鸟、野田里的小兔一般。旁老松栉比，历经岁月，饱受风霜，皮作龙鳞，枝干挺拔，高处和石顶相差不远，也算是雁荡山底一种伟观。（三）大龙湫：俗谓瀑布。此瀑之水，由三百多丈的高崖上下注，水如银花，凌空飞舞，被日光返射，真是气象千万，变化无穷。假若人站在瀑布数十丈之外，水气尤能笼罩，就仿佛身立于细雨霏霏的濛泷之中。瀑布两旁，高山陡壁，虽植着杂花野草，古树交荫的点缀，但并不能显其美丽，只显出瀑布雄姿和严威。宏祖先生[2]谓："下瞰湫底龙潭，圆转夹崖间，水从卷壁坠潭，跃而下喷，光怪不可迫视。"（四）石梁洞：此洞立于雁荡西部，洞口夹在两石当中，水即从两石中泄出，昼夜漫流，无有停息。洞之上有一石砌行桥，人可行可坐可立可远眺，观洞水涌出，好像釜底加薪、地涌金莲相似，银色的水花沸腾而上，复自下垂，更显得它自然美。洞旁有古屋数椽，年久失修，远处遍地山石，嵯峨嶙峋，有若傲骨，有若巨鳞，望之无际涯，就之不可攀，实在是从所未见的真山。

天台与雁荡，久为世所赞仰，非一日之佳誉，因为二山皆为浙江名胜，有

---

〔1〕　王翚（1632—1717）：字石谷，号耕烟散人、乌目山人、清晖老人等，江苏常熟人，清初著名画家。著有《清晖画跋》。

〔2〕　宏祖先生：即徐霞客。

著名的瀑布与胜迹,所以把它合会起来谈论。天台山基甚广,景致千万,不胜枚举。雁荡山,据《乐清县志》上说:共有十谷八洞三十岩之多。想亦非我这枝〔支〕秃笔能够形容于万一。嗟乎!天下之大,名山虽多,广泽虽众,无一不是禀着天地的灵气,四大假合的结凝,有何恋之有!看它现在有那样华美动人,终归有毁灭坏空的一天;众生所以难得脱离者,就是为五欲所染,爱痴所绊;智者大师在山勤修,数十年如一日,从未兴过爱风景之妄念,故我们游山观水,亦不应久恋!要知一切有为生灭之法,皆是幻化泡影之物,这是我们僧伽对于游览应具的感想。

民国三十二年四月佛诞日写于杭州祖山寺

天台山纪游

许曼若

载于《新民报半月刊》1943年第5卷第6期。《新民报半月刊》乃汉奸刊物，1939年6月1日创刊于北平，16开本，每逢1日、15日发行，属新民会文学刊物。许曼若，其人不详。本文虽名曰《天台山纪游》，所记仅以赴天台途中所见及游览国清寺较详，结尾匆忙，可能是因报刊版面限制而删改。另外，本游记与本书前文吟秋《天台游记》的文字多有重复，未明其故。

天台山亦为浙省名胜之一，余于海宁观潮次日，复往游赏，计自台州出发，乘肩舆，遵陆路，向天台县而行，约三日程，即可到达，是为正道，如以宁波作出发点，经奉化行进，则为侧道。假如由杭州，循嵊县、新昌等处入山，则又为里道矣。以路程计，三者无多出入，惟险峻垣易大相悬殊耳。

余等一行四人，拟由正道而往，里道而还，不独可观天台全貌，且可一瞻嵊、新二县风土人情，以广胸襟怀抱。越日抵达海门，须换较小轮船，经四小时可至台州。一路行来，征帆点点，鸥鹭齐飞，水秀山明，景色异常绚丽，岸上垂杨夹径，萱花正开，碧中绽红，红里凝碧，再加茅屋数椽，炊烟袅袅，点缀深溪暗树之间，真似一幅绝妙图画。我等四人抵台，业已归鸦阵阵，夕照衔山，将近薄暮时分矣。

在杭州时，见田园间桃花盛放，麦苗长约五六寸，但自台州入山，陇亩间秀麦齐舒，青翠可爱，且长亦没胫矣，复经焕暖气候蒸发，强烈日光暴晒，时时喷出一种馥郁气氛，给人不少陶醉感觉。尤其余等手携竹杖，蹒跚山中，耳听林间好鸟喧鸣，目睹草际彩蝶乱舞，愈益情闲意适，心快神怡，不知四外尚有浊尘寰也。

初抵天台，纵目四瞩，殊无想像中之伟大，迨一入山之后，但见层峦叠嶂，峰外有峰，不独险巇峥嵘，峭壁矗立，更觉变化倏忽，仪态万千也。据《名山图会》云："天台山高一万八千尺,周围八百里。"当非一种夸大宣传。

自台州入山,第一名胜处所即为敕建国清寺,该寺因丰干禅师、寒山、拾得故事,其名愈显。伫立寺门,回望天台县城,白云渺渺,黄雾漫漫,匪但小如杯盘,且亦宛然位于下界。全寺因年久失修,彩色泰半凋敝,惟就庙址轮廓观之,可见当年建筑异常宏大。闻于每年清明节间,香汎〔汛〕时期,远在数百里外善男信女,必来寺中祈祷还愿。大雄宝殿之左堂宇深邃,且极宏敞,内有三贤遗迹,暨丰干禅师、寒山、拾得之祀。

山中古迹颇多,而以国清寺最负盛名,余如石梁桥遗迹,尤为唐宋以来骚人墨客游赏之处。其他如真觉寺、方广寺虽各有特长,有其亘古历史,但俱未若国清寺之名闻遐迩。

赤城山下

叔　范

　　载于《大家》1947 年第 1 卷第 2 期。《大家》1947 年 4 月创刊于上海，月刊，唐云旌编辑，龚之方发行，共出 3 期，因经费不足，于 1947 年 6 月停刊。叔范，即施叔范（1904—1979），谱名德范，又名绳祖，字叔范，以字行，浙江余姚人。民国期间曾任上海友声旅行团文书，私立实获中学教员。1949 年以后曾供职中国石油公司浙江分公司。有《施叔范诗钞》行世。抗日战争期间，作者游宦，流寓天台，本文介绍了国清寺隋梅、贾似道故宅和齐周华之死，为作者 1943 年左右流寓天台两年里探胜迹、访旧闻的举偶记述。

　　天台县为浙东之一山城，城不甚大，而得名甚古，如"赤城霞标""万八峰头"诸称号，早见于六朝与唐人之诗赋。赤城系一小山，在天台城西北，约三里余，石色纯紫，自然流霞，尤其当晨曦夕照之际，如美人薄怒，红晕有加。其巅有塔，其影如钗，更有草树杂花，如发如眉。世变屡经，惟此一堆胭脂土石，艳泽不改。山似层岩所砌，故号以城；又因其紧靠古郭，世人遂习以"赤城"二字，当作天台之代名词矣。

　　余于故乡沦陷时期，流寓其地，恰足两载，时以闲吏匏系[1]，不必点卯，无须轮值，备供咨诹以外，颇得探其胜迹，访其旧闻。宅赁大北门内，敷楯两方，设案一位，亦有玻窗数幅，倒映藤影。室外为院，宽纵可十许丈，主人多莳花木，四季生芬，皆有可观。其栽也，盆景半，植土者亦半，或则架篱扶之，或者结棚引之，高下疏密，胥得其宜。当二三月之间，白杜鹃花，盛开满阶，使人对之，生恫恫之感，至于陨涕！"开帘时有悬悬影，白杜鹃花警晓风。""多谢绝世青衫士，来看穷檐白杜鹃"皆当年纪实之句也。迨夏秋之交，则有

　　〔1〕　匏系：不为时用，赋闲。语出《论语·阳货》："吾岂匏瓜也哉！焉能系而不食？"

兰有豆花,鼻受幽馨,每化清怨,如"香草情深野老家,虽非我种亦开花""今夜江山信奇绝,青天如瓮豆篱高""眼前浮着全家影,又倚秋灯白数髯"诸作,要皆无可奈何之事也。开门有隙地数亩,尝于吾妇合耕,尽其地利,于是冬荠春韭夏瓜秋茄之取给,得以无缺。塍旁井与石槽各一,吾妇汲于是,洗于是;吾与两儿女,当盛暑之际,浴亦在是。屋后即为城楼,闲时登眺,不论晨昏,而彼美酡颜相睨,最为亲狎,屡志以诗,有"孤城塔势撑危墨""半城霞火煮青山""浮郭无非草野灯"云云,羁旅心情,喻悲喻怨,盖有不胜其嗟咏者矣。其时余有官无禄,笔耕赡家,且耗于烟者十之一,耗于酒者,又占其半,坐是日用常不足,赖吾妇织袜贩布弥补之,劳多欢少,不无怨咨,于时瞻墙外山色,盈盈似堕红泪焉。流离岁月,衣食欠周,间或儿辈因是致疾,此时望赤城暮霭,又可象征吾妇之愁容也。然此皆为吾私家之事,不关兴亡,无与治乱,信笔提来,用当楔子;另纪其轶闻故事,以补琐琐词费之咎,如何?

国清寺隋梅 寺为智者大师之道场,由隋文帝发帑敕建,兵火千年,兴修加盛,凡游天台者,无不随喜是间。梅在东厢伽蓝殿之前,传系智者所手植,围有石栏,刊以碑文,使凭览者,悠然发思古之想!前贤尝嗟人寿短遽,与草木同腐,谁料此树饱看沧桑,共名山古刹,鼎峙不朽?树已中空,自根迄干,仅存皮寸许厚,寺僧截巨竹实泥,缚之以承枝叶,下通地气,上覆高墙,花时之盛,甲于他方,视超山唐宋缟素,不啻儿孙!癸未[1]之冬,余往瞻仰,见其发华较早,瓣亦较大,而清芬之气,更为浓烈,品其味,如茅台酒浆,开瓶浮鼻时也。据香伙言:此梅结实大逾桃,将熟,方丈亲自管守之,贡京献佛,隆重如武夷山僧之采大红袍,自国体更易,此典不举久矣。又谓:梅甜如蜜,治虫疾有殊效,故当枝头黄时,乡民踰墙夜窃,不胜守防。异日,余再往游,正绿阴累枝时节,索尝一枚,亦无他异,可知耳闻不如目睹,言过其实者,皆宜作如是观也。因梅之古,神亦通灵,故在伽蓝殿祈梦之男女老幼,夜夜不绝,土著每谓:前浙江省长张载阳氏,以祈宿于此,得神启示,遂能投身行伍,显其功业。举此传告,来者益众,盖欲踞高位食厚禄之心理,到处皆然,自昔已甚,固非始于今日挟名单以索身价之某种人也。寺前有溪一泓,因山势之故,水向西流,后人附会其说,云是唐代高僧一行和尚,叱之使然。再前为智者塔,平秃无顶,此中神话,更不足稽。惟念古代建筑之浩大,何逊乎海上之廿四层楼,辄为之惊诧无已!旧时观梅,兼及于溪于塔:"历唐经宋代纷更,

---

〔1〕 癸未:即1943年。

草腐雷塘树尚名。游者自叹此树古,我来独惜数花清。闻钟仰望天何语?激石溪流水有声,可许遗山起地下,当时隐痛眼前明。"盖时方寇据宁绍,图规复而无由,颇同元好问[1]落日青山望蔡州之悲也!至今回想,随烟消云逝,恍若一梦。

贾似道故宅 贾秋壑以拨弄蟋蟀,断送南渡江山,其人其事,几于里巷习知,至问秋壑为何方人氏,十九弗察。余居天台,暮辄游散,一日,斜红浮巷,漫步于妙山脚,过一废基,周围甚广,其中结矮屋百数间,叠巨砖为墙,移残础障壁,察其构造,颇不相称。场上虽盛秋草,顾甬道分界,犹可辨认,逆揣当年,定是豪官之邸第,毁于何代?属于谁家?则不暇问询。出巷,见所标路牌,为平章街,复有进士坊,植其左侧,细审年月,远在宋代,于是心忽有动,亟访耆宿陈甲林[2]先生,叩其究竟。先生掀髯微喟曰:"此贾似道之故宅也,小人之泽,亦五世未斩,今之结庐荒址者,悉其裔孙也。惟台人讳言其事,即其子姓,亦耻认为祖,因是全城历七八百年,遂无复贾姓其人者。叶氏为天台大族,其实半是相国之血统,此事民间类能道之,其族中人,亦多自谙识。例如秋壑手自撰书之《蟋蟀经》,迄犹珍閟西乡之叶某家中,此非祖传,何由得之?"先生且谓:"由至戚之介,曾见其书,分书细行,薄仅十余页,中列品别,有'黑头''红抹额'诸名称,喻其勇猛,谥之尊号,要皆荒唐无益之作也。"明朝,先生更偕赴妙山,导示一周,指墙角之石鼓曰:"故老相传,秋壑盛时,阍者所坐,及败,其母年老目盲,尝据此呼乞。稍东有淤池,洗马处焉。前为高墩,禁卫地焉。比皆苔藻纠结,禾黍离离矣。中秋过节,都为八月十五,独天台延迟一宵,亦缘权相当国之时,归程稽误,饬满城补赏,沿为定习。又秋壑有妹,嫁邻县临海,临天相距,为百廿里,发舆之日,夫役苦之,贾母微有闻,愠曰:'缩作一驿程可也,何得怨咎?'于是府尹出示谕民,舟车给资,概作九十里计。至今犹然,余曾身经之。"再言秋壑出身,为街头浪子,工饮博,善击踘,坐是落拓,穷无所依,会其姊应选入宫,骤获嬖幸,裙带有风,因亦扶摇直上矣。或谓秋壑鄙不能文,科第名阶,胥出恩赐。此则疾恶过甚之词

---

〔1〕 元好问(1190—1257):字裕之,太原秀容(今属山西忻州)人。金代文学家、史学家。曾任国史院编修、南阳令、行尚书省左司员外郎等职,金亡不仕。著作有《遗山集》等。

〔2〕 陈甲林(1889—1967):名立树,字青赣,号甲林,晚年又号聋叟,浙江天台城关桥亭坑人。宣统己酉(1909)拨贡,先后在宁波中学、天台中学等校任教,1956年受聘为浙江文史研究馆馆员。著有《天台山游览志》等。

也，未必可信，盖《蟋蟀》一经，虽不曾睹，然余在《天台诗选》中，读其《夜宿国清》小诗，固楚楚有美姿也。惜乎！小有才而丧其大节，生前唾骂，死后不齿，亦何苦乎而为权贵？旧吊以句："当门禾黍绿成行，旧是三街浪子坊。闲煞斜阳围白发，至今讳说贾平章。""作吏肯怜物力殚，豪家今古没遮拦。溪杨伸出要钱手，暗拍衣冠影未单。"世有平章其人者乎？殷鉴不远，可以回首。

齐周华之死　清初天台二齐，名动全国，二齐者，齐周华、齐召南从昆季是也。周华自少任侠，又富才气，见不肖官吏，戟指面斥，不稍假借，以是衔之者颇众。明社之覆，其遗民旧臣，如黎洲[1]、王翊[2]之辈，尝奔走三台，纠结义民，起图匡复，周华受此感应，默然抱抗清之志，期有作为。时乃弟召南，已由翰苑，一再迁擢入值南书房。而周华则依旧布衣，拒不赴试。会吕留良之案，罗织周纳，株连日多，士林惴惴，咸不自保，周华闻之，攘臂驰告于乡里曰："是犹缄默，直视我东南无人矣。"夜奔大府，乞飞奏讼冤。闻者以为癫，被斥归。于是心愈不平，怀帖入都，拚溅热血。其家人阻之不可，用急驿告召南，属要之于途。骑适相左，书卒上达，清廷方盛怒之下，遽下之狱，召南亦以是获谴戍。越数载放归，则已折其一足，因自号跛叟。周华脱生刑余，放狂益甚，终年惟托迹山水，以抒其抑塞无聊之情，尝北跻恒岳，西上华山，晚入武当，爱其清幽绝俗，遂为道士，先后住十九寒暑，复返故里。先是，清帝尝问召南曰："周华已死未？"答曰："病故久矣。"时召南已致仕，一旦见乃兄归，再三以韬晦相叮咛，周华诺之，而抨击时事如故；继且筑齐天阁，著书立议，见者咋舌，嗣为仇家所发，旨下皆处极刑，盖逾古稀高龄矣。

---

〔1〕　黄宗羲（1610—1695）：字太冲，号南雷，人称梨洲先生。浙江余姚人。明末清初经学家、史学家、思想家、地理学家、天文历算学家、教育家。一生著作众多，有《明儒学案》《明夷待访录》等。

〔2〕　王翊（1616—1651）：字完勋，号笃庵，浙江慈溪人，明庠生。反清复明，鲁王授兵部职方主事，转战天台等地，兵败被杀。

浙江文献集成地方史料系列·浙江天台山游记辑注(近代卷)

台宗的发祥地:观光国清寺

海　沙

　　载于《四明周报》1946 年第 3 期。《四明周报》1946 年 11 月创刊于宁波开明街 17 号,16 开本,周刊,陈载主编,孔祥辉总发行。1947 年 12 月终刊。海沙,其人不详。本文记载了 1944 年 10 月 22 日作者游览国清寺的见闻,由其中所记在国清寺留下墨宝的民国要人可以想见民国政要对国清寺之推崇。

　　三十三年十月廿二日上午,我们一行五人,冒着微雨,往国清寺去。一路山峦重叠,树木绵密,所谓国清寺,究在何处? 纵极目力,也望不出来,后来塔影映入视线,再进,则茶亭才宛然在目。

迎门有翠竹,竹上植隋梅

　　迎门有翠竹。知客僧引我们到讲经堂、迎日楼、养心堂等处。讲经堂是三层楼建筑,但比普通的五层楼,实在还要高出不少。其中的设备,可以"宏壮整洁"四字相拟。其中有蒋主席[1]亲题的一块横额"台宗讲座",我们"顶礼膜拜",真不虚此行了。

　　我们到了隋梅之下,好生惊异,这株梅树,根不着地,而用竹管接住,上置泥土,使之吸收养力。我们看过多少树木,像这样的树,那里曾见呢! 枝叶还向四周纷披。知客僧说,一逢时令,开花又能结果。惜我们早来一时,无从见到。

"漏沙"成疑案,偷去鹅字碑

　　后来我们又见到玉佛,那一座三尺多高、尺半相近的玉质佛像,白晳光

---

　　〔1〕 蒋主席:即蒋介石。

滑，看去既亮晶晶的触目，一摸，一股清凉之感刺入手心，会使全身起着寒意。还有一个"漏沙锅"，高计一丈，周围大计四五丈，厚达三寸多。我的友人说，这是曹操军中留下来的。但据知客僧说，这是国清寺初创时，观音菩萨作炊，罗汉烧火用过的。我想这都是历史上的疑案，无须在这里考证，便不多说，倒是王羲之的鹅字石碑，引我注意。伫足细瞧一下，这块石碑雕着大大的"鹅"字，字迹两边有些拼揍〔凑〕，并不浑然一体。知客僧说，这是由天台山移来，经过人家偷窃，一半是真迹，一半却是依着字迹模仿而成的。怪不得看去两样。但这个"鹅"字，实在还不如我故乡大善寺的写得佳妙。大善寺所写的中堂，是草体的，而且一笔钩〔勾〕成，也是王羲之的手笔。

名山留墨宝，迎塔楼迎客

我们宿在迎塔楼内，设备之精良，城内的旅馆，实难望项背，内有浴室、抽水马桶。真想不到穷山僻壤中，会有如此方便之处。尤其使我徘徊不去的，还是不少名人手迹。像这迎塔楼横额就是蔡孑民先生题的。其他像戴传贤[1]、叶楚伦[2]、邵元冲、张默君、竺鸣涛[3]、贺扬灵[4]、经亨颐、张韦光[5]等等，或以书，或以画，陈满四壁，使人看去，几疑这里在开书画展览会似的。

别矣

依知客师之意，还要我们前去观日。最好上华顶山去，赏心极目，才不辜负名山胜景。我们婉言谢绝，期以后日，因为我们这番涉足，身心太累乏了，又以俗务在身，不能在此勾留。就在天色破晓中，别了他，离寺上路。

---

[1] 戴传贤：即戴季陶。

[2] 叶楚伦(1887—1946)：原名宗源，号卓书，笔名楚伧，江苏吴县人。政治活动家，国民党元老，报人、作家、教育家。

[3] 竺鸣涛(1896—1969)：字明道，浙江嵊县人。日本野战炮兵学校毕业，为蒋介石亲戚。后任至国民党国防部中将参议。

[4] 贺扬灵(1900—1947)：字培心，江西永新人。早年就读武昌高师，后东渡日本，入早稻田大学习文史与经济。归国后，历任国民党中央党务学校教授、江西省党部农民部长、浙江省府行辕主任。著有《晏殊词注》《贺贻孙年谱》等。

[5] 张韦光：应为张聿光。

台山游简

林　婴

　　载于《文艺春秋丛刊》1945年第5期。《文艺春秋丛刊》1944年10月创刊于上海，范泉主编，1949年4月终刊。林婴，其人不详，据本游记所载，他是上海人，受聘于天台中学任教。本文记叙了作者在天台的教书生活以及与学生们游览国清、华顶、石梁、铜壶滴漏、桐柏宫、琼台的一次秋游活动，表达了作者在战乱年代对宁静生活的向往以及对天台胜景的由衷赞叹。

　　以一个偶然的机会，我到了天台了。一个人在外面飘是飘不到什么定向的，完全以"机会"为准，正同一张浮萍，跟着风之趋向那样。

　　梦也未曾做过天台这样一个地方，如今却生活在其间了，你说巧不巧？幸而天台地方还可以过得过去，才不至辜负了我的行履。

　　天台确实是个不错的地方，你看她的名字儿也可以想像〔象〕出那么一二分。浙江的地名都是很可爱的，像仙居、寿昌、永嘉、丽水那些，简直有叫人"慕名而往"的能力——天台的定名自然也好。

　　她是台州府的一县，有多少年历史，有些什么文物，没有查过"县志"，都无从告诉你。照她的样儿看来，是一座古城。虽然我的旅行经验有限，但我相信中国有的是这种古老的城市。上海究竟太洋化了，生活在其中的人，只能享受些物质上的幸福（恐怕也只限于有钱阶级），精神上是枯燥的、生疏的。我以上海人的资格到这种古城里去生活，自然在精神上分外感觉到安适与亲切；这样，物质上的不便倒也容易忘怀了。

　　现在我以为一个人在上海呆得太久，会使他忘记他自己是个中国人的，你说对吗？

　　那独一无二的以石卵铺成的大街，由此再岔出若干条以石卵打墙的小巷，住家与店号都是静悄悄的，不时有乡人来往，也都是朴实而静穆的……

你想，这不足以成为一个又古又小的城市吗？

一个又古又小的城市，我感觉到安适与亲切了！我只能把话儿重复来说明我的情绪。

如果有月亮，我更愉快了。月光照在城脚上。慢慢踱出城门洞，踏过柔软的草地，前面便是一条清浅的溪，溪背上架一顶桥，很长，需要两百步才走得完，但只要走一百步够了，那是桥的半程，站定了，倚着栏杆，看月景了。老天造物真慷慨，替人间造出如此美景！那月光是浩大的，不受拘束的，照在水面上，发出绿色而透明的光辉，远处一二渔火在烧着，红得也是亮晶晶的：这是一个宝石的世界！朋友，你在上海，对这样一个玲珑湛清的世界，一定神往的吧？

逢雨，我便移转到音乐的世界里去了。人们都是早睡的，夜格外静，雨声淅沥，打在园子里的梧桐叶上、瓦檐上、井上，一声声无比清澈，门外或有一个迟归的人，拖着木底的雨鞋，击着路面，和着泥浆，titi－tala tala－titi 响着，我则在房中对着油灯，抽着松阳烟，聆听这大自然的音乐。上海以前夏季里到兆丰公园躺在帆布椅上听交响演奏味儿还比不上这。

这样的雨夜，一个姓王的朋友总在隔室玎玎琮琮弹起琵琶来，弦音跟着雨音一同传进耳朵里，心灵儿的享受真是没有方法用文字来传达了。这时，我恨一切西洋音乐及文明，爱我们自己所有的一切了。我中国人的灵魂，我们祖先所遗传下来的血，都禁不住颤动了，我骄矜地向我自己说："我是中国人！"

在群山环抱之中的天台总是平淡恬静，除了市日，市日是中国的旧风俗，是乡人眼中一个了不起的节日。天台的市日容易记：阴历逢五逢十。当我在处州一带的时候，往往把市日差过，因为那边三日一小市，六日一大市，用甲乙丙丁与子丑寅卯来记称的，叫我怎能搅得清楚？但，由此可知它的"旧"。人们平日懒洋洋地不大从事于交易，到了市日就活跃起来了。大街上放满了担子，有单帮带来的上海货，也有乡人自制的生产品，如土布、桐油、小猪、茶子饼、大白糖、种子、菜秧、旱烟……五花八门，叫我看着眼花。为了乡人赶市，小吃担也多起来了，肉包、糯米糕、馄饨遍地皆是；为上海人所未曾尝过的食品也很多，像以面粉包肉末油煎成一只不规则的球形的"爆虾"，把面粉打黏中间塞肉再煎成饼形的"肉麦饼"，以面饼包线粉、萝卜、肉胶而吃的"卷饼筒"，油煎馄饨曰"边食"，苞米粉和葱花煨成的"挂灯笼镬拉塌"……名目繁多，都是果腹妙品，你必见笑我的馋嘴巴？其实"穷人肚子大"。乱世把我们变成穷人，有吃，为什么不吃？天台一切物价都以市日论定，所以物价即使告涨，也能维持五日之久，同上海一日几次涨价不同。天台的市日里，米与肉类加倍应市了：米在四千左右一石，肉在六七十一斤左右，要多少就多少，又这样便宜，一点不稀奇，所以我们倒羡慕吃杂粮与小鱼了。我想起，我在上海的时候多么渴望着吃白米饭与大块肉，如今吃多了，反而起了恶感，人心岂不奇特？话说得远了，还是来谈市日。大概天刚亮，赶市的人即从四乡络绎而来，摆出货物，等待交易；到日中，交易达到顶点，这时街上人山人海，市声鼎沸，热闹之极，下半天是乡人买卖的时候，看他们掏出一卷卷钞票，活使我们穷措大兀自眼红；太阳偏西了，乡人赋归，顺便到小食店里吃点点心，这时我也常常与他们同桌，听听他们谈交易经过或民间苦乐，趣味无穷，所恨的是自己总不肯把那件破长袍脱掉，彻底地同他们在一起；不一回〔会〕，太阳已近山顶，街上复归于静，一二个巡警在叮嘱各家扫清门前的垃圾，结束这宝贵的一日。

于是我回到学校里，等待着吃晚饭的铃声。啊，对不起，我到现在才告诉你我的职业。你知道我在上海也以教书为业；当初离开时，我仿佛对你说过，想谋些别的职业做做，但比较之下，我仍旧执了教鞭；这是我的癖性，也隐约是我的命运，实在不必再有什么怨恚。在此间教书，我认为有两点是胜于上海的：

第一，此间是拿米的，不怕钞票跌价。学校里供给我们膳宿，又付我们八斗糙米及四斗半白米一月，另外一千多块钱薪水，我便拿来买香烟吃。写文章有收入便买些点心吃吃。所以米一项完全可以贮蓄起来，"吃剩还有余"，在这非常时期是足够庆幸的，这样的待遇，与一个科长之类也可以相当，只是他们有外快，我们是"硬碰硬"的，好在我们不要发财，良心平，也很沾沾自喜了。

第二，此间学生有规矩。教书本是清苦的行当，是一种牺牲自己幸福来培养年青一代的义务，不容你奢求报酬，只想学生对你尊敬一点，你便有无上的安慰了。譬如说，在街上走，一个学生向你行个敬礼，不论学生的服装多末好，你的长袍多末破烂，你总是老师，受此礼而无愧；或你的学生高升了，他遇见你，总叫你声"先生"，经此一叫，你会把自己的杌陧〔1〕坎坷整个忘掉，随学生的高升而高升了。这种慰安唯教师所有，官场中的拍马低头、商场中利害相交，都求它不到的。此间学生都是彬彬有礼的，学生的家长对

---

〔1〕 杌陧（wù niè）：（局势、局面、心情等）不安定。

于我们教师也敬崇备至,加以我这个人向来和气,所以学生相当喜欢我。"天地君亲师"五个字在此间一般人脑中还留剩着,又以教令严格,学生对于教师不仅"敬",而且有些"畏"。上海的学生能够表现"敬"与"畏"的,恐怕已不可见了吧?就我以前在上海教书经过来说,敬重我的学生不可以说没有,但视我似敝屣,甚至为了分数想以小刺刀结束我的生命的,也着实有几个。上海的学生为什么会沦落到这样的地步?一则大概为了上海是个金钱的社会,学生进学的目的十九是在"混",不想求真正的学问,那里会敬重教育工作者?二则上海私校林立,坏学生被甲校开除,可以入乙校,再被开除,入丙校,只要有钱付学费,不怕没校进,学生肆无忌惮,那里创造得出优良的风气?这种教育情形,此间人士莫不引以为忧,因为上海学生特多,长此下去,受害最烈的还是我们莘莘学龄青年本身!

我们的学校是前清的考场,校舍很宽敞,开了十九级,还有不少空屋,同上海那些弄堂学校不可同日而语了。校中图书仪器颇感贫乏,这是环境使然,没有办法的事。听说上海不少校长以学费为囤货资本,置学生学业于不顾,是否实在?

我们与学生同膳,买菜、量米、劈柴都由学生自作,而且我们第一碗饭由学生盛好,你想学生如此劳动,如此敬师,为先生的那不兴奋?所以,我本来只有两碗饭量,可是到了现在,却增加到三碗了。这在上海的你该是不会相信吧?

这里我想跟你再来谈谈天台的风景。

天台的名胜自然得推天台山——当地人叫它做"北山"。天台山是中国名山之一,所以如橘一项,它的产地是黄岩,上海却称之为"天台蜜橘",以示名地名产之意。浙江多名山名水,我真望以后浙江能被划为"中国的花园"。

台山的风景固然好,但颇形分散,离城区又远,就是天台本地人一生仅登山玩一次的也不少,懒也。我以外域人飘浪至此,怎可以错过这一胜迹?

我于秋季开学时到天台,立刻想游山,可是天气太热,人地两疏,一时只得作罢。心中当然焦急,独愤无此缘。好容易,挨到秋深,学生结队作秋季远足之举,我才如愿以偿。

"北山"的名字定得确是有理,因为山是在北面,要去游,先要出北门而行。城里本来是静的,出了城,加倍地静了。静中方得游趣,未入山,碰着这一股子"静",心中先就高兴起来了。迎头而来的是一条黄色的公路,说可通金华、杭州,但未知何年能有车子往来。路旁是田,长照着等待收割的稻,农人不出来巡视,倒便宜了那些喜鹊畅快地偷啄着谷粒。

越走越远，路边高耸云表的杨柳在风中瑟瑟作响，早衰的叶子已在我们的头上飞舞了。路是静的，只有我们草鞋擦地的声音；大家都不说话，赶路要紧，迟了，没有宿头，够麻烦的。

左手边有一小庙出现，学生说是济颠僧的故居；这才知道这位富于神话故事的怪僧是天台人，杭州灵隐是他的修道地方。到里面去一看，也很平常；而且有一部份〔分〕屋子给人家租去住，不知收拾，颇煞风景。匾额对联不少，但我对此道素无兴趣，看都不要看，何况去抄录？

继续赶我们的路，过万松径，岩石突兀，却不见古松，想是被人砍伐完了。

由万松径过去，景色逐渐开阔了，"小桥流水人家"稀疏了，一眼望出去，是山峦与云霭，柏树与枫树都红，山泥也是红的，"春绿秋红"，造物主的调色板是丰富的。

不久，大路有了分歧，我们转弯了；闻如一直走去可抵四果洞，景色也可以。路之转角处有一阵亡将士纪念碑，筑得未见雄伟，不知怎的，近代建筑总比不上古代，如南京的总理陵园与明孝陵一比，虽然后者斑烂朽落，一股不可逼视的气魄宛然存在；这实在是建筑艺术的神秘，非常人所能领悟、巧取。

我们第一个目的地——国清寺——到了。国清寺在台山之麓，入山游玩，非过此不可。未入寺门，见一塔巍然，塔有阴阳面之分，无顶颇奇。相传这座塔系观音大士所建，只费一夜工夫，摄取民间灶砖而成。对于这一点，我不置可否，游山玩水何必死抱住科学家斤斤较量的头脑？世上伟大的建筑都有神话陪衬，一以增加悠然古趣，一以显其磅礴之气。寺门口并放着七只石制圆塔，形似浮筒或俄国教堂的顶，说是"七宝如来"，佛教有没有这东西不曾研究过，但第一次见这宗教建筑是事实。于是进山门了，山门是新建的，还竖着现任县长的告示牌，自免不了失调之嫌。见一四海大士之像，在流浪人看来，有异致的感触。走完这廊形的山门，是一条幽静的道路，两旁有百年以上的大樟树，松鼠在枝间跳跃，一点不畏游客。道路尽处见黄墙一垛，上书"三教总持"四字，系王震手笔，很有飘逸潇洒之气。墙前有溪一，水势湍急成漩涡，过一桥，桥堍有一碑，书"一行到此水西流"唐诗一句，这便是庙门了。曲曲折折转了几个弯，才看见庙宇本身，建筑之奇，无以复加。国清寺为台宗发源地，台宗以清净及讲经为主，所以"大雄宝殿"上不见什么香火，无比清净，那三清大神及两旁的十八罗汉个个金光灿烂，映以大红柱楹及玲珑长明灯，森严之至（上海的虹庙简直与一厨房无异，我想），而讲经所上法师铮铮现身说法，众沙弥静坐谛听，或同唱佛号，才可以称得上宗教而无愧。寺内树木很多，有垂璎柏一对，粗可合二人围，极为美观；但杂以法国梧桐二枝，大为不妙；后园有修竹数亩，芭蕉几簇，芋花及荷花只剩偌大的叶片了；小僧正在种菊，总觉伧俗。书画收藏了不少，有一幅王震的佛像，极佳。大殿旁有一伽蓝殿，据说求梦很灵，一到晚上男女杂处而睡，极为热闹。伽蓝殿前有古梅一枝，相传是隋物，干已蚀空，只老根一枝着地，闻重瓣花而结实，未曾亲眼看见；它与城里的神桂并称"隋梅唐桂"，为难得的古迹。五百罗汉殿也很清洁，我初入其堂，有一学生注意我左脚先跨进，又问我年龄，就到左边佛龛数我的年龄，至一佛像，向我说：

"先生，这是你的像。"

我起初不懂，后来他说明了，才知道是问卜的一种。我再看佛像，面目清秀，与我相似，只多眼镜一副而已。

"先生，你是个安逸的人。"学生指着像说。

我笑了出来，心想如此乱世，躲在这桃源境地悠哉游哉，倒实在是安逸，但又想书剑两未成，不安逸又怎样？

寺内有玉佛一尊，是信徒所赠，大家赞叹不止；然而细看一遍，不像是玉，大约是一种好的冻石，就说是玉的，虔心也不可以富贵来测量的啊。

知客僧领我们到后边洋房里去看。洋房面对门外的塔，设计不恶，洋式建筑却不聪明了。这座洋房专供香客寄宿之用，以前上海香客很多，或者会表示欢迎的吧？知客僧要为我们煮茶了，我们说今夜不宿在此，他便废然而退。

在寺内买菩提子念珠一串以为纪念，化〔花〕二十元；另有一种叫"明星菩提子"，索价六百元，没有买得起。

将出门，折至放生池一观，亭榭池石，错落有致，做公馆的园景则可，放在佛地嫌太富丽了。

现在是一条山〔路〕了，遥望前面石阶高耸，学生们为我担忧了，怕我爬不上，我说：

"你们放心好了，我会慢慢爬上去的。"

学生们还是不放心，结果，他们分成两队：一队苗壮的先行，以便准备食住问题；另一队体力较差，陪我慢慢的〔地〕爬山。他们这样的周到，出乎我意料之外。

台山拔海一千一百三十六尺——说是"万八峰"太夸了——大概有十个国际饭店的高，没有电梯，靠自己的双腿爬上去，像我这样一个喜欢旅行却未曾做过什么伟大旅行的人，体气〔力〕又是这样不如人，你也将为我着急了吧？那时，我自己倒一点不气馁，因为兴致高了，什么都在所不顾。我还想当年（在）杭州爬过北高峰，现在也没有什么问题的。

这样，便开始拾级登山了。

开始不觉其吃力，越后越不对劲了。心脏急速地蹦跳起来，双脚似乎有百斤重镣锁着。我奇怪当初怎样爬北高峰的，但我忘了年岁已老了十年了。卸了重衣服，给学生挟着，身子似乎轻快些了；然而走不上二十步，又气喘了，想前进，面前的空气好像在推我下来。学生说：

"先生，歇歇吧，慢慢走！"

我想卖少年而不成，只得就地坐了下来。学生递来一只橘子，咬进口里，从没有这样清凉芬芳的味道尝过。坐了一回，才稍觉头脑清醒，胸口舒畅了。他们说这叫做金地岭，是吕纯阳〔1〕一夜之间"弹"成功的，是台山最难翻越的一条岭。我模模糊糊点着头。

以后的爬行，真是"为爬行而爬行"，只咬着牙关向高处爬上去。头也晕了，两旁的危岩老树、风景名胜，都无缘细赏。走三十步，停十分钟，像一个抱病越狱的囚犯那样。这时我梦想着有一架高架电车把我送上去，但后来发觉这是一个错误的观念：要欣赏名胜，须先吃苦，苦吃得多，享受起来的滋味更高，轻而易举地达到目的，一切就要平凡了。

慢得像蜗牛那样，一拐一跛地到了真觉寺。

真觉寺俗名"塔头"，相传汉钟离〔2〕用宝扇把国清寺的塔顶扇到此地的。此间大殿上供塔顶式的石龛一座，刻佛像无数，倒也别致。此庙传为梁武帝修行之所，果尔，则年代也相当久远了。庙内一老僧，耳已聋，很健谈，可惜牙齿全脱，方言夹杂，不大听得懂什么。香火端茶来，我们若逢甘泉那样牛饮起来。香火不索茶资，我们也不付，很奇怪，待走出门，才见门外亭柱上写着的粉笔字：

"大家请去喝茶，茶钱已付了，××中学。"

这是先到的同学留的，现在他们大概已到了吧？唉，前进总是幸福！

出真觉寺，见山茶怒放，旷野的山间生着这样娇艳的花，叹造化之奇妙。

又是十几里山路，路平了一点，脚劲训练出了一点，走起来比较容易了。

---

〔1〕　吕纯阳：即吕洞宾。

〔2〕　汉钟离：姓钟离，名权，字云房，传说中的八仙之一。全真道奉其为"正阳祖师"，列为"北五祖"之一。

到龙王堂,先走的一批同学有一个留着等我们,邀我们去吃他们自煮的面条,并说今夜宿华顶——台山的主峰——以便明晨观日出。我独自沽了一斤黄酒喝,想提起些精神,谁知道山家酒里冲水淡得没有一分酒味。

龙王堂是一个镇名,没有景色可看。

是一样的崎岖的山路,石级愈来愈峻峭,却只得鼓起勇气(往)前走,不回头看,回头也枉然!脚酸了,口渴了,只得忍,人而不能忍苦痛,可算什么人?特别是我,我算是上海来的,上海人在内地没有什么名誉,都说上海人喜欢买外国货,娇生养惯的,一旦爬不上去,我的面子放到那里去?路是难走的,我还是要走!有一二次人差一点昏蹶过去,也给我的意志力克服了。

山势可称雄伟,飞鸟不多,大树罕见,只有一些不高的沙木及羊齿植物。岩石不见得出色,不能同雁荡相比。台山以"险"见称,与西湖的"丽"同工而异曲。

中饭吃得迟,白天又是短,没有到华顶,夜幕已一点点阖上来了。我以最后的勇气向上爬去,同学们唱起歌来,歌声从山谷里回响出来,打进我的心胸,给了我不少鼓舞。

先到的同学在山门口等我们许多时候了,见我们一到,大家跳起来了,像久别重逢那样。

老僧在我们身后把山门关了,天已全黑了。

"先生辛苦了!"同学说。

"还好!还好!"我微笑着回答。我虽然是个落伍者,也赶上去了。

晚饭开上来了,却咽不大下,不是因为菜蔬坏,而是人过分累了。同学照样三碗四碗往肚里送,回顾自己,黯然说一声:"我已经中年了!"

晚饭后,大家还举行了一次同乐会,我声嘶力竭地唱了一支歌,进房去睡。学生年青气豪,不断地唱戏拉胡琴,一点没有睡意。腰肢与双腿异样地难过,房外大吵大闹!这一夜根本没有睡得好。半夜,将朦胧〔蒙眬〕入睡,学生在房外叫了:

"先生起来,可以去看日出了!"

"太早,鸡还没有啼过。"我说。

"不,要早,否则看不见的。"

无奈,披衣起来,跟他们一起出去。

朋友到这里我还没有把天台山最好的景色写给你看,你且等着,以后才是啦!

只有三更的时分,山野纵是宽阔,天还是黑黝黝的,气象有点吓人,人是不惯在黑暗里生活的。从寺院到山顶有一段漫长的路,疲乏与饥饿交攻着每一个人的身体,这样艰苦的旅行实是生平第一次。头顶上几颗小星儿为我们照亮,是可以感谢的,浩漫的黑暗,一点点光也好的啊！路高低不平,水潭很多,外面是无底的坑谷,这不是人生历程最好的写照？这时候,这环境里,我们已无所分界了,背挨着背,呼吸齐着呼吸,以一致的步伐,一致的意志,共渡这黑暗的阶段。前面的人不时呼着:"当心桥！""转弯！"后面的人大声应着,一传十,十传百,山谷仿佛在嗥啸,在战斗里。大家都有滚烫的希望。

穿过幽香的婆罗树林,我们到了天台山的最高峰——拜经台。大家舒了口气,寒冷却袭来了。高亢的山风吹得我们发抖,却吹不掉我们等待黎明的希望。

我们身在一千一百三十六尺的高处,俯瞰下面世界,只见云海环绕着群峦,一圈圈,一道道,曲曲折折,或银色,或乳色,或灰色,如白练,如溪涧,美妙达于极点。这样的云海是第一次入我的眼界。

云海之下,不见一物;云海之外,是一条空渺的地平线,发出半透明的青光,像一把极长极长的横卧的剑。天也空,地也空,宇宙像个谜。

有人在烧野火,照得每个兴奋的脸发红,野火熄了,苍空上的星一盏一盏熄了,那永生的日球仍不见升起。风狂蛮地吹了起来,我们等待着。

我们忘了一切地等待着光明！

突然一只鸡破喉而叫了,一遍又一遍,是起身号吧？我们爬到降魔塔旁边,忍着野风,以焦急的目光注视着东方。

东方固然有些变化了,青色已变成紫色,天空也开亮了,可以看得见各人的面孔,脚下露湿的小草,渐渐,紫色更艳丽了,更红了;天上的云在翻动着,变幻莫测,画出一幅道地的白云苍狗图。鸡声更紧了。我们等待着。

约摸过了十分钟的时间,地平线上突然大变了,像一缸红色颜料突然倒翻一样,它化成一个朱色的海洋,有朱色的半轮太阳在浮荡,在燃烧,在上升。另外半轮太阳,——据说是日之幻影——跟着上来,跳跃着,要与另半个迎合。天啊,叫我怎能用一枝〔支〕无用的笔写此奇象！

疯狂的欢呼声从每个心坎里倾倒出来了！我们终于等待到了万丈的光明！

两个太阳溶成一个了,平地射出七八道金色的光芒,大概是太高兴了,光芒也在发抖。宇宙的大神加了冕了,一步步走上天座——每一步是光彩,是水晶,是温暖。云阵如五彩缤纷的宫娥,退让两边,候这九五之尊启驾。

绯红色的光沐浴着我们的身躯，我们都醉了。

旭日把光芒收进去了，变成一个纯白的大球，开始射出刺目的光线，我们就打原路回来，顺便至王右军砚池及几个大茅蓬一看。

因为是落岭，回来一点不觉着力；清晨的空气又这样清鲜，好像送我们一杯增加气力的人参汤。

在华顶寺吃了早饭，我们就出发到方广寺了。

方广寺分上中下三院，我们在中方广饮了台山著名的云雾茶，便到庵旁边去看第二个奇景——石梁瀑布。

瀑布急湍得犹似万马奔腾，从最高的泉源——老龙口——喷射出来，抹了几个湾〔弯〕，到石梁下一泻而下，几有百丈之深。岩石都给水冲刷得晶莹光滑了，如果凿一块下来做砚池，实在太好了。流水的式样，言之不穷：高处如浪涛，平处如涟漪，宽处如珠帘，狭处如银链，削处如飞花，陡处如山洪……可惜没有带照相机拍照给你看；然而，朋友，即使带了，那龙飞凤翔的动态又怎摄得进去？

石梁是一顶天生的石桥，上下两长条大石，跨瀑布而过，如临空之长虹，鬼斧神工，无怪有人说这顶桥是观音大士拉相对的两条龙舌重垒而成。桥面宽可容一个人走过，胆大的敢在上面走过去，但我们都没有。据说一次一个人走了上去，至半途，耳闻雷霆澎湃之声，目见桥下百丈滚转的奔流，一失足坠了下去，只是一股血水飞溅上来，连尸首也不知冲到那个深渊里去了。台山风景之"险"，可见一般〔斑〕。

下方广有藏经楼，是清代御赐之物，计六大橱，经书以楠木做箧，很见富豪，但是尘埃满封，想来僧人也不常去翻阅。

上方广无迹可纪。

吃了中饭，到十里外的铜壶滴漏去玩。这也是一个壮丽的瀑布，铜壶口是一块大石，人爬上去，躺着，由另一人拖住脚，便可以探头出去看那直奔到底的水流。我怕眼镜失落，未曾爬上去。走下山坡，到铜壶底，看见水从上倒下来，奔放豪迈，有"大江东去"之概。再下去，到龙游涧，是瀑布中腰，水势稍缓，但澄清无比。最后是水珠帘，已是瀑布之尾，以小巧见胜。

循原路回中方广，吃晚饭，以山芋汤开游艺会。入睡，睡得很香，但常为窗外轰轰水声及飕飕竹声惊醒，有短时间愉快的失眠。

醒来，发现游山已是三天，今天的行程是到桐柏宫。打龙王堂经过，提早吃了中饭，一直奔去。天气和煦，同春天相似，脚力也走出来了，跑路省力不少。

桐柏宫是道观，年久失修，又遭回禄，自呈现出一副破败之相。道观所供奉的像，与僧院不同，譬如一进门，僧院供四大金刚及弥陀韦陀，道观则供青龙白虎朱雀玄武四神。以前朋友告诉我，这里有个姓张的道友是燕京大学毕业生，亟想一谈，谁知道已到湖北去了，无缘获见。宫旁有伯夷、叔齐庙，颇资警惕。

桐柏宫过去是百丈坑，景色也可以用"险"一字去形容，百丈坑是一个总名，可以玩的地方有三个：

第一个叫观止，是百丈坑的最高处，有大岩一方峙立山上，人坐其上，大可以傲视一切。我坐在石上抽一枝〔支〕烟，环视四周的苍翠的松树，似在画中一样。

第二个叫琼台，须由观止爬下去的，没有石级，只有凹凸的石缝，可以插足。我们大家都蛇形匍伏而下，什么手杖、草鞋、围巾都要暂时抛掉，因为双手要帮助双足工作。"当心！当心！"的叫喊声不绝于耳。这里的"险"有趣，一不小心，至多擦去一些皮，同石梁一失足而粉身碎骨不同。岩石爬完，见一道流沙蜿蜒足底，似险而不。这便是所谓"坑"了。由坑再翻上去，同样没有路，要手攀树枝而上，却为常人能力所能及，所以一面吓，一面却以能做一次小探险家而喜。于是看见天然生成的大石拱门，绕至其背，见崖壁上一洞，人可盘坐其间，就是琼台了；听说月夜来更好，琼台拜月是真有诗情佛意的。琼台位于台山半腰，四面八方都是山，或近或远，或可亲，或狰狞，其状不一。

第三个叫龙潭，要玩龙潭，须先自琼台回到观止，从观止下山才能到。观止下山一段是羊肠小径，极盘曲之能事，走来很费力；但两边景色宜人，冰冻的山涧更是首次看见。龙潭也是一个瀑布，由高处直泻而下，中间无遮无拦，非常畅快；有人把石梁譬作披素带窈窕而舞的女侠，龙潭则是手掣青剑勇往直冲的好汉。瀑布尽注于一池，水色碧绿，不染一点尘埃，若是能走近前去喝一口，其味想来与玉液无异。

游完龙潭，是回来的路途了。路过一溪滩，踏露出水面的大石而过，提心吊胆，别饶趣味。山尽，过桐柏岭脚，远望桐柏瀑布滚滚而下，颇为美丽。再走十多里，西门望得见了；进西门，刚刚上灯的时候，到一家小吃馆吃汤面，三日不尝肉味，今天大快朵颐，佳则佳，不免显出尘世间人的鄙浊。

三日行二百里路，双脚像棉絮做的一样无力，回家洗面漱口、理头、更衣，倒在床上鼾然睡去了。

朋友，台山游历经过都尽于此了，虽是一鳞一爪，对于千里外的你，也可以给你神游一下子了。台山尚有二处未去过,即鹭〔螺〕溪钓艇与万年寺。以后当然要去,离域〔城〕五十里尚有桃源,说是洞穴;洞穴我不大高兴去玩,闷气沉沉的,不足以扩达胸襟,所以出小西门便是的赤城山(也是洞穴之景),始终没有去过。

信一写长,便噜里噜苏了,请你不要见嫌。字里行间,你可以揣摩得到我在这小城中心境如何。

此间对于上海消息常有记载,我也特别注意,因为我有不少朋友留在上海,都愿他们能够平安地活下去。

天台山纪游

吕甲初

载于《胜流》1946 年第 3 卷第 6 期。《胜流》1945 年 1 月 1 日创刊于杭州，半月刊，浙江省地方行政学会编辑发行，陈光增主编，1948 年 6 月停刊。吕甲初，浙江东阳人，浙江地方行政学会会员，曾任私立济群战中校长，编纂有《浙江东阳东平瑞山吕氏宗谱》。本文记录了作者游览桐柏、琼台、石梁、铜壶滴漏等景观的经历，最后认为天台山"论风景要推琼台、石梁，论寺院要推华顶、方广、国清"。

余游天台之念，早在数年前，终以东西奔波，无缘偿此宿愿。去岁供职天台，得乘机上山，惟时间匆匆，未能一一按图索骥，走马看花，仍不无遗憾之感，兹将游经各处，片断记之。

高高桐柏岭，巍巍崇道观

桐柏岭高数百丈，系新改砌，坡度不大，路阔易行，越岭巅，豁然开朗，形成一小盘〔盆〕地，村舍阡陌，疏落其间，宛如别有一天，盘〔盆〕地正中，有阜突起，碧瓦红墙，即桐柏宫在焉。宫旧名桐柏观，唐睿宗景云年间司马承祯所建，层楼叠翠，规模宏伟，惜已毁塌殆尽，断壁残垣，仅存无几。承祯字子微，为仙踪十友之一，谥贞一先生，后为东华上清真人。五代梁开平中改名桐柏宫，宋大中祥符元年又改桐柏崇道观，上有紫阳楼，奉紫阳真人像，下奉三清，左右分供吕祖、邱长春像，宫西为清圣祠，供夷、齐石像各一，石炉一，呈灰褐色，沉静古雅，光耀炫人，据考为唐以前物，传系本宫王道人（灵宝）治愈后疾得之而归，右龛供司马祖师，左龛供十八木制牌位，皆系台郡贤者，表从祀焉。观东首有东道院，上悬横额"道不远人"四字，现作客室，壁悬近人阮毅成[1]、李立民、孙多慈[2]诸氏字画多幅,颇觉清幽可寓。

险登仙人座,空怀琼台月

琼台位桐柏宫西去四里许,为台山第一胜景,自宫西行踰藕田塘,经琼台庙,上高岗,山势忽变,群峰卓立,如笋如戟,如兽伏,如鹤立,蜿蜒数转,路尽处有茅屋数楹,门户洞开,趋之户前,瞥见一六十许老道适在正襟打坐,盘膝叠掌,闭目凝神,询之则知系姓孙,在此修道甫年余,衣食均自理,出不闭户,夜不枕席。室中陈列简单,仅供吕祖像一尊,待余说明来意后,即起坐引观屋之仙人足迹,迹在门外岩石上,仅右足印一,大小与常人仿佛,极相似,盖另一足印系在对岸数百丈远之另一岩石上,仙人因有仙道,故得一步跨过,亦海外奇谈也。移时,即陪循原路折至琼台,台离道者所居不及半里,兀立一小峰上,状如灵芝,单抽独立而上镌有"台岩奇观""秀甲天下"等字。自此下,山壁路绝,以身下溜,山势更险,沙随足泻岩,石随手倾,心惊足栗,渐渐下达数丈处,有二(石)相对壁立,高可丈余,上有近人康南海书,(左)右刻斗大字二:左"琼台",右"双阙",即所谓"琼台双阙"是也。二石间宽可通人,过阙稍右,倚山有三小石叠之,一石凹进如剖桃,适容二人可坐,名"仙人座"。其下壁如削岩,俯不见底,仅闻潺潺水声,即"百丈坑",前望二崖,壁立数百丈,与"仙人座"遥遥相对,秋光月影,水波荡漾,以月映影,以影映石,反映水底,月亮隐现为二,有夜月之奇观,所谓"琼台夜月"即系指此,据当地熟悉者言,每年农历十月初一,在此阙中可见到日月同时落下西山,惟机会难逢,不易见也。

龙王堂上客,细听个中苦

龙王堂距桐柏宫约十五华里,居台山中心,为游天台山者必到之处,战时天台山名胜整理委员会在此建有游客招待所,新颖巧致,远望似白宫,现为集云区署所在,其旁有中心国民学校一所,亦新式建筑,惜频年为军队所驻,门墙窗壁,多半损毁,区门胡君系余之同乡同事,相见甚欢,承告当地民

---

[1] 阮毅成(1904—1988):又名冠华,字思宁,晚号适庐主人,浙江余姚人。1931 年获巴黎大学法学硕士学位,曾任国立中央大学法学院教授、浙江省政府委员兼民政厅厅长,1949 年去台湾。

[2] 孙多慈(1913—1975):又名孙韵君,安徽寿县人,晚清重臣孙家鼐之孙女。书画家,徐悲鸿女弟子,曾任台湾师范大学艺术学院教授、院长。

情风俗生活习惯甚详，彼谓台山居民，什九皆系贫苦佃农，年来以政府军队之重重捐派，一般农民竟有亲自种田刈稻，而不能自己吃到一颗米之怪象，尤在近一年来，天灾频仍，甚有以树皮草根为果腹者，如斯境况，何能推动政令？盖台山原无多大田地，且皆为寺院所有，每年向农户收租，年来受战事影响，交通阻隔，游客大减，各寺院每年亏累甚巨，乃将田地抵押以资弥补。然在佃农，仍是换汤不换药，其被剥削之痛苦，或有过之。

以时间关系，曾留宿区署一宵，入夜风势甚烈，呼呼终夜，睡不成寐，盖此处地势甚高，虽属初秋天气，而寒风已觉刺骨矣。

钦赐三台典，空存东阁楼

由龙王堂至上方广为十五里，寺为晋昙猷所建，为台山有名丛林之一，殿宇宏伟，尤以藏经阁最属知名，阁在大殿东首，全部经卷为逊清雍正帝敕赐，凡十六橱，分列阁之四周，每橱高可楹丈，每扇门上均刻有"钦赐龙藏"四字，锁以尺长铜锁，内构百格，每格藏一木箱，每箱分十卷，每卷配装木制版面。大小一律，格上编有字号，以便取阅。据方丈告，昔有某僧远道来此读经，终日不倦，继续至二年，方阅毕半许，若窥其全豹，则非三载不可矣。阁前有清阮元题"三台宝典"隶书匾额，惜现为乡公所借作办公处，致不能整修洁净。千经万卷，徒作高阁之束，仅亦兴人数声浩叹已耳！

阁后为罗汉堂，供五百尊罗汉雕像，像高约二尺，全身金装，神态如生，传系由一株樟树剖雕而成，树之大亦可想见，堂之上首有方丈楼，前有"方丈"二字横额，乃翁同龢手笔，其左右两旁，尚有阮元书"当作金心〔声〕"，及俞樾书"禅心自得"匾额各一，总观全貌，多呈衰落之相，而年来香客无多，斋粮不足，要为其最大原因。

汹汹石梁瀑，飞越万山关

寺下半里，至中方广，中方广有胜景者为石梁，寺在石梁左，倚山面水，凭楼下瞰石梁飞瀑，顿觉心旷神怡，百念俱无，其后即为佛殿，供大悲咒中观世音化身佛像百余尊，规模远较上方广为小，寺之左侧隔数十步处有盖竹洞，为三十六洞天之一，相传隋智者大师曾眼见五百罗汉自此洞出。宋丁令大荣有"盖竹洞天"四篆体石刻，颇称劲秀。自洞折回至石梁，大可数围，长约三丈，跨越二山间，宛如洞桥，瀑自梁下下泻数十丈，水声汹汹，振耳欲聋，其下为潭，深不可测，据寺僧告常有人跳梁投潭自尽，其志之决，其气之勇，亦可谓尽矣。梁背如鱼脊，峻险难行，上侧有"前度又来"及"万山关键"斗大石刻,不知镌于何年何月,亦煞费心机也。其右端有铜殿一,高可数尺,传系明某宦官铸送,内铸五百罗汉头,殿门四扇已窃去其一,当地有句谚语:"天台穷虽穷,石梁桥头尚有三千斤黄摩〔风磨〕铜",因为过于笨重,虽落山径,亦无人转念将其窃去。每当晨昏,寺内沙弥,均须走过石梁到此殿前供香,如履平地,毫无栗容。四周竹木苍翠,摩崖多端,诚台山唯一之奇观也。

自此下达数丈,至下方广,殿宇壮丽,惟频年庙产缺短,寺僧无多,厨房灶头备而不用,颇觉冷落。

滴滴铜壶漏,晶晶水珠帘

铜壶滴漏、水珠帘、龙游枧三约相距咫尺,自中方广向东行处踰一小山岭,再沿溪涧而下七里许,涧中有岩石窟窿,大逾酒缸,深可数丈,涧水流入窿中,隆隆作响,再由窟窿之缺口注下,泻悬数丈而至潭。游客欲窥其内幕,颇觉艰险,必须俯卧于窿沿光滑之岩石上,以一人之拖住两足,防入窟也。因其形如铜壶,名曰"铜壶滴漏"。自此下达数十丈处,又有一岩横生涧中,矗立如壁,高数百尺,水沿岩壁薄薄,挂流而下,注如水珠,形似帘幕,故名"水珠帘"。其旁有石陇一,宽尺许,深二尺,长约三丈余,蜿蜒如游龙,水从陇中下流泻入深潭,即所谓"龙游枧"是也。

自此沿溪涧而下,二旁山势渐接,竹林茂密,深冬雪积,竹林被压下垂,互相衔接,形如桥洞,谓之"断桥积雪",惜今竹林已砍削殆尽,"断桥积雪"亦仅是一个名胜上之陈迹已耳。

更上一层天,长空万里云

自上方广投东南行,蜿蜒山岭,愈趋愈高,约行十五里而至华顶寺,为台山位居最高之寺院,山门上首有近人王震氏"华顶讲寺"四字石刻,明窗净几,殿宇宏丽,因地高气冷,寺中屋宇均以铅皮代瓦,外涂柏油,以维经久,仅新成之大雄宝殿用瓦盖之,然亦为定制特厚者。寺内千佛楼,颇称精致,寺周数里方围内,大小庵堂约百计,每庵内住僧一二不等,最大者推药师庵,藏有金钵、玉印等古物,各庵因避风寒,均盖茅草,逐年增加,厚达三四尺五六尺,名曰"茅蓬",冬暖夏凉,外观亦甚精雅。

由华顶再上五里至拜经台,地势更高,可谓台山群峰之祖,极目四周,长空万里,宛如身浮云海,畅舒胸襟,真不知人间几遭浩劫。台为智者大师所建,今则已成遗迹,据传当年皇帝派使者至西方佛国求经,限期未归,大师乃建此台向西求拜,未三日,使者果携经而归。现台基上尚立有"隋智者大师拜经处"石碑一方，此外尚有降魔塔一座，茅庵数椽，惜为时间所限，往返匆匆，未得见日出奇观，诚为恨事。

赢得山灵秀，名寺仰高僧

华顶而下经高明、塔头诸寺，约行四十里至国清寺，距城仅七里，其地位台山之麓，可称台山第一寺院，游客最多，香火最盛，盖交通便利，实为其最大原因。寺内迎塔楼、讲经堂、罗汉堂均甚清雅，伽蓝殿前有古梅一本，植于隋朝，一名"隋梅"，苍劲若虬龙，与天台县府内所植之"唐桂"可相媲美，其余如漏沙锅、印度玉佛、王右军书鹅字石碑亦皆值摩挲欣赏。寺前有石桥曰丰干桥，以纪念丰干禅师也，其下路旁有亭曰寒拾，纪念寒山、拾得二禅师也，传三人皆寺内高僧，相偕隐此超度众生。

综览台山，论风景要推琼台、石梁，论寺院要推华顶、方广、国清。三寺各有其长，台人有言评之曰："华顶好屋宇，方广佳山水，国清严规矩。"诚非虚语。

天台旧游

希 文

载于《旅行杂志》1950 年第 24 卷第 2 期。希文,其人不详。1946 年 8 月 2 日至 4 日,作者偕友人游览了国清寺、真觉寺、华顶、石梁、高明寺等胜迹,本文为该游览所作,其中对天台山景观历史、摩崖、匾额、楹联、逸闻等记载较多。

一九四六年八月二日,偕友数人,由天台县城沿公路北行,约三里至"万松径"摩崖,三字为宋国清寺僧指堂所书,指堂亦名志南,与朱晦翁友善。现山麓附近只余小松一株,伶仃瘦弱,因风俯仰,不妨以"一松径"呼之也。

过双塔湾,仅见半塔颓立,无可凭吊。又行三里,抵国清寺,寺依山带水,万木葱茏,气象雄厚,深藏不露。前左方一塔矗立,数之,计有九级,高约三十丈,是即隋炀帝遣司马王弘为智顗所建。另有七宝如来塔,低小无可观,径至丰干桥上休憩,桥下双涧合流,荡漾清漪,为台山十景之一。隔墙望寺内绿竹千竿,挺秀宜人,眼帘为之一新。影壁题"教观总持"四字,白龙山人王震书。相将入寺,寺门东向,树一碑碣,题"一行到此水西流",陈钟祺书[1]。余按一行为唐朝僧,穷大衍算法,传访师至国清寺,闻院中僧正布算,其声籁籁,旋谓其徒曰:"今日当有弟子求吾算法,已合到门,岂无人通达耶?"即除一算,又谓"门前水西流,弟子当至"。一行承言而入,稽首请法,尽得其术,不知碑上句意是否指此?水西流者,实则东涧水绕寺出丰干桥下,西流数步,即合西涧水淙淙南去矣。阶前遇华一法师,向导入内,至迎塔楼而导游者林君已先到,招呼登楼安顿;略停,仍由华一导至寺内各处参观,伊手指口绘,惟恐不详,盛意可感。继至妙法堂阅舌血书之《华严经》,经卷帙浩繁,字体端秀,注称:"弘觉老人启其端,德庆法师藏其事,原存绍兴平阳

---

[1] 原注:题句出于《旧唐书》一九一卷。

寺，近年经裘时杰[1]抢出送交国清寺藏护。"《华严》为大乘中最宏迹之经，又系高僧舌血书成，尤为不可多觏之珍。经后并附裘君小诗如下："江山百劫仍珍护，不负高僧滴血心。试向经箱仔细听，其中似有海潮音。"

　　国清寺为中国名刹，初名"天台寺"，与塔同时经王弘建筑，大业元年，赐名"国清"，门额"国清寺"三字，传即王弘手笔。寺左右有灵禽、祥云、灵芝、八桂、映霞五峰环绕，形状俱系平常尖山，并无可观。进而为雨花殿，传智顗九句谈妙，天女散花，盖亦仿金陵之雨花台，因云光和尚讲经，感天雨宝花之故事耳。最后为大雄宝殿，地点高踞，气象巍然。居中三尊大佛，均丈六金身，壮严雄伟，后围十六尊者，巨大过人，意态如生，古代木刻能手，叹为观止。殿中有三十余僧绕列诵经，青磬红鱼，或拜或立，可称闲中忙事。左侧一小殿，供伽蓝神，据云神极灵验，烧香跪拜者，络绎不绝。余亲见老妪少妇人等，在内铺席过夜，祈梦求签，迷情可悯！殿前有"隋梅"一株，树身下段只剩筋骨一条，上干托墙而出，枝叶犹复茂盛。向南为香积厨，有联云："古寺尚存寒灶石，香厨犹有漏沙锅。"内储大铁锅一口，径约一丈，厚寸半，炊米可十余石，俗传此锅漏沙不漏米，底有一孔，余以室内黑暗，未能观察清楚，其神话有二：（一）释迦牟尼说法，文殊、普贤行台，观音大士执爨，五百罗汉故难大士，以沙和米中，大士用丈[杖]击破锅底，沙漏米存，水亦不漏，留此圣迹。（二）此锅烧饭，常底焦心生，后得一僧煮烧得法，颇受方丈奖饰；群僧妒之，暗中取沙数斗，拌和锅中，至开饭时，竟一无沙粒。僧辈检查锅底有洞，原沙漏于锅下，再觅烧火僧，已不知何时离去，遂惊传为菩萨化身。

　　以上两说，当然不可置信。东西俱有方丈楼，东方丈楼下有阮文达（元）书"晋唐古方丈"额，隶体端秀；西方丈楼新修，多王震题联，东房为三贤祠，祀丰干、寒山、拾得。按《传灯录》云："唐贞观中，丹阳太守闾邱胤尝问：'丰干，天台有何贤圣？'答云：'国清寺有寒山、拾得。盖普贤、文殊后身，公至宜谒之。'至则二人方据火谈笑，闾邱遽作礼，二人云：'丰干饶舌，弥陀不识，礼我何为？'随摇手出门去。"演此一段神话，人相传知。向前为莲船室，壁嵌王右军"鹅"字碑，乃同治间，邑人赵云龙，游武昌黄鹤楼归，携此拓本，经曹抢选摹刻于此者。序言得于华顶墨池侧，故弄狡狯，无甚意味。中为三圣殿，木刻三圣立像，亦高大可观。此殿木工雕刻颇细，人物生动，为一般殿宇所

---

　　[1]　裘时杰（1891—？）：别字时杰，浙江嵊县人。浙江陆军小学堂、南京陆军第四预备学校毕业。1916 年 8 月保定陆军军官学校第三期骑兵科毕业，分发浙江陆军服务。曾任骑兵团团长、集团军司令部高级参谋、陆军少将等职。

无。内十数僧诵经,一僧喃喃似不耐烦,一时声大如狮子吼,一时又如嫠妇低诉,抑扬顿挫,极变化之能事。东房嵌隋时碑文及绘刻佛像,已残破不易领略。再前院有功德池,池内红莲,余数之,恰开九朵,意觉游缘非浅。安养堂北向,供玉佛一尊,云自缅甸请来,玉乃玶珷之类,非真玉质。出寺门西转至放生池,池之周围,不及一亩。北岸有乾隆新写碑,西为董其昌书"鱼乐国"碑,董碑为近年摹写刻石,已非原物。游客以炭屑在碑上批云:"鱼而不游,何乐之有?"上清心亭,有联:"山空云自在,水净月孤圆。"意殊超脱。另一碣刻老翁,一碣刻"福"字,题为朱文公〔1〕书,在天台城摹刻于此。

隋僧智𫖮,炀帝封智者大师,依天台山开辟一宗,世称"天台宗",亦名"法华宗",以《法华经》为根本,以《智度论》为旨趣,以《涅槃经》为辅翼,以《大品经》为观法,专习"止观"。"止观"即北齐慧文禅师悟龙树之旨,依《中观论》发明之"一心三观"也。慧文传之南岳慧思,慧思传之天台智𫖮。智𫖮讲说《法华玄义》《法华文句》《摩诃止观》三部,此宗教观因之大备,继至中唐,有荆溪大师者,益阐发此说,天台宗派乃至极盛。

午刻寺僧邀进素席,丰富与凡家相类,虽系素制,仍以鸡鸭鱼肉为名。午后通宏和尚导余游寺后摩崖石刻,一为"大中清之寺",署"柳公权"三字已模糊,"大"字亦残缺,蒋叔南誉此字为银钩铁划,端炼高华;一为"秀岩",下署米芾;一为"枕岩",朱晦翁题;一为寒山子诗四句:"重岩我卜居,鸟道绝人迹。庭际何所有,白云抱幽石。"传为石谷老人书。西转至"锡杖泉",新修六角低栏,泉已干涸,相传隋普明禅师于此坐禅,以下涧取水不便,杖叩此间,泉即涌出。晚住国清,阅《天台山志》,卷帙过繁,非匆匆者所能悉览。

八月三日早饭后,芒鞋藤杖,沿溪登山,十里抵真觉寺,寺一名"塔头",据高岗之上,门外有亭翼护唐碑一座,额篆"修禅道场碑铭"六字,文已破灭难读,门联云:"登峰始识天台面,入寺犹寻智者龛。"大殿内筑石塔,高约丈余,傅以金漆,六面均雕刻佛像,智者肉身,即葬其内。殿外一额:"震旦祖庭",陈璚书;前殿一额:"妙明觉圆",李鸿章书;内一额:"释迦再现",曾国荃书。静定和尚导余入东院舍利厅,观佛舍利,伊事先叩拜极恭,继将舍利匣慎重取出,乃悬于铜制镂花长方器中,形类手电灯泡之物,因缝隙过密,难以𬱟〔2〕观。和尚云:"观见舍利放射红光享洪福,青碧色享清福,黑色则劫障甚多,宜念佛忏悔。"余一笑置之,缘余所见只如青色灯泡,据以推论,余之清

---

〔1〕 朱文公:即朱熹。

〔2〕 𬱟(chàng):同"畅"。

福已极微渺，实则舍利乃佛身荼毗[1]，结成珠形之物，色分三种：骨为白舍利，发为黑舍利，肉为赤舍利，乃依戒定慧清修而成，非有神奇变化可卜休咎者。

又十里抵龙王堂，有邮局代办所、区署、国民学校各一处，商店数家，在此稍进点心，继续东上[2]。不半里有石刻"汉高察隐居处"，余无可观。午后二时许抵华顶寺，左右竹木繁茂，松杉尤多。寺门罗列九株罗汉松，实即杉类，内数株大合数抱，高数十丈，当是千年古物。入寺晤授松法师，计由国清寺至此，已四十华里，谓即台山第八重。余以沿途无甚艰险，几视若平常山中旅行，亦不记翻山几度。

华顶寺在华顶峰之南，距峰巅拜经台处尚有五里，寺开始于晋，德昭大师所建，智者曾坐禅于此。自明以来，屡毁于火，近五十年中又四毁，有"火地"之称。现经授松重建，正殿规模颇大，惟木刻佛像尚无贴金，新添客居亦未竣工，阶前有池，水色污浊，云即"王右军墨池"；架小石桥，题"泰安桥"三字，内史在此作字，似无确据。左右茅蓬多至八十余处，尽属僧居，屋上茅草厚三五尺，可避冬雪夏日，室中陈设，皆清洁雅丽。"茅蓬"二字，特一代名词耳。

八月四日，早二时起床，开户见月轮西挂，云行似马，招呼小僮醒，盥漱后，借到毛衣一袭，由僮秉烛带路，越山后上行，灯笼旋即扑灭，摸索前进，登至极顶南面，寒气刺肌，浓云迷目，罡风吹处，划然长啸，草木震动，月色昏黄，恍如古塞秋晚。鼓勇更上，折至寺门，叩呼片刻，沙弥开门纳客，视其围墙特厚，俨若城垣，晤兴一法师，献茶清冽，对灯闲话，静候日出。延至洋烛烧去三寸许，东方始现鱼肚色，余就窗注意眺望，光波渐次明朗。但见远山如齿，围以云衣，上为碧天，再高拥现明云三五，左角则一片灰暗海雾，其景约分三部：下层云景联绕山峦，因之平如海波，波中拥出远村近郭，殿阁楼台，散者如鸟如鱼，如塔矗立，如轮舶内驶，烟缕宛然。高空云景，忽似飞鹰，忽变走兽，或拟南极翁挂杖迎客，又如影片上之宝马腾空。右角黑云，则矫若游龙，怒如狮舞，庞然大蛙，活跃其中，飘忽狂荡，直不可捉摸。余于赤盘未面之前，既睹此奇离怪特光景，为饱偿观日欲望计，随急着毛衣，命僮开门外出。迨山门既开，野雾已来，阵阵轻柔，宛如仙子披纱，御风疾驶，恍惚迷漫，视线不及一尺之外。乃曳杖步上智者拜经台，倚石等候。孰意云气益

---

〔1〕　原注：即火化。

〔2〕　原注：在此东为华顶，北为石梁，各十五里，地三角形。

盛，类似狂涛北涌，迄不开断，其时余虽着毛衣，身上犹觉瑟缩不适，知未可久留，乃下台北趋至智者大师降魔塔处，方抵是地，北西两面云阵陡开，纵目视去，千峦万巇，尽在脚底，龙蟠虎踞，低首下心。《台山游志》云："四面峰峦重叠，如千叶莲花，此为华心之顶。"诚非虚语，瞥眼之间，天地又复障合，一无所有，余之观日出既告失败，兹得窥见台山真面目，亦颇快意。

以余去春游黄山目光估之，华顶不及文殊院之险，不及始信峰之奇，然以雄伟恢宏论，实又超过黄山。降魔塔为一六角石砌物，高约两丈，乃兴慈、授松两师重建，迄今仅有十年，文字未及研读。回入寺门，见两石碑，一题"天台第一峰"，一题"智者大师拜经处"。稍停，别僧携僮下山，天色大亮，转入南段，云气渐开，红日照射已万丈光芒，东南部山峦又复毕现，经此两度俯瞰大千，台山佳处始信。叩门入"太白读书堂"，只有一碑竖于楼下，他无所有，门外一池，池中石凸作龟形，其颈部颓弱下垂不足取。折入药师庵，有额"药师静居"，俞曲园书。登楼瞻药师卧像，寺僧采药去，只余佣人看守，此寺著名之唐贞观十三年制之"金钵"，及双狮纽碧"玉印"，以致无从索观。向西折返华顶寺，饭后下山三里至一岔道，南向为龙王堂，即余昨午之来路，西向为石梁。余乃单身西指，行六七里，回观华顶降魔塔，犹清晰可赏，塔旁时有片片白云，冲塔飞去。余一人行此荒僻山径，一面高山，一面悬崖，石道如肠，草木繁茂，余幻想假此际有斑烂〔斓〕猛虎迎来，余将持藤杖击其背以诲之。

九时半经上方广寺趋中方广寺，已闻訇声唤人，近视石梁衔接寺西，如苍龙耸脊，横架两崖间，长可一丈余，狭处径不容尺，前临深壑，上游涧水二：一为大兴坑来自西南，一为金溪来自东南，流泄至此，汇入石梁腹弧形中而下，云涌涛激，声若行雷。石梁上刻字，如"前渡〔度〕又来""万山关键"，均值得鉴赏，其他刻字甚多，不可卒记。梁西有小铜殿一座，高约四尺，广约二尺余，即明天启时，太监徐贵等施助，余并未过桥往观，缘知其中文字并无细读价值。绕抵下方广寺，再至流水处，踞石仰望瀑布雄姿，水势与余手持之台山导游照片相似，虽高度并无千尺，天旱水量不够，不能喻为银河天上来，然老龙卧波，白练悬空，声势之壮，正不愧名震浙东。余更以双涧合流为瀑，已属少见；而石梁空架，宁非天造地设，苟非神功鬼斧，何以至此。余故以不奇于瀑布，而奇于石梁称之。上抵中方广寺昙华亭啜茗，晤慧华老和尚，年七十七岁，身手强健，望之如五十岁人。昙华寺初创自贾似道，依槛观瀑最为适宜，现就地重建者，昔改称"雨来"，今仍呼"昙华"。亭内有联："龙湫无此状，雪窦失其雄。"推崇可谓备至。楼上五百佛像，高约尺许，雕工尤佳，有联："亭畔昙华移来供养，石梁瀑布剪作袈裟。"传系外人手笔，句亦跌岩〔宕〕可喜；又齐召南题诗，轻盈有趣，记之如下："织女悬冰绡，乌雀化为石。仙翁语游人，弱水本咫尺。"

十一时许抵龙王堂觅轿不得，食粥三碗，继续下山，一时达真觉寺午餐，询高明寺路程，静定师自愿引余往游。先至佛陇，地依大雷峰作枕，西陇合抱，形如燕巢，岭头三石列峙，为定光和尚招手石。陇地西为金地岭，东为银地领。余行至银地岭，见石质晶白有光，询静定始知为银地，再询金地，云已越过。摩崖上有"天台山""佛陇"等刻石，均指堂所书。过大慈寺，静定邀余入内稍息，讵数呼山门不应。随谒无尽灯火师塔，师号无尽，明万历间人，立幽溪讲堂，著《楞严玄义》，曾大震〔振〕宗风，向东行至高明山半腰，悬崖流沙，险不可下，攀松试杖，辗转一小时余，迄无途径。其时天正炎热，火伞灼人，余之丝衫泞湿，而静定之布褂依然，余深叹其具"静定"之功；嗣有人在岭头招呼，指点迷途，始转西径，蹭蹬下抵高明寺。

高明寺在高明山之前，幽溪之上，传智者讲《净名经》于佛陇，风吹书去寻至此，爱其峰峦秀发，清流潺湲，乃营静居，唐天祐七年始建寺，亦号幽溪道场，现有康有为提〔题〕额"高明讲寺"。大殿供三世尊铁像，高丈余，传各重一万七千斤。继观智者遗物：（一）《贝叶经》原为二十四幅，今止十九幅，且已残破，每页以檀木木板挖槽贮之，中间贯以铅丝，第一板外层题十二字："白莲王，造真谛。修习仪，破六教。"幅长约一尺，宽约二寸五分，贝叶质若竹箨[1]，较为光滑坚厚，色淡黄，梵文纵横，余愧不识一字。（二）紫金钵，铜制，径约一尺，黄黝色，钵口已缺少许，亦名"听海钵"，云以耳附钵，可听海潮涨落，余倾耳试之，一无所觉。（三）智者袈裟，传为隋炀帝所赐，长六尺，宽约四尺，上绣金龙花草，手工颇精。（四）玉印，白文，碧玉质，双狮纽，约二寸五分正方，文曰："天台名山高明讲寺罗汉宝印。"余盖其印模二张，以作纪念。

高明寺知客僧与静定伴余游"圆通洞"，传无尽灯火师曾在此注《圆通疏》得名。洞为天然四巨石叠成，高约六尺，修丈余，盖顶大石似人负置其上，因势修葺成屋，门仅容人，下为幽溪，松风习习，殊擅清雅。内一头陀披发垂肩，状颇清苦，只一桌一凳，一橱藏经，一蒲团打坐。洞有"圆通"二字刻石，外有"伏虎""佛"等刻石，余以天热云盛，雷声隐隐，恐落雨难行，不敢留

---

〔1〕 竹箨(tuò)：竹笋外层一片一片的皮、笋壳。

恋，匆匆返回。数武见般若石，屹立溪中，云即智者打坐处。抵高明寺辞别众僧，速步登岭，汗滴滴下。南行二里许，群峰开展，遥见国清浮屠，高耸迎人，始丰溪湾环如带，天台县城，密挤如一片瓦砾场，人类仰为何渺小耶？六时入城，计行八十华里。

游国清寺记

曹希彦

刊载于《小朋友》1947年第831期。《小朋友》1922年4月6日由上海中华书局创办,1953年改由少年儿童出版社出版,它是近代中国少儿读物中出版时间最长、出版期数最多的刊物,主要负责人有黎锦晖、陈伯吹、潘汉年等。曹希彦,其人不详,本文记录了他跟随父亲游览国清寺的见闻,他是已发表的近代天台山游记作者中年龄最小的一位。

离浙江天台城七里,有座国清寺。据说还是隋炀帝时建造的,是天台最好的名胜。上星期日,我和爸爸前往游览,这天正是冬初,霜雪未降,天气温和。

我们从小北门出发,马路上枫树笔立,枫树上都是红叶。路旁溪水潺潺,渔夫坐在溪边钓鱼。

走到万松径,据说从前这里有一万多株松树,所以叫做"万松径"。这三个字,是指堂和尚刻的,非常有劲。

再向前走,前面的螺蜂〔峰〕,巍然耸立,非常秀丽。

折而向西,沿马路行,经过和尚文、木鱼山两村,仰头一望,只见高大的塔,已现在眼前。走到寺的面前,许多树木,高达数丈,直立在溪的上游。

走过丰干桥,到了寺的山门口,只见弥陀佛笑嘻嘻地好像迎接着我们。我们在迎塔楼吃过中饭,下楼到各处去游览,走到了罗汉堂的门前。有个"鹅字碑",相传是王羲之写的。

走进里面点百罗汉,我点着一位看着书的罗汉。再靠左走,又到了花池,池里的荷花早已经枯萎了。池的前面有个玉佛,爸爸说:"这玉佛是从伊朗买来的。"

寺的左边有个大鱼池,占地数亩,池里有红鲤鱼、黑鲤鱼,种类很多。我买了几个饼丢下去,许多鱼都来争吃,很是好看。

这寺里名胜古迹很多，如大雄宝殿、讲经堂、方丈楼、修行轩等，都是高大的建筑物。游人到过这里，没有一个不爱它，不依恋不舍的。太阳快下山了，我们便循着原路回家。

索引一：本书人名、书名、碑名索引

一、本索引之主题包括游记中出现的相关人名、书名、文章名、碑名。

二、凡人名以官名、字、号称呼者，只将注释出的人名立条，以便参考。

三、智顗（智者大师、智者大士、智者禅师、智者、智师）几乎每篇游记皆有，已经失去索引检索的意义，故本索引不列入。

四、索引主题词分别按词头的汉语拼音音序进行排列。

B

白深枟 278,297

白廷夔 61

白玉蟾 170,409,588

白云先生 56,166,341,405,513,
555,558

《抱朴子》558

《宝刻丛编》588

《北山移文》200

《贝叶经》2,12,20,64,75,96,101,
107,119,133,142,147,161,182,
187,207,236,249,256,261,286,
305,311,319,329,339,356,360,
368,376,379,394,401,439,476,
489,502,584,628

《表忠谱记》582

伯颜 314

伯夷、叔齐（夷、齐）14,46,58,85,
106,127—128,136,143,168—
169,178,187,209,244,265,273,
276,307,311,320,341—342,384,
413,425—426,434,494,524,
558—560,588,616,618

C

蔡元培（蔡孑民）213,230,388,470,
517,529,532,605

曹唐 263

曹抡选 32,43,111,124,232,411,
475,488,491,501,517,582,
586,624

曹真人 23

曹希彦 630

曹勋 169,397

曹一介 177

巢维伦 378

常盘大定 154,194

常遵先（潇湘渔父）409

陈纲 29,31

陈寡言 58,179,341

陈函辉 75,399,400

浙江文献集成地方史料系列·浙江天台山游记辑注（近代卷）

索引二：摘录原文所附照片、图画索引

第 488 页:何清隐《天台雁荡记游（节录）》之"国清寺前之观音塔及七星塔"。

第 492 页:何清隐《天台雁荡记游（节录）》之"铜壶滴漏"。

后　记

本书是我多年查阅近代报刊积累而成。

2006年9月，在恩师黄霖先生的指导下，我选择了近代报刊与近代文学之间的关系作为博士论文方向。此前，我对近代报刊一无所知，也就是从那时起，我与近代报刊结缘。多年来，尽管也曾为之伤了目力、损了腰肌，所获无多，但仍乐此不疲、欲罢不能，大有一日不可无此君之慨。

在髫龄时，我就知道天台山，但它不是浙江天台山，那是在我家乡正南30公里豫鄂交界处的一座天台山，它是故乡那片大山的高峰之一，海拔817米，史称淮南第一峰。历史上，那座天台山也是儒释道荟萃之地。明代理学家耿定向（1524—1596）、耿定理（1534—1584）、耿定力（1541—1607）三兄弟曾居乎其上，创设了天台书院，教授生徒、讲学著述，合称为"天台三耿"。晚明思想家、文学家李贽（1527—1602）曾在那座天台山上驻足停留、著书论道，留下"水从霄汉分荆楚，山尽中原见豫州"[1]等诗句，赞叹那座天台山的巍峨挺拔。再往上追溯，据说天台宗创立者智者大师（538—597）的足迹也到过那座天台山——这可能不是空穴来风，因为从隋唐到民国初年，我家乡一直属于河南光州管辖，陈朝天嘉元年（560），23岁的智𫖮就是在光州大苏山拜慧思为师，而大苏山距离那座天台山不过60公里，徒步一两天即可抵达。故乡的那座天台山曾是我的神往之地，围绕它的种种传说一直深埋在我记忆的深处。遗憾的是，故乡的那座天台山我从未登临，倒是常去浙江天台山，其历史山水，能略知梗概。失之东隅，收之桑榆，难道这就是所谓的宿缘？

在2009来台州工作之前，我对浙江天台山几无所知。因工作、学习的需要，我开始走近它，了解它，热爱它。从最初知道故乡的那座天台山的繁体

---

[1]　（明）李贽《焚书·续焚书校释》，岳麓书社2011年版，第685页。

字写作"天臺山"，而浙江天台山的繁体字只能写作"天台山"，到班门弄斧、假模假样地在导游骨干培训班的课堂上讲述天台山文化，浙江天台山渐渐成为我关注的领域之一。

约在 2010 年春，我在晚清《申报》上读到了杨葆光《天台揽胜图记》，这是我见到的第一篇刊登在近代报刊上的天台山游记。当时我忝列校天台山文化研究所秘书之职，遂对报载天台山游记特加留意，于是愈见愈多。把一地一区的游记汇集整理之举，古即有之。以天台山游记为例，明代传灯《天台山方外志》、清代张联元《天台山全志》都曾把前代天台山游记收录其中。降及民国，则有《房山游记汇编》等名胜游记汇编之作。时至当代，一山一区的游记汇集已有多种，如《庐山古代游记汇编》《温州名胜游记》等，遗憾的是，至今尚无人搜集近代浙江天台山游记并裒集成册。有鉴于此，我遂决计搜罗近代浙江天台山游记，冀以为名山文献的方便利用尽份绵薄之力。

人生苦短，韶华易逝，从最初萌发积累此书，到大致定稿，又一个十年过去了。在本书的整理过程中，前辈时贤的著述和亲友惠我良多，主要有：许尚枢、徐永恩、张乐之等先生的著作为我提供了金文田、陈钟祺、范铸、陈友琴等作者的游记线索；陈钟祺《铜壶游记》来自临海博物馆馆长陈引奭先生的拍照惠赠；常盘大定《天台山》一文的文献线索由周琦先生提供；金文田的两篇游记由许尚枢先生辗转访求、拍照相赠；四篇日人游记是同事吴澜博士转请其友人徐丙琴女士翻译成中文；同门黄飞立博士、友人陈伦敦博士曾为本书积极推荐出版社，都留下了令人难忘的记忆。高平教授慷慨地将本书列入其领衔的"浙东唐诗之路研究、保护与利用创新团队"资助项目，李建军教授主持的台州市重点学科"中国古代文学与天台山文化"也为本书资助了部分出版经费……这些，都增添了本书出版的机缘。

浙江大学出版社宋旭华编审热忱助人，推动本书在较短的时间内通过了选题审批，保证了本书的顺利出版；本书责编韦丽娟女士逐字逐句校对了每篇游记原文，订正了诸多讹误，提高了本书的质量。我还要特别感谢我的妻子夏俊女士，在操持家务之余，帮我输录文字，多年以来，我向学之路上的点滴成绩都离不开她的内助之功。

总之，缘分和惠助最终凝结成本书：没有恩师黄霖先生把我引进近代报刊领域，不会有此书；我不来台州工作，也不会有此书；没有亲友的惠助，不会有此书；没有我少时心中种下神往"天台山"的宿缘，可能也不会有此书；没有团队和学科经费的支持，本书也不会如愿出版。值此出版之际，对这些缘分和惠助的感激之情不禁油然而生,是以为记。

张天星

2020 年 9 月 11 日初稿

2022 年 2 月 19 日改定